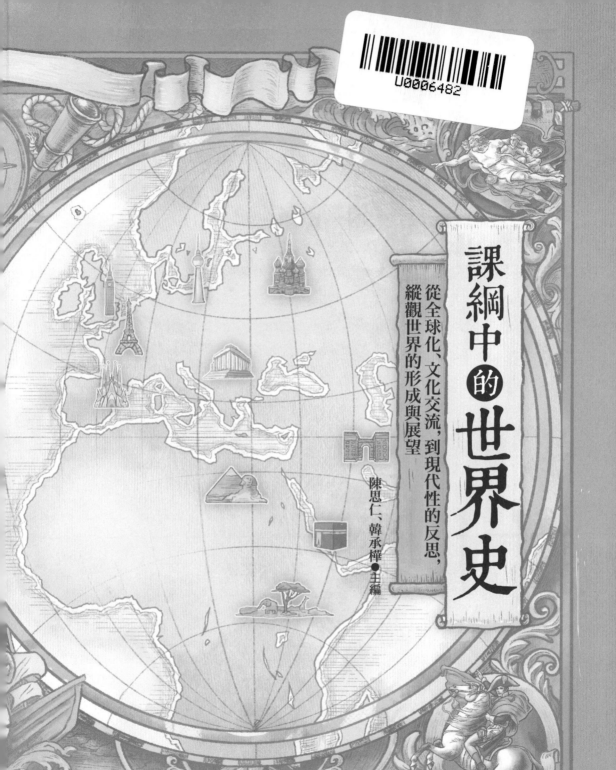

課綱中的世界史

從全球化、文化交流，到現代性的反思，
縱觀世界的形成與展望

陳思仁、韓承樺●主編

目次

文化的交會與多元世界的發展

世界變遷與現代性

| 編者序 | **108 高中歷史課綱中的**
世界史課題

———— 陳思仁 ————

　　2019 年施行的「十二年國民基本教育課程綱要」（簡稱 108 課綱），
社會領域目標以為培育學生在面對未來、開展不同生涯所需的公民素養，新
課綱轉變為以培養學生「核心素養」為主。在此一目標下，其社會領域高中
歷史課綱，計畫以「從人民的主體觀點出發，主題安排略古詳今，空間推移
由近及遠，採動態分域架構，各以臺灣、中國和世界為重點，強調分域間的
互動」。在國中學習階段奠定對長時段通史架構的基礎上，普高歷史必修課
程則「依時序選擇基本課題設計，透過歷史資料的閱讀和分析，培養學習者
發現、認識及解決問題的素養」。

　　在「基本課題」的選擇上，以「108 高中歷史課綱」的世界史來說，規
劃「臺灣與世界」「歐洲文化與現代世界」「文化的交會與多元世界的發展」
「世界變遷與現代性」四個主題，主題下再設計「臺灣與世界」「古代文化
與基督教傳統」「個人、自由、理性」「伊斯蘭與世界」「西方與世界」「冷
戰期間的世界局勢」「冷戰後的世界局勢」等七個項目，項目之下再選定以
那些文化、人、物等來呈現跨區域交流史等十七則條目。新課綱期待學習者
能理解當代世界是經由區域交流和全球化過程形塑而成，涵養成為具有多元
文化觀的世界公民，一旦學習者自當下發展出問題意識，並有能力在溯向歷
史上探索、推演並尋找答案。

　　對學習者或傳授者而言，新課綱的挑戰在於以專題為導向，如「文化的
交會與多元世界的發展」課題來說，要以「伊斯蘭與世界」、「西方與世界」

兩項說明此一專題，則該以哪些議題來呈現「交流」過程？為因應這些挑戰而有本論文集選編的構想，論文的選錄原則，主要是配合新課綱世界史課題裡的四個主題，希望呈現不同觀點，並釐清各項概念以協助思考。文章以期刊論文為主，每篇論文會輔以簡單導讀，期待讀者在閱讀論文後，對這些課題能掌握基本概念以及分辨多元觀點。

本書依高中歷史課綱四個主題下的七個項目，各選編一或三篇論文，總計收錄 16 篇論文，主題和論文選編原則的說明如下。

首先，在「臺灣與世界」主題下，思考如何探究臺灣與世界關係史，傳統或是從商業、政治與外交方面辨正，本書選擇了吳翎君〈英國學界關於「跨國史」研究新趨勢與跨國企業研究〉一文，作為探究區域（跨國）交流、甚或全球交流史的史學研究而論，此文不僅從史學史釐析近年「跨國史」的研究方法與研究成果，並提出以「跨國企業」為對象的研究取徑，藉由公司的跨洋活動來說明全球連結的深度與廣度，及其涉及的商品、在地消費與帝國權力問題。此文提供「臺灣與世界」一主題，建立從交流觀點探討世界史、以及提供交流史探究的取徑。

其次，在「歐洲文化與現代世界」主題的「古代文化與基督教傳統」項目下，延續舊課綱，以認識西方文化的歷史為目標，但本書選擇三篇論文，主要是提供讀者理解西方文化的爭議性，翁嘉聲的〈土生土長為雅典人之憲章神話〉與張學明的〈中古基督教之正統與異端（451-1418）〉兩篇文章，可以用來思考文化發展下的文化機制與政治權力關係，前者提供理解雅典民主的偏狹性，及神話、葬禮演講詞、戲劇等文化機制如何論述與建構公民權，後者提供教科書較少著墨的正統與異端爭議，以此協助讀者理解基督教文化傳播過程中，涉及的挑戰與回應；另一篇花亦芬〈誰不是文藝復興人文學者？〉一文，則藉由探討西方史家在界定文藝復興「歷史時期」的爭議上，讓讀者從概念上掌握人文主義、人文學者一詞的涵意，補充課本呈現的單一論點。

再者，在「個人、自由、理性」項目下，探討奠定西方現代精神——個

人主義與理性精神的歷史，以及現代精神在 20 世紀面臨的挑戰與回應。本書選錄三篇論文，皆作為探討現代西方精神在革命、理論的影響，以及面對歷史挑戰的自我批判能力。陳正國〈啟蒙與革命〉一文探討啟蒙運動與革命之間是否有直接關係？啟蒙知識分子都是革命家、殉道者嗎？反思究竟是啟蒙思想直接導引出革命？還是革命發生後才建構「啟蒙影響革命」的論述？萬毓澤〈歷史唯物論中的結構與行動：資本主義起源論再探〉一文協助讀者掌握資本主義概念在不同馬克斯思主義者詮釋下的觀點，以及思考思想與行動之間的關係；黃文齡〈重塑形象之爭：1923 年設置黑人姆媽紀念雕像提議案之研究〉一文則是探討白人婦女紀念黑人姆媽的塑像行動，遭致來自黑人婦女的反對，其中涉及黑人的切身經驗與白人重構南方黑白種族歷史記憶，而產生的衝突問題，補充課本未論及的美國內戰後南方的戰敗創傷。

四是在「文化的交會與多元世界的發展」主題的「伊斯蘭與世界」項目下，以伊斯蘭文化說明區域與全球交流史，以及交流背後的政治、軍事與宗教力量的運作。伊斯蘭作為當代世界主要宗教及其對世界文化的貢獻，然其與基督教文化關係卻受到歷史上十字軍以來建立的誤解所影響，為此，從當代問題意識出發，本書選擇林長寬，〈理解《古蘭經》的耶穌：伊斯蘭－基督宗教對話之起點〉一文，提供讀者從伊斯蘭文化角度認識耶穌外，希冀透過此文了解基督宗教與伊斯蘭教也有建立對話的可能。

五是在「西方與世界」項目下，從文化交流探討西方與世界交流的機制、在地化影響以及全球化的挑戰。本書選擇賴惠敏，〈十九世紀恰克圖貿易的俄羅斯紡織品〉補充課文較少論及的中俄物質交流史中的商業活動與消費品味；陳思仁〈大西洋史：一個史學史及其生態研究考察〉一文則提供如何從植物、動物、人、疾病說明歐洲、非洲、美洲三大洲自 16 世紀起的互動交流史；劉文彬〈科西嘉民族自決運動之困境〉一文補充課文未提及的歐洲境內反殖民運動的歷史。

六是在「世界變遷與現代性」主題的「冷戰期間的世界局勢」項目下，

探討被劃分為兩極對立的世界，由美國主宰的秩序而衍生的「美國文化全球化」，以及針對此波「全球美國化」的各種反抗運動。本書選擇林志宏〈兩個祖國的邊緣人：「遺華日僑」的戰爭、記憶與性別〉一文，儘管教科書已說明了二戰後重劃邊界而導致的民族遷徙或強迫移民，本文進一步探討移民產生的身分認同問題，此亦可延伸探討德國以及臺灣的例子；而魏楚陽〈哈伯瑪斯論德國學生運動〉一文則協助讀者探討二戰後出生的孩子，如何反抗美國、西歐主導的全球秩序，以及此波反抗運動如何讓西方文化走向新的思考與批判。

最後，在「冷戰後的世界局勢」項目下，第二波全球化讓世界更趨於一致化，同時在地文化會以其獨特性反抗全球化。本書選擇湯志傑〈重新認識現代性的必要：來自概念史與知識社會學的初步反省〉、巨克毅〈全球化下的宗教衝突與基要主義〉、張小虹，〈假名牌、假理論、假全球化〉三篇文章，提供讀者理解何謂「全球化」，在掌握此一概念後，有助讀者理解世界史其實就是一部因交流而產生的在地全球化（即全球一致化）以及全球在地化（在地反應不一導致全球化在區域上有不同表現）。

「交流」是世界史的曲調，是「108高中歷史新課綱」要引領思考的主題。理解「交流」是造就當今世界全球化現象，也因為交流而使在地或接受、或挑戰，然如何說明「交流史」，以便呈現其交流機制與權力等，期以本書編選的文章，提供讀者思考取徑。

108 新課綱的變動與可能的肆應

韓承樺

一、奧林帕斯山頂的眼光

奧林帕斯山是希臘境內最高的一座山，攀上頂端自可鳥瞰全境風光。神話情節裡，諸神就住在奧林帕斯山上，永遠以全知視野眺望底下人類的日日夜夜。這種「奧林帕斯山頂的觀點」，是政治學者安德森（Benedict Anderson, 1936-2015）擁有以馳騁於不同國家之間操作比較史研究，以及圍繞單一國家做深描細寫工作的利器。

他於 2017 年出版的《全球化的時代：無政府主義與反殖民想像》，就是以此視角帶領讀者穿梭於幾位菲律賓知識人——小說家黎剎、人類學者陸雷彝的思想、論述和抗爭實踐中——編織這幅由民族主義者串聯的反殖民跨國勢力圖像。安德森筆下的小說家和人類學者，其反殖民實踐均凸顯了「世界知識」和「地方知識」交織纏繞的特色。針對養育自己的沃土所做之民俗學研究，陸雷彝希冀去證明，菲律賓的民俗學知識及其自身都有能力進入那個「早期全球化」（Early Globalization）的世界。黎剎這位精通多種歐語的小說家，接連創作《不許犯我》、《起義者》，將菲律賓殖民社會的景像推向世界。讓兩位地方型知識人得以構築反殖民勢力的全球網絡，是來自他方的世界知識——民俗學和域外文學——是他們最重要的思想資源。二人的例子明顯反映了，地方走向世界，世界走向地方的特色。

織就這則反殖民全球故事的安德森，自身成長、學習經歷、學術訓練及養成過程，也是「地方」與「世界」知識、經驗交織互動的例證。出生於中國昆明，成長於美國，後於英國伊頓中學、劍橋大學接受基礎古典人文教育，

博士則轉入美國康乃爾大學。順著當時區域研究風潮，安德森投入印尼這塊先後經歷荷蘭、日本殖民統治的土地。此舉彷彿開啟他與「東南亞」的連結，日後他更轉入菲律賓和泰國，開展長期的田野研究工作。當時，「東南亞」作為西方世界區域研究對象，是較為偏遠、邊緣的目標，因其戰後殖民力量瓦解，遭共產勢力入侵而受到重視。

　　「邊緣」似乎一直緊跟著安德森。誠如他自道，他一直有「一種位處邊緣的有益感覺。」「邊緣」就同他在自傳指出的，罩住青蛙的椰子殼。這是印尼與泰國習慣用來描述一個人眼界狹窄、容易自我滿足，猶如住在椰殼碗下的青蛙。而他自己，則是跳出殼外以其識見和文字，引領「世界」領略「邊緣」的歷史經驗，並進一步理解，「地方」與「世界」長期以來實存著的，細微卻又寬廣、多層次的互動關係。這些經歷，或許是他自許得以「奧林帕斯諸神觀點」，轉換著鳥瞰、比較、並置與連結幾種視點，在全球脈絡下寫就一則則動人又深刻的在地故事。

二、世界史新課綱的調整與挑戰

　　安德森這兩部書，是我在編寫這部《課綱中的世界史》，同時翻閱的兩部作品。這讓我不禁以他的經驗針對臺灣的世界史學習歷程，做某種的程度比擬和想像。以安德森個人和「地方」與「世界」為比喻，並非直接意指臺灣的世界史知識學習，就是得在這種架構下理解。但我也不想完全迴避，安德森關切的殖民議題，是否可能在我們接觸世界史的過程中，一邊學習一邊發現自身「受殖」的經驗和感受。無論如何，「地方」和「世界」交織互動的經驗和影響，是筆者現階段認為我們要求莘莘學子撥出一定比例學習世界史的重要理由。從歷史長河中，我們可以找到不少故事，都是人們嘗試通過知識汲取而迎向世界的例子。近代中國的知識人，是仰賴大量翻譯或自撰書文，才間接理解西方世界的大概模樣。林獻堂（1881-1956）則利用環遊歐

洲的機會，以臺灣為基點直接觀察西方國家的風貌，並透過刊登在《臺灣民報》上的遊記，起到另類啟蒙作用。

這兩個例子也凸顯了一個可能的缺陷，當時他們以為的「世界」，就是用「西方國家」為標準所描繪的全觀景像。這自是長期以來，西方／歐洲中心盤踞於歷史書寫上空所造成的困境。無論是「西洋史」、「世界史」或「文明史」，皆體現了以西方發展進程為標準的線性時間為預設。這點則是新課程綱要盡力避免的問題，希望能均衡地描寫和呈現國別史／世界史、西方／非西方區域之間，個別實存暨來往互動的歷史經驗。

108 課綱的調整，對世界史課本書寫的方式和內容，在時間安排、主題取捨和視角有較大影響。略古詳今是新課綱對待時間敘述和安排的原則，意在減少古代史書寫比重，增加近、現代世界的變化歷程。地理空間感的建構和呈現，力求在區域架構下描寫域外域內互動過程。書寫視角則刻意導向以本地人民為主體，循此構築我們理解世界歷史的理由、目的和方法。我們拿 101 課綱對照即可發現，這般調動的直接影響，就是必須整併和擴增原有子題，並新增部分項目。

當然，這裡頭最富爭議的或許就是主題式教學。主題該如何選擇？為什麼是這些內容被選訂為課程綱要？更困難的是，主題式設計直接影響了教學現場需要的，歷史編年敘述的建立。此即為，許多教師擔心的，學生對歷史的「時間感」恐將在主題式教學中消逝。而這更進一步影響學習者對內容的理解。誠然，這問題並非筆者與本書可以解決的。目前我僅能揣想，這樣的設計是為刪汰過往教學植入過多歷史細節，而缺乏更高層次的，訓練學生掌握和理解該歷史場景所轉呈的抽象化概念的能力。然而，這談何容易？某方面來說，這得連同師培教育和學生考試制度一併改革，才可能整體地打造出新時代歷史教育需要的資源和框架。

三、課綱核心概念與本書特色暨使用方式

必須說，本書不是為徹底解決此問題而編寫。呈現在讀者眼前的，是我們因應 108 課綱編纂的世界史輔助讀本。循著前已出版之臺灣史和中國與東亞史冊的做法，我們按照課綱條目選擇相應的學術論文，以供閱讀參考。在考量出版端編寫策略和現場教師在課程準備和教學時間限制的多樣條件，這雖然不甚完美，但也不失為一折衷做法。至少，筆者希望，選編的論文配合兩位編者的導讀，能從歷史事實補充、背景脈絡串連與深化、核心概念的再闡釋，此三面向給予些許助益。

接下來，我嘗試順著課綱條目梳理課程欲建立的核心概念，逐做介紹。我認為，若願意從概念層面來把握，或許更能順應新課綱來打造新的歷史課程和教學現場。首先，課綱增設全新的「臺灣與世界」，作為開端。從條目即可見出，它帶有「目的性」的設計是要求教學現場深入反省世界史學習的內在理路。這可能是單純的知識增益，亦或是純然國族主義以及廣闊的全球關懷；甚至是一個交織的情況，歡迎各位老師引導學生思辨。

再者，「歐洲文化與現代世界」是討論歐洲文化傳統和「現代」轉型的辯證關係。前半部以基督教傳統作為學生邁入世界史的開端，這或許是嘗試從文化面向把握世界史特質的做法。基督宗教是 15 世紀以前的歷史重心，即如強調人文精神甦醒的文藝復興，都是人們環繞著神與人反復辯證的思想、文化運動；更可延伸、連結至 18 世紀以降，思考關於理性精神和世俗化進程的歷史變遷。後半部則討論西方世界邁向「現代」的象徵標誌。這個自 15 跨度至 18、19 世紀的歷程，以人和教會、上帝和信仰關係的裂變開始，從而轉入對理性精神的思考。這不僅促成對「個人」本質的探究，更是在針對國家、社會形態及結構、統治和被統治者關係、生產方式與經濟成果分配的脈絡下進行反省和再造。

接著，「文化的交會與多元世界的發展」則著重於描寫「擴張、互動、

交換」這類型的歷史經驗。在這裡，課綱編纂者似乎想通過伊斯蘭文明和西方文明發展和擴張的歷史進程，描述包括歐洲、美洲、亞洲幾大陸塊的國家民族是如何「相遇」，通過交流產生哪些後續影響，繼而奠定現代世界網絡的雛形。最後，「世界變遷與現代性」則是以冷戰為切分點，描述世界秩序於 20 世紀前後的重整過程中，全球體系建構與西方現代性擴張的共生關係，並反思非西方、多元現代性實存之可能與價值。

　　本書透過選編專題論文的方式，以求為每位面對 108 課綱的現場教師，帶來部分幫助。當然，礙於書籍篇幅、論文版權與其他問題，我們選擇的文章也許並非每篇都能完全涵蓋教科書的範疇。本書選擇了專題論文和研究討論兩類型論文，各有不同側重點。前者專就單一議題在歷史細節和經驗上做較多且廣的描述，後者就幾個史學論題，展開學術史的描述和反省。各位讀者可循導言解說並視論文內涵暨特性，擇要閱讀。希冀各位讀者能在本書中，尋得部分能引導學子認識世界史的角度和方式。而我更衷心期盼的是，我們的歷史教育真能為學習者打造一種，立足臺灣、眺望世界的眼光。

臺灣與世界

英文學界關於 「跨國史」

研究新趨勢與跨國企業研究

／吳翎君

吳翎君，〈英文學界關於「跨國史」研究新趨勢與跨國企業研究〉

韓承樺

　　在臺灣歷史教育環境中，學生該循何種脈絡來認識世界史，這問題其實反映長久以來，我們對於自身國際地位的疑問與追尋。人們對歷史的提問，確與現實世界的變化密切相關。近、當代史壇議程上的「世界史」，也已非早前環繞著歐洲國家，亦或是以西方、現代世界為主體的歷史敘事構成。這部分的變化，則與史家對「自我」之於世界關連的思考交織在一起，隨著世界網路發展愈趨緊密，史家筆下考究的「自我」，從個人、民族國家逐漸發展為跨國性社群、組織及其相關活動實踐。自 1990 年代起，以「全球」（global）或「跨國」（transnational）為觀察歷史變化之視野，在全球化浪潮推展下，讓史家以更為寬廣多元的角度描繪現代世界發展、成形的歷史進程，並進一步從多重脈絡中探看各個國家在故事中扮演的角色及身影。

　　改變「單一國家」為主體的取徑，此舉不僅在史學研究議程中取得顯著成功，更可能影響歷史教育的層面。事實上，現代歷史學作為一門「學科」的發展歷程，就與現代民族國家建構工程，自 19 世紀起形成緊密的共生關係。這讓史學研究基本上離不開民族國家；而歷史教學的現場，則成為培養學生歷史感從而鍛造國家認同意識的場域。這趨勢在 21 世紀全球化時代遭到極大挑戰，日常生活中愈趨頻繁的跨國行為實踐，促使史家想像一種跨越國家邊界的視野和方法。全球史或跨國史揭示的「去疆域化」（deterritorializing），挑戰了傳統史學以民族國家邊界所框限範圍的預設。

唯此並非全盤否認「國家」實體及重要性，而是凸顯了疆域限制破除後，我們該從何種全球、跨區域、互動性網絡來觀察「國家」的生成、行動及其本質。

在超越國家疆界，捨卻傳統史學圍繞的「歐洲」中心後，全球史或選文討論的跨國史究竟是關注何種活動，作為形構人類歷史的動力呢？我認為，我們或可以「跨越」／「穿梭」這類的行動實踐為主，循此觀察是何種人、社群、組織、物質文化、思想觀念……這些有形與無形的主體，在不同時空環境下，以何種方式織就重層複雜的全球網絡。就如本文提及的《獨立宣言：一種全球史》一書，即是描寫美國獨立宣言這份紙本文件如何在全球傳播，促動不同地區民族獨立意識的全球史。也有史家會特別著重在民族國家、鉅型企業組織底下的「人民」，描述個人活動如何牽起國際關係，其中有合作亦有衝突。徐國琦近年陸續出版環繞著近代中、美關係，以及一戰期間亞洲區域內殖民母國及殖民地人民的往來互動，這些都是史家試圖呈現一段「共享的歷史」（shared history），是如何通過複數的個體活動構成。此外，本文還特別著重以經濟活動為核心的跨國企業，提醒我們思考民族國家經濟活動狀況的高低起落，其實是與各種跨國企業的往來密切相關。這情況隨著 19 至 20 世紀歐美企業全球擴張愈趨明顯，當全球資本、商品鏈發展成形，即意味著特定地域的經濟活動其實都是由許多分屬不同國家、區域的個人或群體投入所致。

跨國史亦或是更為寬廣的全球史研究，拓展了史家對「空間」和「時間」的想像。在這股研究熱潮中，我們逐漸可見到鉅型敘事的復興，以跨區域、長時段的全球視野來編織歷史敘事。近年豐富的相關研究成果，也通過另類的跨國文化活動——翻譯——進入臺灣知識市場，提供充沛的資源。在世界史教學現場，教育者或可在主題選擇上嘗試以單一主體的全球／跨區移動為例，勾勒一幅簡明的全球史圖像。學習者的部分，則可在教師引導下反思日常生活中各類思想、文化與物質，是如何經由全球網絡的交織互動，進而出

現在你們的身邊。這則可以較平易的方式，理解所謂「全球」或「跨國」取徑的意旨。在歷史教育現場，這種視野能幫助我們重新看見，臺灣是如何逐步參與現代世界體系建構的過程，進而思考「國家」的歷史實景，並以「共享的歷史」為基調，培養學習者具備現代世界的公民意識。從「民族國家」到「全球」，或許就是今時討論世界史較為合適的脈絡。更進一步說，以此議題作為世界史課程的開頭，或許更能引導學生思考和反省世界史學習的緣由、立場和方法。

◆ 108 課綱相關條目對照說明

　　吳教授的文章對應「可以在什麼樣的脈絡中討論世界史」（條目 K-V-1）。
可以從「跨國史」的視野重新思考看待世界史的角度。

延伸閱讀

1. 柯嬌燕（Pamela Kyle Crossley）著、劉文明譯，《書寫大歷史：閱讀全球的第一堂課》（臺北：廣場出版，2012）。
本書對應「可以在什麼樣的脈絡中討論世界史」（條目 K-V-1）。
2. 塞巴斯蒂安・康拉德（Sebastian Conrad）著、馮奕達譯，《全球史的再思考》（臺北：八旗文化，2016）。
本書對應「可以在什麼樣的脈絡中討論世界史」（條目 K-V-1）。

英文學界關於「跨國史」研究新趨勢與跨國企業研究*

———— 吳翎君** ————

一、前言

　　1990 年代以後歐美歷史學界興起了一股全球史風潮（Global History），在關注如何書寫「全球時代的世界史」（World History in Global Ages）之際，一種強調跨越民族國家邊界的跨國史（Transnational History）研究視角也因應而生，許多研究著作將「全球史」和「跨國史」兩者連繫起來。[1]跨國史是一種研究取徑，在地的（local）、國家的、帝國的和世界的歷史不僅是地緣政治上的相互影響，並且是一種超跨國境的連繫網絡；探求不同國家和社會相互連接的紐帶，包括跨國網路、生產和貿易、制度、思想和過程等等，都是跨國史研究的範疇。近十年來，在歐美頂尖學者的領軍之下，跨國史研究聲勢有不少令人矚目的學術成果，可說是史學界繼「文化轉向」（cultural

＊　本文曾於「當代歷史學新趨勢：熱門與前瞻議題」工作坊（2017 年 5 月 12-13 日，中央研究院近代史研究所）宣讀。非常感謝國立中央大學歷史學研究所副教授蔣竹山主持此次工作坊，且提出寶貴意見。拙文並經兩位匿名審查者悉心指正，謹此致上筆者由衷之感謝。

＊＊國立臺灣師範大學歷史學系教授。研究領域為中美關係史、近代中國外交史、國際史、跨國史。

1. 詳　見 Akira Iriye and Rana Mittereds, Palgrave Macmillan Transnational Series (published from 2007-2017). *Journal of International & Global Studies.* 網址 http://www.lindenwood.edu/jigs/about.cfm，瀏覽日期：2017 年 4 月 15 日。

turn）的研究後，新一波的「跨國轉向」（transnational turn）研究，對於當前史學觀念、史學方法和歷史知識的產生有重大的影響。[2]

著名國際關係史學者且是倡議「國際史」（International history）的領軍學者入江昭（Akira Iriye），近年來在其編撰的著作中轉而使用「跨國史」一詞，在他看來，當前全球化時代中，各個國家和社會人群無可避免地捲入各種紐帶關係和連鎖效應，跨國史的書寫視角將有助於因應全球化時代中人類共有的過去，從歷史理解現在，並走向未來。他強調跨國經驗的共有與交流是人類歷史的重要資產，特別是過去較忽略的人權、文化、情感、環境、疾病控制和經濟資源等議題，有必要以跨國史視野重新書寫，而多元身分的知識視野將有助於未來世界秩序的和諧。[3]

關於全球史／跨國史的興起及其對當前史學書寫產生的範式轉移，中文學界已有專文研究，其中，國際史學者和經濟史學者以跨國史視野在研究議題上的開展成果，則較少有學者討論。[4] 這兩個領域的學者同樣著重多元資

---

2. Akira Iriye, *Global and Transnational History: The Past, Present and Future* (Basingstoke: Palgrave Macmillan, 2013). 王立新，〈跨國史興起與 20 世紀世界史的重新書寫〉，《世界歷史》2（2016），頁 4-23。此外，對於當前 21 世紀歷史學知識的反省，歷史學者如何回到時間之流的學科本質，回歸長時段思考，並從跨國／跨區域的歷史知識，建構出全球知識和思想文化的關聯性，以因應當前 21 世紀的激變時代。較新著作有 Jo Guldi and David Armitage, *The History Mainifesto.* 劍橋大學出版社與兩位教授成立了此專書的網頁（http://historymanifesto.cambridge.org/），除了秉持書中提倡的開放資料的精神，提供全文下載之外，也開闢了討論區。臺灣方面對該書的介紹，則有陳偉智的書評，見陳偉智，〈二十一世紀歷史學的提議——評介《歷史學宣言》〉。

3. Akira Iriye, *Global and Transnational History: The Past, Present and Future*, pp. 9-12.

4. 針對全球史的研究趨勢，特別是新文化史到全球史的文化轉向，詳見蔣竹山的相關研究，以物質文化、商品、飲食、醫學、環境和知識傳播等議題為主的分析。蔣竹山，《當代史學研究的趨勢、方法與實踐：從新文化史到全球史》（臺北：五南圖書出版股份有限公司，2012）。蔣竹山，〈超越民族國家的歷史書寫——試論近來全球史研究中的「空間轉向」〉，《新史學》23：3（2012.09），頁 199-228。王立新的研究則深入分析了 1990 年代以來，歐美史學家對民族主義史學的反省和跨國史研究的興起，該文並定義全球史和跨國史在研究對象和方法上的不同，認為全球史一般以地理大發現為起點，而跨國史的起點是 19 世紀中葉或 18 世紀晚期，並不及 18 世紀晚期民族國家興起以前的歷史；同樣作為一種研究方法，跨國史一方面保留了國家作為基本的敘事單位，另一方面強調從跨國的視角重新理解和闡釋民族國家的歷史，而全球史從跨地區和全球視角來考察人類的歷史，是關於全球化進程的歷史敘事，並不具有修正和深化民族國家史學的明確旨趣。詳見王立新，〈跨國史興起與 20 世紀世界史的重新書寫〉。

料和國際體系的宏觀論述，在這一波史學全球化的學術轉向中，打破單一學科、互相借鑑，對形塑當前全球網絡的共同議題上有更多的交流和對話。本文介紹英文學界近十年興起的跨國史研究取徑和代表論著，並以跨國企業為考察範例，這些新研究成果，對於我們研究 19 世紀後半葉第二波工業革命發生以後全球企業移動、技術躍升及其關係網絡的全球大交流，提供了一個宏觀背景。從英文學界對跨國史的研究趨勢和實例，或可提供我們移轉於近代中國為主體的跨國史視角而激發出新穎的研究面貌。

二、「跨國史」研究取徑

（一）「國際史」與「跨國史」

2009 年，哈佛大學入江昭教授和法國國家科學研究中心人文與社會科學部梭尼耶（Pierre-Yves Saunier）教授召集來自 25 個國家的 350 位學者，合編一本跨國史辭典 *The Palgrave Dictionary of Transnational History, From the mid-19th Century to the Present Day*，這本書應是目前為止研究跨國史最重要的一本辭典工具書，它的編纂也說明了跨國史研究受到全世界學者的普遍認同。書中收集的 400 個條目以 26 個字母序號排比，每個關鍵詞除了有千字以上的釋義之外，還標註徵引資料和延伸閱讀（related essays），形式上更接近於學術文庫。兩位編者在序言下方以小字署名「教授與瘋子」（The Professor and Madman），自嘲此一學術工程之艱鉅，最初的詞彙條目為 1,500 個，或許未來將有續編。該書以十大樹狀圖說明跨國史網絡如同電流現象般環扣相連的複雜路徑，內容涵蓋十大類跨國現象：一、人口流動；二、世界秩序與失序（帝國／帝國主義、法理秩序、貨幣、標準）；三、文字、聲音和訊息；四、生產與貿易；五、地球（環境、資源與基礎設施）；六、空間與時間；七、身體與靈魂；八、概念與過程（文

明、全球化、倫理和族群、人口流動、帝國和帝國主義）；九、團體組織與事業；十、知識（生命與自然科學、社會科學、人文、應用知識、技術、高等教育）。兩位編者的序言對於不同學者使用跨國史（例如美國史學者泰倫〔David P. Thelen〕）、[5] 世界史（World History，例如本特利〔Jerry Bentley〕等學者）、[6] 全球史（Global History，例如克拉倫斯－史密斯〔William Gervase Clarence-Smith〕、彭慕蘭〔Kenneth Pomeranze〕、傅瑞斯〔Peer Vries〕於 2006 年創辦的《全球史期刊》〔*Journal of Global History*〕）、國際史（International History，下詳）等詞，無意提出清晰的定義，認為在不同政治與社會「之間和跨越」（between and across）的意涵上，這些詞意是相通的。該書選定以「跨國史」作為書名，似是一種不言自明的事情，在當前全球化浪潮所顯現的個人、群體、國家和世界所交織的既相互糾纏又依賴共存的關係網中，「跨國史」研究視野最契合當下全球化議題的歷史溯源。這也是本書時間定自 19 世紀中葉所謂近代民族國家建立的時期，令人心領神會之處。編者強調，本書所建立的條目是提供日後有志於開展跨國史研究者的入門，並沒有要建立一種新學科領域或學術支派的企圖。[7]

入江昭作為二次大戰以後頂尖的國際關係史學者，早期從地緣政治和華盛頓體系（Washington System）的建立探討美國在東亞的崛起及太平洋戰爭的起源，由此奠定在美國國際關係史的學術地位。[8] 到了 1990 年代，

---

5. 泰倫（David P. Thelen）從 1985 年至 1999 年擔任《美國歷史期刊》（*Journal of American History*）主編。

6. 本特利（Jerry Bentley）出任 1990 年創刊的 *Journal of the World History* 主編，2012 年下任。再如 Patrick Manning 或 Anthony G. Hopkins 以世界史為名所編撰的專書。Patrick Manning ed., *World History: Global and Local Interactions* (Princeton: Markus Wiener Publishers, 2005). Anthony G. Hopkins ed., *Globalization in World History* (London: Pimlico, 2002).

7. Akira Iriye, and Pierre-Yves Saunier, eds., *The Palgrave Dictionary of Transnational History, From the mid-19th Century to the Present Day* (Basingstoke, England; New York: Palgrave Macmillan Publisher, 2009).

他開始大力倡議國際史的研究旨趣，呼籲拓展傳統外交史的研究視野，將國家與非國家的跨國交往領域都納入國際史範疇，可謂近 30 年來領導國際史研究最具代表的人物。[9] 2013 年，入江昭出版《全球史與跨國史：過去，現在和未來》（*Global and Transnational History: The Past, Present and Future*）一書，轉而推崇「跨國史」研究，該書回顧他自己從國際關係史、國際史到跨國史研究在研究方法上不斷推進的反省。他提到，國際史和跨國史作為一種研究方法，兩者確實有相通旨趣，但跨國史研究具有超越民族國家（beyond national state）的更大視角，比起國際史視角仍具有國家之間（inter-nation）的特性仍略有不同。儘管「國際史」將政府與非政府、個人和群體都納入國際交往的範疇，但它仍有以國家作為國際社會的實體和國家邊界的概念／精神所局限。「跨國」（trans-national），則帶有「穿越和超越民族國家」（across and beyond national state）的意味，它不以民族國家為中心（nation-centered）的概念，且不意味著「去國家化」（denationalization）。[10] 入江昭從「國際史」到「跨國史」的研究轉

---

8. 關於入江昭的治學，可參見入江昭著，楊博雅譯，《我與歷史有個約會：入江昭治史心得》（北京：北京大學出版社，2013）。徐國琦，〈重讀入江昭，《第二次世界大戰在亞洲和太平洋地區的起源》〉，《中華讀書報》，第 17 版（2015.4.1）。劉克倫、石之瑜，《入江昭對世界與中國的中間主義立場：一種多元身份的知識視野》（臺北：國立臺灣大學政治學系中國大陸暨兩岸關係教學與研究中心，2010）。入江昭早期關於美國與東亞關係的代表著作有：*After Imperialism: The Search for a New Order in the Far East, 1921–1931* (Cambridge, MA: Harvard University Press, 1965). Reprinted: (Chicago: Imprint Publications, 1990). *Across the Pacific: An Inner History of American-East Asian Relations* (Chicago: Harcourt, Brace, 1967). *Pacific Estrangement: Japanese and American Expansion, 1897-1911* (Cambridge, MA: Harvard University Press, 1972). 入江昭從遠東各國的多角視野，例如美、日、蘇和中國的交叉視角闡釋遠東關係，展現他對冷戰中期國際秩序低盪緩解的現實關注。

9. 關於國際史研究方法，詳見吳翎君，〈從徐國琦新著 *Strangers on the Western Front: Chinese Workers in the Great War* 談國際史的研究方法〉，《新史學》22：4（2011.12），頁 183-215。徐國琦，〈「會當凌絕頂，一覽眾山小」：國際史研究方法及其應用〉，《文史哲》（山東大學）5（2012），頁 5-17。王立新，〈試析全球化背景下美國外交史研究的國際化與文化轉向〉，《美國研究》1（2008）。吳翎君，〈從徐國琦新著 *Chinese and Americans: A Shared History* 談中美關係史研究的新範式〉，《臺大歷史學報》55（2015.6），頁 219-249。

向，顯然與他近十年更加關注人類文明進程中的共有經驗和文化普世價值有絕大關係。這位「國際史」的掌舵學者顯然更加重視非國家行為者（non-state actor）的影響力，國家行為只是影響全球歷史發展的要素之一，人類發展進程中的許多議題必須有超越國境的視野。[11] 同時，入江昭認為「跨國史」豐富了我們對於國家歷史（national history）和國際史（international history）的理解，全球史和跨國史研究觀點也對當代的歷史研究帶來了全新視角。因此，從這角度而言，他認為1990年代以來經歷了一場「史學改造」（historiographical transformation）的歷程。[12]

　　1989年，入江昭在美國歷史學會主席就職演說〈歷史的國際化〉（The internationalization of History），指出「國際史」是一種全方位的歷史研究法，它超越了傳統外交史一味強調政府之間的交涉、談判等限制，把文化、社會思潮變遷、個人情感等因素引入考察之列；國際史與傳統政治史的主要區別在於它超越國界，側重多層次對話，並以整個國際體系作為參照系，打破民族主義史學、意識形態和地域觀念的狹隘樊籬，強調國家間的政治、文化等多重交流、對話及互動。[13] 入江昭也以中日兩國在國際社會的互動角色考察近代以來的中日關係，他在《全球背景下的中國與日本》（*China and Japan in the Global Setting*），以全球化觀點探討中日兩國在「權力、文化和經濟」（Power, Culture and Economic）等多元關係的互動和消長，最後強調未來中日兩國的和平繫於兩國在文化上的互相依賴

---

10. 在該書第3章中，入江昭列舉他個人認為可作為全球史與跨國史的顯著案例及其如何重塑我們對過去歷史的理解，討論的議題包括環境、不同族群和文化的碰撞、移民、人權、經濟和文化的全球化、地緣政治現象中的文化維度（例如戰爭、區域社群、非政府組織等議題）。Akira Iriye, *Global and Transnational History: The Past, Present and Future*, ch.3, pp. 36-68.

11. 2014年入江昭編撰《1945年後相互依存的世界》（*Global interdependency: The World after 1945*, [Cambridge, MA: Harvard University Press, 2014]）探討過去60年來全球在政治、經濟、文化和環境所發生的重大問題及其後果，為一倡議全球共存依賴的宏觀之作。

12. Akira Iriye, *Global and Transnational History: The Past, Present and Future*, pp. 16-17.

13. Akira Iriye, "The internationalization of History, " *American Historical Review*, Vol. 94, No. 1(Feb. 1989) , pp. 1-10.

（cultural interdependence）和相互理解。[14] 本書可說是 1990 年代國際史的開山之作。

事實上，就在入江昭倡導國際史之際，正是 1990 年代美國因蘇聯共產陣營的瓦解，登上獨一無二的世界霸主，美國史學界對於形塑美國國家歷史的內外精神和美國史研究視角，乃至於歷史教學都有深刻的反省。1991 年 10 月，任教於澳大利亞新南威爾士大學（University of New South Wales, Australia）的美國史教授伊恩‧蒂勒爾（Ian Tyrrell），在《美國歷史評論》撰文批評美國歷史敘事中的民族主義和「美國例外論」（American Exceptionalism）的傳統，主張揚棄純粹在國家框架內進行的歷史敘事和解釋，必須以跨國視角研究美國歷史，使美國史研究超越民族主義史學的樊籬。他還提到構建更廣泛的跨國史方法，包括像年鑑學派那樣進行區域史研究，關注環境變遷，研究國際性組織、跨國運動和國際主義觀念。此後，專攻美國思想文化史的本德（Thomas Bende）等其他學者也紛紛加入倡導跨國史的行列，提出人群、觀念、技術和制度等層次的跨國史研究。[15]

無獨有偶，歐洲史學界同樣對於冷戰時代的終結興起一股重新書寫歐洲史和世界史的風潮，基於歐洲一體化和全球共同體的理念，研究英國史、法國史和德國史的學者紛紛提出有必要檢討過去以民族國家為中心的歷史觀，喊出應該要將把「民族國家」從歷史舞臺的中心移走。前述提到與入江昭合編跨國史辭典的梭尼耶教授，便是要求以跨國視角重新書寫法國史和歐洲史的代表學者。此外，1990 年代初期，跨國史視角同時也受到研究非洲史或其他區域史研究學者的重視。專長世界史和非洲史的曼寧（Patrick Manning），於 1990 出版著名的《奴隸與非洲生活》（*Slave and African Life*）一書，以全球視野探討奴隸販運議題在人口、經濟、社會和意識形態

---

14. Akira Iriye, *China and Japan in the Global Setting* (Cambridge, MA: Harvard University Press, 1992).

15. Ian Tyrrell, "American Exceptionalism in the Age of International History," pp. 1031-1055. 王立新，〈跨國史興起與 20 世紀世界史的重新書寫〉。

等議題的沖激。[16] 貢德‧弗蘭克（Andre Gunder Frank）《白銀資本：重視經濟全球化中的東方》（*Reorient: The Global Economy in the Asian Age*）一書，探討哥倫布發現新大陸以後，亞洲經濟圈對歐洲和全球經濟體系的影響。他考察 15 到 19 世紀全球貿易的世界勞動分工與平衡，白銀在此時期所發揮的功能以及亞洲所具有的生產力、技術、經濟制度的優勢，最後將東方的衰落和歐洲興起做橫向比較。弗蘭克認為，16 至 18 世紀白銀大量流入中國後並未引起通貨膨脹，意味著中國經濟有能力吸收更多的白銀；中國需求白銀，而歐洲需求中國商品，這兩者的結合導致全世界的商業擴張。因此，中國在工業革命前的全球經濟史中占有極其重要的突出地位。弗蘭克刻意擺脫歐洲中心論，提出一些標新立異的見解，出版後引起不小爭議，但他所闡釋「再東方」觀點，很能代表 1990 年初期西方學術界的自我警醒。[17] 20 年來有愈來愈多學者投入「全球時代的世界史」（World History in Global Ages），倡議以全球和跨國視野重新書寫世界史的議題，可稱為一波「新全球史」風潮，已有不少學者為文論及，本文不贅。[18]

---

16. Patrick Manning, *Slave and African Life: Occidental, Oriental, and African Slave Trades* (Cambridge: Cambridge University Press, 1990).

17. Andre Gunder Frank, *Reorient: The Global Economy in the Asian Age* (California: University of California Press. 1998).該書中文譯本有：劉北成譯，《白銀資本：重視經濟全球化中的東方》（北京：中央編譯出版社，2001）。中文學界關於白銀問題的代表著作，可參見林滿紅，《銀線：十九世紀的世界與中國》（臺北：臺大出版中心，2011）。作者指出鴉片戰爭前後中國因拉丁美洲白銀減產而導致的危機，比戰爭本身帶來的影響更為深遠。全書闡釋 19 世紀上半葉中國白銀外流的影響，探討世界貨幣的流通、白銀問題與清朝政治社會的動亂關聯、貨幣論爭與清王朝治理、經世思想的學術之爭，並比較綜述中西方經濟思想傳統的不同。

18. 關於全球史理論的較早著作有：Georg G. Iggers, Q. Edward Wang, and Supriya Mukherjee, *A Global History of Modern Historiography* (Harlow: Pearson Longman, 2008).中譯本有：楊豫譯，《全球史學史：從 18 世紀至當代》（北京：北京大學出版社，2011）。塞巴斯蒂安‧康拉德（Sebastian Conrad），《全球史的再思考》（臺北：八旗文化，2016）。較新中文成果可參見：蔣竹山，〈探尋世界的關聯：全球史研究趨勢與實踐〉，《歷史研究》1（2013.03），頁 11-16。潘宗億，〈全球化歷史與歷史化全球化：一個世界跨區域「五流」分析架構的提議與實踐〉，《輔仁歷史學報》34（2015.03），頁 45-108。

（二）近十年跨國史書寫趨勢

　　跨國史研究突顯人類歷史中的共有經驗，以同一主題探索不同人和人群跨越國界概念的共有旅程，並尋找這些歷史現象中的跨國或全球關連，這種研究觀念徹底打破民族國家史學的書寫方式。例如阿米蒂奇（David Armitage）所著《獨立宣言：一種全球史》（*The Declaration of Independence: A Global History*），深入研究作為經典政治文件的美國獨立宣言（United States Declaration of Independencem, 1776）200 年來對其他國的影響，從海地到越南、從委內瑞拉到羅德西亞（Rhodesia）的全球考察。[19] 馬內拉（Erez Manela）的《1919：中國、印度、埃及和韓國，威爾遜主義及民族自決的起點》（*The Wilsonian Moment*）則探討美國總統威爾遜（Thomas Woodrow Wilson, 1856-1924）在第一次世界大戰期間秉持理想國際主義，提出新世界秩序的設想對埃及、中國、印度及朝鮮等地的深刻影響。[20] 康納利（Matthew Connelly）的《致命的誤區：控制世界人口的努力》（*Fatal Misconception: the Struggle to Control World Population*），通過研究 19 世紀以來世界各國政府機構、宗教團體、非政府組織、科學組織等在人口控制問題上的政策、主張、建議及衝突，來揭示世界範圍人口控制問題的爭論及政策如何影響世界史的進程，甚至是人類未來。[21] 徐國琦所著《西線的陌生人：一次大戰的華工》（*Strangers on the Western Front: Chinese Workers in the Great War*），通過一戰時期中國派遣 14 萬華工遠赴歐戰，討論華工與中國、英國、美國、加拿大等政府和平民跨越國境的共同經歷。作者以社會底

---

19. David Armitage, *The Declaration of Independence: A Global History* (Cambridge, MA: Harvard University Press, 2008).

20. Erez Manela, *The Wilsonian Moment: Self-determination and the International Origins of Anti-Colonial Nationalism* (Oxford University Press, 2007).

21. Matthew Connelly, *Fatal Misconception: the Struggle to Control World Population* (Cambridge, MA: Harvard University Press, 2008).

層的農民或邊緣人（Marginal Man）來透視中國，以這些歷史人物作為連結東西文明的信使，將華工個人或群體的生命導入到族群、國家和國際的複雜互動，進而賦予歷史更多深度與意義。[22] 徐國琦於 2017 年最新著作《亞洲與大戰：共有的歷史》（*Asia and the Great War: A Shared History*）則是探討一次大戰期間亞洲各個國家（日本、朝鮮、越南、印度和中國）因為大戰爆發，使得原本分屬帝國或殖民地，或被征服者的人民和國家經歷了參與世界大戰的共同命運；作者分析了大戰對亞洲國家產生的跨國震盪及其影響各國戰後不同命運的轉折，大戰中懸而未決的問題也種下了亞洲的不安和仇恨。徐國琦嘗試以跨越亞洲不同國界的文化理解與合作，陳述不同文化脈絡下，國家和人民的共同願望與協力行動。[23]

在全球史和跨國史的概念下，理解 20 世紀的歷史不再僅限於從大小戰役、反殖民鬥爭和國家建置的範圍，而是擴充到全球和非國家的主題。以美國學界向來關注的冷戰史而言，頗受好評的文安立（Odd Arne Westad）著有《全球冷戰》（*The Global Cold War*）一書，從全球視野重新審視冷戰時期美蘇對第三世界的干涉和對抗，以及此一結果對重構當代世紀的意義。作者不局限於國際關係史的學科界限，廣泛汲取社會學和社會人類學家的洞見，通過亞非和拉美國家的在地歷史，將第三世界的內部變遷與冷戰國際關係聯結起來。再者，作者探討「作為市場的世界」、「現代化、技術和美國全球主義」、「第三世界和冷戰經濟體系」、「援助、和貿易和意識形態」等議題，有別於傳統以軍事戰略和意識形態為框架的兩極對抗冷戰史。[24] 文安立在新近出版的《躁動的帝國》（*Restless Empire*）一書中，更是企圖以跨國史視野，

---

22. Xu Guoqi, *Strangers on the Western Front: Chinese Workers in the Great War* (Cambridge, MA: Harvard University Press, 2011).

23. Xu Guoqi, *Asia and the Great War* (Oxford University Press, 2017).

24. Odd Arne Westad , *The Global Cold War: Third World Interventions and the Making of Our Times* (Cambridge: Cambridge University Press, 2006). 本書獲 2006 年美國史學界班克羅夫獎（Bancroft Prize in American History and Diplomacy）。

鋪陳乾隆皇帝到鄧小平時代的中國國際歷史，探索一個由上而下，以及不同性質的群體如何互動的國際軌跡。[25]

美國學術界近來重新評價 1970 年代，認為 1970 年代對當前世界的形成具有全方位的轉折意義，不僅是冷戰低盪及東西秩序崩解，石油能源危機或中美關係的疏緩（中美建交）受到重視，同樣地，1970 年代在人權革命和全球化議題也不容忽視。2010 年，以研究英國史和世界大戰史著稱的尼爾・弗格森（Niall Ferguson）及其他學者合編的一本論文集《全球的震撼：透視 1970 年代》（*The Shock of the Global: the 1970s in Perspective*），將 1970 年代視為相互依賴的全球網絡逐漸成形的時代，該論文集的許多作者從各個角度並運用國際史方法論述 1970 年代諸多事件的國際影響，例如：東西關係逐漸緩和、經濟危機和資金流通、人權教育和環境汙染議題逐漸浮現、伊朗神權政府的革命（Iranian theocratic revolution）以及對 1980 年代中國市場的改革開放所造成的全球性影響。[26]

近來有愈來愈多學者單獨使用「跨國史」一詞。2010 年，澳大利亞兩位史學家科瑟斯（Ann Curthoys）和雷克（Marilyn Lake）編撰了《互聯的世界：歷史研究的跨國視野》（*Connected Worlds: History in Transnational Perspective*），編者在緒論中簡要界定「跨國史」係指探討生命（lives）和事件（events）在歷史過程和關係中，如何超越國家邊界而被形塑，認為「世界史」大致是將世界視為一個整體，探討在地、區域、區域之間、國家、各洲和全球之間的相互作用；「區域史」傾向於探討大洋洲或大西洋洲，同樣也強調以更大的政治經濟框架考察在地國家間的關連；「比較史學」則以超

---

25. Odd Arne Westad , *Restless Empire: China and the World Since 1750* (New York: Basic Books, 2012). 中文版有：文安立原著，林添貴譯，《躁動的帝國》（臺北：八旗文化，2013）。

26. Niall Ferguson, Charles S. Maier, Erez Manela and Daniel J. Sargent eds., *The Shock of the Global: the 1970s in Perspective* (Cambridge, MA: Harvard University Press, 2011). 此外，二次大戰以後到 1970 年初期國際間對於人權主張和法學理論也歷經重大突破。關於人權史議題的國際史視野，可參見：Akira Iriye, Petra Goedde, and William I. Hitchcock, eds., *Human Right Revolution: A International History* (Oxford: Oxford University Press, 2012).

越國境的方式探討二個或更多的社群（城市、區域或國家），並進行歷史的
比較。而「跨國史」可以包含許多形式，國際組織、個人歷史、帝國歷史、
文化觀念、政治運動、移民、遷移、環境等等，可說無所不包。本書雖然主
要是以跨國視角探索澳大利亞歷史，但也說明了以跨國史視角帶來的全新觀
點，將澳大利亞的歷史（人、社群和國家）向外延伸至大洋洲區域和全球史
的意義。[27]

　　2007 年開始，麥克米蘭出版社（Palgrave Macmillan）印行了一系列跨
國史叢書，截至 2017 年 5 月已經出版 36 本。主編為入江昭和牛津大學現代
中國史學者拉納・米特（Rana Mitter），編輯委員會包含了世界史、法國史、
英國史和美國史專家，以拓展 19 到 20 世紀人群和社群的跨國史研究，涵蓋
不同時期、主題和區域，並探索各種主題的跨國研究理論和方法。研究主題
包括：人權、性別、宗教、離散和移民、慈善和人道關懷事業、1968 年歐洲、
國家心理學和國際政治、日本帝國主義的泛亞洲論和戰爭、美國內戰的跨國
史意義、20 世紀的歐洲化、挑戰資本主義的歷史（1950 年代後）、反共和
冷戰的跨國史、去殖民化想像、電報技術的跨國史，甚至 20 世紀青年人的
跨國活動，不一而足。從這套略為鬆散的跨國史叢書編纂看來，該系列和全
球史的研究取向有所相通，亦即都呼應了全球化的研究轉向，但在研究關懷
上又略有不同。[28] 全球史的研究重點具有跨地區和全球化影響的進程、事件
和事態，與跨國史涉及兩個或多個國家甚至社會的跨文化、跨地區的全球意
義不同，有些跨國現象比較屬於跨國史的研究對象。跨國史的研究範圍，是
否可包括從 1648 年《西伐利亞和約》（Peace of Westphalia）以後所建構，
以國家主權原則所建立的近代國際關係秩序和橫跨的地理空間，或者是以人

---

27. Ann Curthoys, Marilyn Lake eds., *Connected Worlds: History in Transnational Perspective* (Canberra: Australian National University Press, 2005).
28. Palgrave Macmillan Transnational Series, 2007-2017.https://www.palgrave.com/us/series/14675，瀏覽 日期：2017 年 4 月 15 日。

類歷史發展的更早政治單位,來作為考察的時間向度?迄今為止,以跨國史為名的主要專書或論文,指涉的時間主要在 19 世紀中葉以後,未來如何發展仍有待進一步觀察。

三、跨國企業研究

(一) 新近英文學界的研究成果

美國研究國際關係的學者中,有一派特別強調經濟因素。這一派學者強調 19 世紀末以後,美國的經濟擴張和金援外交是其成為世界霸主的重要動力,特別是 1960 年代美國學界在批判越戰聲浪中,具代表意義的新左派學者。新左派學者強調經濟利益的解釋,認為美國外交完全以經濟利益的擴張為依歸,並受到大資本家的左右。[29] 經濟史領域中也有一批學者留意到政治因素的重要性,將國家和權力的重要性放入特定研究的個案。儘管經濟史學者和國際關係史學者在研究方法和研究關懷上各有側重,但兩者向來重視檔案實證和多元材料,在這一波歷史研究的全球化轉向中,有關跨國企業、技術擴張、跨國連繫及其全球化網絡的研究成果中,經濟史學者和國際史學者在共通議題上互相發明,為跨國史研究注入新視域。

美國學界研究跨國公司的全球擴張史,可謂成果斐然,其中獲得美國經濟史學會頒贈終身成就獎的威爾金斯(Mira Wilkins)是最早一批研究美國跨國企業的代表學者,她從經濟學理論和美國海外投資各種數據,側重資金流動、直接投資(direct investment)、組合投資(portfolio management)、

---

29. 新左派健將拉費伯(Walter LaFeber)著有 *The New Empire: An Interpretation of American Expansion, 1860-1898* (1968).1960 年代越戰升高後新左派史家勢力大增,反省美國外交政策成為主流,其中以 William A. Williams, *The Tragedy of American Diplomacy* 和 Denna F. Fleming, *The Cold War and its Origins,1917-1960* 兩書為嚆矢。

市場網絡和企業管理等層面的考察，對美國海外投資和外人在美國投資提出宏觀見解。威爾金斯在其系列著作中，相當重視海外投資行為中的政府決策因素，亦即政府的公共政策怎樣影響海外投資，並認為不同個案有其特殊性質。[30] 近十餘年以全球視野重新探討跨國公司的形成及其與政府政策關連的著作，則有以《看得見的手》（*The Visible Hand: The Managerial Revolution in American Business*）一書聞名的錢德勒（Alfred D. Chandler Jr.），他和研究科技思想史和全球史理論的 Bruce Mazlish 編纂有《巨靈：跨國公司和新全球史》（*Leviathans: Multinational Corporations and the New Global History*），以全球史時間討論了跨國企業的形成，各篇作者依序討論了：全球現象（跨國公司初階段、1930 年以前跨國公司的間斷與連續、1930 年至 1980 年的跨國公司、改革的跨國公司形態日本個案）、跨國公司對社會和文化的沖激（社會層面：針對工人生活、全球新貴菁英）、跨國公司的管理（全球股東的出現、20 世紀的金融革命、跨國公司及抗議者和全球治理的未來），對於當前經濟全球化之下，跨國公司所面臨的各種處境和挑戰機遇提供了宏觀歷史的考察。[31] 哈佛大學商學院教授瓊斯（Geoffrey Jones）所著《跨國公司和全球資本主義：19 世紀到 21 世紀》（*Multinationals and Global Capitalism: From the Nineteenth to the Twenty-first Century*）探討 200 年來全球

---

30. 美國學界研究美國海外投資，主要以經濟史學者為主，其成果斐然，非本文所能討論。其中獲得美國經濟史學會頒贈終身成就獎的威爾金斯在哈佛大學出版社有 4 本學術專著，這 4 本學術專書如下：*The Emergence of Multinational Enterprise: American Business Abroad from the Colonial Era to 1914* (1970); *The Maturing of Multinational Enterprise: American Business Abroad from 1914 to 1970* (1974); *The History of Foreign Investment in the United States to 1914* (1989), ; *The History of Foreign Investment in the United States, 1914-1945* (2004). 據筆者所見，僅早期一篇論文完整討論中美經貿關係。Mira Wilkins, "The Impact of American Multinational Enterprise on American-Chinese Economic Relations, 1786-1949", in Ernest R. May & John K. Fairbank eds., *America's China Trade in Historical Respective, the Chinese and American Performance* (Cambridge, Mass.: Harvard University Press, 1986), pp. 259-292.

31. Alfred D. Chandler Jr., Bruce Mazlish eds., *Leviathans: Multinational Corporations and the New Global History* (Cambridge: Cambridge University Press, 2005).

化經濟形成過程中跨國企業的增長和作用。19 世紀歐美大企業家如何開拓海外市場、建立工廠和公司，形成最早跨國企業的先驅，並影響全球經濟的面貌，而兩次大戰的戰間期，在全球經濟失序混亂中，跨國企業在經營策略的轉型如何驅動了當代全球經濟的走向，本書從宏觀視野探討資本家和經理人在不同時間和環境所面臨的跨越國界的政治、倫理、文化和組織的種種挑戰。不同於分析跨國資本的流動，作者從廣泛的政治經濟脈絡考察跨國公司的行為角色，不少篇章從國際視角探討跨國公司如何遊走在不同國家之間及其與政府政治的關係。[32] 瓊斯於 2017 年最新出版的《利益與永續性：綠色創業的歷史》（*Profits and Sustainability: A History of Green Entrepreneurship*）探討 19世紀以後綠色企業家的出現，一些企業家在堅持盈利和可續性的同時，不斷創新改造，重視自然資源與環境的關係；探索企業發展和環境保護，以及政府法令的制定，將政府、非政府和環境議題融入全球企業發展的視角，該書涉及的論題包括可再生能源、有機食品、美容業、生態旅遊、資源回收、建築和金融業等行業，研究範圍涵蓋世界五大洲的主要國家，所涉獵的風能、太陽能等可再生能源領域的發展史，尤具現實關懷。[33]

　　19、20 世紀跨世紀之交的科技發明和升級，如鐵路、電力、電話電報和輪船等設施，舉足輕重地改變了當代世界的經濟生活等各個層面，而大型公共建設往往是國家建設所開展的方針，國家力量的介入或是專業技術的引進，又與跨國企業的投資和移動不可分割。威爾金斯與其他經濟史學家合著的《全球電力化：電力史中的跨國企業和國際資金》（*Global Electrification: Multinational Enterprise and International Finance in the History of Light and Power, 1878-2007*）一書，從跨國史視野探討全球電力發展史，強調公共設

---

32. Geoffrey Jones, *Multinationals and Global Capitalism: From the Nineteenth to the Twenty-first Century* (Oxford University Press, 2005).

33. Geoffrey Jones, *Profits and Sustainability: A History of Green Entrepreneurship* (Oxford University, 2017).

施中政治性介入的滲透力和影響力，公共設施（public utilities）中特有的政治面向，由中央到地方各層級的政治性介入，使得跨國大企業在推動全球電力化過程中得以壟斷電力市場。然而，定義中「讓渡權」（concession）或「特許權」（franchises）係來自政府，但它所牽涉的政治面向卻是更為廣泛，從國家的（national）、區域的（regional）和市政政治（municipal politics）對國內企業產生巨大的衝激，而國內資金又嚴重沖激到跨國企業和國際金融的運作，因此我們不可低估這種沖激。[34] 19 世紀後期，全球帝國的擴張莫不受益於第二次工業革命後所驅動的軍事工業化成就，電報技術更攸關鞏固海外帝國統治的手段及帝國成敗。楊大慶的著作《技術帝國：電報與日本在亞洲的擴張》（*Technology of Empire : Telecommunications and Japanese Expansion in Asia, 1883-1945*），即是從跨國史視角深入探討 19 世紀後期到二次大戰，日本在東亞如何以電訊事業進行政治和經濟的擴張，從而打造其東亞帝國的事業。[35]

　　早期以研究 19 世紀末到第二世界大戰期間美國經濟及海外擴張的羅生寶（Emily S. Rosenberg），近年編撰的《世界連繫》（*A World Connecting, 1870-1945*）一書，以國際史和跨國史研究視野重新探討 1870 年迄於二次世界大戰的全球政治和經濟網絡。[36] 這一千餘頁的巨冊共有五大章節，後來由哈佛大學出版社於 2014 年發行單行本。五大章節題旨如下：一、近代國家地位的創造及世界架構的成形。作者梅爾（Charels S. Maier）借用霍布斯（Thomas Hobbes）「巨靈論」詮釋「2.0 版」（Leviathan 2.0）以時間分期

34. William J. Hausman, Peter Hertner, Mira Wilkins, *Global Electrification: Multinational Enterprise and International Finance in the History of Light and Power, 1878-2007* (Cambridge University Press, 2008), pp. 67-71.

35. Daqing Yang, *Technology of Empire: Telecommunications and Japanese Expansion in Asia, 1883-1945* (Harvard University Asia Center, 2011).

36. Emily S. Rosenberg ed., *A World Connecting, 1870-1945* (Cambridge, MA: Harvard University Press, 2012).

依序闡釋 19 世紀中葉到二次大戰間近代國家形態的創制和蛻變：1845 年至
1880 年近代國家的形成、跨世紀革命浪潮、1930 年代和大戰時期。梅爾將歐
洲、美洲和亞洲國家所面對的近代國家改造的意識形態及其內外策略置於全
球發展脈絡之下，歷經二次大戰後西方民主福利國家、單一社會主義國家、
拉美和亞洲及中東一些軍事政府，20 世紀末各種形態政府伴隨著全球資本
主義化的轉型效應而升高緊張關係，揭開了當前政治不確定世代。[37] 二、帝
國、全球擴張和跨國連繫，作者巴蘭坦（Tony Ballantyne）與伯頓（Antoinette
Burton）探討帝國擴張中的國際政治、經濟和文化因素，帝國發展的力量和
限制，並以英國、日本和鄂圖曼土耳其帝國為具體個案，分析交通、運輸
和經濟網絡為打造帝國的重要手段。[38] 三、移民與文化適應的歸屬。19 世
紀後期以來伴隨著鐵路、港口和蒸汽輪船的興起，加速世界人口前所未見
的遷徒和移民潮，作者霍爾德（Dirk Hoerder）避開歐洲中心的觀點，探索
從 1870 年至 1945 年間人口移動潮流，將世界不同地區的移民潮流分為五
個主要來源系統：（一）1440 年代到 1870 年代非洲奴隸人口的移民；（二）
亞洲區域的自由移民、契約工和女性移民；（三）橫越亞洲、北美和歐洲地
區的俄國西伯利亞移民；（四）華北—東北人口的移民；（五）連結歐洲和
美洲的大西洋州系統移民。以全球視野探討區域和帝國之間在人口遷移過程
中產生的族群混居問題、社會階層化現象以及相關的文化適應問題。[39] 四、
全球經濟中的商品鏈，探討第二次工業革命以後全球商品的移動——小麥和
米、咖啡和菸草、石油與橡膠等商品經由生產者、加工者、運輸者和購買者
的推進，帶來了全球市場的轉變。作者托皮克（Steven C. Topik）和威爾斯

---

37. Charels S. Maier, "Leviathan 2.0: Inventing Modern Statehood," in Emily S. Rosenberg ed., *A World Connecting*, Ch.1, pp. 29-84.

38. Tony Ballantyne and Antoinette Burton, "Empires and the Reach of the Global," in Emily S. Rosenberg ed., *A World Connecting*, Ch.2, pp. 85-434.

39. Dirk Hoerder, "Migrations and Belongings, 1870-1945," in Emily S. Rosenberg ed., *A World Connecting*, Ch.3, pp. 435-592.

（Allen Wells）探討工業和農業產品的改革、運輸、商業和金融上的創新如何改變了 1870 年至 1945 年的世界經濟：全球商品鏈的演化如何從食物原料轉向工礦原料的開採，由拉美、亞洲和非洲的農礦產，如何連繫起歐洲北美的消費者和資本家的樞紐，在此一巨大商品網絡生產線中的農人、工人和資本家所形成的經濟交織網是前所未見的。[40] 五、變小的世界版塊中的跨國趨勢潮流，由主編羅生寶執筆，她宏觀一次大戰後文化國際主義（Cultural Internationalism）的發展（不僅是國際聯盟，包括各種藝術、文化和體育活動成為全球普世文化的重要指標）、社會網絡及其連繫、各種展示和博覽會、專家網絡（科學家、工程家和測量家等專家的全球移動）、世界都會化等趨勢現象，使世界的版塊變得愈來愈小。[41]

　　2018 年 8 月於波士頓召開的世界經濟史大會（World Economic History Congress, WEHC, July. 29-Aug. 3），主題是「全球化浪潮」（The Wave of Globalization），從場次議題來看，以商品、資金、口岸、貿易圈、文化樣態、生活形態、政治影響力及其形成的各種關係紐帶，所牽動的全球化浪潮，並通過跨國研究的案例進行考察，占有相當大的比重。[42]

（二）跨國企業在中國

　　上述近十年來歐美學界對跨國史和跨國企業的研究論著，鮮少有以近代中國為主體的具體案例。從近代中國與世界的交往關係而言，19 世紀後期正好是近代中國經歷洋務實業運動，最早以官督商辦的形式展開新式企業、引進西方

---

40. Steven C. Topik and Allen Wells, "Commodity Chains in a global Economy," in Emily S. Rosenberg ed., *A World Connecting*, Ch.4, pp. 593-814. 本章單獨出版時，書名改為 *Global Markets Transformed, 1870-1945* (Cambridge, MA: Harvard University Press, 2014).

41. Emily S. Rosenberg, "Transnational Currents in a Shrinking World," in Emily S. Rosenberg ed., *A World Connecting*, Ch.5, pp. 815-998.

42. http://wehc2018.org/accepted/，瀏覽日期：2017 年 4 月 13 日。

工業技術、新舊觀念迎拒或交會，中國主動或被動納入世界體系的重要階段，各個方面的互動形成近代中國與西方世界的多重關係網絡。借鏡新近跨國史研究趨勢和開展的議題，仍有一些議題值得從中以新視角探索一個全球性質的中國，並深入理解驅動近代中國走向世界的內在和外在的多元因素。

　　過去有關清末民初外國企業在中國活動的研究，比較偏重外人在中國經濟投資的整體面向及其與中國民族資本企業間的關係，儘管在對外經濟與中國近代化關係有不同的看法，但這些研究成果係立基於扎實材料而提出的開創性見解，迄今仍是此一領域的扛鼎之作。[43] 郝延平所著《19世紀中國商業革命：中西商業資本主義的興起》（*The Commercial Revolution in Nineteenth-Century China: Sino-Western Mercantile Capatalism*），延續作者《19世紀中國買辦》（*The Comprador in Nineteenth Century China*）一書的研究，本書提出「中西共生」（Sino-Western Symbiosis），「中西商業資本主義」（Sino-Western Mercantile Capitalism），這些概念說明中國近代商業革命的特點。他認為19世紀中國同西方經濟的接觸，既促進了中國商業的發展，並導出不同於傳統商業活動的商業革命；他從沿海貿易的發展、新形式貨幣的使用和信貸的擴大、鴉片貿易對國內市場的拓展、內地絲茶收購活動對農業商業化的促進，以及中外競爭的加劇，利潤的追逐和市場的風險，對近代中國的商業發展和西方資本企業的關係提出深刻的見解。[44] 劉廣京早於1963年撰述《美國人與中國人：歷史文獻目錄》（*American and Chinese: A Historical Essay and A Bibliography*），該書的前半段有40頁專文，闡釋評價美中關係的歷史研究必須聚焦於更廣義的美國人個體（individual）和組織（organizations）在中國的活動，提到貿易、傳教士，科學家、教師、商人

---

43. 例如：Ernest R. May & John K. Fairbank eds., *America's China Trade in Historical Perspective, the Chinese and American Performance* (Cambridge, Mass.: Harvard University Press, 1986)。該書收錄的1980年代研究美中經濟關係史的學者論文選，迄今仍是此一領域極具參考價值的重要著作。
44. Hao Yen- P'ing, *The Commercial Revolution in Nineteenth-Century China: Sino-Western Mercantile Capitalism* (University of California Press, 1986).

企業、職業社團、學校、醫院、學術和慈善基金會等議題，他認為這些個人或群體比起美國政府的直接活動來得更具影響力，強調非政府範疇和性質內的美中關係研究之必要。這本小書是極重要的一本從經濟活動、職業群體和非政府領域研究中美關係史的參考書。[45] 劉廣京對於西方技術產品（鐵路、電報、輪船）、西方企業制度及其與中國傳統商會和制度運作之跨領域對話具開創研究，特別是《英美航運勢力在中國的競爭，1862-1874》（*Anglo-American Steamship Rivalry in China, 1862-1874*）一書探討了 19 世紀後半葉英美輪船公司在中國的競爭和美國旗昌輪船公司的跨台，以及華資輪船企業興起的背景，這些外國企業當時尚未具有現代跨國企業階層化的經營系統。[46]

19、20 世紀之交，西方商人在中國市場的商業管理和組織形態，出現較大的轉變。伴隨著老式洋行和中國買辦制度的消退，在總公司指揮下，逐漸建立起銷售網及專屬經理人，形成早期的跨國企業，而這些粗具跨國企業形態的公司對中國市場的投資，也從早期公司本身產品的銷售，延伸到對中國市場的進一步開發與投資，像美孚公司即是一個典型個案。19 世紀末以後美孚公司對中國市場的投資，除了本身起家的油產品貿易外，還陸續投資於中國內河輪船航行、公路建造和探勘油礦等。其次，有別於進出口貿易的經營，歐美和日本企業界在此一世紀之交，對中國實業建設，有進一步的投資興趣。例如：修築鐵路、開礦、架設電報線以及修浚港口的工程投資等等。這些實業投資，多肇始於清末，而於一次大戰前後有更大的投資熱潮。這部分的個案研究不論是外資企業、中西合資企業或華資企業史的研究，都愈來愈偏重個案考察，並將個案研究置於整體歷史脈絡發展之中，迄今已有不少成果，但主要仍集中於華資企業史的部分。[47]

---

45. Kwang-Ching Liu, *American and Chinese: A Historical Essay and A Bibliography* (Cambridge, Mass.: Harvard University Press, 1963).

46. Kwang-Ching Liu, *Anglo-American Steamship Rivalry in China, 1862-1874* (Cambridge, MA: Harvard University Press, 1962).

長期致力研究在華跨國企業的高家龍（Sherman Cochran），最早成名著作為 1980 年出版的英美菸公司（British American Tobacco Company, BAT）在中國的商業活動及其與南洋菸草公司的競爭，奠定其研究外資在華企業的學術地位。[48] 高家龍在《大公司與關係網》（*Encountering Chinese Networks: Western, Japanese and Chinese Corporations in China, 1880-1937*）一書中，使用了「中國關係網」（Chinese Networks）一詞。高家龍的專書選擇了英美、日本與中國共六家著名的代表企業，分析 19 世紀後期至 20 世紀前期西方、日本和中國大公司在中國市場遭遇「中國關係網」的經歷。[49] 高家龍主要關注的是中國的關係網，但這種「關係網絡」事實上非僅限於中國市場的經營、管理和商業競爭的關係網，外資企業在中國的遭遇，不僅是中國所提供的條

47. 關於華資企業史的成果可謂相當豐碩，為免掛一漏萬，不擬敘述。近年有關跨國企業在華活動的研究成果，可參見：中央研究院近代史研究所的張寧對於中國冷凍蛋品工業的研究。張寧，〈跨國公司與中國民族資本企業的互動——以兩次世界大戰之間在華冷凍蛋品工業的發展為例〉，《近代史研究所集刊》37（2002.06），頁 187-227。張寧，〈技術、組織創新與國際飲食變化——清末民初中國蛋業之發展〉，《新史學》14：1（2003.03），頁 1-43。張寧近年關於上海殖民社會與文化活動的系列研究，不僅是上海城市生活史的面貌，也比較了外人在華活動與母國文化的移植與變異等面向，具有全球史的宏觀意義。吳翎君的研究以全球和跨國視野重新梳理中國與美國的關係，針對 1870 年代至 1946 年中美兩國在企業活動、技術引進、商人和工程師的社群交往及其帶動近代中國走向世界的思路鋪陳，將政治、經濟和文化交往的中美關係統合於國家建制、國際秩序和進入全球經濟體系的範疇意義。參見吳翎君相關著作：《美孚石油公司在中國（1870-1933）》（臺北：稻鄉出版社，2001）；《美國大企業與近代中國的國際化》（臺北：聯經，2012）；〈歐戰爆發後中美經濟交往的關係網——兼論「美國亞洲協會」的主張〉，《政大歷史學報》43（2015.05），頁 179-218。Wu Lin-chun, "Partnership across the Pacific Ocean: the Sino-US Collaboration in Maritime Transportation During World War 1," *Journal of Modern Chinese History*, vol.9 (2015), pp. 199-222.

48. Sherman Cochran, *Big Business in China, Sino-foreign Rivalry in the Cigarette Industry, 1890-1930* (Cambridge, Mass.: Harvard University Press, 1980).

49. Sherman Cochran, *Encountering Chinese Networks: Western, Japanese and Chinese Corporations in China, 1880-1937* (University of California Press, 2000). 高家龍近年的研究轉向對近代中國消費文化的考察，他以北京同仁堂、上海中法藥局、上海五洲藥房、上海新亞製藥廠以及以東亞為基地的虎永安堂五個個案，分析近代中國的藥房消費及隨之形成的消費文化。Sherman Cochran, *Chinese Medicine Men: Consumer Culture in China and Southeast Asia* (Cambridge, Mass.: Harvard University Press, 2006). 另與 David Strand 合編有 *Cities in Motion: Interior, Coast and Diaspora in Transnational China* (Berkeley: University of California Institute of East Asian Studies, 2007).

件和機遇，更趨近於中西兩國交往中的多層次關係網絡以及中國邁向與近代世界體系的形構。

　　跨國公司在華活動是近代中國經濟社會史的重要領域之一，但目前深入資料的細部研究仍嫌不足，不僅是歐美公司，日本在華公司的活動個案亦仍有很大的拓展空間。立基於前輩學者的研究成果，並借鏡英文學界近十年的跨國史研究視角，或可由以下幾個面向來開展議題：一、拓展研究外國公司在華歷史的跨領域書寫。近年英文學界的國際史和經濟史論著已對不同形態跨國公司的全球興起提出宏觀考察，關於跨國競爭、經營管理、企業家精神、經濟制度和政府操作等不同切面，這些議題在中國歷史場景的具體面貌仍不清晰。西方學者擅於從跨領域觸角來挖掘新穎題目，像瓊斯就是其中之一，他除了研究綠色企業，另有一本《美麗戰爭：化妝品巨頭全球爭霸史》（*Beauty Imagined: A History of the Global Beauty Industry*）的專書，探討 19 世紀以來興起的化妝品和香水品牌如何塑造世人對於美麗的想像和標準，以及如何形成當今化妝品巨頭的企業爭霸史。[50] 二、跨國企業、技術專家、人力的全球移動，乃至於個人或群體身分的遷徒和流動對本身社會階層的轉換，以及對當地社會網絡產生的交互作用等議題。上述羅生寶的《世界連繫》的五大架構章節提供了相當好的範例和可以延展到中國場域的視角，但須多留意的是中國內部、外部和國際間（internal, external and international）的連繫。三、創新企業、科技和環境議題。哈佛大學新近成立的能源史研究計畫（The Energy History Project），關注長時期和跨區域的地表上各種能源史的演進、區域比較及其相應連結，能源史作為一門新興的領域，力求借鑒其他學科，以比較史學的方法，全面地研究各種能源及其利用與影響，希望有助於改善全球環境議題。特別是對於

---

50. Geoffrey Jones, *Beauty Imagined: A History of the Global Beauty Industry* (Oxford University Press, 2010). 該書中文譯本有：王茁、顧潔譯，《美麗戰爭：化妝品巨頭全球爭霸史》（北京：清華大學出版社，2011）。

中國當前嚴重惡化的自然環境問題，使得企業創新和能源史在中國的發展議題受到關注，例如：19 世紀以來，跨國公司帶來的新興能源技術，其開發對社會生活環境所造成的助益或破壞（中國最初如何看待石油產品造成的河川防汙問題、火力發電和自然環境保護問題等等的歷史溯源）。[51] 四、實業家、技術專家及其關係網所呈現的全球知識文化現象。不少學者都留意到一次大戰後的國際主義現象，例如：入江昭在其系列著作中闡釋一戰以後是文化國際主義全力發展的時代，大戰的毀滅性破壞，促使歐美知識菁英和藝文人士期望從教育、文化和藝術展演等方面，取代國際政治和軍備的競爭。不同於知識分子泛談理論救國，實業家和測量師或工程師是真正行動的實踐者，他們在中國的活動所展現全球知識的交換和文化國際主義的影響，例如：標準化規格、科學管理和新式企業的引進、制度化變革，均和全球經濟和技術知識的一體化至為相關，乃至於對職業專家的專業化（professionalism）等議題，仍有待拓展。[52]

四、小結

近十年跨國史研究吸引了國際關係史、經濟史和國別史的學者在研究視野上的「全球轉向」，時間集中於 19 世紀後半近代國家的形成，或 1870 年代第二波工業革命迄於當代全球化議題。跨國史研究可以是以全球一體為對話座標，也可以是強調本國對他國影響或他國對本國影響的跨國連繫，更可以是將雙邊或多邊國家，甚至是將多元區域的共享歷程置於全球和跨國視角來考察。如果我們習慣以國與國之間的衝突和戰爭來思考全球關係，可能忽

---

51. The Energy History Project, http://www.fas.harvard.edu/~histecon/energyhistory/(2017/05/01).

52. Akira Iriye, *Cultural Internationalism and World Order* (Baltimore: The John Hopkins University Press, 1997), p. 184. Akira Iriye, "Culture and Power: International Relations as Intercultural Relations," *Diplomatic History* 3, no. 3 (1970), p. 115.

略國家內部的各種文化和多樣結構性因素；但是如果不從國家歷史的脈絡分析，我們很難理解 19 世紀以來國際秩序的衝突，而如果我們從超越國境的全球視野看待國家之間與非國家行為者之間的各種因果鏈現象，則可拓展了我們對個人、群體、城市、國家、區域和全球世界的理解。跨國史的研究取徑涵蓋了國家內部、國家之間和超越國家的範疇，既關注全球一體化特性，也顧及跨國的比較差異和相互連繫，這正是跨國史研究的魅力所在。

近年跨國史著作的成果的確擴大全球視野，而且隱然看到了一種宏大歷史敘事（Macro-history）的復甦，從時間軸（長時間）的拉長時性，再拉到跨空間地域的全球觀照，這種跨地域和長時間的研究視野，雖有研究上的制高點，但真正能深入研究主題，從高屋建瓴的全球視野展現豐富的學術深度，實屬不易。本文梳理了國際史和經濟史學者所開展的跨國史和跨國企業研究議題，主要的研究成果係以美國哈佛大學為領軍團隊，近十年豐富的研究成果也說明了跨國史在研究方法上已愈來愈趨成熟。英文學界新近研究趨勢有助於我們將跨國企業在中國的活動置於全球網絡，發掘新主題、拓展研究邊界，並比較近代中國的研究實例與西方學界既有宏觀成果的異同，也未嘗不能從全球視野提出耳目一新，且對當前時代具有啟示意義的研究議題和觀點。

歐美歷史學界對於當前全世界範圍內發生的各種現實危機甚為關注，也因此往往帶動一個世代的研究議題導向，而在當今資訊分享的數位化時代，更以建置跨國研究群的網路平台快速擴大學術社群的影響力。目前持續擴充的「一次世界大戰的國際百科全書」（1914-1918-online. International Encyclopedia of the First World War），該項計畫為德國柏林自由大學（Freie Universität Berlin, FU Berlin）自 2011 年起號召全球超過 50 餘國、數百位學者所共同參與。這個一戰史的研究計畫與以往政治軍事史的書寫最大的不同，係不以交戰的兩個陣營作為研究主線，更不以加害者和受害者看待歷史，澈底打破愛國主義立場，以跨區域和全球視角來探索大戰期間的各個國家和平

民的問題，例如：戰時人民生活和心靈狀態、戰爭暴力體驗、戰俘營的處置、大眾傳播媒體、文化精神現象、兒童心理和戰爭遊戲、婦女地位和戰爭究責等跨國議題，以及全球在戰爭期間各個政治、社會、經濟和文化等面向的交互作用影響均受到關注。[53] 2017 年 1 月召開的美國歷史學會年會中，已卸任主席派屈克・曼寧（Patrick Manning）的專題演講題為〈不平等議題：歷史及學科研究方法〉（Inequality: Historical and Disciplinary Approaches），鑑於當前世界各國和區域內的不平等因素擴大所導致的嚴重社會危機，其不僅僅是經濟學者長期聚焦的財富和收入議題，他號召歷史研究者一起投入社會、文化、健康、氣候等世界範圍內的各種形式的不平等議題，從世界歷史的視角出發，考察不平等議題的社會心理根源和自然成因。為達成此一目標，由匹茲堡大學（University of Pittsburgh）建置的「歷史資訊和分析的協作平台」（Collaborative for Historical Information and Analysis, CHIA）網站，號召歷史學者將有關不平等議題的相關文獻和資料上傳到此一平台，期望建立一個如何解決不平等問題的跨領域大型知識庫。[54] 在當前全球化趨勢之下，世界各地學者的跨國交流愈來愈頻繁，可預見的未來是，通過一個大主題以全球學者為交流對象的研究平台肯定愈來愈普遍。當跨越民族／國家的歷史，成為 21 世紀史學家筆下的共有歷史之進程，歷史的書寫始可望成為全球和平的知識力量，此不就是 1990 年代以來伴隨著全球一體化和網際網路時代的來臨，歷史學者對歷史知識的表述形式和存在價值不停叩問的學術反思！[55] 這也是歐美歷史學界企圖以建構全球史／跨國史成為一種世界公民之理想國的核心關懷。

---

53. 「一次世界大戰的國際百科全書」總主編為柏林自由大學的 Olive Janz 教授。這項計畫的所有參與作者先經過編輯部的篩選，再經由兩階段審查文稿，最後為編輯部的修訂，力圖將第一次世界大戰的最新成果呈現給世界讀者，它同時也是目前全球最大的一戰資料庫。這項計畫的龐大經費來自德國研究基金會（German Research Foundation, DFG）的贊助。目前共有全球 868 位學者參與。http://encyclopedia.1914-1918-online.net/contributors/，瀏覽日期：2017 年 3 月 13 日。

54. Patrick Manning, "Inequality: Historical and Disciplinary Approaches," *The American Historical Review* 122 (1), Feb. 2017, pp. 1-22. CHIA 計畫網站設置於匹茲堡大學，設於 2011 年。http://www.chia.pitt.edu/，瀏覽日期：2017 年 5 月 14 日。

參考書目

- 王立新，〈試析全球化背景下美國外交史研究的國際化與文化轉向〉，《美國研究》1（2008），頁 26-46。
- 王立新，〈跨國史興起與二十世紀世界史的重新書寫〉，《世界歷史》2（2016），頁 4-23。
- 吳翎君，〈從徐國琦新著 *Chinese and Americans: A shared History* 談中美關係史研究的新範式〉，《臺大歷史學報》55（2015），頁 219-249。
- 吳翎君，〈從徐國琦新著 *Strangers on the Western Front: Chinese Workers in the Great War* 談國際史的研究方法〉，《新史學》22：4（2011），頁 183-215。
- 吳翎君，《美孚石油公司在中國（1870-1933）》。上海：上海人民出版社，2017。
- 吳翎君，《美國大企業與近代中國的國際化》。臺北：聯經，2012。
- 林滿紅，《銀線──十九世紀的世界與中國》。臺北：臺大出版中心，2011。
- 徐國琦，〈「會當凌絕頂，一覽眾山小」──國際史研究方法及其應用〉，《文史哲》4（2012），頁 5-17。
- 貢德·弗蘭克（Andre Gunder Frank）著，劉北成譯，《白銀資本──重視經濟全球化中的東方》。北京：中央編譯出版社，2001。
- 張寧，〈技術、組織創新與國際飲食變化──清末民初中國蛋業之發展〉，《新史學》14：1（2003），頁 1-43。
- 張寧，〈跨國公司與中國民族資本企業的互動──以兩次世界大戰之間在華冷凍蛋品工業的發展為例〉，《近代史研究所集刊》37（2002），頁 187-227。
- 陳偉智，〈二十一世紀歷史學的提議──評介《歷史學宣言》〉，《人社東華》電子季刊 5（2015），http://journal.ndhu.edu.tw/e_paper/e_paper_c.php?SID=86，瀏覽日期：2017 年 5 月 3 日。
- 傑弗瑞·鐘斯（Geoffrey Jones）著，王苗、顧潔譯，《美麗戰爭──化妝品巨頭全球爭霸史》。北京：清華大學出版社，2011。
- 塞巴斯蒂安·康拉德（Sebastian Conrad），《全球史的再思考》。臺北：八旗文化，2016。
- 劉克倫、石之瑜，《入江昭對世界與中國的中間主義立場──一種多元身分的知識視野》。臺北：國立臺灣大學政治學系中國大陸暨兩岸關係教學與研究中心，2010。
- 潘宗億，〈全球化歷史與歷史化全球化──一個世界跨區域「五流」分析架構的提議與實踐〉，《輔仁歷史學報》34（2015.03），頁 45-108。
- 蔣竹山，〈探尋世界的關聯──全球史研究趨勢與實踐〉，《歷史研究》1（2013.03），頁 11-16。
- 蔣竹山，〈超越民族國家的歷史書寫──試論近來全球史研究中的「空間轉向」〉，《新史學》23：3（2012），頁 199-228。
- 蔣竹山，《當代史學研究的趨勢、方法與實踐──從新文化史到全球史》。臺北：五南圖書出版

---

55. 關於全球化、網絡時代和大數據的建立，引起不少歷史學者對當下歷史學科知識應扮演怎樣的功能，以及歷史書寫將如何迎向新時代的各種反思。較新成果可參見：Jo Guldi & David Armitage, *The History Manifesto* (Cambridge University Press, 2014). 劍橋大學出版社與兩位教授成立了此專書的網頁（http://historymanifesto.cambridge.org/），提供全文下載之外，也開闢了討論區（瀏覽日期：2017 年 5 月 2 日）。

股份有限公司，2012。

- Armitage, David. *The Declaration of Independence: A Global History*. Cambridge, MA: Harvard University Press, 2008.
- Ballantyne, Tony and Burton, Antoinette. *Empires and the Reach of the Global*. Cambridge, MA: Harvard University, 2014.
- Chandler, Alfred D. Jr. and Bruce Mazlish, eds. *Leviathans: Multinational Corporations and the New Global History*. Cambridge: Cambridge University Press, 2005.
- Cochran, Sherman and David Strand, eds. *Cities in Motion: Interior, Coast and Diaspora in Transnational China*. Berkeley: University of California Institute of East Asian Studies, 2007.
- Cochran, Sherman. *Big Business in China: Sino-foreign Rivalry in the Cigarette Industry, 1890-1930*. Cambridge, Mass.: Harvard University Press, 1980.
- Cochran, Sherman. *Chinese Medicine Men: Consumer Culture in China and Southeast Asia*. Cambridge, Mass.: Harvard University Press, 2006.
- Cochran, Sherman. *Encountering Chinese Networks: Western, Japanese and Chinese Corporations in China, 1880-1937*. Berkeley: University of California Press, 2000.
- Connelly, Matthew. *Fatal Misconception: the Struggle to Control World Population*. Cambridge, MA: Harvard University Press, 2008.
- Curthoys, Ann and Marilyn Lake, eds. *Connected Worlds: History in Transnational Perspective*. Canberra: Australian National University Press, 2005.
- Ferguson, Niall, Charles S.Maier, Erez Manela, and Daniel J. Sargent, eds. *The Shock of the Global: the 1970s in Perspective*. Cambridge, MA: Harvard University Press, 2011.
- Frank, Andre Gunder. *Reorient: The Global Economy in the Asian Age*. California: University of California Press, 1998.
- Hao, Yen-P'ing. *The Commercial Revolution in Nineteenth-Century China: Sino-Western Mercantile Capitalism*. Berkeley: University of California Press, 1986.
- Hausman, William J., Peter Hertner, and Mira Wilkins. *Global Electrification: Multinational Enterprise and International Finance in the History of Light and Power, 1878-2007*. Cambridge: Cambridge University Press, 2008.
- Hoerder, Dirk. *Migrations and Belongings, 1870-1945*. Cambridge, MA: Harvard University, 2014.
- Hopkins, Anthony G., ed. *Globalization in World History*. London: Pimlico, 2002.
- Iggers, Georg G., Wang Q. Edward and Supriya Mukherjee. *A Global History of Modern Historiography*. Harlow: Pearson Longman, 2008.
- Iriye, Akira and Pierre-Yveseds Saunier. *The Palgrave Dictionary of Transnational History, From the mid-19th century to the present day*. Basingstoke, England; New York: Palgrave Macmillan Publisher, 2009.
- Iriye, Akira. Petra Goedde, and William I.Hitchcock, eds. *Human Right Revolution: A International History*. Oxford: Oxford University Press, 2012.
- Iriye, Akira. *China and Japan in the Global Setting*. Cambridge, MA: Harvard University Press, 1992.
- Iriye, Akira. *Cultural Internationalism and World Order*. Baltimore: The John Hopkins University Press, 1997.
- Iriye, Akira. *Global and Transnational History: The Past, Present and Future*. Basingstoke: Palgrave Macmillan, 2013.

- Iriye, Akira. *Global Interdependency: The World after 1945.* Cambridge, MA: Harvard University Press, 2014.
- Iriye, Akira. "The internationalization of History." *The American Historical Review* 94, no. 1 (1989), pp. 1-10.
- Jo Guldi and David Armitage. *The History Manifesto.* Cambridge University Press, 2014.
- Jones, Geoffrey. *Beauty Imagined: A History of the Global Beauty Industry.* Oxford: Oxford University Press, 2010.
- Jones, Geoffrey. *Multinationals and Global Capitalism: From the Nineteenth to the Twenty-first Century.* Oxford: Oxford University Press, 2005.
- Jones, Geoffrey. *Profits and Sustainability: A History of Green Entrepreneurship.* Oxford: Oxford University, 2017.
- LaFeber, Walter. *The New Empire: An Interpretation of American Expansion, 1860-1898.* Ithaca: Cornell University Press, 1963.
- Liu Kwang-Ching. *American and Chinese: A Historical Essay and A Bibliography.* Cambridge, Mass.: Harvard University Press, 1963.
- Liu Kwang-Ching. *Anglo-American Steamship Rivalry in China, 1862-1874.* Cambridge, MA: Harvard University Press, 1962.
- Maier, Charels S. *Leviathan 2.0: Inventing Modern Statehood.* Cambridge, MA: Harvard University, 2014.
- Manela, Erez. *The Wilsonian Moment: Self-determination and the International Origins of Anti-Colonial Nationalism.* Oxford: Oxford University Press, 2007.
- Manning, Patrick, ed. *World History: Global and Local Interactions.* Princeton: Markus Wiener Publishers, 2005.
- Manning, Patrick. *Slave and African Life: Occidental, Oriental, and African Slave Trades.* Cambridge: Cambridge University Press, 1990.
- May, Ernest R. and John K. Fairbank, eds. *America's China Trade in Historical Respective, the Chinese and American Performance.* Cambridge, Mass.: Harvard University Press, 1986.
- May, Ernest R. and John K. Fairbank, *America's China Trade in Historical Perspective, the Chinese and American Performance.* Cambridge, Mass.: Harvard University Press, 1986.
- Rosenberg, Emily S., ed. *A World Connecting, 1870-1945.* Cambridge, MA: Harvard University Press, 2012.
- Rosenberg, Emily S. *Transnational Currents in a Shrinking World.* Cambridge, MA: Harvard University Press, 2014.
- Topik, Steven C. and Allen Wells. *Global Markets Transformed, 1870-1945.* Cambridge, MA: Harvard University Press, 2014.
- Westad, Odd Arne. *Restless Empire: China and the World Since 1750.* New York: Basic Books, 2012.
- Westad, Odd Arne. *The Global Cold War: Third World Interventions and the Making of Our Times.* Cambridge: Cambridge University Press, 2006.
- Wilkins, Mira. *The Emergence of Multinational Enterprise: American Business Abroad from the Colonial Era to 1914.* Cambridge, Mass.: Harvard University Press, 1970.
- Wilkins, Mira. *The History of Foreign Investment in the United States to 1914.* Cambridge, Mass.:

Harvard University Press, 1989.

- Wilkins, Mira. *The History of Foreign Investment in the United States, 1914-1945*. Cambridge, Mass.: Harvard University Press, 2004.
- Wilkins, Mira. *The Maturing of Multinational Enterprise: American Business Abroad from 1914 to 1970*. Cambridge, Mass.: Harvard University Press, 1974.
- Tyrrell, Ian. "American Exceptionalism in the Age of International History." *The American Historical Review* 96, no.4 (1991), pp. 1031-1055.
- Xu Guoqi, *Asia and the Great War*. Oxford: Oxford University Press, 2017.
- Xu Guoqi, *Strangers on the Western Front: Chinese Workers in the Great War*. Cambridge, MA: Harvard University Press, 2011.
- Yang Daqing. *Technology of Empire: Telecommunications and Japanese Expansion in Asia, 1883-1945*. Cambridge, Mass.:Harvard University Asia Center, 2011.

　　——本文原刊載於《新史學》28：3（2017.09），頁 207-240。吳翎君教授授權使用。

一、「跨國史」的研究取徑

① 入江昭從「國際史」到「跨國史」的轉向：

國際史：仍有國家作為國際社會實體和國家邊界概念的局限。

跨國史：帶有超越民族國家的意涵，但不意味著去國家化。

② 跨國史的書寫趨勢：

重視不同人、事、物跨越國境帶來的歷史現象，及其全球關連，例如：美國總統威爾遜的「民族自決」，如何在埃及、中國、印度及朝鮮等地造成深刻影響。

③ 分析視野的不同：

全球史：將世界看作一個整體，探討在地、區域、國家、各洲和全球之間的相互作用。

區域史：傾向討論各洲或是更大政治經濟框架下的國家關連。

比較史學：超越國境的方式，探討兩個或更多的社群（城市、區域或國家）的歷史比較。

跨國史：主題包括國際組織、個人歷史、帝國歷史、政治運動、移民、環境等。

④ 目前跨國史的研究對象多集中在 19 世紀中葉以後，未來發展有待進一步觀察。

二、跨國企業研究

① 近年英文學界研究成果，於經濟史學者和國際史學者的激盪下，在跨國企業、技術擴張、跨國聯繫及其全球化網絡等議題成果斐然。

例如：跨國企業如何在全球電力化的技術革新中，壟斷整個電力市場。

② 2018 年在波士頓召開的世界經濟史大會以「全球化浪潮」為題，以跨國研究案例來考察商品、貿易權、生活型態、政治影響力等議題，占了相當比重的場次。

③ 跨國企業在中國的研究：

過去較少針對近代中國為個案的跨國企業研究。

跨國企業的視角，有助於了解近代中國如何與世界體系接軌，探索一個全球性質的中國。

未來展望：

1. 拓展跨國企業在中國歷史的跨領域書寫

2. 跨國企業、技術、人才的全球移動，或個人、群體身分的流動，對於社會階層的轉換，或是當地社會網絡造成的影響

3. 創新企業、科技和環境議題

4. 實業家、技術專家及其關係網呈現的全球知識文化現象

歐洲文化與現代世界

|導讀| 翁嘉聲，〈土生土長為雅典人之憲章神話〉

陳思仁

古典希臘哲學家亞里斯多德，他一生在雅典學園從事學習與教學達 20 年之久，並寫出奠定西方政治學理論基礎的論著，但終其一生卻未能擁有雅典公民權的權利，只因為他不是「土生土長」。在〈土生土長為雅典人的憲章神話〉一文中，翁嘉聲老師以雅典神話為開展，輔以圖案、葬禮演講詞以及戲劇後三項材料作為佐證，說明何為「土生土長」，以及主張「土生土長」論述是雅典公民權的「憲章神話」。藉由此文我們可以理解到，「土生土長」論述形塑雅典人的自我想像與集體認同，構成雅典公民權的性別偏見以及排外政策。而這也是亞里斯多德未能獲得公民權的原因。

本書選讀〈土生土長為雅典人之憲章神話〉一文，其一，文章引用的神話、圖像、葬禮演講詞、戲劇，正可作為說明雅典城邦公民權狹隘性的材料。神話、圖像、葬禮演講詞、戲劇四項材料，不再被片面解讀為雅典「文化成就」而予以讚美，反而可作為「整體」且歷史性地用來解釋雅典公民權的局限性與定義的佐證。

其二，在本文中，上述這些材料被視為雅典人建構祖先歷史記憶的文化文本，也就是歷史記憶被物質化與具體化成為神話（從口述到書寫）、圖像、演講詞與戲劇等「文化媒介」，而透過這些「文化媒介」傳遞了雅典祖先的記憶。這些「文化媒介」在日常生活中不斷被提示（如器物上的圖案）與展演（如戲劇表演），媒介中的「歷史記憶」經由重覆展示，成為建構雅典人的自我想像、

以及雅典人集體認同。因此，這些被稱為「文化」的神話、圖畫、葬禮演講詞、戲劇，可視為建立雅典人身分認同的媒介，因為關於雅典人身分「基因」的記憶就鑲嵌在這些「文化」上，而文化媒介承載的記憶又稱為「文化記憶」。

其三，鑲嵌著雅典人身分基因的文化記憶，是關於「土生土長」的敘事。所謂「土生土長」，從最早出自於神話，雅典祖先 Erichthonius 出生於大地女神蓋亞到雅典娜接收扶養長大這一從自然出生到社會化的身分。在城邦社會的建立以及城邦公民權的合法性問題上，雅典人為建國者 Erichthonius 的後代就構成雅典人皆是「土生土長」而非外來移民者的身分建構。基於此，雅典後裔在血緣上既是同一，就有助現實上訴求城邦公民權的平等性，也有助於強調雅典城邦就是雅典人所有的合法性訴求。本文討論的「土生土長」，構成集體身分認同、也成為對城邦社會的集體想像，並成為雅典公民權權限的合法論述，故而為作者說的「憲章神話」。

其四，作者在引用四類文化媒介時，亦同時關切媒介中的「敘事」的改編，而敘事的改編又與雅典自身城邦政治變化有密切關係。當雅典從城邦走向帝國的同時，作者藉由 Euripides 的戲劇內容，強調「土生土長」身分意義的延續外，但同時也藉由「征服」與法律上的認可，合法化雅典與其他城邦建立在血緣與（法律上）結盟的帝國想像。於是，敘事中的文化記憶，既維持不可變更的「土生土長」身分，但又因應當下政治權力的變化而改編敘事，以符合現實的想像。

藉由作者引用的這四種文化媒介，幫助讀者掌握雅典政治排他性的論述材料，這四種文化媒介傳承著延續「土生土長」的雅典人身分意義，儘管爾後文化記憶的敘事重編，卻是雅典人與現實持續對話下的必然。因此，此文是幫助讀者從文化媒介解讀古典雅典人身分意義建構的推薦文。

延伸閱讀

1. 康奈莉（Joan Breton Connelly）著，梁永安譯，〈終極犧牲：國父、國母、國女〉《帕德嫩之謎：
   古希臘雅典人的世界》（臺北：貓頭鷹，2017），頁 189-213。
   本文對應「神話與哲學」（條目 La-V-1）。
2. 安傑羅·查尼歐提斯（Angelos Chaniotis）著，黃楷君譯，〈社會與文化趨勢：施惠者、同志、
   役男、運動員、女性與奴隸〉《征服的時代：從亞歷山大到哈德良的希臘世界》（臺北：馬
   可孛羅，2021），頁 400-428。
   本文對應「神話與哲學」（條目 La-V-1）。

土生土長為雅典人之憲章神話

翁嘉聲*

一、導論及方法學

本研究欲探討「土生土長」（autochthony）這概念，亦即人類乃由大地而生，嘗試將其放置在市民城邦（*polis*）這脈絡中來加以解讀，並分析其所具有之社會、政治涵義。語意學上 *auto-chthon* 乃是個複合字，意指一群永久居於該地之人，而無論這些人究竟是否由大地所生；其所對立者乃 *epelus* 或 *epaktos*（foreign，外國〔人〕）。[1] 在此我們先引用被歸諸雅典 4 世紀最傑出之演說政客德謨斯希尼斯（Demosthenes）編號 60 的 *Epitaphios*（〈喪禮演說詞〉），來略知何謂「土生土長」：

> 我將從他們種族的起源開始論述。這些人高貴的出生（*eugeneia*）從無法追憶的遠古時代起，便被眾人所認可。因為他們每一個人在追溯自己的先祖時，不僅可以追溯到自己肉體上的父親，也可以追溯到這屬於他們整體的土地，一個共同的財產，而他們皆被認為是土生土長之後代子孫（*eis holen koinei ten hupachousan patrida, hes autochthones homologountai einai*）。在所有人類之中唯獨他們是定居在他們所誕生的土地之上，並將之傳遞給他們的後裔，所以吾人

---

* 國立成功大學歷史學系教授。研究領域為希臘羅馬古典文明史、希臘羅馬古典哲學、早期教會史。
1. 參考 Dougherty, 1996, p. 266 note 24; Tyrrell & Brown, p. 133。

可以很正確地認爲，其他那些以移民者之身分來到他們的城市，並被認定爲其市民者，僅能被比喻爲被收養的後代子孫；然而這些人由於他們合法的出身，則是他們祖國土地的眞正公民（*toutous de gnesious gonoi tes patridos politas einai*）。[2]

再讓我們看雅典的外籍[3]演說詞作家呂西亞斯（Lysias）如何傳達並發展這土生土長的概念：

現在，我們的先祖很自然地受到決心所驅策，來爲正義進行戰爭：因爲他生命的起源原本就是正直的。他們並不像絕大多數的民族，是由各地所聚合而成，也未在驅逐原住民之後，而定居於一塊陌生不屬於他們的土地：他們乃出生於土地，在同一個國度之內擁有既是他們的母親以及他們的祖國（*autochthones ontes ten auten ekektento metera kai patrida*）。他們是那時候最先而且唯一的民族，驅逐統治的豪強貴族，建立民主政治，並相信所有人均享受自由才是和諧共存最強的凝聚；彼此分享在危難中所具有的希望，所以在城邦生活中他們擁有靈魂的自由，並以法律來獎善懲惡。因爲他們認爲因暴力而受制於他人，乃野獸之道，而生而爲人應以法律來釐清界定正義之事，以理性來服人，並以遵從法律之至高無上以及理性之導引來將此實現（*upo nomou men basileuomenous, upo logou de didaskomenous*）。[4]

呂西亞斯的辯論，認為所有雅典人引以為傲的法律制度以及民主體制，

---

2. [Demosthenes]60.4。
3. *Metoikos*；這種由一位出身於敘拉古（Syracuse）的僑民所表達雅典土生土長的意識形態，當然更把它的普及及滲透性表現無遺。
4. Lysias, 2.17。

以及雅典這市民城邦的合法性等，皆完全導源於土生土長的高貴出身。由此可見土生土長的神話以及其所意指的種種意涵，構成一個意識形態的複雜體（complex）或包裹（package）。相反地，那些非土生土長之民族，則無法享受這些雅典人所自負的成就。土生土長似乎成了界定雅典人重要的依據。柏拉圖在對話錄 *Menexenus* 238e-239a 以及優律皮底斯之 *Erechtheus* fr.50 中亦表達相同的概念。[5] 我們將在以下的討論中，解析這觀念可能的重要意涵。

　　將神話放置在市民城邦的脈絡中來解讀，必須依賴我們對古代史的知識，然後將神話在古代史裡，覓得其應得之地位。這其中部分的理由是由於神話（*mythos*）在希臘文明中並非容易地與所謂的「理性陳述」（*logos*）相區隔，反而可以補充「歷史上的空白」。[6] 對古代希臘人而言，這點似乎是可接受的論點，甚至對修昔底德（Thucydides）這位所謂的理性史學家亦然。[7] 但對本研究而言，更重要的是，將神話置於市民城脈絡來解讀時，將能夠協助我們尋求古代希臘市民城邦的「社會想像」（social imaginary），而這所謂的想像空間所指的是市民城邦對自我所投射出的形象：

> 它如何在幻想中看待自己，這看法含有很大的理想化及心願滿足的成分。[8]

---

5. 分別為 Plato, *Menexenus*, 238e-239a、Euripides, *Erechtheus*, fr. 50 Austin = fr. 360N，引用於頁 25 及 14-5，以及希羅多德 VII.161.3，引用於註 106；其他尚有 Plato, *Republic*, 414e-5l5a，Aristophanes, *Wasps*, 1075-1078 和 Isocrates 12 *Panathenaicus*, 124-5 等。

6. Dowden, pp. 4-5。Hecataeus（*FGH* 1 F 1）似乎刻意在反對其前輩及同代之人這種將 *mythos* 及 *logos* 相混的傾向：「Miletus 的 Hecataeus 提出他的論點（*mytheisthai*）：我以這我認為正確的方式來寫作，因為希臘人的 *logos*，就我而言，既是繁多而且荒謬可笑。」這種論點將 *mythos* 及 *logos* 的地位與後來的認知，似乎恰好相反；這應該警醒我們對 5 世紀所謂科學般之史學的崛起，應該有所保留。
有關神話與歷史之間的關係，請參考 Carol Brillante, "History and the Historical Interpretation of Myth"，收錄於 Lowell Edumnds (ed. & intro.), *Approaches to Greek Myth* (Baltimore: The Johns Hopkins University Press, 1990), pp. 91-138。

7. Thucydides, 1.3.2。

8. Loraux, 1993, p.3，譯者之另外註解。Cf. Hyperides, 6.35 一連串的自問句（self-questioning），即是自我形象塑造的努力；以及 [Demosthenes] 60.8 ff. 藉由對歷史的詮釋來塑造自我形象。

之所以「理想化以及心願滿足」乃是由於在真實上雅典人絕非土生土長，亦無該神話所影射、隱含的種族純粹（racial purity）。例如僭主（tyrant）Peisistratidae 家族宣稱來自伯羅奔尼撒半島西南的皮洛斯（Pylos），Neleus 之後代；[9] 而弒僭主（tyrannicide）之 Harmodius 和 Aristogeiton 則屬於來自埃雷特里亞（Eretria），雅典東岸之尤比亞（Euboea）島的 Gephyrairoi 家族。[10] Loraux 說這土生土長的神話就其各種形式而言，乃是雅典人據之以來肯定：

> 一個符合他們心願的城邦，系統性地加以發展以及鋪衍對自我的形象，以供自己以及後代子孫來利用。而這發展鋪衍的結果，在過去以及仍然在現在，以一種或多或少直截了當的方式，來讓人知曉有關雅典的全部故事。[11]

所以土生土長神話其實是「有關雅典城邦的雅典故事」（Athenian story of Athens）。研究希臘文明的學生在如此解讀神話時，必須預設神話作為一論述行為，已經發生於市民城邦之中，編織入它繁多的呈現（representations）以及它論述行為的綿密網路（inter-textual web）之中。至於其中所傳達的「社會想像」，此處必須先做如此的強調：如此的「想像空間」既非完全自主的，因為它在許多地方將與現實糾纏不清；亦不會單純地受制於政治上的控制，以滿足某特定的應急狀況（contingency）。亦即，經由神話之解讀而重建的「社會想像」，乃介乎純粹之想像力馳騁以及具體、限定之歷史狀況二者間。這種設法復原雅典人如何定位自我形象以及對自己如何幻想，對歷史學而言，我認為亦是其一部分的工作，而且許多時候比真正發生過之「歷史事實」還

9.　Herodotus, 5.65。
10.　Herodotus, 5.57。見 Connor, p. 37。
11.　Loraux, 1986, p. 3。

更加真實與具有影響力。

　　這個有關雅典人乃由大地而生之土生土長神話，便是一個完美的範例，來讓我們把希臘神話從其他學科喚回到歷史學本身，並且得以藉此來重建古典雅典的「社會想像」。這個雅典土生土長的神話，並非創世紀之屬的故事；然而它的盛行，將雅典創造為土生土長之事實所發生之地，賦予雅典人一種權力（power），贈賜給他們起始的威望（prestige），一個出發的起點（origin），而他們可以不斷地回歸這創造的初刻，以回溯的方式來提出一套文化史的說法，來驗證某個社區的自我認同以及界定該社區組成成員彼此之間的關係。[12] Saxonhouse 指出土生土長神話的功能是：

> 土生土長神話能夠泯除由於家族關連[13]而帶來的破壞性力量，並且將一個城市與其周遭相區隔，而統合了某個政治上的安排。……〔土生土長〕能夠使得這個城邦似乎與自然相合。……由這種形式之土生土長而產生的統合，端賴於將他類、差異加以排除在外。……土生土長跨越家族而將各個人加以統合；他們乃以一個共同母親之所生，而非以許多不同之父親及母親所從出，而共居於這個城邦。[14]

　　如此探討人類之起源必將免不了涉及如李維史陀所論及：人類究竟由

---

12. F. I. Zeitlin's Foreword to Loraux, 1993, p. xii; cf. Dougherty, 1996, p. 255; Saxonhouse, 1986, pp. 255-256。

13. 家族（oikos）時常被認為是市民城邦（polis）中離心力、差異的主要來源，而導致市民城邦之內爭（stasis）。

14. Saxonhouse, 1995, pp. 111-112。Connor 挑戰這種對雅典公民權所採取之排外的看法，我想這是因為土生土長之意識形態所投射者乃是一種理想化的狀況，在實際的運作上當然會發生如外邦聯姻、社會流動以及種族相混等現象。Connor 的文章值得參考，因為它提醒我們本文所探討者乃是一種「社會想像」（social imaginary）的重建，與歷史的實際運作往往有落差。

二抑或由一而生；[15] 換句話說：究竟是由兩性結合而生，抑或非兩性結合之其他生育策略而生；追根究柢：究竟是否由女人而生。這意謂對土生土長所進行的探討，也將會令人發現所謂的土生土長其實是文化上許多策略之一，設法將性以及生產的生物學事實，重新構圖（reconfigure）於文化中裡許多怪誕的人類生產方式之中。如此將會重新定義所謂「母」親（female parent）及「父」親（male parent）的個別角色，因而重新組構有關親屬關係及公民權的規則。我已經嘗試在〈赫希爾德（Hesiod of Ascra），潘朵拉（Pandora）以及希臘厭惡女人之傳統〉一文中，探討希臘文化中種種複製生產人類的不同策略，而藉此種種策略來壓抑女性之為母親的事實，以完成男性之自我定義。[16] 這個主題也將在本文中得到進一步的發揮。

雅典人並無有關土生土長神話所謂的典範版本（paradigmatic version）。事實上，就希臘神話而言，我認為最佳的解讀途徑是將希臘神話視為一系統，一種 inter-text，因為所謂的希臘神話是由它的觀聽眾所曾經驗過之神話種種呈現所組構而成；而且每個「新」的神話有其意義，乃端賴於它如何與這些已經出現以及未來才出現之神話，以及神話的整體，來加以定位。[17] 希臘神話因此是個演化的系統。另方面，每個地方的希臘人都有他們自己的神話，而一個希臘民族神話的出現正意謂著這些區域性的神話系統——可能在黑暗時期之後——有比較好之交通及關連的結果。這種地域性及個別性賦予了希臘神話某種特質，即對人類危機（human crisis）的高度興趣，特別強調其中的人、地、時、事、物。因此希臘神話也是相當的「歷史性」。而當我們見到希臘神話開始

---

15. Levi-Strauss, 1977, p.212; Tyrrell & Brown, p.140；翁嘉聲，1998，頁 11-12。
16. 翁嘉聲，1998。
17. Dowden, p. 8.

以典範性的方式出現，不再有演化變遷，例如，保存相當多神話原貌的 Apollodorus of Athens [18] 之 *Library*，亦已經是由優勢化（privileged）以及選擇過之神話，所組構而成的文學產品。這些所謂的優勢化之希臘神話，包括了史詩（如荷馬及 Epic cycles），系譜（genealogy），神話蒐輯（mythography），抒情詩（如 Pindar 之慶祝競賽勝利的頌，epinician〔= on victory〕odes）以及悲劇。在神話演化過程中，後來的作者並不需要遵循其前行者的腳步；相反地，他們經常翻新創造他們的神話。而在希臘悲劇中，我們尤其可以見到如此的創造力，所以悲劇常被認為乃是傳統神話經由市民之視角所做之再詮釋的結果。[19] 艾迪帕斯之流浪國外、殁於並葬於雅典近郊之 Colonus，而為當地帶來祝福，係悲劇作家索福克勒斯（Sophocles）之創造；在荷馬史詩 [20] 及艾斯奇勒斯（Aeschylus）

---

18. Apollodorus of Athens。係於西元前 2、1 世紀間（ca. 180-120 之後）的學者，受教於亞歷山卓城的 Aristarchus，但約於 146 年離開，前往 Pergamum。他的下半生大部於雅典度過，並寫作了許多主要的學術作品，是位博學多聞的學者，希臘化文化裡亞歷山卓學術巨人的最後一位。在拜占庭時代，他的名字常與一部稱為《圖書館》（*Library, Bibliotheke*）的作品相提及；這部作品是現存有關希臘神話最好、也最重要的資料來源。然而 Apollodorus 似乎不可能會完成這個作品，因為我們現今所擁有的版本中，引用到一位羅馬的年鑑作家叫 Castor，而此人與約西元前 1 世紀的 Cicero 同時。可是我們又認為這些引用又不可置疑地屬於 *Library*，所以這個作品應該是在 Apollodorus 殁後約 100 年才完成的。於是 *Library* 的真正作品似乎不詳。學者對這 *Library* 的作品，依據所使用之文字的風格及文體判斷，認為應該歸於西元後 1 或 2 世紀。

  另一個有關 *Library* 的面向，或許也可以證明希臘化時代的 Apollodorus 可能不是它的作者：*Library* 的作者似乎在介紹、詮釋這些神話時，沒有明顯的希臘化時代在從事類似作品，時常流露出的智性預設。而且 *Library* 的作者似乎使用的資料，都極為古老而且保守。*Library* 於是乎時常將同一相關神話的種種說法並陳，而且也常指出史詩、抒情及悲劇詩人影射到、但從未明言的神話典故。這些加起來使得 *Library* 保持了許多在前古典及古典時期，神話出現於不同之論述文類，所具有的原貌。

  在一些例子裡，我們仍然可以追尋 *Library* 如何使用所出自之原典，而得知 *Library* 在許多方面相當忠實於原典。例如 Apollodorus, 3.5.7-9 vs. Sophocles, *Oedipus Tyrannus*; Apollodorus, 1.9.15 vs. Euripides, *Alcestis*; Apollodorus, 1.9.28 vs. Euripides, *Medea*; Apollodorus, *Epitome* 7 vs. Homer, *Odyssey*; Apollodorus, 2.9. 16-26 vs. Apollonius of Rhodes, *Argonautica*。

19. Buxton, 1994, p. 33。

20. 如 *Odyssey*, 3.265-272 Clytemnestra 接納 Aegisthus 為情夫，ibid., 11.421-434 謀殺親夫 Agamemnon 與其情婦 Cassandra，ibid., 1.30, 1.298 & 3.306 etc. Orestes 為父報仇而弒母。

悲劇（*Oresteia*）中對弒夫的 Clytemnestra 有不同的呈現；優律皮底斯創造 *Ion* 不僅為土生土長，且為阿波羅之子，乃詩人之首創，均為其中之例證。即使在悲劇中，詩人之間的對話亦極為明顯，例如艾斯奇勒斯之 *Agamemnon* 中強迫祭獻 Iphigenia 與優律皮底斯在 *Iphigenia at Aulis* 的 Iphigenia 為希臘聯軍順利出航而自我犧牲，[21] 亦以相同之素材來表達相當不同的意義。

所以很自然地我們在希臘神話系統中，會發現不只一種土生土長的神話。但就目前所探討之目標，我們必須排除底比斯的 *Spartoi*（地生人，the sown ones），[22] 這個神話解釋底比斯乃由腓尼基英雄 Cadmus 與五位地生人所起始。相反地，我們將僅著眼於雅典人如何陳述他們的由來；但即使如此，我們亦將發覺，雅典之不同論述的文類（genres）亦各有自己如何呈現土生土長的神話，各有其不同之強調以及發展。[23] 在我個人的評估中，經由

①對陶磁器上之圖像（iconography）進行分析，

②對 5、4 世紀之不同作家所留下並發表於雅典郊區之 Kerameikos 國喪場合中的「喪禮演說詞」（*epitaphios logos*），做綜觀式之討論，然後再加上

③探討酒神祭（Dionysia）中所演出之優律皮底斯的劇本 *Ion*。

我們或許可以將這神話之種種呈現做較全面之掌握，並了解雅典人在非正式、非體制性（如陶磁器之圖像文類）以及正式以及體制化（institutionalized）（如喪禮演說詞及悲劇）的呈現中，如何建構「社會想像」，或雅典人如何投射對自我所建構的形象。

對雅典人而言，他們究竟相信與否所謂土生土長之神話，我想並非恰當之問題，因為類似之神話並非陳述客觀事實之存在，而是提供一套思考的方

---

21. *Agamemnon*, 227-243；e.g., *Iphigenia at Aulis*, 1375-1387, 1400-1401.

22. Apollodorus, 1.9.23; Aeschylus, *Seven Against Thebes*, 16-21, & 412-417。Gantz, pp. 468-471; duBois, pp. 55-56; Saxonhouse, 1986, p. 255; Zeitlin, 1996, p. 337; Buxton, pp. 191-192。底比斯土生土長之神話所具有的東方關連，或許與底比斯在波斯戰爭有投靠波斯（Medizing）之行為相關。

23. Loraux, 1993, p. 8。

式（thought pattern），來協助他們對某些問題尋求理解。我們所能肯定的是，土生土長之神話對雅典人隱含了一套相當重要、複雜的訊息，例如他們在種族上的認同，對所世居之土地（Attica）的主權主張，守護女神（patron goddess）雅典娜與他們之間的關係，還有我已經提及之性與性別問題等等。性與性別問題在我們討論土生土長神話時，不得不地經常出現在討論中，因為假如大地產下雅典人之祖先，並託付給處女雅典娜（Athena Parthenos）來撫育，那女人在這過程中又有何角色扮演呢？難道我們不能把這個尋求自我認同之神話解讀為排除女性於社區外之政治上驗證？[24] 蘇格拉底在 Menexenus 對話錄中所涵之喪禮演說詞，就曾簡潔有力地說：「女人模仿大地，但反之則不然。」[25] 如此關乎性與性別之訊息對雅典人自我定義為市民城邦之一員，顯然相當重要；而既然研究這神話可以協助我們了解雅典人對公民權之見解以及社會想像空間之建構，所以其中之自我認同與性別區分必然互相關連。所以在有關城邦之起源以及何謂公民權之論述中，土生土長之神話協助男性來排除女性，把她們從所有城邦之論述活動中驅離，而這構成了所有定義何謂公民之種種複雜體制下的基本思考。[26]

　　Gantz 認為有關土生土長的神話或許其來資料甚為有限，卻其來已久，[27]

---

24. Saxonhouse, 1986, p. 258：「土生土長之神話……乃用來貶抑女性，否認城邦之起源係來自兩性之結合，並且藉之而強調男性的權力，而無需女性作為中介。」Cf. ibid., pp. 258, 262; Saxonhouse, 1995, p. 121：「……大地作為母親正意謂者人類女性作為母親乃是不必要的。」Cf. Loraux, 1993, p. 10。

25. Plato, *Menexenus*, 237e-238a：「……（237e）這塊我們的土地生育了這些人以及我們的共同先祖。因為每種能夠生育的生物皆擁有適當的滋養來提供給它所生育之後代；而且根據這樣的證明，一位女人假如缺乏滋潤她所生幼兒的來源，是否仍為女人，應該可以知曉。現在我們的土地，亦為我們的母親，充分地提供如此之明證顯示她生育出這些人，因為在所有當時存在的土地之中，她是第一個，而且是唯一生產人類之滋養品，亦即大麥及小麥的穀物，（238a）藉此人類種族而得以最豐盛地以及良好地得到營養，就她作為這種生物之真正母親而言。我們對我們的國家，更甚於對一個女人來接受如此之明證：因為並非土地在有關孕育及生產之事模仿女人，而是女人模仿土地……。」

26. Loraux, 1993, p. 14。

27. Gantz, pp. 233-234。

但 Cartledge 也說我們所具有之關於土生土長神話的相關證據，似乎顯示該神話係於 450 年代達到最成熟的狀態，而這在時間上緊鄰培里克里斯（Pericles）451/0 年之公民法，所以斷非偶然之巧合。所以這土生土長神話係雅典人之憲章神話，解釋雅典人之如何自我認同，並對雅典人如何概念化與性別問題有強烈之意涵。[28] Parker[29] 曾說類似神話乃典型之政治神話，藉此雅典人可以塑形出他們為同一種族之認同。在這種認知之下，我於是乎稱呼土生土長神話乃是雅典人之「憲章神話」（charter myth），因為它賦予雅典現狀某種合法性、正當性以及「自然」性。

二、土生土長之故事 [30] 以及其圖像上之呈現

首先我們要強調的是圖像學（iconography）資料並非僅是佐證文字資料之次要的史料來源，而應該被視為一獨立論述，一種具有知識論根據以及傳統成規的文類（genre），傳達獨特之觀點。土生土長神話中最重要之角

---

28. Cartledge, p. 30。
29. Parker, 1987, p. 187。
30. 根據 Apollodorus, *Library*, 3.14.6 的說法是：「Cranaus 被 Amphictyon 驅逐，取而代之；有人說 Amphictyon 是 Deucalion 之子，其他人則說他是由土地所生；當他統治 20 年之後，他被 Erichthonius 所驅逐。有人說這個 Erichthonius 是工匠之神 Hephaestus 及 Cranaus 女兒 Atthis 之子，但有人則認為他是工匠之神及雅典娜之子，其理由如下：雅典娜曾到工匠之神，希望能夠鑄造武器。然而他因為被愛神 Aphrodite 所背棄，愛上了雅典娜，而開始追逐她，然而她逃離開。當他大費周章靠近她時（因為他是跛腳），企圖擁抱她；而她因仍是純潔之處女，不願屈從於他，所以他把他的精子遺落到女神的腿上。她深感厭惡並以棉花擦拭之，然後將其投擲於地；因為她逃離時，這精子掉落於地面上，Erichthonius 於焉而生。雅典娜並未讓其他神明知道而將他撫養長大，希望能夠讓他永生不朽。在把他放進一個盒子中時，她將之託付給 Cecrops 的女兒 Pandrosus，並吩咐她不可打開。然而 Pandrosus 姊妹卻因好奇而開啟，見到一條蛇纏繞嬰兒。有些人說她們被殺攻擊而身亡，但根據其他則是她們由於雅典娜的憤怒而瘋狂，自身由衛城上跳下。在衛城的聖城中由雅典娜自己撫育，Erichthonius 後來驅離 Amphictyon，而成為雅典的國王。他將雅典娜的木雕像豎立於衛城之中，並設立泛雅典娜的節慶，並且婚娶 Praxithea，一位海中的女神（Naiad Nymph），因她而有一位兒子 Pandion。」
有關 Praxithea 的事蹟，請見 Euripides, *Erechtheus* fr. 50 Austin，引用於頁 14-15。

色係 Erichthonius ／ Erechtheus。學術界上的共識是讓這兩個名字來分工合作：Erechthonius 是 Erechtheus 的幼年。[31] 根據古典希臘時期最普遍的看法是，工匠之神（Hephaestus）突然對雅典娜產生衝動的情慾，並熱切地追求她；這位處女女神利用工匠之神跛腳不便，趁機逃離，而工匠之神失控的精液滴落在女神的腿上；她以羊毛擦拭，並將其丟置於大地，從大地該處生出了 Erichthonius，[32] 而大地之母（Gaia）隨後將所產之子，託付給雅典娜，而使其成為 Erichthonius 的養母（kourotrophos）。雅典娜將 Erichthonius 放置在籃子（kiste）[33] 中，並將該容器轉交給雅典國王 Cecrops 仍是處女之身的三個女兒。[34]

有關這位雅典的第一位國王 Cecrops，雖然他的半人半蛇的身軀 [35] 顯示出他乃為土生土長，但 Erichthonius ／ Erechtheus 仍然被認定為雅典人土生土長的祖先；Cecrops 曾裁判海神（Poseidon）及雅典娜對雅典城之守護權（patronage）的爭議，[36] 而該主題正為雅典帕德嫩神廟西面三角牆（pediment）上的裝飾主題；在此爭議中，他裁判雅典娜獲勝，但也因此受到海神的懲罰。

---

31. Shapiro, p. 40; Loraux, 1993, p. 47; Gantz, pp. 233-234.
32. Pausanias, *Description of Greece* 1.2.6：「……人們說 Erichthonius 並沒有人類的父親，而他的雙親乃是工匠之神 Hephaestus 及大地之母。」
33. 圖像可參考 Reeder, p. 257，圖 69：雅典娜與籃子裡受蛇保護的 Erichthonius。Erichthonius 舉手致意，而雅典娜脫下戰盔，以免驚嚇 Erichthonius ？以及 Reeder, p. 265，圖 73A 面：Cecrops 向雅典娜祭祀；在橄欖樹中的是裝載 Erichthonius 的籃子。
34. Euripides, *Ion*, 9-26, 260-282.
35. [Demosthenes] 60.30：「Cecrops 的子孫後裔（Cecropidae）皆非常了解，他們的先祖建立者，根據傳聞，乃是半蛇半人，而無其他之原因，只是他乃身為人，但在力量上則如蛇一般。」圖像可參考 Shapiro, p. 45，圖 14-16：圖 15 是半人半蛇的 Cecrops，左手持權杖，右手持祭碗 Nike 為他斟酒。在圖 16，似乎是兩位犯錯的女兒，而圖 14 則是 Pandrosus 與早夭的 Erysichtheon。Cecrops 的行為似乎在慶祝土生土長 Erichthonius 這位繼承人的誕生；Reeder, 259，圖 70：大地之母 Gaia 將 Erichthonius 交給雅典娜。雅典娜很親切地接受。除了不戴戰盔外，以 Gorgon 為驅邪圖像的盾牌，亦往身後背負。左邊的 Cecrops 注視 Erichthonius 與雅典娜互相「認可」。大地之母的笏以及雅典娜的武器交叉，似乎在強調這一刻的重要性；Reeder, p. 265，圖 73；Reeder, p.263，圖 72A 面：雅典娜接受 Erichthonius，態度十分正式。左邊之男神，係工匠之神 Hephaestus，手持火鉗。右邊則是 Cecrops。
36. Xenophon, *Memorabilia* 3.5.10; Parker, 1987, p. 198.

這個神明爭奪雅典之守護權，在聖奧古斯丁轉載羅馬文獻學家 Varro 的資料中，與女人被剝奪投票權，雅典父系社會之建立以及她們不得被稱為雅典女公民，彼此相關連：

這個理由可以解釋，根據 Varro，雅典城如何取得它的名字，這名字很顯然地仍源自於 Minerva，在希臘文被稱為雅典娜（Athena）者。當有一棵橄欖樹突然出現在雅典，而泉水也同時在另一地點湧出，國王對這些徵兆感到警覺，於是遣人到德爾菲（Delphi）的阿波羅神殿，詢問這些該如何解釋，以及什麼事該做。阿波羅回答說這橄欖樹乃是指 Minerva，而泉水則為 Neptune〔Poseidon 海神〕，而這將由公民本身自己來決定這兩位神明——這些正是他們的信物——到底哪位的名字該給這城市。當他收到這個神諭，Cecrops 召集所有的兩性公民來投票表決。（在當時是這個國家的習俗，女人應該參與所有的公共辯論。）民眾於是在被諮詢之後，男性公民投票給 Neptune，而女性則支持 Minerva；因為在女方這邊多了一票，所以 Minerva 獲勝。Neptune 在盛怒之下，以波濤巨浪淹覆雅典人的土地；對這些魔靈，要依祂們的意思來釋放大水，並非難事。為了要安撫祂的憤怒，根據 Varro，雅典男人對女人做了三重的懲罰：從今以後，她們無權投票，沒有任何她們的孩子將依母親之名來稱呼，以及她們將不被稱作雅典女公民。[37]

這算是土生土長神話下的另一個相關主題的神話，亦有明顯的「憲章」

---

37. St. Augustine, *The City of God* XVIII, p. 9 。這是原存於 Varro（與 Cicero 同時的羅馬文獻學者），而由聖奧古斯丁所引用討論，解釋何以在太始之初男人，如何從女人奪走投票的權利。這個神話似乎在暗示失序與女人擁有政治權有相關連，而秩序則與男性的統治有關。
Cecrops 據說亦創立一夫一妻的婚姻制，埋葬死者以及書寫的使用。參考 duBois, p. 44。

性質，亦即雅典人如何自我定義。由於 Cecrops 的臨界（liminal）、邊際性的形體，代表著一種介乎自然與文化間的狀態，所以在該角色上堆砌了一些在神統論上 Cronos 所統治之黃金時代以及野蠻時代的並存矛盾。[38] 由於 Cecrops 沒有子嗣，[39] 所以他的女兒在此扮演了延續王權系譜的關鍵角色。Aglauros，Herse 以及 Pandrosus 受到雅典娜的訓示，不可打開籃子，但 Aglauros 及 Herse 無法克制好奇，並未遵守女神的指示。當她們打開籃蓋，見到 Erichthonius 被一條或數條[40] 纏繞的蛇所保護，她們受到如此驚嚇，以致於瘋狂（或被女神懲罰而瘋狂），[41] 從衛城的懸崖跳下，結束生命。[42] 有另外一個傳統則比較愛國一些，但只在 4 世紀時有限地流傳：這些女英雄為國做了自願性的犧牲，這似乎是呼應後來 Erechtheus 之女兒的作為。[43] 另方面，Pandrosus 則因為遵守女神指示，而被雅典娜贈賜紡織的技藝，而成為第一位為人類織衣的女性。紡織後來成為被馴化（domesticated）之女性的

---

38. Parker, 1987, p. 193。

39. 另一個傳統則說他有一個兒子，Erysichthon，但是夭折，所以對我們而言只不過是個名字（Apollodorus, *Library*, 3.14.2）。

40. Gantz, 237；圖像可參考 Reeder, p.257，圖 69 和 Reeder, p. 253，圖 66：雅典娜怒目地抓住 Aglaurus。

41. 圖像可參考 Shapiro, p. 44，圖 12-13：Aglaurus 違反雅典娜之命令，而被女神追趕；Shapiro, p. 43，圖 11：畫面呈現如頁 44 的圖 12-13；Reeder, p. 258，圖 69B：犯錯的 Aglaurus 姊妹逃跑；Reeder, p. 253，圖 66。

42. Euripides, *Ion*, 273-274, 496。位置可參考 Loraux, 1993, p.197 雅典衛城圖的標號 9，Grotto of Aglaurus？而該地圖中標號 3 的 Erechtheion 為 Erechtheus 之神廟；標號 8 的 Grotto fo Pan 是否為 Creusa 被強暴以及拋棄 Ion 之處？

43. 這個故事是取自於優律皮底斯一個軼失的劇本，*Erechtheus*，後來被前 4 世紀的雅典政客 Lycurgus 所引用（*Against Leocrates*, 100)，以為雅典女性英雄主義的範例。根據這個神話，當色雷斯（Thrace）的軍隊由 Eleusis 國王尤莫柏斯（Eumolpus）率領，威脅雅典之時，雅典國王艾瑞赫修斯（Erechtheus），徵詢德爾菲的神論，知道唯有在犧牲他三位女兒中的一位時，雅典城方可得救。在以下這段話中，他的妻子普拉克希狄雅（Praxithea）同意她的丈夫，說假如她的女兒是個兒子，她必將其送往戰場。但她的女兒也同時宣誓，假如她們之中有任何一位被犧牲，其他二位亦將同時死去。後來色雷斯人開始攻擊，艾瑞赫修斯被殺而他的女兒也為雅典犧牲，但他和他的女兒都在後來設立的祭典儀式中得到祭祀，而普拉克希狄雅後來成為雅典娜女神的第一位女祭司。Cf. Apollodorus, *Library*, 3.15.4 & Philochorus, *FGH*, 328F l05。

典型活動。[44]

這故事的大綱係由三部分所構成：

（a）工匠之神赫菲斯托斯（Hephaestus）企圖強暴雅典娜失敗；

（b）Erichthonius 從大地之母 Gaia 出生，並被轉交雅典娜撫養；

（c）Cecrops 之女兒不遵守女神指示及其結果。

就文字資料而言，這個土生土長的神話中，（b）似乎是最早的部分，因為在荷馬已經提及。[45]（a）部分或許是後來添加的，反映出希臘神話在前古典時期（Archaic Age）常出現之少女受到求愛者所追逐的主題。（a）的加入將 Gaia 的地位加以複雜化，因為原來由大地之母自發性的誕生，現在必須受到工匠之神在生育上之貢獻來加以調整，所以工匠之神在某種意義上成為雅典人的先祖，而且雅典人不再是由一，而是由二——即男女結合——而來；這對土生土長神話的影響極大。但有趣的是我們幾乎沒有其他任何文獻論及強調這點。（c）部分，根據 Shapiro，[46] 雖然在年代上可能起源甚早，但直到波斯戰爭之後，才與 Erichthonius 的誕生發生關連。Parker 進一步說——跟隨 Harrison 等人所謂劍橋神話儀式（Myth-Ritual）學派[47] 的洞見——，認為（c）是被「創造」或「再利用」，以解釋 Arrephoria 儀式中的內容；儀式中的 Arrephoroi 必須帶著內含神祕之物的神聖籃子，從衛城帶到愛神（Aphrodite）的神廟[48]；（c）很方便地融合了衛城、Pandrosus 以及

---

44. Reeder, p. 251。

45. *Iliad*, 2.547-8：「那些人統治雅典，這建築良好的城寨，偉大心胸之 Erechtheus 的土地，自古乃由宙斯神之女雅典娜所撫養，當大地這穀物的提供者生育下他；而祂則讓他定居於雅典，進駐於祂自己華麗的神殿之中。」

46. Shapiro, p. 47.

47. 請參考 H. S. Versnel, "What's Sauce for the Goose Is Sauce for the Gander: Myth and Ritual, Old and New"，收錄於 Lowell Edumnds (ed. & intro.), *Approaches to Greek Myth* (Baltimore: The Johns Hopkins University Press, 1990), pp. 23-90。

48. Pausanias, *Description of Greece*, 1.27.2-3; cp. Shaprio, p. 41 以及 Princeton Encyclopedia of Classical Sites Athens around the Acropolis (http://www.perseus.tufts.edu/cgi-bin/engindex?author=&lookup=hypoa kraios & partia=1 & .submit=Search&.cgifields=case&.cgifields=partial)。

Aglauros 神廟等等特色。而（c）中所含之教化的訊息：不遵守訓示而及招致災禍，對當代人而言也是了然於心，因為這裡對在生理上成熟之少女，於婚前對性發生好奇以及渴望，表達了強烈的關切以及恐慌。[49]

就（c）部分而言，最需注意的是嬰兒 Erichthonius 從籃子冒出來的圖像。[50] 這種籃子式的容器以及將籃蓋打開有很強烈的影射，立即令人聯想到潘朵拉著名的瓶子（*pithos*）以及其開啟和閉合，[51] 意謂著滋養的子宮以及嬰兒的誕生，所以這種呈現其實是重覆 Erichthonius 由大地之母 Gaia 所生，而 Aglauros 及 Herse 好奇將籃子開啟，正意謂處於臨界狀態之處女對性以及婚姻之好奇及欲求。Apollodorus 曾認為雅典娜將剛出生之 Erichthonius 置於籃子內，意圖使其永生不朽，正如同穀神狄密特（Demeter）在約 650-550BCE 之 *Homeric Hymn to Demeter*[52] 中，將 Demophoon 置於火中加以試煉，以求其永生不朽。而 Aglaurus 姊妹的好奇終止這種可能。然而另方面，有關 Aglaurus 姊妹早期之祭祀所留下的遺跡，似乎與豐饒以及繁殖相關，加上 Pandrosus 以及 Herse 在字源學上被認為與「露珠」相關連，而「露珠」在古代希臘又與「精液」相聯想，與豐饒（fertility）的主題相關。[53]

但就整個土生土長的故事而言，最重要的是（b）部分。大地之母 Gaia 為 Erichthonius 實際上之生母，並將其轉交給雅典娜，在圖像論述中幾乎不斷地出現，時時盤據構圖中心。在文學上這種大地之母，誕生 Erichthonius 的主題，隨著時間而愈形重要。大地之母作為雅典先祖之生母，證明雅典人係根源於雅典這塊土地，而這相較於其他之希臘種族，其皆為移民者、僭奪者：[54]

---

49. Reeder, p. 250。

50. 見 Reeder, p.257，圖 69。

51. 翁嘉聲，1998，頁 30-38。

52. *Hymn to Demter*, 248.

53. Gantz, p. 238.

54. 例如多利安神話中 Heracles 之子孫歸來，要求其先祖曾經征服的土地，即是 conquest by spear rights (Herodotus, 9.26.2-3)。

我們是土生土長的人民（*autochthones*），並非由他處移民進來；其他的社區，它們的創立好似棋局中的棋步，是被移入的，不同的人從不同的地方。當某人若從他處而移入某城，就像一個掛勾不適合地倚附在一塊木板上，僅僅是名義上的公民，但行為上決不是。[55]

假如 Erichthonius 是由大地而生，而這神話接著告訴我們 Erechtheus 保護這塊土地而犧牲生命的最終命運，回歸大地，再把我帶回土生土長神話的核心。但當我們仔細觀察圖像的論述時，（i）在大地之母生下 Erichthonius，並將其交給雅典娜，以及（ii）雅典娜欠身接受養母之角色二者之間，我們可以發覺一個很細膩的轉變；亦即從 5 世紀中葉當土生土長神話開始流行，雅典娜作為雅典人先祖之養母（*kourotrophos*）這部分受到強調，但在 5 世紀末以及 4 世紀時，大地之母的重要性逐漸提高。相同的情形亦反映在文字上的論述。然而無論如何，嬰兒 Erichthonius 之介於生母及養母之間，從其中之一轉換到另一，則是構成土生土長圖像論述的原型（prototype）。

這原型時常把大地之母描繪從大地冒出，僅有上半身之軀幹露出，而嬰兒 Erichthonius 在她的手中掙扎轉身，熱切地朝向雅典娜的方式，而且眼神

---

55. Euripides, *Erechtheus*, fr. 50 Austin = fr. 360N；轉載於 Lycurgus, *Against Leocrates*, 100。有關 Euripides *Erechtheus* 的故事，請參考註 43。殘篇的其餘部分是：「當一個人以高貴的方式提供恩典時，這令人喜悅。但如果他們遲緩耽誤來做它的話，這便是不高貴的表現。因此，我將貢獻我的女兒來為國犧牲。這是我考慮了許多事之後的決定。首先，我無法發覺有任何城市比這個城邦更是美好。第一『──引文──』。第二，生養子孫後代的理由是為了護衛神明的祭壇以及我們的祖國。這整個城邦雖有許多居民，但只一個名稱；當我可以給予一個女兒來為大家犧牲時，怎可將所有的人毀滅？如果我能數字，能夠分辨較大較小，這事一旦降臨，一個家庭的悲悼如何勝過一個城邦，同樣地，家庭亦不會遭逢同樣的災難。」Cf Lycurgus, *Against Leocrates*, 48：「……人們在對待他們的養父母時，不若對待他們自己親生雙親，所以對那些並不屬於他們自己的國家，而是被收養者，終其一生，他們感受到較弱的忠誠。」Cf. Gantz, pp. 242-244。

注視著祂。[56] 另方面雅典娜伸出雙手，加以回應。之所以我們認為大地之母在圖像傳統中的角色，隨著時間而逐漸吃重，係根據其所露出之身軀比例的增加，以及髮飾和服飾的逐漸華麗來判斷。在描繪雅典娜，我們發現她的盾牌（Gorgoneion，因上面裝飾 Gorgon 的臉譜）或是出現或是出現但隱藏於背後。[57]Erichthonius 則經常在脖子上掛一條護身符用途的鍊子，橫過右肩；[58] 在 Ion 中 Creusa 說這是用來保護嬰兒，而且她追隨她土生土長之皇室的傳統，將 Ion 包裹在一塊有複雜刺繡的 peplos 中；[59] 而所謂的 peplos，其原意是一塊大的方巾，在 Ion 中，上面繡有與 Erichthonius 出生相關連之種種主題，例如纏繞的蛇，Gorgon 的臉譜等等。當然 peplos 正是雅典娜贈賜人類紡織技藝之後的結果。在圖像論述中，我們見到雅典娜在接受 Erichthonius 時，亦將其放置在 peplos 中，而象徵著此乃她贈賜給雅典未來國王的禮物。在這主構圖之周圍，經常可以見到不同之角色，包括奧林匹亞諸神，尤其是 Hephaestus，以及半人半蛇的 Cecrops。旁觀著時常對這種土生土長之誕生以及雅典娜接納 Erichthonius 流露出驚奇。

此外，在這構圖之外，時常可以發覺一個 Eos（黎明女神）追求 Cephalus 的故事，[60] 我想這並非與土生土長神話純然無關，因為 Herse 據說與 Hermes 產下二子，其中之一為 Cephalus，而另一為 Keryx；後者為 Eleusis 有關穀神祕教儀式之祭師家族（Kerykes）的先祖。[61] 而 Cephalus 則

---

56. 圖像可參考 Reeder, p. 254，圖 67：大地之母 Gaia 將土生土長之 Erichthonius 交給欠身的雅典娜；Reeder, p. 255，圖 67 局部放大圖：雅典娜以 peplos 來承接。Erichthonius 急切地轉身，伸出雙手，朝向雅典娜；Loraux, 1993, p.27, Plate 1：雅典娜手持 Erichthonius；Reeder, p. 259，圖 70；Reeder, p. 256，圖 68A 面；Reeder, p. 261，圖 71A 面：大地之母將 Erichthonius 轉交給雅典娜。雅典娜左腳所踏之石，象徵雅典之衛城；Reeder, p.263，圖 72A 面。

57. 圖像可參考 Reeder, p. 259，圖 70 和 Reeder, p. 256，圖 68A 面。以免驚嚇 Erichthonius？

58. 圖像可參考 Reeder, p. 259，圖 70 和 Reeder, p. 263，圖 72A 面。

59. 圖像可參考 Reeder, p. 254，圖 67 和 Reeder, p. 255，圖 67 局部放大圖。

60. Gantz, pp. 238-239。圖像可參考 Reeder, p. 258，圖 70：Eos 女神劫持 Cephalus，Hermes 與 Herse 之子；Reeder, p.263，圖 72B 面：Eos 女神追逐抗拒的 Cephalus。

61. Shapiro, p. 41；Gantz, p. 238。

是受 Eos 追逐之少男。

　　Loraux[62] 曾指出，在這些圖像論述中，Erichthonius 土生土長的誕生，與其說是生命從無而有的自然誕生（natural birth），倒不如視整個構圖為一種「過渡禮」（*rite de passage*），一種社會或文化的誕生（social birth）。事實上，圖像傳統中的 Erichthonius 看起來更像青少年，而非嬰兒；Erichthonius 對雅典娜伸出雙手應該被解讀為一種「認可」（*anagnorisis*, recognition or acknowledgement）的行為，反映出這位未來雅典英雄的看法：他已經在認可雅典娜時，找到了他適當的社會地位。換言之，這樣的姿勢意謂著在土生土長英雄與女神之間一種嚴格的、唯一的關係。女神的回應正是肯定它的存在。我們可以以 Peleus 將其兒子阿基里斯（Achilles）託負給上身為人下身為馬（centaur）之 Chiron 來撫養來做比較。[63] 二者對照之下，其中差異極為明顯：Erichthonius 熱切地伸出雙手朝向女神，然而阿基里斯卻轉身朝向他所將離開的父親。

　　這種「認可」的特殊之處，應該以雅典之 Amphidromia 儀式來了解。在孩子誕生七日後，父親準備接納母親交給他的小孩；他如果願意認可子嗣的合法性時，則在接納後，環繞灶火（*hestia*）奔跑，所以稱之 *amphidromia*（＝ running around）。[64] 同樣地，當大地之母把 Erichthonius 交給雅典娜時，祂接納、認可他，並使他「合法」（legitimize）為其子嗣，正如同 Erichthonius 接納、認可祂。另外一個可以相類比的例子是 Ion。他雖然是土生土長的後代，但因為被他的母親 Creusa 所拋棄，所以在他最後被 Xuthus 所接納並名（naming）之為 Ion 前，他是「私生子」（*nothos*）。在圖像論述中這種「認可」的呈現，正是意謂著 Erichthonius 從大地之母 Gaia 之子，

---

62. Loraux, 1993, pp. 62-64。

63. 圖像可參考 Loraux, 1993, p. 32, Plate6：Peleus 將其與 Thetis 所生之 Achilles 交給半人馬（centaur）之 Chiron 教導。Achilles 不願離開其父。

64. Cf. J.-P. Vernant, "Hestia-Hermes: The Religious Expression of Space and Movement in Ancient Greece"，收錄於他的 *Myth and Thought among the Greeks* (London: RKP, 1983), pp. 127-175。

變成了雅典娜的子嗣（child of Athena）：

> ……Erichthonius 之誕生在圖像上的表現，呈現給我們的並不那麼
> 是在實際上的誕生，而反而是一種權力的傳遞或認可的行為……
> 市民城邦的秩序因之而成立，而這件事每一年在泛雅典娜祭典
> （Panathenaea）中不停地更新，並將雅典城之建立的周年慶，與紀
> 念雅典娜女神之誕生與其擊敗史前巨人一事，彼此相互關連。[65]

於是乎，假如我們說雅典娜在此事上扮演父親之角色，則並非荒誕。我
們在處理希臘之性與性別問題時，切勿將生理學之出生事實與其社會地位、
認可相混淆，將發生於「自然」與發生於「文化」相提並論。[66] 正如同我們
必須把工匠之神赫菲斯托斯在土生土長神話中作為雅典先祖 Erichthonius 之
生理上的父親與雅典娜作為其社會上的父親相隔開；前者之所以不在圖像論
述以及其他文字論述中被強調，則顯然可以理解是雅典人重視這種「社會出
生」的結果。[67]

所以以 Erichthonius 誕生於雅典衛城為核心，多樣及多元的城邦得以找
到其為單一（unity）的根據，並藉著以衛城帕德嫩（Parthenon）神廟為基
地的泛雅典娜祭典來慶祝之。這個泛雅典娜祭典其實包含了所有有關土生土
長神話之相關論述：有關處女雅典娜的所有故事，Erichthonius 由大地之母
Gaia 而來的自然誕生以及雅典娜作為養母（kourotrophos）來加以認可的「社
會出生」，Cecrops 女兒的事蹟，以及神祕的籃子，最後加上 Erechtheus 為
了保護國土而捐軀，回歸大地之母：

---

65. Loraux, 1993, p. 48。
66. 翁嘉聲，1998，頁 44-45。
67. 可能的另一原因是，工匠之神 Hephaestus 欲強暴雅典娜的故事可能出現的較晚（Gantz, p. 236）。

……且讓我們來讚美頌揚他們高貴的出身（*ten eugeneian*），接著，他們的成長以及他們的教育（*trophen te kai paideian*）；（237b）在此之後我們將顯現他們所成就之豐功偉業的美好以及價值。現在，有關他們高貴的出身。關於此點他們最有力的主張，乃是他們先祖的出現誕生，並非是流浪以及移入的（*epelus*），而這些先祖的後代對這塊土地而言，亦非是從他處移入定居之陌生人所生下的，而是土生土長（*autochthonas*），並且世居且生長於這塊先祖所留下之土地上，而且他們並非如他人由繼母來加以撫養長大，（237c）而是由親生母親祖國（*hupo metros tes choras*）這塊他們所定居之地所滋潤成長；在這塊自己的土地（*en oikeiois topois*）生育他們，撫育他們，並且在他們亡故之後，接受他們回歸到這塊屬於他們自己的土地之中。因此很適宜地，我們應首先去讚頌這祖國之母本身，因為在如此做之後，我們亦將同時讚頌這些英雄的高貴出身。[68]

這個有關 Erichthonius ——「蒙福之眾神的兒子，誕生於神聖之土地」[69]——的所有神話，引領一個人從出生以至於死亡，將每個雅典人的生命史加以定位。這整個神話必須安置於雅典市民城邦的架構中來加以解讀，因為這個神話標記了「雅典娜之子嗣」（Children of Athena）[70] 的一生。如此之神話提供雅典人對其社區或市民城邦的認同感，將離散的個體緊密結合為一致之團體。當然這神話所建構的意識形態滲透入儀式、信仰及思考方式中，並因此而得以永久牢固。[71]

---

68. Plato, *Menexenus*, 237b-c. Cf. Lysias, 2. 17; Lycurgus, *Against Leocrates*, 48; [Demosthenes] 60.4; Isocrates, 4.24.

69. Euripides, *Medea*, 824-826.

70. Loraux, 1993, pp. 48-49.

71. Dougherty, 1996, p. 249.

從以上對圖像論述所呈現之證據的討論，我們發覺有某種潛在的張力存在於 Erichthonius 為大地之母 Gaia 之親生以及 Erichthonius 為雅典娜認可而為其子嗣；也就是說，雅典人究竟是否為 Gaia 之子，由土地而生出（gegenesis），抑或雅典娜之子，為女神所收養（trophos）。我們已經論及在這二者之間有很細膩的轉換，重心逐漸由後者轉向前者。就文學上的論述而言，我們的確發覺無論是 5 世紀末的悲劇 Ion（ca. 418-408 年）以及 4 世紀之喪禮演說詞，雅典人為大地所生的主題，無處不可見。但在我們進一步地探討之前，是否可問：何以父權社會的雅典人，以他們強烈的厭惡女性之傳統，會有一位女性的守護神？關於這問題我們無法在此徹底究論，但我們可以從艾斯奇勒斯之三聯劇 Oresteia 中的 Eumenides，雅典娜解釋她何以投票認為弒母的 Orestes 無罪之間，一窺其緣由。

在 5 世紀的雅典，雅典娜是位具有許多男性屬性的女神。她在圖像傳統上往往是全副武裝，即使在出生，於其天父宙斯頭上冒出時，亦是如此；祂是位聰明、機巧、詐術之神，而這些與頭有關；她是位處女，沒有任何神性的男伴。在 Eumenides 中她解釋她何以開脫 Orestes，儘管 Orestes 已犯了弒母之罪：

我將投這票給 Orestes。因為並沒有生我的母親存在著。我在所有的事皆傾向於男性，唯獨婚姻除外。我全心全意屬於我的天父，站在天父這邊。我於是無法善待殺死丈夫的女性，丈夫原來是家的監督者。[72]

雅典娜否認自己的性別會導致她的「女性化」。如此的判決是在阿波羅宣言，認為父親才是孩子真正的生親，而女人只不過是提供蓄養男人種子的

---

72. Aeschylus, *Eumenides*, 735-741; cf. Euripides, *Ion*, 1595-1600.

處所：

> 被稱小孩生親的她，並非其生育者，而只不過是剛播下之種子的撫
> 育者。生育者是男性，而她只不過是位陌生人替另一位陌生人保存
> 這後代，如果神明沒有阻礙傷害它的出生；而且我要提供一項證明，
> 來證驗我所說的，可以有父親，而無需母親；在近旁的這位女神（指
> 雅典娜），即是證人：她是奧林匹亞的宙斯神所生之女。[73]

雅典娜，祂「在所有之事皆傾向於男性」，很謹慎地把父權體制下分
配給女性的責任──婚嫁──給排除掉；而當她說「我全心全意屬於我的天
父，站在天父這邊」時，她肯定了她乃處於性別布置中男性這邊，而祂的出
生──非由子宮而來──，更完成這整套意識形態。這個對 *Oresteia* 的結局
非常重要。她在 *Oresteia* 中的投票有兩層意義：首先，她所做的解釋完全吻
合雅典父權社會對性別區分的社會期望；另方面她為女神，但卻諸事以男性
為取向，所以在以兩性衝突為主軸的 *Oresteia* 中，最後是以一個與現存之兩
性區別皆不完全吻合，卻又超越之的女神來做終結。Parker 認為「雅典娜缺
乏生母，並非是用來描述她獨特的性質，反而是用來強調兩性的關係」。[74]

藉著雅典娜在 *Oresteia* 的討論，我們可以了解雅典娜在圖像傳統何以亦
可同時擁有生母、養母以及父親的不同角色。假如雅典人乃土生土長為雅典
人之憲章神話，那麼雅典人為雅典娜之子民，在性及性別上亦具相同之意
涵。但最後我們心裡仍然留下如此的一個弔詭：在父權社會的雅典中，在其
努力抹去女人對生育之貢獻而設計出之種種文化意識形態裡，仍然還是「包
含了象徵性的母性」（accommodate a metaphorical maternity）[75] 於其中。

---

73. Aeschylus, *Eumenides*, 657-664。

74. Parker, 1987, p. 191.

75. Loraux, 1993, p. 59.

三、雅典喪禮演說詞（*Epitaphios Logos*）中土生土長的神話

在雅典禮敬雅典娜作為城邦之守護的節慶中，最重要的莫過於以衛城帕德嫩神廟為基地的泛雅典娜祭典（Panathenaea）。但假如我們以與典禮遊行相反的方向，循著「神聖之道」（Sacred Way 或「泛雅典娜祭典之道」Panathenaic Way）進入 Kerameikos 區，[76] 這便是公共墳墓（demosion sema）所在之處，每年的公祭於此舉行。[77] 之所以於城區外舉行，乃是因為死亡為一污染（miasma）[78] 及臨界之狀況，不得於城內舉行，而是在如 Kerameikos 這種城（asty）鄉（chora）之交的臨界地方來進行。在這樣的場合之中我們會發覺雅典人係土生土長的說法最常被強調，而這神話其實是喪禮演說詞不可或缺的基調。

在這場合所發表之演說稱為 *epitaphios logos*（funeral speech），由被挑選出之公民來發表。[79] 這是一個重大的公共場合，完全依照祖宗成法（patrios nomos）來進行，以追思那些於戰場上捐軀之人。[80] 德謨斯希尼斯特別強調此種體制獨屬於雅典，因為雅典人就其成就事功而言，獨樹一幟。[81] 如此之

---

76. 圖像可參考 Loraux, 1993, p.44, Map1：衛城，市民廣場以及 Kerameikos 之 Demosion Sema 位置圖；有關 Kerameikos，請參考 http://www.perseus.tufts.edu/cgi-bin/engindex?author=&lookup=Kerameikos&.submit=Search&.cgifields=case&.cgifields=partial 的（5）關於 Outer Kerameikos 以及（6）關於 Inner Kerameikos。

77. 有關私墳（private grave）以及公墳（public grave）之發展，請見 Loraux, 1986, pp. 20-24, Morris; also S. C. Humphreys, "Family Tomb and Tomb Cult in Ancient Athens: Tradition or Traditionalism?," *JHS* 100 (1980), pp.96-126。

78. 有關 *miasma* 為一種文化歸類的破壞（category-breaking），而潔淨為對秩序之追求，請參考 Robert Parker, *Pollution and Purification in Early Greek Religion* (Oxford: Clarendon, 1983, reissued in 1996)。

79. 最主要的背景資料係 Thucydides, 2.34.1. ff., Plato, *Menexenus*, 234b4-10 & [Demosthenes] 60.1-3. Loraux, 1986, p. 2。

80. 有關國喪的可能法律根據以及所有牽扯到的法律問題（例如誰有權力在這場合中被埋葬追思，或是外國的僑民 [metoikoi] 能否享有這種榮譽），請參考 Loraux, 1986, pp. 28-37。

體制可能是在波斯戰爭之後開始，[82] 而一直延續到羅馬時代止；所有的人——或許除了柏拉圖 *Menexenus* 中反諷的蘇格拉底——認為這是個莊嚴肅穆、印象深刻的重要國事場合。整個文類的語調以及成規在此文類引進之後的幾年之間，似乎已告確立。[83] 對我們而言，喪禮演說詞文類的內容，聽起來非常地自我恭維：在雅典人中由雅典人讚美雅典人。我們現有的喪禮演說詞數量十分有限：培里克里斯（Pericles）的 431 年演說詞，[84] Lysias 2（關於 394-387 年之哥林斯戰爭〔Corinthian War〕），[德謨斯希尼斯] [85] 60（禮敬那些於 338 年 Chaeronea 戰役捐軀之人），及 Hyperides 6（禮敬 Leosthenes 以及 332 年 Lamian 戰爭之死者）。我們當然也要包括柏拉圖之 *Menexenus*，在該對話錄中有道據說由培里克里斯情婦 Aspasia 所發表，但由蘇格拉底轉述給 Menexenus 之喪禮演說詞。[86] 這對話錄讀起來似乎在嘲諷喪禮演說詞的文類，但這種意圖揭穿該文類所具有之傳統成規，反而對我們研究土生土長之主題有更進一步的幫助。除此之外，在 DK 82 B5-6 我們有段辯士 Gorgias 非常花俏的相關段落，但亦僅止於此。[87]

這種文類的語調和規定定型甚早，而且相當保守穩定。它由下列幾乎重要的部分依序建構而成：

（a）對逝者加以禮敬，特別論及他們的家世以及年輕，以及雅典先祖

---

81. Demosthenes, 20 (*Against Leptines*) 141; Loraux, 1986, pp. 1, 16.

82. Diodorus XI 33.3, Dionysius of Halicarnassus V 17.4；參考 Thomas, p. 207。Rosivach, 1987, pp. 304-305 認為土生土長的政治意涵是在其為喪禮演說詞之文類中而被發展出來的；所以假使喪禮演說詞一直要等到波斯戰爭之後才體制化，那麼土生土長神話所具有與 *isonomia* 及 *demokratia* 的聯想亦需等到那時才被確立下來。然而這並非意謂土生土長的神話沒有在之前於其他的文類中出現過。

83. Thucydides, I 73.2 & II 36.4 似乎指出這樣的文類在史家 Thucydides 之前已是耳熟能詳。參考 Thomas, p. 208。

84. Thucydides, II.35ff., Plutarch, *Pericles*, 8, Aristotle, *Rhetoric*, I 734, III 10.7, III 4.3 提到 Samos 演講，但我們除此，幾乎一無所知。

85. 作者不能確定真否是德謨斯希尼斯，故以 [—] 區別之。

86. 它必須是在 386 年後，因為文中提及 386 年的 King's Peace（或稱為 Peace of Antalcidas）。

87. 對這些作家的簡短介紹，請參考 Loraux, 1986, pp. 8-12。

的豐功偉蹟;

（b）簡短的綜論雅典城邦的過去事蹟以及成就，尤以波斯戰爭 [88] 為最重要，但亦同時包括四個很明顯屬於神話的傳奇;這些皆發生於波斯戰爭之「前」:

（b1）雅典擊敗亞馬遜女人（*Amazonmache*），[89]

（b2）將色雷斯（Thrace）蠻族之王 Eumolpus 從雅典驅離，

（b3）趕走 Eurysthenes 而拯救海克力士（Heracles）之後代（Heraclidae）[90] 以及

（b4）雅典接受阿戈斯（Argos）之請求，在「七個英雄攻打底比斯」（Seven against Thebes）失敗之後，埋葬他們的死者;[91]

（c）讚美逝者以及他們的祖國，而這亦包括對民主（*demokratia*）政體（*politeia*）以及教育（*paedeia*）的禮讚，因為這些曾經教化薰陶這些死者，使其願意為國獻身;

（d）安慰他們的親人，鼓勵他們效法他們的品德，而這種勉勵往往以頌揚城邦之榮耀以及城邦對死者家屬之照顧關懷做終;[92]

---

88. Lysias, 2.20ff.; Plato, *Menexenus*, 239d ff.。

89. Lysias, 2.4-6。這其中所含的性別意涵，可由 ibid., 5 得知:「……但在遇到勇敢的男人時，現在她們發現她們的士氣就如她們的性別;她們現在所得的名聲與以前之威名恰好相反，而且因為她們的災難，而非身體，她們被視為女人」。

90. Lysias, 2.11-16。

91. Lysias, 2.7-10; Plato, *Menexenus*, 239 b-c; [Demosthenes] 60.8。有關這些在「英雄時代」（heroic age）的雅典成就，請參考 Loraux, 1986, pp. 60-73。

92. Plato, *Menexenus*:「（248a）有關城邦所提供的關照，您自己了解得非常好。城邦她對他們的孩童以及生養那些在戰爭中喪命的生育者，都通過了法律，來保證對這些人的關懷及照料;國家的最高權威當局被授命，對他們做超乎所有其他公民的照料，所以這些人的父母親絕對不會受到不公平的對待。而城邦本身將會協助來撫養他們的孩子，設法儘可能地讓他們不去知曉他們失去父親的處境:在他們仍是孩提之時，城邦將以如父親之方式來對待他們，而當他們到達成年的時刻，城邦將提供他們全套的武器裝備，並且派遣他們到他們自己的崗位，因此而展示他們，（248c）並贈賜給他們中的每個人他們父親表現勇武的工具，來提醒他們父親的職責，並且同時企望他應該在被神賜恩典之中，武裝齊全，開始進前到他先祖的爐灶，並以權力統治。同樣，城邦亦不會忽略去對已逝

（e）結尾。

當然每位喪禮演說詞的作者都有創新或改變的地方，但這樣的內容及順序幾乎構成這文類的「官方」傳統。

但我們切不可誤認這種相當保守，文體風格上相當僵硬的文類，僅是修辭學上的陳腔濫調以及無聊的政治文宣，因為同樣這麼一套的理想、證驗以及事例在其他地方，尤其是悲劇，經常出現，而且我們也相信絕大多數的雅典人也相信這套自我形象的投射[93]：「喪禮演說詞的確是群眾的聲音（*vox populi*）」。[94] 雖然上段所述之主題亦出現在其他文類之中，但喪禮演說詞將它們匯聚一起，給它們一個確定的表達方式，而且每一年於官方場合以體制性的論述，在 Kerameikos 追思為國捐軀者。此外，喪禮演說詞肯定某些先祖的事功具有典範性，而這其中所涵之歷史構成雅典之過去的「官方歷史」，主宰了雅典人對他們過去的認知。

當我們由圖像論述的地理核心，衛城，移向喪禮演說詞發表的 Kerameikos 時，我們將發現在喪禮演說詞中，我們不復見到圖像論述中有關土生土長神話的種種人物、細節及變化。在這種喪禮演說詞論述中沒有神明或英雄的名字，而這些原來是「演出」（enact）土生土長神話的主角；即使是雅典娜及大地之母 Gaia，亦了無蹤跡。我們在此文類所僅有的是「市民城邦」（*polis*）；土生土長的英雄 Erichthonius，改由集體的雅典人乃土生土長所取代，而大地之母這神話性的角色則由「祖國領土」來代表。[95] 這種極度

之英雄表達敬意，因為城邦年復一年，為所有的人公開舉行那些慣常在個別家庭中所進行的宗教禮儀；除此之外，城邦更設立體育、跑馬以及種種音樂表演的競賽，以紀念之。因此，簡而言之，她對那些為國捐軀〔的父親〕，乃處於兒子及繼承者的地位，（248d）對那些為國捐軀的兒子，則處於父親的地位，對那些死者的雙親，則處於監護照料的地位。因此對所有的人，在所有的時候，都展現出所有種類的關護照料。……」有關市民城邦對那些為國捐軀者之家屬所提供的實質幫助，其實是一種 *misthoi*（例如參與劇場之演出的津貼）的延伸，請參考 Loraux, 1986, pp. 25-27。

93. Plato, *Menexenus*, 235b-c.

94. K. R. Walters, "Rhetoric as Ritual: The Semiotics of the Attic Funeral Oration," *Florilegium* 2 (1980), pp. 1-27, p.2；引自 Tyrrell & Brown, p. 203。

95. Parker, 1996, p. 138; Saxonhouse, 1995, p. 119.

強調雅典人整體皆為土生土長之論述，當然與歷史上的實況不符，因為外婚制（exogamy），亦即雅典公民可娶其他城邦或民族女子，並生下下一代公民，直到 451/0 年培里克里斯的公民法才被宣布為非法。[96] 所以這種在喪禮演說詞強調雅典人集體性的土生土長及種族的純粹性，或許與 451/0 年的法律相關連。

　　進一步發展。既然大地產下了雅典人，自然會提供祂的後代滋養之物，所以大地為此而生產種種穀物來餵養年輕的雅典人，而雅典人又慷慨地將之與所有其他人分享。[97] 如此事例更證明雅典的確是大地的子孫後代。[98] 這個種族的優秀特質已經很充分地由那四件偉大的傳奇事功來確認肯定；此外雅典人亦是神明之所鍾愛，因為雅典娜以及海神曾為爭取雅典城的守護權而彼此相互較量。這種自我定義，是以強烈的排他性來突顯：

　　（245c）我們的城邦所具有之高貴以及自由的性質是如此的根深蒂固以及健全，且同時被賦與一種對野蠻人如此的深惡痛絕，

　　（245d）這乃由於我們是純粹血統之希臘人，毫不被野蠻人的種族所沾染。因為與我相處一起的，沒有如 Pelops，或 Cadmus，[99] 或

<hr>

96. Plutarch, *Pericles*, 37.3：「當培里克里斯處於他政治生涯的顛峰時期，而且其婚姻也產生了合法之子嗣，正如我之前之所言，他提議通過一道法律，只有那些在雙親方面皆為雅典人者，方可被視為雅典人。所以當埃及國王送給雅典人民 4 萬單位的穀物作為贈禮，而這必須分配給公民時，依據培里克里斯的法律而衍生出許許多多對非合法出身之公民的控訴案；這些人到此之前都未為人所注意而被忽略掉；有許多被控之人在告密者的手中，受害甚深。」同樣在 [亞里士多德] *Athenian Politeia*, 26.3-4：「在 Lysicrates〔為 eponymous archon 名祖執政官〕2 年之後，於 Antidotus〔為名祖執政官〕那年時，因為公民人口數量的龐多，所以依據培里克里斯的提案，通過一個議決，限制公民權於雙親皆為公民者，方可享有。」Blundell, 1995, p. 121 評論這條法律說：「大體而言，內親制（endogamy）的系統對雅典國家的整合有所貢獻，因為在公民之間交換女人，必然會生親屬係的網路，將不同的家庭（*oikoi*）結合來。」有關這 451/0 法律的討論，請參考 Boegehold。

97. Plato, *Menexenus*, 237e-238a; [Demosthenes] 60.5。

98. 這是利用穀神（Demeter）賜贈給人類穀物的神話，移接到土生土長的神話之上。

99. 提及 Pelops 和 Cadmus 當然暗指雅典的宿敵：伯羅奔尼撒聯盟以及底比斯。

Aegyptus，或 Danaus 以及其他許多如是之流的人，這些人皆是名義上為希臘人，但在本性上其實是野蠻人；但我們的人民是純種的希臘人，絕非野蠻人的混種；從之而來的是我們的城邦具有對外來之種族一種純然的敵意。[100]

出身高貴（*eugeneia*），品德（*arete*）以及強調英雄式的戰死，這些原先都是屬於荷馬式、貴族式及個人主義式的價值，但現在卻成為在民主政治中為國捐軀之公民的集體價值；這些價值更伴隨了其他「民主」的品德。只有雅典人整體才是頌揚的對象，而這種集體化的傾向可由陣亡將士集體葬於公墳來象徵：[101]

我需要去追溯這每一個人的先祖家世嗎？我想，如此做必定是愚蠢的。我們姑且承認，當頌揚一些其他人，這些人原來源自於不同之地域，但彼此相聚同居於一城邦之中，每個人貢獻出他自己的血統，所以每個人必須追溯他個別的先祖家世。然而當這些雅典人皆源自於他們自己的土地，我們自己在為雅典人發表演說時，並且共同分享無可倫比之品德的高貴血統（*hois he koine genesis autochthosin ousin anuperbleton ten eugeneian echei*），我相信以他們個人的先祖家世來加以頌揚，顯然是多餘。[102]

---

100. Plato, *Menexenus*, 245c-d。
101. 從這裡 Thomas 推論——我想這是正確的推論——這是將一些貴族的價值收併進來，並將其轉化為民主的價值，所以喪禮演說詞「可被看待為貴族之喪禮及喪禮儀式在民主政治中的對等體制。」（Thomas, pp. 218-219）。Cf. Ober, 1989, pp. 262-263。
    培里克里斯非常著名的話語，規勸陣亡者之雙親應該為能夠產生更多新的孩子的希望而感到安慰（Thucydides, 2.44），這句話被詮釋為，以雅典婚姻制度而言，婚姻乃是一種體制，城邦藉之可以生產、補充它的戰士：「就它需要戰士而言，城邦認為其中的每個個人都是可以被取代的……。」（Tyrrell & Brown, p. 211）。
102. Hyperides, 6.6-7; cf. Lysias, 2.7：「當我在論及雅典人時，因為他們乃土生土長，有無法被超越的出身，所以我認為在讚美個別的家族係多餘之舉。」

這段引文很清楚地將個人的家世出身置於雅典人集體的土生土長，所以頌揚這些陣亡將士的品德及家世，亦即對市民城邦的讚揚。[103] 因為所有陣亡的將士皆葬於相同墓穴，所以在這種平等主義之下，我們可以察覺這種不願在公民中允許任何差異的存在，所以喪禮演說詞在提及這些逝者時，往往以「那些於此安息者」（*hoi enthade keimenoi*; those who rest here）來稱呼他們。此外在公墳上的碑文，這些逝者除了身為雅典人外，沒有其他身分；對他們所屬的部落之有所提及，則似乎影射 Cleisthenes 的民主改革。[104]

所以「生於土地者」（*ge-genes*, earth-born）亦是「高貴出身者」（*eu-genes*, well-born）。[105] 雅典作為一市民城邦，免除種族上之不純粹，而所有的雅典人皆屬「高貴之品種，而且心靈亦一般地高貴」。[106] 這種道德上的傑出特立是天生自然（*physis*）而非後天調教而來（*nomos*）。[107] 在戰場上的每次勝利以及英勇捐軀皆是雅典人傑出道德的另一範例，而這皆源自於他們土生土長的出身，所以這樣的品德可以回溯到如傳奇般的過去，與雅典人的起源相關連。假如每位雅典人皆源自於同樣的祖國領土，那這些雅典人其實是構成一個血緣親屬關係團體，所以市民城邦（*polis*）其實是一個延伸的家庭（*oikos*）。

---

103. Ober, 1989, p. 262.
104. E.g., IG I2 929，關於 Erechtheid 部落的陣亡名單（ca. 459）；請參考 C. W. Fornara (ed.), *Translated Documents of Greece & Rome. Vol. 1 Archaic Times to the End of the Peloponnesian War* (Cambridge: CUP, 2nd ed. 1983), no. 78. Loraux, 1986, pp. 22-23。
105. Aristotle, *Rhetoric*, 1360b：「高貴的出身，就民族或國家而言，意謂的是它的成員或居民，乃是由土地而來，或其來已久；它最先的成員是聞名四海的領導者，而且他們後代子孫中有許多亦以那些受高度推崇的品德而著稱。」Cf. Lysias, 2.43: "*genesian de kai autochthona*".
    Herodotus, VII.161.3：「假如我們雅典人若將統帥權讓給 Syracuse 人，那麼我們雖然在全希臘中擁有最多的航海人口，將是無所助益；我們可以證明我們擁有最悠久之血統系譜，而在希臘人之中唯獨沒有改變過我們定居的處所；就我們的種族而言，詩人荷馬說在所有來到特洛依的人中，來自於我們者是最善於命令及指揮軍隊。」Cf. Euripides, *Ion*, 289-293，*eu-genes* 和 *en-genes* (= autochthonous birth); Loraux, 1993, pp. 202-203。
106. Lysias, 2.20。
107. Plato, *Menexenus*, 245d.

[108] 每個雅典人皆是另一位的弟兄，並且平等，於是乎民主則是其邏輯上的結果。「相同的出身」（*iso-gonia*, equality in birth）帶來了「法律上的平等」（*iso-nomia*, equality before the law）：

> （238e）我們擁有如此之政體的緣由，乃來自於我們出身的平等（*aitia de hemin tes politeias tautes he ex isou genesis*）。因為所有其他的國家乃是由各種類之人民所形成之一種複雜多樣的聚合，所以他們的政體也是複雜多樣；僭主政治以及寡頭政治，有些之中視彼此為奴隸，而其他則視為主人。我們及我們的人民（239a），相反地，由於皆是由同一母親所生，宣稱彼此之間並沒有人是另一人的奴隸抑或主人；而是應該由於我們在天性上出身的平等，驅使我們去尋找合法的法律平等（*he isogonia hemas he kata physin isonomian anakazei zetein kata nomon*），而除非是在品德以及理解的名聲之上，一人是無需對另一人讓步。[109]

如此之土生土長神話提供給雅典人，Ober 說：

> 一種預設，即政治平等的理想是可以在面對既存以及合法化的社會不平等時，可以達成並且維持下去。[110]

所以土生土長神話所隱含的意識形態可以媒介、緩和社會不平等之事

---

108. Plato, *Menexenus*, 244a：「所有這些行為的原因不外乎是那真正的親屬關係，而這關係不僅在言詞上，而且也在行動上，產生了一種基於相同之種族而產生的堅實友誼。」
109. Plato, *Menexenus*, 238e-239a. Dougherty, 1996, pp. 254, 256; Thomas, p. 219; Saxonhouse, 1995, p. 120.
110. Ober, 1996, p. 148.

實，並提倡政治上平等的理想，並藉此來評斷、仲裁雅典城邦中的階級張力，而這種階級間之緊張情形在希臘其他地方，往往導致拖延、持續的以及毀滅性的內爭。[111] 除此之外，如此之意識形態得以在以表達集體公共意志為基礎的政治系統中，提供精英領導的角色，但它卻也要求精英領袖必須密切地與群眾所關切之事互相脈動，並且避免在公民團體之中形成了少數貴族統治的核心團體。[112]

　　這種將土生土長神話所具有的複雜及多樣高度化約（reduction）的結果，令人覺得相當的乾枯及教條。喪禮演說詞所讚美的城邦，也成了高度抽象化的城邦。[113] 除了在紀念捐軀之公民時，皆以無名氏對待之，而將頌揚指向雅典人整體，所以這般的頌揚亦往往以極為空洞的泛論（generalization）來表達。對這些為國捐軀者所獲得的勝利以及所參與的戰役，沒有交待任何細節；馬拉松戰役（*Marathomache*）成為雅典人在軍事上及政治上成就唯一代表，[114] 而且被認為是足以代表雅典之偉大的傳奇事跡：保護被欺凌者，克制傲慢以及不義之人，是全希臘的領導者及造福者。[115] 馬拉松戰役在喪禮演說詞不厭其煩地一再被提及，似乎表達一種強烈的懷舊，而以該戰役為代表也成為我們訂年喪禮演說詞這文類起源於波斯戰後的主要依據。過去複雜的歷史，被嚴格地選擇過濾，來彰顯雅典人因其土生土長而所具有的品德。民主體制似乎不是發生在歷史上的事件，而是雅典人土生土長之出身所具有的邏輯且必然之結果，與生俱來的生活方式。[116] Loraux 以她非常精簡的話言來指證出這種特色：

---

111. Ober, 1996, p. 149.
112. Ober, 1996, p. 149.
113. Loraux, 1993, p.67; cf. Loraux, 1986, p. 42。或許 Hyperides 例外（cp. Parker, 1996, p. 138）。
114. Thomas, p. 222。
115. Parker, 1987, pp. 201-201; Thomas, p. 231.
116. Thomas, p. 218 認為土生土長的神話或許除了與 451/0 之公民法相關外，也可能是因為在 Cleisthenes 的民主改革所建立之民主體制，而開始被採用。Cf. ibid., p. 234。

假如我們從衛城移向 Kerameikos，所有的中介（mediations）完全消失；所以在初看之下，神話的媒介力量也跟著消失：在這世俗的散文中，喪禮演說詞忽略了土生土長的神話論述，正如它忽略了在這神話中活動之諸神及英雄的名字。這其中的核心角色不再是雅典娜，而是「市民城邦」；大地（Ge）也消失無蹤，而由祖國（patris）所取代；至於土生土長的 Erichthonius 則由所有雅典人之集體土生土長的話題（topos）所替換。[117]

於是乎這將市民城邦其中之所有市民以及所定居之土地全視為等同之概念，有如一個家庭（oikos）：[118]

我們的出身如此高貴純粹（genesios），所以……我們以那些用來稱呼我們最親近之親屬的名稱，來稱呼我們的城邦。[119]

在喪禮演說詞中土生土長的神話告知它的公民觀聽眾：他們的城邦，亦即他們的土地，是所有雅典人的 arche，來源及原則。在整個文類中那種高度的缺乏時間之流動變遷，正象徵城邦之永恆性。[120] 喪禮演說詞是城邦對自己的自我慶祝、自我驗證以及自我讚頌；對城邦之存在理由所具有的道德

---

117. Loraux, 1993, p. 49. Cf. Lysias, 2.17：「因為從土地而生，所以他們同時提到了一位母親以及祖國（metera kai patrida, mother and fatherland）」；2.17 已引於頁 4-5；我們不得不覺得在喪禮演說詞中，土生土長中母親的角色已經讓步給祖國，然後在接下來的同一文類作品中，Gaia 的字眼愈來愈難找。雅典人如何由土地而生，逐漸地失去神話中原來具有的戲劇性。
   至於何以土生土長神話中，幾乎所有神祇之名號未被提及，應可如此解釋：在喪禮的場合中，提到神明的名字是項宗教上的禁忌；但更重要的是，喪禮演說詞作為一體制性論述，強調了雅典人對純粹政治的欲望。甚至雅典娜守護的名字也逐漸不復可見，而由抽象的市民城邦 polis 所取代（Loraux, 1993, p. 67）。

118. Loraux, 1993, p. 49.

119. Isocrates, *Panegyrics*, 24. Cf. Lycurgus, *Against Leocrates*, 48, [Demosthenes] 60.4.

120. Thomas, p. 231; Loraux, 1986, p. 3.

不確定性，一律加以排除。所以雅典人土生土長的起源被轉化為對這土地的永久占領。[121] 他們相對於雅典國內的移民以及之外的外國人，是這塊土地唯一合法的定居者。所以雅典人可以藉著土生土長之神話來構想、呈現對自己、對他人的關係，[122] 因為以這個神話為根據可以衍生出一連串的對立：同（sameness）v.s. 異（difference），真 v.s. 假，一 v.s. 多等等，而雅典永遠在這架構中占有正面的一端。[123]

然而我們切不可認為對土生土長之神話可以被政客操縱利用，宛如是件意識形態的武器，可以任由運用，以達特定的目的。相反地，我們應該認為土生土長之神話以及所隱含之意識形態，提供雅典人如何看待自己的方式。這套想法：

> 永恆地烙印在雅典人的政治想像中，經歷所有種類的置換，但卻也
> 經常重組自己，永不喪失它意義的完整性。[124]

四、土生土長神話，帝國殖民主義以及優律皮底斯之 *Ion*

我們從優律皮底斯已經軼失之悲劇 *Erechtheus* 所引用的段落，很明顯地指證出，雅典人土生土長的神話，使他們在面對其他種族對他們所占有之土地所具有的殖民、掠奪性質，有合法性及道德性的優勢。這是因為後者時常意謂著內戰、帝國主義以及衝突的可能。這種土生土長以及殖民主義之間的

---

121. 所以 Dougherty, 1996, p. 54 說土生土長神話開始轉化為一種雅典人持續占有 Attica 的象徵。
122. 例如多利安神話中的海克力士之子孫返回（the Return of Heraclidae），或愛奧尼亞人海外殖民等。
123. Loraux, 1993, pp. 51-52; Saxonhouse, 1986, p. 266; Buxton, p. 192. Tyrrell & Brown, p. 197 羅列這些對立的項目，內容應是詳盡。
124. Loraux, 1993, p. 69.

區別，其實隱涵於 508/7 年克里斯提尼 Cleisthenes 的民主改革，尤其在他的重組部落：

他〔克里斯提尼〕那時把雅典人從四個部落重組爲十個部落，並且替換掉舊的名稱——之前這些部落乃是依據 Ion 之子來命名的：Geleon，Aegicoreis，Argades 以及 Hoples ——而現在他相反地去發掘土著英雄的名字，但除了 Ajax 之外，這位英雄雖是位外國人，但卻包含於其中，因爲他是鄰居，且爲盟友。[125]

　　這次部落的重新組織，經常被視為雅典民主政治發展的關鍵時刻：它將接觸政治權力的管道從貴族出身之特權，轉變到以阿提卡（Attica）這整個雅典所統治地理區域的系統。[126] 我之前已經述及土生土長或其他有關起源之神話，經常是呼應現時之需求而浮現，而非對過去之實錄，所以克里斯提尼的改革似乎意謂著（a）以 Ion 為雅典人之先祖的論述，轉換到（b）以土地或土生土長之英雄 [127] 為根據的論述。這其中所牽涉到不僅是權力分配方式的改變，而同時也牽涉到雅典作為一城邦的文化重新定義；從一個將自身定位為愛奧尼亞（Ionia）、愛琴海為脈絡的雅典，轉為以阿提卡為脈絡的雅典。在這個政治改革中，我們似乎可以見到兩套「社會想像」（social imaginary）的衝突：以 Ion 為中心所匯聚而成的論述，我們姑且名為「愛奧尼亞主義」（Ionianism），以及土生土長之意識形態。[128]

---

125. Herodotus, 5.66.
126. Tyrrell & Brown, pp. 134-135。
127. 這 10 個部落的名祖英雄包括 Cecrops 與 Erectheus 這兩位著名以及較不知名的 Pandion 等土生土長國王（Pausanias, 1.5.3 & 10.10.1）；Gantz 很合理的懷疑，假如古典時期才見到土生土長神話的充分發展，那麼在 Cleisthenes 改革，以上諸位被列為名祖英雄，有關的事蹟會有哪些（Gantz, p. 234）。Herodotus 特別強調 Ajax ——來自後來被雅典併吞之 Salamis ——的例外，反而突顯如此土生土長之意圖。

就我個人觀點來說，假如認為這二套建構社會想像空間之論述中，其中之一的存在正意謂對另一論述的排除，這是錯誤的想法。因為對一個社區而言，甚少僅有一套自我定義的方式。從歷史的視角來看，我們了解到土生土長的雅典人與自稱為 Ion 後代而殖民於小亞細亞及愛琴海的愛奧尼亞人，彼此關係密切，甚至雅典人自稱他們的城市為這些海外殖民之愛奧尼亞人的母城（metropolis）。[129] 顯然土生土長的論述以及以海外殖民為主之「愛奧尼亞主義」，二者可攜手並進。由土生土長論述所衍生出之民主政體，與愛奧尼亞主義所影射之帝國殖民，同時出現於雅典這兩種論述中，因為她既是民主且又帝國。[130] 甚至克里斯提尼的民主改革也未曾「意圖」清除以 Ion 之子為名的舊部落組織；事實上，舊的部落組織以及愛奧尼亞的共同資產（例如胞族的存在，Apatouria 的儀式，語言上的關連以及曆法上某些月分有相同名稱），[131] 仍然在雅典古典時期，表現出活力。土生土長之論述以及以英雄 Ion 為核心之論述的「合觀」（synoptic）共存，絕非在邏輯上不相容。相反地，它們的共存透露出一個簡單的事實：5、4 世紀的雅典人在不同的時候、不同的場合，以不同的方式來認定自己，而「這些多種的自我認定乃是經由他們有關城邦如何起源的故事，來反映出、來協商出」。[132]

梭倫（Solon）[133] 誇稱雅典乃愛奧尼亞（Ionia）地區最古老的土地，而

---

128. Tyrrell & Brown, p. 138。將 Ion 的故事讀為一種死亡與再生的過渡禮（rite de passage）請見 Loraux, 1993, pp. 186-187 及 Tyrrell & Brown in passim。

129. Cf. Thucydides, 1:2.5-6：「Attica 由於它土地的貧瘠，所以從很久以來便能免於派系鬥爭的紛擾，而其人民亦無易地而居。所以這點算是肯定我所堅持之論點的不小範例，亦即民眾遷徙是希臘其他地方之所以沒有如同 Attica 般成長的原因。從希臘其他地方因戰爭或派系鬥爭而受害的豪強者，皆避居 Attica 以為安身之所，而且在很早時期被同化後，大大地增加了城邦的人口，到如此之程度，於是 Attica 最終變得太小，不足以容納他們，所以他們必須送出人員殖民愛奧尼亞。」

130. 雖然說在 Cleisthenes 民主改革之前，甚至在波斯戰爭之前，雅典有所謂的帝國主義，乃十分牽強，但我所關心者，乃是如此之神話所隱含之意識形態可以被變化及再使用，以服務另外的目的。何況我將詮釋海外殖民本身便是典型的帝國擴張心態下的產物。

131. Cf. Thucydides, 1.2.5-6，已於上引用。cf. ibid., 1.6.3 有關服飾以及髮型。

132. Dougherty, 1996, p. 251。

133. Solon, Fr.4。

我們不清楚究竟這種宣稱有否與殖民相關連。然而很確定地在西元前 500 年之前雅典人及愛奧尼亞人認定雅典為他們的母城（metropolis），也是其他地方愛奧尼亞人所建立之殖民地的母城。[134] 除了這種殖民上的關連外，希羅多德給我們另一個雅典人與愛奧尼亞人緊密關係的說法：

當 Pelasgian 人統治現在稱作希臘這地方時，雅典人被稱為 Pelasgian 人，另外還有 Cranai 的名字。當 Cecrops 是他們的國王時，他們被稱為 Cecropidae，而當 Erechtheus 繼承如此之統治時，他們改變了他們的名字，而成為雅典人。[135] 然而，當 Xuthus 之子 Ion 為雅典軍隊之將軍時，他們因他而被稱為愛奧尼亞人（Ionians）。[136]

所以 Ion 在原先，絕非如優律皮底斯之 *Ion* 中土生土長的王室後裔，而是「外來」的將軍後來與雅典公主 Creusa 所生下。[137] Ion 在此被認可為愛奧尼亞種族的名祖（eponymy），[138] 而他的四個兒子則提供了名字，成為四個部落，結構了克里斯提尼改革前的雅典人。這場改革，最後是從一百位土生土長的英雄中，由德爾菲神殿之祭司來抽籤，選出十位英雄，而成為十個新部落的名祖。[139] 但是雅典人與愛奧尼亞人之間的種族密切關係則一再被強調：

然而，既然他們較之於其他愛奧尼亞人更是看重他們的名字，所以

---

134. Thucydidem 1.12.4：「……需要經過許多年之後，希臘方可進入某種持續的寧靜，不受遷徙所困擾，而開始自己能送出人到海外殖民，例如雅典遣人到愛奧尼亞及絕大多數的島嶼，而伯羅奔尼撒人則到義大利及西西里島的大部分地區，再加上希臘其他的地方。」參考 Tyrrell & Brown, p. 143。

135. 這其間的理由我在討論土生土長在圖像論述如何表達時，已經論及。

136. Herodotus, 8.44.2；這種「當 Xuthus 之子 Ion 為雅典軍隊之將軍時」，似乎在暗示 Ion 並不屬於雅典王室（Gantz, p. 245）。Cf. Pausanias, 1.31.3 & 2.14.2 以及 Gantz, p. 244。

137. Hesiod, Fr. 10a 20-24 MW; Gantz, pp. 233 & 244。

138. Herodotus, 7.94.1-2。

139. [Aristotle] *Athenian Politeia*, 21.6。

姑且讓那些有純粹之出生者為愛奧尼亞人；所有有雅典血統以及維持 Apatouria 之慶典者，皆為愛奧尼亞人。[140]

後來當雅典於波斯戰爭之後，逐漸擴展帝國的幅員及控制，這樣與愛奧尼亞的關連提供了：

一個接觸這世界的全面方式，一套態度，包含了從風格到財富及社會區分，到政治以及神學所有事務。它其實是種意識形態，而且是很強而有力的一種。[141]

除了可以作為「一個接觸這世界的全面方式」，以結構雅典人在許多方面的觀點，這個愛奧尼亞的意識形態同時也非常容易在雅典將反波斯之提洛聯盟（Delian League）轉換為雅典帝國（Athenian Empire）時，作為以愛奧尼亞人為主之帝國的理論根據。[142] 所有這些都顯示出有關 Ion 的神話與土生土長神話都是雅典城邦作為一論述空間時的部分論述，將民主與帝國和城邦之起源相關連起來。這兩種神話所表現的是兩個相對立、相競爭，卻又互補的論述，結構雅典的政治論述以及雅典人投射他們的政治理想。它們是不同的故事，在不同的場合向不同的觀聽眾表達，結構他們的動機以及形成解釋其政治行為的方式。

當我們閱讀優律皮底斯的 *Ion* 時，我們可以了解作為體制性論述的詩人，[143] 優律皮底斯設法處理上述的問題，並且提出新的理解，因為他是第

---

140. Herodotus, 1.47.1-2; Tyrrell & Brown, p. 136.
141. W.R. Connor, "The Ionian Era of Athenian Identity," *Proceedings of the American Philological Society* 137 (1993), pp. 194-206, p.200，引自 Dougherty, 1996, p. 254。
142. Tyrrell & Brown, p. 144.
143. 請參考翁嘉聲之〈希臘舊喜劇之嘉年華理論並試論亞里士多芬尼斯之《雅典女人在婦女節》（*Thesmophoriazusae*）〉（發表於《西洋史集刊》9 1999.12 ，頁 1-125）。

一位提出 Ion 不僅是愛奧尼亞人之名祖以及四部落之名祖的共同父親，他更是雅典土生土長的出身。我們似乎可以立刻體會到優律皮底斯的 *Ion* 中，對土生土長神話及有關 Ion 的神話做一種全新的詮釋，讓這兩套論述以及所隱含之意識形態得以在 *Ion* 劇中，重新統合。[144]

優律皮底斯這個劇本約完成於 418-408 BCE。其開場白是信使之神 Hermes 於德爾菲陳述 *Ion* 的故事背景。Erechtheus 這位雅典土生土長的國王，唯一倖存的女兒 Creusa，在衛城的一個山洞中被阿波羅強暴。[145] 因為畏懼她雙親的憤怒，她隱藏了她受孕之事，並且在生下 Ion 之後，將其拋棄於被強暴的山洞中。Creusa 後來因為一位從 Achaea 來的宙斯之子，Xuthus，協助雅典人抵禦外侮，所以婚嫁給他作為獎賞。然後這對夫婦在故事開始前並未生下任何子嗣，所以決定來德爾菲徵詢神諭：Creusa 其實是想知道被拋棄之 Ion 的命運，而 Xuthus 則是單純求子。Hermes 解釋說他乃受託於其兄阿波羅來照顧 Ion，並在當時將嬰兒帶到德爾菲神殿祭司之前，由她來撫養成人，成為他神聖父親的僕役，管理神廟。然後祂預言這個孩子將被稱為 Ion，後來成為雅典人的國王以及將會殖民小亞細亞之愛奧尼亞人的始祖。

Creusa 在本劇中被表現為土生土長之 Erechtheus 家族之最後一員；而其婚嫁給外人，使其成為「女繼承人」（*epikleros*），[146] 而她的嫁妝則是她土生土長的出身，這樣的嫁妝意謂著合法性以及雅典的政治認同，因為其作為「女繼承人」的身分，使得其所誕生之子，不為其夫家繼承香火，而是為其土生土長的父親延續後代。這種保存、延續家庭的職責，恰巧與城邦的需求相符。[147] 所以土生土長的血統意謂著一種內親制，一種對公民權之享有採取

---

144. Pozzi, p. 136。但在其他方面優律皮底斯似乎恪遵傳統（Gantz, p. 237）。

145. Loraux, 1993, p.197，雅典衛城圖中的 8，Grotto of Pan ？

146. Loraux, 1993, p. 208；有關女繼承人之體制（epiklerate）請參考 Roger Just, *Women in Athenian Law and Life* (London: Routledge,, 1989), pp.95-104。

排外的觀點。[148] 而另方面，阿波羅既是雅典人及愛奧尼亞人的共同先祖，以及希臘人海外殖民的守護神、領導者（*archegetes*），祂強暴 Creusa，因此在「肉體上結合」了雅典土生土長的傳統以及以 Ion 為中心的海外殖民主義。[149] 在優律皮底斯之前 Ion 僅為 Xuthus 之生子，但在詩人之劇作中，Ion 成為阿波羅以及 Creusa 的結晶，而且將整個故事以德爾菲為背景，這似乎指證出 *Ion* 一劇與「城市建立（city-foundation）之文學中的主題和策略」相關連，[150] 或者說，與「殖民文學」相關連。之所以選擇德爾菲為背景，乃因為在對海外殖民進行冒險之前，往往徵詢阿波羅德爾菲神諭有關殖民地點以及時機。

殖民活動的主要動機往往是為了追尋物質的資源，然而有關殖民城市之建立的相關文學，時常將這種建立殖民地比喻為對女性身體之征服，把殖民文學加以性慾化。當 Ion 問 Creusa 何以來到德爾菲，他問道：

妳來此是為了農穫，或是為了子嗣？[151]

---

147. Saxonhouse, 1986, p. 256：「由土地而生，而使其成為合法之土生土長的國度，其安全端賴於，在世世代代中，從那些最先之由土地而生之人物，依續合法傳承。在世代的延續上若有任何的中斷，將威脅一個原來根基於自然者，而將其轉化為一個依據征服或同意而來之潛在性的不確定傳統。」
148. Ober, 1996, p. 148; Zeitlin, 1996, p. 332：「土生土長強化了血緣關係的優先性，以之為彼此相互關連之首要原則，而排除或貶抑其他種類之相屬為外來、陌生以及潛在上具有敵意的⋯⋯。」
149. Dougherty, 1996, p. 257；Loraux 亦指出在 *Ion* 中這般的張力，而更於 1993, p. 199 轉述其他學者之意見：「要使雅典在愛奧尼亞的殖民活動中占有最主要之地位，Ion 必須是位雅典人，並且因此必須是由最原先之土生土長之存在而來；因此而有這般捏造之系譜，其目的是為了要加以模糊任何 Ion 所具有足以使其看起來像是由外邊而被引進，進入雅典之英雄傳奇中的種種層面。」Loraux 轉達如此之觀點，但認為這是將神話有意識的扭曲利用，以達特定之政治目的，一種認為神話可以輕易 manipulated 的論述。我個人認為這並非必然如此，因為優律皮底斯之改造 Ion 的系譜，而使其成為既是土生土長之英雄，又同時是殖民之愛奧尼亞人的先祖，象徵雅典民主及愛奧尼亞之帝國殖民主義；可是顯然如此之歷史事實，已經先於 *Ion* 之創作（ca. 418-408），所以優律皮底斯至多僅能做事後（*post facto*）之辯護，使這種看似矛盾之行為得以被理解及合理化。
150. Dougherty, 1996, p. 257。
151. *Ion*, 303.

這很明顯地把物質資源之尋求及生產，與人類之繁殖相提並論。這種將女性與土地聯想，婚姻與農業同時被視為將野性自然轉化為文明教化之文化活動，相當常見；也就是說殖民文學中，往往見到殖民活動將女性的身體比喻為一塊等待征服、耕種及播種的土地。[152] 在希臘神話中常有故事描繪殖民地之建立係因奧林匹亞諸神與女性結婚或將之強暴而來，而這些新建立城市往往以女性之名或他們所生後代的名字來加以命名。在 Aeschylus 已經軼失之劇本 *Aetnaeae* 中，宙斯強暴西西里當地少女 Aetna，並以 Aetna 來命名新城邦。[153] 這種殖民文學視帝國殖民主義為一種性慾上的征服、冒險。[154] 相同的詮釋亦可施用於 *Ion* 一劇：阿波羅這位海外殖民之守護神，強暴 Creusa，生下 Ion，而 Ion 成為殖民小亞細亞之愛奧尼亞人的名祖。或者如 Pozzi 所說：

> *Ion* 這劇本，以戲劇的象徵模式呈現了一位英雄奠基建立雅典；這位英雄繼承土生土長的特權，並同時源自於一位廣受尊崇的神明，因而這神明所擁有之泛希臘的威望，雅典人亦得以分享。[155]

但我們先以其他更明顯的例子來作為進一步的切入點。

品達（Pindar）的 *Pythian Ode* 9[156] 便是典型的殖民文學，將殖民行為徹底的性慾化。這是一首慶祝 Telesicrates 在德爾菲參加重裝賽跑冠軍的「慶祝勝利頌」（epinician ode），然而卻有一大部分專注於阿波羅與 Cyrene（在

---

152. 請參考翁嘉聲，1998，頁 21-22。
153. Dougherty, 1993, p. 75 & 1996, p. 258.
154. Dougherty, 1998, p. 258.
155. Pozzi, p. 136。Ibid., p. 137：「……*Ion* 是個真正而且戲劇般，將［不同］傳統做強而有力的結合」。
156. 有關本詩的原文及譯文，請參考 Svarlien（譯文）以及 Dougherty（原文及譯文）1993, pp. 182-188。

利比亞，Cyrene 為 Telesicrates 所來自之殖民城市）二者間的故事。這整首頌以這整個故事的大綱開始：阿波羅將 Cyrene 從 Pelion 山的荒野擄走，並將她帶到那個她將以女主人之地位所統治的美麗並且豐饒的「世界之第三支根」（third root of the world），即非洲。*Pythian Ode* 9. 5-9：

> Leto 長髮飄逸之子〔指阿波羅〕曾經將她從風聲迴響的 Pelion 山谷擄走，並且將這位荒野（指 Thessaly）的少女，以祂黃金的車乘帶到祂將使其情婦成為女主人之處，大地充滿獸群，果實豐盈，生活並繁榮於世界之第三支根⋯⋯。[157]

品達這裡將阿波羅強暴 Cyrene ＋的事實，來說明北非 Cyrene 城邦的建立，而以上這段引文把阿波羅表現為迎娶之新郎，並且為殖民之守護神。另方面，Cyrene 的身體則成為殖民者所征服之土地：「在殖民之意識形態中——即有關海外征服以及海外定居——強暴的論述以及婚姻的體制提供了模式，來呈現希臘人在殖民定居外國領土時，必須與原住民所建構出的複雜關係」。[158] 她並將自己的名字給予這新成立的城邦。Dougherty 討論這段引文說：

> ⋯⋯品達在對這種做簡短的預先審視，將強暴 Cyrene 以及之後的迎娶、婚嫁視為從蠻荒逐步轉化為文明的進展⋯⋯。這婚姻的行為，雖然被呈現為一種暴力，卻使她文明化，而她被強暴的結果，造成這土地開花結果。[159]

---

157. Cf. *Homeric Hymn to Demeter*, 1-5.
158. Dougherty, 1993, p. 62。有關這種婚姻與殖民相關的主題——這兩項活動都包含了暴力及強制的成分——，請參考 Dougherty, 1993, pp. 61-80。
    至於 *Pythian Ode* 9 中之類似主題的討論，請參考 ibid., pp. 136-156。這種關連，例如 p.140，是：「Pindar 從與婚姻有關之修辭以及意象中，加以引用，在慶祝勝利之詩歌中來呈現殖民地之建立。」
159. Dougherty, 1993, pp. 141-142; Cyrene 在 *Pythian Ode* 9 許多地方不斷地被表現為野性「自然」之子，拒絕被文明來加以同化；另方面，阿波羅的角色則經由性及婚姻被表現為帶來文明的力量。

這種對土地的征服以及對女人施加以性暴力二者間所具有的相互影射，可從
Pythian Ode 9. 36-7 見到：

> 將我這著名的手加之於她的身上，這是否合法？並且割斷她的床第
> 上如蜜香甜的嫩草？[160]

　　正如我曾說，相同的策略亦發生於優律皮底斯的 *Ion*。雖然 Creusa 對阿
波羅指控強暴，而且祂的怨恨，在每一次的描繪中，逐步加強，[161] 然而這種
視強暴／殖民為一文明化之過程的基調，在 *Ion* 中仍然保留。[162] 強暴 Creusa
被認為是殖民城市建立的行為，因為他們的結合將產生 Ion，而 Ion 的子孩
將殖民小亞細亞以及各地；假如強暴 Creusa 是項暴力的行為，那麼征服土
著並將之轉化改良為豐饒之田地，亦為暴力行為。這整個將殖民行為比喻為
性的征服，其實是將強暴行為合理化，並將殖民原住民土地的暴力行為浪漫
化、性慾化（eroticized）。[163] 此外，Saxonhouse 認為這樣的神話有更進一步
的政治目的：

> 土生土長的神話……是種統合性的神話，來遮掩城邦建立時所使用

---

160. 參考 *Pythian Ode*, 109-112：「他們心想摘取她黃金頂冠的年輕所盛開之花朵。而她的父親為他女
兒準備一個極為聞名之婚禮……。」
161. Euripides, *Ion*, 887-902.
162. Dougherty, 1993, p. 62：有關這種婚姻與殖民相關的主題——這兩項活動都包含了暴力及強制的成
分——，請參考 Dougherty, 1993, pp. 61-80。
至於 *Pythian Ode 9* 中之類似主題的討論，請參考 ibid., pp. 136-156。這種關連，例如 p.140，是：
「Pindar 從與婚姻有關之修辭以及意象中，加以引用，在慶祝勝利之詩歌中來呈現殖民地之建
立。」
163. Dougherty, 1993, p. 65：「……在殖民論述中，婚姻的儀式以及強暴的修辭話——幫忙塑造希臘殖
民者與原住民之定居之間的接觸——其方式乃是如此，所以要將海外殖民定居所具有之不可避免
的暴力，來呈現為對立兩方之間一種和諧性以及正面性的結合。」並參考 144 ff.。另一個可以相
比較的好例子是 Hades 強暴綁架 Persephone，而這被認為與土地之豐饒相關。

的暴力。當強調城邦之單一性時,他們隱藏了它開始時所具有的分裂性、它起初之時所具有的痛苦……。城邦需要土生土長的神話來避免過去舊有的痛苦,來動搖削弱目前所享有的滿足以及穩定……。城邦必須忘掉那種使其誕生建立的內部衝突。[164]

在 Ion 中阿波羅強暴土生土長之 Creusa 於是乎可被解讀為雅典土生土長之神話與愛奧尼亞殖民主義,以一種複雜的方式來相結合。一方面 Creusa 是土生土長的後代,代表公民權及政治權力的合法移轉,而且也象徵「大地」以及「母性」。在 Plato 對話錄 Menexenus 237b-c 我們可以看到雅典人與他們的土地相互認同:生育他們的母親亦即他們的祖國。這種論點質疑其他類型的社區,並認為這樣的土地是那群移民的未婚母親或繼母,是貧瘠的母親。而 Ion 的結局則終於透露 Creusa 確為 Ion 的真正生母,所以 Ion 果真是土生土長的以及神聖的後代。這種結局我們可以認為是 Ion 一劇對土生土長之意識形態的肯定。[165]

但另方面,根據 Lysias 2.17,[166] Strauss 很清楚地指證如此的土生土長神話在本質上其實是反殖民以及反帝國的。所以殖民的阿波羅對 Creusa 的強暴,成為對這套意識形態的侵犯。而且當阿波羅在回答 Xuthus 之求子,而以神諭命令他要稱呼他在離開神殿後(exionti)所遇之第一人為其兒子,並

---

164. Saxonhouse, 1986, pp. 259 & 264。大體上來說,儘管有些資料告訴我們何以希臘人往海外移民和帶領的人,以及接下來的一些政治、社會、經濟上的安排,但我們發覺希臘人對他們與當地原住民女性之間的跨族聯姻,卻是極為緘默。我們所知較多的一個例子是羅馬人在建國初期,曾經擄掠 Sabine 人的女性,以為帝國之擴張;這或許也是希臘人的情形。請見 Livy, 1.9ff. 以及 Dougherty, 1993, pp. 67-68 的評論。

165. Dougherty, 1996, p. 260.

166. Lysias, 2.17. Barry S. Strauss, "The Melting Pot, the Mosaic, and the Agora," in J. P. Euben, J. T. Wallach & J. Ober, *Athenian Political Thought and the Reconstruction of Athenian Democracy* (Ithaca/ London: Cornell UP, 1994), pp. 252-264, p.256;參考 Tyrrell & Brown, p. 144:「從 Ion 而來的神話,與雅典土生土長的神話,乃相互衝突。」

名之爲「Ion」。[167] Loraux 認爲這種行爲是對土生土長中視大地之母爲雅典人之來源的再度侵犯：

> 因爲名字屬於父親，在本例子中，乃屬於阿波羅；但正如 Creusa 後來所解釋，這位神明並沒爲祂的兒子命名，所以爲了避開私生子（nothos）之社會污點，必須爲 Ion 發現創造一個父親，所以他或許因能取得若非正嗣，但仍是合法的血統。[168]

所以從這個角度來思考：我們是否可以認爲如此行爲，乃是詩人對土生土長之意識形態所具有的不適宜，例如排外，所做的批評？[169] 並且，希望憑藉法律上的收養（legal adoption）來加以彌補？Zeitlin 評論說，當阿波羅把他自己的兒子交給 Xuthus 來收養，並因之而耽誤母親 Creusa 與 Ion 之相認，以及延遲 Ion 之自我認知爲土生土長之來源，直到 Creusa 及合唱團女性抗拒這道神諭，並在不知情下試圖謀殺 Ion 失敗後，才一切揭曉。阿波羅這位在 Oresteia 否認女性爲子女之生親（parent）的神明，在 Ion 中又再度地否認母親在生理、社會以及個人情緒上的基本角色。[170] 除此之外，土生土長的繁殖方式被認爲難以生下後代，[171] 而這是否也是優律皮底斯對雅典人所採取之高度排外的公民權政策以及因之而造成公民人數不足的後果，表達了他的批評？Ion 終究是雙性結合而來；假如神話、圖像傳統 Hephaestus 沒在 Ion 出現，那阿波羅則取代父親的角色。事實上，對土生土長的挑戰可由 Creusa 在聞及她的丈夫 Xuthus 被神明承諾一子時，所流露出的驚嚇及怨憤中了解

---

167. 「Ion」是希臘文 eimi，「to go」的分詞形態。
168. Loraux, 1993, p. 188.
169. Pozzi, p. 141：「……土生土長是個死巷，因爲……它將取消性（sex），並且將女性繁殖的功能變得無用及多餘。在 Ion 中，土生土長爲唯一〔之繁殖方式〕的神話，被〔男女結合之〕家庭的典範所補充，而性結合所帶來的繁衍，保證了建基者之系譜的延續」。Cf. Pozzi, p. 144.
170. Zeitlin, 1996, p. 314.
171. Tyrrell & Brown, p. 142-143.

到。她決定謀殺 Ion，而這正是她體會到，假如這是真的，那她土生土長出身所代表的一切將面臨崩潰。另方面，Ion 自己也懷疑，儘管他將被 Xuthus 以收養方式來合法化，他缺乏土生土長的身分，真能讓他順利地繼承、擁有雅典的王權？

> 他們說這些著名的、土生土長的雅典人，並非來自於他處（epeisakton genos）之種族；我到那兒，將有會二事不利於我：因爲出身於外國的父親（patros t'epaktou）以及是位私生子（nothagenes）。[172]

所以他祈禱他能夠很快地發覺他的母親，並且發覺她的出身是雅典，所以他能夠享有「言論自由的權力」，即公民權。[173] Creusa，在另方面，因為她並不知道 Ion 乃是她所拋棄之子，所以看待自己為被收養之 Ion 的後母，認為他只不過是位不合法又具敵意的僭奪者，將會剝奪土生土長之雅典人他們的祖產。所以在合唱團的協助之下，Creusa 打算利用一項雅典娜在宰殺由大地而生之 Gorgon 後，由其血液所提煉，並因贈賜給 Creusa 之祖先，而為傳家之寶的神奇液體，來毒殺 Ion；同樣的液體亦可解除任何的疾病痛苦。[174] 從 Gorgon 這種與土地有關之怪物所萃取之液體，既可造福也可謀殺，正象徵土生土長之概念的不確定性，也解釋 Creusa 可以從一位極為慈愛、思子的母親，在妒嫉及怨恨之下，變成 Gorgon 式的恐怖謀殺者。[175] 再加上當 Creusa 準備謀殺 Ion 時，乃以所謂的種族純粹以及宗教虔誠之名來進行，[176] 更加深了土生土

---

172. Euripides, *Ion*, 589-592。這兩種弱點：外國出身以及私生子的身分，就 *Ion* 這劇本而言，顯然沒有不同。
173. Euripides, *Ion*, 673-675.
174. Euripides, *Ion*, 998-1015 & 1054-57。
175. Pozzi, pp. 142-143.
176. Zeitlin, 1996, p. 312; Tyrrell & Brown, p. 156.

長概念在道德上的不確定性。合唱團的婦女辯護說，這是因為男性他們改變了家庭裡神聖的典範，所以女人以暴力回應乃是應當。顯然土生土長之神話與以 Ion 為中心之神話，其間的衝突也牽涉到性與性別的衝突。

　　這個劇本最後以喜劇收場，因為它的結局十分完美。當 Creusa 謀殺 Ion 的計畫失敗，而反而遭受追殺，因此緊抱以前曾強暴她的阿波羅神像，以求避難——何其反諷！另方面德爾菲神殿之女祭司聞訊 Ion 即將離去，前往雅典，所以帶來當初他被拋棄時，Creusa 留在 Ion 身邊的信物（gnorismata）。這些信物是 Creusa 仍是少女時所練習的紡織作品，而這些成了證明 Ion 身分的證據：

　　有個 Gorgon〔的臉譜〕編織在衣袍的中間……。而且，像個盾牌，
　　邊緣裝飾纏繞的蛇……。這是雅典娜以前的禮物，以金絲線編織；
　　祂告訴我模仿許久之前的 Erichthonius，來撫養後代……。一條項
　　鍊讓小孩，我的孩子，來配戴……。我在你的額頭帶上橄欖枝葉的
　　頂冠，這是從那棵雅典娜最先從石頭中生出的橄欖樹[177]上所取下的；
　　如果它仍然在那裡的話，它應該沒有失去它的鮮綠，而反而繁茂，
　　因為它是從一棵不朽的橄欖樹上所取下的。[178]

　　這段文字訴諸我們在陶磁器上所見到之圖像。[179] 而這段話除了確定 Ion 之土生土長的來源外，也象徵土生土長之意識形態重新的堅持：土生土長的 Creusa 被證明才是真正的母親，而外來的 Xuthus 反而成了 Ion 的繼父。[180]

177.這影射 St. Augustine, *The City of God* XVIII, p. 9。見註 37。
178.Euripides, *Ion*, 1421-1436.
179.Euripides, *Ion*, 1428：「祂〔雅典娜〕告訴我們，以模仿久遠之前的 Erichthonius，來撫養我們的子孫。」
180.這可由他並相信雅典人乃土生土長之起源來得知：「大地並不產子」（*Ion*, 542）。

所以優律皮底斯在劇本結尾時重新肯定 Ion 乃是土生土長之 Creusa 以及阿波羅殖民之守護神的兒子時，似乎在對歷史上其實已經並存不悖的這兩套意識形態，做一番使其更加和諧或更加妥協的再確定。然而這種努力是否能夠成功，端賴於「欺騙」：[181] Ion 不得透露他乃土生土長之 Creusa 及阿波羅的私生子，而 Xuthus 雖然收養 Ion，並使其為合法之子嗣，但卻不知道 Ion 的真實身分。再者，是因為 Xuthus 對 Ion 在法律上的收養[182] 以及社會上的認可，促使 Ion 回到雅典，所以這意謂著文化上的出生（cultural birth）仍然優先於血緣及自然上的出生。在劇中所影射的是，母系雖然賦予 Ion 土生土長的特權，然而這種妥協卻也必須容忍外來者（philoxenia），並接受法律上虛構之生親的權宜之計，而這終究還是壓抑了母親的角色。[183] 另方面，大概也是因為如此的妥協，才使得悲劇最後以喜劇收場。

Ion 在整個劇本結束之後，有了非常複雜的認同：①Ion 是阿波羅的兒子，②是經過驗證之後具有土生土長的血緣，以及③具有適當社會地位的合法子嗣。[184]Zeitlin 用比喻的方式來說明這種多重認同的狀況：

Ion 成為多樣多元的統一原則，成為不斷擴大之周邊的中心點。[185]

這種多重認同的妥協共存，其實可被解讀為對雅典土生土長意識形態的批評，也是對 451/0 之培里克里斯的公民法，將雅典視為內親制之血緣團體，

---

181. Rabinowitz, p. 216.

182. 在雅典這是個必要的法律補救措施，來克服嬰兒的高出生死亡率，以及因為財產均分制，不願多生產後代的結果。請見翁嘉聲，1998，頁 31 及註 121。

183. Rabinowitz, pp. 192-193; Zeitlin, 1996, p. 331。這很明顯是在影射所謂的「生親」（parentage）或許只是個虛構的類別，一種「好像是」（as if），而血緣的關連，雖然對一個人在基因上的認定是基本的，但卻不是唯一算數的關係（Zeitlin, 1996, p. 334）。

184. Zeitlin, 1996, p. 337; cf. Tyrrell & Brown, pp. 144-145.

185. Zeitlin, 1996, p. 338.

所做的批評。[186] Pozzi 認為詩人將不同的傳統加以「合觀」的結果,證明了悲劇具有整合城邦意識形態的成就:[187]

> Ion 的過渡以及優律皮底斯之 *Ion* 所訴求的轉變,是從封閉走向開放,從絕對堅持秩序之原則,走向對所有愛國之熱忱的種種來源,做一持平的整合。[188]

優律皮底斯這種探索的結果,使得愛奧尼亞人成為雅典人的後裔,並同為土生土長之來源,這樣的結果可以用來肯定及支持雅典人對建立以愛奧尼亞人為主之帝國所做出的宣稱,並同時堅持他們的盟邦必須實行民主政治:

> 「……他們〔指雅典人〕控制海洋達七十年之久,並拯救他們的盟邦免於派系分裂之苦,不願讓多數之人成為少數人之奴隸,而是強迫他們必須以平等共同生活在一起(*to ison echein hapantas anankasantes*)」。[189]

荷米斯在 *Ion* 一劇中所做的序言,預測 Ion 的子孫將於小亞細亞建立許多城市;在劇本結尾時,雅典娜再度肯定這樣的預言:

Creusa,帶領妳的孩子到 Cecrops 之地;安置他於王位之上。因為

---

186. Loraux, 1993, p. 71; Loraux, 1993, p. 184 很正確地指出在整個 *Ion* 劇本中 Creusa 所具有的關鍵重要性;而這種提及女性乃合法性的一種來源,其實已經在城邦意識形態中注入某種不可確定的成分,因這樣的意識形態假設男才是小孩真正的生親(parent)。另外一個好的例子是 Creusa 決定拋棄 Ion 在她被強暴的地方,因為這種行為意謂著拒絕認可小孩的合法性,而這是父親的權力。同樣地,在德爾菲 Ion 最後因為信物而被認出時,是 Creusa 認可(recognize)他的,而這提醒我們圖像論述中雅典娜認可 Erichthonius(Loraux, 1993, pp. 212-213)。

187. Pozzi, p. 163.

188. Pozzi, p. 162.

189. Lysias, 2.55-56.

他乃出身於 Erechtheus，並適合來統治我的領土；他將名聞全希臘。他將會有四個兒子，從同一根源而來，而且他們將把他們的名字給予土地以及定居於其中的居民部落。Geleon 將是長子；然後第二是 Hopletes 及 Argades，以及 Aegicores 將因我的盾牌而成為部落之名。他們的兒子在命定的時刻，將會定居列島群島（Cyclades）上的島城以及〔大陸〕沿岸的土地，而這將會增加我領土的權力；他們將會殖民相對望的兩塊大陸，亞洲及歐洲；他們將以愛奧尼亞人之名而聲名四播，來向這位少男來致敬。[190]

這裡「這將會增加我領土的權力」，似乎透露出劇本強烈的政治企圖。然後接著雅典娜對 Xuthus 及 Creusa 繼續預言，在 Ion 回雅典後，他們將生下其他子嗣，而這些子嗣又將成為其他種族及城邦的名祖。對這其中所隱涵的政治意義，應可做合理的臆測：

妳及 Xuthus 將一起擁有子嗣：Dorus，因他多利安人（Dorians）的城邦將聞名於伯羅奔尼撒半島……。[191]

這種對悲劇 Ion 採取「政治性」的讀法不應該被排除，因為雅典的悲劇作為城邦的論述行為，乃是由雅典城邦為雅典人、並在雅典人及非雅典人之前所贊助的活動，呈現並加強既有的意識形態。劇場可謂「第二個市民廣場」（second agora），一種高度體制化的論述空間，來對政治上的種種可能性進行嚴肅的討論。在 Ion 之中我們可說優律皮底斯設法在其時代的脈絡之下，來討論最遙遠的過去，[192] 並重新塑造神話，表達他所屬時代所關切之事。所

---

190. Euripides, *Ion*, 1572-1588.
191. Euripides, *Ion*, 1589-1594.
192. Loraux, 1993, pp .70 & 235-236.

以在 *Ion* 中我們可以見到如公民權之定位、殖民帝國主義、性與性別之問題等等，皆透過土生土長之神話以及相關神話，來重新審視及思考。假如優律皮底斯批評了土生土長之意識形態的狹隘，我們發覺這並不妨礙在其它論述中，例如喪禮演說詞，仍被提倡。[193] 但當詩人改寫神話，認為 Ion 乃土生土長之雅典公主 Creusa 及殖民守護神阿波羅的後代，我們發覺土生土長的神話在更廣大的架構之中被重新調整，充分顯示出希臘神話為一 inter-text 的性質。而在這樣的改寫神話之後，雅典的民主被驗證可與愛奧尼亞的殖民帝國主義可以相並行。民主政治與殖民帝國主義並行，這或許對現代人而言或許是項弔詭，但對雅典人，因為神話提供某種思考方式，則認為不然。

五、初步之結論

我嘗試探討土生土長神話的可能種類以及意涵，並以陶磁器上的圖像、喪禮演說詞以及優律皮底斯之悲劇 *Ion* 為探索之對象，因為土生土長神話在這些種類的作品中有很明顯及重要的角色來扮演。從以上的結果中，我們可以得知土生土長以及類似之神話乃高度的政治性，因為這些都論及雅典人如何自我定義以及雅典之社區與土地之關連，還有因之所導致之種種意涵。這

193.Saxonhouse 非常強調這點，但她的態度似乎被她的一種假設所決定，即優律皮底斯是雅典意識形態最強烈的批判者。其中典型的說法是：「在 *Ion* 中所使用的土生土長神話，使得優律皮底斯呈現給雅典人他們的偏見以及信仰的根源。……優律皮底斯讓他的觀聽眾有更強烈的感受，何以如土生土長之神話可能會限制城邦以及雅典的政治真理將會帶他們到何種處境」（Saxonhouse, 1986, p. 254）。又如在同處之 267，她所認為 *Ion* 所流露出的正面、清楚的訊息：「不僅女人被帶回到城邦奠基的神話來，她也很安穩地被安置在這頌揚母子一體的劇本核心之中。」以及同處之 272：「優律皮底斯在這劇本中不敬地建議，要將土生土長之神話來加以修正，而在如此做之後，同時提昇了女性及母性的角色。土生土長的愚蠢……被母親與兒子間那抒情及敏銳的關係所超越，也被對由凡人母親而出生所投注之更人性的注意所超越」。我想這把優律皮底斯在這劇本所傳達之複雜以及許多不能確定的訊息，給予過度簡化了。

些皆可因希臘人對政治之定義，即與市民城邦（*polis*）之相關事物者，[194] 而稱作政治性的議題。這種研究希臘神話以為重建雅典人之自我形象投射或雅典人之「社會想像」的研究，應該是可被接受的。

　　我在解讀圖像論述時，特別強調說，如此之論述雖然與 Erichthonius 由大地之母出生有關，但雅典娜對他的認可（recognition），賦予他一種社會或文化的出生（social or cultural birth），更是這種圖像論述強調的地方。在喪禮演說詞探討之中，則完全回歸到雅典人乃集體由大地之母而生這主題上，而因為既然是同出一源，彼此則相互平等，民主於焉產生；這與移居者必須以不正義之手段驅逐原住民，並加以殖民，而沒有與土地有自然的關連，形成強烈對比。雅典人的土生土長因此解釋雅典人何以高貴以及偉大的根本原因。最後，在優律皮底斯的 *Ion* 中，我的解讀特別強調，這個劇本將 Ion 視為土生土長之 Creusa 與殖民守護神阿波羅之相結合所生，乃提供民主及帝國二者何以並存的思考背景；這種民主與帝國並存，在古代雅典是件從未被質疑的既存事實，[195] 而詩人或許藉由神話讓我們了解何以如此，並且驗證之。我並無意暗示詩人或雅典人刻意扭曲土生土長及有關 Ion 的神話，以利用來取得特定的政治目的。[196] 應該說，如此的神話安排提供了一套他們思考的方式及結構，或者說土生土長神話是「good for thought」。

---

194. Aristotle, *Politics*, l253a3.

195. 參照 M. I. Finley, "The Athenian Empire: A Balance Sheet," in his *Economy and Society in Ancient Greece by M. I. Finley* (edited with an introduction by Brent D. Shaw and Richard P. Saller) (Harmondsworth: Penguin Books, 1983), pp. 41-61。

196. 就我所知，柏拉圖《理想國》382c-d 中，利用所謂「高貴之謊言」以達政治、社會控制之目的，即是現在對古代希臘神話之了解（Saxonhouse, 1986, p. 252-254）；但本文所辯論的，而且我相信希臘人亦如是相信，「神話」並非被如此構想；它應該像是一種思考的方式以及「文法」，提供某種進行論述的方式及其中規則。Connor 曾經為文力駁諸如柏拉圖在《理想國》的想法，請參考其 "Tribes, Festivals and Processions; Civic Ceremonial and Political Manipulation in Archaic Greece," *JHS* 107 (1987), pp.40-50

除此之外,在這三項不同的論述種類中,我們都見到相關於性及性別問題的暗示及宣言,而且經常帶有極強烈之厭惡女性的(misogynist)傾向。神話如果具有強烈的政治意涵,而既然政治在希臘係為男性事務,而市民城邦為男性俱樂部,這樣的結果似乎可以預期。而政治與女性議題的關連,在本文中討論 Ion 時,最是明顯,因為一方面土生土長的神話在諸多地方剝奪否定了女性的生育能力,而在殖民論述中,對土地的征服以及城邦之建立,往往被呈現為性慾上的冒險(erotic adventure)。優律皮底斯,儘管他常被榮耀為女性主義的先驅,在 Ion 中似乎貶抑了女性的地位。

　　經過這些討論之後,我們似乎可以認定土生土長之神話以及其相關之議題,是套很全面廣泛的意識形態,對雅典人之自我定義有深刻之意涵,所以可稱為雅典人的「憲章神話」(Charter Myth)。

參考書目

一、一手史料

- Apollodorus. *Apollodorus. The Library* Vol. 1 7 Vol. 2 (trans. James. G. Frazer). Harvard UP/ Heinemann: Loeb Classical Library, Mass./ London: Cambridge, , 1921/1921, rep. 1990/ 1989.
- Demosthenes. Demosthenes VII. *Funeral Speech, Erotic Essay, Exordia Letters* (trans. N.W. & N. J. Dewitt). Harvard UP/ Heinemann: Loeb Classical Library, Mass./ London: Cambridge, 1949, rep. 1986.
- Euripides. *Euripides: Ion* (ed. K.H. Lee). Warminster: Aris and Phillips, 1997.
- ——. *Euripides. Selected Fragmentary Plays. Volume 1* (edd. C. Collard, M.J. Cropp & K.H. Lee). Warminster: Aris & Phillips, 1995.
- Herodotus. *The Histories* (trans. Aubrey de Sélincourt). Harmondsworth: Penguin Books, 1954, rep. 1984.
- Hesiod. *Hesiod. The Homeric Hymns and Homerica* (trans. H. G. Evelyn-White). Harvard UP/ Heinemann: Loeb Classical Library, Mass./ London: Cambridge, 1914, rep. 1982.
- Hyperides. *Minor Attic Orators II. Lycurgus Dinarchus Demades Hyperides* (trans. J. O. Burit). Harvard UP/ Heinemann: Loeb Classical Library, Mass./ London: Cambridge, 1954, rep. 1980.
- Isocrates, *Isocrates* Vol. I (trans. George Norlin). Harvard UP/ Heinemann: Loeb Classical Library, Mass./ London: Cambridge, 1928, rep. 1980.
- ——. *Isocrates* Vol. II (trans. George Norlin). Harvard UP/ Heinemann: Loeb Classical Library, Mass. / London: Cambridge, , 1920, rep. 1992.
- Lycurgus. *Minor Attic Orators II. Lycurgus Dinarchus Demades Hyperides* (trans. J. O. Burit). Harvard UP/ Heinemann: Loeb Classical Library, Mass./ London Cambridge, 1954, rep. 1980.

- Lysias. *Lysias* (trans. W. R. M. Lamb). Harvard UP/ Heinemann: Loeb Classical Library Mass./ London, Cambridge, 1930, rep. 1988.
- Pindar. *Pythian 9*. For Telesocrates of Cyrene, Hoplite Race, 474 B. C. (trans. by Diane Svarlien). (http://www.perseus.tufts.edu/c1135/Students/Carrie_Shea/pythian.htm) Commentary(http://www.perseus.tufts.edu/c1135/Students/Carrie_Shea/pythcom.htm).
- Plato. *Republic* (trans. Demond Lee). Harmondsworth: Penguin Books, 2nd rev. ed. 1974, rep. 1986.
- ——. *Plato IX. Timaeus, Critias, Cleitophon, Menexenus, Epistles* (trans. R. G. Bury). Harvard UP/ Heinemann: Loeb Classical Library, Mass. / London: Cambridge, 1929, rep. 1981)
- Thucydides. *The Peloponnesian War* (trans. Rex Warner). Harmondsworth: Penguin Books, rev. 1975, rep. 1985.

二、二手資料

- Alan L. Boegehold. "Perikles' Citizenship Law of 451/0 B. C." In Boegehold & Scafuro, 1994, pp. 57-66.
- Alan L. Boegehold & Adele C. Scafuro (edd.). *Athenian Identity and Civic Ideology*. Baltimore / London: The Johns Hopkins Up, 1994.
- Page duBois. *Sowing the Body: Psychoanalysis and Ancient Representation of Women*. Chicago: Chicago UP, 1988.
- Walter Burkert (trans. J. Raffan). *Greek Religion: Archaic and Classical*. Cambridge, Mass: Harvard UP, 1985.
- Richard Buxton. *Imaginary Greece: The Context of Mythology*. Cambridge: CUP, 1994.
- Claude Calame. "Narrating the Foundation of a City: the Symbolic Birth of Cyrene." In L. Edmunds, *Approaches to Greek Myth*. Baltimore/London: Johns Hopkins UP, 1990, pp. 277-341.
- W. Robert Connor. "The Problem of Athenian Identity." In Boegehold & Scarfuro, 1994, pp. 34-44.
- Carol Dougherty. *The Poetics of Colonization: From City to Text in Archaic Greece*. Oxford: OUP, 1993.
- ——. "Democratic Contradictions and the Synoptic Illusion of Euripides' *Ion*." In *Dêmokratia: A Conversation on Democracies, Ancient and Modern* (edd.) Josiah Ober and Charles Hedrick. New Jersey: Princeton UP, 1996, pp. 249-270.
- Ken Dowden. *The Uses of Greek Mythology*. London/ NY: Routledge, 1992.
- Timothy Ganz. *Early Greek Myth: A Guide to Literary and Artistic Sources*. Baltimore: The Jones Hopkins UP, 1993.
- W. K. C. Guthrie. *A History of Greek Philosophy: IV Plato: the man and his dialogues, earlier period*. Cambridge: CUP, 1975, pb ed. 1986.
- Bernard Knox. "Euripidean Comedy." In his *Word and Action: Essays on the Ancient Theater*. Baltimore/ London: The Johns Hopkins UP, 1986, pp. 250-274.
- E. Leach. "Virgin Birth." In his *Genesis as Myth and Other Essays* (London, 1969), pp. 85-112.
- Claude Levi-Strauss (trans. C. Jacobson and B.G. Schoepf). *Structural Anthropology*. Middlesex: Penguin Books, 1968, rep. 1979.
- Francois Lissarrague. "Women, Boxes, Containers: Some Signs and Metaphors." In Reeder, 1995, pp.91-101.
- N. Loraux (trans. A. Sheridan). *The Invention of Athens: The Funeral Oration in the Classical City*. Cambridge, Mass.: Harvard UP, 1986.

- ——. (trans. C. Levine). *The Children of Athena: Athenian Ideas about Citizenship & the Division between the Sexes.* New Jersey: Princeton UP, 1993.
- Malkin. "What's in a Name? The Eponmous Founder of Greek Colonization." *Athenaeum* 63 (1985), pp. 114-130.
- ——. *Religion and Colonization in Ancient Greece.* Leiden, 1987a.
- ——. "Review of F. de Polignac, *La naissance de la cite grecque.* " *JHS* 107 (1987b), pp. 227-228.
- L. Maurizio. *Delphic Narratives: Recontextualizing the Pythia and Her Prophecies.* NJ: Disseration, Princeton UP, 1992.
- Ian Morris. "Everyman's Grave." In Boegehold & Scafuro, 1994, pp.67-101.
- Jenifer Neils (ed., with contributions by E.J.W. Barner et al.). Goddess and Polis: *The Panathenaic Festival in Ancient Athens*. New Jersey: Dartmouth College, New Hampshire cum Princeton UP, 1992.
- Josiah Ober. *Mass and Elite in Democratic Athens: Rhetoric, Ideology, and the Power of the People.* New Jersey: Princeton UP, 1989.
- ——. *The Athenian Revolution: Essays on Ancient Greek Democracy and Political Theory*. New Jersey: Princeton UP, 1996.
- Robert Parker. "Myths of Early Athens." In *Interpretations of Greek Mythology* (ed. Jan Bremmer, 1987 Croom Helm, 1990 rep. Routledge), pp. 187-214.
- ——. *Athenian Religion: A History.* OUP, 1996.
- J. Peradotto. "Oedipus and Erichthonius: Some Observation on Paradigmatic and Syntagmatic Order." *Arethusa* 10 (1977) ,pp. 85-101.
- Dora C. Pozzi. "The Polis in Crisis." In *Myth and the Polis* (edd. Dora C. Pozzi & John M. Wickersham). Ithaca & London: Cornell UP, 1991, pp. 126-163.
- Nancy Sorkin Rabinowitz. *Anxiety Veiled: Euripides and the Traffic in Women.* Cornell UP, Ithaca, 1993.
- Ellen D. Reeder. *Pandora: Women in Classical Greece.* New Jersey: Walters/Princeton UP, 1995.
- V.J. Rosivach. "Earthborns and Olympians: The Parodos of the *Ion.*" *CQ* 27 (1977), pp. 284-294.
- ——. "Autochthony and the Athenians." *CQ* 37 (1987), pp. 294-306.
- Arlene W. Saxonhouse. "Myths and the Origins of Cities: Reflections on the Autochthonous Theme in Euripides' *Ion.*" in J. Peter Euben (ed.), *Greek Tragedy and Political Theory.* Berkeley: U of California P, 1986, pp. 252-273.
- ——. *Fear of Diversity: The Birth of Political Science in Ancient Greek Thought.* Chicago: The U of Chicago P, 1992, pb ed., 1995.
- H.A. Shapiro. "The Cult of Heroines: Kekerops' Daughters." In Reeder, 1995, pp. 39-48.
- G.R. Stanton. *Athenian Politics c. 800-500 BC. A Source Book.* London: Routledge, 1990.
- Rosalind Thomas. *Oral Tradition and Written Record in Classical Athens.* Cambridge: CUP, 1989, pb ed., 1992.
- Wm. Blake Tyrrell & Frieda S. Brown. *Athenian Myths & Institutions.* NY: OUP, 1991.
- G. B. Walsh. "The Rhetoric of Birthright and Race in Euripides' *Ion.*" *Hermes* 106 (1978), pp. 301-315.
- R.F. Willet. "Action and Character in the *Ion* of Euripides." *Journal of Hellenic Studies* 93 (1973), pp. 201-209.
- Froma I. Zeitlin. "Staging Dionysus." In *Masks of Dionysus* (edd. Thomas H. Carpenter & Christopher A. Faraone). Ithaca/London: Cornell Up, 1993), pp. 147-182.

• ——. "Mysteries of Identities and the Designs of the Self in Euripides' *Ion*." In her *Playing the Other*. Chicago: the U of Chicago P, 1996, pp. 285-338.

　　——本文原刊載於《西洋史集刊》9（1999.12），頁 127-180。翁嘉聲教授授權使用。

一、「土生土長」神話的概念

① 是雅典人的法律、民主體制,以及市民城邦合法性的源頭。

② 屬於古代希臘市民城邦的「社會想像」,不僅呈現一種理想,也涉及現實政治的影響。透過土生土長的神話,能夠理解雅典人的自我認同,賦予雅典合法性、正當性和自然性。

③ 史料來源:陶磁器上的圖像、喪禮演說詞、酒神祭中演出的劇本 *Ion*。

二、土生土長的故事,以及在圖像上的呈現

① 神話中的關鍵角色為 Erichthonius ／ Erechtheus,被視為雅典人的祖先。

② Erichthonius 故事中最重要的一部分,是他從大地之母 Gaia 所生,而後轉交給雅典娜。大地之母作為 Erichthonius 的生母,代表雅典人就源自雅典這塊土地,其他人都是移民、僭奪者。

③ 在圖像上的呈現為嬰兒 Erichthonius 在大地之母手中掙扎轉身,熱切朝向雅典娜。象徵 Erichthonius 與雅典娜建立一種嚴格、唯一的關係,認可他的社會地位,帶給他「社會上的出生」。

④ 隨著時間的推移,圖像中大地之母在畫面比例的增加,以及髮飾、服飾的華麗度,可以看到神話的重心逐漸雅典娜轉向大地之母。

三、喪禮演說詞中的土生土長神話

① 喪禮演說詞的架構:禮敬死者;簡述雅典過去的事蹟和成就;讚美逝者和祖國,包括對民主、政體、教育的禮讚;安慰親人,鼓勵效法死者的品德,通常以讚揚城邦榮耀和城邦對死者家屬的關懷做終;結尾。

② 儘管喪禮演說詞的格式較為制式，作為每年發表於官方場合的論述，代表一種雅典過去的「官方歷史」。

③ 喪禮演說詞中，沒有出現神話中的神或英雄。Erichthonius 為全體雅典人取代，而大地之母則替換成祖國領土。換言之，強調所有雅典人為土生土長。雅典人所擁有的高貴出身和品德，也是來自土生土長的緣故。

④ 全部人皆為土生土長，讓雅典人擁有相同血緣，整個城邦為一個家庭，每個人皆為平等，推行民主成為理所當然。既緩和了社會上的不平等，也提倡政治上的平等。

⑤ 雅典人也利用土生土長的神話，建立自我與他人的關係，如：同 v.s. 異、真 v.s. 假、一 v.s. 多，而雅典人永遠站在正面的一方。

四、土生土長神話、帝國殖民主義以及優律皮底斯之 *Ion*

① 殖民小亞細亞、愛琴海的愛奧尼亞人，自稱為雅典英雄 Ion 的後代。雅典人也與愛奧尼亞人關係密切，稱呼雅典為這些殖民海外的愛奧尼亞人的母城（*metropolis*）。

② 雅典人的土生土長神話與海外殖民的愛奧尼亞主義之間，兩者並非衝突，而是攜手並進。從優律皮底斯的劇本 *Ion* 看到，他透過重新詮釋土生土長神話與有關 Ion 的神話，來整合這兩套論述。

③ 在劇本 *Ion* 中，為海外殖民守護神的阿波羅，強暴了雅典土生土長國王 Erechtheus 之女 Creusa，生下了 Ion。經過一番波折，優律皮底斯肯定了 Ion 的身分，並且藉由雅典娜表示 Ion 的子孫會在小亞細亞建立許多城市，藉此為土生土長的神話，與愛奧尼亞主義之間，找到一套更加和諧、妥協的思考方式。

張學明，〈中古基督教之正統與異端（451-1418）〉

───── 陳思仁 ─────

　　法國社會學家 Maurice Halbwachs 在〈神聖土地上的福音故事地形學〉（1941）一文中提到，公元 325 年尼西亞公會議（the council of Nieca）[1] 確認基督教核心「道成肉身」、「被釘十字架受死」、以及「復活」、「重返榮耀，末日審判死人與活人」，可以說，尼西亞公會議決議教義核心，也促使耶路撒冷成為重要聖地，因為耶路撒冷作為耶穌生活最後幾天、耶穌死亡與復活發生地，此「地點」變得重要是關係著基督信仰核心。Halbwachs 又說，假若耶穌不是一個神，則耶穌被判處死刑與處死地方就與一般先知被處死的地方無異，耶路撒冷也就與一般地方無異。如此而論，耶穌是神或人、或甚至有教派說耶穌是幻影，由於都涉及到基督教重要信仰核心，也關係到信徒得救的可能，因此確認耶穌是神人兩性的教義就很重要。

　　選讀〈中古基督教之正統與異端（451-1418）〉一文，其一可以了解基督教會判定其他宗教為異端時涉及的幾項主要爭議，如「神、人論」、「救贖、神的恩典或人的自由意志說」、「聖餐、聖體論」等。其中，基督教會主張「神人二性論」實為基督教信仰核心，其依據以公元 451 年「加采東大公會議」再確認耶穌基督「神、人兩性三位一體」的基本教義，自此任何教義爭端都依據此次會議來判斷其他宗教是否為「異端」。

───────────────

1.　「尼西亞公會議」是由羅馬皇帝君士坦丁大帝召開，目的是要反駁諾斯替教派（gnosticism）對耶穌神性的否定，在此次會議中也宣判諾斯替教派與其相關連的宗教為異端。

其二，本文提出正統、異端爭議出現時，總是因客觀環境導致，如商業復甦、城市興起，城市吸引各式人才以及知識分子等，這些知識分子在掌握文字能力後自行解釋《聖經》，卻往往被教會視為偏離正統教義解釋。在 10 世紀之前，教會與教皇的權力地位尚不穩定，他們仍需世俗君王與知識分子的支持，同時，教會也正在引導民眾確立信仰與擴展信徒過程中，此時正統與異端的爭執並不明顯。12-14 世紀，商業復甦以及商業城市的出現，城市商業文化抵觸了教會對商業活動的態度，城市也造就各種特殊人才與知識分子，知識分子無論是從哲學或神學都挑戰了教會權威。爾後世俗王國權力逐漸增長，或有知識分子想藉由世俗君王力量來對抗教會腐敗，如販賣「贖罪券」行為，但皆因受到穩固的教會組織、以及訊息無法擴散而無法挑戰教會在教義上的合法代表。

其三，批判性而論，所謂「正統」不過是握有權力者「壟斷」知識詮釋權的合法化宣稱。壟斷《聖經》詮釋的主教們，一方面以自稱繼承耶穌使徒們而自認擁有解釋《聖經》的權威，他們以大公會議所做決議裁決他人是否為異端，以此壟斷知識詮釋權，並穩固了自身合法統治地位。二方面，在 11 世紀教皇革新運動下，教會的權威地位、組織力量增強擴張，基督教會自視詮釋《聖經》真理的代表，並以此建立教會認同感，以致於無法接受他者的質疑，這是正統與異端之間愈形對立與表面化的原因。

正統與異端之論是歐洲中世紀史一項重要議題，但在教學上究竟要持有客觀史實陳述或批判性敘事？〈中古基督教之正統與異端（451-1418）〉一文，說明爭議背後的政治、社會客觀環境，也提出了教會得以壟斷《聖經》詮釋權的歷史因素，可以說，此文提供了不「以今評古」的史學態度。

◆ 108 課綱相關條目對照說明

　　張教授的文章對應「中古基督教世界」（條目 La-V-2）。呈現中古時期
基督教世界的正統與異端的對立，以及其背後影響的因素。

延伸閱讀

1. 瑪莉‧畢爾德（Mary Beard）著，余淑慧、余淑娟譯，〈羅馬境外的羅馬〉，《SPQR：璀璨帝國，盛世羅馬，元老院與人民的榮光古史》（臺北：聯經，2020）。
　　本文對應「中古基督教世界」（條目 La-V-2）。

2. 勒高夫（Jacqes Le Goff）著，周嫄譯，《錢袋與永生：中世紀的經濟與永生》（上海：上海人民出版社，2007）。
　　本書對應「中古基督教世界」（條目 La-V-2）。

3. 勒高夫（Jacqes Le Goff）著，葉偉忠譯，〈大教堂〉、〈女教宗若安〉，《中世紀關鍵詞：騎士、城堡與幻獸，大師為你圖說中古歐洲史》（臺北：貓頭鷹，2019）。
　　本文對應「中古基督教世界」（條目 La-V-2）。

中古基督教之正統與異端
（451-1418）

張學明*

一、

　　本文嘗試探討自西元 451 年加采東大公會議（Council of Chalcedon, 451）[1] 至 1418 年康士坦斯大公會議（Council of Constance, 1414-1418）的 1,000 年間，中古基督教之正統（orthodoxy[2] , ecclesiastical authority[3]）與異端 （heresy[4], dissent[5]）的歷史。

---

* 香港新亞書院資深書院導師。研究領域為西洋史、政治史、宗教史、翻譯學、字源學。

1. 基督教會於 451 年在加采東所召開之第 4 次大公會議，聲明基督有「神、人兩性一位」。《天主教英漢袖珍辭典》（臺北：恆毅月刊社，2001），頁 86。一般神學家都認為基本的基督教教義在此時已確立。

2. 正統（orthodoxy）信仰，泛指基督教會創始時所傳授下來的正統教義，亦即耶穌基督創立的正統信仰。參看《天主教英漢袖珍辭典》，頁 307。

3. ecclesiastical authority（教會權威）：耶穌基督建立了基督教會，後來這個教會團體需要一些權威人士，來排解紛爭，主持會議。這些教會權威人士表示其權力是來自耶穌基督的任命。參看《天主教英漢袖珍辭典》，頁 43。

4. heresy（異端）：基督教會內，一些與教會正統權威意見不同者，被稱為「heresy」。後來，《天主教法典》更把 heresy 譯為異端、邪說，意指教徒領洗後，卻固執地否認天主啟示的正統教會所定的教義，或固執地懷疑正統教會的道理。參看《天主教英漢袖珍辭典》，頁 200。《天主教法典》第 751 條的拉丁文原文及中文翻譯如下：**Can. 751** ——*Dicitur haeresis, pertinax, post receptum baptismum, alicuius veritatis fide divina et catholica credendae denegatio, aut de eadem pertinax dubitatio; apostasia, fidei christianae ex toto repudiatio; schisma, subiectionis Summo Pontifici aut communionis cum Ecclesiae membris eidem subditis detrectatio.* 751 條——「所謂異端，是在領洗後，固執地否認某端天主所啟示和教會所定該信的真理，或是固執地懷疑該端道理；所謂背教，是整個拒絕基督宗教的信仰；所謂裂教，是不願服從教宗或是不願與隸屬教宗的教會成員共融。」見《天主教法典》（臺北：天主教務協進會，1985），頁 322-323。

5. dissent（異見人士）：指不順從正統教會的人，或任何挑戰宗教權威的人。

異端（heresy）一字源於希臘文 *hairein*，意思是「選擇」，亦指「意見」。使徒時代後期，一些基督教領袖認為：為了保持基督教會的連貫性，一些「意見分歧」或「異見」者必須被拒於門外。其後，基督教會由一些主教（bishops）來領導，其儀式、淵源可追溯至耶穌基督與使徒時代。這個源於基督及其使徒的承傳，使基督教的主教成為可以分辨對與錯的權威，亦可以闡釋《聖經》的教義。不過，另一些當時的學者往往對《聖經》或神學會有「不同的意見」。這些「異端」的學者與「正統」的主教在中古時代不斷針鋒相對，初則激辯教義，繼而互相譴責。

獲得教會主教接納的教義，便成為所謂「正統的」（Orthodox, correct teaching）及「普世接受的」（Catholic, universally held）。這些正統的教義，拉丁文形容之為「*semper, ubique, et ab omnibus*」，意即「萬古不移，四海皆準，及百姓同欽」（always, everywhere, and by all）。「不同意見」（dissent）則被認為是「heterodox」，即非正統、異於傳統教理的另類意見。當這些另類意見遭到主教譴責時，通常會被判定為「異端」（heretical）。[6]

不過，「異端」與下列名詞應有分別：「*infidel*」是指無信仰、不信〔基督〕教的人；「*apostate*」是指背叛基督教的人；「*schismatic*」是指宗派分立論者。此外，還有一些民間信仰者，如：相信異教（pagan）、詛咒（curse）、魔術（magic）或巫術（witchcraft）的人。這些民間信仰經常被正統教會所忽略，因而沒有被譴責而不算是「異端」。

---

6. 有關中古異端的論著，較具代表性的有：Malcolm D. Lambert, *Medieval Heresy: Popular Movements from the Gregorian Reform to the Reformation* 2nd ed. (Oxford: Blackwell, 1992); W. Lourdaux, and D. Verhelst, eds., *The Concept of Heresy in the Middle Ages* (11th-13th c.) (Leuven: U. of Louvain Press, 1976); Gerd Ludemann, John Bowden tr., *Heretics: The Other Side of Early Christianity* (London: SCM Press, 1996); Jeffrey B. Rusell, *A History of Medieval Christianity: Prophecy and Order* (Arlington Heights: AHM Pub Corp., 1968), ed., *Religious Dissent in the Middle Ages* (New York: John Wiley & Sons, 1971), *Dissent and Order in the Middle Ages: The Search for Legitimate Authority* (New York: Twayne, 1992) 及與 Douglas W. Lumsden 合編，*Medieval Heresies: a Bibliography, 1960-1979* (Toronto: Pontifical Institute of Medieval Studies, 1981)。

拉丁文的 *christianitas*（即：基督教世界，Christendom）一詞，是 4 世紀時首先由聖杰羅姆（St. Jerome）所使用，意指基督教及其信眾社團。教皇格雷戈里七世（Pope Gregory VII, 1073-1085）時，基督教世界已演變為一個由教皇為精神領袖的教廷，[7] 所有神職人員以至俗世王侯，都在這個精神管治系統之下。任何反對或挑戰這個精神領袖及其系統、架構的觀點，都被視為異端。因此，「異端」與「正統」是既相對又相互關連。在神學紛爭中，勝方便成為「正統」，負方則是「異端」了。

基督教會東西分立後，東歐希臘教會往往強調自己是正統，因而又稱為希臘正教（Greek Orthodox），西歐羅馬教會則自稱是普世信仰（Catholic），因而又稱為羅馬公教（Roman Catholic）。當然，他們都各自認為本身既是正統，又被普世所信仰。

二、

中古基督教正統與異端間之創造性張力，其實對基督信仰之發展有其推動作用；基督教若沒有這種不斷對抗的思潮刺激，可能會變得死氣沉沉或停滯不前。當然，這種張力亦可能帶來負面的影響，例如導致分裂及破壞。正統與異端雙方往往忘記了天主的誡命中最重要的是愛天主及愛人如己，他們常各持己見、固執於自己的理念，而攻擊對方。

正統與異端雙方都自稱是出於尋求真理，宏觀而言都是信仰的表現。他們既非天使亦非魔鬼，而是會犯錯誤的凡人。可惜，凡人往往在達到某些權威地位、程度時，便會以為自己已超越其他人，而攻擊、貶斥他人。

---

7. Harold J. Berman, *Law and Revolution: The Formation of the Western Legal Tradition* (Cambridge: Harvard University Press, 1983); Colin Morris, *The Papal Monarchy: The Western Church from 1050 to 1250* (Oxford: Clarendon Press 1989); Gerd Tellenbach, Timonthy Reuter tr., *The Western Church from the Tenth to the Early Twelfth Century* (Cambridge: Cambridge U. Press, 1993).

教會歷史上，正統與異端的抗爭漸漸變得激烈，甚至流於暴力，應與教會與羅馬帝國的結盟有關。312 年，羅馬皇帝康士坦丁（Constantine, r. 306-337）[8] 的「米蘭詔書」（Edict of Milan），正式讓基督教合法化。康士坦丁曾屢次介入、干預教義的紛爭。其後，狄奧多西亞（Theodosius, I. r. 378-395）篤信基督教，更加投入教會事務，甚至頒令羅馬帝國，獨尊基督教而罷黜其他宗教。無論如何，當基督教會向俗世帝國求助、結盟以壓抑異端時，鬥爭便會變得更為暴力。

本文以加采東大公會議作為中古基督教正統與異端之爭的開始，是因為這次會議把主要的基督教神學的正統、普世教會的定位確定了。自此之後，正統與異端之爭主要在於人與神及較為現實的社會之關係，例如：教徒應怎樣去崇拜神，以及俗世勢力在教會內的角色等。

基督教信仰是根據四大支柱：傳統、《聖經》、經驗及理由，而最終的權威是來自神。但誰可以合法地代表那權威呢？《聖經》並不可以是唯一的權威，因為它也需要闡釋。基督教會很快就把權威放在承傳自彼得（Peter, the first Bishop of Rome）等使徒的主教身上；當主教之間出現分歧時，便以主教組成的大公會議決。但有時大公會仍然意見分歧，便需要外來的權威來解決紛爭。這些外來權威往往就是羅馬帝皇。康士坦丁大帝就曾介入調解大公會議有關教義的正統與異端之爭。

西元 4 世紀之後，東西羅馬帝國的政教情況愈來愈不同。東羅馬帝國比較政教合一，皇帝往往與主教合作，成為最高權威。但在西歐，羅馬的主教（即後來的羅馬教皇）不斷強調本身才是保存、闡釋及傳達基督教義（包括《聖經》）的最高權威。不過，從 451 年至 1000 年，情況仍然不十分穩定。

---

8. 有關康士坦丁的論著，請參看：Everett Ferguson, ed., *Conversion, Catechumenate, and Baptism in the Early Church* (New York: Garland, 1993); Michael Grant, *Constantine the Great: The Man and his Times* (New York: Scribner's, 1994); N.H. Baynes, *Constantine the Great and the Christian Church* 2nd ed.(Oxford: Oxford U. Press, 1972); Samuel N.C. Lieu, and Dominic Montserrat, eds., *Constantine: History, Historiography, and Legend* (London: Routledge, 1998); J.W. Drijvers, *Helen Augusta: The Mother of Constantine the Great and the Legend of her Finding of the True Cross* (Leiden: Brill, 1992)。

從 6 世紀至 11 世紀間，西歐社會中很多低下階層人民仍篤信異教。但在日耳曼民族統治下，教廷軟弱無力，所以正統與異端之間的張力並不明顯。

至 11 世紀中葉，情況急轉直下——基督教會在各地建立了教區，主教及教皇亦已確立，並不斷擴張其權威。10 世紀由修院開始的教會改革運動，與 11 世紀中葉的教皇革新運動，[9]更令教皇威信大大地提升。至此，政教鬥爭似無可避免，而基督教之正統與異端對抗，亦進入緊張的局面。此時異端之所以「興起」，與教會核心之團結、改革及俗世君主勢力之冒升有關——教廷中央已團結一致去界定正統，並譴責及懲罰異端。

三、

西元 451 年的加采東大公會議，是基督教會界定正統與異端的一個重要分水嶺。在此之前流行的許多不同教義意見，在這次會議裡被判定是正統或異端。例如：「聖父、聖子及聖靈是完全相等三位一體的真神」，在這會議中被確定為「正統」；而那些接受「三位一體中聖子與聖靈從屬於聖父」之說（Doctrine of Subordination）者，則被界定為阿里烏異端（Arian heretics）。[10]這個異端的始創人是阿里（Arius, c. 250-336），曾於 325 年的尼西亞大公會議（Council of Nicea）中，為自己的理論提出答辯；不過，在被判定為異端之後，他便漸漸退隱而不再活躍了。

關於「基督的本性」（the Nature of Christ）問題，那些認為「耶穌基督既是人亦是神，且亦是天主之子，即是說基督是有兩種本性」的人，被判定

---

9. 詳見於 Harold J. Berman, *Law and Revolution: The Formation of the Western Legal Tradition* (Cambridge: Harvard University Press, 1983); 尤其是 "Part I: The Papal Revolution and the Canon Law," pp. 47-270。

10. 有關阿里烏異端之論著，請參看 Robert C. Gregg, *Early Arianism —A View of Salvation* (Philadelphia: Fortress Press, 1981); R.P.C. Hanson, *The Search for the Christian Doctrine of God: the Arian Controversy, 318-381* (Edinburgh: T&T. Clark, 1988)；及 Maurice F. Wiles, *Archetypal Heresy: Arianism through the Centuries* (Oxford: Clarendon Press, 1996)。

是正統。與這個「正統」相對的兩個不同意見，則被界定是異端：①聶斯托留派（Nestorians，因始創人聶斯托留 Nestorius〔d. 451〕而得名）：相信「二性二位」，認為基督是兩個體（人及神），並有兩個本性（人及神）；②基督一性論者（Monophysite；*Monos* 即一，*physis* 即本性）：認為基督的人性完全溶入其神性，所以只有一個本性。

　　這兩種異端又影響到其他的異端。聶斯托留派影響到「嗣子派」（Adoptionism）：這派認為基督只是天主的嗣子而非親生子，擁有完全的人性，只是受洗時才被天主轉化為神。另一方面，基督一性論者則影響了「幻影說教派」（Docetism）：這派認為基督是神而不是人，其人形只不過是一種幻影的顯現（希臘文 *dokein* 意即顯現）。聶斯托留派活躍於東方的敘利亞、伊朗、印度等地，甚至中國的唐代亦有記載，稱之為景教。

　　在基督教會中極具影響力的神學家聖奧古斯丁（St. Augustine, 354-430），[11] 年青時曾頗受波斯（Persia）的摩尼教（Manicheism）影響。這種異端的基本論調是這個世界是神與魔鬼、善與惡之爭，所以又稱二元論（Dualism）。[12] 聖奧古斯丁成長後並未與異端為伍，而成為基督教會正統的捍衛者。在其晚年，聖奧古斯丁十分關注一個名為貝拉基教派（Pelagianism）

---

11. Peter Brown, *Religion and Society in the Age of Saint Augustine* (London: Faber, 1972); 及 *Augustine of Hippo: a Biography* (London: Faber & Faber, 1967); Dorothy F. Donnelly, ed., *The City of God: a Collection of Critical Essays* (New York: P. Lang, 1995); Gareth B. Matthews, ed., *The Augustinian Tradition* (Berkeley: University of California Press, 1999); William Augustus Banner, *The Path of St. Augustine* (Lanham, Md.: Rowman & Littlefield, 1996); Frederick Van Fleteren, Joseph C. Schnaubelt, and Joseph Reino, eds., *Augustine Mystic and Mystagogue* (New York: P. Lang, 1994), William S. Babcock, ed., *The Ethics of St. Augustine* (Atlanta, Ga.: Scholars Press, 1991); 及 R.A. Markus, *Saeculum: History and Society in the Theology of St. Augustine*, 2nd ed.(Cambridge: Cambridge University Press, 1988）。

12. 請參看 Janet Hamilton and Bernard Hamilton tr., *Christian Dualist Heresies in the Byzantine World, c. 650-c. 1450: Selected Sources* (Manchester: Manchester University Press, 1998); David C. Sim, *Apocalyptic Eschatology in the Gospel of Matthew* (Cambridge: Cambridge U. Press, 1996); Hans Schwarz, Mask Worthing tr., *Evil: a Historical and Theological Perspective* (Minneapolis: Fortress, 1995); Yuri Stoyanov, *The Hidden Tradition in Europe* (London: Penguin, 1994); 及 Steven Runciman, *The Medieval Manichee: A Study of the Christian Dualist Heresy* (Cambridge: Cambridge University Press, 1982)。

的異端——這個教派由貝拉基（Pelagius, d. c. 420）及其徒弟朱利安（Julian Eclanum, d. 454）所倡導，主張「人性本善良及人可靠自由意志而得救贖」。聖奧古斯丁不斷對抗這個異端的理論，終於達至其正統的理論：「得救預定論」（Predestination）——主張人只能靠天主的寵愛、恩典才能獲救贖。聖奧古斯丁的神學思想主導著整個中古時期基督教的正統教義。

至 8、9 世紀，又有一個異端在東方出現：搗毀聖像派（Iconoclasm；希臘文 icon 即聖像，klasma 即破毀）。這個教派曾被東羅馬皇帝李奧三世（Leo III）推崇，但終在 787 年的第二次尼西亞大公會議（Second Council of Nicea, 787）中被判定為異端。

9 世紀時，教會有一個重要的討論展開：聖餐和聖體（Eucharist）的問題。這個問題一向是基督信仰的中心，教會神學家一般都認為基督的確在最後的晚餐裡祝聖酒和餅。但在 831 年，有一位神學家拉德伯特（Paschasius Radbert）寫了一篇論著：De Corpore et Sanguine Domini（《論上主的聖身與聖血》），不認同基督在聖餐和聖體禮儀中，把餅和酒化身為聖體和聖血的說法。不過，拉德伯特的意見，經過修訂後，漸漸為教會正統所接納：聖餐和聖體是一個禮儀與象徵，但亦有基督到來的意思。這個問題在後來的基督新教改革運動（Protestant Reformation）中，成為激烈的爭論焦點。

從 11 世紀開始，教會中「不同意見」的種類，以及教會對這些意見加以譴責並判定為異端的個案急劇增加，原因主要是教會內部的改革運動。這些改革運動鼓勵傳教士不要計較俗世的威信，而更應關注民生。自 909 年克尼（Cluny）[13] 修院成立，改革運動席捲各地的修院。在當時，修院是負責

---

13. 有關克魯尼修院的論著，請參看：Joan Evans, *Monastic Life at Cluny, 910-1157* (Hamden: Archon Books, 1968); George Ferzoco and Carolyn Muessig, eds., *Medieval Monastic Education* (London: Leicester University Press, 2000); Michael Frassetto, ed., *Medieval Purity and Piety: Essays on Medieval Clerical Celibacy and Religious Reform* (New York: Garland Publishers, 1998); Carolyn Muessig, ed., *Medieval Monastic Preaching* (Leiden: Brill, 1998); H.E.J Cowdrey, *The Crusades and Latin Monasticism, 11th-12th Centuries* (Brookfield, VT.: Ashgate, 1999), *Popes, Monks and Crusades* (London: Hambledon Press, 1984), 及 *Hunt, Cluniac Monasticism in the Central Middle Ages* (Hamden: Archon Books, 1971)。

教育的唯一機構，具有極高的道德權威，所以這個改革運動影響了羅馬教會未來幾個世紀的發展。

這次教會改革運動對異端之影響有兩方面：①修院精神因鼓吹苦修生活（asceticism）及回到使徒的簡樸、敬虔生活，對精神與俗世之權威（即主教或王侯）都有所衝擊；②俗世社會方面，一些市民亦認為仿傚使徒的生活比聽從教士更重要，其批評的矛頭有時甚至直指當時一些腐敗的傳教士。

改革既可以是正統秩序從上而下地對付混亂、無知、僭權、及不道德行為，亦可以是所謂的異見者從下而上地反對當時秩序的結構。總之，這次教會改革運動催化了異端的發展——社會上不斷有改革教會正統秩序的要求，亦促使教會正統秩序加強對付此等混亂、反抗的情況。

四、

11 世紀中葉，教皇及教廷主導著教會的改革運動，教會的正統秩序愈來愈關注異端的發展。原因之一可能是當時西歐已獨尊基督教，所有蠻族人都已皈依。當外在的異教徒消失時，教會正統便轉而整頓內部的異端。

由於改革派教皇的積極整頓，教會開始不再容忍這些內部異端。當教皇廢除販賣聖物、教會職位，嚴格執行神職人員立誓不婚的規條，並不准世俗王權授聖職時，過去很多因上述事務而受益的人都抗拒改革。教皇因而判定他們是異端，例如：支持售賣教會職位的人，被界定為「買賣聖職的異端」（Simoniac heretics）；而同意神職人員結婚的人，則視為是尼古拉異端（Nicolaitist heretics）。

這個教會正統改革運動有幾個突出的重要事項：改善神職人員的道德及教育、減低俗世勢力對教會的影響、及嚮往《新約聖經》描述的教徒簡樸生活。很多苦行修道的人都在這幾個世紀出現。異端方面亦有類似的改革主

張，但他們往往超越了正統改革的底線，因而被教會正統（主要是教皇、主教、及大公會議）視為異端。

11世紀時異端之興起，亦與一個新的教會精英集團（新的教會統治架構）之出現有關。教會的核心精英非常排斥異己，又害怕知識分子的人數不斷增加。這些知識分子活躍於商業、法律、政治、甚至神學家之間，成為社會上的一股勢力。我們可以說：這時異端之興起與知識分子之興起，都和當時的新社會秩序（城市的急劇增長）有密切關係。在有個人魅力的傳教士帶領下，這些知識分子的教義若偏離教會正統，便很容易遭判定為異端。

在11世紀中葉，圖爾一位名叫貝倫格（Berengar of Tours, c. 1010-1088）的修士在聖餐、聖體本性的問題上，與坎特伯里大主教蘭弗蘭克（Lanfranc, Archbishop of Canterbury）[14] 發生爭辯。貝倫格對聖餐、聖體問題提出十分複雜的觀點，而他應用亞里斯多德（Aristotle）的分析方法使問題變得更微妙。其後，貝倫格遭判定為異端。其實，聖餐、聖體是中古異端中最常出現的主題：一些異端的確誤解了正統的教義；另一些異端則根本就是故意去攻擊教會、教士的權威——教士在聖餐、聖體禮儀中有極重要的功能：他使酒、餅化成聖血、肉身。

異端分子否認聖餐禮儀及教皇承傳自使徒的權威，對教會正統來說，不啻是對基督教傳統之基礎作否定。這時異端對正統的衝擊，不能單說是基於教士腐敗，因為一向以來都有教士腐敗的情況。隨著城市及商業的蓬勃擴張，出現了一批懂得研讀、闡釋《聖經》的知識分子，可能才是造成異端衝擊正統的主因。儘管教會的主教努力控制，這批異見人士卻更加走向極端，並對整個教會系統失去信心。最後，教會正統終將他們定性為異端。

---

14. 有關蘭弗藍克的論著，請參看 Helen Clover and Margaret Gibson eds. & tr., *Letters of Lanfranc, Archbishop of Canterbury* (Oxford: Clarendon Press, 1979); Margaret Gibson, *Lanfranc of Bec* (Oxford: Clarendon Press, 1978); 及 Toivo J. Holopainen, *Dialectic and Theology in the Eleventh Century* (Leiden: E. J. Brill, 1996)。

中古著名的經院學者阿伯拉爾（Peter Abelard, 1079-1142），[15] 是個較為政治性的個案。阿伯拉爾觸怒了教會系統，尤其是政治上權重一時的克萊爾沃的巴納（Bernard of Clairvaux）。[16] 阿伯拉爾雖然略嫌傲慢，但肯定是一個極有學問的經院哲學家、邏輯學家，及神學家。在 1121 年及 1140 年，巴納兩度譴責阿伯拉爾的一些思想。學院派的阿伯拉爾認為通過理性分析可以達至真理（因而亦達至權威）；這個想法觸怒了修院派的巴納，因為他認為聖靈已把真理、權威交托給他了（其實，諷刺地，巴納這個想法已屬異端）。不過，巴納後來成為教會的正統，而阿伯拉爾則成為異端，其主要原因在於兩人的政治背景，而不在於他們的神學理論。

對於巴納而言，阿伯拉爾象徵著一股新的知識分子精神：這種精神在未來的世紀影響著整個西歐的哲學、神學、法律，及醫學等。阿伯拉爾的名著《是與否》（Sic et Non, [Yes and No]）[17] 及其神學理論，其實都十分正統。這兩個人的爭辯亦涉及個人魅力——兩人都很有魅力並吸引了一群幾乎近於

---

15. 有關阿伯拉爾的論著，請參看 Peter Abelard, D. E. Luscombe, ed. & tr., *Peter Abelard's Ethics* (Oxford: Clarendon Press, 1971); John Marenhon, *The Philosophy of Peter Abelard* (Cambridge: Cambridge University Press, 1997); M. T. Clanchy, *Abelard: a Medieval Life* (Oxford: Blackwell, 1997); Leif Grane, Frederick and Christine Crowley tr., Derek Baker, ed., *Peter Abelard: Philosophy and Christianity in the Middle Ages* (London: Allen & Unwin, 1970); D.E. Luscombe, *The School of Peter Abelard: the Influence of Abelard's Thought in the Early Scholastic Period* (Cambridge: Cambridge University Press, 1969); 及 A. Victor Murray, *Abelard and St. Bernard: a Study in Twelfth Century "Modernism"* (Manchester: Manchester University Press, 1967)。

16. 有關巴納的論著，請參看：Bernard of Clairvaux, Kilian Walsh, tr., *On the Song of Songs* (Kalamazoo, Mich.: Cistercian Publications, 1971); M. Basil Pennington, ed., *Saint Bernard of Clairvaux: Studies Commemorating the Eighth Centenary of his Canonization* (Kalamazoo, Mich.: Cistercian Publications, 1977); John Sommerfeldt, *The Spiritual Teachings of Bernard of Clairvaux: an Intellectual History of the Early Cistercian Order* (Kalamazoo, Mich.: Cistercian Publications, 1991); Adriaan H. Bredero, *Bernard of Clairvaux: between Cult and History* (Grand Rapids, Mich.: W.B. Eerdmans, 1996); Stephen Tobin, *The Cistercians: Monks and Monasteries of Europe* (New York: Overlook Press, 1996); 及 Martha G. Newman, *The Boundaries of Charity: Cistercian Culture and Ecclesiastical Reform, 1098-1180* (Stanford: Stanford University Press, 1996)。

17. Peter Abelard; Blanche B. Boyer and Richard Mckeon, eds., *Sic et Non: a Critical Edition* (Chicago: University of Chicago Press, 1977).

狂熱的信眾。不過，巴納的朋友包括了教會及世俗的領袖，甚至教皇。他善於利用其魅力、權威，而阿伯拉爾則相反。巴納懂得在何時及如何利用權威，尤其是利用其個人魅力去影響（而不是疏離）教會的正統結構。阿伯拉爾的性格，則因其對知識的探求（*curiositas* [desire for knowledge]）而變得傲慢（*superbia* [sinful pride]）。

五、

　　12 世紀中葉是中古異端的重要發展階段。一方面，正統秩序的教會律師努力修輯、分析、整理教會法；另一方面，學院派的知識分子亦愈來愈活躍。前面提及的阿伯拉爾與巴納之爭便是此時教會正統與學術異端對抗的明顯例子。此時的學者往往使用哲學，甚至亞里斯多德的詞彙，去研討教義。他們認為人類的理性分析，可以通過邏輯辯證方法找到絕對真理。這些經院學派可稱為理性神學。同時，仿傚使徒的苦修運動繼續擴展，並愈來愈重視苦行。這個時期新的城市不斷擴張，商人的財富及勢力亦然。他們和封建王侯常常捐助教會、修院，致使基督教會與理想的使徒生活，差距愈來愈大。於是一些改革派（很多都是有學問、知識的）教士及民眾乃組織成一股力量，甚至超越正統教會所能容忍的界限。例如：在義大利北部城鎮活躍的謙卑者（the *Humiliati*），堅持使徒式的苦行、貞潔，拒絕一切財富、家產。他們最後雖然跟隨了正統的本篤清規（Benedictine Rule），並成為對付異端的力量，但教會卻並不承認他們為正統。

　　中古期間，有一批活躍的改革派異端，是由一位富有及極具影響力的里昂（Lyon）商人韋爾多（Valdes）創始的韋爾多派（Waldensian）。韋爾多把兩個女兒送往修院及安頓妻子之後，就將大部分財產捐給窮人，並四處傳道。但韋爾多不懂拉丁文，感到《聖經》未能直接為信眾所了解，因而資助將《福音》翻譯為法文。這樣，這個改革派異端既有一個更牢固的知識基礎，

亦更方便傳道給非知識分子的信眾。

韋爾多是一位極有說服力、個人魅力、及衝勁的人，至 1176 年已吸引了一大群追隨者，活躍於里昂附近。他受歡迎的傳道使里昂大主教感到威脅。於是，大主教引用教會法典，禁止他在未取得證書之前傳道。1179 年，韋爾多及一些信眾前往羅馬，向教皇亞歷山大三世（Pope Alexander III）上訴。這時，教皇正忙於第三次大公議，只冷待他們。教皇贊同韋爾多派的苦行生活，但拒絕介入大主教禁止其在未有證書之前傳道的問題。其實，若里昂大主教能開明地頒發證書給韋爾多派，教會便可以增強正統力量，以對付當時的異端。可惜，里昂大主教並沒有這樣做。韋爾多在 1182 年被里昂大主教驅逐出教，並於 1205 年去世。韋爾多晚年似乎已對信眾失去控制；在他死後，他的信眾變得更激進。他們在城市與鄉村各地用地方方言傳道，鼓勵知識分子自己研讀《聖經》，非知識分子信眾則努力背誦經文。頗諷刺的是：謙卑者與韋爾多派雖然都不獲教會承認，但兩派都致力維護正統，並譴責當時的異端。然而，這些改革派堅持自己研讀《聖經》及未經批准的傳道，實有違當時教會的傳統；他們終於在 1184 年的維羅納大公會議（Council of Verona）中，被教皇路西三世（Pope Lucius III）〔及神聖羅馬帝皇弗德烈一世（Emperor Frederick I）〕正式頒令判定為異端。

在 11、12 世紀期間，異端發展得很快，範圍也很廣。在教皇英諾森三世（Pope Innocent III, 1198-1216）[18] 領導下，教會正統全面反擊。教會組織研討會，召開會議，並專著論文，去游說知識分子遠離異端。此外，教皇亦

---

18. 有關教皇英諾森三世的論著，可參看：James M. Powell, ed., *Innocent III: Victor of Christ or Lord of the World*, 2nd ed. (Washington, D.C.: Catholic University of America Press, 1994); Jane E. Sayers, *Innocent III: Leader of Europe, 1198-1216* (London: Longman, 1994); Brenda Bolton, *Innocent III: Studies on Papal Authority and Pastoral Care* (Brookfield, Vt.: Variorum, 1995); Kenneth Pennington, *Popes, Canonists and Texts, 1150-1550* (Brookfield, Vt.: Variorum, 1993); Malcolm D. Cambert, *The Cathars* (Oxford: Blackwell, 1998); John Shinners and William J. Dohar, eds., *Pastors and the Care of Souls in Medieval England* (Notre Dame, Ind.: University of Notre Dame Press, 1998)。

會引用教會法譴責、定性異端，甚至將其驅逐出教會。最嚴重的，還把異端燒死。燒死異端有淨化的象徵，亦有在社會上孤立異端的作用。

1216 年，聖道明（St. Dominic）[19] 開創了道明修會（the Dominicans），並得到教皇的祝許。另一方面，一生充滿傳奇的聖方濟（St. Francis of Assisi, 1182-1226），[20] 本來是富家子弟，後來卻仿傚基督的謙遜，去服侍貧苦大眾。聖方濟認為：外在的貧窮（捨棄財富）及內在的謙遜（捨棄傲慢與野心）同樣重要。聖方濟吸引了大批信徒，並於 1209 年成立修道會。鑑於韋爾多在未經批准的情況下傳揚苦行修道而遭譴責，聖方濟很快便去拜會教皇英諾森三世，獲得祝許、承認。史家一般都稱讚英諾森三世善於靈活利用聖方濟的魅力，將其納入正統，以協助對付異端。

---

19. 有關聖道明的論著，請參看：Benedict M. Ashley, *Spiritual Direction in the Dominican Tradition* (New York: Paulist Press, 1995); C.H. Lawrence, *Medieval Monasticism: Forms of Religious Life in Western Europe in the Middle Ages*, 2nd ed. (London: Congman, 1989); Charles R. Auth, *A Dominican Bibliography and Book of Reference, 1216-1992* (New York: P. Lang, 2000); 及 Simon Tugwell, ed., *Early Dominicans Selected Writings* (New York: Paulist Press, 1982)。

20. 有關聖方濟的論著，請參看：C.H. Lawrence, *The Friars: the Impact of the Early Mendicant on Western Society* (London: Longman, 1994); Marcia L. Colish, *Medieval Foundations of the Western Intellectual Tradition, 400-1400* (New Haven: Yale University Press, 1997); Herbert Grundmann, Steven Rowan, tr., *Religious Movements in the Middle Ages: the Historical Links between Heresy, the Mendicant Orders, and the Womens's Religious Movement in the Historical Thirteenth Century Mysticism* (Notre Dame, Ind.: University of Notre Dame Press, 1995); William J. Short, *Poverty and Joy: the Franciscan Tradition* (Maryknoll, N.Y.: Orbis Books, 1999); Bert Roest, *A History of Franciscan Education, c. 1210-1517* (Leiden: Brill, 2000); Regis J. Armstrong, *St. Francis of Assisi: Writings for a Gospel Life* (New York: Crossroad, 1994); Michael Robson, *St. Francis of Assisi: the Legend and the Life* (London: G. Chapman, 1997); Roger D. Sorell, *St. Francis of Assisi and Nature: Tradition and Innovation in Western Christian Attitudes toward the Environment* (Oxford: Oxford University Press, 1988)。

六、

到了 13 世紀中葉，經院學派（scholasticism）主導著神學、哲學、及法律。由 12 世紀主教座堂學校發展出來的大學已取代修院，成為這時學術、思想的中心。大學裡盛行哲學唯實論（realism）的思想——採用柏拉圖的觀念論（idealism）與從阿拉伯地區回流的亞里斯多德思想。在經院學者中，最具影響力的包括道明修會的艾伯特（Albertus Magnus, 1200-1280）及其徒弟湯瑪斯・阿奎納斯（Thomas Aquinas, 1226-1274）。[21] 他們各著有一本《神學大全》（*Summa Theologiae*），也都是典型的哲學唯實論的思想家——認為透過理性分析，加上神的啟示，便可達至絕對的真理。阿奎納斯等人對異端有嚴謹的定義：異端是指刻意背叛教會並組成支派的人，或對《聖經》、教義持續犯錯而不改的人，或抗拒聖事及主教權威的人。不過，這時哲學唯實論者的成功，卻引致學院如巴黎大學的反擊——在 1269、1270、及 1277 年，巴黎大學神學家多次譴責阿奎納斯的一些理論、方法。鄧斯・司各脫（Duns Scotus, 1265-1308）及奧卡姆的威廉（William of Ockham, 1285-

---

21. 有關艾伯特及湯瑪斯・阿奎納斯的論著，請參看：Simon Tugwell, ed. & tr., *Albert and Thomas: Selected Writings* (New York: Paulist Press, 1988); Thomas Aquinas, *Summa Theologica* (English & Latin) (New York: McGraw-Hill, 1964); Albertus Magnus, Kenneth F. Kitchell, Jr., and Irven M. Resnick, tr., *On Animals: a Medieval Summa Zoologica* (Baltimore: Johns Hopkins U. Press, 1999); Thomas Aquinas, Vincent A. Guagliardo and others, tr., *Commentary on the Book of Causes* (Washington, D.C.: Catholic University of America Press, 1996); C. E. J. Martin, *Thomas Aquinas: God and Explanations* (Edinburgh: Edinburgh University Press, 1997); Richard Ingardia, *Thomas Aquinas: International Bibliography, 1977-1990*(Bowling Green, Ohio: Bowling Green State University Press, 1993); Thomas F. O'Meara, *Thomas Aquinas Theologian* (Notre Dame, Ind.: University of Notre Dame Press, 1997); Eugene F. Rogers, *Thomas Aquinas and Karl Barth: Sacred Doctrine and the Natural Knowledge of God* (Notre Dame, Ind.: University of Notre Dame Press, 1995)；及 Robert P. Scharlemann, *Thomas Aquinas and John Gerhard* (New Haven: Yale University Press, 1964)。

1347）[22] 強調理性分析有其局限。他們與一批神學家組成「唯名論者」
（nominalists）——反對透過理性分析去尋找神學的絕對真理。巴黎大學及
其他大學教授對神學家的批評、譴責，反映出教會正統與異端之爭又進入
一個新階段——至 13、14 世紀，主教的權威開始受到大學教授的權威挑戰。
1277 年，巴黎主教欲與巴黎大學的學者合組一個委員會，以壓制異端思想。
這個委員會的目的，是試圖把神學與哲學分開，讓教會權威回歸主教，而
專業行政則交回大學。不過，奧卡姆的威廉等反對主教（教會）對大學的
干預，並不斷爭取學術自主。

　　14 世紀時，歐洲出現了多次天災人禍，甚至發生農民暴亂（例如：
1358 年在法國，1381 年在英國），社會動盪不安。社會的不穩定對異端的
發展顯然有催化的作用，其中著名的有英國的威克里夫與波希米亞的胡斯。

---

22. 鄧斯·司各脫是經院哲學家及神學家，唯名論者，其學說與阿奎納斯相對立，認為意志高於理性，
行動高於思維。奧卡姆的威廉是經院哲學家、邏輯學家，中世紀唯名論的主要代表人物，是方
濟修會修士，反對教皇干預世俗政權，著有《邏輯大全》（Summa Logica）等。有關他們的論著，
請參看 Ludger Honnefelder and others, eds., *John Duns Scotus: Metaphysics and Ethics* (Leiden: Brill,
1996); E. P. Bos, ed., *John Duns Scotus: Renewal of Philosophy* (Atlanta, GA: Rodopi, 1998); William
A. Frank, *Duns Scotus, Metaphysician* (West Lafayette, Ind.: Purdue University Press, 1995); Duns
Scotus, Felix Alluntis and Allan B. Wolter, tr., *God and Creatures: the Quodilibetal Questions* (Princeton:
Princeton University Press, 1975); Duns Scotus, William A. Frank, ed., Alan B. Wolter, tr., *Duns Scotus
on the Will and Morality* (Washington, D.C.: Catholic University of America Press, 1997); Duns Scotus,
Martin M. Tweedale, tr., *Selections: Scotus vs. Ockham: a Medieval Dispute over Unviersals* (New
York: E. Mellen Press, 1999); Alexander Broadie, *The Shadow of Scotus: Philosophy and Faith in Pre-
Reformation Scotland* (Edinburgh: T & T Clark, 1995); William of Ockham, Annabel S. Brett, ed. &
tr., *On the Power of Emperors and Popes* (Durham: University of Durham Press, 1998); Paul V. Spade,
ed., *The Cambridge Companion to Ockham* (Cambridge: Cambridge University Press, 1999); Gordon
Leff, *The Dissolution of the Medieval Outlook: an Essay on Intellectual and Spiritual Change in the
Fourteenth Century* (New York: Harper & Row, 1976); Anthony Kenny, *Essays on the Aristotelian
Tradition* (Oxford: Clarendon Press, 2001); G.R. Evans, ed., *The Medieval Theologians* (Oxford:
Blackwell, 2001); John Marenhon, ed., *Medieval Philosophy* (London: Routledge, 1998); Jorge Gracia,
ed., *Individuation in Scholasticism: the Later Middle Ages and the Counter-Reformation*, 1150-1650
(Albany: State University of New York Press, 1994); 及 William of Ockham, *Summa Logicae* (Notre
Dame, Ind.: University of Notre Dame Press, 1974-80)。

威克里夫（John Wycliff, c. 1330-1384）[23] 是英國異端的領袖，他是一個學者（牛津大學教授），但亦廣受普羅民眾歡迎——這可能與當時的社會不穩、民怨沸騰有關。他的思想反映了知識分子的理念、改革派的道德、及廣泛民眾的不滿。威克里夫看到俗世王侯勢力冒升，寄望俗世王權、紳權可以平衡主教、教皇的教權，以迫使教會改革。俗世勢力對廣受民眾支持的威克里夫思想（例如：貶斥教會擁有龐大的財產）亦感興趣，認為可藉以削弱教會的勢力。不過，後來威克里夫變得激進，並涉入農民革命，遂遭放棄。1377 年，威克里夫被逐出教會；1382 年，坎特伯里大主教譴責其牛津大學的支持者；1384 年，威克里夫去世。到了 1411 年，他的著作正式受譴責，並於康士坦斯大公會議中被定性為異端。

胡斯（John Huss, 1372-1415）[24] 則是波希米亞愛國者和宗教改革家，也是布拉格（Prague）伯利恆教堂的教士。他曾反對天主教會販賣「贖罪券」（Indulgence）及教士的奢侈，並提出宗教改革的主張，卻被定為異端。波希米亞國王查理四世（Charles IV, r. 1346-1378）在 1348 年成立布拉格大學，並廣邀學者講學。布拉格大學很多學者深受威克里夫宗教改革思想的影響，其中一位年輕的教授就是胡斯。他生於一個農民家庭，1396 年在布拉格大學取得碩士學位，1400 年成為教士，1401 年成為布拉格大學哲學學院院長。

---

23. 有關威克里夫的論著，請參看：K.B. McFarlane, *John Wyclif and the Beginnings of English Nonconformity* (London: English University Press, 1966); Vaclav Mudroch, *The Wyclif Tradition* (Athens: Ohio University Press, 1979); Anne Hudson, ed., *Selections from English Wycliffite Writings* (Toronto: University of Toronto Press, 1997); John Stacey, *John Wyclif and Reform* (London: Lutterworth, 1964); George M. Trevelyan, *England in the Age of Wycliffe* (London: Longmans, 1948); Cary J. Nederman and Kate L. Forhan, eds., *Medieval Political Theory: a Reader - the Quest for the Body Politic, 1100-1400* (London: Routhedge, 1993); John A. Robson, *Wyclif and the Oxford Schools: the Relation of the Summa de ente to Scholastic Debates, at Oxford in the Late Fourteen Century* (Cambridge: Cambridge University Press, 1966)。

24. 有關胡斯的論著，請參看：Matthew Spinka, tr., *John Hus at the Council of Constance* (New York: Columbia University Press, 1965); Jiri Kejr, Till Gottheinerova, tr., *The Hussite Revolution* (Prague: Obris Press, 1988); Jan M. Lochman, *Living Roots of Reformation* (Minneapolis: Augsburg Pub., 1979); 及 Thomas A. Fudge, *The Magnificient Ride: the First Reformation in Hussite Bohemia* (Brookfield, Vt.: Ashgate, 1998)。

他堅持捷克人應有自主權管理自己的大學、教會與俗世事務。1411 年，他被逐出教會，1413 年，他發表〈論教會〉（*De Ecclesia*，即 *On the Church*）一文，公開挑戰教會秩序。最初，國王文西斯勞斯（Wenceslous IV, r. 1378-1419）看到胡斯廣受民眾支持，乃與布拉格大學的改革派教授勉強合作。但 1412 年，胡斯等改革分子公開譴責國王批准之「贖罪券」的發售，國王害怕這些「異見人士」會失控，不但挑戰他無興趣的教會正統，甚至挑戰到他本身的俗世王權，於是乃下令鎮壓。1415 年，胡斯被騙往康士坦斯大公會議自辯，卻遭定罪為異端，被判火刑燒死。

康士坦斯大公會議是一個時代的分水嶺。此後，基督教正統與異端之爭仍然繼續，其中以馬丁路德（Martin Luther）等人在 16 世紀之宗教改革最為激烈。無論如何，本文暫以兩位中古極具影響力之異見人士（威克里夫及胡斯）在康士坦斯大公會議被定性為異端，作為這篇研究個案的結束。

總括而言，在中古基督教正統與異端之爭中，雖然教義闡釋之爭辯是其關鍵問題，不過，本文從政治、思想、及宗教的角度探討這段歷史，發現正統往往就是爭辯的勝方，敗方則成為異端。在其間，客觀環境（包括政治時局的穩定或動盪、俗世與教會的狀況、城市的興起與教會的改革，和知識分子與俗世王侯及教士的關係等）往往才是影響勝負的關鍵因素。

——本文原刊載於《新史學》13：2（2002.06），頁 203-224。張學明教授授權使用。

一、異端的意義

① 源於希臘文「*hairein*」，為「選擇」、「意見」的意思。

② 獲得教會主教接納的教義，就為「正統」、「普世接受的」；而非正統、異於傳統教理的意見被教會主教譴責，就判定為「異端」。

③ 11 世紀時，已經建立一個教皇／教廷為首的基督教世界，從神職人員到世俗王侯都在這個精神體制之下。反對或挑戰教皇或這個世界的架構，就會被視為異端。

④ 神學紛爭中，勝方為「正統」，敗方則為「異端」。

二、中古基督教正統與異端之爭的開端

① 隨著 4 世紀教會與羅馬帝國的結盟，正統與異端之間的衝突變得更加激烈，甚至訴諸暴力。

② 451 年的加采東大公會議，確立了基督教神學的正統、普世教會的定位，作為往後正統與異端爭論的開端。

③ 6-11 世紀，西歐社會中許多人仍信奉異教，且日耳曼人的統治下，教廷力量不彰，正統與異端的對立也不明顯。

④ 11 世紀中葉後，基督教會在各地建立教區，教皇權威也獲得提升，不但激起政教衝突，正統和異端的對立也進入緊張的局面。

三、加采東大公會議後的異端

① 加采東大公會議後，確立了許多正統教義，例如：三位一體、基督的本性。

② 阿里烏異端：三位一體中聖子、聖靈從屬於聖父，而非三者平等。

③ 聶斯托留派：基督為二性二位（有人、神兩個個體，和人、神兩個本性）。

④ 基督一性論：認為基督的人性完全融入神性。

⑤ 貝拉基教派：提倡人性本善且能靠自由意志得到救贖。聖奧古斯丁為了對抗這個異端，最終得出了「得救預定論」。

⑥ 搗毀聖像派：8-9 世紀出現，一度為東羅馬帝國皇帝推崇，在 787 年的第二次尼西亞大公會議被判定為異端。

⑦ 831 年神學家拉德伯特反對聖餐禮中酒和餅化為基督血肉的說法，但經過修正後為教會正統所接納，認為聖餐禮僅為一個禮儀和象徵，不過仍有基督到來的意涵。

⑧ 11 世紀教會內部改革運動的興起，也加劇了正統與異端的對立。

四、11 世紀中葉教會改革運動

① 由教皇和教廷主導，積極整頓教會內部，改善神職人員的素質、減低世俗王權的影響力，以及嚮往《新約聖經》中簡樸的生活。

② 有些異端也有類似的主張，只是超越正統改革的底線，被教會正統視為異端。

③ 隨著當時城市、商業的發展，出現一群活躍於商業、法律、政治，以及神學家之間的知識分子，他們懂得研讀、闡釋《聖經》，對教會權威提出質疑，進而導致被教會定為異端。

五、12 世紀的異端發展

① 一方面正統教會努力整理教會法；另一方面學院派的知識分子則用哲學來解析教義，認為透過理性的邏輯辯證可以達到真理。

② 由於世俗王侯和商人對教會的大量捐獻，一些改革派的教士和民眾組織起來，想恢復理想的使徒生活，但超過教會能容忍的界限，仍不被視為正統。

③ 改革派的韋爾多派提倡苦行生活，儘管受到當時教宗的認同，但未經准許自行傳道，且堅持自己研讀《聖經》，仍被視為異端。

④ 同樣捨棄財富的聖方濟，也吸引大批信徒，成立修道會，由於韋爾多派的前車之鑑，很快去拜會當時的教宗，獲得認可而被納為正統。

六、13-15 世紀的異端

① 13-14 世紀大學教授開始挑戰主教的權威。

② 14 世紀歐洲天災人禍頻傳，社會動盪不安，也催化了異端的發生。如英國的威克里夫希望王權和紳權可以平衡教會的權威；波希米亞的胡斯則反對教會販賣贖罪券，以及教士的奢侈。兩人都在 1415 年的康士坦丁大公會議被定為異端。

③ 總結來說，除了針對教義的解釋之外，當時的政治局勢、城市發展、教會改革、知識分子興起等因素，也是左右正統與異端的關鍵因素。

|導讀| 花亦芬，〈誰不是文藝復興
人文學者？〉

————— 陳思仁 —————

　　有這麼一則故事，說是當初米開朗基羅受託繪製西斯汀禮拜堂濕壁畫，卻苦於不知如何下筆，一天下班後去酒館喝酒，隔壁桌卻大聲嚷嚷著「酒發酸了」，當酒館老闆親自倒杯酒喝，發現確是如此，於是拿了斧頭砸了木桶酒，並說句「發酸的酒就要潑掉！」據聞米開朗聽聞這句話後，頓然豁然開朗，爾後才有了著名的「創世紀」濕壁畫。這段故事暗喻米開朗基羅意識到，中古繪畫風格如同發酸的酒一樣必需要全盤放棄（潑掉），才有創新風格的可能。這個故事同時也可以用來說明，因為意識到「中古」是發酸的，才有了「文藝復興」的可能，以此可以概要說，「中古」與「文藝復興」是兩個對立的歷史時期，兩者沒有延續性、只有斷裂。

　　本書選讀〈誰不是文藝復興人文學者？〉一文，其一，本文藉由探討德裔思想史家 Paul Oskar Kristeller 的觀點，提供另一種認為文藝復興與中古不是斷裂的論點，以此對照文化史家 Jacob Burckhardt 所主張的：「中古」與「文藝復興」兩者沒有延續性、只有斷裂。

　　其二，本文藉由說明學者對於「人文學者」與「人文學」有不同定義，以此說明「中古」與「文藝復興」兩者究竟是延續性或是斷裂。如 Kristeller 主張，「人文學者」是源自中古時期即已存在的修辭學家，他們在文藝復興時期轉化為一群新的職業社群，以教授古典博雅教育而提出一套新的文化與教育發展方案，他們的教育方案也許對於日後啟蒙運動有影響，但就「文藝

復興」當下而言，其實只是一場文學運動而非思想運動。Jacob Burckhardt 則認為，「中古」與「文藝復興」是截然不同，是義大利城邦政治環境促成城邦公民意識的出現，而學習古典人文學問有助於思考與處理不同於中古時期的政治現實，這是意識到 14-16 世紀是不同於中古時期，因此需要新的思想來應對新的時代，這就促使「人文學」（古羅馬所稱的博雅教育）得以復興，而「人文學者」即是教授人文學的學者。對於判別「中古」與「文藝復興」究竟有無延續性、或是斷裂，本文藉由說明 Kristeller 與 Burckhardt 對「人文學者」與「人文學」的不同定義而提供一個思考途徑。

其三，本文對於「人文主義」（humanism）在不同時期的定義來說明「人文主義」與基督教關係，文藝復興時期的人文主義者仍是虔誠教徒，作為一位基督徒並不會與作為人文主義者相違背，基督信仰與人文主義不違背，到了 17、18 世紀的人文主義（者），因為受到啟蒙運動影響，人文主義與基督教成為對立面。於此，本文既說明了「人文主義」一詞具有的歷史性外，又其歷史性質在歐洲文明逐漸走向一場建立人是獨立自主的個體的思想運動下，人文主義終於與基督教分道揚鑣。因此，作為概念工具，對於人文主義內含的歷史性理解是必要的。

本文作者認為，Kristeller 畢竟是哲學家，他僅從思想方面提出論證，不如 Burckhardt 提出義大利政治環境與人文學、人文主義出現的相互關係。可以說，「文藝復興」因為 Burckhardt《義大利文藝復興時代的文化：一本嘗試之作》一書而獲得具體的歷史面貌，可以說，Burckhardt 為「文藝復興」建立定義，爾後史家大致上也僅能在「文藝復興」概念下增添內容，無法超越 Burckhard 的「文藝復興」。

究竟「中古」與「文藝復興」是兩個斷裂的歷史時期、亦或有延續性，學者都試圖提出論述邏輯與佐證，此文可幫助讀者從「人文學者」、「人文學」概念切入理解，對於人文主義一詞也能有歷史性的理解。

◆ 108 課綱相關條目對照說明

花教授的文章對應「文藝復興」（條目 La-V-3）。透過不同學者對人文學者、人文主義的觀點來了解文藝復興的內涵。

延伸閱讀

1. 艾倫・布魯克（Alan Bullock）著，董樂山譯，〈文藝復興時期〉，《西方人文主義傳統》（臺北：究竟出版，2017），頁 15-86。
   本文對應「文藝復興」（條目 La-V-3）。
2. 費夫賀、馬爾坦（Lucien Febvre and Henri-Jean Martin）著，李鴻志譯，〈人文主義與印刷書〉，《印刷書的誕生》（臺北：貓頭鷹，2005）。
   本文對應「文藝復興」（條目 La-V-3）。

誰不是文藝復興人文學者？

花亦芬*

一、前言

　　「人文學」（Humanism）成為文藝復興研究不可或缺的概念，是現代研究者的共識。然而，究竟如何理解、定義「humanism」，卻是西方學界長期以來爭論不休的問題。從 19 世紀迄今累積的龐大研究成果來看，甚至可以說，對「humanism」的詮釋已經成為文藝復興研究主要的「戰場」。究其原因，一則在於 19 世紀德文新造「Humanismus」一詞時，有著特定的教育、學術文化指涉內涵；但當這個德文專有名詞被直譯為英文的「humanism」時，卻與英文早於 17 世紀便存在的「humanism」一詞產生語意上的矛盾衝突。二則，即便回到 19 世紀文化史研究的學術傳統來檢視「人文學」對「文藝復興」的意義，現代研究者首先必須認知到，有關此課題兩位主要的研究奠基者 Georg Voigt（1827-1891）與 Jacob Burckhardt（1818-1897）在 1859 與 1860 年相繼出版的專書裡，對文藝復興人文學的詮釋與評價並不相同。

　　14 世紀的義大利為何會選擇走上與希臘羅馬上古文化重新接軌的「人文學」之路？復古、崇古帶來的正負面影響是什麼？如何看待那些傳授上古語言文化、以及以此為生的知識分子？這些問題不僅牽涉到：文藝復興人文學的定義問題；也牽涉到為何文藝復興是在義大利誕生？文藝復興的意義是否就是上古文化「再生」？更進一步來說，文藝復興研究的核心課題牽涉

＊　國立臺灣大學歷史學系教授。研究領域為歐洲宗教史與文化史、藝術史跨領域研究、德意志文化史、中古晚期至近代初期藝術史與文化史。

到如何看待歐洲「上古」經典文化與「近代初期」（Early Modern）公民意識、普世價值興起，以及各地母語文化生根茁壯等歷史現象之間複雜的關係。換言之，文藝復興追求的，究竟是以追仿古典傳統為尚？還是留給後世真正的精神價值遺產在於跳脫傳統、追求文化轉向？有關這些問題，Jacob Burckhardt 選擇用「誰不是文藝復興人文學者？」這個問題來闡述。「誰不是文藝復興人文學者？」點出了文藝復興「人文學」概念內涵的有限性，表明了文藝復興文化之所以壯闊輝煌，關鍵在於公民意識抬頭後所產生的多元性，而不應只從人文學者的復古運動來理解。

　　二次大戰之後，「誰不是文藝復興人文學者？」這個問題被德國移民美國的思想史學者 Paul Oskar Kristeller（1905-1999）所繼承。藉由提出這個問題，Kristeller 清楚界定了文藝復興人文學的領域範疇，並區分以服務政治掌權者、營生為尚的「人文學者」，以及具有近代獨立思考心靈的「哲學家」兩者之間本質上的不同。近年來，Kristeller 對文藝復興人文學的詮釋開始受到許多反省，檢視的重點不在於他對西方近代獨立思考心靈如何興起所做的探索，而在於他對人文學的詮釋與近代初期歐洲公民社會產生的歷史背景脫離，轉而與中古法國宮廷文化結合。透過這個連結，「文藝復興」與「中古」的關係不再是斷裂、而是延續；然而，這個結合卻也讓「文藝復興人文學」究竟有多「文藝復興」成為一大問題。

　　本文透過追溯「Humanismus」這個概念在 19 世紀德意志知識界與文化史興起的過程，來討論此概念後來被直譯為英文「humanism」所產生的語意歧異問題，以及在二次戰後的文藝復興研究裡，如何被賦予明確定義的梗概。透過剖析這些學術傳統建立過程中所產生的問題，本文將進一步闡述，何以二次戰後為文藝復興「humanism」所下的定義，在 21 世紀初受到愈來愈多挑戰？透過解析這個問題之所以形成的錯綜複雜脈絡，本文將特別探討，19 世紀下半葉 Burckhardt 與 20 世紀下半葉 Kristeller 對文藝復興人文學的詮釋有相當程度的不同。前者強調，與文藝復興人文學相關的研究應結合近代初期

義大利城邦政治與公民意識崛起之間的關係來探討；亦即應特別注意去討論「公民的人文學」之所以興起、以及後來如何被專權統治者逐步摧毀的原因與過程。後者則認為，對人文學問題的探討，應與歐洲中古宮廷文化傳統結合，了解古典修辭學在中古與文藝復興時代如何影響不同人文學科的演變發展，以及這些人文知識如何被專業職業社群化的過程。透過剖析 Burckhardt 與 Kristeller 對文藝復興人文學詮釋重點的差異，本文將闡明，對「humanism」的討論為何會在 21 世紀初期重新成為文藝復興研究新的爭議焦點？對文藝復興研究整體而論，重新檢視文藝復興與人文學之間關係，意義究竟何在？

二、Voigt 與 Burckhardt 對文藝復興人文學的闡述

「Humanismus」是 19 世紀德文新產生的詞彙，原先是 Friedrich Immanuel Niethammer（1766-1848）為了討論法國大革命後的德意志教育究竟該往什麼方向改革，新創此名詞。在歷史書寫上，最早將這個詞彙轉化為歷史研究概念的學者是 Georg Voigt 與 Jacob Burckhardt。Voigt 於 1859 年出版《古典文化的復興／抑或：人文學的第一個世紀》，[1] 而 Burckhardt 則於 1860 年出版《義大利文藝復興時代的文化》。[2] 此二書出版時間只有相隔一年；而且很巧地，兩位作者都是在德意志史學界熱衷於德意志中古史與政治、外交史研究之際，不約而同以義大利文藝復興文化史研究來與主流論述相抗衡。

換言之，這兩本史著分別由一位居住在東普魯士 Königsberg 的年輕學者以及一位住在 Basel 的瑞士學者寫成。這兩位遠離柏林學術圈的歷史學者都企圖跳脫當時德意志狹隘的國族主義，希望透過新興的文化史研究，論述義

---

1. Georg Voigt, *Die Wiederbelebung des classischen Alterthums oder das erste Jahrhundert des Humanismus* (Berlin: G. Reimer, 1859. 以下簡稱：Voigt, *Wiederbelebung*).

2. Jacob Burckhardt, *Die Kultur der Renaissance in Italien: Ein Versuch*, 2nd edition, 1869. 中譯：布克哈特著，花亦芬譯註，《義大利文藝復興時代的文化：一本嘗試之作》（臺北：聯經，2007 年第一版，2013 年修訂二版，以下簡稱《義大利文藝復興時代的文化》）。

大利文藝復興對整個近代歐洲文化所產生的影響。雖然兩人的觀點有不少差異，但卻共同為文藝復興文化史研究奠定了深厚的基礎。

　　為了了解「Humanismus」這個詞彙原先被創造出來的語境脈絡，本文首先闡述 Niethammer 原先論述的歷史背景。1808 年，Niethammer 受命擔任巴伐利亞中小學教育改革的規劃者與推動者（Zentralschul- und Oberkirchenrat）。[3] 眼見啟蒙運動與法國大革命後，德意志傳統以古典語文為基礎的人文教育日益受到冷落，大家愈來愈看重法文與應用學科為主的實用教育（Realia），因此他特別撰寫《從當代中小學教育與課程理論談應用學科教育與古典人文學教育何者為重的爭議》[4] 一文，為即將推動的教育改革提出說明。Niethammer 用「Humanismus」稱呼以古典語文為基礎，著重思想與心靈啟發的人文學教育；[5] 他再以「Philanthropinismus」稱呼以現代語文、自然科學、運動以及實用職業技能訓練為主的應用學科教育。這兩個名詞都是 Niethammer 從當時現有的德文詞彙轉化而來：「Humanismus」轉化自「Humaniora」，這是 17 世紀以來，德文對「*studia humanitatis*」（古羅馬修辭學家 Cicero 所提倡的博雅教育）慣用的簡稱，[6] 主要指涉的，就是精通古典語文而能廣泛閱讀上古經典的傳統菁英教育。[7]「Philanthropinismus」則借用 Philanthropinum 這所著名的實用科學教育中學之校名，這所學校是 Johann Bernhard Basedow（1724-1790）於 1774 年在 Dessau 創設的。[8]

---

3. Wilhelm G. Jacobs, "Niethammer, Friedrich Immanuel," *Neue Deutsche Biographie* 19 (1998), p. 247; URL:http://www.deutsche-biographie.de/pnd118734865.html.

4. Friedrich Immanuel Niethammer, *Der Streit des Philanthropinismus und des Humanismus in der Theorie des Erziehungs-Unterrichts unsrer Zeit* (Jena: Friedrich Frommann, 1808).

5. Ibid., p. 39.

6. Artikel, "Humaniora" in *Historisches Wörterbuch der Philosophie*, ed. Joachim Ritter, Karlfried Gründer und Gottfried Gabriel (Basel: Schwabe Verlag, 1971-2007), vol. 3, p. 1216.

7. Markus Schauer, "Friedrich Immanuel Niethammer und der bildungspolitische Streit des Philanthropinismus und Humanismus um 1800," *Pegasus-Onlinezeitschrift* V/1 (2005), p. 28. Access at http://www.pegasus-onlinezeitschrift.de/erga_1_2005_schauer.html.

8. Ibid., p. 37.

在 Niethammer 構想中，人的心智不應被簡單區分為理性／動物性、理性／感性、或分析性／感受性。因此教改也不應將人文教育或實用科學教育一刀兩斷，而應設計出一套更有彈性的制度，讓兩者並行，並能提供學生足夠的彈性空間，隨著自己成長發展所需，可以在不同學制、不同領域間轉換。[9]換言之，Niethammer 並不認為國民教育的內容應被區塊化，反而是要有多元轉換的空間。

Niethammer 提出的教改方案原意是想提供巴伐利亞一套可以超越傳統天主教菁英教育框架的課程規劃，以因應新教教育改革所帶來的衝擊。他巧妙地運用德文「—ismus」（英文：—ism）可以靈活指涉的語意範疇，創造了 Humanismus 與 Philanthropinismus 這兩個識別標記，藉以指稱「古典人文學」與「理工應用學科」這兩類課程規劃方案。對他而言，「—ismus」代表一套妥善規劃、可以付諸實踐的教育理念與課程規劃方案，但非特定的哲學思想。[10]

半世紀之後，「Humanismus」這個概念被 Georg Voigt 用在他所寫的《古典文化的復興／抑或：人文學的第一個世紀》書中，但卻跳脫原意，轉而用來指涉 1350-1450 年這一個世紀之間，歐洲人透過學習古典語文、重拾上古異教文化，所產生的新思維與新作風。[11] 他們不再嚮往成為中古基督信仰所推崇的聖徒，而是開始追求個人不朽的聲響；他們開始揚棄中古集體主義的思維，轉而重視個人主體的自由。對 Voigt 而言，在這樣風氣影響下，接受「人文學」成為跳脫中古、進入近代最關鍵的因素。

Voigt 大概是從 1852 年開始著手寫這本書，最初動機應該跟他想研究人文學者 Aeneas Silvius Piccolomini（1405-1464）有關。Piccolomini 早年曾任職於維也納神聖羅馬帝國皇帝腓特烈三世（Frederick III, emperor 1452-

---

9. Ibid., pp. 36-40.
10. Richard Faber, *Streit um den Humanismus* (Würzburg: Königshausen & Neumann, 2003), pp. 37-40.
11. Artikel, "Humanismus" in *Historisches Wörterbuch der Philosophie*, vol. 3, p. 1218.

1493）的總理府（chancery），1458 年選上教宗（即 Pius II）。[12] 從寫作時間來看，雖然這是一位不到 30 歲的年輕學者所寫的書，[13] 但因該書討論的範圍幾乎涵蓋歐洲各主要地區──義大利之外，也包括阿爾卑斯山北方、西班牙、葡萄牙以及波蘭、匈牙利，因而被視為 Burckhardt 經典之作之外，另一本文藝復興人文學研究的奠基之作。

Voigt 將「古典文化的復興」與「人文學的第一個世紀」等同來看。對他而言，文藝復興文化的全貌就是「人文學」，而人文學就是人文學者推展起來的古典文化復興。因此 Voigt 有興趣的，不是人文學在歐洲各地如何發展出自己的風貌，而是人文學何以能成為區別文藝復興與中古文化的關鍵因素。對他而言，人文學在歐洲的廣布流傳是義大利文化單向對阿爾卑斯山北部地區的傳播（Propaganda jenseits der Alpen）。為了打破當時德意志國族主義的思維，Voigt 特別強調，這是義大利民族對日耳曼民族的文化輸出。他喜歡使用「人文學的使徒」（Apostel des Humanismus）[14] 或「火苗」（Funke）[15] 等字眼來形容這個文化傳播的過程。

就書寫架構而言，Voigt 的論述建立在相當規範性（normative）的思考上。他以佩托拉克（Francesco Petrarca, 1304-1374）為新時代典範，積極論述他應被視為「人文學之父」（Vater des Humanismus），[16] 並以他的思想行徑來定義人文學的內涵。在該書第 1 章第 2 句，Voigt 開宗明義指出：「佩托拉克既是人文學的先行者，同時也是人文學新世界的發現者」。[17] 在 Voigt

12. Voigt 於 1856 年起陸續出版 *Enea Silvio de'Piccolomini als Papst Pius II. und seine Zeit* (Berlin: G. Reimer, 1856, 1862, 1863), 3 vols.

13. Mario Todte, *Georg Voigt* (1827-1891). *Pionier der historischen Humanismusforschung* (Leipzig: Leipziger Universitätsverlg, 2004), pp. 63-69; Paul F. Grendler, "Georg Voigt: Historian of Humanism," in *Humanism and Creativity in the Renaissance. Essays in Honor of Ronald G. Witt*, ed. Christopher S. Celenza and Kenneth Gouwens (Leiden: Brill, 2006), p. 305.

14. Voigt, *Wiederbelebung*, p. 377.

15. Ibid., pp. 31, 104.

16. Ibid., p. 52.

17. Ibid., p. 12: "Der Prophet und zugleich der Entdecker der neuen Welt des Humanismus war Francesco Petrarca."

筆下，佩托拉克不僅是文藝復興人文學創始者，同時也是人文學的具體化身。透過英雄化、典範化佩托拉克，Voigt 確立了文藝復興人文學在新時代文化開創上涵蓋的各種面向。

　　根據 Voigt 的詮釋，在知識上，佩托拉克反中古經院哲學，嘲笑中古大學因循舊知、食古不化的教育內容；[18] 他提倡努力學習古典語文以重新汲取創造新文化的知識養分與素材（Nahrungs- und Bildungsstoff）。[19] 佩托拉克特別舉出應以維吉爾（Vergil）與西塞羅（Cicero）這兩位古羅馬修辭學家作為仿效楷模，[20] 以與中古知識主流對抗，創造新時代文化。[21] 在宗教上，佩托拉克並沒有拋棄基督信仰，但是他批評迷信；[22] 他也強力抨擊從泛神論角度詮釋亞里斯多德哲學的阿威羅伊學派（Averroism）。[23] 此外，佩托拉克透過研讀《懺悔錄》（Confession），一方面將奧古斯丁視為生命導師，同時也透過奧古斯丁重新理解新約聖經的核心教理。[24] 在倫理認知上，佩托拉克抨擊中古教會腐敗，他很少提及聖徒與神蹟，卻很重視道德哲學，認為好的哲學家與好的宗教家一樣可貴。[25] 在性格與生活上，佩托拉克突破中古以群體主義為尚的傳統框架，勇於展現個人的新思維與新作風。[26] Voigt 指出，雖然佩托拉克有時不免虛榮自負，[27] 思想言行有時也不

---

18. Ibid., pp. 38-52.

19. Ibid., p. IV.

20. Ibid., p. 16: "Virgilius und Cicero — sie waren gerade die beiden hellen Puncte, die zuerst wieder aus dem Nebel des Alterthums ausstrahlten. Von ihnen ausgehend, erschloß sich Petrarca die neue Welt voll Schönheit und wunderbarer Weisheit. Sie sind ihm die beiden Väter der römischen Eloquenz, die Augen der lateinischen Sprache."

21. Ibid., p. 37f.

22. Ibid., p. 40f.

23. Ibid., p. 56f.

24. Ibid., p. 52. 從中古經院哲學轉化到文藝復興人文學的知識文化對抗過程中，佩托拉克對奧古斯丁的高度肯定，有助於後世人文學者與宗教改革者對奧古斯丁的特別重視。參見 Paul F. Grendler, "Georg Voigt: Historian of Humanism," p. 309。

25. Voigt, Wiederbelebung, p. 48.

26. Ibid., p. 80f.

27. Ibid., pp. 72-74.

太一致，[28] 但是，他敢於向世界表露真實自我的勇氣，仍讓他成為開啟近代個人主義的先鋒。[29] 在政治上，佩托拉克認同共和政體（republic），但不曾正式委身任何政權。他對共和政治的擁護，並沒有妨礙到他經常為教宗、國王、君侯、自治城市政府擔任特使。[30]

　　Voigt 將人文學者視為新興的職業社群。換言之，他們是一群受佩托拉克影響，專門學習人文學，並以此為業的人——有些人是教導人文學的老師，有些人則運用人文學知識在共和國政府、君侯、貴族、以及教廷等機構擔任職員、秘書、或中高階官員。在 Voigt 筆下，這群新世代的知識分子透過學習人文學，在改變自己人生觀與世界觀的同時，也促成了當時社會文化的轉向。[31] 然而，Voigt 也批評，佩托拉克之後的人文學者不再像佩托拉克那樣具有創新格局，卻相當拘泥於摹古、仿古，以至於缺乏獨立思考力與原創力。[32]

　　Voigt 筆下的佩托拉克熱愛古典語言文化，散發個人思想、知識的魅力。佩托拉克以四處尋找古抄本、編輯羅馬史家李維（Livy, 59 BC- AD 17）散佚的《羅馬史》（*Ab Urbe Condita*, "History of Rome"）等實際行動，帶動了時代新風氣，讓許多人願意跟隨他的腳步。Voigt 對文藝復興人文學的詮釋最大的特色在於，他以思想史的寫法，[33] 將文藝復興定義為復興古代語文與文化。在這樣單一的觀點下，雖然佩托拉克的文學成就以及對義大利文化的貢獻也包含以本土語言（vernacular）[34] 書寫詩歌，但 Voigt 卻將之棄而不

---

28. Ibid., p. 59f.

29. Ibid., p. 81: "Wir nehmen keinen Anstand, Petrarca in diesem Sinne den Propheten der neuen Zeit, den Ahnherrn der modernen Welt zu nennen."

30. Ibid., pp. 60-62.

31. Paul F. Grendler, "Georg Voigt: Historian of Humanism," p. 306.

32. Voigt, *Wiederbelebung*, pp. 107-114.

33. 雖然 Voigt 強調自己所從事的是文化史，見：Ibid., p. 4: "Wir haben hier nur ein Stadium und eine Seite dieses culturgeschichtlichen Processes zu verfolgen, die Wiedergeburt des classischen Alterthums und sein Eindringen in das geistige Leben zunächst Italiens."

34. 臺灣的教科書一般將「vernacular」譯為「方言」。查「vernacular」的拉丁文字源「vernaculus」意為「native（to a place）」，因此譯為「本土語言」更為恰當。見：*Oxford Latin Dictionary*, ed. P. G. W. Glare (Oxford: Oxford University, 2009), p. 2038.

談。這樣偏頗的處理方式，也許可以歸因於他想透過書寫《古典文化的復興／抑或：人文學的第一個世紀》來抗衡正當道的德意志浪漫主義國族史學思想。因此，他以德意志古典主義追仿古希臘文化的歷史過程為思考基底，欲意重建更早之前以古典拉丁文為主的「第一代人文學」。從 Voigt 的思考脈絡來看，我們可以推論，他心目中的「第二代人文學」並非人文學大興的 16 世紀，而是 18 世紀德意志美術考古學家 Johann Joachim Winckelmann（1717-1768）所帶起的古典主義，透過推崇古希臘藝術獨具的美感價值以及精神意涵，發展出以古希臘語文為人文教育基礎訓練的「新人文主義」（Neohumanismus）。接續 Voigt 的思考脈絡，Lothar Helbing 才會於 1932 年以 Werner Jaeger 教育思想為基礎，提出所謂的「第三代人文學」（der dritte Humanismus）。[35]

　　Voigt 片面強調古典文化的復興就是文藝復興的全貌，其實忽略了文藝復興文化之所以燦爛多彩，正是在復興古代語文知識的同時，本土語言文化得到進一步的提升與發展。透過古代與現代、經典與本土文化在各種不同層次的相互撞擊，壯闊輝煌的文化高峰才得以產生。Voigt 不僅對佩托拉克的本土語文創作視而不見，對但丁（Dante Alighieri, c. 1265-1321）與薄伽丘（Giovanni Boccaccio, 1313-1375）的評價亦不高。他認為，但丁還沉浸在經院哲學的思想裡；[36] 而薄伽丘也還停留在亞里斯多德與經院哲學的思維世界裡，沒有走上佩托拉克所開創出來的新道路。對但丁與薄伽丘以托斯坎納（Toscana）本土語言分別寫出《神曲》（*Divina Commedia*）與《十日談》（*Decameron*）這兩部文學經典鉅作，Voigt 並沒有給予應有的肯定。[37]

　　從以上的論析可以看出，Voigt 與 Burckhardt 對義大利文藝復興文化的

---

35. Barbara Stiewe, *Der "Dritte Humanismus": Aspekte deutscher Griechenrezeption vom George-Kreis bis zum Nationalsozialismus* (Berlin: De Gruyter, 2011).

36. Paul F. Grendler, "Georg Voigt: Historian of Humanism," p. 9.

37. Voigt, *Wiederbelebung*, pp. 9-11, 103-105.

詮釋有著本質上的差異。Burckhardt 並不認為希羅古典文化的復興是促成文藝復興文化絢爛輝煌的主因；他也不認為，人文學的興起決定了文藝復興與中古文化根本上的差異。[38] 在《義大利文藝復興時代的文化》第 3 卷，Burckhardt 開宗明義指出：

> 說實在的，沒有希臘羅馬古典文化的影響，本書至今所闡述的歷史實況已足以震驚義大利人的心靈，並促使他們往更成熟的方向發展；而且本書稍後所要繼續闡述的文化發展新貌即使沒有古典文化影響，大概也不會有太大不同。[39]

對 Burckhardt 而言，與其說古典人文學的復興促成文藝復興的誕生，不如說是 14 世紀義大利城邦（city-state）政治蓬勃發展，讓公民意識抬頭，進而「下定決心掙脫中古以神為主、不以人為主的形而上思維，確實建立屬於人世層面可以習得的文化教養（Bildung）」。[40] 根據 Burckhardt 的解釋，14 世紀擁有獨立自治權的義大利城邦公民之所以有意識地提倡古典人文學，是希望以此作為城邦政治邁向理性發展的思想根據，以建立政治、社會秩序與倫理道德關係。換言之，古典人文學復興是在中古城邦公民政治發展過程中，有意識被要求出來的結果；而非古典人文學的復興促成了城邦公民意識的抬頭，繼而促成了歷史的轉向。隨著義大利中古自治城邦脫離神聖羅馬帝國在法理上的轄管，以及教會（尤其是主教）對走向政治自主的義大利各城邦控制力日減，正在蓬勃興起的公民社會（die bürgerliche Gesellschaft）[41] 要

---

38. 《義大利文藝復興時代的文化》，頁 70。
39. 同上註，頁 214。
40. 同上註，頁 220。
41. 「bürgerliche」在德文同時意為「公民的」以及「市民的」。由於與本節相關的論述，主要指涉具有政治獨立自主權的義大利中北部城邦（city-state），尤其是當時的各共和國（republic），因此「bürgerliche」在中文翻譯上，應譯為「公民的」。

求一套與中古宗教文化不同的教養內涵，以便在生活與社會各層面運作上，有新的思想養分來源，以促進公民社會新文化可以茁壯。對此，Burckhardt 的闡述如下：

> 十四世紀人文學的發展是匯聚許許多多各領風騷人物的成就而成的。但當時大家心裡都明白，這是公民社會新興起的力量。他們的先驅大概可以溯源到十二世紀的「雲遊教士」[...]。他們漂浮不定的生活方式、自由不羈的生命觀、以及擬古的詩體多多少少都為十四世紀的人文學發展奠定了一些基礎。但是，十四世紀人文學的興起代表了新式文化教養觀的出現，希望與中古時代本質上還是被教會以及神職人員所操控的教育／教養作出明顯區隔。十四世紀的人文學主要便是反動中世紀的教會文化。積極投身參與這個新文化運動的人後來都成為有重要影響力的人物，因為他們透過學習上古文化菁英書寫的方式、感知的方式與思考的方式而徹底瞭解到上古文化菁英值得學習的地方究竟何在？這些人文學者所推崇的古典傳統在文化與生活各層面以再生的方式重新活躍在歷史舞台上。[42]

Burckhardt 指出，古典人文學復興原是新興的公民社會為了在思想內涵上與教會文化作出區隔，同時在風格上樹立另一種足以與教會文化抗衡的世俗精緻文化，因此才選擇大力推廣古典文化。然而，Burckhardt 也指出，推廣古典文化也帶來了明顯的後遺症。因為當上古古典文化被人文學者視為評定學術文化是否符合新時代文化發展的最高準則時，人文學已為義大利埋下致命的危機：第一，人文學剝奪了本土文化健康發展的機會；第二，人文學開始成為專制獨裁者的御用工具：

---

42. 同上註，頁 249。

近現代有些學者經常慨嘆，1300 年左右在佛羅倫斯原有一種與人文學本質不同，但更有自主性、更具義大利本土色彩的文化教養方式，可惜後來整個被人文學發展的浪潮所淹沒。[...]

1400 年以後，隨著人文學發展的浪潮愈益高漲，在佛羅倫斯本地興起的文化主體性卻慘遭壓抑。因為此後對所有的問題大家都只靠古人提供的方式來解決，文學創作也只剩下賣弄古文知識。說實在的，開創新文化亟需的自由精神卻因此逐漸凋零，因為所謂「有學問」（Erudition）其實就是只會引經據典。原有的民法為了要施行羅馬法而被棄置一旁，這正是為了要方便獨裁者專政才特別安排的。[43]

從以上的論述可以看出，Burckhardt 是以相當立體的角度來看人文學如何在義大利興起，如何提供新時代公民文化開創所需的養分，但後來又如何被摧毀公民政治的專政掌權者所御用。在討論人文學運動如何成功地被推展開來的同時，Burckhardt 也指出，當人文學成為具有排他性（排斥本土文化）的文化主流時，人文學也會被專制統治者拿來作為御用的思想控制工具。與 Voigt 靜態地為人文學下定義，片面地以復興古典文化作為討論人文學內涵的參考座標，Burckhardt 的詮釋是動態且多層次。

在 Burckhardt 的書寫裡，與其說「人文學」這個概念具有固定的意涵與特殊時代文化意義，不如說，他對於清楚詮釋何謂「人文學」其實沒有太大興趣。他在使用「人文學者」這個專有名詞之餘，也常以「詩人—語文學者」（Poet-Philolog）、或「語文學家」（Philolog）來稱呼這些以人文學知識為業的人。這個現象似乎多少也透露出，他並不太傾向於將「人文學」與「人文學者」過度連結起來，並為它們下清楚明確的定義。

基本上 Burckhardt 認為，以人文學作為新時代文化「運動」的主要內

---

43. 同上註，頁 250。

容，之所以能獲致可觀的成功，原因應從贊助者、執行者、與接受者等各種角度來考察；而非像 Voigt 那樣，只是單方面聚焦在人文學者的研究上。Burckhardt 以 15 世紀佛羅倫斯為例，說明文藝復興人文學運動在當時之所以能蓬勃發展，來自不同領域公民的熱愛、努力與奉獻都是非常值得重視的因素，這是他一直強調的「公民的人文學」（Bürgerhumanismus）。[44] 這些來自不同領域的公民，有些是傑出的文學家、有些是過著修士生活的學者、有些是不惜傾家蕩產熱衷蒐羅古抄本的知識文化愛好者、有些則是具有寬容開放心胸的思想家。此外，Burckhardt 還提出另有一群人，他們在習得基本的人文學知識後，並沒有以此為業，但因真心喜愛，成為慷慨大方的贊助者與業餘愛好者、欣賞者。[45] 在 Burckhardt 眼中，這些不靠人文學知識營生獲利的人，更應被視為是讓古典人文學價值在社會上廣被接受的重要力量。反之，許多以人文學為業的「人文學者」不時成為社會爭議的人物，反而讓人看到人文學帶來的負面影響。誠如 Burckhardt 指出，文藝復興人文學者一方面是「上古文化專業知識真正的擁有者、繼承者、與傳播者」，[46] 但在另一方面，他們的「傲慢自大」（superbia）以及拼命想保有上流菁英的身分地位，[47] 也讓他們成為「人類追求主體意志開展過程裡最值得注意的範例與犧牲者」。[48] 由於人文學者經常過著隨人俯仰的生活，以至於 Burckhardt 並不認為這個「最沒有群體共同感」[49] 的社群作為一個整體，可被視為帶起文藝復興燦爛輝煌文化的主力。

根據現代學者的研究，「人文學者 *umanista*」（humanista, humanist）原本是 15 世紀下半葉義大利大學生稱呼大學裡教文法與修辭學老師的義大利

---

44. 同上註，頁 264。
45. 同上註，頁 264-270。
46. 《義大利文藝復興時代的文化》，頁 331。
47. 同上註，頁 335。
48. 同上註，頁 334-335。
49. 同上註，頁 332。

文俚語，[50] 衍伸自古羅馬對博雅教育（「studia humanitatis」）的稱呼。[51] 到了 16 世紀，在義大利文的口語表達裡，這些修辭學老師也以 umanista 對公證人或政府機關陳述自己的職業身分。由此可知，umanista 是 15、16 世紀義大利本土語文就有的稱謂，而 Humanismus 則是 19 世紀德文新產生的概念。對於相隔 3 個世紀所產生的兩個看似相近的名詞，亦即是否應將 15、16 世紀的「umanista」所從事的工作內容等同於 19 世紀所謂的 Humanismus，這是史家在進行歷史詮釋時必須非常謹慎處理的問題。在此情況下，熟讀文藝復興史料文獻的 Burckhardt 之所以對「人文學」與「人文學者」之間的關係究竟該如何界定，採取不願完全等同而論的小心態度，是可以理解的。從這個角度來看，若說 Burckhardt 是從政治、社會、與文化各種不同的角度探討「人文學」在 14、15 世紀義大利被催生、接受的過程；而他對文藝復興「人文學者」所作的闡述，也不像 Voigt 那般單方面強調「人文學者」與上古知識文化之間的關係。反之，Burckhardt 更關注政治生態與社會環境帶給當時人文學者的壓力與影響。在這樣的觀照視野下，Burckhardt 帶領讀者去認識人文學者所從事的工作內容，他們必須面對的工作環境，他們的職業生態對他們人格與行事作風所產生的影響，以及其中部分不與世同流、而能堅持理想者，為當代與後世留下的可貴典範。

雖然對人文學者的評價基本上不太高，但 Burckhardt 也不像 Voigt 那樣，認為佩托拉克以後的人文學者紛紛脫離基督信仰的束縛，因此應被視為是擁抱世俗文化的先驅。[52] 在 Burckhardt 心目中，「反教會」與「反基督信仰」

---

50. Augusto Campana, "The Origin of the Word 'Humanist'," *Journal of the Warburg and Courtauld Institutes* 9 (1946), p. 60.

51. 有關「studia humanitatis」在古羅馬文化指涉的意涵參見：Cicero, *Pro Archaia*. 此書於 1333 年被佩托拉克重新發現。

52. Voigt 認為，人文學者雖非德行之人，也經常是只會唱高調的行為的侏儒；但是，他對這一個新的職業社群在個人性格的表露、內心經歷的矛盾掙扎、與刻意追求新的生活樣貌等面向極感興趣；儘管他也清楚，這群人有不少行徑應受到譴責。Paul F. Grendler, "Georg Voigt: Historian of Humanism," p. 308.

是兩回事。人文學雖然反中古教會文化，但並沒有完全拋棄對耶穌基督的信仰。他特別指出：

> 在宗教信仰方面，其實還是有部分人文學者是謹守教規、內心虔敬的基督徒。如果我們要一竿子打翻一艘船，認為當時的人文學者都是悖離基督教的叛徒，那是對文藝復興時代瞭解太少才會說出這樣的話。[53]

如前所述，人文學作為新的文化教養內涵固然有促進公民社會往精緻／經典文化層次發展的正面意義，但人文學後來走向只以復古、仿古為圭臬的矩度也因排斥本土文化，讓學術文化發展逐漸脫離知識菁英自己所生長、生活的土地與環境，愈來愈容易被用來服務專制統治者之所需。在依附政治權勢的情況下，人文學者也易成為政權遊戲裡的犧牲者。因此，Burckhardt 在揭示「公民的人文學」有其不可忽視的正面意義之餘，他也針對文藝復興史學的發展提出他的看法。他指出，崇古之風不僅讓中古年鑑書寫原本具有的活潑地方色彩喪失，它也讓寫史者不敢有自己的獨立觀察與批判，以至於「當讀者慢慢察覺到，他們把李維（Livy）著作裡寫得不太好的地方拿來當作典範高倡，讀者對他們史著的信任感便開始下降，認為他們『將貧乏無味的傳統糟粕拿來當作精緻多彩的新風尚』」。[54] 日積月累下來，「我們不禁要為文藝復興史學著作的成就深深哀嘆」。[55]

對 Burckhardt 而言，文藝復興文化對催生近代西方文明真正積極的意義不應從尊古、崇古、仿古的角度來看，而應從「社會、學術、教育文化轉向」後產生了許許多多新的可能與新的價值來探察。在這個層面上，Burckhardt

---

53. 《義大利文藝復興時代的文化》，頁 333。
54. 同上註，頁 297。
55. 同上註，頁 296。

提出一個極為耐人尋味的問題：在以人文學為業的人之中，誰不應被視為人文學者？Burckhardt 認為，在擷取古典養分之餘，又能對近世新文化開創產生深遠影響力的，不是那些唯古是從的仿古專家，而是那些能拋開傳統束縛，願意用義大利母語為自己同胞寫作的 16 世紀史學家，如馬基維利（Niccolò Machiavelli, 1469-1527）、圭恰迪尼（Francesco Guicciardini, 1483-1540）與瓦爾齊（Benedetto Varchi, 1503-1565）：

> 這些十六世紀的史學家不再是人文學者，而是超越了「人文學」的局限，吸納更多古希臘羅馬史學著述的精髓。他們不再像那些只知模仿李維文體的拉丁文專家——他們是公民，如上古的史學大師為同胞寫下自己的嘔心瀝血之作。[56]

對 Burckhardt 而言，是公民意識支撐下的史學書寫讓文藝復興跳脫人文學者用以自我標榜的仿古、崇古文化。有識見的學者在與古典文化對話後，轉而積極地以真實的思想情感來面對自己當下所存在的環境與世界；並以活潑的眼光重新檢視歷史，用鮮活生動的文字幫助同胞對歷史文化進行更深刻的省思。雖然 Burckhardt 對這個問題的闡述只是點到為止，但是「誰不應被視為人文學者」這個問題到了 Paul Oskar Kristeller 手裡，卻成為他重新定義文藝復興人文學最根本的思考。

三、Kristeller 對文藝復興人文學的界定

Paul Oskar Kristeller 不僅是 20 世紀美國學界最有影響力的文藝復興人文學研究者，在相當程度上也可說，他是 Burkhardt 之後，20 世紀西方最富

---

56. 同上註，頁 302-303。

聲望的文藝復興研究者。[57] 為了逃避納粹迫害，Kristeller 於 1939 年移民美國，[58] 並將德國訓練解讀文藝復興人文學者著作的教育方式移植到美國。他不僅為美國的文藝復興研究奠定深厚的基礎；在漫長的教學生涯裡，也為美國培養了三個世代的學術後進。

Kristeller 早年學中古哲學出身，1928 年在海德堡大學以新柏拉圖主義創始者 Plotinus 倫理學中的靈魂觀為題，獲得博士學位。[59] 納粹掌權後，Kristeller 先逃到義大利，在比薩高等師範學院（Scuola Normale Superiore di Pisa）完成第一本成名作《斐契諾補編》（Supplementum Ficinianum, 1937）。對 Kristeller 而言，研究新柏拉圖主義不僅讓他成為美國思想史界文藝復興人文學研究的泰斗，他在晚年也自白，自己對新柏拉圖主義有著終生不渝的偏愛。不僅因為它連結了上古希臘哲學與近代的康德、黑格爾哲學，這個思想也調和了古代希臘羅馬思想與基督教信仰之間的隔閡。此外，對 Kristeller 個人而言，在他離開德國後那段異鄉流離的歲月中，新柏拉圖主義在知識見解與道德堅持上也提供他許多心靈的支撐。[60]

從德國轉到美國教書，Kristeller 不僅努力調整自己去配合美國歷史界原已存在的「西方文明史」（Western Civilization）教學傳統；[61] 他更必須去面對如何處理德文「Humanismus」與英文「humanism」在語意上的落差。

對 Voigt 與 Burckhardt 而言，「Humanismus」是 19 世紀新出現的專

57. John Monfasani, "Obituary: Professor Paul Oskar Kristeller," *The Independent*, London, 24/7/1999; William Caferro, *Contesting the Renaissance* (Oxford: Wiley-Blackwell, 2010), p. 101.
58. Paul Oskar Kristeller and Margaret King, "Iter Kristellerianum: The European Journey (1905-1939)," *Renaissance Quarterly* 47, 4 (1994), pp. 907-929.
59. Paul Oskar Kristeller, *Der Begriff der Seele in der Ethik des Plotin* (Tübingen: J. C. B. Mohr, 1929).
60. Paul Oskar Kristeller, *Marsilio Ficino and His Work after Five Hundred Years* (Florence: Leo S. Olschki, 1987), p. 18.
61. Edward Muir, "The Italian Renaissance in America," *The American Historical Review* 100, 4 (1995), p. 1108: "Kristeller subordinated the study of humanism to the grander schema of the Western Civilization construct, an inclination that made his often highly technical work adaptable to American preconceptions."

有名詞，沒有什麼舊的學說包袱需要先行釐清，有的只是兩人對文藝復興人文學的詮釋與評價相當不同。然而，Kristeller 到美國後，卻需要面對不同的語言環境。主要的問題在於，英文「humanism」一詞自 17 世紀起便已經存在。根據 *Oxford English Dictionary*（簡稱 OED）提供的資料，「humanism」原先的意涵是指拋開道德與宗教的束縛，只知追求個人欲求的滿足與世俗利益。[62] 到了 18 世紀末，「humanism」被轉為神學用語，指稱那些不接受耶穌基督具有神性，認為他只具有人性的神學思想。[63] 在這個意涵上，「humanism」可與同時期新興的另一個神學術語「humanitarianism」混用。[64] 到了 19 世紀，德文新創的「Humanismus」一詞開始被引介到英文，且被直譯為「humanism」，並開始應用在討論人文教育與文藝復興古典人文學上。在這方面，著名詩人與評論家 Matthew Arnold（1822-1888）於 1882 年所寫的著名論戰文章 "Literature and Science" 更起了推波助瀾之效，讓「humanism」一詞成為 19 世紀英國社會討論教育與學術廣泛使用的概念。[65] 在該文中，Arnold 強調，所謂「Humanism」是深入且確實地學習認識古希臘、羅馬文化的全貌，這應被視為學校教育重要的內容，與學習自然科學知識並不對立。[66] 從這一點來看，Arnold 立論的出發點基本上與 Niethammer 無異。

---

62. "the pursuit of human or earthly interests to the exclusion of moral or religious considerations." 引自：OED <http://www.oed.com/view/Entry/89272>; accessed 03 June 2012.

63. 如 J. E. Hamilton 於 1790 年在 *Structures upon Primitive Christianity* I. Pref. 50 所寫："About the middle of the third century, there sprung up another heresy, which I shall distinguish by the name of Humanism... Their sentiment was, that Jesus was a mere man, without any participation at all of Deity." 轉引自：OED <http://www.oed.com/view/Entry/89272>; accessed 03 June 2012.

64. "The doctrine that Christ's nature was human only and not divine." 引自：OED <http://www.oed.com/view/Entry/89272>; accessed 03 June 2012.

65. William Caferro, *Contesting the Renaissance*, p. 99.

66. Matthew Arnold, "Literature and Science," reprinted in *Literature and Science in the Nineteenth Century: An Anthology*, ed. Laura Otis (Oxford: Oxford University Press, 2002), pp. 6-7: "When we talk of knowing Greek and Roman antiquity, which is what people have called humanism, we mean a knowledge which is something more than a superficial humanism, mainly decorative."

根據以上的論析可知，英文「humanism」一詞在語意發展上依循了兩個不同的脈絡：第一個脈絡源自 17 世紀「沒有宗教敬虔之心與道德感，只知追求個人私欲」的語意，這與「敬神、畏神」是相對立的概念。然而，經過啟蒙運動的洗禮，這個「一切以人性為考量」的向度被賦予新的意義，開始與當時想跟宗教信仰劃清界線的「人本主義」、或尊重人性價值與尊嚴的「人道主義」結合，因此在語意上也轉而與 humaneness, humanity, humanitarianism 通用。[67] 這個語意在 19 世紀不少重要的思想或哲學論述裡，又被進一步強化。例如，馬克思學派或存在主義──紛紛利用「humanism」這個概念來論述人與宗教之間的關係，強調排斥宗教信仰，以人自身的力量來建構理想的社會或追求個人意志所嚮往的心靈世界。[68] 第二個脈絡則是從 19 世紀德文「Humanismus」轉譯而來，特別用來指稱 14 至 16 世紀文藝復興以古典語文為基礎所發展出的人文學。如果說，德文「Humanismus」源自於拉丁文所指涉的博雅教育（「*studia humanitatis*」），放在文藝復興宗教文化脈絡來看，人文學基本上是反對中古教會宰制下的知識文化，但並非意謂著否定或拋棄基督信仰。畢竟文藝復興文化藝術仍是在基督信仰架構下進行，只是有一部分轉向去討論基督信如何與「人的尊嚴」與人的「意志自由」相結合。

　　如上述，在英文裡，經過 19 世紀知識分子不受太多拘束地從不同角度使用「humanism」一詞來論述各種思想見解，到了 20 世紀，「humanism」這個英文詞彙已經必須面臨，在論述特定歷史時期時，有兩種互相衝突矛盾的語意並存的狀況。一方面是與基督（或一神）信仰徹底劃清界限；另一方面則是依然在基督信仰的架構裡。這種語意衝突矛盾的狀況讓學哲學出身、又想在美國積極建構新的文藝復興思想史研究的 Kristeller 深感困擾，覺得

---

67. OED <http://www.oed.com/view/Entry/89272>; accessed 03 June 2012, n4, n5.
68. Vito R. Giustiniani, "Homo, Humanus, and the Meanings of 'Humanism'," *Journal of History of Ideas* 46. 2 (1985), pp. 176, 184.

有必要為文藝復興「人文學」下一個清楚明確的定義。[69]1955 年，Kristeller 在他寫的一篇重要論文 "The Humanist Movement" 裡，開宗明義便指出：

> 「人文學」（humanism）這個詞彙與文藝復興以及古典語文研究連結在一起的歷史已經超過一百年，但是，近來這個概念卻成為在哲學與歷史研究上引發許多混亂的源頭。在當代論述裡，幾乎所有與人性價值相關的思考都被稱之為「humanistic」，結果有許多思想家，不管是懷有宗教感或是反宗教、是懷有科學精神或是反科學，都會對這個具有讚美意義、但難以確切定義的詞彙加以表示意見。[70]

雖然 Kristeller 一再強調，文藝復興人文學與基督信仰的連結未斷，但在英文裡，這個混亂的情形其實並沒有因他長年的努力而有太大的改變。2003 年出版的《牛津文藝復興大辭典》（*Oxford Dictionary of the Renaissance*）在「Humanism」辭條下，開宗明義仍必須先強調：

> 在現代慣常用法裡，「humanism」被視為宗教信仰之外的其他選項。然而，在文藝復興時代，「humanism」卻與宗教信仰毫不相悖。

---

69. Paul Oskar Kristeller, "The Humanist Movement," first published in his *The Classics and Renaissance Thought* (Cambridge, MA: Harvard University Press, 1955), reprinted in his *Renaissance Thought and its Sources* (New York: Columbia University Press, 1979), p. 21: "to recapture the original meaning in which that period employed certain categories and classifications which either have become unfamiliar to us or have acquired different connotations."

70. "The term 'humanism' has been associated with the Renaissance and its classical studies for more than a hundred years, but in recent times it has become the source of much philosophical and historical confusion. In present discourse, almost any kind of concern with human values is called 'humanistic,' and consequently a great variety of thinkers, religious or antireligious, scientific or antiscientific, lay claim to what has become a rather elusive label of praise." Cited from Paul Oskar Kristeller, "The Humanist Movement," in: Paul Oskar Kristeller, *The Classics and Renaissance Thought* (Cambridge, MA: Harvard University Press, 1955), reprinted in Paul Oskar Kristeller, *Renaissance Thought and its Sources* (New York: Columbia University Press, 1979), p. 21.

它與〔跟宗教信仰對立的〕俗世主義並無關連，而是與上古文化追求的人文涵養，也就是傳統所稱的博雅教育、當今所稱的人文學息息相關。[71]

　　Kristeller 強調，人文學運動的本質是奠基於修辭學而來的文學運動，而非思想或哲學運動。因為所謂「人文學者」其實就是從中古負責起草官方文書與發表演說的專業修辭家（*dictatores*, rhetoricians）轉化而來的新式職業社群，[72] 他們是教導古典博雅教育（*studia humanitatis*，對義大利文藝復興時代而言包括：文法、修辭、歷史、詩、道德哲學）的老師，而他們主要擅長的領域是文法與修辭。因此，與其說他們是全新的社會階層，不如說他們是中古修辭家的接班人。[73] 透過定義人文學者本質上為修辭學家，Kristeller 強調，人文學者不是哲學家，人文學也不能被類比為啟蒙時代的思想流派。換言之，不應將文藝復興「人文學」等同於啟蒙時代興起的「人文主義」，雖然此二者在英文裡都是以「humanism」來表示。只能說，人文學者在文獻校勘上提供的研究成果、或是他們書寫的文字內容對後來哲學思想的形成提供了不少啟發與幫助。

　　換言之，對 Kristeller 而言，文藝復興人文學本質上是人文學者「在特定範圍內推展出來的文化與教育發展方案」，主要是文學運動，而非思想運動。如他在 "The Humanist Movement" 一文中所言：

　　文藝復興人文學並非某種特殊的哲學論述取向或系統，而比較是一

---

71. "In popular modern usage, humanism is thought of as an alternative to religious belief. In the Renaissance, however, humanism was entirely consistent with religious belief, and related not to secularism but rather to the *studia humanitatis*, the liberal arts, now known as the humanities."

72. Ronald G. Witt, "Kristeller's Humansits as the Heirs of the Medieval dictatores," in *Interpretations of Renaissance Humanism*, ed. Angelo Mazzocco (Leiden: Brill, 2006), pp. 21-35.

73. Paul Oskar Kristeller, "Humanism and Scholasticism in the Italian Renaissance" (1944-5), reprinted in his *Renaissance Thought and Its Sources* (New York: Columbia University Press, 1979), pp. 92-96.

種強調或著重於去發展某些特定重要學科領域的文化或教育方案。
這個領域的核心包含一個學科群組。這些學科基本上與經典〔思
想〕以及哲學關連不大，而與語言文學比較有關。因為特別著眼在
語言文學能力的培養，人文學者的特徵就是密集且廣泛地研讀上古
希臘文、尤其是拉丁文經典。這個特色與 17 世紀下半葉起近現代
古典人文學家探討的取徑大不相同。[74]

根據上引文所述，可以看出，Kristeller 企圖回到 Voigt 的論述框架，想
藉由明確定義「人文學」就是以人文學為業的人文學者所推動出來的文化教
育方案，藉此跳脫 Burckhardt 對「人文學」與「人文學者」之間不一定密切
相關的論述思維。在擺脫 Burckhardt 觀點的同時，Kristeller 其實也跳脫了
Burckhardt 對「公民的人文學」之主張，不再討論對 Burckhardt 所主張，真
正優質的人文學往往是靠一群不以此營生牟利的人所推動起來的知識文化。
此外，在上引的論文裡，Kristeller 接著也強調，不應該用人文學來概括文藝
復興時代所有的知識；[75] 而應說，到了 15 世紀中葉，人文學成為發展各領
域知識的基本訓練。[76] 對於「人文學」常被混淆為「人文主義」，Kristeller
也再三強調，人文學不應被視為從特定哲學思想中所發展出來的學問。只能
說，因為人文學的內容或多或少會探討到人性尊嚴、人的價值等問題，因此
促成了部分文藝復興哲學在這方面開創出一些新的思想。[77] 在此詮釋架構下，

---

74. Paul Oskar Kristeller, "The Humanist Movement," p. 22f: "The Renaissance humanism was not such a philosophical tendency or system, but rather a cultural and educational program which emphasized and developed an important but limited area of studies. This area had for its center a group of subjects that was connected essentially neither with the classics nor with philosophy, but might roughly described as literature. It was to this peculiar literary preoccupation that the very intensive and extensive study which the humanists devoted to the Greek and especially to the Latin classics owed its peculiar character, which differentiated it from that of modern classical scholars since the second half of the eighteenth century."

75. Ibid., p. 23.

76. Ibid., p. 29.

77. Ibid., pp. 29-32.

Kristeller 強調，不應將書寫《論人的尊嚴》（*De dignitate hominis*, 1487）的大思想家 Pico della Mirandola（1463-1494）與提倡新柏拉圖主義哲學的 Marsilio Ficino（1433-1499）、以及德意志的 Nicholas of Cusa（1401-1464）視為人文學者。[78]

　　Kristeller 藉由討論中古（尤其是法國）修辭學家與義大利文藝復興人文學者之間的臍帶關係，申明了中古與文藝復興文化之間的延續性。在這一點上，他可說是推翻了 Voigt 與 Burckhardt 這兩位德語區研究者主張中古與文藝復興之間是一個重要的歷史斷裂之看法。藉由強調延續性，Kristeller 的研究觀點開始轉向去與美國「西方文明史」的教學傳統、以及因反對 Burckhardt 觀點而興起的「中古史學者的反撲」（revolt of the medievalists）[79] 做連結。作為二戰後移民美國的學者，Kristeller 在詮釋立場上所做出的明顯轉折，不僅值得現代學術研究深入觀察，也是我們了解二戰後猶太裔德國學者在美國如何開展新的學術生涯很好的範例。誠如 John Monfasani 所述，他曾問過 Kristeller，何時開始建立起對文藝復興人文學的研究觀點？Kristeller 回答，是移民到美國以後。[80]

　　Kristeller 對文藝復興人文學的詮釋可從兩方面來闡述：第一，他的立論基礎主要放在「人文學者」（*umanista*）這個義大利文詞彙產生的年代，亦即 15、16 世紀。並視當時的人文學就是由人文學者所建構出來的一套新的文化與教育方案，傳授文法、修辭學、歷史、詩、與倫理學。[81] 人文學者以這套課程方案在大學裡與教授哲學、自然科學、醫學與道德哲學的經院哲學派（Scholasticism）競爭教職，並爭取學生對他們的認同與追隨。[82] 根據

---

78. Ibid., pp. 29-30.
79. William Caferro, *Contesting the Renaissance*, pp. 8-12.
80. John Monfasani, "Toward the Genesis of the Kristeller Thesis of Renaissance Humanism: Four Bibliographical Notes," *Renaissance Quarterly* 53. 4 (2000), p. 1163.
81. Paul Oskar Kristeller, "The Humanist Movement," p. 22.
82. Paul Oskar Kristeller, "Humanism and Scholasticism in the Italian Renaissance," p. 101f.

Kristeller的詮釋，人文學者透過研讀古典人文學培養足以擔任教師、公證人、或在共和政府／君侯貴族宮廷擔任中高階行政文書人員的工作技能。因此，人文學者本質上與中古修辭學家無異；唯一的差別是，人文學者寫的文章、或發表的演說，在文類與風格上，是以古羅馬文學為圭臬，因為文藝復興人文學是奠基在古典拉丁文為典範的修辭學上。[83] 從這個角度來看，人文學運動可說是人文學者推動出來的「新拉丁文（Neo-Latin）運動」。他們積極仿效古羅馬黃金時代的「純正」拉丁文（尤其是以西塞羅 Cicero 為榜樣），來與中古拉丁文做出區隔。依此而論，人文學者與思想家、哲學家有別。[84] 雖然人文學者在討論人性價值的某些觀點與文藝復興哲學家有相近之處，但比起哲學思想來，人文學者對人性價值的闡述歧異性很高，甚至於同一位學者對何謂人性價值的看法前後並不一致。[85] 積極地在文藝復興人文學者與哲學家之間劃上一條清楚的界線，這是 Kristeller 自成一格的詮釋思考，與他學問往來甚多的 Ernst Cassirer[86] 與 Eugenio Garin 對此嚴格劃分並不表贊同。[87]

第二，Kristeller 不討論人文學何以起源於義大利的問題。[88] Kristeller 的研究視野主要是西方修辭學傳統下的學術思想史，而非 Burckhardt 透過廣泛探討政治、文化、社會、宗教等因素如何相互作用所產生的社會文化史。換言之，Kristeller 對文藝復興人文學的詮釋其實相當窄化而單一，這與 Burckhradt 為文藝復興研究開啟了多元探討的視野剛好形成對比。而也是在

---

83. Ibid., p. 91.

84. Paul Oskar Kristeller, "The Humanist Movement," p. 23f and "Humanism and Scholasticism in the Italian Renaissance," p. 92f.

85. Paul Oskar Kristeller, "The Humanist Movement," p. 32.

86. 重要代表作參見 Ernst Cassirer, *Individuum und Kosmos in der Philosophie der Renaissance* (Leipzig: Teubner, 1927); translated as *The Individual and the Cosmos in Renaissance Philosophy* (New York: Harper, 1964).

87. Eugenio Garin, *Italian Humanism: Philosophy and Civic Life in the Renaissance*, trans. P. Munz (Oxford: Blackwell, 1965); Ronald G. Witt, "The Humanism of Paul Oskar Kristeller," in *Kristeller Reconsidered. Essays on His Life and Scholarship*, ed. John Monfasani (New York: Italica Press, 2006), p. 259.

88. Ronald G. Witt, "The Humanism of Paul Oskar Kristeller," p. 260.

這一點上，Kristeller 脫離了 Burckhardt 積極探討文藝復興文化與公民意識之間關係的重要論述。Kristeller 為何避談這個問題？他自己不曾明白解釋過，Kristeller 的學生雖然有注意到這個現象，但所提出來的詮釋卻仍舊環繞在修辭學的框架裡打轉；[89] 而非像 Hans Baron, Eugenio Garin 或 William Bouwsma 那樣，[90] 願意正面處理義大利人文學興起的政治背景問題。

　　Burckhardt 探討文藝復興之所以產生的時空背景，最根本的歷史架構是中古神聖羅馬帝國與義大利城邦政治之間的關係。這一點是理解他所著《義大利文藝復興時代的文化》最重要的基本認知；但因與英國、法國歷史發展的路徑十分不同，也是最常被英語世界讀者忽略的。西元 843 年，查理曼帝國根據凡爾登條約（Treaty of Verdun）將領土分割為三部分之後，自 962 年形成的神聖羅馬帝國在法理上對義大利中北部具有統轄權。但是自 1024 年 Otto 王朝結束後，神聖羅馬帝國皇帝便很少親履義大利，轉而將統轄權交給各地主教掌理。然而自從亨利四世（Henry IV, 1084-1106）與教宗發生嚴重的主教敘任權之爭（Investiture Controversy），神聖羅馬帝國皇帝更少到義大利。皇權長期不彰的結果，導致主教對地方的影響力日益式微。至 1100 年左右，義大利中北部城邦（city-state）紛紛獨立，神聖羅馬帝國對義大利的統治已經名存實亡。1152 年，神聖羅馬帝國皇帝腓特烈一世（Frederick Barbarossa, 1155-1190）想要重拾昔日對義大利中北部的統治，率軍大力鎮壓北義大利的政治自治體運動（communal movement），但卻反遭北義大利組成的隆巴底聯盟（Lombard League）強力反擊，反而促使義大利中北部許多實質上已經

89. John Monfasani, "Toward the Genesis of the Kristeller Thesis of Renaissance Humanism: Four Bibliographical Notes," pp. 1158-1161; Ronald G. Witt, "The Humanism of Paul Oskar Kristeller," p. 260.

90. Hans Baron, *The Crisis of the Early Italian Renaissance: Civic Humanism and Republican Liberty in an Age of Classicism and Tyranny*, 2nd edition (Princeton, N.J.: Princeton University Press, 1966); Eugenio Garin, *Italian Humanism: Philosophy and Civic Life in the Renaissance*; William Bouwsma, *Venice and the Defense of Republican Liberty: Renaissance Values in the Age of the Counter Reformation* (Berkeley, CA.: University of California Press, 1968).

擁有自治權的城邦更進一步脫離神聖羅馬帝國，往建立具有獨立主權的共和國方向邁進。對義大利而言，這個政治轉型的過程當然是混亂而失序。不僅在神聖羅馬帝國皇帝、教宗、與城邦自治政府／君侯國之間充滿了各種拉扯與角力；在另一方面，小國也必須時時面臨被大國併吞的危險。[91]

　　Burckhardt 是從這個政治動盪、人民難以安居樂業的歷史背景出發，探討文藝復興文化如何在急遽變動的失序環境裡，創造出璀璨多彩的藝術文化。對他而言，不同領域裡覺醒的個人能夠懂得在戰亂與失序的環境裡提倡公民意識，並且奉獻己力促進精緻文化落地生根、發芽結實；同時也有能力喚起民間意識，共同追求優質文化普及各階層，這是文藝復興留給歐洲最重要的精神價值遺產。從這個角度來看，Burckhardt 之所以被尊為歐洲文化史研究真正的奠基者，其關鍵正在於，他認為文化史研究之所以有別於其他研究領域的特殊之處正在於，應該具體去關注文化如何掙脫政治與宗教的宰制，獲得自己獨立發展的自主性；以及精緻優質的文化如何在人所真真實實生活的鄉土落地生根。

　　反之，Kristeller 的研究充分反映出他出身哲學訓練的背景。透過強調 Pico della Mirandola 與 Marsilio Ficino 是哲學家而非人文學者，Kristeller 企圖強調西方哲學在引領人類邁向獨立思考、追求個體尊嚴價值所獨具的意義；並以此區分了宮廷御用之文人與具有獨立思考心靈的知識菁英的差別。Kristeller 特別強調 Pico 在論述人類尊嚴的議題以及 Ficino 在宗教改革浪潮下，如何藉由提倡新柏拉圖主義，呼籲宗教寬容的用心，[92] 對這些問題的特別重視，顯示出，Kristeller 本質上作為哲學研究者對「普世性」問題的關注；相較之下，歷史學者對特定歷史時空環境裡應敏銳關注的變遷問題，反

91. Edward Coleman, "Cities and Communes," in *Italy in the Central Middle Ages, 1000-1300,* ed. David Abulafia (Oxford: Oxford University Press, 2004), pp. 27-57.

92. Paul Oskar Kristeller, "The Platonic Academy of Florence," *Renaissance News* 14 (1961), pp. 148-149. 另參見 Ernst Cassirer, "Ficino's Place in Intellectual History," *Journal of the History of Ideas* 6 (1945), p. 489.

倒不是他有興趣的。從這個角度來看，與 Kristeller 同世代從德國移民到美國的猶太裔學者 Hans Baron 反而繼承了 Burckhardt 的提問，以探討「公民人文學」（Civic Humanism）在 15 世紀上半葉佛羅倫斯的發展對公民社會建構、與文藝復興文化的關連繼續做出新的探討。[93] 根據 Edward Muir 與 Riccardo Fubini 的觀察，[94] 與其他從德國移民到美國研究文藝復興的重要學者相較，Hans Baron 最沒有花心思去與美國主流學界對話。他選擇在一個規模比較小的圖書館當研究員，以比較獨立的學者心靈繼續思考公民社會與「文化教養」（Bildung）之間的問題。而美國出生的學者在研究上持續關注文藝復興公民社會問題的，則以 William Bouwsma, Gene Brucker 以及 John M. Najemy 為代表。[95]

隨著 Kristeller 於 1999 年過世，近年來對他所開創出來的文藝復興人文學研究也出現愈來愈多省思的聲音，其中也包含他的學生與跟隨者。[96] 綜觀目前西方學界所提出來的觀點，有一點可說是大家的共識，即以人文學者這個職業社群作為理解文藝復興人文學發展的框架，這個考察母體實在太小，[97] 限制了研究者從更廣泛、更多元、也更動態的視野來理解在文藝復興時代上古異教文化與基督教社會文化相遇時，沖激出來的各種豐富面向。當前這個

---

93. Hans Baron, *The Crisis of the Early Italian Renaissance: Civic Humanism and Republican Liberty in an Age of Classicism and Tyranny.*

94. Riccardo Fubini, "Renaissance Historian: The Career of Hans Baron," *Journal of Modern History* 64 (1992), p. 568f; Edward Muir, "The Italian Renaissance in America," p. 1110; Werner Gundersheimer, "Hans Baron's Renaissance Humanism: A Comment," *The American Historical Review*101, 1 (1996), p. 144.

95. 參見註 90 以及 Gene Brucker, *The Civic World of Early Renaissance Florence* (Princeton, N.J.: Princeton University Press, 1977); John M. Najemy, "Civic Humanism and Florentine Politics," in *Renaissance Civic Humanism*, ed. James Hankins (Cambridge: Cambridge University Press, 2000), pp. 75-104.

96. *Kristeller Reconsidered. Essays on His Life and Scholarship* (2006); *Interpretations of Renaissance Humanism*, ed. Angelo Mazzocco (Leiden: Brill, 2006).

97. 就實際操作面而言，Maryanne C. Horowitz 指出："A merit of the widespread acceptance of Kristeller's working definition of 'humanism' is that scholars are encouraged to study the subtleties of the philosophical and theological statements of individual humanists and to delineate chronological and geographical patterns." 見：Maryanne C. Horowitz, "Paul Oskar Kristeller's Impact on Renaissance Studies," *Journal of History of Ideas* 39. 4 (1978), pp. 677-683, at 680.

檢討的聲音不僅回應了 Kristeller 生前就已存在的一些不同的見解，[98] 其實也呼應了美國學界近年來檢視自己接受歐洲史學研究傳統重點有所偏的問題。換言之，現今的美國歷史界有不少重要學者開始坦言，他們偏好法國史學帶來的影響；[99] 以及自冷戰時代起，美國學界的確有意識地打造瀕臨大西洋的二戰同盟國為西方歷史文明代表。[100] 在這些反省聲浪中，美國學者也開始檢視，過去透過一些具有影響力的德國移民學者在美國主流學界所建立起來的知識架構，與這些學者早年在德國所受的教育內容其實並不完全相同。[101]

四、文藝復興「人文學」語意內涵的有限性

Kristeller 對文藝復興人文學的闡述在根本上牽涉到「文藝復興」應該如何認知、詮釋的問題。不論有多少不同的詮釋觀點以及相互駁斥的意見，若說「文藝復興」對歐洲文化史之特殊意義在於它引領中古宗教文化轉向，在啟蒙運動之前為歐洲近代文化的發展路徑定下了基調；那麼，Kristeller 著重研究文藝復興人文學與中古法國文化的連結，強調中古文化到文藝復興的延

---

98. 相關意見參見 William J. Bouwsma, "The Two Faces of Humanism: Stoicism and Augustinianism in Renaissance Thought," in *Itinerarium Italicum: The Profile of the Italian Renaissance in the Mirror of Its European Transformation*, ed. Heiko A. Oberman and Thomas A. Brady, Jr. (Leiden: Brill, 1975), p. 3: "since this approach depends on the identification of a kind of lowest common denominator for humanism, it may also have the unintended effect of reducing our perception of its rich variety and thus of limiting our grasp of its historical significance." Kenneth Gouwens, "Perceiving the Past: Renaissance Humanism after the 'Cognitive Turn'," *The American Historical Review* 103. 1 (1998), pp. 55-82.

99. Laura Lee Downs and Stéphane Gerson, eds., *Why France? American Historians Reflect on an Enduring Fascination* (Ithaca: Cornell University Press, 2009).

100. Ibid., "Introduction": "Only after World War II, however, did French history become an independent scholarly field and a career. Earlier trends intensified. University enrollments and faculty sizes skyrocketed, and so did funding for programs in Western (and American) civilization. The country needed to understand the Cold War world and build collective security around the 'Atlantic Community,' understood as a political alliance, a democratic dike against totalitarianism, and a framework for historical study",(p. 9).

101. *Exile, Science and Bildung: The Contested Legacies of German Intellectual Figures*, ed. David Kettler and Gerhard Lauer (Basingstoke: Palgrave Macmillan, 2005)。尤其參見其中收錄的 Kay Schiller, "Paul Oskar Kristeller, Ernst Cassirer and the 'humanistic turn' in American emigration," pp. 125-138.

續性、而非斷裂性，在相當程度上可說翻轉了 Voigt 與 Burckhardt 賦予文藝復興研究原應具有的意義。當然，「斷裂」或「延續」不該被斬截地論斷。從歐洲史來看，不只文藝復興史牽涉到「斷裂」或「延續」的詮釋問題，上古末期至中古初期義大利城市史、[102] 或是馬丁路德（Martin Luther）的宗教改革 [103] 也都牽涉到「斷裂」或「延續」的問題。為了避免過於偏重哪一方，當代學者也有人認為，應以「變革」與「變遷」（transition）來取代黑白太過分明的「斷裂」或「延續」。[104] 無論如何，在「文藝復興」或「近代初期」（Early Modern）研究上，偏重探討延續性，而忽視斷裂性，的確是會碰到何謂「文藝復興」的問題。

歷史分期不免牽涉到價值判斷。不管是歷史學的「中古」、「文藝復興」、「啟蒙時代」，或是藝術史的「哥德式藝術」（Gothic art）、「巴洛可藝術」（Baroque art）、「印象派」（Impressionism）。這些分期概念在原先被塑造時，就被賦予特定的正負面價值標籤。20 世紀的學術研究為了跳脫這些標籤所隱喻的特定觀點，有時改採「14 世紀」、「15 世紀」這種中立的年代標記。然而，Kristeller 在文藝復興人文學研究上最大的問題卻在於，他一方面積極地將「人文學」與「文藝復興」連結在一起，將之形塑為一個至為關鍵的學術研究課題，並努力給予定義；但在另一方面，他卻又將「人文學」討論的重點放在與中古文化的延續脈絡來檢視。因此到頭來，他避免不了會遭遇到學術概念在語意指涉意涵上的重大矛盾。

誠如荷蘭文化史家 Johan Huizinga 所言，Burckhardt 讓「文藝復興」這

---

102. B. Ward Perkins, "Continuists, Catastrophists and the Towns of Post-Roman Northern Italy," *Papers of the British School of Rome* 45 (1997), pp. 156-176; Sauro Gelichi, "The Cities," in *Italy in the Early Middle Ages*, ed. Cristina La Rocca (Oxford: Oxford University Press, 2002), pp. 168-188.

103. Heiko A. Oberman, *Luther. Mensch zwischen Gott und Teufel* (Berlin: Severin und Siedler, 1982); Volker Leppin, *Martin Luther: Gestalten des Mittelalters und der Renaissance* (Darmstadt: Wissenschaftliche Buchgesellschaft, 2nd edition 2010).

104. Neil Christie and S.T. Loseby, eds., *Towns in Transition: Urban Evolution in Late Antiquity and the Early Middle Ages* (Aldershot: Scolar Press, 1996).

個概念具有「滿載特定意涵的歷史圖像，並能啟發人對歷史有進一步的認知」。[105] 不論學界對所謂「近代」的概念有多少不同詮釋的版本，當研究者採用的是「文藝復興」人文學、而非「14 至 16 世紀」人文學時，他其實很難避免必須處理學術專有名詞所隱喻的價值判斷問題——「文藝復興人文學」究竟有多「文藝復興」？

　　Reinhart Koselleck 曾在一篇名為〈近代到底有多「近」？〉（"Wie neu ist die Neuzeit"，直譯為：〈新時代究竟有多新？〉）[106] 的論文裡指出，當我們使用「近代」這樣的分期概念時，不可避免必須解釋，何以被提出來討論的對象可以被稱之為「近」？因此對「近代」的闡釋會著重在定義「近」的特質以及解釋何以某些歷史現象可被視為「近」的原因。依此邏輯，連帶會產生兩個闡述方向：第一，「近代」重視的是新的經驗帶來的改變，而非探討與過去的連結與延續；第二，「近代」比較的對象不是中古，而是帶起現代的啟蒙運動。[107] 當然，這樣的詮釋觀點一則很容易導致進步史觀；二則歷史研究其實不應受學術概念語意的限制，以至於顧此失彼，扭曲了對歷史發展全貌的探索。但是，從另一方面來看，研究者也不應為了要避免進步史觀，就只敢用回溯性的眼光去論述，新興的歷史發展裡其實都有舊成分，陽光底下其實沒有新鮮事。Koselleck 舉法國大革命為例，說明歷史學者的確可以「後知後覺」地排列整理出，在法國大革命之前，早有許多思潮與事件「預示」革命將會發生。但是，這些思想與事件本身終究不是法國大革命本身。而法國大革命的爆發的確開啟了許多劃時代的新經驗，對現代西方世界的形成產生無與倫比的影響。相較之下，中古時代的人看高聳挺立的哥德式教堂，也都覺得那是前所未見的創新與突破。但不會有歷史學家將哥德式教

105. Johan Huizinga, "The Problem of the Renaissance," reprinted in *Men and Ideas: History, the Middle Ages, the Renaissance* (Princeton, N.J.: Princeton University Press, 1959), p. 256f.

106. Reinhart Koselleck, "Wie neu ist die Neuzeit?" in Reinhart Koselleck, *Zeitschichten. Studien zur Historik* (Frankfurt/M: Suhrkamp Verlag, 2000), pp. 225-239.

107. Ibid., p. 227.

堂的誕生與擴散視為歐洲近代的開始。[108]

　　為何會有如此不同的差別？Koselleck 認為，討論「文藝復興」或「近代初期」是如何開始的，有一個關鍵重點在於歷史變遷的速度相對之下加快了──不論從正面或負面意義來看，劇烈的變動是當時人普遍有感。而且從那時候起以至現今，「這個世界在改變」的速度是愈來愈快。然而，在討論劇烈變動的同時，Koselleck 提醒，歷史研究者也應注意，社會對變遷的反應是有層次／層面（Schichten）的差異。有些領域、社群或年齡層對某些未來會帶來劇烈改變的發展反應迅捷敏銳，跟隨的腳步也快；相較之下，有些則反應較慢、甚至於不太願意跟隨。因此，對歷史研究者而言，能夠跳脫進步史觀的做法是，不是只談變動的方向與結果，而應更細膩地去體察不同層次／層面的反應──哪些人對特定的變遷會快速產生敏銳的嗅覺，並且願意跟從？哪些人終究會慢慢跟上？哪些人不願意跟著改變，甚至企圖制止、反撲？[109] 透過更精細地整理歷史變遷裡種種不同層面的反應與作為，研究者對近代到底「近」在哪裡，應可以提出更周全、也更有啟發性的闡述。針對這個問題，Peter Burke 也曾說過，文藝復興研究裡一些特別被提出來探討的現象，其實都不是當時社會文化真正的主流狀態，而應將之視為新興的、與過往有明顯區隔作用的歷史現象。[110]

　　如上所述，Burckhardt 不太願意為「人文學」下明確的定義，只接受這是為了跳脫中古教會文化，因而選擇重新與古代希臘羅馬知識遺產做出連結，在社會各個不同層面所發動的大規模新文化運動。因為看到人文學者在歷史實際運作面留下不少負面的評價，例如，其中不乏有人自以為是菁英翹楚，但實際上卻只是追趕潮流、汲汲營營的應和之輩，因此，Burckhardt 一

---

108. Ibid., p. 231f.
109. Ibid., p. 238f.
110. Peter Burke, *The Italian Renaissance. Culture and Society in Italy* (Oxford: Polity Press, 1986), p. 25.

方面避免將「人文學」與「人文學者」過度連結起來；[111] 在另一方面，他也不認為人文學者都可被視為真正有原創思考的新時代文化創造者。

面對文藝復興研究裡，「人文學」與「人文學者」這兩個概念在語意涵上比較意謂著新時代文化轉向的清楚識別標記，但卻不能因此說，這兩個概念就是代表近代歐洲文化所追求的崇高精神文化理想。Burckhardt 於是藉由提出「誰不是人文學者？」這個問題，希望能清楚點明，文藝復興文化史研究的重點，不應聚焦在對上古文化毫無批判性的承接上；而應積極去探討：文藝復興文化如何在「承先」之餘，同時能具有足夠的活力與開創力來「啟後」？

針對上述的問題，可以從兩方面來闡釋 Burckhardt 的論述觀點，並理解他對「文藝復興」的認知。第一，他強調能夠擷取古典文化精髓，卻又能跳脫傳統思想框架，以不拘的眼光以及真實的情感，用本土語言取代人文學者藉以標榜個人知識才學的古典拉丁文，以此為自己同胞書寫「公民史學」的史學家才是跳脫古典人文學桎梏的文藝復興典範。第二，他認為文藝復興之所以多彩燦爛，主要動力並非來自於 Voigt 與 Kristeller 所論述的「人文學者」，而是來自文藝復興時代的「通才」（*l'uomo universale*）。

---

111. Burckhardt 對文藝復興「人文學者」的評價雖然不免帶有道德批判意味，但是，他的論點並非只是個人之見。1986 年，Anthony Grafton 與 Lisa Jardine 出版 *From Humanism to the Humanities. Education and Liberal Arts in Fifteenth- and Sixteenth-Century Europe* (Cambridge, MA.: Harvard University Press, 1986)，在該書中（pp. xi-xvi, 1-28, 210-220），他們指出，雖然文藝復興人文學奠定了現代博雅教育的基礎，但當時的教育方式與內容並非著重獨立思考能力的培養，而是記誦與反覆練習，因此反而有助於培養服從性高的宮廷御用文人。而人文學者帶領學生接觸的古典文獻大多也只是摘錄的章節片段，而非翔實完整地認識作品全貌。此外，雖然人文學教育號稱關心學生人格的培養，但大多只流於招生口號。若有少數菁英能從這樣的教育環境裡脫穎而出，成為具有高度創造力的奇才，應歸因其天賦異稟，而非這套教育內容有助於創造力與獨立思考力的培養。Grafton 與 Jardine 的論點當然不免引發不少爭議，例如，教科書與學生筆記真能完整反映出老師授課時講授與要求學生回應的完整內容嗎？但總的來說，他們的研究在相當程度上的確讓 Kristeller 想透過學術思想史論述來概括整個文藝復興人文學所建構起來的文化世界開始受到質疑。重要而簡短的回應參見 Paul F. Grendler, "Humanism: Ancient Learning, Criticism, Schools and Universities," in *Interpretations of Renaissance Humanism*, ed. Angelo Mazzocco (Leiden: Brill, 2006), p. 74f; Robert Black, "Italian Renaissance Education: Changing Perspectives and Continuing Controversies," *Journal of the History of Ideas* 52 (1991), pp. 315-334, esp. 316-319; Kenneth Gouwens, "Perceiving the Past: Renaissance Humanism after the 'Cognitive Turn'," pp. 59-64.

在 Burckhardt 心目中，文藝復興時代有一些多才多藝的學問家，與其稱他們為「人文學者」，不如從「通才」的角度來詮釋他們對文化的貢獻更為適切。[112] 從實際的範例來看，人文學者 Leon Battista Alberti（1404-1472）其實就是文藝復興「通才」。除了人文學之外，Alberti 廣泛學習視覺藝術以及幾何學、數學與工程，並成為貢獻卓越的建築師與都市計畫家。[113] 與其說 Alberti 是特例，不如說，當時的知識架構並非像現代大學的學科分類那麼清楚。面對一個快速變遷的時代，與其說文藝復興時代的人傾向於謹守固定的知識範圍，積極想讓自己成為「人文學者」，不如說，真正的才幹之士都努力透過各種管道學習各種新知以及跨領域才能，以便隨時可以游刃有餘地面對時代環境的瞬息萬變。

相較之下，Kristeller 對「文藝復興」的認知卻游移在法文字面意義的希羅上古文化「再生」與更高精神層次的「復活重生」之間。我們也可以說，他游移在 Voigt 與 Burckhardt 對文藝復興的定義之間，[114] 而這個游移明顯表

112.《義大利文藝復興時代的文化》，頁 179-181。

113. Anthony Grafton, *Leon Battista Alberti: Master Builder of the Italian Renaissance* (Cambridge, MA: Harvard University Press, 2002).

114. Burckhardt 對「Renaissance」的闡釋並非根據法文字面上的意涵，認為就只是讓希羅上古文化有機會重新得到「再生」（re-birth）。反之，他返回這個概念最早的源頭，也就是何以 14 至 16 世紀義大利藝術文化可以被視為「文藝復興」的源頭——這是義大利藝術史家 Giorgio Vasari（1511-1574）在其名著《傑出藝術家列傳》（*Le Vite de più eccellenti pittori, scultori e architettori*. 第一版 1550 年，第二版 1568 年）裡，特別選用了「risuscitare」這個義大利文字來指陳 14 至 16 世紀義大利藝術發展的獨特意義。「Risuscitare」意為「復活重生」（resurrect），是基督教信仰最核心的概念。在 Vasari 的論述裡，是喬托（Giotto di Bondone）帶領 14 世紀義大利藝術走向「復活重生」，從此奠定了義大利藝術發展最重要的基礎。喬托是市民階層出身的手工匠師，他憑著自己的藝術奇才，讓義大利繪畫跳脫拜占庭聖像畫（icon）傳統，以脫胎換骨的新姿建立屬於義大利自己的藝術語言與風格，也讓佛羅倫斯成為賦予「藝術」與「藝術家」近現代意涵的文化原鄉。換言之，如果說「Renaissance」在文化史研究上不只是在形式面、操作面作為「再生」（re-birth）的代名詞，而更應代表特定的精神文化價值，Burckhardt 認為，「文藝復興」真正的重點不在於崇古、復古（all'antica），而是要是創造文化轉向的新契機，以塑造新的公民意識，並在社會文化上追求合乎普世人性價值的創新活力。參見：Giorgio Vasari, *Le Vite de più eccellenti pittori, scultori e architettori nelle redazioni del 1550 e 1568*, ed. Rosanna Bettarini and Paola Barrochi, 6 vols. (Florence: Sansoni, 1966-1987), vol. II, p. 97.

現在他如何區隔文藝復興「人文學」與「哲學」的不同。Kristeller 雖然強調，人文學不是文藝復興知識的全部，對不以此為業的人而言，人文學只是基礎的中高等教育。然而，他從形式面、操作面來界定「人文學」的做法，雖然呼應了 Niethammer 原初造此詞時所下的定義，人文學是「一套教育與課程方案」，然而他卻沒有清楚說明，Niethammer 所提的教改並非只有古典人文學這套自成體系的封閉方案，而是還有實用與理工技能學科；而且這兩大類學程方案之間是可以彈性轉換的。因此，Kristeller 嚴格界定文藝復興人文學的領域範疇，認為人文學者所學就限定在某些與修辭學相關的學科，就實際情況來看，並不完全符合史實。[115] 而這樣窄化且單一的立論視野，也讓文藝復興人文學研究逐漸走入某種難以伸展的死巷。

正是出於對 Kristeller 論述思維的重新反省，所以當代西方學界開始發出檢討之聲。其中最值得注意的，可舉 2006 年出版的兩本論文集 為 例：*Kristeller Reconsidered. Essays on His Life and Scholarship* 與 *Interpretations of Renaissance Humanism*。[116] 在 *Kristeller Reconsidered* 一書裡，Ronald G. Witt 指出，當代文藝復興研究應修正 Kristeller 為「人文

---

115. 在阿爾卑斯山以北，德意志人文學者 Philip Melanchthon 在海德堡大學讀書時，仍必修數學、幾何學、天文星象與音樂（Quadrivium），因此他的知識來源是多方面的。他在 1518 年擔任 Wittenberg 大學希臘文教授職位的就職演說（"Antrittsrede"）所提的教改方案〈論徹底改革年輕學子所受教育內容之必要〉（"De corrigendis adolescentiae studiis"）裡也特別強調，學生應打下良好的希臘文基礎，以具備充分閱讀、理解原典的能力，如此才能具體掌握希臘哲學與自然科學的內涵；而非像經院哲學派那樣，只想透過中古翻譯品質不佳的拉丁文節譯本來與古典文化接軌。在這一點上，Melanchthon 注重的跨學科互通的教育理想，這與 Erasmus of Rotterdam（1466？-1536）單面強調年輕學子應精通古典語文以對聖經原典進行更詳細的考證校勘與研究並不完全相同。Melanchthon 在意的是，良好的語文能力應作為進一步學習各種知識的基本能力；而 Erasmus 的教育重點則是以基督信仰為基礎的人文學科。由此可看出，即便是時代相同的 Melanchthon 與 Erasmus，這兩位「人文學者」對於「人文學」內容的認知與理想並不完全相同。在 15、16 世紀，「人文學」並無固定的定義，由此可見一斑。參見：Martin Greschat, *Philip Melanchthon. Theologe, Pädagoge und Humanist* (Göttingen: Gütersloher Verlagshaus, 2010), p. 29.

116. *Kristeller Reconsidered. Essays on His Life and Scholarship* (2006); *Interpretations of Renaissance Humanism*, ed. Angelo Mazzocco (Leiden: Brill, 2006).

學」所下的定義；[117] 而在 *Interpretations of Renaissance Humanism* 一書裡，Riccardo Fubini 則強調，文藝復興應被視為具有多元面向、而非只朝單一方向發展的大型文化運動。[118]

回到 Kristeller 透過提問「誰不應被視為人文學者？」來區隔文藝復興「人文學」與「哲學」這個問題，主張提倡自由意志與人性尊嚴的 Pico della Mirandola，以及追求宗教文化寬容的 Marsilio Ficino「不應被視為人文學者」，可以清楚看出，他不是不了解 Burckhardt 對文藝復興的論述，也不是不了解 Burckhardt 評價「人文學」與「人文學者」所持的觀點。[119] 反之，正是因為 Kristeller 深知，Burckhardt 主張應好好評估「人文學」與「人文學者」為近代歐洲所帶來的各種正負面影響，所以他也延續「誰不應被視為人文學者？」這個提問，在二戰之後於美國學界建構他想要推動的文藝復興研究。然而，出於應和二戰之後美國學界的主流思維，他刻意將 Burckhardt 對近代初期萌芽中的公民社會文化之討論，轉向到與中古法國宮廷文化做新的連結。由於 Burckhardt 對近代初期公民社會的討論是與中古晚期至近代初期德意志的自治城市文化以及義大利的共和城邦文化密切相關，Kristeller 迴避對這段時期德意志與義大利政治史的討論，其實也讓他引領風騷下所做出的文藝復興研究失去 Burckhardt 史學書寫一直強調的公民社會多元視野。[120]

117.Ronald G. Witt, "The Humanism of Paul Oskar Kristeller": "As a result of my research over the last twenty-five years, however, I find that I can no longer accept Kristeller's definition as I have presented it here and that parts of his thesis must be recast if we are to keep what has been a fundamentally sound approach to interpreting humanism." (p. 263).

118.Riccardo Fubini, "Humanism and Scholasticism: Toward a Historical Definition," in *Interpretations of Renaissance Humanism*, ed. Angelo Mazzocco (Leiden: Brill, 2006), p. 127: "Now that the myth of inviolable models is long gone, we have to try to take Renaissance humanism for what it really was: a vast and multifaceted cultural movement pervading the early modern era, whose roots can be traced to an age that, in spite of all objections, we may surely still call Renaissance."

119.Paul Oskar Kristeller, "Changing Views of the Intellectual History of the Renaissance since Jacob Burckhardt," in *The Reconsideration of the Theories and Interpretations of the Age*, ed. Tinsley Helton (Maidson: The University of Wisconsin Press, 1964), pp. 27-52.

120.例如，Ronald G. Witt 就認為 Burckhardt 對文藝復興的解釋是靜態的。見：Ronald G. Witt, "The Humanism of Paul Oskar Kristeller," p. 260.

五、結語

　　基本上，我們可以說，「誰不是文藝復興人文學者？」這個問題指出，Burckhardt 與 Kristeller 都認為，如果文藝復興只是意味著上古文化傳統重新再生為主流文化的核心論述，這樣的人文學不僅貢獻有限，所帶來的負面影響更難以小覷。如果不能以健康的理性面對古典文化所帶來的各種影響、以高遠的見識懂得擷取精華、去其糟粕，所謂重新與上古文化接軌的文藝復興其實並無法為後續的歐洲文化帶來更新的活力。由於不同的「人文學者」面對上古文化的態度不同，在學問與思想作風上是否真能對社會文化作出具體貢獻的情況也各自殊異，因此，Burckhatdt 避免從單一角度評斷他們，也不認為他們是帶起文藝復興文化高峰的主要推動者。在 Burckhardt 心目中，文藝復興時代真正值得重視的，其實是「通才」，而非「人文學者」。「通才」不羈地橫跨各領域知識技能，對新的藝術文化創造帶來了豐富的啟示。此外，雖然 Burckhardt 認為文藝復興史學成就相當有限，但是對那些能跳脫以古人為尊的桎梏，積極用母語書寫歷史，以此建構公民意識與文化意識的史家，他仍表達高度的肯定之意。

　　Kristeller 在文藝復興研究上的主要企圖則在於，希望能表明，歐洲近代之所以能產生具有獨立思考心靈的知識分子，讓具有普世價值意義的人權思想能因他們的努力而逐漸開花結果，其實在心態上是因為與中古宮廷御用文人傳統進行了清楚的切割。然而，為了清楚區分「人文學者」與「哲學家」的界限，Kristeller 堅持為文藝復興「人文學者」下明確的定義，並從這個角度定義當時的「人文學」，結果反而讓探討「文藝復興人文學」問題的考察母體變得太小，而且取樣也不盡符合史實。二則，將「文藝復興人文學」與中古宮廷御用文人傳統產生緊密連結的研究，讓「文藝復興人文學」究竟有多「文藝復興」，成為難以回答的問題。

　　人類歷史發展的過程有時會讓我們看到，密集地在短時間內所爆發的

事件有可能為社會帶來巨大的「質變」效應，而且對往後的歷史造成深遠影響。然而，在歷史書寫裡，這個「質變」的過程因為無法完全建立清楚可證的邏輯推論關係，究竟如何闡釋，對歷史研究者而言，始終是很大的挑戰，如同本文引述 Koselleck 對法國大革命爆發所提出的見解那般。Burckhardt 與 Kristeller 都對近代初期歐洲歷史文化產生「質變」的現象有著高度的研究興趣，而且也都試圖提出一些看法。然而，他們兩人對「誰不是文藝復興人文學者？」這個問題的討論，卻讓我們看到，Burckhardt 對無法充分解釋的歷史現象，選擇不強加解釋，以免錯上加錯；而 Kristeller 則選擇積極建立自己的論述體系，窮畢生之力闡述、鑽研。這兩種治學的風格帶來的影響是，Burckhardt 的史學論述對某些研究者來說並不好理解；而 Kristeller 的學說則是在帶起 50 年的風潮之後，必須從立論的基本出發點重新接受檢視。

雖然此二人治學的態度與路徑相當不同，但從 19 世紀下半葉起始終方興未艾的文藝復興研究來看，清楚顯示出，在西方文藝復興研究的學術傳統裡，只知尊古、仿古、摹古的藝術文化與知識，從來就不曾被視為體現文藝復興的精神。相反地，是有能力跳脫傳統桎梏，可以進一步啟發人們在自己所生存的環境裡，開創更具人性尊嚴、不必對專權獨裁者卑躬順服的文化，才是一個半世紀多來，文藝復興研究能在不斷自我檢視如何建立更適切研究立足點的同時，也能繼續推陳出新的根本力量。

參考書目

- Arnold, Matthew. "Literature and Science." Reprinted in *Literature and Science in the Nineteenth Century: An Anthology*. Ed. Laura Otis. Oxford: Oxford University Press, 2002, pp. 6-7. Print.
- Baron, Hans. *The Crisis of the Early Italian Renaissance: Civic Humanism and Republican Liberty in an Age of Classicism and Tyranny*. Princeton, N.J.: Princeton University Press, 2nd edition, 1966. Print. doi: 10.2307/1768249
- Black, Robert. "Italian Renaissance Education: Changing Perspectives and Continuing Controversies." *Journal of the History of Ideas* 52 (1991), pp. 315-334. Print. doi: 10.2307/2709531
- Bouwsma, William J. *Venice and the Defense of Republican Liberty: Renaissance Values in the Age of the Counter Reformation*. Berkeley, CA: University of California Press, 1968. Print. doi: 10.1017/S0018246X00009158

- ——. "The Two Faces of Humanism: Stoicism and Augustinianism in Renaissance Thought." *Itinerarium Italicum: The Profile of the Italian Renaissance in the Mirror of Its European Transformation.* Ed. Heiko A. Oberman and Thomas A. Brady, Jr. Leiden: Brill, 1975, pp. 3-60. Print. doi: 10.2307/3164361
- Brucker, Gene. *The Civic World of Early Renaissance Florence.* Princeton, N. J.: Princeton University Press, 1977. Print.
- Burckhardt, Jacob. *Die Kultur der Renaissance in Italien: Ein Versuch.* Basel: Schweighauser, 2nd edition, 1869. 中譯：布克哈特著，花亦芬譯註，《義大利文藝復興時代的文化：一本嘗試之作》。臺北：聯經，2013 年修訂二版（簡稱《義大利文藝復興時代的文化》）。Print.
- Burke, Peter. *The Italian Renaissance: Culture and Society in Italy.* Oxford: Polity Press, 1986. Print. doi: 10.1177/001458580003400124
- Caferro, William. *Contesting the Renaissance.* Oxford: Wiley-Blackwell, 2010.
- Campana, Augusto. "The Origin of the Word 'Humanist'." *Journal of the Warburg and Courtauld Institutes* 9 (1946), pp. 60-73. Print. doi: 10.2307/750309
- Cassirer, Ernst. "Ficino's Place in Intellectual History." *Journal of the History of Ideas* 6 (1945), pp. 483-501. Print. doi: 10.2307/2707347
- Coleman, Edward. "Cities and communes." *Italy in the Central Middle Ages, 1000-1300.* Ed. David Abulafia. Oxford: Oxford University Press, 2004, pp. 27-57. Print.
- Christie, Neil, and S.T. Loseby, ed. *Towns in Transition: Urban Evolution in Late Antiquity and the Early Middle Ages.* Aldershot: Scolar Press, 1996. Print. doi: 10.1093/cr/47.2.370
- Downs, Laura Lee, and Stéphane Gerson, eds. *Why France? American Historians Reflect on an Enduring Fascination.* Ithaca: Cornell University Press, 2009. Print. doi: 10.1111/j.1468-229X.2008.416_3.x
- Faber, Richard. *Streit um den Humanismus.* Würzburg: Königshausen & Neumann, 2003. Print.
- Fubini, Riccardo. "Renaissance Historian: The Career of Hans Baron." *Journal of Modern History* 64 (1992), pp. 541-574. Print. doi: 10.1086/244516
- ——. "Humanism and Scholasticism: Toward a Historical Definition." *Interpretations of Renaissance Humanism.* Ed. Angelo Mazzocco. Leiden: Brill, 2006, pp. 127-136. Print. doi: 10.1163/9789047410249_008
- Garin, Eugenio. *Italian Humanism: Philosophy and Civic Life in the Renaissance.* Trans. P. Munz. Oxford: Blackwell, 1965. Print. doi: 10.2307/2859418
- Gelichi, Sauro. "The Cities." *Italy in the Early Middle Ages.* Ed. Cristina La Rocca. Oxford: Oxford University Press, 2002, pp. 168-188. Print.
- Giustiniani, Vito R. "Homo, Humanus, and the Meanings of 'Humanism'." *Journal of History of Ideas* 46. 2 (1985), pp. 167-195. Print. doi: 10.2307/2709633
- Glare, P.G.W., ed. *Oxford Latin Dictionary.* Oxford: Oxford University, 2009. Print.
- Gouwens, Kenneth. "Perceiving the Past: Renaissance Humanism after the 'Cognitive Turn'." *The American Historical Review* 103, 1 (1998), pp. 55-82. Print. doi: 10.2307/2650775
- Grafton, Anthony. *Leon Battista Alberti: Master Builder of the Italian Renaissance.* Cambridge, MA: Harvard University Press, 2002. Print. doi: 10.1086/343283
- Grafton, Anthony and Lisa Jardine. *From Humanism to the Humanities. Education and Liberal Arts in Fifteenth- and Sixteenth-Century Europe.* Cambridge, MA: Harvard University Press, 1986. Print. doi: 10.1017/S0007087400024481
- Grendler, Paul F. "Georg Voigt: Historian of Humanism." *Humanism and Creativity in the Renaissance. Essays*

in Honor of Ronald G. Witt. Ed. Christopher S. Celenza and Kenneth Gouwens. Leiden: Brill, 2006, pp. 295-325. Print. doi: 10.1163/9789047408741_014

- ——. "Humanism: Ancient Learning, Criticism, Schools and Universities." *Interpretations of Renaissance Humanism.* Ed. Angelo Mazzocco. Leiden: Brill, 2006, pp. 73-82. Print. doi: 10.1163/9789047410249_005
- Greschat, Martin. *Philip Melanchthon: Theologe, Pädagoge und Humanist.* Göttingen: Gütersloher Verlagshaus, 2010. Print.
- Gundersheimer, Werner. "Hans Baron's Renaissance Humanism: A Comment." *The American Historical Review* 101. 1 (1996), pp.142-144. Print. doi: 10.2307/2169229
- Horowitz, Maryanne C. "Paul Oskar Kristeller's Impact on Renaissance Studies." *Journal of History of Ideas* 39, 4 (1978), pp. 677-683. Print. doi: 10.2307/2709451
- Huizinga, Johan. "The Problem of the Renaissance." Reprinted in *Men and Ideas: History, the Middle Ages, the Renaissance.* Princeton, N.J.: Princeton University Press, 1959, pp. 243-287. Print.
- Jacobs, Wilhelm G. "Niethammer, Friedrich Immanuel." *Neue Deutsche Biographie* 19 (1998), p. 247. <http://www.deutsche-biographie.de/pnd118734865.html>.
- Kettler, David, and Gerhard Lauer, eds. *Exile, Science and Bildung: The Contested Legacies of German Intellectual Figures.* Basingstoke: Palgrave Macmillan, 2005. Print.
- Koselleck, Reinhart. "Wie neu ist die Neuzeit?" *Zeitschichten. Studien zur Historik.* Frankfurt/M: Suhrkamp Verlag, 2000, pp. 225-239. Print.
- Kristeller, Paul Oskar. *Der Begriff der Seele in der Ethik des Plotin.* Tübingen: J. C. B. Mohr, 1929. Print.
- ——. *The Classics and Renaissance Thought.* Cambridge, MA: Harvard University Press, 1955. Print.
- ——. "The Platonic Academy of Florence." *Renaissance News* 14 (1961), pp. 147-159. Print. doi: 10.2307/2858191
- ——. "Changing Views of the Intellectual History of the Renaissance since Jacob Burckhardt." *The Reconsideration of the Theories and Interpretations of the Age.* Ed. Tinsley Helton. Maidson: The University of Wisconsin Press, 1964, pp. 27-52. Print. doi: 10.1086/239054
- ——. *Renaissance Thought and its Sources.* New York: Columbia University Press, 1979. Print. doi: 10.1017/S0038713400173725
- ——. "Humanism and Scholasticism in the Italian Renaissance" (1944-5). Reprinted in *Renaissance Thought and its Sources.* New York: Columbia University Press, 1979, pp. 85-105. Print.
- ——. "The Humanist Movement." *The Classics and Renaissance Thought.* Cambridge, MA: Harvard University Press, 1955. Reprinted in *Renaissance Thought and Its Sources.* New York: Columbia University Press, 1979, pp. 21-32. Print.
- ——. *Marsilio Ficino and His Work after Five Hundred Years.* Florence: Leo S. Olschki, 1987. Print.
- Kristeller, Paul Oskar, and Margaret King. "Iter Kristellerianum: The European Journey (1905-1939)." *Renaissance Quarterly* 47, 4 (1994), pp. 907-929. Print. doi: 10.2307/2863219
- Leppin, Volker. *Martin Luther: Gestalten des Mittelalters und der Renaissance.* Darmstadt: Wissenschaftliche Buchgesellschaft, 2nd edition, 2010. Print.
- Mazzocco, Angelo, eds. *Interpretations of Renaissance Humanism.* Leiden: Brill, 2006. Print. doi: 10.1163/9789047410249
- Monfasani, John, ed. *Kristeller Reconsidered. Essays on His Life and Scholarship.* New York: Italica Press, 2006. Print. doi: 10.1353/ren.2008.0514

- ——. "Obituary: Professor Paul Oskar Kristeller." *The Independent*. London, 24/7/1999. Print.
- ——. "Toward the Genesis of the Kristeller Thesis of Renaissance Humanism: Four Bibliographical Notes." *Renaissance Quarterly* 53, 4 (2000), pp. 1156-1173. Print. doi: 10.2307/2901459
- Muir, Edward. "The Italian Renaissance in America." *The American Historical Review* 100, 4 (1995), pp. 1095-1118. Print. doi: 10.2307/2168202
- Najemy, John M. "Civic Humanism and Florentine Politics." *Renaissance Civic Humanism.* Ed. James Hankins. Cambridge: Cambridge University Press, 2000, pp. 75-104. Print.
- Niethammer, Friedrich Immanuel. *Der Streit des Philanthropinismus und des Humanismus in der Theorie des Erziehungs-Unterrichts unsrer Zeit.* Jena: Friedrich Frommann, 1808. Print.
- Oberman, Heiko A. *Luther. Mensch zwischen Gott und Teufel.* Berlin: Severin und Siedler, 1982. Print. doi: 10.2307/2861003
- *Oxford Dictionary of the Renaissance.* Oxford: Oxford University, 2003. Print.
- Perkins, B. Ward. "Continuists, Catastrophists and the Towns of Post-Roman Northern Italy." *Papers of the British School of Rome* 45 (1997), pp. 156-176. Print.
- Ritter, Joachim, Gründer, Karlfried und Gabriel, Gottfried. *Historisches Wörterbuch der Philosophie.* 13 vols. Basel: Schwabe Verlag, 1971-2007. Print.
- Schauer, Markus. "Friedrich Immanuel Niethammer und der bildungspolitische Streit des Philanthropinismus und Humanismus um 1800." *Pegasus-Onlinezeitschrift* V/1 (2005), pp. 28-41. URL: http://www.pegasus-onlinezeitschrift.de/erga_1_2005_schauer.html.
- Schiller, Kay. "Paul Oskar Kristeller, Ernst Cassirer and the 'Humanistic Turn' in American Emigration." *Exile, Science and Bildung: The Contested Legacies of German Intellectual Figures*. Ed. David Kettler and Gerhard Lauer. Basingstoke: Palgrave Macmillan, 2005, pp. 125-138. Print.
- Stiewe, Barbara. *Der "Dritte Humanismus": Aspekte deutscher Griechenrezeption vom George-Kreis bis zum Nationalsozialismus*. Berlin: De Gruyter, 2011. Print. doi: 10.1515/9783110235623
- Todte, Mario. Georg Voigt (1827-1891). *Pionier der historischen Humanismusforschung*. Leipzig: Leipziger Universitätsverlg, 2004. Print.
- Vasari, Giorgio. *Le Vite de più eccellenti pittori, scultori e architettori nelle redazioni del 1550 e 1568*. Ed. Rosanna Bettarini and Paola Barrochi. 6 vols. Florence: Sansoni, 1966-1987. Print.
- Voigt, Georg. *Enea Silvio de'Piccolomini als Papst Pius II. und seine Zeit*. 3 vols. Berlin: G. Reimer, 1856-1863. Print.
- ——. *Die Wiederbelebung des classischen Alterthums oder das erste Jahrhundert des Humanismus*. Berlin: G. Reimer, 1859. Print.
- Witt, Ronald G. "The Humanism of Paul Oskar Kristeller." *Kristeller Reconsidered. Essays on His Life and Scholarship*. Ed. John Monfasani. New York: Italica Press, 2006, pp. 257-268. Print.
- ——. "Kristeller's Humansits as the Heirs of the Medieval dictators." *Interpretations of Renaissance Humanism*. Ed. Angelo Mazzocco. Leiden: Brill, 2006, pp. 21-35. doi: 10.1163/9789047410249_003

——本文原刊載於《臺大文史哲學報》79（2013.11），頁 119-155。花亦芬教授授權使用。

一、「人文學」（humanism）的定義

① 德文「Humanismus」一詞，有其特定的教育、學術文化指涉。轉譯為英文「Humanism」又與原有的英文語意產生衝突。

② 19 世紀兩位重要學者 Gerg Voigt 和 Jacob Burckhardt 對於文藝復興人文學的定義與詮釋也各有不同。

③ 二戰以後，思想史學者 Paul Oskar Kristeller 界定了文藝復興人文學的範圍，區分為服務政治為生的「人文學者」和具備現代獨立思考心靈的「哲學家」，但近年來他的觀點也受到重新反省。

④ 檢視人文學與文藝復興之間的關係，有助於理解整體文藝復興的研究。

二、Voigt 和 Burckhardt 對文藝復興人文學的論述

① 「Humanismus」一詞為 Friedrich Immanuel Niethammer 所創，指古典語文為基礎，以思想和心靈啟發為核心的人文學教育。

② Voigt 用來指 1350-1450 年間，歐洲人透過學習古典語文、重拾上古異教文化的新思維和作風，追求個人榮譽和自由。

③ Voigt 強調復興古典文化即為文藝復興的全貌，則忽略了與此同時，本土語言文化的蓬勃發展。

④ Burckhardt 認為是 14 世紀義大利城邦政治的發展，公民意識的抬頭，為了擺脫教會文化的束縛，才促成對於古典人文學的提倡。並且應從贊助者、執行者、接受者等角度來理解，而非只關注人文學者。

⑤ Burckhardt 指出文藝復興對西方近代文明的意義，不在於其尊古、崇古、仿古，而是造成「社會、學術、教育文化轉向」後產生的新價值和可能性。

⑥ Burckhardt 拋出「誰不應被視為人文學者？」的問題，並認為超越古典文化，用母語書寫自己的歷史文化的學者，才對後世造成深遠的影響。

三、Kristeller 對文藝復興人文學的界定

① 英文「Humanism」語意上兩個脈絡造成的矛盾：與宗教信仰劃清界線，以人為本的思想；德文「humanismus」轉譯而來，古典語文為基礎的人文學。後者依然在基督信仰的架構裡。

② 為了上述的矛盾，Kristeller 定義文藝復興人文學是人文學者提出的一套新的文化、教育方案，為一場文學運動，而非思想運動。

③ Kristeller 是從學術思想史的角度討論文藝復興人文學，不像 Burckhardt 從政治、文化、社會、宗教等多方因素來探討。

④ Kristeller 也強調了中古和文藝復興文化之間的延續性，而非 Voigt 和 Burckhardt 主張兩者之間為一個重要的歷史斷裂。

四、文藝復興「人文學」的局限

① 儘管 Kristeller 明確定義了文藝復興人文學，卻也限縮了研究的視野。此外，著重中古文化與文藝復興的延續性，也產生了究竟何謂文藝復興的疑問。

② 後世學者認為有必要檢討 Kristeller 對「人文學」下的定義，文藝復興並非單一發展方向，而是具有多元面向的運動。

|導讀| 陳正國，〈啟蒙與革命〉

韓承樺

「啟蒙」，在不同外語脈絡的原意多為「照亮」（enlightenment/ Aufklärung/ Lumières），順此語意，人們總期望自己能作為點亮世界的那個人；而這股意念最終卻成為引致革命的火焰。不論在世界史或中國史脈絡中，人們往往將「啟蒙」或描述歷史事件具限制定義的「啟蒙運動」，和近代以降的革命行為連繫在一起。將「啟蒙」視為觸發革命實踐的思想因素，不僅賦予暴力、混亂行為正當性，更增益人們對革命的殷切期盼，視之為唯一且迅速改變現世困境的解方。

1928 年，中國出版一本《文藝辭典》，裡頭對「啟蒙思潮」（enlightenment）的解釋為「次於文藝復興和宗教改革所發生的一種思潮」，是一種「科學研究的自由精神與現世調整的強烈的要求」，支配著「十七世紀末至十八世紀前半」歐洲大陸，促使人們反覆思考如何調整與支配現世。[1] 光就這部 20 世紀初期中文辭典的解釋，就可看到一種熟悉、關於「啟蒙」的歷史敘事：歐洲大陸經過文藝復興、宗教改革，終於迎來啟蒙運動，它推促人們融合科學態度及自由精神來改變現實世界。這般敘事賦予對歷史時間的延續性感知，將啟蒙建構為必然出現的歷史階段，且進一步指向未知且光明的未來。邁入未來的最後一步，就是辭典沒有寫明的，當時中國多數民眾企望的革命；而這只得靠啟蒙賦予的思想力量，才可能實現。

在今時的高中歷史教育，我們希望能傳達「啟蒙」概念的另種認識，改

---

1. 孫俍工，《文藝辭典》（上海：民智書局，1928），頁 613-615。

變過往強調近代世界是仰賴解放和革命來轉動這種既定想法。選擇陳正國〈啟蒙與革命〉一文，主要想介紹「啟蒙」概念的兩種意見：第一、啟蒙不是單一大寫的概念，而是在不同地域的政治、思想、文化脈絡中生成的多元概念；第二、揭露進步和理想主義的內在局限性，由此反省啟蒙概念和革命論述、實踐的正向關連。藉著梳理這兩種意見，我們希望在歷史教育現場，引導學生對「啟蒙」概念有更豐富的認識，並能對「近代世界形成」這樣複雜的歷史進程，有不同於現在的僅僅圍繞著「啟蒙與革命」這對命題的單一想像。

多元、小寫的「啟蒙」概念、思想和經驗，取代過往一元、大寫的歷史認識和敘事方式，是近年關於啟蒙思潮研究的重要進展。在走出以法國思想為主體建構的啟蒙烏托邦後，我們看到了有如英格蘭、蘇格蘭啟蒙運動，甚至遠如中國，也在 20 世紀初期接觸、轉用啟蒙概念來操持革命。本文即是以「蘇格蘭啟蒙」（Scottish Enlightenment）的佛格森（Adam Ferguson, 1723-1816）說明，相較於肯定人類理性和激烈的進步觀，仍有思想家是在承認人類能力的有限性前提下，構劃理想社會的藍圖。佛格森思想的特點在於，以宗教觀念來籌範世俗政治、社會思想。其思想的保守性質，反映在相信「不平等」是自然狀態，社會和政府組織就是建築在階級、工作條件、經濟狀況的等差秩序上。[2] 這明顯迥異於法國啟蒙思潮「人生而平等」之論，卻也呼映著蘇格蘭社會商業發達的情境。這是佛格森與如大衛・休姆（David Hume, 1711-1776）、亞當・斯密（Adam Smith, 1723-1790）幾位啟蒙思想家的蘇格蘭特色。

佛格森思想的保守特質，可讓我們反省以往過度昂揚的樂觀和進步觀念。特別是相信人類可以改變現世的意念，這更可能讓我們忽略歷史的教訓。而歷史紀錄之功，正是佛格森特別注重的，對於人類社會的助益。誠如

---

2. 關於佛格森啟蒙思想的問題，還可參照陳正國另文，〈宗教與世俗的辯證：佛格森論歷史與自由〉，《中央研究院歷史語言所集刊》79：2（2008.06），頁 187-233。

「啟蒙運動曾經被等同於那種傳遍西方社會的革命的不可阻擋動力」[3] 這種將啟蒙與革命等同並置的想法，存在已久，形成我們對現代文明國家、社會發展的既定想法。如今，若能在基礎教育環節裡，引導學生對「啟蒙」的另種認識，或可培養他們對歷史的多元觀點，進而能從不同角度，想像「現代世界形成」過程中，可能存在的失敗、矛盾與衝突。

┌─ ◆ 108 課綱相關條目對照說明 ─────────────────────────
│　　陳教授的文章對應「從宗教改革到啟蒙運動」（條目 Lb-V-1）。了解「啟蒙」
│　　一詞包含的多元思想與意涵。
└──

延伸閱讀

1. 羅伯・丹屯（Robert Darnton）著，呂健忠譯，《貓大屠殺：法國文化史鉤沉》（臺北：聯經，2005）。
   本書對應「從宗教改革到啟蒙運動」（條目 Lb-V-1）
2. 彼得・蓋伊（Peter Gay）著，劉森堯、梁永安譯，《啟蒙運動（上下）：現代異教精神的崛起／自由之科學》（臺北：立緒出版社，2019）。
   本書對應「從宗教改革到啟蒙運動」（條目 Lb-V-1）
3. 羅伊・波特（Roy Porter）著、李易安譯，《啟蒙運動》（臺北：貓頭鷹，2020）。
   本書對應「從宗教改革到啟蒙運動」（條目 Lb-V-1）

───────────────

3. 文森佐・費羅內（Vincenzo Ferrone）著，馬濤等譯，《啟蒙觀念史》（北京：商務印書館，2018），頁 3。

啟蒙與革命

陳正國*

當今世界多半為「共和」（Republics），甚至是「民主」（democracies）制度；即使是少數存在的王室也只是名義上的主權者（sovereign），不再擁有實權。以往我們認為這個歷史的大變動，係從 1789 年法國大革命之後快速演變而生。不過究其實，這個歷史演化要早於 18 世紀就已經以明顯的方式進行著。我們或許可以用地震或板塊移動來做個比方。人類近代政治生活的演變從 16 世紀開始發生間歇卻不斷的移位效用，1789 年法國大革命則是讓舊有的政治生活面貌改頭換面的巨大變動，從此山川道移，不復以往。而這個劇烈的變動，就是我們俗稱的革命。用巴赫金（M. Bakhtin）或現代女性主義者喜歡用的譬喻來說，革命就是世界頭尾顛倒（the world turns up-side down）或顛鸞倒鳳；原本在上者變成在下者，在下者成為上位者。例如我們在中國文化大革命裡看到 15 歲的紅衛兵如何批判老學者；又例如法國大革命之後，廚子如何成為部長。革命就是追尋秩序的顛倒。

不過這種秩序的翻轉原本不是西方革命的原意。Revolution 從動詞revolve 而來。它原本的意思是指事務尤其是天體星球運轉了一圈而回復到原來的狀態。換句話說，它原本指 360 度的轉動，而非 180 度首尾顛倒的改變。在法國大革命之前，歐洲人泰半認為中國政治與社會歷經 2,000 多年而不變，只有層出不窮的「革命」。這裡的革命就是指改朝換代，比較接近「湯武革命」的意思。西方將革命視為天崩地裂的改變，應該首見於法國大革命的出現。一般史家稱之為舊體制（ancient régime）的消失。所謂舊體制主要

---

*　中央研究院歷史語言研究所研究員兼副所長。研究領域為 18 世紀英國思想史。

就是封建儀規以及君主制度。不過法國大革命在許多方面與美國獨立運動有極為相似之處。雖然 1776 到 1783 年之間北美住民與英國母國之間的戰爭稱之為獨立運動，但是在當時的歷史情況下，此一獨立運動一樣成為捨棄君主制度建立共和。甚至在更早的荷蘭，在反抗西班牙的統治之後就成立了共和制度。也就是說，歐洲的政治革命可以追溯到 1568 年。

19 世紀之後近代世界的歷史發展有一種特徵，就是東方世界的西方化。這在政治制度的模仿與思想的傳播上更形明顯。這使得東方世界的革命顯得發生短促，因此相對而言，這些革命背後的思想背景顯得較短淺。許多處身於革命時代的人在早上剛離開床邊尚未完全清醒時，卻驚惶地發現世界已經徹底改變了。中國近代的革命就是這樣匆促上演的時代劇。曾經有學者用「啟蒙與救亡」來解釋中國五四運動的失敗，他們認為，中國現代啟蒙的失敗要歸諸於當時參與者心中更存在著救亡的目的，結果導致啟蒙的失敗。這也正說明中國近代的啟蒙運動因為外在局勢的關系，而失去深耕的契機。

革命之所以容易壓倒啟蒙，在於革命行動充滿熱情。革命的熱情既是行動的熱情，也是理智的熱情。行動的熱情說明了人有可能為某種理想而犧牲生命。這證明了我們上次演講中說，除了自私，人有可能存有其他道德信念甚至是道德衝動。在每一場革命歷史場景中我們都可以見到這些英雄的身影。例如中國革命史上的林覺民。他的著名詩句「生命誠可貴，愛情價更高；若為自由故，兩者皆可拋」堪稱人類革命理想主義的最佳註腳。古巴革命中的 Che Guarre（他的《單車日記》已經被譯成中文）甚至成為年輕人的崇拜偶像。雖然我們可以批評將革命英雄當作商品偶像來販賣有道德上的重大瑕疵，卻也不能忽略，這些英雄拜物的動機其實還是來自於年輕人想要改造既有規範的衝動。這種人是集體行動的動物。在集體行動中，更能彼此渲染熱情。海地黑奴在 1820 年群起反抗白人統治，西方媒體描寫為黑潮革命。浪漫主義詩人華茲華斯寫了一首詩歌頌這件驚心動魄的事件。同樣為浪漫主義的詩人拜倫甚至親往希臘參加當地反抗土耳其帝國的統治。行動的熱情總在

革命烽火處出現。

　　理智的熱情比起行動的熱情要來得難以理解一些。甚至理智的熱情一詞就有些矛盾。此處所謂理智的熱情是指烏托邦思想。烏托邦一詞原見於摩爾（Thomas More）的名著《烏托邦》。18 世紀以來，烏托邦小說成為風尚；許多作家幻想著地球的內心或月球上存在著社會，他們甚至勾畫未來世界的美好景象。這些想法的背後有個共通點，相信人類社會，也就是歷史一直在進步之中，相信未來會更好──如果人們好好發揮理智的話。

　　相信進步是西方近代史上最重要的思想革命之一。在所謂後現代的氣氛中，進步觀點可能遭遇到質疑。儘管如此，在 1999 年終英國做了一項民意調查發現，依舊有超過 5 成的人相信，20 世紀比 19 世紀進步。不過相信今天比昨天好是一回事，相信明天比今天好又是另外一回事。相信明天會更好是一回事，相信明天一定會更好又是另外一回事。18 世紀以來，最樂觀的進步主義觀點，就是相信人與社會都一定會愈來愈好。歷史如果不是愈來愈進步，就表示人走錯了路。康多塞，一位貴族階級出身的數學家在 18 世紀晚期說道：

> 大自然並未在人類的能力上設定上限，人類的完美性〔指能力〕的確無窮無盡；而且從今天起，此一完美性的進步，將獨立於任何企圖阻擋它進步的力量之外。人的完美性的唯一限制就是（大自然讓我們居住的）地球的年壽。只要地球還存在於此浩瀚的宇宙中，只要宇宙系統的運行原理仍在，進步就不會停止⋯⋯

　　我們不難猜測，康多塞是法國大革命的支持者與歌頌者。另外一位大革命的擁護者羅伯斯比同樣相信人的進步與完美性。他說，「我們通常會想像可能達到與不可能達到的界線之所在。可是一旦一個人有了替大眾做事的意志，他就必須跨越過這條界線。」這意思是說，對進步或人的完美可能的

信念，讓人有一種責任，需要勇往直前，踏進不可能的領域尋找可能。所謂踩進不可能的領域，就是相信理論（而不是經驗）。經驗就是時間，行事不以經驗為準繩，就是壓縮時間，甚至跳過時間行事，就是革命。毛澤東的大煉鋼，超英趕美的大躍進計畫，就是革命思想。羅伯斯比就是後來法國大革命的恐怖統治的政治領導人。他的思想比激進的康多塞還要激進。最後他下令逮捕有反革命傾向的康多塞。這位非常相信進步卻仍比不上羅伯斯比那樣相信進步的貴族作家康多塞甫入獄之後就買通獄卒，送來毒藥，然後仰藥自殺，避免了斷頭台之苦。諷刺的是，法國大革命時期所使用的斷頭臺也被認為是科技進步的象徵。發明這座先進殺人工具的工程師自詡道：「這機器不會讓任何人沾到一滴鮮血。除了受刑人自己因為內心的恐懼而引發的劇痛，這機器鍘下的那一刻不會有任何痛苦。」

不過並不是所有的啟蒙思想家都對革命懷有熱切的盼望或想像。某些思想家，尤其是蘇格蘭啟蒙的思想家或作家對於進步觀點抱持有條件的接受態度。以下我們將以佛格森為代表，說明蘇格蘭啟蒙對革命的看法。佛格森為蘇格蘭啟蒙文化中的重要人物。社會學界也不時以「社會學之父」一詞，強調他在社會學史上的重要地位。[1] 佛格森或可稱為蘇格蘭啟蒙思想人物中，僅次於大衛・休姆及亞當・斯密的國際知名作家。他的著作曾在 18 世紀末深刻地影響了德國的思想界。佛格森認為上帝就像澳州原住民一樣，將自己的小孩丟到原野叢林去求生，證明自己長大成人。而這接受成年禮考驗的小孩，總是在各種環境中跌跌撞撞。成年是一段充滿危險與機運的複雜過程。民族與社會的歷史亦然。佛格森用現代社會科學較能接受，甚至是社會哲學家所津津樂道的語彙，表達了這種人類存續與發展的不可預測性。

---

1. William C. Lehmann, *Adam Ferguson and the Beginnings of Modern Sociology* (New York: Columbia University Press,1930). D. G. MacRae,"Adam Ferguson, sociologist," *New Society* (London, 1966), Vol. VIII, p. 792 轉引自 Waszek, *Man and Social Nature*, p. 141。

即使是在所謂啓蒙的時代中，人類群體通向未來的每一步伐與時刻，都處在漆黑之中。某些民族之所以成就非凡，的確是出於人的行動；但卻並非出於人的計畫。[2]

一、進步的局限

雖然佛格森在 1754 年辭去牧師職位定居愛丁堡之後，從此放棄神職工作；實際上他從未完全放棄創世神學的思想，只是以更為隱晦與細緻的方式，將創世神學與文明史觀做概念上的接榫。他相信上帝以其智慧創造人世。因此，世界必然依照某種特定秩序運行；人的責任，就是發現這類秩序，導正自己的行為以符合上帝旨意。佛格森說，世人所言「自然的智慧」其實就證明了上帝的存在。但是我們無法探究「存在的根源」，只能知道上帝創造世界時所安排的秩序與法則。此種牛頓式世界觀在當時開明的神職人員之間其實相當流行。比較特別的是佛格森認為人不只可以清楚掌握上帝創造世界的模式，也可以在事件發生之前理解「神恩」。[3] 人在上帝的創造中占據了核心的地位。此一地位讓人性不同於動物。要細數人與動物的差別誠屬不易，但至少有兩項特質影響至鉅；第一是人有理性，第二是人為群居生物。根據此兩項天賦原則得知，人會運用知識、事先判斷形式與可能的危險為自己以及親朋預籌未來。這一傾向使得人類社會發展出各種技能與制度，使得人與動物界形成巨大差異：人不只像動物一樣以個別生命體成長，更會以整個物種的形式成長。[4] 發展與進步是人類社會「自然而有的」動機與能力。換句話說，進步就是自然。佛格森批評盧梭的「自然狀態」的提法。他語帶挖苦地評論道，如果我們真要尋找人類的「自然狀態」，那我們不該從過去裡找，

2. Ferguson, *Essay*, p. 122.
3. Ferguson, *History of Civil Society*, p. 12.
4. Ferguson, *History of Civil Society*, p. 10.

因為自然狀態就在當下，就在此處。

　　進步觀與社會形態的轉變有絕對密切的關係。從 18 世紀伊始，隨著 200
多年的地中海貿易以及大西洋殖民貿易發展，西歐封建社會慢慢解體，商業
社會所需要的法律制度愈形完備。對某些人而言，這個歷史現象正是斯文或
文雅文化發展的契機。[5] 可是就在多數人對新的歷史現象感到樂觀的時刻，
盧梭以情感主義的態度對此採取當頭棒喝的警告。某日趨往監獄探望狄德羅
的途中，盧梭經過一家孤兒院 Enfants trouvés。當年他將親生兒子遺棄於此。
此時一道陽光刺向他的眼睛，他想到狄榮學院舉辦的論文徵選比賽。他從口
袋中拿出比賽消息，題目赫然是「是否科學與藝術的存續讓人類的道德更加
醇美？」盧梭自己說，在當時的情境下看到這道題目，他的神經抽搐，瀕臨
崩潰。我們知道，後來盧梭寫了一系列針砭商業文明的文章。他說，18 世紀
人們所津津樂道的進步，其實是種墮落。一部人類文明史，就是一部人類喪
失自由的歷史。盧梭在《論人類不平等的起源》一開頭就說：「人生而平等，
卻處處充滿腳鍊」。據說他在寫完這句話之後，大為傷感，而伏案痛哭了起
來。如果傳言屬實，這實在是人類文學史上最為戲劇性的一刻。但對英國，
尤其是蘇格蘭作家而言，盧梭的人格與文風雖然具有無比的魅力，但他的理
論卻有致命的缺點。佛格森就是想從另一個完全不同的角度理解進步意義的
蘇格蘭作家。佛格森認為盧梭心智態度的致命缺點在於它不是從人類集體經
驗與歷史過程形塑而成。佛格森的基本意見是，面對人類集體經驗，我們只
能／必須接受現實，但是在通往下一步的時候必須謹慎小心。

　　所謂接受現實並非指現實全然合理，而是肯認當下情境有其歷史過程：
當下社會情境是許多過往人類發明創造的連續性結果。佛格森認為，這個
「歷史過程」與「連續性結果」是人類社會的特質。

5.　Lawrence E. Klein, *Shaftesbury and the Culture of Politeness* (Cambridge: Cambridge University Press,
1994).

如果我們承認人類可以感知何謂改善，人類本身具備進步原則、渴求完美；那麼我們並不應該說人類再向前邁進的時候離開了自然的狀態。甚至人類如其它動物一般，僅僅是依循天性，發揮自然所賦予的才能而到達了他原未曾設想的境地。〔在此情況下我們依然不能說人離開了自然的狀態〕。人類〔今日〕最新的發明，不過是從人類自然狀態、太古世界以來的設計與實踐的延續而已。[6]

對佛格森來講，接受現實等於是接受自然或造物者所賦予的能力。人類無法拒絕接受造物者的禮物，而人類的歷史又是造物者所賜的必然結果，因此，面對歷史就等於是接受造物者的神恩。佛格森認為我們無法像盧梭一樣，以整盤式的思維，否定歷史發展。佛格森在此等於是將歷史自然化，提高到神恩的層次，也就是「整體史」的概念。宇宙中的一切，包括人類的脾氣、天性、善惡、愚慧，都是造物者所給予，人類因而來到了當前這個處境。人類作為這繁複漫長的歷史中的一小部分，無法拒斥歷史之為整體的前定條件。可是這並不表示歷史成為人的主宰——人不能反省或質疑歷史。伏爾泰在《憨第德》裡盡情嘲弄士林哲學家「這是上帝最美好的安排」的神恩觀。雖然佛格森與伏爾泰在宗教態度上相異不啻千里，可是佛格森同意伏爾泰反寧靜主義背後的真正想法是，人可以而且應該反省如何與「社會化的歷史」互動；因為這是人的責任。進一步來說，佛格森與其他蘇格蘭長老教牧師所自詡的開明宗教，就是反對士林哲學的命定論。

人是被造物，是宇宙歷史的一部分。但在另一方面，人畢竟創造了歷史，因此她們在某種程度上依舊能夠理知歷史。相較於激進的進步主義者，如18世紀的康多塞或19世紀的孔德與馬克思，佛格森繼承開明新教的傳統，

---

6. Ferguson, *History of Civil Society*, p. 14.

認為人是善惡並存的靈性動物：人有理性，但人遠非完美。[7] 人的責任是在既有的條件下，發揮理知的最大理解力、心靈的最大感動力，來追尋他所能達到的最大滿足與最完美境界。[8] 對佛格森來說，不論是盧梭扰逆理性，追尋純粹與原始的道德情操，或者是 Richard Price 相信人類的絕對理性或立法智慧，都是非歷史的思維方式。1776 年北美發生波士頓動亂之後，Richard Price 發表著名的文章表示支持北美殖民地的抗英行動，並以「自由國家」的措詞，批評英國議會為「暴政」。Price 說：「在每個自由國家裡，每個人都是自己的立法者，所有的稅入都是為了公共建設的自由禮物。」所謂「每個人都是自己的立法者」，是路德新教的個人主義觀點，相信個人的自主性。佛格森反駁 Price 的政治神學。他質疑道，人類歷史上曾經出現這樣的國家嗎？根據人類自私的原則，難道徵稅對百姓而言不都是痛苦的損失嗎？對一般人的理性過度樂觀，將人民的政治權力與人民的幸福劃上等號，使得 Price 以及他的先行者如 Thomas Pame 過度相信政治發明的可能性。[9] 相反地，佛格森提供了保守態度的政治自由觀點，強調社會的等差、合作、公民責任等等觀念。而這些觀念都與自然化的歷史息息相關。

二、社會自由與個人自由

社會形態隨著時間而變化；這是歷史，同時也是秩序。佛格森認為，歷

---

7. 在蘇格蘭啟蒙中，此一傳統具體表現在哈其森（Francis Hutcheson, 1694-1746）的思想。關於 18 世紀英國進步主義可以參考 David Spadafora, *Idea of History in the Eighteenth century Britain* (New Haven, Yale University Press, 1990).

8. Ferguson, *History of Civil Society*, p. 15. 「心靈的感動」一詞是非常佛格森式的道德哲學措辭。這說明他與理性主義或完全擁抱商業社會的理論家之間的基本而重大的差異。關於此點我們會在下文仔細分析。此外，佛格森此處的觀點與哈其森的名言「追求對大數人的最大幸福」的道理相一致。它的前提是理智的局限與社會化歷史與自然化歷史的差別。

9. Richard Price, *Observations on the Nature of Civil Liberty, The Principles of Government and the Justice and Policy of the War with America* (London, Edward and Charles Dilly, Cadell, 1776); Ferguson, *Remarks on a Pamphlet lately Published by Dr. Price* (London: Chadell, 1776), p. 8.

史進步的「經驗」在於社會等差的出現。對佛格森來說，人類社會與自然社會一樣，都由無限的等差事物所組成（例如林奈的植物分類法所展示）。人的智慧所應著力之處，就在於了解此一事實，並遵循神恩。

> 為了睿智的計畫，而將人類放置在不同的位階與財富情況，實得神
> 恩歡心。如果無此條件，從屬、政府、秩序、勤勞都將不可能。人
> 人應當謹守神意替她安排好的位階，努力做善，以求社會整體之
> 福。[10]

　　人的能力與性向各有不同，因此造成富裕條件之不同，也因此才有從屬等差以及政府組織的需要，這其實與上帝創世的智慧相符。佛格森的保守主義觀點甚至承認，窮人與富人身分的維持與相互依賴是社會秩序的基石。1750 年代蘇格蘭長老教會內部曾經因為是否開放神職人員參與戲劇文化而引發激烈辯論。佛格森則支持他的劇作家友人 Joseph Home、粉墨登場的牧師 Alexander Carlyle、懷疑論友人大衛・休姆，在這場辯論中主張開放。辯論議題從神職人員的角色延伸至戲劇的社會功能。佛格森主張說，Home 的 *Douglas* 一劇就像《聖經》的故事，相當富有道德意義。它教導「美德、同情、以及對邪惡事務的義憤。」戲劇非但不是荼毒人心的奢華，甚至能夠激勵生產。戲劇表演所需要的道具、服裝、行旅駐蹕無不需要自窮人的生產供給，因此上層人士的休閒享受與下層人士的努力構成社會的穩定與發展。「如果我們依人性考量的結果願意讓窮人安於其所處，對富人也當如是。惟有讓富人依照其身分能力過日子，才能有益於社會，維持社會秩序與窮人的生存。」[11] 18 世紀道德哲學家就認為，經濟世界體現了神恩的智慧：生命中真正重要的東西其實不值錢，昂貴的東西常常不是生活必需

---

10. Ferguson, *The Morality of Stage-Plays*, p. 24.
11. Ferguson, *The Morality of Stage-Plays seriously Considered* (Edinburgh, 1757), p. 25.

品。正如哈其森（Francis Hutcheson, 1694-1746）所說：「神恩的智慧與善，讓真正〔有裨益於人類的〕重要用物，較之於智者認定用處極小的貨物既豐富又便宜。」[12] 神恩的智慧目的在於保守所有人類生命，因此它一定符合社群的最大好處。相同地，佛格森相信，社會等差的出現正是神恩智慧的表現，它讓富人與窮人，或者不同階層的人士都可以相互倚賴而並存。只是與哈其森的神恩觀相比，佛格森的神恩思想顯然更注重歷史演化的事實。18 世紀歐洲歷史已經明顯進入商業社會，也就是文明社會。1707 年蘇格蘭與英格蘭合併法案的成立，引起了許多辯論。佛格森與其他人，諸如史家羅伯森、哲學家修姆等人，站在擁護漢諾威王朝的立場，支持合併後的憲政體制。可是他們的支持論述卻超越了狹隘意義的政黨政治論述，而從社會層面加以理解。他們認為商業文明與政治、社會秩序的建立息息相關。封建或農業社會的政治秩序無可避免地受到諸侯爭鬥（大家族血仇）的威脅。而商業社會的出現則加強了正義的實踐，以及政府職權的常置化。

聯合王國所帶來的商業社會，不只表示政治秩序的實現更加完整，它本身又讓技術分工、勞力分工持續發展。因而使得社會層級化的過程更形深刻。

> 我們同意人類天生平等。自然賦予人類自保，以及發揮所長的權利。不過他們是合於不同的社會條件（stations）。當他們在此種情形下，根據某種原則而階級化時，他們的自然權利並未受到損害。很明顯地，人與社會都需要某種形式的服從，這不單是為了達到政府管理的目的，也與自然所建立的秩序一致。[13]

---

12. 根據近代學者研究，這種經濟學上的神恩觀點，可以追溯到柏拉圖。參考 Jacob Viner, *The Role of Providence in the Social Order: An Essay in Intellectual History* (Princeton: Princeton University Press, 1972), pp. 27ff.

13. Ferguson, *An Essay on the History of Civil Society* (Cambridge: Cambridge University Press, 1995), pp. 63-64.

文明社會的特徵就是服從與階序的出現。[14] 換句話說，社會的不平等是文明發展的必然結果，也是上帝所應許。可是，這不會讓社會成為強凌弱暴虐寡的煉獄。相反的，上帝也應許了人類其它特質，如同胞愛與正義。神恩讓人有了自私，也讓人有了袍澤之愛。這兩者的必然結合，這使得社會成為可能，而且可欲。我們因此也可以說，佛格森的社會等差是道德經濟的神恩觀。

佛格森的道德經濟神恩觀與他的自由觀念息息相關。而他的自由觀的形成過程也揭露了人類歷史發展的軌跡。盧梭命題——自然狀態——之所以讓佛格森大感不安的原因在於自然狀態下的自由固然預設了平等，也預設了無政府狀態。佛格森在概念嚴謹地區分了社會自由與個人自由。所謂自然狀態下的自由指的是個人自由，同時預設了人的平等。而誠如前面所論，蘇格蘭啟蒙或佛格森所強調的社會自由則是預設了人的不平等。佛格森說，世界各角落的人種都以各種方式與速度，離開了自然狀態。而這個前提就發生在財產權概念出現的時刻。財產權概念的出現是社會自由的歷史條件。反之，社會自由的目的就是保護人身安全與財產。在社會自由這一問題上，弗格森的立場與蘇格蘭啟蒙的物質主義論相異不大。簡單說，蘇格蘭啟蒙人物從兩個前提出發探討商業社會的存在事實與合理性。第一，社會的出現在於保存人的存在以及滿足人的欲望。第二，組成社會的要件為：勞動、交換、分工、人口等等。隨著這些機制與人口的增長，人類從草昧到 18 世紀，分別出現漁獵、遊牧、農業、商業等四種生產模式與生活形態。[15] 不同的「生產方式」與「社會形態」會產生相對適應的政府組織。而商業社會——也就是文明社會——的出現是歷史「自然地」發展的結果；商業社會之所以出現，既是因

---

14. Ferguson, *Collection of Essays* (Tokyo: Rinson Book Co., 1996), p. 143.

15. 例如 Lord Karnes, John Dairymple, William Robertson, Adam Smith, John Millar 等人。關於蘇格蘭啟蒙的社會階段論，可以參考 Ronald Meek, *Social Science and Ignoble Savage* (Cambridge: Cambridge Umiversty Press, 1976). Meek 企圖將此一蘇格蘭歷史觀點與馬克思歷史決定論做系譜上的親屬鑑定。Levine 對此做出批評，請參考 Norman Levine, "The German Historical School of Law and the Origins of Historical Materialism," *Journal of the History of Ideas* 48: 3 (1987), pp. 431-451.

為人類需要它，也是因為人口等等其它條件到達了需要出現的時刻。與休姆一樣，佛格森從大歷史的描述得到歷史教訓：常置而有效的政府，是文明之母。在司法與法律統治的原則下，社會自由取代了個人自由。

> 公民自由（civil liberty）並非任意率性而爲的權力，而是吾人權利的保障。因此即使某人在不情願而必須清償欠款，甚至是向國家繳稅，他都還可能處於自由（free）狀態。……任何階級與階層的自由（Liberty），均非與其所享權力成正比，而是與其權利保存的確定程度成正比。[16]

可是社會化的歷史發展不必然「正確」。這意思是說，人的作為與歷史行動不必然亦步亦趨於神恩之後。在此情況下，人類自身仍得為自己的行為負責。道德世界的可能性，從接受神恩的存在開始；道德性的實踐則從人類的矛盾與衝突中開始。當代社會學家認為，佛格森可能是最早提出衝突理論的社會學家。[17] 姑不論此一學科系譜的考古學的正確性有多高，佛格森的確相信道德世界必須在動態情境中，在行動中呈顯。接受神恩就是接受試煉：承認人類能力的限制，卻又必須將天賦的能力透過省悟而發揮到其極限。不過，此種試煉並不是傳統所謂新教個人主義或班揚天路歷程式的內心煎熬，而是具社會與集體意義的反省。1745 年詹姆士黨人發動叛變，希望擊退漢諾威王室軍隊，迎駕羈旅法國的斯圖亞特朝後裔為王。當時正在高地（Black Watch 營區）擔任牧師的佛格森向軍隊宣告，這場災難是上帝對蘇格蘭人民的懲罰，也是對蘇格蘭的試煉。在面對此種災難時，蘇格蘭民族必須從兩方面提醒自己。第一，當家鄉遭遇危機時，每一位成年男子都有捍衛的義務。

---

16. Ferguson, *Remarks*, pp. 7, 11.
17. Lisa Hill, "Eighteenth-Century Anticipations of the Sociology of Conflict: The case of Adam Ferguson," *Journal of the History of Ideas* 62:2 (2001), pp. 281-299.

第二，整個社會都應該藉此在上帝面前反省。因為《聖經》已經明白揭示，「公眾集體的災難是公眾集體的腐敗的結果。只有透過在行為上的普遍革新，才有辦法逃離最後的懲罰。」他意有所指的警告道，聯合王團當前的政治與宗教體制都非常適合人民的福祉與期待。有些人之所以不知珍惜，是因為他們並不了解其它民族是如何受「無政府」與「暴君」的殘害。這些人就像絕望者孤注一擲，卻是以整個家鄉作為代價。佛格森一生投入倡導蘇格蘭民兵運動不遺餘力。四五年事件之後，佛格森的民兵倡議運動當然與現實環境息息相關，認為公民應該主動捍衛自己的社會（秩序）。英法七年戰爭期間，英國議會通過法案，同意英格蘭地紳得以自組民兵，惟獨蘇格蘭不被允許，以防止類似四五年事件的發生。這個「民族」差異，或許會在佛格森與其他民兵倡議者身上發生民族情愫效應。可是佛格森論述民兵的重要性並不特別流露民族情緒，而是以人的責任與公民人文主義的概念來陳述。簡單說，公民主義所要反對的是國家或君主在憲政上過於強勢。一旦君主擁有常備軍，他就擁有成為專制獨裁的工具。[18] 也正是這點對憲政的疑懼或保留，使得佛格森對商業社會的態度顯露一些兩難情態。

　　人的歷史行動形成了道德世界。如果人類集體的進步是神恩的智慧，那麼人是否因此必須努力維持進步的可能性？進步的確實內涵又是什麼？這是兩道重要而難解的問題。佛格森的認為，進步是使命；但是人類社會並不必然持續走在進步的軌道上。換句話說，人類不一定了解神恩，更不一定知道如何依照神恩行事。在此，佛格森很有意思地提出社會發展的弔詭性。商業社會是進步的結果與指標：因此接受商業社會的來臨，正如同創造斯文文化一樣，不應該有任何排拒。可以另一方面，商業社會自身會創造自我破壞甚至毀滅的因素。一旦這因素擴散，社會進步就會中止，甚至有可能造成歷

---

18. Richard Sher, "Adam Ferguson, Adam Smith, and the Problem of National Defense," *Journal of Modern History* 61 (June 1989), pp. 240-268.

史的倒退。前面提到蘇格蘭啟蒙的「歷史四階段論」理論：例如亞當・斯密等人以物質主義語言，將歷史描繪成漁獵、畜牧、農業、商業等階段進程。相較之下，佛格森的措辭富有深意。他將歷史分為三階段，分別以「野蠻人」（savages）指涉漁獵與採集社會，以「粗鄙人」（barbarians）指涉畜牧、遊獵社會，而以「文雅人」（polite or polished）代表農業及商業社會。佛格森或許認為，純粹意義上的商業社會並不存在，因為農業社會與商業社會之間的連續發展太過緊密，甚至在農業社會中，商業行為自始至終無不存在。但本文所真正關心的問題是，佛格森這般的措辭不是無心或者漫筆，而是有意的選擇。對公民人文主義傳統而言，文雅常常表示文弱，而精緻則常常表示耽溺與墮落。許多蘇格蘭文人作家，例如 Henry Home（Lord Karnes, l696-l782）儘管使用商業社會理論，並展臂歡迎此一社會發展，仍不免擔心它造成負面影響，不時暗示奢華（luxury）會帶來衰敗。[19] 即使是當時對物質發展最表樂觀的休姆，在表達享受生活舒適的程度時，也語帶保留。許多學者都已經觀察到，佛格森對文明內涵的憂慮比起其他蘇格蘭啟蒙思想家都要更為強烈。雖然佛格森不滿意盧梭的契約論非歷史觀點，他卻完全同意盧梭的共和精神，以及美德勇氣（Virtue）。相對於休姆提出的「中庸」品味或消費態度，佛格森則以「物質」／「精神」的對立來暗示人為歷史的重要與危機。

在佛格森看來，物質是個人生存的基本條件，也是人類自保天性的對象。不過，人還有另一種對象需要關注，那就是社會——從家庭到村里、家鄉。如果過度專注於物質或自保天性，就會忽略了精神與對他人的愛。人性中充滿各種彼此衝突的傾向，恨、戰爭與愛都是人的天性，也都同時是社會組成所必須的道德條件。[20] 人的存在目的除了保存自我，也自然地要保存自

---

19. 關於英國及歐洲近代對奢華的辯論，請參考 Christopher Berry, *The Idea of Luxury* (Cambridge: Cambridge University Press, 1994).

20. 佛格森稱這些多雜互斥的天性自然法（laws of nature）。Ferguson, *Collection of Essays*, ed. Yasuo Amoh (Kyoto: Rinsen Book, 1996), pp. 258-260.

我所認同的團體。和休姆、亞當‧斯密強調「寧靜」作為文明延續的集體社會心理基礎不同，佛格森相信族群與社會的衝突無可避免，因此需要隨時警覺。亞當‧斯密與休姆的「寧靜」哲學導致他們相信，透過物質與概念的交換（也就是市場機制），文明自然得以延續發展。幸福感受也自然會在此種文明狀態中增長。佛格森受孟德斯鳩思想的影響甚鉅，他也似乎接受了孟德斯鳩的命題，認為「寧靜」是專制制度的原理原則。共和的原則是勇氣美德。因此，共和的支持者既對捍衛社會安危有責任，也與國家（state）存在一定的緊張關係。佛格森固然反對民主制度，同樣擔心國家權力凌駕一切。對他而言，國家權力的獨大就是一人宰制所有的人的專制政體。也就是有一個人有了（所有的）個人自由，但其他人的社會自由卻消失了。[21]

　　對佛格森而言，文明社會的特質不是只有商業交換機制。佛格森之所以倡議蘇格蘭民兵運動，他真正措意的不是民族主義而是民族特質會否因為商業發展而衰墮。也就是說，他在乎的不是民族的政治權力，而是民族的精神與體質。1836 年，著名哲學家約翰‧彌爾（1806-1878）已從劇烈的心智變動中康復，也從 Samuel Coleridge 與其他湖區詩人的精神世界，找到滋潤他父親詹姆士‧彌爾與邊沁的 18 世紀理性主義的方法。這一年他寫了一篇重要文章〈論文明〉，認為文明的進展所依據的是社會的團結與合作。其實佛格森也有類似的意見，而且更強調人與社會的品質。他說，「儘管在人數上占優勢，戰爭資源也較為豐富，但是民族國家的力量其實來自民族性，而非其財富或人口數。」[22] 商業社會的分工與專業化讓人擁有特殊技術，但人與人之間不再彼此深刻了解，社會分隔成了幾個互不通往的部門。「社會精神」不再具體呈現在人的身上。同理，國家聚落在長年征伐之後，領土的擴大反而造成人民之間失去緊密的關係與認同感，「民族精神」再也無法發揚。這

---

21. Ferguson, *Remarks.*
22. Ferguson, *History of Civil Society*, p. 62.

些都使公民參與政治的意願可能性降低。政治自由降低了，社會自由也就可能遭受危及；專制的政權就可能悄悄形成。佛格森相信歷史的進步，同時相信自由有其社會或歷史條件。可是他又同時相信，維持這些條件與進步，跟精神力量或人為因素諸如道德勇氣有關。在文明中，自由精神與社會發展形成辨證地緊張關係。

> 商業與精緻技藝或許可以繼續繁榮獲益，但卻是以其它損失為其代價。渴望獲利讓人們追求完美的熱情萎縮，利益薰心冷卻了想像力、僵困了心靈。……專業的分工固然是各項技能生產之所以能隨商業之進展而愈形完美的原因，可是最終的結果，會是造成社會團結的某種程度的崩解，造成以形式取代精神內容的結果，致使人們不再從事心靈與心智最能活潑快樂地發揮的事業。[23]

佛格森甚至直接反對亞當・斯密在《道德情思理論》中所強調的「寧靜」的人性觀與文明觀。「寧靜」讓商業發展，同時也讓國家集中在少數人的關注與權限之內。文明國家的發展常常就是從抵抗外族的侵入而變成對外擴張。結果，文明國家對內對外都實行綏靜政策，成為文明開始失去精神力量的濫觴。文明只是收斂激烈慟感（passions），但不能將社會之所以結合成社會的其他情愫，如友愛，一併消磨掉。

> 野蠻民族的風俗習慣需要改革。他們與外族的爭執與內部衝突，都是極端與任意而為的慟感作用的結果。一個國家若享有更多的寧靜毋寧有許多快樂的結果，但是如果民族國家迫求擴張與綏靜（pacification），讓自己的成員再也無法感受到社會的共同關係，

---

23. Ferguson, *History of Civil Society*, pp. 206-207.

再也無能以熱情與愛參與家鄉事務，他們就犯了與野蠻民族相反的
錯誤，再也沒有什麼可以激勵人的精神，只會讓時代萎靡，如果不
是衰敗。[24]

社會學家 Norbert Elias 認為德國知識階級因為與宮廷權力之間有決定性
的距離，使得他們不若法國城市階級一般，容易吸納、並同化於宮廷文化。
德國中產階級因而淬煉出強調人格品質與精神性的文化概念，與英、法的文
明觀點大異其趣。顯然 Elias 的論斷比較適合法國布爾喬亞的世界觀，卻不適
合英國尤其是蘇格蘭的知識氣候。[25] 因此，我們不難了解為何佛格森較諸其
他思想同伴，都更鍾情於火鉗俱樂部的活動。此種民間社團的組織，標榜「文
人共和國」的精神，自認與國家當權者有一定的距離與輿論監督的能耐。[26]

三、結語：歷史的教訓

承認神恩其實就是承認人的能力的有限性。很弔詭的是，佛格森卻又相
信進步是上帝或超自然力量所給予所命定的前景。既然如此，人當然只能小
心謹慎地走向下一部。信念與謹慎成為政治決定或公民處世的價值核心。佛
格森希望基督教的人文主義與公民積極主義能夠結合，發揮作用。

即便是在民主政體裡，人民也會粗心散漫。可是如果他們擁有自衛
的權利，散漫的情形便不會持久。只要人們一疏忽，政治權力便
會被侵奪，因此我們應該不斷向各人民團體提出警告。人對學習
與科技藝術的愛好有可能朝三暮四或中斷，但如果人擁有了自由

---

24. Ferguson, *History of Civil Society*, p. 208.
25. Norbert Elias, *The Civilizing Process*, tr. Edmund Jehcott (1936, 1968; Oxford: Blackwell, 1994).
26. Sankar Muthu, *Enlightenment Against Empire* (Princeton: Princeton University Press, 2003), p. 6.

（freedom），如果天生稟賦的實踐不受限制，儘管在不同時代的進展速度與熱誠會有所不同，進步卻不可能中斷，前一代的成果也不可能完全消失。

如果我們想找出〔社會〕崩解墮壞的原因，我們便需檢視造成稟賦實踐、知識追求（liberal pursuit）的目標之所以消失的變革；需檢視之所以讓公民不再成為公眾事務的一分子、消毀其的精神、墮敗其情操的變革。[27]

人如果不能有前知或全知的能力，那麼人如何而能在可能出錯的條件中獲得確保進步的知識。佛格森認為歷史知識是唯一的保證。「史書」是判斷人類集體行為或體制對錯的知識庫藏。佛格森晚年完成一部《羅馬共和興亡史》。相較於《文明社會史論》的理論化，這部歷史明顯是要以社會化的歷史為例。闡述其公民人文主義。[28] 羅馬帝國興亡史是 18 世紀這個被稱為「奧古斯都年代」的鮮活歷史記憶。在此之前，孟德斯鳩、羅伯森（William Robertson, 1721-1794）、吉朋等人已經對此主題發表過引人入勝的著作。[29] 為什麼偉大的帝國如羅馬者會衰亡？佛格森的寫作目的就是要警告英國公民，莫讓商業發展與國家擴張造成政治上的專制主義——文明社會或民族衰

27. Ferguson, 1767, pp. 213-214.
28. Ferguson, *The History of the Progress and Termination of the Roman Republic* (3 vols; Edinburgh: W. Strahan, 1783).
29. Montesquieu, *Considerations on the Causes of the Greatness of the Romans and Their Decline*, tr. David Lowenthal (Indianapolis: Hackett Publishing, 1965); Edward Gibbon, *The Rise and Decline of the Roman Empire* (1776-; 6 vols; Harmondsworth: Penguin, 2000); William Robertson, *History of the Reign of Charles V* (1769; 3 vols; Bristol: Thoemmes, 1997). 羅伯森的著作雖然不是專為羅馬史而寫，其中卻有極多篇幅討論此一主題。吉朋的巨著最近終於出現第一部完整的中文翻譯。席代岳譯，《羅馬帝國衰亡史》（臺北：聯經，2004）。其中包括楊肅獻教授的精彩導論。

亡的首因。[30] 過去是人類知識最重要的來源；因為人類不能真正預測未來。而近代革命的前提則是相信未來美好的時代必然掌握在人類的手中。人要去行動，沒有行動就沒有希望。即使是 21 世紀的今天，人類依舊活在這種樂觀的信念之中。強調行動，強調速度，強調改變遠超過清談、悠閒、停滯。在這種信念下，我們發現歷史裡所堆積的事物常常錯誤多於可貴——至多，它不過是有趣卻荒唐的祖先們的故事。但是我們知道，並非所有的啟蒙都擁抱這種革命觀點……

參考書目

- 關於蘇格蘭啟蒙的參考書籍請參考正文裡的註釋條目。
- Keith Baker (ed.) *The French Revolution and the Creation of Modern Political Culture*. Oxford: Pergamon Press, 1987-1989.
- E. Cassirer 著，李日章譯，《啟蒙運動的哲學》。臺北：聯經，1984。
- Timothy O'Hagan (ed.) *Revolution and Enlightenment in Europe*. Aberdeen: Aberdeen University Press, 1991.
- 劉宗緒編，《法國大革命兩百週年紀念論文集》。北京：三聯書局，1990。
- 卡爾・貝克（Carl Becker）著，何兆武譯，《十八世紀哲學家的天城》。臺北：左岸，2003。

　　——本文原收錄於甘懷真主編，《文明對話下的中國性與歐洲性》（中壢：中央大學，2005），頁 149-175。陳正國教授授權使用。

---

30. Spadafora, *The Idea of Progress*, p. 307. 關於 18 世紀史家對於羅馬帝國衰亡的歷史詮釋，最方便的鳥瞰文獻應該是 Roy Porter, *Gibbon* (London, Nicolson, 1989).

一、啟蒙與革命

① 革命（Revolution）：從動詞 revolve 衍伸，原指天體運行一周回復本來的狀態。法國大革命後西方視為天崩地裂的改變。

② 革命的熱情往往壓倒啟蒙。其中理智的熱情所包含「相信進步」的觀念，更是西方近代史上重要的思想革命之一。

③ 但是並非所有啟蒙思想家都對革命懷有熱情，或是完全接受進步的觀點。

二、進步的局限

① 蘇格蘭啟蒙思想家佛格森認為，上帝創造了世界，讓世界依循某種秩序運作，人類就是要找出其中的規則，遵循上帝的旨意。社會的發展與進步，也屬於其中的一環。

② 18 世紀隨著貿易發展，西歐逐漸從封建轉向商業社會，一些人對於進步感到樂觀。佛格森認為人非完美，不能過度相信理性，而是盡己所能追求現有條件下，最好的境界。

三、社會自由與個人自由

① 佛格森認為人類社會有等差、不平等，如窮人或富人，是上帝安排好的狀態。人與人之間要相互扶持，達到社會的安定和福祉，也因此才需要政府組織來維繫社會秩序。

② 個人自由雖然意味著平等，但也象徵了無政府狀態，佛格森追求社會自由，在於保護人身安全和財產，一個常置有效的政府才是文明之母。

③ 如果人的進步是神的指示，但人不必然走在進步的道路上，也不一定知道如何依循神恩行事。商業社會代表進步，也可能是造成文明毀滅的因素。

④ 佛格森一方面反對民主制度，一方面也擔心國家權力的獨大，造成一人控制了所有人，擁有了全部人的個人自由，卻使得其他人的社會自由消失。

四、歷史的教訓

• 佛格森認為人類也會犯錯，如何能確保走在正確的道路，過去的歷史是人類知識最重要的來源，唯有從歷史汲取教訓才能判斷人類行為的對錯。

萬毓澤，〈歷史唯物論中的結構與
行動：資本主義起源論再探〉

韓承樺

　　作為法國《人權宣言》（*Declaration of Human Rights of the Man and the Citizen*）出版以來最具影響力的小冊子，馬克思（Karl Marx, 1818-1883）與恩格斯（Friedrich Engels, 1820-1895）合力撰寫的《共產黨宣言》（*The Communist Manifesto*）問世，深刻地改變了人類世界。當然，審度今時世界情勢，或許多數人並不認為，馬、恩二人真正扭轉了世界的組織結構和運作方式。但至少，這部小書的出版，改變了我們看待人類社會的眼光，勾起人們追索並試圖改革社會結構與人類生活的動力與熱情。

　　嚴格地說，1848 年出版的《共產黨宣言》並非馬克思、恩格斯最成熟的著述。甚至，核心觀點的「歷史唯物論」，也未在此階段完整提出。[1]不過，堪可作為共產主義思想起點的《宣言》一書，揭露了人類世界正逐漸陷入的困境。它使人們意識到，自己無時無刻都處在壓迫、對抗之中，從經濟活動、日常勞動乃至於思想意識，都坎陷在由生產關係、階級關係建構的社會結構中；作為一個「人」的本質，是由物質條件為基礎所定，而生產和物質更決定了人類生存的社會形態。馬、恩二人所批判的社會困境，是自近代以降「資本主義」生成逐步引致的。這樣的歷史階段，仿若全人類無法逃脫的既定命運，隨著封建主義發展、崩壞而來；唯一能期待與之相對抗的，就是「社會

---

1. 孫中興，《馬／恩歷史唯物論的歷史與誤論》（臺北：群學出版社，2013）。

主義」抑或最終形態的「共產主義」社會。作為一份政治文告，馬克思、恩格斯聯手描繪的「共產主義的幽靈」確於此時向資產階級發起作戰宣言。只是，這場和資本主義、資產階級的戰爭，至今似未得止息。共產主義倒是真的成了「幽靈」。

在高中歷史教育中，資本主義和社會主義這組議題，是世界史敘述繞不開的命題；甚至在談到東亞現代史時，亦得引導學生注意共產勢力在近代以降的擴張和影響。資本主義和社會主義兩種思想潮流的興起和對抗，自然牽涉到人們對現代世界建構過程和因素的討論。假使資本主義是促成現代世界以一種私有經濟資產為主軸，通過自由市場經濟活動相互構作、擴張的方式運作；社會主義即是站在對立面，著重利益、資源分配面向以謀求自由市場底下的公平性，能徹底實踐。

我們選擇萬毓澤這篇文章，是一篇梳理馬克思主義史學關於「資本主義起源論」的史學史論文。依據文章討論的諸家論述、觀點，我們可以從中理清馬克思思想的幾個要素──歷史唯物論、歷史發展階段及決定論、社會結構和個體能動性──三個面向環繞著「資本主義社會興起的原因和過程」形成不同脈絡、陣營的說法。其中關鍵處在於，「資本主義社會」究竟為自然生成，亦或是與前階段封建社會形態的斷裂？這裡面就牽涉到，是社會、經濟、物質條件和生產關係這種「結構」決定了人的意志和行為？還是人的能動性，亦即馬克思謂之「階級鬥爭」的實踐，推動社會形態轉變？這篇文章讀來較難，是因為討論對象是我們過去不太熟悉的馬克思史學脈絡。惟讀者仍可從中尋得不同學派，是如何及為何側重結構或能動？以及兩者如何能夠被整合入歷史唯物論？這般整合，是否對資本主義起源的現象有更均衡的解釋。

結構和人孰為優先？這些疑問在現實和學術層面上，皆具重要意義和價值。1848 年《共產黨宣言》預示資產階級潰敗，無產階級勝利的美好未來，究竟是通過人的努力而達致？抑或是隨歷史自然而然發展即可見到？對此，

馬克思與恩格斯二人並未明言。這也難怪後繼的馬克思主義史家，會不斷回到祖師爺身上，尋覓可能的蛛絲馬跡。當然，他們不單為學術研究，更懷著現世關懷。有人認為，如今來看，《共產黨宣言》很不幸地預示了資本主義在全球化時代的張牙舞爪。[2] 不過，這份文宣其實還預言了另件事情。就如霍布斯邦（Eric John Ernest Hobsbawm, 1917-2012）言，人的能動性和實踐之強調，是《共產黨宣言》的核心元素，希冀通過社會群體在政治場域的行動和實踐，完成資本主義過渡至社會、共產主義的歷史轉型。[3] 或許，19 世紀的馬克思、恩格斯如此想像，今日我們也應如是作：重新肯認個體在當代社會政治、經濟結構困境中，可能揮使的能動性與實踐力。

◆ 108 課綱相關條目對照說明

萬教授的文章對應「資本主義與社會主義」（條目：Lb-V-2）。了解馬克思主義史學如何看待資本主義。

延伸閱讀

1. 斯溫・貝克特（Sven Beckert）著，林添貴譯，《棉花帝國：資本主義全球化的過去與未來》（臺北：天下文化，2017）。
   本書對應「資本主義與社會主義」（條目：Lb-V-2）。

2. 大衛・哈維（David Harvey）著，胡訢諄譯，《跟著大衛・哈維讀《資本論》》（臺北：漫遊者文化，2019）。
   本書對應「資本主義與社會主義」（條目：Lb-V-2）。

---

2. 林宗弘，〈從《共產黨宣言》看二十一世紀的華人社會〉，收入於卡爾　馬克思（Karl Marx）、斐特烈　恩格斯（Friedrich Engels）著、麥田編譯室譯，《共產黨宣言》（臺北：麥田出版，2014），頁 11-34。

3. 霍布斯邦（Eric John Ernest Hobsbawm）著，收入於卡爾　馬克思（Karl Marx）、斐特烈　恩格斯（Friedrich Engels）著、麥田編譯室譯，《共產黨宣言》，頁 105-141。

歷史唯物論中的結構與行動：資本主義起源論再探[*]

萬毓澤[**]

一、引言：擺盪在結構與行動之間

如 Claudio Katz（1994: 195）所言，在馬克思主義史學中，歷來成果最豐碩的研究領域就是「導致資本主義的歷史過程之性質」。自二戰以來，討論「資本主義起源」問題的馬克思主義文獻可謂汗牛充棟，包括三次最重要的論戰。首先是 1950 年代 Paul Sweezy 與 Maurice Dobb、Christopher Hill、Rodney Hilton 等馬克思主義（經濟）史家在美國期刊《科學與社會》（*Science and Society*）的論戰；接著是 1970 年代由美國史學家 Robert Brenner 在英國的《過去與現在》（*Past and Present*）期刊所掀起的著名的「Brenner 論戰」（Brenner Debate）；最近一次的論戰仍以《科學與社會》為中心，從 1980 年代中期開始，一直延續至 1990 年代。前兩次論戰的文章都已經結集成書，成為討論這個問題的重要參照點（Hilton, 1976; Aston

* 感謝兩位匿名審查人的寶貴建議、指正和鼓勵，筆者受益良多。

**國立中山大學社會學系教授兼社會科學院副院長。研究領域為社會學理論、社會科學哲學、政治社會學、（馬克思主義）政治經濟學、當代歐陸政治與社會思想、翻譯研究。

and Philpin, 1985）。[1]

　　和「資本主義起源」有關的論辯，通常會處理的子題包括如①為何自16世紀起，西歐會逐漸從封建主義過渡至資本主義，但東歐卻重新經歷了農奴制（即「第二次農奴制」）；②為何英國過渡至資本主義的時間比法國早；③英國介於廢除農奴制（約14世紀末期）與資本主義成熟期（17世紀末期以後）之間的社會性質分析等（Harman, 2004）。[2] 然而，資本主義起源論所涉及的，不僅是具體的歷史詮釋問題，還涉及不同流派的馬克思主義者對「歷史唯物論」的不同理解、應用與重建。畢竟，對所有的馬克思主義者來說，歷史問題總是重要的，而歷史唯物論正是馬克思主義者解答歷史問題的工具。[3] 本文所要處理的範圍是相當折衷的：在具體的層次上，

---

1. 當然，除了幾次廣受注目的論戰之外，還有許多個別的研究者也為這個問題貢獻良多。除了廣為人知的 Immanuel Wallerstein、Fernand Braudel 以外，本文將會處理「政治馬克思主義」的代表人物之一 Ellen Meiksins Wood（包括其他延續了「政治馬克思主義」基本論點的論者），以及如長期擔任英國左翼期刊《國際社會主義》（*International Socialism*）編輯的 Chris Harman 等人。本段提到的第三次論戰，其相關文獻尚未結集成冊，這些文獻包括 Gottlieb（1984, 1987）、Laibman（1984, 1987）、Amin（1985）、Heller（1985）、Hoffman（1985）、Sweezy（1986）、McLennan（1986）、Rudra（1987）、Carling（1993）、Duchesne（1993）、Katz（1994）、Milonakis（1993-94, 1997）等。再者，彭慕蘭（Kenneth Pomeranz）的《大分流》（*The Great Divergence: China, Europe, and the Making of the Modern World Economy*）於 2000 年出版後，亦在不同刊物上激起了眾多經濟史學者（著名者如黃宗智、王國斌、李伯重、艾思仁〔Christopher Isett〕等）的討論，Robert Brenner 也參與其中，唯這些討論主要涉及中國明清時期的江南經濟與英國社會經濟史的比較研究，一來筆者能力有限，一來該討論與本文的核心關懷有段距離，因此本文不會處理這些文獻。
2. 這種提法多少有些「歐洲中心主義」（幾乎完全把焦點擺在西歐，尤其是英國的資本主義發展歷程；最常被討論的亞洲例子是日本，因為日本的社會形態與歐洲的封建社會相當類似，而且在沒有受到殖民的情況下，於 19 世紀末成功過渡到資本主義，因此特別受到西方〔馬克思主義〕史學者的重視），但多少反映了論者所關注的面向。本文將處理的具體歷史問題，也會以這幾個問題為主，而無法涉及其他近年來亦相當受重視的領域，如前資本主義中國的社會形態、「亞細亞生產方式」（Asiatic mode of production）概念的適用性、東歐第二次農奴制的性質、「資產階級革命」的性質等等。
3. 正如專攻中世紀史的英國馬克思主義史學家 Chris Wickham（1985: 167，引自 Davidson, 2005）所言，「我們為什麼要使用馬克思主義的術語來為世界歷史劃分範疇（categorize）呢？除了這種分類所含有的虔誠元素外……唯一的答案就是馬克思自己的答案：這樣做，能夠讓我們更加理解世界，如此一來我們才能改變世界」。

我將不會以第一手的史料來完整重建歷史，或為其中幾項最受爭議的焦點提供解答；在抽象的層次上，我也不擬梳理所有與「歷史唯物論」有關的討論。這兩個問題都不可能以一篇論文來解決，因此我在取材上勢必得有所選擇。本文將挑選資本主義起源爭論中若干較具代表性的論點，來評估社會理論中最為棘手，卻也最為重要的問題——「結構」與「行動」——如何影響了某些版本的歷史唯物論，又如何讓這些版本的歷史唯物論展現出各自的解釋力與局限性。

　　Alex Callinicos（1995: 95-109）曾提出，**歷史理論**必須滿足三項條件：①要能針對不同社會之間的差異進行**結構性**的解釋，換言之，歷史理論必須是一種結構理論（theory of structure）；[4] ②要能對歷史變遷的機制提供理論解釋，以對歷史發展做出**質**的或**階段性**的區分，換言之，歷史理論必須是一種轉型理論（theory of transformation）；[5] ③必須指出歷史變遷的**方向性**（directionality），不論這種方向性是「進步」（如馬克思主義和韋伯式的歷史社會學）、「倒退」（如基督教神學）或「循環」（如史賓格勒與湯恩比）。從這個角度來看，絕大多數版本的歷史唯物論都可以被歸類在「歷史理論」的範疇之下，雖然它們在「結構理論」、「轉型理論」、「變遷的方向性」等面向上所側重之處各有不同，且某些版本（如本文將處理的「政治

---

4. 借用批判實在論（critical realism）的說法，社會理論的目標在於穿越經驗世界的表象，研究（真實領域中）各種潛在的社會結構、運作機制與趨勢，而馬克思的一項重要理論關懷，恰恰是「捕捉資本主義的演化方向，以及潛伏在這種演化背後的各種機制」（Smith, 2002: 213）。

5. 馬克思主義史學／歷史唯物論認為，人類歷史的發展不僅歷經生產方式的轉變；即使在生產方式內部，也因為生產力與生產關係的矛盾發展採取了不同形式，而使社會關係、經濟結構、政治體制等大幅變化，也因此表現為不同的**歷史階段**。馬克思在研究封建主義時，便運用了「中層分析」的方法，將封建主義分析為幾個歷史階段，見 Marx（2004b: 884-919）、Fine and Harris（1979: 104-119）。自古典馬克思主義以降，許多馬克思主義（學）者亦運用這種分析方式，來為資本主義的長期發展做出**質的**（qualitative）或**階段的**（stadial）區分。值得一提的是，這種分析方式並非馬克思主義所獨有；如知名的經濟史學者 Angus Maddison（1982: 85）便曾指出，「資本主義發展的動力發生過顯著的改變。我們值得將 1820 年以來……的歷史分成幾個階段，在這些階段當中，雖然個別國家的表現頗有差異，但這些階段仍具有饒富意義的內在一貫性」。

馬克思主義」）甚至因為質疑所謂的「目的論」，而根本反對提出任何「變遷的方向性」。但無論如何，我們在檢視馬克思主義的歷史理論與歷史書寫時，可以不斷從這三項標準來為我們的研究對象定位。

然而，除了 Callinicos 所提出的幾項標準之外，其實還有一個更重要的問題：如何讓「結構」與「行動」兩造在理論工作中得到適當的安置。Perry Anderson（1980: 101, 58）曾相當精闢地指出，在馬克思之後，歷史唯物論便在兩種詮釋方式之間來回擺盪，一種是**演化主義式**的歷史理論，另一種則是唯意志論式的歷史理論。從「結構」與「行動」的問題意識來看，前者只重視「結構」的自我生成與轉化，從而無心考察各種形式的「能動性」在不同歷史時期、不同結構限制下發揮的作用；後者則往往高舉反對「目的論」的旗幟，片面誇大行動者形塑歷史的力量，而忽略了所有的行動都會受到社會關係、外部環境、制度條件所影響與制約，儘管影響與制約的程度，會因歷史條件、行動者的社會位置（以及據此而來的行動者的「結構能力」）而有異。換言之，兩者皆無法充分理解馬克思所謂「人們自己創造自己的歷史，但是他們並不是隨心所欲地自己創造，並不是在他們自己選定的條件下創造，而是在直接碰到的、既定的、從過去繼承下來的條件下創造」（Marx, 2001: 8-9）的豐富意涵。

綜上所述，本文首先將探討從第二國際到 G. A. Cohen 所代表的某些庸俗化的演化主義式歷史唯物論：這部分的討論將以理論為主，具體歷史課題為輔。接下來，將討論「政治馬克思主義」如何走入另一個極端，形成一種片面誇大階級鬥爭重要性的唯意志論式歷史唯物論：這部分會以資本主義起源的相關問題為討論重心。最後，我將以 Alan Carling 的過渡模型（從封建主義到資本主義的過渡）為例，說明研究者如何可能在解釋歷史問題時兼顧結構與行動兩者。

二、演化主義與機械決定論的幾種版本： 從第二國際到 G. A. Cohen

　　首先要說明，雖然達爾文的演化理論經常被認為要為後來的社會達爾文主義負責，但許多論者已指出，必須把**演化（理）論**（evolutionary theory）與**演化主義**（evolutionism）區別開來。美國社會學者 Erik Olin Wright（1983: 26，引自 Callinicos, 2007: 104）便說明，社會理論中的「演化主義」指的是「社會無可避免地朝著某種最終狀態發展，即逐漸適應於環境或物質條件」；但演化論只不過意謂「有這麼一種過程（不管多麼微弱與零散），這樣的過程使一種形式往另一種形式的運動帶有某種方向性」，但「這不表示社會有達到某種最終狀態的需求（needs）或目的論式的趨勢」（Wright, 1983: 26，引自 Callinicos, 2007: 105）。從這個角度來看，達爾文的理論只能被歸類為「演化論」，而不是目的論色彩濃厚的「演化主義」。如達爾文於 1837 年構想出「自然選擇」（natural selection）[6] 這個概念時，曾很謹慎地寫道：「認為某一種動物高於另一種動物，是十分荒謬的」，「絕對不要使用『更高』或『更低』這類詞」（引自 Ibid.: 104）。[7] 再如恩格斯在詮釋達爾文時，亦特別指出，「由於對變化了的環境有較大適應能力而發生的選擇，在這裡生存下來的是更能適應這些**環境**者，但是，在這裡，這種適應總的說來可以是進步，也可以是退步（例如，對寄生生活的適應**總是**退步）」（Engels, 1995a: 371）。

　　馬克思與恩格斯對達爾文的欽慕是眾所皆知的。馬克思很明確地將達爾文的演化論視為「目的論」的大敵，如他在 1861 年寫給拉薩爾（Ferdinand Lassalle）的信中評論了《物種起源》：「達爾文的書非常重要，並且是我

---

6. 《物種起源》的原書名就是 *The Origin of Species by Means of Natural Selection or the Preservation of Favoured Races in the Struggle for Life*，一般譯為「天演論」或「天擇說」。

7. 正如 Elliot Sober（1993: 147ff，引自 Callinicos, 2007: 103）所言，達爾文對「演化」採取的解釋是「選擇式」（selectional）的解釋，而非「發展式」（developmental）的解釋。

在思考歷史階級鬥爭時所仰賴的自然科學基礎……儘管有些缺陷，但這本書不僅率先在自然科學領域中給予『目的論』致命打擊，而且其理論基礎也得到經驗的證實」（引自 Callinicos, 2007: 106），儘管馬克思也相當敏銳地指出「如維科所說的那樣，人類史同自然史的區別在於，人類史是我們自己創造的，而自然史不是我們自己創造的」（Marx, 2004a: 429）。

　　恩格斯同樣欽佩達爾文，但對其學說亦有所保留，如他 1875 年給俄國民粹派拉甫羅夫（Пётр Лаврович Лавров）的信件裡面有段著名的評論：「在達爾文的學說中，我接受他的演化論，但是我認為達爾文的證明方法（生存鬥爭、自然選擇）只是對一種新發現的事實所做的初步的、暫時的、不完善的說明。……自然界物體──不論是死的物體或活的物體──的相互作用中既有和諧，也有衝突，既有鬥爭，也有合作。因此，如果有一個所謂的自然研究家想把歷史發展的全部多樣性的豐富內容一律概括在『生存鬥爭』這一乾瘦而又片面的說法中，那麼這種做法本身就已經判決自己有罪，這句空話即使用於自然領域也還是值得商榷的……達爾文的全部生存鬥爭學說，不過是把霍布斯一切人反對一切人的戰爭的學說和資產階級經濟學的競爭學說以及馬爾薩斯的人口論從社會搬到生物界而已。變完這個戲法以後……再把同一種理論從有機界搬回歷史，然後就斷言，已經證明了這些理論具有人類社會的永恆規律的效力……人類社會和動物社會的本質區別在於，動物最多是**蒐集**，而人則能**從事生產**，僅僅由於這個唯一的然而是基本的區別，就不可能把動物社會的規律直接搬到人類社會中來」（Engels, 1995b: 621-622，中譯略有修改）。[8]

---

8. 另可參考恩格斯在〈勞動在從猿到人的轉變中的作用〉一文中對達爾文理論的援用與修正（Engels, 1995a: 373ff）。此外還可對照美國古生物學家 Stephen Jay Gould 的說法：「我們與其他動物既相似又有區別。在不同的文化氛圍中，強調這個基本真理的這一面和那一面都能起到一定的社會作用。在達爾文時代，我們與動物相似的觀點，中止了幾百年來有害的迷信。現在我們可能需要強調我們作為易變動物的差異性，強調我們具有豐富的行為潛力。我們的生物天性並不阻礙社會的變革」（Gould, 1996: 288）。

回到馬克思。持平而論，馬克思留下的知識遺產是比較曖昧的，也為後人的詮釋帶來不少難題。舉例來說，在《共產黨宣言》中，我們一方面讀到「每一次鬥爭的結局，都是整個社會受到革命改造或者鬥爭的各階級同歸於盡（gemeinsamer Untergang）」（Marx and Engels, 1995: 272）這種相當開放的歷史觀，[9] 但同時也可以讀到「資產階級的滅亡和無產階級的勝利是同樣不可避免的（unvermeidlich）」（Ibid.: 284）這種比較宿命論式的文字。[10]

從比較接近機械決定論[11] 的角度來詮釋歷史唯物論的人，多半會引用馬克思在 1859 年《政治經濟學批判》序言中提供的說法，亦即將生產力視為歷史變遷的動力：

> 社會的物質生產力發展到一定階段，便同它們一直在其中運動的現存生產關係……發生矛盾。於是這些關係便由生產力的發展形式變成生產力的桎梏。那時社會革命的時代就到來了。隨著經濟基礎的變更，全部龐大的上層建築也或慢或快地發生變革。無論哪一種社會形態，在它所能容納的全部生產力發揮出來以前，是絕不會滅亡的；而新的更高的生產關係，在它的物質存在條件在舊社會的胎胞

---

9. 恩格斯在《反杜林論》中也有類似的說法：「資產階級……擁有的生產力發展超過了它的駕馭能力，好似以自然的必然性把整個資產階級社會推向毀滅，**或者**推向變革」（Engels, 1999: 171-172，重點為筆者所加）。

10. 為了避免偏離本文主旨，筆者對馬克思、恩格斯僅簡單討論到此，可進一步參考 Callinicos（1995: 151-165; 2004a: 81-103）、Blackledge（2002）、Rees（1998: 61-125）、Creaven（2000: 231ff; 2007: 142-213）、Bensaïd（2002: 1-68）、Foster（2000: 105-141）、Perry（2002: 29-64）等文獻。

11. John Molyneux（1995）區分出「相對的決定論」、「絕對的決定論」與「絕對的非決定論」三種形式。他認為古典馬克思主義的世界觀是「相對的決定論」，也正是這種相對的決定論，讓古典馬克思主義強調**主觀因素**（如革命政黨與工人組織的必要性）在歷史上的作用。他也對「相對的決定論」以外的兩種極端做了很有意思的觀察：「資本主義的社會結構一方面抬高某些『偉大』的個人，一方面又壓抑廣大群眾的個性，這便產生了機械決定論〔即上述之『絕對的決定論』〕與唯意志的唯心論〔即上述之『絕對的非決定論』〕」。本文所謂的「機械決定論」指的是「絕對的決定論」。

裡成熟以前，是絕不會出現的（Marx, 1995b: 32-33）。[12]

馬克思甚至還有更「機械」的文字，如他在 1847 年的《哲學的貧困》中就曾寫道：

社會關係和生產力密切相聯。隨著新生產力的獲得，人們改變自己的生產方式，隨著生產方式即謀生的方式的改變，人們也就改變自己的一切社會關係。**手推磨產生的是封建主的社會，蒸汽磨產生的是工業資本家的社會**（Marx, 1995a: 141-142，重點為筆者所加）。[13]

以這種角度來理解馬克思、恩格斯的遺產的社會主義流派中，最重要的是第二國際，尤其是第二國際的德國支部——德國社會民主黨（Sozialdemokratische Partei Deutschlands, SPD）。德國社民黨中最主要的理論家考茨基（Karl Kautsky）在談到自己的知識背景時，指出了自己和馬克思、恩格斯的不同點：「他們都從黑格爾開始；我則是從達爾文開

---

12. 許多詮釋馬克思歷史唯物論的人，皆將這段文字視為馬克思的「經典」表述之一，並認為這份文獻多少有經濟決定論的傾向。但這種詮釋其實是可以受到挑戰的。首先，「社會革命的時代」的到來，並不等於社會革命的「成功」，因為馬克思在這個段落的結尾處寫得很清楚，「在資產階級社會的胎胞裡發展的生產力」，只是「創造著解決這種對抗的物質條件」（Marx, 1995b: 33）；其次，Arthur M. Prinz（1969）在一篇有趣的文章中也指出，馬克思是為了通過當時普魯士政府的審查、讓多數社會主義者能夠接觸到《政治經濟學批判》，才在這篇序言中特別強調自己理論的「科學性」，並刻意將工人階級的革命潛能按下不表。因此，相當諷刺的是，我們恰恰要從**實踐**方面的因素，才能充分解釋這篇序言的寫作風格。

13. 這段文字不僅推論過於機械，甚至不符史實。歐洲封建主義約於西元 10 世紀興起後，手推磨逐漸被水磨（watermill）取代，且水磨在工業資本主義的萌芽中曾扮演重要角色（Harman, 2004）。由於水磨需要較多的製造費用，因此只有領主才建有水磨。為了讓農奴使用水磨，領主多半專門劃定「水磨轄區」，規定農奴不准再使用手推磨，必須將穀物帶到水磨轄區加工，且農奴需繳納「水磨費」，相當於所磨穀物的 1/12，見張曉群（2003）。但馬克思這段文字中所謂的「社會關係和生產力密切相聯」則無庸置疑。

始。後者比馬克思更早占據我的思想，我認識有機體的發展先於認識經濟發展，認識人類與種族的生存競爭先於認識階級鬥爭」（Kautsky, 1988: 7，引自 Callinicos, 2000: 148）。姑且不論他的閱讀方式是否忠於達爾文的原意，但可以確定的是，考茨基「將馬克思主義與生物演化更為徹底地綜合了起來」（Weikart, 1998: 152）。雖然考茨基承認「隨著人類的出現，一種新的演化方式也展開了」，故「社會的規律只能透過研究社會來發掘」（Kautsky, 1988: 522, 52，引自 Blackledge, 2002:16-17），換言之，自然演化與社會演化不可相提並論（因為後者涉及了人類有意識的行動），但是整體而言，考茨基所擁抱的仍然是一種機械的、決定論的歷史思維。因此，他在 1920 年代才會有名言云：「在資本主義社會中，無產階級的進展與進步是無法阻擋的……。經濟朝向社會主義的發展過程，最後將不可避免地廢除所有的階級」（Kautsky, 1988: 410-411，引自 Blackledge, 2002: 17）。於是，德國社民黨於 1891 年由考茨基起草的愛爾福特綱領，便宣稱社會主義是「出於自然必然性的目標」（naturnotwendiges Ziel）（Löwy, 1993:98）。[14]

　　第二國際之後，G. A. Cohen 的《馬克思的歷史理論：一份辯護》（*Karl Marx's Theory of History: A Defence*，1978 年）可說對演化主義式的馬克思主

---

14. 針對 19 世紀以降，德國社會主義者、保守派與自由派對達爾文思想的不同詮釋，可參考 Weikart（1998）、Callinicos（2007: 100-115）。這邊要特別指出的是，雖然第二國際的演化主義式史觀（這裡暫不討論這種演化主義與達爾文本人的演化論之間的異同）頗具影響力，但若以為是這種史觀導致了德國社民黨的右傾與第二國際 1914 年的瓦解，恐怕是欠缺根據的推論。我同意 Sebastiano Timpanaro（1975: 120，引自 Blackledge, 2004: 230-231）所言，「吾人不應忘記，在所有的政治運動中，理論的墮落總是在機會主義的實踐已經紮根之後才出現——人們仍嚴肅肯定那些神聖的原則，來掩飾自己的機會主義實踐，但這些原則實際上已愈來愈不被相信了」，見 Blackledge（2004）的精彩討論。

義歷史理論（歷史唯物論）做了最細緻的闡釋與辯護。[15] Cohen 版本的歷史唯物論可以概括為兩項命題，分別是發展命題（development thesis）與首要性命題（primacy thesis）：

（a）**生產力的發展貫串整個歷史**（發展命題）。

（b）一個社會的生產關係的性質，要由**生產力的發展水平來解釋**（首要性命題）（Cohen, 2000: 134；重點為筆者所加）。

根據這些命題，當原有的生產關係無法再促進生產力的發展時，生產力的發展就會迫使生產關係轉型。針對生產力與生產關係之間的聯繫，Cohen 採取的是所謂的功能解釋（functional explanation）：

我們斷定，生產力的性質可以對生產關係的性質做出**功能**解釋……比較好的解釋所採取的形式是：**在 t 時刻，生產關係之所以是 R 類型，是因為在 t 時刻的生產力發展水平下，R 類型的生產關係最適**

---

15. Cohen 的歷史唯物論有時被歸類為「正統歷史唯物論」（orthodox historical materialism），而且是這種版本的歷史唯物論當中最細緻的一種。根據 Andrew Levine 與 Elliot Sober 的用法，「正統歷史唯物論」指的是從馬克思 1859 年《政治經濟學批判》序言當中發展出來的歷史理論，而這種理論說明了「（a）社會變遷的必要（物質）條件（可能性的大小取決於生產力的發展水平）；（b）社會變遷的方向（因為經濟結構變化的目的是讓生產力發展最大化，因此這些變化是逐漸積累的、不可逆的）；（c）達成社會變遷的手段（階級鬥爭）；以及（d）社會變遷的充分條件（因為長遠來看，可能性等同於必然性）」（Levine and Sober, 1985: 313-314，引自 Callinicos, 2004b: 57）。正統歷史唯物論主要和第二國際的馬克思主義有關，而更為庸俗化的正統歷史唯物論，則是斯大林式的辯證唯物主義（Diamat）（見 Callinicos, 2004b: 57）。Callinicos（2003）在其他的脈絡中，亦將 Cohen 的歷史唯物論視為「古典歷史唯物論」（classical historical materialism）的延續，因為在他看來，Cohen 的《馬克思的歷史理論》的「重要性絲毫不減，因為它最為努力地試圖對古典馬克思主義者所共有的某些關鍵理論預設進行哲學說明」。所謂「古典馬克思主義」，指的則是由馬克思、恩格斯、列寧、托洛茨基、盧森堡、葛蘭西等人所發展、延續的傳統，強調將政治經濟學批判與現實的社會主義運動緊密結合在一起，可參考如 Anderson（1976）及 Deutscher（1984）、萬毓澤（2007a）的闡釋。

合生產力的運用與發展。生產關係之所以穩定存續，是因為它們促進了生產力的發展。當生產關係發生革命性的變化時，舊的生產關係便不再存在，這是因為舊的生產關係不再有利於生產力，且新的生產關係之所以成形，是因為新的生產關係傾向於對生產力有利（Ibid.: 160-161）。

　　但揆諸歷史，生產力與生產關係之間並不是簡單的因果關係（即單純由前者的發展導致後者的變化）。在許多情況下，生產關係也會對生產力的發展起促進作用（可參考如 Callinicos, 1983: 110-113）。針對這個問題，Cohen 的回應是，「經濟結構促進生產力發展此一明顯事實，無損於生產力的首要性，因為生產力是根據結構促進〔生產力〕發展的能力來選擇結構」（Cohen, 2000: 162）。

　　Cohen 的歷史唯物論模型受到許多批判。和本文最直接相關者，是他的發展命題（「生產力的發展貫串於整個歷史」）。Cohen 的論證方式是：

　　思考下述三項事實，可以促使我們在一定的程度上接受發展命題：

　　（a）人……或多或少具有理性。

　　（b）人的歷史處境，是匱乏（scarcity）。

　　（c）人擁有某種程度的智慧，能夠改善自己的處境。

身為理性的存在，人知道如何滿足自己的迫切需求，並傾向於占有並使用滿足那些需求的手段。就此而言，人某種程度上當然是理性的……

（e）告訴我們，人傾向於反省自己的所作所爲，並察覺更好的做事方法。知識不斷拓展，有時可用於生產所需，且我們看到的確是如此。由於他們的理性（（c））和他們嚴酷的處境（（d））使然，當知識提供擴大生產能力的機會時，他們會傾向於把握這個機會，因爲不這樣做便不合乎理性。簡言之，我們提出這樣的理由來確認發展命題，即要是發展命題是錯誤的，將違反人類的理性（Ibid.: 152-153）。

　　細究下可發現，Cohen 的發展命題訴諸了一種超歷史的理性（transhistorical rationality）。如 Levine et al.（1992: 24）所言，「發展命題訴諸的是人類處境、人類能力與人性的特色，並且是以超歷史的方式來理解這些特色」。Cohen（2000: 150）正是根據他所謂的「人性的永恆事實」（permanent facts of human nature）來論證「生產力具有有系統的發展趨勢」。據此，當封建生產方式無法再配合生產力的使用與發展時，資本主義生產方式便應運而生，以容納更爲強大的生產力。[16] 這種觀點已受到許多批判：除了（下節將進一步討論的）它所仰賴的**非歷史**的解釋方式外，有些論者特別強調，發展命題無法得到太多**經驗證據**的支持。[17] 此外，Cohen 並沒有說明，

---

16. 在晚近的討論中，David Laibman 的立場亦相當接近 Cohen。雖然 Laibman（1984: 29）將自己的觀點描述爲「生產力決定論」（意謂將「人類轉化其外在條件的力量……不斷在提升」此一命題視爲「社會變遷的物質根源」），以有別於 Cohen 的「技術決定論」（意謂「技術的進步自動沿著事先即存在的弧線前進，並支配了社會關係中其餘一切層面」），但兩人實際上都將生產力視爲歷史的主要推動力量，見 Milonakis（1997）的批判。

17. 如 Callinicos（2004b: 65）便引用史學家伊懋可（Mark Elvin）著名的《中國歷史的模式》（*The Pattern of the Chinese Past*，1973 年）一書，指出「中國在西元 1300 年至 1800 年間，先經歷衰退，然後是生產力的停滯」。見下節的討論：Robert Brenner 與 E. M. Wood 等人皆強調，封建制的生產關係使生產力的發展趨向停滯，故無法與資本主義所特有的「現代經濟成長」（即以節約勞動〔laborsaving〕的投資爲基礎來發展生產力）相提並論。

生產關係的轉移究竟是透過什麼樣的機制[18]而產生。原來，如 Alan Carling（1993: 38，重點為筆者所加）所指出，發展命題實際上還蘊含著「意向首要性命題」（Intentional Primacy Thesis），即「改善生產力的**意向**支配了改變生產關係的意向」，換言之，生產力之所以會發展，是出於個別或集體的行動者有意識採取的計畫。[19] 這種辯護方式雖然引進了某種「機制」，從而較具體地解釋了首要性命題以及生產關係的轉移，但仍難免受到批評。畢竟，在馬克思（主義）的政治經濟學批判當中，最重要的一項洞見，就是指出：對資本家個人來說理性的行為，對整個資本主義體制而言卻不一定理性（Harman, 1999: 97）。用批判實在論或科學實在論的術語來說，若透過個別行動者的意向來解釋整體生產力的發展，有可能陷入**方法論個體主義**所導致的謬誤，即 Margaret Archer（1995）所謂的向上合併（upwards conflation），

---

18. 在當代（社會）科學哲學與方法論的文獻中，有許多對「機制」的闡釋與釐清。筆者較為信服的，是阿根廷裔、加拿大籍物理學家、（社會）科學哲學家 Mario Bunge（著名的科學實在論者）從系統論（systemism）的角度提出的界定：「我們將社會機制界定為**社會系統中的機制**。既然所有機制都是某個系統內的一種**過程**（process），那麼，社會機制就是一種涉及兩個行動者以上的過程，而這些行動者形成、維繫、轉化或拆解著社會系統。有很多種社會系統……相應地，也有各式各樣的社會機制」；「機制之於系統，就如同動作之於身體、合併（或解離）之於化合物、思考之於大腦」（Bunge, 1999: 56-57, 58，重點為筆者所加）。英國科學哲學家 Roy Bhaskar 則使用「生成機制」（generative mechanism）這個術語，指的是「結構化的事物（structured things）起作用的方式」（Bhaskar, 1978: 51），或「結構化的事物起作用的方式所產生的因果作用力（causal power）」（Bhaskar, 1998: 70）。上述「結構化的事物」，正是 Rom Harré 和 Edward Madden 所謂的「具有力量的特殊物」（powerful particulars）（Harré and Madden, 1975），亦即（因其本身的性質或結構而）具有因果作用力，能夠在經驗層次啟始一連串「事件」或「事態」的物。批判實在論傳統的 Bhaskar/Harré/Madden，與科學實在論傳統的 Bunge，在運用「機制」的解釋模式時，都是為了批判經驗主義的傳統（特別參考 Bunge, 1997: 414-420）；但相較下，筆者認為 Bunge 的說法因為還考量了「系統」（機制必然是系統中的機制），因此較為具體，且封建主義與資本主義都必須被界定為「系統」（關於封建主義的「系統」特徵，可參考 Gerstenberger, 1997: 633-635）。

19. Cohen 與 Will Kymlicka 在答覆批評者時，便提出這樣的看法：「人，身為理性的動物，之所以會保留或排斥某種生產關係，是根據該生產關係能否允許生產的進一步改善而定」（Cohen and Kymlicka, 1988: 178，引自 Carling, 1993: 37）。

或 Nicos Mouzelis（1991）所謂的向上化約論（upward reductionism）。[20]

三、矯枉必須過正？
Brenner 與 Wood 的「政治馬克思主義」

　　現在可以開始將焦點擺在資本主義起源論中的某些具體議題，並藉此帶出「政治馬克思主義」的觀點，來與 Cohen 等人的歷史唯物論模型對照。

　　在解釋資本主義的起源時，部分學者特別強調貿易的增長、商人的崛起、城市的勃興等因素。其中一位重要學者是比利時經濟史家 Henri Pirenne。他認為，歐洲的封建主義之所以會興起，是因為西元 7 世紀時，地中海（歐洲的「商業大動脈」〔Pirenne, 2001: 4〕）一帶的貿易因伊斯蘭文明的崛起而中斷，導致遠程貿易與城市皆無從發展，「交易與商品流通已經降到最低限度。商人階級消失了」（Ibid.: 10）。[21] 但 11 世紀起，南方的拜占庭、威尼斯，及北方的波羅的海沿岸的貿易開始恢復，且隨著十字軍東征，「整個地中海向西方航運開放了，或者說重新開放了。……伊斯蘭教徒對地中海的利用終止了」（Ibid.: 28）。隨著海運的復興，內地貿易也迅速發展，

---

20. 這或許也解釋了，為何包括 Cohen 在內的分析馬克思主義者（analytical Marxists）多半都不加批判地接受了置鹽定理（Okishio Theorem）對馬克思利潤率下降趨勢理論的攻擊。根據置鹽定理，只有當新技術能減少成本、提高利潤時，資本家才會願意引進新技術，因此，新技術會使利潤率提高，而非反之（Okishio, 1961）。必須特別說明，這不表示 Cohen 可以在任何意義上被歸類為方法論個體主義者（但分析馬克思主義者中的 Jon Elster 當然可以這樣歸類，且 Elster 還大力倡議方法論個體主義），只是他在自我辯護時提出的解釋，很容易落入方法論個體主義的陷阱。
21. 「古代世界的一切文明都是圍繞這個偉大的內海而誕生的。它們憑藉地中海互相溝通並且四處傳播自己的思想與商業，直到最後地中海實際上成了羅馬帝國的中心……在日爾曼人入侵後，偉大的地中海仍繼續起著傳統的作用……直到 7 世紀伊斯蘭教徒突然出現於歷史舞台，征服了這個偉大的歐洲湖泊的東、西、南三個方面，上述的情況才有了改變。它的結果影響了以後歷史的全部進程……從 8 世紀初葉起，在這個偉大的海運的四邊形地區，歐洲商業瀕於絕境……過於軟弱而不敢反擊的西方基督徒退縮不前，把大海放棄給敵人，不敢再做海上冒險。從 9 世紀到 11 世紀，西方實際上被封鎖著」（Pirenne, 2001: 1-3）。

「不僅是農業因市場需要農產品而受刺激，及受交換經濟的影響而變成交換經濟的一部分，而且還產生了一種新的出口工業」（Ibid.: 31）。隨著商業日漸興盛，到了 13 至 14 世紀左右，已逐漸形成一批強大的商人階級，而資本主義就是以這種蒸蒸日上的貿易活動／商人階級／城市生活為基礎，逐漸落地生根，擴張至世界每一個角落。

用亞當・斯密的話來說，人類生來就具有「互通有無，物物交換，互相交易」的傾向（Smith, 1972: 13），只要把加諸在這種傾向之上的各種政治與文化束縛去除，就會自然而然出現商業活動的深化、分工程度的提高與生產技術的發展。換言之，資本主義只不過是「商業社會」（commercial society）臻於成熟的形式而已（Wood, 1999: 11-13）。[22] David McNally（1988: xi）相當正確地指出，現代的政治經濟學作品，往往以「流行的自由派觀點」為基礎，也就是以為「資本主義之所以出現，是理性追求個人經濟利益的商人與製造者自古以來的競爭活動所使然。〔以為〕隨著時間的推移……這些階級的持續活動便發展出新形式的財富與生產資源，以及新的知識與文化習慣，進而侵蝕了既有的社會結構」。在這種觀點下，資本主義的興起是因為「最有生產力、最為理性而進步的社會團體，即商人與製造者」逐漸占支配地位所致。Robert Brenner 與 Ellen Meiksins Wood 將這種解釋模式稱為「商

---

22. 黃宗智（Philip C. Huang）在研究中國經濟史時，也批判了中國自 1950 年代以來關於「資本主義萌芽」的討論所充斥的斯密式觀點。（但黃宗智在行文間也一併批判了馬克思，因為在他看來，馬克思和斯密「共同認為商品化會導致小農經濟的質的變化。斯密認為，自由的市場競爭和個人致富的追求會導致勞動分工、資本積累、社會變革，乃至隨這些而來的資本主義發展。馬克思的觀點與此類似，商品經濟的興起會引進資本的時代」。）中國關於「資本主義萌芽」的討論中，最主要的觀點就是認為「『封建經濟』等同於前商品化的『自然經濟』，資本主義經濟等同於商品化的大生產……據這一分析，『資本主義萌芽』在中國的發生差不多與近代早期的英國和歐洲同時，要不是西方帝國主義的入侵打斷了這一進程，中國也會走向資本主義的發展道路。據此，中國歷史被納入了斯大林主義的原始社會、奴隸社會、封建社會、資本主義社會和社會主義社會交替演進的五種生產方式的公式」。因此，他認為應該「把商品化與質變性發展區分開來。……商品化必然導致資本主義發展的經典認識明顯是不對的」（黃宗智，1994: 2, 3, 5）。黃宗智的作品明顯受到本節所討論之「政治馬克思主義」部分觀點的影響，且事實上也有論者將他的著作劃分在「政治馬克思主義」的範疇之內（如 Blackledge, 2003, 2008）。

業化模型」（commercialization model）。[23]

　　除了這些較為流行的作品外，某些馬克思主義者亦持有類似的觀點。事實上，這正是二戰後馬克思主義者首次針對資本主義起源的辯論主題之一。[24] Paul Sweezy（1976: 42，引自 Harman, 1998b: 59）在這場論戰中，援引了 Pirenne 的研究成果，主張「遠程貿易可以是一股創造性的力量，在舊封建體制為使用而生產（production for use）的同時，催生一種為交換而生產（production for exchange）的體制」。Sweezy 便以這種觀點來批判 Maurice Dobb 引發「過渡論戰」的重要作品《資本主義發展研究》（*Studies in the Development of Capitalism*，1947 年）。在該書中，Dobb 認為，若要了解促使封建主義瓦解、資本主義崛起的因素為何，必須從西歐封建社會的「內部」去尋找這種原動力，而不是訴諸於「外部」力量，如長程貿易。這種觀點深刻影響了本節以下要討論的「政治馬克思主義」。[25]

　　首先是美國史學家 Robert Brenner。他在 1977 年的一篇著名論文中，批判了 Sweezy、Andre Gunder Frank、Immanuel Wallerstein 等人的作品。Brenner 將他們的解釋方式稱為「新斯密式馬克思主義」（Neo-Smithian Marxism），因為他們在不同程度上都採納了「商業化模型」，相信**市場關係本身**就能促使經濟行動者從事增進生產力的投資。如此一來，「資本主義被用來解釋現代經濟成長的出現，而前資本主義的財產關係則奇蹟般消失了」（Brenner, 1986: 36）。換言之，商業化模型沒有考慮到：「唯有當某

---

23. 即使具批判色彩如 Amartya Sen，也仍不免持有這種斯密式的觀點，如他寫道：「一味地反對市場幾乎和一般性地反對人際對話一樣荒誕……交換字語、財物或禮物的自由並不需要以它們有利但遙遠的效果為之辯護；它們是人類在社會中生活與互動方式的一部分……市場機制對經濟成長的貢獻當然重要，但它之所以重要是因為交換（字語、財物、禮物）自由的直接含意已被人們所理解」（Sen, 2001: 24-25）。引用這段文字的重點，不在於是否要反對「市場」，而是指出（主流）經濟學文獻慣用的修辭方式，亦即把「交往」、「交換」、「交易」、「市場」（甚至「語言」）全部當成同義詞來使用（或不斷並列），從而把複雜的歷史過程化約為單一而扁平的面向。

24. 這場論戰通常被稱為「過渡論戰」（transition debate）。

25. 見如 Robert Brenner 對 Dobb 此書的評論（Brenner, 1978）。

個相當特定、在歷史中發展出來的財產關係開始流行時，才提供了根本的條件，讓個別的經濟行動者能夠以理性的方式遵循那些支撐起斯密所描繪的現代經濟成長的經濟行動模式」（Brenner, 1991: 18，另見 Brenner, 1986: 25-26）。[26] 的確，許多論者已指出，前資本主義的生產方式完全可以與商品流通、貿易、市場並存（儘管只有在資本主義之下才會出現真正的「普遍化的商品生產」），然而在這些社會中，「居於統治地位的階級、階層或等級的特權僅僅限於私人消費的範圍」，因此，即使僅考慮這個因素，我們也可以推論「生產力的持續增長不會成為這個階級、階層或等級的客觀的長期要求」（Mandel, 2002: 39，中譯略有修改），這與資本主義之下資產階級的「特權」全面延伸至生產資料、為了適應市場競爭而戮力提高生產效率的狀況有雲泥之別（Brenner, 1977）（見後文的討論）。

Brenner 與 Wood 還沿著另一條軸線發展出「政治馬克思主義」的歷史唯物論。這條軸線，就是批判 Cohen 式的「正統歷史唯物論」。其原因在於，不論是「Pirenne-Sweezy-Wallerstein 命題」，還是「正統歷史唯物論」，都隱約暗示資本主義是歷史自然而然發展的結果。Wood（1999: 7，重點為筆者所加）堅稱，資本主義絕不是「歷史的自然發展頂點」，資本主義「代表的是一種歷史特定的社會形式，並代表與先前社會形式的**斷裂**」。Wood（1990: 127）指出，如果研究者仍執著於 Cohen 式的命題，即社會變遷是生產力與生產關係傾向於發生衝突（而在這樣的衝突中，生產力的發展具有解釋上的優先性，即前文所提之發展命題與首要性命題）所導致的結果，就等於陷入了「歷史的直線發展思維（unilinearism），也就是認為一切歷史早晚

---

26. Chris Harman（1999b）將這些人的觀點統稱為「Pirenne-Sweezy-Wallerstein 命題」。在 Wood 看來，韋伯對資本主義的分析，也可被視為「商業化模型」的一支。Wood（1999: 17）認為，雖然韋伯相當強調西方城市與歐洲宗教的獨特性，但他卻「總是會談到那些在其他地區阻礙了資本主義發展的因素，如這些地區的親屬形式、支配形式、宗教傳統等等，彷彿根據定義，只要讓城市與貿易自然而然、不受阻礙地發展，並讓城市與城市階級解放出來，就等同於資本主義」。Wood 對韋伯的完整批評可見 Wood（1995：第 5 章）。

都會遵循某種無法翻轉的、通往資本主義的邏輯,而這種邏輯的最終結果將會是社會主義」。在她看來,這不僅是理論上的決定論與宿命論,更會帶來災難性的政治後果。

從這種思路出發,Brenner 與 Wood 念茲在茲的,首先是找出封建主義與資本主義兩種生產方式不同的運作邏輯(或「運動規律」),以證成由封建主義往資本主義的過渡是一種絕對的**斷裂**,而非任何意義上的**連續**。在 Wood 看來,「生產力與生產關係的矛盾」此一命題無法(如正統唯物論所主張)適用於所有社會型態,而是只適用於**資本主義**社會。因此 Wood(1995: 135)便主張:「如果我們不再把『生產力與生產關係的矛盾』這項原則視為一種普遍的歷史法則(普遍到空虛的程度),而是將之視為資本主義發展的一項法則,那麼這項原則就會獲得較為明確而豐富的意義」。[27] 既然資本主義是如此,那麼封建主義的運動規律又是如何呢?

根據 Brenner(1986: 27)的分析,封建主義的生產關係[28] 有兩項關鍵特色:(一)直接生產者能夠直接(即不用依賴市場)取得完整的維生工具,如耕作器具與土地;(二)由於直接生產者擁有維生工具,因此剝削階級必須透過**經濟以外的強制手**段來榨取直接生產者的產品。因此,剝削階級與被剝削階級兩者皆不用透過市場來維繫生活所需。上述兩項生產關係上的特色,導致封建社會的生產力趨向停滯,長期下來導致了封建主義的危機(詳見下節)。從更寬廣的角度來看,封建主義(包括任何前資本主義的生產方

---

27. Gottlieb(1984)亦持類似看法,可供參考。Gottlieb 在 1987 年的一篇文章中,則把這種立場推得更遠,主張只有在「競爭性的資本主義」之下才有所謂的「運動規律」存在。

28. Brenner 使用的術語是「財產關係」(property relations)或「社會財產關係」(social property relations):「我所謂的財產關係,指的是直接生產者之間、剝削階級(如果有剝削者存在)之間、剝削者與生產者之間的關係,這些關係說明並決定了個別經濟行動者(或家庭)是否能夠規律、有系統地取得生產資料與經濟產品」(1986: 26)。雖然 Brenner 本人不認為「財產關係」等同於馬克思所謂的「生產關係」,但 Callinicos(2004b: 48)已論證兩者其實並無不同,故此處我直接採取「生產關係」這個用法。

式）的整體特色就是「政治」與「經濟」的緊密結合。[29]

相對地，在成熟的資本主義之下，直接生產者與生產工具是分離的，且剝削者無法以「經濟以外的強制手段」來榨取經濟剩餘。[30]只有在這種條件下，

> 所有經濟行動者為了生存，才不得不固定將自己的產品放到市場上……以具有競爭力的（也就是最低的）價格出售。只有在這種經濟中，才會出現一種自然選擇的機制（亦即市場上的競爭），來淘汰那些無法有效削減成本的生產者（Brenner, 1986: 33-34）。

此時，「經濟」才取得了獨特的發展動力，而至少在**形式**上，「政治」與「經濟」開始分離：「在所有的社會形態中，資本主義之所以特別，恰恰是因為它能夠純粹透過經濟手段來延伸其支配」，使得「資本的經濟霸權能夠遠遠超出直接政治支配的限制」（Wood, 2003: 12，另見 Wood, 1981）。[31]

接下來的關鍵便在於解釋，既然資本主義與封建主義的運作邏輯如此迴異，那麼西歐社會為何會邁向資本主義呢？有別於「新斯密式」的馬克思主義者所運用的「商業化模型」，Brenner、Wood 皆追隨 Dobb 等人的看法，

---

29. 即形成 Perry Anderson（2001: 151）所言之「經濟剝削與政治權威的一種法律融合體」：「農業財產由一個封建領主階級私人控制，他們用政治－法律的強制關係向農民剝削剩餘產品」。

30. 用馬克思的話來說，在資本主義之下，「經濟關係的無聲的強制保證資本家對工人統治。超經濟的直接的暴力固然還在使用，但只是例外地使用。在通常的情況下，可以讓工人由『生產的自然規律』去支配，即由他對資本的從屬性去支配，這種從屬性由生產條件本身產生，得到這些條件的保證並由它們永久維持下去」（Marx, 2004a: 846）。

31. 上述這種思考政治與經濟之間關係的方式，也反映在馬克思與恩格斯對「等級」與「階級」的區分上。如恩格斯所言，「所謂等級是指歷史意義上的封建國家的等級，這些等級有一定的和有限的特權。資產階級革命消滅了等級及其特權。資產階級社會只有**階級**，因此，誰把無產階級稱為『第四等級』，他就完全違背了歷史」（Marx, 1995a: 194n；另參考 Rigby, 2004: 475-477）。此處值得略加說明的是，這不表示在資本主義底下，「經濟」真的與「政治」或任何「非經濟」的領域毫無瓜葛。借用 Karl Polanyi（2000）的說法，這種「自我調節市場」（self-regulating market）的觀點，是不折不扣的布爾喬亞意識形態，而當代眾多政治經濟學與經濟社會學的論述已一再批判過這種觀點。對社會主義者來說，如何將「經濟鬥爭」與「政治鬥爭」緊密結合起來，更是重要的任務。

認為必須從封建主義生產關係的內部矛盾去尋找封建主義崩潰的原因。[32] 但不同於 Dobb 的是，Dobb 把封建主義的崩潰等同於資本主義的勝利，但對 Brenner 及 Wood 來說，封建制度即使瓦解，也不表示資本主義必然能接手掌管世界。正因此，Wood（1999: 67）才說「認為歐洲封建主義是資本主義興起的**必要**條件是一回事……但認為它是**充分**條件則是另一回事。歐洲的封建主義，甚至西歐的封建主義，內部都是分雜歧異的，並且導致了好幾種不同的後果，其中只有一種後果是資本主義」。這個過程，用 Brenner（1985a: 30，重點為筆者所加）的話來說：

從「傳統經濟」到相對自我維繫的經濟發展，這樣的突破，有賴於農村中一套特定的階級關係或社會財產關係的興起——換言之，就是**資本主義階級關係**的興起。而這樣的結果之所以會出現，又取決於先前成功的階級發展與階級衝突的雙面向過程：一方面摧毀了農奴制，一方面又繞過了小農財產制的支配。

換言之，在西歐封建制度發展的偶然脈絡下，某時某地出現了資本主義的生產關係（雇佣勞動），之後才會有「西風東漸」、逐步在各地取得勝利的「資本主義」。綜上所述，以物易物、為市場而生產的經濟活動本身並不等於資本主義的生產關係，也無法促進封建制度的瓦解；封建制度的瓦解本身也不意謂資本主義的勝利，關鍵在於資本主義生產關係要先能夠在某時某地確立下來。

更具體地說，這個歷史進程發生於英國。英國約於 15 世紀末、16 世紀初開始發展的「農業資本主義」（agrarian capitalism）是關鍵所在：唯有以

---

32. 就這點而言，Brenner 的論點受到幾位經濟史研究先驅相當大的影響，除了 Dobb 外，還包括如 E. A. Kosminsky、R. H. Tawney、Rodney Hilton 等人。

農村的資本主義發展為基礎，城市才有可能呈現出「資本主義」的特性，而不只是「布爾喬亞」的特性（見 Blackledge, 2003），因為英國的農業資本主義「帶來了一套階級關係，讓資本主義的農場主與工資勞動者（兩者都必須依靠市場來維生）有動機去提高生產力，以降低成本，並藉此提高自己產品的價格競爭力」（Callinicos, 2002: 136）。用 Brenner 的術語來說，資本主義的「再生產規則」（rules of reproduction）被確立下來，[33] 資本主義的內在動力（提高生產力、投資於節約勞動的技術、提高商品〔包含勞動力〕的競爭力等等）於焉成形。[34]

最後，回到「政治馬克思主義」本身。首先提出這個概念的，是法國史學家 Guy Bois。Brenner 在分析西歐如何由封建過渡到資本主義時，採用的是一種**階級中心**的視角：簡單來講，決定農業資本主義是否可能發展的關鍵因素，在於封建領主與農民的**力量對比**。因此，資本主義生產關係之所以在英國（而非法國或其他國家）確立起來，是中世紀晚期階級衝突下的非意圖後果（unintended consequence）。由此出發，Wood 在總結 Brenner 的論點時，便提出以下看法：「階級鬥爭導致了歷史運動」，故階級鬥爭是「歷史運動的運作原則（operative principle）」（Wood, 1985: 105）；唯有採取這種視角，才能避開正統歷史唯物論中那些經濟決定論的、客觀主義的傾向。

Guy Bois 在回應 Brenner 對資本主義起源的分析時，批判了 Brenner。他認為 Brenner 的說明方式表現出一種「唯意志論的歷史觀，在這樣的歷史觀中，階級鬥爭脫離了一切的客觀情況，而且，最重要的是，脫離了特定生產方式所特有的發展規律」（Bois, 1985: 115）。在這個脈絡下，他將 Brenner 的解釋方式稱為「政治馬克思主義」。「政治馬克思主義」的出發點誠屬情

---

33. 「財產關係一旦建立，將決定對直接生產者與剝削者來說理性的經濟行動方式，也就是決定他們的再生產規則」（Brenner, 1991: 18-19）。從因果關係的角度來看，可以寫成：財產關係的形式 → 個別經濟行動者的再生產規則 → 長期的經濟發展 / 不發展模式（Brenner, 1986: 26-27）。
34. 第四節會更詳細地討論這個歷史過程，並將英國與其他國家的發展做比較。

有可原，畢竟長期以來，歷史唯物論一直被等同於庸俗的、目的論式的歷史階段論。因此，為了「回應當代歷史書寫的經濟主義傾向」（Ibid.），「政治馬克思主義」的解釋方式毋寧有糾謬之功。然而，誠如 Callinicos（1990: 112-113; 1995: 161）（延續 Guy Bois 的看法）所強調，歷史唯物論的精髓，在於它提出了兩種**機制**來解釋社會轉型：**首先，是生產力的發展與既有生產關係之間的結構性衝突；其次，則是在這種結構性衝突下的階級鬥爭。**因此，既然政治馬克思主義排斥為「結構性衝突」賦予任何解釋上的重要性，就很可能淪為「將歷史唯物論化約為唯意志論的社會理論，亦即認為社會變遷的動力來自於敵對的階級意志之間的對抗」（Callinicos, 1990: 114）。[35] 當然，這不表示 Brenner、Wood 等人在資本主義起源的論戰中毫無貢獻。恰恰相反，他們從生產關係入手，分析了封建主義與資本主義各自具有的運作邏輯，實際上生動展示了歷史唯物論的解釋力。只是，在研究資本主義的起源問題時，他們的取徑反倒輕結構而重行動，從而暴露出許多唯意志論式的缺陷。下一節將繼續討論這個問題。

四、如何兼顧結構與行動？歷史唯物論的可能出路

（一）理論上的考量

「政治馬克思主義」版本的歷史唯物論究竟缺少什麼？上一節已提到，「結構衝突」是政治馬克思主義者所忽略的。但這個面向之所以重要，並不是因為我們試圖提倡任何版本的結構決定論，而是考慮到 Callinicos（1990:

---

35. 筆者將 Antonio Negri 等人的自主馬克思主義（autonomist Marxism）也放在「政治馬克思主義」的脈絡下來討論，見萬毓澤（2006）。

113-114）在批判政治馬克思主義時的一針見血之論：

一旦生產力與生產關係的結構性矛盾被從歷史唯物論之中剔除，我們就不太明白，剩下的理論在任何實質的意義上是否還算得上是一種社會轉型的理論。階級鬥爭本身無法解釋一種生產方式往另一種生產方式的過渡。剝削者與被剝削者之間公開或隱蔽的衝突，是所有階級社會的固有特色。然而，只有在葛蘭西所謂「有機危機」（organic crisis）的時期中，這些衝突才會達到比較激烈的程度，而使得占支配地位的社會體制受到質疑。只有當馬克思主義能夠解釋這類危機的出現時，馬克思主義才算提供了它號稱要提供的歷史理論。[36]

或者，如 Milonakis（1997: 319-320）所言：

在危機時期，階級衝突的角色變得相當關鍵，社會秩序的轉化已在此時提上了議事日程……這種轉化的**必要條件**，是由生產方式中各種結構決定因素之間矛盾的加劇所提供。階級力量的對比與階級衝突的結果，有可能潛在地為這種轉化的實現提供**充分條件**。然而，這樣的結果無法事先被保證。倒退回先前的社會型態，或「鬥爭的各階級同歸於盡」的可能性都不能被排除……在這種「過渡的緊要關頭」之際，階級衝突的角色從生產力與生產關係之間的**傳遞機制**（transmission mechanism）轉變為實現（或不實現）改造既有社會形態的**轉化能動者**（transforming agent）。

---

36. 葛蘭西在《獄中札記》中說：「危機發生後，有時會持續數十年之久。這種異常的持久，意謂危機深重的結構矛盾已經揭露出來（即達到成熟階段），而且雖然如此，那些力圖保存、捍衛既有結構的政治力量，還是會不擇手段地來消弭這些矛盾，並且在某些限制之下克服這些矛盾」（引自 Callinicos, 2004b: 105）。

唯有如此，才能既充分認識、具體考察結構因素（生產力與生產關係的矛盾），同時又能將能動性（階級鬥爭）帶入歷史唯物論的解釋模型之中，也才能避開兩種極端的解釋方式，一方認為資本主義的出現是生產力發展的邏輯結果（有落入庸俗的歷史階段論、目的論與決定論之虞），另一方則將資本主義詮釋為封建主義之下階級鬥爭的非意圖後果。在下一節中，我將以英國學者 Alan Carling 的看法為例，說明這種較有彈性的模型如何被用來解釋由封建到資本主義的過渡。

（二）回到西歐社會經濟發展史：
Alan Carling 對 Cohen 與 Brenner 的整合

（1）封建主義的危機

首先要處理的，是封建主義究竟因為哪些因素而步入危機。如眾多經濟史家都已考察過的，中世紀的歐洲面臨了嚴重的人口週期問題。如 Guy Bois 在其名著《封建主義的危機》（*Crise du féodalisme*，1976 年）中，便研究過中世紀晚期（約 13 世紀下半葉起）法國因飢荒、瘟疫、戰爭等災難而導致的人口銳減（Bois, 1984）；且此現象非諾曼第所獨有，同一時期，近一半的英格蘭人口亦死於黑死病。GuyBois 和其他史學家（如著名的 M. M. Postan）都認為，這些災難是長期經濟趨勢的結果；瘟疫雖然加劇了這樣的趨勢，卻不是根本原因。Postan（1975）特別指出，到了中世紀末期，農業面積與農業產出都顯著下降。此外，Postan 還舉了許多例子，說明封建時代的英格蘭缺乏技術上的發展動力：「中世紀農業技術的發展遲緩是十分清楚的。技術確實有所進展，但卻集中出現在時代開端與終結的某些時段。就中世紀整體而言，技術的發展緩慢而不均衡，耕地的管理和安排比耕作的器具發展得快，也比栽種、施肥、除草、收割的實際過程發展得快」（Ibid.: 73，引自 Callinicos, 2004b: 189）。那麼，該如何解釋這個現象？此時可以

回到 Brenner 的論證。Brenner 認為唯有在封建生產關係的脈絡下，才能具體理解這種狀況：

> 中世紀的經濟內部出現了長期的人口危機趨勢。但這種危機趨勢不是一項自然事實，不是單憑既有的（與表面上一定的技術水平聯繫在一起的）人類與自然資源就能解釋……以農奴制為基礎的經濟，即使在極度的市場壓力下，也無法在農業技術上創新，若要理解這點，就必須看到幾項相互關連的事實：首先，地主從農民那裡榨取了大量剩餘；其次，人與土地有流動上的障礙（這本身就是不自由的剩餘榨取關係的一部分）……正因為有這樣的財產關係或剩餘榨取關係，才遲早會出現導致人口危機的生產力發展危機（Brenner, 1985a: 31, 34）。

因此，中世紀晚期的歐洲危機，是**封建生產方式的危機**：直接生產者能夠取得生產工具，故地主必須依賴「經濟以外的強制手段」來榨取剩餘，這使得兩個階級皆沒有誘因去透過（資本主義所特有的）節約勞動的投資來密集發展生產力。[37]

---

37. 這是否意謂 Brenner 違背了自己的主張，將某種超歷史的「理性」概念偷渡進自己的分析之中呢？筆者認為並非如此。從 Brenner 到 Carling，他們捍衛的是一種相對薄弱（thin）的理性版本。Carling 認為 Brenner 的命題基本上可以被放在理性選擇理論的架構中（雖然 Wood 完全反對將 Brenner 與任何版本的理性選擇理論掛勾），不過必須加上一些限制條件：「在 Brenner 的世界觀中，所有的行動者都有薄弱的理性，但他們的**所作所為不會相同**，因為他們身處不同的處境，而這就為他們的行動開啟了不同的機會、設下了不同的限制。尤其是，他們與生產力的關係亦各有不同，因而身處不同的階級處境。在不同的階級處境中，理性選擇的邏輯會導致不同的回應，因此，一個人會透過理解行動背後的階級處境的性質，來理解該行動的階級特殊性。歷史是可以解釋的，而且只能被解釋為所有相關的、座落在階級之中的行動者（class-situated actors）所做出的特定階級的行動（class-specific actions）的結果」（Carling, 1991: 30，重點為筆者所加）。

（2）從封建主義的危機，到「總會有個英國」

(There'll always be an "England")

Alan Carling 在 1993 發表的一篇重要文章[38]中，提出「封建分裂命題」（Feudal Fission Thesis）。根據該命題：

> 與英國類似的這種農業資本主義，很有可能（very probable）從類似歐洲封建主義的社會中發展出來。

而這個命題又取決於封建主義的兩項特色：1. 歐洲封建主義在政治上是權力分散的（decentralized）；2. 歐洲封建主義不斷經歷人口週期（Carling, 1993: 52）。前者意謂「〔由於歐洲被劃分為許多相對獨立的區域，因此〕在一個相對狹小的地理區域之中，有可能發展出相對多數的、不同的生產體系」；後者則與封建主義下生產力的停滯不前連繫在一起（Ibid.: 52-53）。

針對第一項特色，即歐洲封建主義的政治權力分散化，學界已有許多討論。如 John Ruggie 在一篇從歷史社會學的角度來討論國際關係文獻的重要文章中，便總結了 Perry Anderson 等人的研究成果，指出歐洲封建主義是「領土分割統治（segmental territorial rule）的典範體系，是一種無政府狀態。但是這種領土分割統治的形式，並不具有當代主權概念所體現出的占有性與排他性的意涵」（Ruggie, 2002: 134，中譯略有修改）。[39] Wood（2002: 19，另

---

38. 見 Carling（1993），此文亦收於 Blackledge and Kirkpatrick（2002）。

39. Ruggie 的文章是一篇書評，評論對象是國際關係理論中「新現實主義」的代表人物 Kenneth Waltz 的經典作品《國際政治理論》（*Theory of International Politics*, 1979）。Waltz 在書中強調「國際政治的本質保持著高度的恆定模式不斷重複，相同的事件無休止地重複出現。盛行的國際關係的類型和本質很少發生急遽的變化」（Waltz, 2003: 88），Robert Gilpin（1981: 211）同樣宣稱「國際關係的性質千年來沒有根本的改變」，但 Ruggie（2002: 131，中譯略有修改）具體考察西歐社會經濟史之後，認為新現實主義完全無法解釋「千年來的國際政治中最重要的環境變遷：從中世紀國際體系向現代國際體系的轉換」。另可參考 Teschke（1998; 2003: 第 1 章）的簡要回顧與評論。前資本主義歐洲的主權形式與地緣政治是目前國際關係學中的爭論焦點之一。

見 Teschke, 2003: 61-64）也指出，「在歐洲，前資本主義的社會形式值得注意之處，就是一種破碎的國家權力的興起，也就是西方封建主義下的『分散化的主權』（parcellized sovereignty），它創造出一種獨特的經濟以外的權力，即封建領主的權力」。

至於第二項特色，即人口成長的週期，Carling（延續 Bois、Brenner 等人的分析）指出，當人口週期進入嚴重的衰退期，往往導致封建所有權結構的大幅瓦解，並留下許多未利用的土地。當人口週期復甦，人口大量增加時，通常也就是生產關係發生微妙變化的時期：一旦不同的社會群體有效控制了生產力（主要是土地與勞動力），便會導致不同的所有權結構，而**階級鬥爭**在其中扮演了舉足輕重的角色。正如 Carling（1990: 104）所言，「誰得到土地、在什麼樣的勞動條件下得到，是由地方上的階級力量對比所決定」。舉例來說，法國的農民幾乎取得了土地的私有財產權（或者讓農村共同體取得了集體自治的權利）而可自給自足，因此，既然不受市場力量的影響，也就不具改善生產技術的動機；[40] 但東歐（波美拉尼亞、布蘭登堡、東普魯士和波蘭等地）的狀況則是另一種極端，因為當地的領主不僅控制了土地，甚至讓直接生產者淪為農奴，因此，14 世紀以來的人口銳減帶來了著名的「第二次農奴制」（second serfdom），[41] 而封建關係也就繼續維繫下去；英國走的道路又與法國、東歐不同，因為英國在階級鬥爭之下，「一方面摧毀了農奴制，一方面又繞過了小農財產制的支配」（Brenner, 1985a: 30），從而

---

40. Brenner（1985: 54-55）便分析：「長期下來，法國的不同地區，一村又一村的農民取得了某些重要的經濟和政治權利，如使用公用地、使租金固定並取得土地世襲權，並以自己選出的代表代替舊的村長（maires）等，歷史學者都細心記錄了下來，並對其歷史重要性有所評論」。如劉景華（2002: 229-230）的研究所示，這種土地結構，嚴重阻礙了法國農業資本主義「由上而下」與「由下而上」兩方面的發展：之所以難以達成「由上而下」的農業資本主義，是因為農民的強勢能夠抵制地主圈地的企圖，且 17 世紀的法國國家為了讓農民成為軍事擴張的財政來源而保護農民；「由下而上」的發展之所以亦難以成形，主要原因則是大多數農民沒有面臨競爭的壓力，因此少有動機將產品輸入市場，且農民的資本積累因國家稅收增加而受限等。
41. 馬克思與恩格斯稱之為「再版農奴制」，見何順果（2003: 111）。

形成了最適合農業資本主義發展的條件。這段歷史，Eric Wolf（2003: 165-166，中譯略有修改）有所分析：

在 14 與 15 世紀間，舊日農民由大地主處取得的可繼承土地使用權逐漸取消。繼起的是付租金的方式。租金的多寡，每隔一段時期，便按當時的經濟情勢來重新協商。如此，「習慣上」的付款便轉化為可改變的現金租金。法國的情形則迥異。法國農民由於愈來愈能取得永久繼承權，因此對土地的掌控也益深。大地主可以用增加現有款項的方式來來增加農民的貢金貢物，但是他不能在根本上改變土地管理和耕種的情形。因此，與法國農民相較，英國農民異常地軟弱。這種使用土地的方式，是透過可變化的現金租金來獲取利潤，因此讓大地主擁有權力把土地重新分配給能夠獲得最大利潤的佃戶。也因此，相較於法國，英國收取貢金貢物的人比較容易將土地本身轉化為一種商品。16 世紀，英國的土地所有人便以「提高土地價值的地主」（improving landlords）的身分，[42] 開始從事商品生產。[43]

於是，用馬克思的話來說，14、15 世紀逐漸出現了「真正的租地農場主，他靠使用僱佣工人來增殖自己的資本，並把剩餘產品的一部分以貨幣或實物的形式作為地租交給地主」（Marx, 2004a: 852），換言之，形成了農民（農業勞動力出賣者）－租地農場主－領主之間的三邊關係。這一方

---

42. improve 這個字饒富深意。如 Wood（1999: 80-83）所分析，improve 的原意不只是「改善」（make better）而已，而是指獲利，尤其是透過土地來獲利。這個字的來源是古法文的 en pros，即「獲取利潤」。到了 17 世紀，improver 已廣泛用來指稱那些讓土地更有生產力、更有利可圖的人。
43. 另可參考 Brenner（1985a: 46-54; 1985b: 291-299）。

面確立了農村內的資本主義生產關係、侵蝕了封建農業經濟，一方面以這樣的生產關係為基礎，迅速獲得經濟發展的動力：「一旦資本主義租地農場主出現在土地所有者和實際從事勞動的農民之間，一切從農村舊的生產方式產生的關係就會解體。租地農場主成了這種農業工人的實際指揮官，成了他們的剩餘勞動的直接剝削者，而土地所有者現在只和這種資本主義租地農場主發生直接關係，而且是單純的貨幣關係和契約關係」（Marx, 2004b: 903）。由此出發，Carling（1990: 105，重點為筆者所加）進一步說明何謂「總會有個英國」：

> 一旦資本主義在英國農村被建立起來，英國便能掙脫封建制度下人口週期的束縛，且它所享有的比較優勢（comparative advantage）最終使得資本主義能夠擴散，並在過程之中推翻封建主義。此外，由於封建歐洲的性質是去中心化的，因此，在人口衰退期的階級鬥爭之下，遲早會在某地出現一種「英國式」的結果。簡言之，資本主義是不可避免的，因為**遲早會有個「英國」**。

Carling 認為自己的研究取徑兼採了 Cohen 與 Brenner 兩者之長，以補兩者之短。一方面，他根據 Brenner 的分析（封建生產方式下，生產力有趨於停滯的趨勢）來解釋人口成長的週期，而危機之下，不同地區所走的道路也因階級鬥爭的結果不同而產生歧異，而英國便在特定的歷史條件下，走上了農業資本主義的道路。另一方面，Carling 也特別強調，當資本主義在英國逐漸確立起來，英國與其他封建主義地區的技術水平差距便逐漸擴大，最終導致了資本主義的全面勝利。在這層意義上，我們可以說「資本主義的關係之所以逐漸占支配地位，是因為這樣的關係（而非封建關係）最能夠在封建主義既有的發展水平上去發展生產力」（Carling,

1991: 66）。[44]

針對最後這點，Carling（1993: 108）提出了「競爭首要性命題」
（Competitive Primacy Thesis）。滿足以下兩項條件時，競爭首要性命題便
成立：

1. 兩套不同的生產體系相互競爭，兩者分別擁有較高與較低的生產力
   水平；
2. 生產力水平的差異使水平較高的體系勝出。

換言之，當英國的資本主義建立起來，英國以外的國家便面臨了這樣
的問題：該如何「追趕」更先進、更有生產力的英國。另一方面，這些國家
（至少在歐洲是如此）在努力邁向資本主義時，是逐漸透過**絕對主義的國家
體制**來推動資本主義的發展，因此形成了一種更加集權、干預式的發展模式
（Barker, 1996）。[45]

綜上所述，如 Callinicos（2002: 141）所分析，現代資本主義的興起，
並不是「英國特殊性」的結果（英國農村的階級鬥爭帶來了「非意圖後果」，

---

44. Wood（1990: 119，引自 Callinicos, 2002: 138）批評 Carling 的研究取徑是一種目的論式的技術
    決定論：「〔Carling 主張〕資本主義**必須**發展，因為歷史由於某種未知的原因而需要發展生產
    力，或因為生產力較低的體系必然被生產力較高的體系取代」。然而，這種批評其實不適用於
    Carling。Carling（1993: 53-54）說得很清楚，雖然他確實認為「像英國農業資本主義這樣的結果，
    幾乎是不可避免的（或相當可能的、正常的後果）」，但這不是盲目的臆測，而是「歐洲封建
    主義的權力分散化性質」所使然。他指出，封建歐洲可大約被劃分為 11 個相對獨立的區域，每
    個不同的區域各有其人口週期。如果在每一次人口週期中，有 10% 或 20% 的機率發生英國這樣
    的結果，那麼將 11 個區域結合起來看，「英國式農業資本主義」出現的機率便相當高，高到「幾
    乎不可避免」的程度。因此，Carling 的取徑應可避免「目的論」或「技術決定論」等標籤。
45. Christopher Bertram（1990: 21，引自 Callinicos, 2004b: xxxv）的說法亦相當貼近 Carling 的「競
    爭首要性命題」。他認為，**不同社會之間的競爭與衝突**必須被整合進歷史唯物論：「社會結構
    所存在的環境，有一部分是由其他的社會結構所構成的。那些無法提供適合的環境讓生產力發
    展的社會結構會逐漸消失，並由那些傾向於擁有這種優勢的社會結構來取而代之」。

即農業資本主義），而是「整體歐洲封建主義之內的長期運作過程」的產物。在這個發展過程中，英國的社會經濟發展雖然走上了不同的道路，但它仍屬於歐洲整體封建主義的一部分，畢竟根據 Carling 的「封建分裂命題」，英國式的農業資本主義就算不發生在英國，也很有可能在其他的區域中發展起來。在筆者看來，這種視角的確比較恰當地結合了結構因素（封建主義的危機傾向與權力分散化）與行動面向（走向農業資本主義與否，取決於該地區階級鬥爭的樣貌與結果）。

五、結論

> 宿命論和唯意志論只是從非辯證的和非歷史的觀點來看才是彼此矛
> 盾的。從辯證的歷史觀來看，它們則是必須互相補充的對立面，是
> 清楚地表明資本主義社會制度的對抗性、它的問題從其本身考慮無
> 法解決的情況在思想上的反映。
>
> Georg Lukács（1992: 51）

本文首先追溯了第二國際以降馬克思主義歷史理論的發展（偏向結構決定論或某種版本的演化論），接著討論「政治馬克思主義」論者的作品（偏向唯意志論，強調資本主義純粹是階級鬥爭下的非意圖後果），最後我引述了 Alan Carling 的作品，以他對資本主義的起源（封建分裂命題）與資本主義的勝利（競爭首要性命題）的分析為例，說明歷史唯物論有可能將結構與行動因素整合進解釋架構之中，而不致偏廢任何一方。這種版本的歷史唯物論顯然較為靈活。

但要說明的是，本文由於篇幅與題旨所限，故無法完整評估各種關於資本主義起源的論點。因此，雖然筆者認為 Alan Carling 的研究取徑較能兼顧結構與行動兩個面向，但這不表示筆者完全接受他的某些**具體**論點。以下簡

單提出三點：

① Carling 幾乎完全同意 Brenner 對封建主義（不）發展模式的分析，亦即，在前資本主義的生產關係底下，生產力會長期趨於停滯。然而，這種說法已遭到許多歷史研究的挑戰，如中國宋朝、中世紀早期的歐洲（約 10 至 13 世紀）的產出與技術革新皆有顯著成長（儘管中國後來的技術發展逐漸停滯，且封建歐洲面臨了嚴重的社會經濟危機）。[46] 許多論者皆認為不應全盤拋棄 Cohen 的發展命題，而是應該比較細緻地重建該命題。筆者傾向接受 Wright（1983）和 Harman（1998a）等人的說法，即生產力有向上發展的「弱動力」（weak impulse）。針對這點，Callinicos（2004b: 103-104）的論證相當簡潔有力：

> 其他條件不變下，直接生產者會採用最能減輕勞動重擔的技術創新……既然農民直接生產者對生產過程能施以部分的控制，它們便有機會、偶爾有利益去引進技術創新，來減輕勞動的負擔（他們是否有利益去做這件事，則取決於各種因素——比如說，剩餘榨取的具體形式為何：如果剩餘是一個固定量，那麼農民就能透過提高生產力，來減輕勞動並／或增加自己的消費）。[47] 同樣地，剝削者也可能有利益去利用技術創新，以增加他們自己的消費——如封建地主經常能夠壟斷的磨坊。這類因素並不會導致資本主義之下那種密集的生產力增長，但是卻足以在這種有條件的意義之下，使發展命題為真：在整個歷史中，生產力的確趨向於發展，但是同時存在許

---

46. 關於封建社會中的技術革新與生產力發展，以及中世紀經濟社會史的晚近研究成果，可參考如徐家玲（2002）、Verhulst（2002）及 Harman（1998b, 2004, 2006）。本句括號中的這段但書，目前仍在爭議中，可特別參考以彭慕蘭、王國斌、Andre Gunder Frank、Jack A. Goldstone 等人為代表的「加州學派」（California School）對「歐洲中心論」與「中國停滯論」的批判。

47. 如 W. T. Thornton 便根據經驗資料，認為小土地所有者由於能獨自享有自己的勞動回報，因而有特別強的動機改進生產，甚至把一切空閒的時間都投注在土地上（薛湧，2002）。

多強而有力的反趨勢，因此有可能蓋過這種趨勢。

②Brenner認為，就生產關係的特色而言，奴隸社會與封建社會是沒有差別的，因此這兩種生產方式應該都以「生產力長期趨於停滯」為特色。但這並沒有考慮到：Georges Duby等人提出的「封建革命」（feudal revolution）等歷史證據，其實已意謂研究者必須對不同的前資本主義生產方式進行更細緻的分析，才能夠解釋Anderson（2001: 194）的這段描述：「到13世紀，歐洲封建主義已產生一種統一而發展了的文明，標誌著比起『黑暗時代』初始的、拼湊而成的社會的巨大進步。這種進步是多重的。其中首要和最基本的是封建主義產出的農業剩餘產品的大飛躍，因為新的農村生產關係使農業生產率有了明顯的增長。……只有當一個發展了的封建主義在農村完全形成後，〔各種技術革新〕才能被廣泛運用」。[48]

③究竟該如何詮釋封建主義的危機以及繼起的資本主義，也必須重新定調，或至少要糾正Brenner、Wood等人過於強調英國農業資本主義的重要性及狹隘的「階級鬥爭」概念（僅關注直接生產過程中的階級鬥爭，而忽略了更廣泛的階級衝突，包括意識形態上的衝突與國家形式的轉化等）所導致的「唯農村經濟主義」（rustic economism）（Harman, 1998b: 68）。如Callinicos（1990: 112）所言，他們沒有考慮到「早期的商業資本主義，雖然仍深深植根於封建社會關係之中，但它卻提供了一個架構，讓列寧所謂的『過渡形式』（在這樣的形式中，資本開始逐漸控制了生產）得以浮現……農業資本主義的發展……是更廣泛的過程的一部分，在這樣的過程中，資本

---

48. 可參考如Duby（1976, 1980）、Bisson（1994）、Bois（1992）及Callinicos（1990, 1994）等。Duby便特別強調，從西元9至14世紀，農業生產力有顯著的提升，土地的產出幾乎翻升了一倍。因此他寫道：「在18與19世紀的重大突破之前，歷史上唯一一次重要的生產力變化，發生在介於卡洛林王朝與13世紀初期之間的西歐」（Duby, 1976: 103，引自Creaven, 2007: 191）。這種生產力的提升當然無法與資本主義相提並論，且封建經濟的確歷經多次危機，但若以為在封建體制下，生產力始終處於停滯不前的狀態，恐怕不符史實。

主義的社會關係逐漸削弱了舊的封建秩序」。[49]

最後一個問題，是歷史唯物論的「現實意涵」為何。[50] 無數馬克思主義（學）者爭辯、闡釋的歷史唯物論（作為一種解釋模型），是否只是純粹智力上的操練？答案是否定的。以本文處理的「政治馬克思主義」為例，Brenner等人之所以特別強調「階級鬥爭」在歷史解釋中的重要性，一部分原因正是他無法接受粗糙的、決定論式的、或以「商業化模型」為基礎的歷史唯物論所得出的**政治結論**。如 Brenner（1977: 92）便認為，這種「新斯密式」的馬克思主義，在政治上容易向某種「第三世界主義」的意識形態靠攏，且容易低估西方世界的社會主義革命潛力。Brenner本人在政治上隸屬於（某個較為「異端」的）托洛茨基主義傳統，也是美國一份重要左翼刊物《逆流》（*Against the Current*）的編輯，對現實政治介入頗深；他所代表的「政治馬克思主義」，亦不是要成為「另一個學術次領域」，而是要「延續古典馬克思主義的傳統，即發展出能夠指引社會主義實踐的理論」（Blackledge, 2008: 284）。[51]

本文一開始曾引述 Callinicos 的看法，指出「歷史理論」的三項條件：結構理論、轉型理論、歷史變遷的方向性。本文認為，歷史唯物論，不論哪一種版本，基本上皆可以滿足這三項條件，關鍵在於如何發展出一種避開化約論[52]危險的歷史唯物論。Callinicos（2004b: 105）提出了「古典歷史唯物論」

---

49. 另可參考如 Kriedte（1983）、Harman（1998b, 2004）、Harman and Brenner（2006）、Mielants（2007）等。Mielants 的新著便特別強調商人資本與城市在形塑歐洲資本主義中的角色，嚴厲批判了 Brenner 的論點。為了公正對待 Brenner，此處必須指出，Brenner 較晚近的著作（最重要者為 Brenner, 1993）已較為注意農村以外的各種經濟與社會變化，包括城市為農業資本主義提供的市場、涉入西印度群島與北美種植園事業的新興資產階級（Brenner 稱之為新商人〔new merchants〕）在英國革命及英國國家轉型中的角色等，唯 Wood 的立場始終相當強硬，甚至招致「比國王更保皇」（more-royalist-than-the-King）之譏（Davidson, 2005）。

50. 感謝審查人之一提醒筆者處理這個問題。

51. 1960 年代逐漸興起的義大利自主主義運動，在「重建歷史唯物論」這個層次上，與「政治馬克思主義」的取徑是極為類似的，見萬毓澤（2006）的詮釋與批判。

52. 包括將行動與／或個人化約至結構的「向下」合併／化約論，以及將結構化約至行動與／或個人的「向上」合併／化約論。可參考 Bunge（1998, 1999）的進一步討論。

的幾個核心命題：①若生產力實際上有所發展，生產力將與既有的生產關係發生衝突；②這種桎梏生產力的狀況，會依據生產方式的性質，以特定的形式出現；③會導致葛蘭西所描述的「有機危機」，即潛在的矛盾發展成熟，迫使統治階級努力去緩解這些矛盾，或至少限制其影響，但如果統治階級做不到這點，就會面臨社會解體的威脅，甚至是革命；④這種有機危機的結果為何，將取決於階級鬥爭的成敗，而階級鬥爭可能因危機所帶來的物質艱困而加劇。[53]

筆者認為，我們可以以這幾項核心命題為出發點，透過充分的歷史研究，來①修正這些命題，或②保留這些命題（或在修正這些命題後），將之發展為一個具有更多具體內容、能夠開展某種「中層分析」的實質理論——如納入 Carling 的「封建分裂命題」與「競爭首要性命題」，來分析資本主義的起源與勝出。這裡涉及一個重要問題：如果歷史唯物論要成為實踐的指南，就不能只停留在闡釋幾個核心命題的層次上，而是必須發展為一種中層分析的理論；據此，Carling 的「封建分裂命題」便無法適用於對全球資本主義的分析，故我們必須從其他的理論中尋找資源。換言之，我們需要不同的中層分析理論，來處理「從封建主義到資本主義的過渡」與「資本主義的危機與超越」這兩個不同的問題（如前文註腳中提過的資本主義長波理論，便適合回應後者，而不適合闡釋前者）。[54] 唯有如此，我們才能以歷史唯物論為基礎，回答許多迫切而具體的問題，如中國與全球資本主義的整合及其潛在危機、拉丁美洲「21 世紀社會主義」的戰略位置、美國的新帝國主義（借

---

53. 曼德爾（Ernest Mandel）的「非對稱」式資本主義長波（long wave; *onde longue*; *lange Welle*）理論，就是從古典歷史唯物論的核心命題出發，而兼顧了結構與行動因素的政治經濟學理論之一，見萬毓澤（2005: 第 3 章）的評析。

54. 筆者非常同意 Callinicos（2004b: 266, 265，重點為筆者所加）所言，兩者之間最重大的差異，就是「群眾有意識的行動，在解決古典時代的危機方面，扮演了相對次要的角色」，但「推翻資本主義是一項**自覺的方案**，因此在這層意義上，與先前所有的社會革命都不同」。自巴黎公社乃至俄國革命以來，人類的許多解放實踐都已經證實了這點；見萬毓澤（2007b）對俄國革命的簡要回顧與反思。

用 David Harvey 的說法）與地緣政治競爭、臺灣（左翼）在全球資本主義中的位置、跨國社會運動的可能性與戰略等。從這個角度來看，本文除了歷史分析與理論闡釋之外，或許還帶有一點實踐意涵，儘管它不能成為現實問題的直接解答。[55]

參考書目

- 何順果，2003，〈東歐「再版農奴制」莊園經濟的性質問題〉，《歷史研究》2003：4，頁 111-123。
- 徐家玲，2002，〈西歐中世紀社會經濟史研究狀況〉，收於侯建新編，《經濟－社會史：歷史研究的新方向》。北京：商務印書館，頁 380-394。
- 張曉群，2003，〈歐洲的封建專制與封建壓迫〉，《二十一世紀》網路版，20，http://www.cuhk.edu.hk/ics/21c/supplem/essay/0307080.htm。
- 黃宗智，1994，《長江三角洲小農家庭與鄉村發展，1350-1988》。香港：牛津大學。
- 萬毓澤，2005，《新自由主義全球化的起源與矛盾：批判實在論的馬克思主義觀點》。國立臺灣大學社會學研究所碩士論文。
- 萬毓澤，2006，〈義大利自主主義運動與政治馬克思主義：對《帝國》的脈絡化解讀與批判〉，《政治與社會哲學評論》18，頁 93-149。
- 萬毓澤，2007a，〈譯者導言：試論《創造歷史》的幾個關鍵主題〉，收於 Alex Callinicos，《創造歷史：社會理論中的行動、結構與變遷》，萬毓澤譯。臺北：群學，頁 55-88。
- 萬毓澤，2007b，〈「當前的問題即歷史問題」：90 年後回顧俄國十月革命〉，《思想》7，頁 19-53。
- 劉景華，2002，〈對西歐資本主義過渡某些問題的再思考〉，收於侯建新編，《經濟－社會史：歷史研究的新方向》。北京：商務印書館，頁 214-236。

---

55. 其他與本文相關的重要議題，尚有如歐洲絕對主義（absolutism）的性質、資產階級革命（bourgeois revolution）的作用、對「封建主義」概念的反省等，筆者希望未來進一步處理之。再者，近年來，不少學者開始重新思考演化理論與歷史唯物論之間的關係，大有形成新的討論焦點之勢，可惜無法反映在本文的寫作中。從 1980 年代起算，最有系統、最嚴謹地將演化論與歷史社會學結合在一起的作品，首推 W. G. Runciman（1983, 1989, 1997）的三部曲鉅作，另可見 Spruyt（1994）的嘗試。1990 年代以來，新一波針對演化理論與歷史唯物論的討論可參考如 Carling（1993, 2004）、Carling and Nolan（2000）、Nolan（2002a, 2002b, 2003）、Blackledge（2002）、Levine and Sober（2003）等。這些討論儘管往往針鋒相對，但都有助於澄清主流學說對馬克思主義的嚴重誤解，如一位法國學者在其討論達爾文主義的著作中竟然說：「馬克思和恩格斯對達爾文主義的某些基本論點，如生存鬥爭、自然選擇的原動力等……持否定態度。實際上，他們的唯物主義救世主降臨說由於下述事實而被削弱：在達爾文主義中，進步純粹是偶然的，而對於馬克思主義者來說，歷史同自然界一樣，事先都有一個確定的發展方向」（Buican, 1999: 100），這種誤解實在可以休矣。

- 薛湧，2002，〈佃農的革命〉，《二十一世紀》網路版，8，http://www.cuhk.edu.hk/ics/21c/supplem/essay/0209020.htm。
- Amin, Samir. 1985. "Modes of Production: History and Unequal Development." *Science and Society* 49 (1), pp. 194-207.
- Anderson, Perry. 1976. *Considerations on Western Marxism*. London: New Left Books.
- Anderson, Perry. 1980. *Arguments Within English Marxism*. London: Verso.
- Anderson, Perry，2001，《從古代到封建主義的過渡》（*Passages from Antiquity to Feudalism*），郭方、劉健譯。上海：上海人民出版社。
- Archer, Margaret. 1995. *Realist Social Theory: The Morphogenetic Approach*. Cambridge: Cambridge University Press.
- Aston, Trevor Henry and C.H.E. Philpin (eds.) 1985. *The Brenner Debate: Agrarian Class Structure and Economic Development in Pre-Industrial Europe*. Cambridge: Cambridge University Press.
- Barker, Colin. 1996. "Challenging the Bourgeois Paradigm." *Monthly Review* 48(7), pp. 41-48.
- Bensaïd, Daniel. 2002. *Marx for Our Times: Adventures and Misadventures of a Critique*. London: Verso.
- Bertram, Christopher. 1990. "International Competition in Historical Materialism." *New Left Review* 183, pp. 116-128.
- Bhaskar, Roy. 1978. *A Realist Theory of Science*. Hassocks, Sussex: Harvester Press.
- Bhaskar, Roy. 1998. *The Possibility of Naturalism: A Philosophical Critique of the Contemporary Human Sciences*. London: Routledge.
- Bisson, Thomas N. 1994. "The 'Feudal Revolution'." *Past and Present* 142, pp. 6-42.
- Blackledge, Paul. 2002. "Historical Materialism: From Social Evolution to Revolutionary Politics." In Paul Blackledge and Graeme Kirkpatrick (eds.) *Historical Materialism and Social Evolution*. New York: Palgrave.
- Blackledge, Paul. 2003. "Political Marxism: Towards an Immanent Critique." *Studies in Marxism* 9, pp. 1-20.
- Blackledge, Paul. 2004. "Review of *Socialist Darwinism: Evolution in German Socialist Thought from Marx to Bernstein*." *Historical Materialism* 12(1), pp. 213-32.
- Blackledge, Paul. 2008. "Political Marxism." In Jacques Bidet and Stathis Kouvelakis (eds.) *Critical Companion to Contemporary Marxism*. Leiden: Brill.
- Blackledge, Paul and Graeme Kirkpatrick (eds.) 2002. *Historical Materialism and Social Evolution*. New York: Palgrave.
- Bois, Guy. 1984. *The Crisis of Feudalism: Economy and Society in Eastern Normandy c.1300-1550*. Cambridge: Cambridge University Press.
- Bois, Guy. 1985. "Against Neo-Malthusian Orthodoxy." In T. H. Aston and C. H. E. Philpin (eds.) *The Brenner Debate: Agrarian Class Structure and Economic Development in Pre-Industrial Europe*. Cambridge: Cambridge University Press.
- Bois, Guy. 1992. *The Transformation of the Year One Thousand: The Village of Lournand from Antiquity to Feudalism*. Manchester: Manchester University Press.
- Brenner, Robert. 1977. "The Origins of Capitalist Development: A Critique of Neo-Smithian Marxism." *New Left Review* 104, pp. 25-92.
- Brenner, Robert. 1978. "Dobb on the Transition from Feudalism to Capitalism." *Cambridge Journal of*

Economics, 2, pp. 121-140.

- Brenner, Robert. 1985a. "Agrarian Class Structure and Economic Development in Pre-Industrial Europe." In T. H. Aston and C. H. E. Philpin (eds.) *The Brenner Debate: Agrarian Class Structure and Economic Development in Pre-industrial Europe.* Cambridge: Cambridge University Press.
- Brenner, Robert. 1985b. "The Agrarian Roots of European Capitalism. " In T. H. Aston and C. H. E. Philpin (eds.) *The Brenner Debate: Agrarian Class Structure and Economic Development in Pre-industrial Europe.* Cambridge: Cambridge University Press.
- Brenner, Robert. 1986. "The Social Basis of Economic Development." In John Roemer (ed.) *Analytical Marxism.* Cambridge: Cambridge University Press.
- Brenner, Robert. 1989. "Bourgeois Revolution and the Transition to Capitalism." In A. L. Brier et al. (eds.) *The First Modern Society*. Cambridge: Cambridge University Press.
- Brenner, Robert. 1991. "Economic Backwardness in Eastern Europe in Light of Developments in the West." In Daniel Chirot (ed.) *The Origins of Backwardness in Eastern Europe.* Berkeley: University of California Press.
- Brenner, Robert. 1993. *Merchants and Revolution.* Cambridge: Cambridge University Press.
- Buican, Denis，1999，《達爾文與達爾文主義》（*Darwin et le Darwinisme*），史美珍譯。北京：商務印書館。
- Bunge, Mario. 1997. "Mechanism and Explanation." *Philosophy of the Social Sciences* 27, pp. 410-465.
- Bunge, Mario. 1998. *Social Science under Debate.* Toronto: University of Toronto Press.
- Bunge, Mario. 1999. *The Sociology-Philosophy Connection.* New Brunswick and London: Transaction Publishers.
- Callinicos, Alex. 1983. *Marxism and Philosophy*. Oxford: Oxford University Press.
- Callinicos, Alex. 1990. "The Limits of 'Political Marxism'." *New Left Review* 184, pp. 110-115.
- Callinicos, Alex. 1994. "England's Transition to Capitalism." *New Left Review* 207, pp. 124-133.
- Callinicos, Alex. 1995. *Theories and Narratives: Reflections on the Philosophy of History.* Durham: Duke University Press.
- Callinicos, Alex. 2002. "History, Exploitation and Oppression." In Paul Blackledge and Graeme Kirkpatrick (eds.) *Historical Materialism and Social Evolution.* New York: Palgrave.
- Callinicos, Alex. 2003. "Classical Historical Materialism in the Face of the 21st Century," paper presented at the conference of the Marxism Specialist Group, Political Studies Association, Leeds, September 2.
- Callinicos, Alex. 2004a. *The Revolutionary Ideas of Karl Marx*, 3nd reprint. London: Bookmarks.
- Callinicos, Alex. 2004b. *Making History: Agency, Structure, and Change in Social Theory*, 2nd edn. Amsterdam: Brill Academic Press.
- Callinicos, Alex. 2007. *Social Theory: A Historical Introduction.* 2nd edn. Cambridge: Polity Press.
- Carling, Alan. 1990. "In Defence of Rational Choice: A Reply to Ellen Meiksins Wood." *New Left Review* 184, pp. 97-109.
- Carling, Alan. 1991. *Social Division.* London: Verso.
- Carling, Alan. 1992. "Marx, Cohen and Brenner: Functionalism versus Rational Choice in the Marxist Theory of History." In Paul Wetherly (ed.) *Marx's Theory of History: The Contemporary Debate.* Aldershot: Avebury.
- Carling, Alan. 1993. "Analytical Marxism and Historical Materialism: The Debate on Social Evolution."

Science and Society, 57(1), pp. 31-65.

- Carling, Alan. 2004. "The Darwinian Weberian: W. G. Runciman and the Microfoundations of *Historical Materialism." Historical Materialism* 12(1), pp. 71-95.
- Carling, Alan and Paul Nolan. 2000. "Historical Materialism, Natural Selection, and World History." *Historical Materialism* 6, pp. 215-264.
- Cohen, G. A. 2000. *Karl Marx's Theory of History: A Defence*, 2nd edn. Princeton, N.J.: Princeton University Press.
- Cohen, G. A. and Will Kymlicka. 1988. "Human Nature and Social Change in the Marxist Conception of History." *The Journal of Philosophy* 85(4), pp. 171-179.
- Comnimel, George. 1987. *Rethinking the French Revolution.* London: Verso.
- Creaven, Sean. 2000. *Marxism and Realism: A Materialistic Application of Realism in the Social Sciences*. London: Routledge.
- Creaven, Sean. 2007. *Emergentist Marxism: Dialectical Philosophy and Social Theory.* London: Routledge.
- Davidson, Neil. 2005. "Asiatic, Tributary or Absolutist?," available at http://www.isj. org.uk/index. php4?id=20.
- Deutscher, Isaac. 1984. *Marxism, Wars, and Revolution: Essays from Four Decades.* London: Verso.
- Duby, Georges. 1976. *Rural Economy and Country Life in the Medieval West.* Columbia: University of South Carolina Press.
- Duby, Georges. 1980. *The Three Orders: Feudal Society Imagined.* Chicago: University of Chicago Press.
- Duchesne, Ricardo. 1993. "Debating the Transition to Capitalism." *Science and Society* 57(1), pp. 80-86.
- Engels, Friedrich，1995a，〈自然辯證法〉，《馬克思恩格斯選集》，第 4 卷。北京：人民出版社。
- Engels, Friedrich，1995b，〈恩格斯致彼・拉・拉甫羅夫〉，《馬克思恩格斯選集》，第 4 卷。北京：人民出版社。
- Engels, Friedrich，1999，《反杜林論》。北京：人民出版社。
- Fine, Ben and Lawrence Harris. 1979. *Rereading Capital.* New York: Columbia University Press.
- Foster, John Bellamy. 2000. *Marx's Ecology: Materialism and Nature.* New York: Monthly Review Press.
- Gerstenberger, Heide. 2007. *Impersonal Power: History and Theory of the Bourgeois State*. Leiden: Brill.
- Gilpin, Robert. 1981. *War and Change in World Politics*. Cambridge: Cambridge University Press.
- Gottlieb, Roger. 1984. "Feudalism and Historical Materialism: A Critique and a Synthesis." *Science and Society* 48(1), pp. 1-37.
- Gottlieb, Roger. 1987. "Historical Materialism, Historical Laws and Social Primacy: Further Discussion on the Transition Debate." *Science and Society* 51(2), pp. 188-199.
- Gould, Stephen Jay，1996，《自達爾文以來：自然史沈思錄》（*Ever since Darwin: Refletions in Natural History*），田洺譯。北京：三聯書店。
- Harman, Chris. 1998a. "Base and Superstructure." In *Marxism and History.* London: Bookmarks.
- Harman, Chris. 1998b. "From Feudalism to Capitalism." In *Marxism and History*. London: Bookmarks.
- Harman, Chris. 1999. "Footnotes and Fallacies: A Comment on Robert Brenner's 'The Economics of Global Turbulence'." *Historical Materialism* 4, pp. 95-104.
- Harman, Chris. 2004. "The Rise of Capitalism." *International Socialism* 102, pp. 53-86.
- Harman, Chris. 2006. "Shedding New Light on the Dark Ages." *International Socialism* 109, pp. 187-191.

- Harman, Chris and Robert Brenner. 2006. "The Origins of Capitalism." *International Socialism* 111, pp. 127-165.
- Harré, Rom and Edward H. Madden. 1975. *Causal Powers.* Oxford: Blackwell.
- Heller, Henry. 1985. "The Transition Debate in Historical Perspective." *Science and Society* 49(1), pp. 208-213.
- Hoffman, John. 1985. "The Dialectic of Abstraction and Concentration in Historical Materialism." *Science and Society* 49(4), pp. 451-462.
- Hilton, Rodney (ed.) 1976. *The Transition from Feudalism to Capitalism.* London: NLB.
- Katz, Claudio. 1994. "Debating the Dynamics of Feudalism: Challenges for Historical Materialism." *Science and Society* 58(2), pp. 195-204.
- Kautsky, Karl. 1988. *The Materialist Conception of History.* New Haven: Yale University Press.
- Kautsky, Karl. 1996. *The Road to Power.* New Jersey: Humanities Press.
- Kriedte, Peter. 1983. *Peasants, Landlords, and Merchant Capitalists: Europe and the World Economy, 1500-1800.* Cambridge: Cambridge University Press.
- Laibman, David. 1984. "Modes of Production and Theories of Transition." *Science and Society* 48(3), pp. 257-294.
- Laibman, David. 1987. "Modes and Transitions: Replies to the Discussion and Further Comments." *Science and Society* 51(2), pp. 179-187.
- Levine, Andrew and Elliot Sober. 1985. "What's Historical about Historical Materialism?" *Journal of Philosophy,* 1xxxii, 6, pp. 304-326.
- Levine, Andrew and Elliot Sober. 2003. "A Reply to Paul Nolan's 'What's Darwinian About Historical Materialism? A Critique of Levine and Sober'." *Historical Materialism* (11)3, pp. 177-181.
- Levine, Andrew, Erik Olin Wright and Elliot Sober. 1992. *Reconstructing Marxism.* London: Verso.
- Lockwood, David. 1964. "Social Integration and System Integration." In George K. Zollschan and Walter Hirsch (eds.) *Explorations in Social Change.* Boston: Houghton Mifflin.
- Löwy, Michael. 1993. "Rosa Luxemburg's Conception of 'Socialism or Barbarism'." In *On Changing the World: Essays in Political Philosophy, from Karl Marx to Walter Benjamin.* London: Humanities Press.
- Lukács, Georg，1992，《歷史與階級意識：關於馬克思主義辯證法的研究》（*Geschichte und Klassenbewußtsein: Studien über marxistische Dialektik*），杜章智等譯。北京：商務印書館。
- Maddison, Angus. 1982. *Phases of Capitalist Development.* Oxford: Oxford University Press.
- Mandel, Ernest，2002，《權力與貨幣：馬克思主義的官僚理論》（*Power and Money: A Marxist Theory of Bureaucracy*）。孟捷譯。北京：中央編譯出版社。
- Mann, Michael，2002，《社會權力的來源（第一卷）》（*The Sources of Social Power, Volume 1*），劉北成、李少軍譯。上海：上海人民出版社。
- Marx, Karl，1995a，〈哲學的貧困〉（節選），《馬克思恩格斯選集》，第 1 卷。北京：人民出版社。
- Marx, Karl，1995b，〈《政治經濟學批判》序言〉，《馬克思恩格斯選集》，第 2 卷。北京：人民出版社。
- Marx, Karl，2001，《路易·波拿巴的霧月十八日》。北京：人民出版社。
- Marx, Karl，2004a，《資本論》，第 1 卷，中共中央馬克思恩格斯列寧斯大林著作編譯局譯。北京：人民出版社。
- Marx, Karl，2004b，《資本論》，第 3 卷，中共中央馬克思恩格斯列寧斯大林著作編譯局譯。北京：

人民出版社。

- Marx, Karl and Friedrich Engels，1957，《馬克思恩格斯全集》，第 2 卷。中共中央馬克思恩格斯列寧斯大林著作編譯局譯。北京：人民出版社

- Marx, Karl and Friedrich Engels，1995，〈共產黨宣言〉，《馬克思恩格斯選集》，第 1 卷。北京：人民出版社。

- McLennan, Gregor. 1986. "Marxist Theory and Historical Research: Between the Hard and the Soft Options." *Science and Society* 50(1), pp. 157-165.

- McNally, David. 1988. *Political Economy and the Rise of Capitalism: A Reinterpretation*. Berkeley: University of California Press.

- Mielants, Eric H. 2007. *The Origins of Capitalism and the "Rise of the West"*. Philadelphia: Temple University Press.

- Milonakis, Dimitris. 1993-94. "Prelude to the Genesis of Capitalism: The Dynamics of the Feudal Mode of Production." *Science and Society* 57(4), pp. 390-419.

- Milonakis, Dimitris. 1997. "The Dynamics of History: Structure and Agency in Historical Evolution." *Science and Society* 61(3), pp. 303-329.

- Molyneux, John. 1995. "Is Marxism Deterministic?" *International Socialism* 68, pp. 37-74.

- Mooers, Colin. 1991. *The Making of Bourgeois Europe: Absolutism, Revolution, and the Rise of Capitalism in England, France, and Germany.* London: Verso.

- Mouzelis, Nicos. 1991. *Back to Sociological Theory: The Construction of Social Orders.* London: Macmillan.

- Nolan, Paul. 2002a. "A Darwinian Historical Materialism." In Paul Blackledge and Graeme Kirkpatrick (eds.) *Historical Materialism and Social Evolution.* New York: Palgrave.

- Nolan, Paul. 2002b. "What's Darwinian about *Historical Materialism?* A Critique of Levine and Sober." *Historical Materialism* 10(2), pp. 143-169.

- Nolan, Paul. 2003. "Levine and Sober: A Rejoinder." *Historical Materialism* 11(3), pp. 183-200.

- Okishio, Nobuo. 1961. "Technical Changes and the Rate of Profit." *Kobe University Economic Review* 7, pp. 86-99.

- Perry, Matt. 2002. *Marxism and History*. New York : Palgrave.

- Pirenne, Henri，2001，《中世紀歐洲經濟社會史》（*Economic and Social History of Medieval Europe*），樂文譯。上海：上海人民出版社。

- Polanyi, Karl，2000，〈自我調節市場與虛構商品：勞動、土地與貨幣〉，收於許寶強、渠敬東編，《反市場的資本主義》。香港：牛津大學出版社。

- Postan, Michael Moissey. 1975. *The Medieval Economy and Society: An Economic History of Britain in the Middle Ages*. Harmondsworth: Penguin.

- Prinz, Arthur M. 1969. "Background and Ulterior Motive of Marx's 'Preface' of 1859." *Journal of the History of Ideas* 30(3), pp. 437-450.

- Rees, John. 1998. *The Algebra of Revolution: The Dialectic and the Classical Marxist Tradition*. London: Routledge.

- Rigby, Stephen H. 2004. "Historical Materialism: Social Structure and Social Change in the Middle Ages." *Journal of Medieval and Early Modern Studies* 34(3), pp. 473-522.

- Rudra, Ashok. 1987. "The Transition Debate: Lessons for Third World Marxists." *Science and Society*

51(2), pp. 170-178.

- Ruggie, John，2002，〈世界政治體制中的繼承與轉換：走向新現實主義綜合〉（Continuity and Transformation in the World Polity: Toward a Neorealist Synthesis），收於 Robert O. Keohane 編，《新現實主義及其批判》（*Neorealism and Its Critics*），郭樹勇譯，頁 120-43。北京：北京大學出版社。
- Runciman, Walter Garrison. 1983. *A Treatise on Social Theory*, vol. 1. Cambridge: Cambridge University Press.
- Runciman, Walter Garrison. 1989. *A Treatise on Social Theory*, vol. 2. Cambridge: Cambridge University Press.
- Runciman, Walter Garrison. 1997. *A Treatise on Social Theory*, vol. 3. Cambridge: Cambridge University Press.
- Sen, Amartya，2001，《經濟發展與自由》（*Development as Freedom*），劉楚俊譯。臺北：先覺。
- Smith, Adam，1972，《國民財富的性質和原因的研究》（*An Inquiry into the Nature and Causes of the Wealth of Nations*），郭大力、王亞南譯。北京：商務印書館。
- Smith, Tony. 2002. "Lean Production and Economic Evolution in Capitalism." In Paul Blackledge and Graeme Kirkpatrick (eds.) *Historical Materialism and Social Evolution.* New York: Palgrave.
- Sober, Elliot. 1993. *The Nature of Selection: Evolutionary Theory in Philosophical Focus.* Chicago: Chicago University Press.
- Spruyt, Hendrik. 1994. *The Sovereign State and its Competitors: An Analysis of Systems Change.* Princeton, N.J.: Princeton University Press.
- Sweezy, Paul. 1976. "A Critique." In Rodney Hilton (ed.) *The Transition from Feudalism to Capitalism.* London: NLB.
- Sweezy, Paul. 1986. "Feudalism-to-Capitalism Revisited." *Science and Society* 50(1), pp. 81-84.
- Teschke, Benno. 1998. "Geopolitical Relations in the European Middle Ages: History and Theory." *International Organization* 52(2), pp. 325-358.
- Teschke, Benno. 2003. *The Myth of 1648: Class, Geopolitics, and the Making of Modern International Relations*. London: Verso.
- Timpanaro, Sebastiano. 1975. *On Materialism.* London: New Left Books..
- Verhulst, Adriaan，2002，〈西歐中世紀社會經濟史研究狀況〉，徐家玲編譯，收於侯建新編，《經濟－社會史：歷史研究的新方向》，頁 380-394。北京：商務印書館。
- Waltz, Kenneth，2003，《國際政治理論》（*Theory of International Politics*），信強譯。上海：上海人民出版社。
- Weikart, Richard. 1998. *Socialist Darwinism: Evolution in German Socialist Thought from Marx to Bernstein.* San Francisco: International Scholars Publications.
- Wickham, Chris. 1985. "The Uniqueness of the East." *Journal of Peasant Studies* 12(2-3), pp. 166-196.
- Wolf, Eric，2003，《歐洲與沒有歷史的人》（*Europe and the People without History*），賈士蘅譯。臺北：麥田。
- Wood, Ellen Meiksins. 1981. "The Separation of the Economic and the Political in Capitalism." *New Left Review* 127, pp. 66-95.
- Wood, Ellen Meiksins. 1985. "Marxism and the Course of History." *New Left Review* 147, pp. 95-107.
- Wood, Ellen Meiksins. 1990. "Explaining Everything or Nothing?" *New Left Review* 184, pp. 116-128.
- Wood, Ellen Meiksins. 1995. *Democracy against Capitalism.* Cambridge: Cambridge University Press.

- Wood, Ellen Meiksins. 1999. *The Origin of Capitalism.* New York: Monthly Review Press.
- Wood, Ellen Meiksins. 2002. "Global Capital, National States." In Mark Rupert and Hazel Smith (eds.) *Historical Materialism and Globalization.* New York: Routledge.
- Wood, Ellen Meiksins. 2003. *The Empire of Capital.* London: Verso.
- Wright, Erik Olin. 1983. "Giddens's Critique of Marxism." *New Left Review* 138, pp. 11-35.

──本文原刊載於《台灣社會研究季刊》71（2008.09），頁 109-156。萬毓澤教授授權使用。

一、資本主義起源論的爭論

① 涉及兩個層面：歷史詮釋問題，如16世紀西歐邁向資本主義，東歐卻重新經歷農奴制；以及馬克思主義者對歷史唯物論的理解。

② 「結構」與「行動」為評估歷史唯物論的關鍵問題。

③ Alex Callinicos 認為歷史理論須滿足的三項條件：對社會差異做結構性的解釋、歷史發展有質或階段性的區分、歷史變遷的方向性。

④ Perry Anderson 歷史唯物論的兩種詮釋方式：演化主義式的歷史理論和唯意志論式的歷史理論。

二、演化主義與機械決定論：從第二國際到 G. A. Cohen

① 馬克思和恩格斯都認同達爾文的演化論，前者談到是自己建構歷史階級鬥爭的基礎；後者則對達爾文的理論有所保留。

② 第二國際的考茨基將馬克思主義和生物演化更徹底結合起來，並透過一種機械決定論的角度，認為必然會朝向社會主義發展，最終廢除所有階級。

③ G. A. Cohen 承繼演化主義式的歷史唯物論，認為當生產關係無法促進生產力時，生產力就會迫使生產關係轉型。例如：封建生產方式無法跟上生產力時，資本主義生產方式就因此誕生。

三、Brenner 和 Wood 的「政治馬克思主義」

① 商業化模型：認為貿易活絡、商人崛起、城鎮興盛等，商業社會的形

成自然造就資本主義的出現。而部分馬克思主義學者，如 Paul Sweey、Andre Gunder Frank、Immanuel Wallerstein 等，也提出類似的觀點

② Robert Brenner 認為這類說法（他稱為「新斯密式馬克思主義」）忽略了作為商業社會形成基礎的財產關係。

③ Brenner 和 Wood 也批評 Cohen 的歷史唯物論，指出資本主義並非歷史自然發展的結果。封建主義和資本主義生產方式是兩種截然不同的運作邏輯，由前者過渡到後者為一種斷裂而非連續。

④ Brenner 解釋封建如何過渡到資本主義時，採取階級中心的視角。Wood 也認為 Brenner 的論點是由階級鬥爭來決定歷史發展。

⑤ Guy Bois 認為 Brenner 的論述呈現一種唯意志論的歷史觀，稱呼其為「政治馬克思主義」。

四、如何兼顧結構與行動？

① 理論上的考量：結合結構性的因素（生產力與生產關係的矛盾）與能動性的見解（階級鬥爭），才能較為全面理解歷史唯物論。

② 回到西歐社會經濟發展史的脈絡：Carling 結合 Brenner 和 Cohen 的論點，認為封建主義的危機下，不同地區階級鬥爭的結果影響了其發展，英國基於特殊的歷史條件發展出農業資本主義，也拉開了與其他封建主義地區的發展水平。

③ 儘管 Carling 結合了結構和行動的論述，但有些論點仍有待商榷，需要更仔細從歷史分析前資本主義的生產關係、生產力和生產方式，並且更廣泛的階級鬥爭角度來分析。

| 導讀 | 黃文齡，〈重塑形象之爭：
1923 年設置黑人姆媽紀念雕像
提議案之研究〉

———— 韓承樺 ————

　　「民主」意味著視人人為平等，尊重和保護每一獨立個體應擁有的權利，並得公平參與政治決策和社會公眾生活。這在我們現今看來是如此理所當然的狀態，卻是人類花了很長時間才理解和實踐的理律。事實上，「民主」在國家體制、政治制度和社會參與幾個面向的實踐，是長期處在變動和再定義的狀態，是相當晚近才發展成熟的政治概念。循此理念建構的國家形態和公共生活，則處在不甚穩定、脆弱的狀態。作為常與極權、專制政治相對的政治概念，「民主」的發展歷史不是一路平坦順當。其指涉的「公民」，在19、20世紀之間都還是有限定的，排除了幼齡、女性、奴隸，在性別、種族和階級面向設下重層限制。這也是為什麼要在基礎歷史教育環境中，引導學生理解民主傳統的特質和建構過程，使其理解它並不如陽光、空氣、水那般自然存在；甚至於當代國家政局變動和社會衝突之際，「民主」還時常面臨質疑和挑戰。

　　執此，黃文齡這篇環繞著20世紀初期美國黑人民權問題的研究，就是討論「民主傳統及其現代挑戰」這則課綱很好的切入點。有色人種的權利問題，一直頗受關注。以美國為例，非裔美國人在近代以來遭受的不平等對待，至今都仍未完全止息。2020年，全美經歷「黑人的命也是命」（Black Lives Matter）社會運動，影響遍及政治、社會、經濟、商業、文化乃至於日常生活，

許多圍繞著「黑」、「白」的論述被攤在陽光底下重新檢討。這時我們才赫然發現，原來生活周遭仍存有許多針對有色人種的歧視性符號，例如化妝品的「美白」言論；此些種種，甚至成為我們認識及描繪世界的刻板性語言。

黃文齡此文，以 19 世紀美國南方莊園的女性奴隸——黑人姆媽（black Mammy）為主——討論黑人女性形象在美國近代史脈絡的建構歷程，是如何在種族、性別、社會階級和歷史記憶交織互動的框架下完成。這篇文章揭示了三個層次的問題。第一，黑人女性奴隸作為獨立個體，其人權在歷史上實際被剝奪的過程，這屬於歷史實存面向，後人還尚好區辨的實然層面問題。第二，在後設者亦即白人社群重新塑造黑人女性奴隸形象過程中，同時扭曲了女性及男性的本質和精神。它讓黑人女性被固定在奴隸和勞動者階層位置，更因其專職照顧白人家庭，從而間接影射她們怠忽黑人社會的母親職責。另方面，強調女性勞動者形象，即為暗指黑人男性的不工作，間接否定黑人男性在美國社會力爭上游的精神特質。

第三個層面，是比較抽象的，屬於國族內部集體記憶和歷史知識的競爭與衝突問題。也就是說，當南方社群欲以雕像重新「紀念」黑人姆媽之於南方社會的「歷史貢獻」時，即涉入了國族記憶和歷史知識建構的範疇。是「誰」，出於什麼原因、目的？要以何種形式來「紀念」，這都牽涉到人們以何種方式在歷史片段中擷取特定主體為記憶點的問題。而這必然關係到，社會裡頭強勢族群和弱勢族群關於集體記憶內容和表述方法的爭奪。反映在黑人姆媽紀念雕像事件上，白人的刻意為之與黑人的極力反抗，就顯示了國家內部社群對集體記憶和歷史知識的打造，會如何牽動現實世界的各項議題。

然而，最諷刺的是，關於黑人女性形象之爭，並未在 1920 年代的塑像風波中完全落幕。更早於 1893 年，在哥倫比亞博覽會舞台上，曾經受雇來唱歌跳舞、推廣鬆餅和幸福南方家園的「傑米媽阿姨」（Aunt Jemima），成為了桂格燕麥公司鬆餅、糖漿廣告的招牌代言人。這位「傑米媽阿姨」，正是黑人姆媽形象的完全複製品。像這樣帶有極端扁平和刻板印象的符號，

卻一直要到 2020 年，在 BLM 運動過程中，桂格公司才宣布停用這個品牌圖樣。其實還有更多的例子，而這些都進一步揭示了「民主」作為一個政治、社會普遍性原則，其所揭示的人人生而平等之理想，是如此的脆弱、難致。黑人女性面對種族、性別和社會階級的「交叉性」（intersectionality）困境更提醒我們，在歷史教育過程裡，教育者必須引導學習者能從日常生活的不同面向，去反思我們是否真能實踐「民主」的真諦。

◆ 108 課綱相關條目對照說明

　　本書對應「民主傳統及其現代挑戰」（條目 Lb-V-3）。了解黑人女性為自我發聲，爭取人權與族群平等。

延伸閱讀

1. 杜博依斯（W. E. B. Du Bois）著，何文敬譯，《黑人的靈魂》（臺北：聯經，2018）。
　　本書對應「民主傳統及其現代挑戰（條目 Lb-V-3）。

2. 張灝，《幽暗意識與民主傳統》（臺北：聯經，2020）。
　　本書對應「民主傳統及其現代挑戰」（條目 Lb-V-3）。

3. 黃文齡，《或躍在淵：種族困境下的美國黑人女性，1920-1950》（新竹：清華大學出版社，2020）。
　　本書對應「民主傳統及其現代挑戰」（條目 Lb-V-3）。

4. 伊布拉・肯迪（Ibram X. Kendi）著、張玉芬等譯，《生而被標籤：美國種族歧視思想的歷史淵源》（臺北：馬可孛羅，2019）。
　　本書對應「民主傳統及其現代挑戰」（條目 Lb-V-3）。

重塑形象之爭：
1923 年設置黑人姆媽紀念
雕像提議案之研究

黃文齡*

一、前言

　　1980 年代後期，國際知名攝影師托斯肯尼（Oliviero Toscani, 1942-）為班尼頓公司（United Colors of Benetton）設計衣服商品的廣告，一個嬰兒緊緊靠在一個穿著該公司的紅色毛衣商品，但卻看不到頭部的黑人女性胸前吸奶。班尼頓公司的本意是在提倡種族平等，但圖片中的黑人女性卻引起更多的討論。根據這個圖片臆測，這位黑人女性模特兒彷若 19 世紀美國南方莊園裡的女性奴隸——黑人姆媽（black Mammy）。

　　一般而言，黑人姆媽多半是個體型碩大、膚色黝黑的黑人女性，白色衣裙外面套著白色的圍裙，頭戴白色頭巾是其標準穿著。在南方，不僅中產階級有能力雇用黑人姆媽，連貧窮白人家庭中都有黑人姆媽活動的身影，負責處理白人家裡所有大小事務。而麥克丹尼爾（Hattie McDaniel, 1895-1952）在電影「亂世佳人」（*Gone With the Wind*）中的扮相，則加深了現代人對於

＊中央研究院歐美研究所副研究員。研究領域為非裔美國人研究、美國婦女社團組織、美國婦女史。

黑人姆媽的印象。[1]

　　黑人姆媽是自黑人幫傭（Negro servants）延伸出來的。黑人幫傭包括洗衣婦、廚子、女侍、女裁縫、管家、清潔工、花匠等，這些人在南方生活中處處可見。奴隸工作的場域分為室內與戶外，室內的工作是由女主人掌控，男主人則負責戶外人力安排的工作。黑人姆媽則屬於家庭內的幫傭，除了協助女主人相關的家務事外，還要照顧主人家的幼兒。黑人姆媽工作時間長，作息時間完全配合主人家的步調，也可能和主人家庭保持較為長久深厚的關係。[2] 對主人而言，黑人姆媽的價值不只於財產，也有親密的人際關係。

　　至於黑人姆媽的類型或稱呼，並沒有一定的標準。史家史密斯（Stephanie A. Smith）、華萊世‧山德斯（Kimberly Wallace-Sanders）都認為《黑奴籲天錄》（*Uncle Tom's Cabin*）是一個了解黑人女性奴隸在白人主人家工作性質與類型的參考性指標。[3] 其實早在 1810 年有關南方的旅遊遊記中，就有關於黑人女性奴隸照顧白人小孩的記載。[4] 只是南方白人在回憶他的黑人保姆時，感謝之意溢於言表，但很多人都不知道她們的真實姓名，內戰之前，多半以黑人保母（negro nurse）、育嬰保母（baby nurse）作為黑人姆媽的稱呼。[5] 其他諸如：摩特奶奶（Granny Mott，出現在 *The Valley of Shenandoah*, 1824）、克羅伊姨（Aunt Chloe，出現在 *Scenes in Georgia*, 1827）、茱蒂姨（Aunt Judy，出現在 *Linda, or, the Young Pilot of the Belle Creole*, 1850），

---

1. Margaret Mitchell, *Gone with the Wind*. 相關劇照可參考 http://www.imdb.com/title/tt0031381/。瀏覽日期：2011 年 5 月 21 日。麥克丹尼爾因該角色而獲得 1939 年奧斯卡金像獎最佳女配角獎。不過諷刺的是，當「亂世佳人」一片在美國亞特蘭大市（Atlanta City）首映時，包括麥克丹尼爾在內的黑人演員均無受邀參加。

2. Susan Dabney Smedes, *A Southern Planter*, p. 8; Jessie W. Parkhurst, "The Role of the Black Mammy in the Plantation Household," p. 351.

3. Stephanie Smith, *Conceived by Liberty*, p. 90; Kimberly Wallace-Sanders, *Mammy: A Century of Race, Gender, and Southern Memory*, p. 38.

4. Kimberly Wallace-Sanders, *Mammy: A Century of Race, Gender, and Southern Memory*, p.4.

5. 此處 nurse 譯為保母，主要是因為這些黑人女性並非專業的醫護人員，工作性質多為照顧小主人起居與協助家務工作為主。

也都並非稱之為姆媽（Mammy）。大約而論，以黑人姆媽一詞稱呼照顧他們的黑人女性奴隸，最早出現在佩吉（Thomas Nelson Page）的《舊南方》（*The Old South*, 1889）。[6] 就數量上來說，有關黑人姆媽的文章、小說在 1890-1920 年代中出現最多，數量遠超過內戰前、內戰時或戰後重建時期（Reconstruction Era, 1865-1877）；自 1906-1912 年達到高峰之後，就逐年減少。[7]

就內容來說，這些緬懷內戰前後南方莊園生活的小說文本或通俗文章充滿了對黑人姆媽的稱頌，特別是她們對南方白人家庭的照顧與奉獻，都使其成為文中不可或缺的角色。[8] 以「邦聯之女聯合會」（United Daughters of the Confederacy）的組織刊物《邦聯退伍軍人通訊》（*Confederate Veteran*）為例，許多文章都對黑人姆媽表露濃厚的思鄉情緒，其中不乏描述外出工作的白人從城市回到家鄉，黑人姆媽倚門而望，等待著他們的歸來，一如孩童時期一般的情景。[9] 福克納（William Faulkner）的《去吧！摩西》（*Go Down, Moses*）、瑞司（Howell Raines）的《葛倫第的禮物》（*Grady's Gift*）等，

---

6. Patricia Morton, "My Black Mammy," p. 37.

7. Cheryl Thurber, "The Development of the Mammy Image and Mythology," p. 96.

8. Cheryl Thurber, "The Development of the Mammy Image and Mythology," pp. 87-108.

9. 在《邦聯退伍軍人通訊》出現的文章，如："Burial of 'Aunt' Mary Marlow," p. 101; A. J. Emerson, "Stonewall Jackson: A Homily," pp. 58-59; Sally B. Hamner, "Mammy Susan's Story," pp. 270-271; Julia B. Reed, "Blue-coats at Liberty Hall," pp. 303-304; Rev. G. L. Tucker, "Faithful to the 'Old Mammy'," p. 582. 小說部分如：Mrs. Bernie Babcock, *Mammy: A Drama*; Albert Morris Bagby, *Mammy Rosie*. 1920 年前後，《邦聯退伍軍人通訊》有關黑人姆媽的文章比較少有特殊案例的討論，多半是對黑人姆媽通論性的評論。如：William Preston Cabell, "How a Woman Helped to Save Richmond," pp. 177-178; Captain James Dinkins, "My Old Black Mammy," pp. 20-22; Margaret Heard Dohem, "Alexander Hamilton Stephens," pp. 91-94; "In Memory of a Faithful Servant," p. 476; Laura Herbert Mac-Alpine, "War Memories of a Virginia Woman," pp. 579-581; Mrs. C. D. Malone, "The Franklin County Monument," p. 537; "Mammy—And Memory," p. 55; Chapman J. Milling, "Illium in Flames," pp. 179-183; Hammond, "The Old Black Mammy," p. 6 ; Estelle T. Oltrogge, "My Old Black Mammy," p. 45; Mrs. Samuel Posey, "The Crimson Battle Flag," pp. 98-100; "Preserving Amiability of Black Mammy," p. 427; Howard Weeden, "Me and Mammy"; Julia Porcher Wickham, "My Children's Mammy—An Appreciation," pp. 413-415.

也將黑人姆媽的生活經驗，與其對白人家庭的貢獻，及其和雇主家庭之間的關係，都予以刻畫入微。在福克納的作品中，有關黑人姆媽的角色，都是以其本人的黑人姆媽卡莉（Mammy Callie）為範本。福克納也照顧卡莉的晚年，並為她舉辦葬禮；卡莉的墓碑上寫著：「Mammy / Her white children bless her」。[10] 而史密斯（Lillian Smith）在他的作品《夢想殺手》（*Killers of the Dream*）中，道盡了白人小孩與主人家庭對黑人姆媽的複雜情感。[11]

1938 年帕克赫斯特（Jessie W. Parkhurst of Tuskegee Institute）首度從學術研究的角度探討黑人姆媽。論文中的黑人姆媽是忠心、有責任感、獨立、有耐心，從事家務工作，視主人的孩子如己出，「不分晝日的照顧主人家的孩子」，全心奉獻的黑人家庭幫傭，並將黑人姆媽列為「在權威上僅次於女主人」，管理「主人家裡大大小小的事情。」黑人姆媽在白人家庭中備受尊重，並且主雇之間存在著某種形態的「社交自由」（freedom of intercourse）和「相互依賴」（co-dependent）。[12]

長期以來，白人鄙視黑人，懶惰、墮落、道德差、沒有家庭觀念、酗酒、性關係複雜、行為放浪等等刻板印象，如影隨形般跟著黑人。帕克赫斯特引用白人女主人與白人小孩對於黑人姆媽的描述，用以定位黑人女性在南方的處境。大量引用了白人對於黑人姆媽看法的結果，如樂觀、仁慈、善良、勤儉、熱情等正面的語彙，出現在形容黑人姆媽的詞句中，而這些詞彙在當時是不可能用在其他黑人女性身上的。因此更凸顯了黑人姆媽在白人心中與現實環境對黑人女性的貶抑之間的天壤之別。

同樣的質疑也出現在史家對於黑人姆媽的論述中。史家克林頓

---

10. William Faulkner, *Go Down, Moses*; John Faulkner, *My Brother Bill: An Affectionate Reminiscence*, pp. 47-52; Joseph L. Blotner, *Faulkner: A Biography*, pp. 1034-1036.

11. William Faulkner, *Go Down, Moses*; Howell Raines, *Grady's Gift*; Lillian Smith, *Killers of the Dream*, pp. 123-131.

12. Jessie W. Parkhurst, "The Role of the Black Mammy in the Plantation Household." 事實上，《邦聯退伍軍人通訊》也常常可見類似的陳述，如「紀念一位忠心的僕人（In Memory of a Faithful Servant）」等。

（Catherine Clinton）、懷 特（Deborah Gray White）、恪 曼（Herbert Gutman）、瓊斯（Jacqueline Jones）、華萊世‧山德斯等人都接受有關黑人姆媽的事實，但對於黑人姆媽的角色提出他們的看法與質疑。[13] 主要在於很難確定黑人姆媽在南方生活中的真實情況，因為許多的相關資料多是出自白人的口述或記憶，或是以南方莊園為場景的小說文本中，真正黑人姆媽遺留下來的資料十分有限。所以史家克林頓認為黑人姆媽是南方白人社會美化的結果。[14] 懷特同意克林頓的看法，黑人姆媽的記憶出現在對於戰後南方生活的文字記載中，暗示種族之間和諧的假象。[15] 恪曼也對黑人姆媽是否一如白人的文字記載表示質疑。在她的研究中發現，即使到 1880 年代，黑人女性擔任黑人姆媽的數量仍不多，且多數在白人家工作的黑人女性以 20 歲以下者居多，已婚的黑人婦女則以從事洗衣的工作為主。[16] 吉諾威斯（Eugene Genovese）則是少數在其作品中肯定黑人姆媽在奴隸時期有重要地位的學者，「她（黑人姆媽）是白人主人家最常出現與最重要的黑人。」[17]

雖然史料的局限和白人的美化，造成史家對於黑人姆媽看法頗多紛歧，但卻無法抹滅黑人姆媽在歷史定位、解釋內戰前因後果、詮釋南方種族關係、乃至性別差異等方面的複雜性與重要性。史家華萊世‧山德斯的研究指出，1890 年到 1920 年代之間，美國社會往往透過黑人姆媽了解黑人社會、評價黑人女性與母親角色的問題，也據此探究南方社會與文化，因此黑人姆媽是一般人了解南方與黑人社會的橋梁。[18] 其重要性可見一斑。本文擬從

---

13. Catherine Clinton, *The Plantation Mistress: Woman's World in the Old South*, pp. 201-202; Deborah Gray White, *Ar'n't I a Woman?: Female Slaves in the Plantation South*, pp. 46-61; Herbert Gutman, *The Black Family in Slavery and Freedom, 1750-1925*, pp. 443-445, 630-635; Jacqueline Jones, *Labor of Love, Labor of Sorrow*, pp. 24-25, 127-132.

14. Catherine Clinton, *The Plantation Mistress: Woman's World in the Old South*, pp. 201-202.

15. Deborah Gray White, *Ar'n't I a Woman?: Female Slaves in the Plantation South*, pp. 46-61.

16. Herbert Gutman, *The Black Family in Slavery and Freedom, 1750-1925*, pp. 623, 443-445, 630-635.

17. Eugene Genovese, *Roll, Jordan, Roll: The World the Slaves Made*, pp. 353-365, 494-501.

18. Kimberly Wallace-Sanders, *Mammy: A Century of Race, Gender, and Southern Memory*, p. 93.

1923 年密西西比州的參議員威廉斯（John Williams of Mississippi）向國會提出的議案作為切入點，繼續深入探討。

威廉斯參議員根據「邦聯之女聯合會」維吉尼亞州分會的建議，向國會提出一項議案，希望在首府華盛頓豎立一個雕像，以紀念忠心耿耿的黑人姆媽對於南方的貢獻。[19] 如果該建議案通過，黑人姆媽的雕像將矗立在首府，供後人憑弔紀念。

最後這項建議案並沒有通過。但黑人社會面對這個提議案所持反對立場的態度卻是值得進一步探討的。為什麼南方白人社會願意為黑人姆媽立碑紀念，反而招致黑人社會反對？這篇論文將以重塑形象為討論主軸，在歷史、種族與性別的框架中，從黑人社會的角度，探討黑人社會反對的理由。

本文除前言與結論外，將從原提議人「邦聯之女聯合會」的成立宗旨與活動切入，探討其本身的屬性，凸顯該組織的活動與當時重新建構南方歷史社會氛圍的關係；從模糊黑人在內戰的歷史地位、有損於黑人戮力形塑的「新黑人」形象、[20] 忽視黑人女性力爭上游的努力、指涉黑人女性怠忽母職等面向進行探討與說明黑人社會反對的理由。

本文所使用的資料，除了學者的相關研究外，「邦聯之女聯合會」方面的研究，以帕潘瀚（Mary B. Poppenheim）編撰的《邦聯之女聯合會史話》（*A History of the United Daughters of the Confederacy*）、福司特（Gaines Foster）的《邦聯的鬼魅們──戰敗、失敗的理由和新南方的崛起，1865-1913》（*Ghosts of the Confederacy: Defeat, the Lost Cause, and the Emergence of the*

---

19. Public Bills, Resolutions, and Memorials, HR 13672, Congressional Record 64, January 5, 1923, 1347; Reports of Committees, SR 4119, Congressional Record 64, January 30, 1923, 2681; Monument in Memory of Colored Mammies of the South, SR 4119, Congressional Record 64, February 28, 1923, 4839; Senate Bills Referred, SR 4119, Congressional Record 64, March 4, 1923, 5694; Public Bills, Resolutions and Memorials HR 6253, Congressional Record 65, January 26, 1924, 1516.

20. 「新黑人」是出現在第一次世界大戰前後的新名詞，黑人力圖擺脫傳統，創造黑人新精神，表現出屬於黑人的自重和自信。James D. Anderson, *The Education of Blacks in the South, 1860-1935*, p. 278.

New South, 1865-1913）、考克斯（Karen L. Cox）的《南方的女兒——邦聯之女聯合會和邦聯文化的傳遞，1894-1919》（*Dixie's Daughters: The United Daughters of the Confederacy and the Transmission of Confederate Culture, 1894-1919*）等三本書為主要參考資料。其中，《邦聯之女聯合會史話》雖然發行年代久遠，但作者帕潘瀚是掌管「邦聯之女聯合會」檔案，並推動歷史研究等相關事務的主管，該書可視為「邦聯之女聯合會」的組織史，極具參考價值。《南方的女兒》是此研究領域最新出版的學術成果，從南方文化的角度探討「邦聯之女聯合會」，足以呈現出不同的觀點。[21] 該組織刊物《邦聯退伍軍人通訊》也是主要的參考資料。有關黑人社會方面，「黑人女性全國聯盟」（National Association of Colored Women's Clubs）的成員反對立場清晰，本文有關言論則參考該組織的微縮資料《黑人女性全國聯盟檔案》（*Records of the National Association of Colored Women's Clubs, 1895-1992*），此批資料包括會議紀錄及該團體發表在組織刊物《全國通訊》（*National Notes*）的相關文章。[22] 其他黑人的資料則以個人傳記、演講，或發表在報章雜誌上的文章為主。

二、「邦聯之女聯合會」發揚邦聯文化（Confederate culture）

內戰結束後，南方除了開始檢討戰敗原因之外，也強調與內戰相關的紀

---

21. Mary B. Poppenheim, et al., *A History of the United Daughters of the Confederacy*; Gaines Foster, *Ghosts of the Confederacy: Defeat, the Lost Cause, and the Emergence of the New South, 1865-1913*; Karen L. Cox, *Dixie's Daughters: The United Daughters of the Confederacy and the Transmission of Confederate Culture, 1894-1919*; Emerson, *Historic Southern Monuments*, pp. 241-245.
22. *Records of the National Association of Colored Women's Clubs, 1895-1992* [microform]/consulting editor, Lillian Serece Williams; associate editor, Randolph Boehm Bethesda, MD: University Publications of America, c1993-c1994. 以下簡稱 RNACWC。

念日節慶。譬如 4 月 6 日約翰司頓將軍（General Joseph E. Johnston）投降的日子、5 月 10 日傑克遜將軍（General Thomas "Stonewall" Jackson）逝世紀念，並且廣建紀念碑，紀念內戰期間捐軀的南方戰士英勇事蹟，讚揚這些為捍衛美國憲法，支持州權而戰的南方英雄。[23]

1870 年代，爾理（Jubal A. Early）和其他前邦聯領導人物共同組成「南方歷史協會」（Southern Historical Society），[24] 為南方內戰失利定調：南方並不是為了捍衛奴隸制度而戰，而是北方單方面違反了國家規範，他們被迫選擇退出聯邦。1880 年代聯邦政府的勢力撤出南方，南方保守分子接手掌管州政府後，緬懷內戰的情緒更為高漲，著手撰述、修訂內戰的歷史，重新闡釋內戰產生原因，合理化他們參加內戰的理由，為南方的白人在內戰的歷史中找尋定位。

1890 年代在南方白人優勢的政治氛圍下，許多有關紀念邦聯的慶典活動更為活躍。「邦聯退伍軍人聯合會」（United Confederate Veterans）、「邦聯之女聯合會」和「邦聯退伍軍人之子協會」（Sons of Confederate Veterans）相繼成立，吸引許多南方人參與，繼續發揚「南方歷史協會」的觀點，讚揚南方兵士們犧牲奉獻的精神、戰場上的英勇事蹟與南方的榮耀，安撫南方人戰敗的心情，同時也表現出南方人願意接受與效忠美國聯邦政府的立場。

在「邦聯退伍軍人聯合會」、「邦聯退伍軍人之子協會」逐漸淡出後，維護邦聯文化的重責大任遂由「邦聯之女聯合會」接手，成為主要推動的力量。該組織正是為黑人姆媽設立雕像的原提議案人。

「邦聯之女聯合會」是一個成員全為南方白人女性的社團組織，成立

---

23. Charles Reagan Wilson, *Baptized in Blood: The Religion of the Lost Cause, 1865-1920*, p. 8; Gaines M. Foster, *Ghosts of the Confederacy: Defeat, the Lost Cause, and the Emergence of the New South, 1865-1913*, pp. 7-8.

24. 「南方歷史協會」成立於 1869 年 5 月 1 日。1876 年開始發行屬於自己的刊物。

於 1894 年，以捍衛邦聯、恢復邦聯清譽、與保存邦聯記憶（the memory of Confederacy）為宗旨，成立後吸引了許多南方女性參與。其成員多為參與內戰的邦聯士官後代或遺眷。主要工作包括：照顧南方戰士的遺眷與老殘的南方戰士；有計畫地在南方廣設紀念碑與雕像，緬懷南方內戰英雄；致力於編撰屬於南方觀點的教科書，防止北方價值觀影響南方社會，和捍衛邦聯參與內戰的正當性。

　　但值得注意的是，「邦聯之女聯合會」所舉辦的活動並不是單純的只是尊重邦聯時期犧牲奉獻的南方將士，她們藉由這些活動強調內戰是南方人為捍衛美國憲法與州權而戰，南方人是愛國者，並將南方戰敗的事實轉變成為政治與文化上的勝利。因此，活動上充滿歡笑與音樂的氛圍，但面對內戰的記憶時，卻刻意忽略一些引起戰爭的重要議題，如：奴隸制度、分離主義、黑人民權，甚至對國家的忠誠、南方可能涉及的叛國行為等。她們透過保存邦聯時期的文化，成功轉換與繼續這些想法。[25]

　　「邦聯之女聯合會」最常做的就是在各公共場所廣設紀念碑、雕像與懸掛旗幟，特別是學校附近，對象則以紀念戰場上的南方英雄、戰役中犧牲的英勇士兵，如李將軍（Robert Lee, 1807-1870）、戴維斯（Jefferson Davis, 1808-1889）等為主。透過這些具體的形象展現她們的想法，時時提醒年輕的孩子們州權的重要性，以及維繫南方白人優良傳統的責任。「邦聯之女聯合會」爭取在阿靈頓國家公墓（Arlington National Cemetery）豎立南方戰士的紀念雕像的努力，更顯示出她們希望南方被視為愛國分子的想法。[26] 所以當聯邦政府同意她們的請求時，不僅是南北區域和平的象徵，更是南方聲譽

25. Mary B. Poppenheim, et al., *A History of the United Daughters of the Confederacy*, p. 49. Karen L. Cox, *Dixie's Daughters: The United Daughters of the Confederacy and the Transmission of Confederate Culture, 1894-1919*, pp. 1-2.

26. Mary B. Poppenheim, et al., *History of the United Daughters of the Confederacy*, pp. 2-10; Karen L. Cox, *Dixie's Daughters: The United Daughters of the Confederacy and the Transmission of Confederate Culture, 1894-1919*, p. 68.

獲得平反的具體表現。

除此，「邦聯之女聯合會」也積極撰寫屬於南方的歷史。她們認為在許多北方作者的書寫中，南方人是落後、沒有知識、不文明的一群，南方人不僅被污名化，暢銷書《黑奴籲天錄》中描述南方人對待奴隸的態度與方法上，已經讓南方人不像基督教徒了。「邦聯之女聯合會」不允許這種污衊南方人的行徑，一個屬於南方觀點的內戰歷史解釋是非常必要的。[27] 因此，「邦聯之女聯合會」在其刊物《邦聯退伍軍人通訊》發表有關戰前南方的文章中，都會強調主人與奴隸之間的和諧關係，奴隸忠心，主人仁慈，黑人奴隸是世界上最幸福的人，南方簡直就是黑奴們的天堂。[28] 對她們而言，能充分表現出種族互動、和諧且又能充分展現南方生活方式最具體的象徵就是「黑人姆媽」。《邦聯退伍軍人通訊》形容：「黑人姆媽是奴隸制度中最獨特的角色，受到南方白人家庭的信賴與信任。她照顧小主人，處理家務瑣事，是一個得力的幫手，其忠心與奉獻是不朽的，我們對黑人姆媽的記憶永不磨滅。」[29]「邦聯之女聯合會」主席威爾訓女士（A. D. Wilson）也同意「這些忠心耿耿的黑人女性值得被高度肯定與推崇。」[30] 因此「邦聯之女聯合會」要推動立法，在首都華盛頓設置黑人姆媽紀念雕像。[31] 雖然她們並不是建議紀念黑

---

27. Karen L. Cox, *Dixie's Daughters: The United Daughters of the Confederacy and the Transmission of Confederate Culture, 1894-1919*, pp. 96-97; Henry Andersons, "United Daughters of the Confederacy," p. 58.

28. Hume, "Our 'Black Mammy'," p. 476; Mildred Lewis Rutherford, "Extract from 'Wrong of History Righted'," pp. 443-444; "Requests by the United of Confederate Daughters, Historian-General," pp. 54-55.

29. Hammond, "The Old Black Mammy," p. 6.

30. Samuel Posey, "The Crimson Battle Flag," pp. 98-100.

31. Mildred Lewis Rutherford, "Extract from 'Wrongs of History Righted'," pp. 443-444.「邦聯之女聯合會」內部也有反對的聲音，主要是考量內戰後黑人對白人的忠誠度不若以往，設置雕像推崇黑人姆媽的忠心是否有必要性。她們更擔心，在年輕的一代對過去了解不多的情況下，是否誤導這是展現種族平等的表現。"To Make Amends for a Long-neglected Duty," *Keystone*, p. 8; "Refute the Slanders and Falsehoods," *Confederate Veteran*, March 1905, pp.123-124.

人姆媽唯一的南方組織，卻是最積極。[32] 如果國會通過其提議案，這將會是「邦聯之女聯合會」在眾多以內戰精神為主軸的雕像中的第一個黑人。[33]

三、黑人社會反對設置黑人姆媽雕像

面對威廉斯參議員的提議案，黑人社會是堅決反對。「邦聯之女聯合會」的特質與其身負的責任，讓我們更不能忽視這個建議案對於黑人社會反對的意義。本文將從黑人社會的觀點，在歷史、種族與性別的框架中，深入剖析黑人社會反對豎立姆媽紀念雕像的原因。

（一）模糊黑人在內戰的歷史地位

在「邦聯之女聯合會」大力推動下，紀念碑與相關的文字記載都成為南方文化的一部分，不僅在緬懷邦聯時光，彰顯聯邦士兵愛國的英勇事蹟，更強調南方人參與內戰的目的，不是為圖保留奴隸制度，而是為國家完整而戰，進而洗刷南方背負引發內戰的罪名。[34] 因此其所代表的意義頗為複雜。

黑人姆媽紀念雕像也隱含相同的意義。史家懷斯（Lee Ann Whites）認

---

32. June Patton, "Moonlight and Magnolias in Southern Education: The Black Mammy Memorial Institute," pp. 149-155; Elizabeth Hayes Turner, *Women, Culture, and Community: Religion and Reform in Galveston, 1880-1920*, pp. 257-258; Mrs. Bernie Babcock, *Mammy: A Drama*; Kimberly Wallace-Sanders, *Mammy: A Century of Race, Gender, and Southern Memory*, p. 106. 早在 1910 年德州就有白人建議為黑人姆媽設置紀念雕像；1911 年，喬治亞州也有白人為爭取建立黑人姆媽紀念學校（Black Mammy Memorial Institute）的計畫而努力，包括設立一個忠誠奴隸紀念碑（Faithful Slave Monument）和提供年輕黑人（包括男性與女性）有關家務方面的訓練，其目的在誇讚黑人女性奴隸在擔任姆媽和僕人角色上的任勞任怨之外，也希望提供包括清理縫紉、烹飪，以及為實際生活需要技能的課程，訓練出更多的黑人姆媽，繼續為白人家庭提供服務。
33. 根據「邦聯之女聯合會」的組織史記載，在 1931 年她們為被廢奴運動者部朗（John Brown）所殺害的黑人立像紀念。
34. Karen L. Cox, *Dixie's Daughters: The United Daughters of the Confederacy and the Transmission of Confederate Culture, 1894-1919*, pp. 66-67.

為「邦聯之女聯合會」設立黑人姆媽雕像，讚美黑人姆媽的貢獻只是表面意圖，實際上就是將內戰解釋為保護南方文化、家園、婦孺，而非為了繼續保有奴隸制度而戰。[35] 迪納德（Carolyn Denard）和華萊世·山德斯的研究也指出，有關黑人姆媽、南方莊園生活的作品經常出現在北方的期刊雜誌，而非南方的媒體中。[36] 顯然南方人對於黑人姆媽並不是出於單純的感激，而是想利用之為媒介，改變北方人對於奴隸制度與南方人印象的觀點。

但對黑人而言，內戰與奴隸制度是具有重要意義的。黑人在美國歷史發展中，多數的時間是以黑奴或社會邊緣人的身分出現，唯有在內戰期間，黑人是主角，他們為爭取自由投入戰爭，黑人在內戰史中的歷史地位是不容抹煞。黑人領袖道格拉斯（Frederick Douglass, 1818-1895）也指出，內戰是一個嚴肅的議題，「相對於自由，奴隸制度是一個比較好的記憶，也是一個很好的懷恨對象。」[37] 一如華倫（Robert Penn Warren, 1905-1989）所言，「內戰是我們唯一被感覺到的歷史——屬於國家整體意象中的歷史。」[38]

對黑人來說，紀念雕像不僅是一個藝術品，也蘊含了屬於當時的記憶、歷史與故事，豎立紀念雕像就是形塑公共形象，這些都將成為集體記憶的一部分。而集體記憶的本身就是一個強大的力量，決定或改變黑人、白人在歷史上或記憶上的角色與定位。[39] 道格拉斯也強調黑人歷史與內戰記憶的重

---

35. Lee Ann Whites, *The Civil War as a Crisis in Gender, Augusta, Georgia, 1860-1890*.

36. Carolyn Denard, *Mammy: An Appeal to the Heart of the South; and the Correct Thing to Do-to Say-to Wear*, p. XXV; Kimberly Wallace-Sanders, *Mammy: A Century of Race, Gender, and Southern Memory*, p. 101.

37. Frederick Douglass, "Thoughts and Recollections of the Antislavery Conflict."

38. Robert P. Warren, *The Legacy of the Civil War: Mediations on the Centennial*, p. 4.

39. Lynn Hunt, "Introduction: History, Culture, and Text," pp. 16-17; Stephen David, "Empty Eyes, Marble Hand: The Confederate Monument and the South," pp. 2-21; Michael Kammen, *Mystic Chords of Memory: The Transformation of Tradition in American Culture*; Julie Des Jardins, *Women and the Historical Enterprise: Gender, Race, and the Politics of Memory*, chapter 4-5; Joan Marie Johnson, "'YE GAVE THEM A STONE': African American Women's Clubs, the Frederick Douglass Home, and the Black Mammy Monument," pp. 62-86.

要性，也致力於保留奴隸解放的概念，「這個國家也許會遺忘，看不到過去，但美國的黑人們有責任保留過去的歷史記憶，直到公平正義來臨的那一天。」[40]

但是「邦聯之女聯合會」在南方推動興建內戰紀念館、紀念碑，乃至於修改教科書等等動作，完全忽略黑人、奴隸制度在內戰中的地位，抵銷黑人在爭取內戰歷史定位的努力。而聯邦政府同意「邦聯之女聯合會」阿靈頓國家公墓豎立南方戰士的紀念時，黑人社會危機意識更強。南方戰士被視為英雄，黑人姆媽紀念雕像記錄黑人的奴隸時代。在這些雕像下，種族之間和諧相處的假象將會蔓延，黑人將如何解釋內戰，如何告訴後代子孫，他們的祖先們是如何對抗奴隸制度，爭取自由？[41]

（二）有損黑人戮力形塑的「新黑人」形象

雖然種族融合是黑奴解放後聯邦政府的目標，但黑人更需要的是公平正義。1878 年最高法院判定路易斯安那州片面解除交通運輸隔離是違憲。1882年最高法院宣布《3K 黨法案》（*Ku Klux Klan Act of 1871*）無效，[42] 認為憲法第 14 條只適用於州，而不能引伸用於個人；1883 年，宣布 1875 年《民權法案》（*Civil Rights Act of 1875*）違憲。[43] 1890 年開始南方州政府陸續通過法案，公共場合裡種族隔離合法化。從鐵路到學校、到圖書館、到飯店餐廳、戲院、遊戲場、公共廁所、酒吧等均涵蓋其中。1896 年最高法院在 *Plessy v.*

---

40. Frederick Douglass, "Address delivered on the Twenty-Sixth Anniversary of Abolition in the District of Columbia," 16 April, 1888, reel 16, *Douglass Papers*.

41. Evelyn Brooks Higginbotham, *Righteous Discontent: The Women's Movement in the Black Baptist Church, 1880-1920*.

42. 內戰重建期間，國會和格蘭總統（Ulysses S. Grant, 1822-1885）並沒有忽略南方的種族暴力衝突，在 1870 和 1871 年之間通過 *Three Force Acts*，授權總統可以有權確保公民行使投票權。其中包括 *the Ku Klux Klan Act*，禁止秘密組織剝奪人民合法的權益。格蘭總統並譴責 3K 黨的目無法紀。

43. 規定黑人在公共場域中和白人一樣有平等的權利。

Ferguson 的案子中判決「隔離但平等」（separate but equal）並不違反第 14 條憲法的基本精神。這項判決其實也就是認同了南方各州種族歧視的合法化。

在政治與社會的種種歧視與隔離之下，南方黑人就只能在農業和不需要技巧的苦力中尋得工作機會。1900 年時，全國 84% 的黑人從事農業生產相關工作。他們必須依附白人地主，成為佃農、契約工等等，生計更為困頓。有技術的黑人工人受到白人排擠。黑人沒有學得技術的機會，永遠無法改善現有的社會階級。因此，當黑人姆媽似乎在白人社會裡受到主人照顧之際，南方黑人的處境進入了黑暗期。

1900-1920 年之間，黑人大量北移，尋求謀生的機會。他們不僅面對居住與謀職的歧視，也飽受北方人對於他們的暴力相向。從南到北，對於黑人社區的暴力衝突大小不等日益增加。1900 年在紐奧良（New Orleans）；1900 年，在紐約（New York City）；1904 年在俄亥俄州（Ohio）；1906 年在印第安那州（Indiana）和亞特蘭大市（Atlanta）；1908 年在伊利諾州（Illinois）；1917 年在費城（Philadelphia）、紐澤西賓斯維爾鎮（Pennsville, New Jersey）、伊利諾州等地都發生大小不等的暴力衝突事件。1919 年「紅色夏天」（the "Red Summer"），種族衝突達到頂點。包括芝加哥市（Chicago）、華盛頓特區（Washington, D.C.）、內布拉斯加州的歐瑪哈（Omaha, Nebraska）、德州的朗唯尤（Longview, Texas）、田納西州的諾克斯維爾（Knoxville, Tennessee）在內，陸續發生流血衝突。[44] 更有甚者，透過不同的文字或媒體，出現在每天的生活當中，電影、學校教科書、藝術、報紙等等，用扭曲、諷刺、刻板印象的形式，刻意營造黑人的負面形象與刻板印象。[45]

---

44. Joel Williamson, *A Rage for Order: Black/White Relations in the American South since Emancipation*, pp. 190, 201, 207; August Meier and Elliot Rudwick, *From Plantation to Ghetto: An Interpretive History of American Negroes*, p. 192; Otto Kerner, *Report of the National Advisory Commission on Civil Disorders*, pp. 100-102.
45. Teresa de Lauretis, *Technologies of Gender: Essays on Theory, Film, and Fiction*, pp. 31-48.

而第一次世界大戰時，黑人參與戰爭所蒙受的不平等待遇，也刺激他們戰後投入國內爭取黑人的民權，即便種族之間流血衝突不斷，也改變不了爭取民主的決心。[46] 新生代黑人領袖也趁勢興起，以更積極的態度處理種族議題，如杜包斯（W. E. B. DuBois, 1868-1963）等。面對種族不平等待遇，黑人領袖們不再依循華辛頓（Booker T. Washington, 1856-1915）妥協的傳統，他們要求立即獲得公民權利、結束種族隔離政策。

「新黑人」精神喚起黑人勇敢面對社會的不公平待遇，展現自我價值。無論是賈威（Marcus Garvey, 1887-1940）的「聯合黑人進步聯盟」（United Negro Improvement Association）或「哈林文藝復興」（Harlem Renaissance）都凸顯「新黑人」、強調男子氣概（masculinity），並以之鼓勵黑人爭取民權。[47] 黑人詩人麥凱（Claude Mckay, 1889-1984）的詩作〈如果我們必須從容就義〉（"If We Must Die"）中就讚譽「新黑人」的戰鬥精神；麥可（J. E. McCall）的詩文〈新黑人〉（The New Negro）更刻劃出一個偉大黑人男性的形象。[48] 杜包斯不斷呼籲黑人要摒棄白人社會加諸己身的刻板印象，「這些無知的、有系統的羞辱，扭曲事實、毫無節制的毀謗，忽視優點，而凸顯缺點，對任何黑人事物灌輸負面印象的結果。」[49] 因此，建立自我信心，破除刻板印象，1920 年帶確實提供黑人許多重新自我評估，展現自我的機會。

反觀南方社會對於黑人姆媽的形容與看法，卻與黑人男性振作圖強的努力背道而馳。對「新黑人」來說，黑人姆媽代表的是舊世界，是退步的。切斯那（Charles Waddell Chesnutt, 1858-1932）的小說《傳統精髓》（*The*

---

46. 第一次世界大戰後，美國社會努力回歸正常之際，全國各地發生了大小不一的種族衝突，其中以 1919 年發生在芝加哥的流血衝突為最，約有 38 人死亡，520 人受傷，1,000 個家庭流離失所。

47. Deborah Gray White, *Too Heavy a Load: Black Women in Defense of Themselves, 1894-1994*, p.24 以及 Chapter 4.

48. Deborah Gray White, *Too Heavy a Load: Black Women in Defense of Themselves, 1894-1994*, p. 117; Claude McKay, "If We Must Die," p. 31; J. E. McCall, "The New Negro," p. 211.

49. W. E. B. DuBois, *The Gift of Black Folk*, p. 21.

Marrow of Tradition, 1901）中，書中的黑人姆媽珍（Mammy Jane）和其孫子傑瑞（Jerry）被視為進步的阻力。[50]1925 年，黑人們開始公開批評這兩個角色是舊黑人時代的遺產。絡克（Alain Locke）就指出，「舊黑人」所代表的不再是一種人，而是一種迷思，我們應該記住「舊黑人」是一個道德與歷史爭議下的產物。那些阿姨、叔叔、姆媽的日子已經過去了。湯姆叔叔（Uncle Tom）與山寶（Sambo）亦不復存在。[51]

此外，根據接受過黑人姆媽照顧過的白人記憶所及，他們口中描述的黑人姆媽都是個性堅強、身材健壯、態度積極、有主導性、有能力、自重、獨立、忠心耿耿、熱心、有禮貌、熱情、公平、熱心助人、無懼、勇敢等等人格特質。這些形容詞都是白人社會用以評斷男子氣概的標準。將它們用在黑人姆媽的身上，她們就成為具有男性特質的女性（masculinized gender）。[52]於是「黑人姆媽是堅強、努力工作的家庭幫傭……，也了解自己在白人社會中的角色，必須臣服於白人。」[53]合理化白人社會對於黑人種種不合理的待遇。此外，黑人女性擔負起原本屬於男性應該照顧家庭的責任，外出工作，而男性在種族歧視下，工作的性質往往不是白人社會男性會從事的工作，於是黑人男性更不符合男性的標準。藉由設置黑人姆媽紀念雕像，彰顯黑人姆媽的貢獻，不正是貶抑黑人男性，否定了他們在「新黑人」方面的努力？

（三）忽視黑人女性力爭上游的努力

面對威廉斯議員的建議案，黑人女性也表達其反對立場，特別是「黑人

---

50. Charles Waddell Chesnutt, *The Marrow of Tradition*.

51. Robert Bone, *Down Home: Origins of the Afro-American Short Story*, p. 74.

52. Jessie W. Parkhurst, "The Role of the Black Mammy in the Plantation Household," pp. 352-353; Hazel V. Carby, *Reconstructing Womanhood: The Emergence of the Afro-American Woman Novelist*, p. 39; Kate Haug, "Myth and Matriarchy: An Analysis of the Mammy Stereotype," pp. 47-48.

53. Mae King, "The Politics of Sexual Stereotypes," p.16

女性全國聯盟」。「黑人女性全國聯盟」是一個全國性的黑人女性社團組織，在黑人社會中深具影響力。[54] 1896 年成立，1914 年時成員高達 5 萬人，超過「全國有色人種協進會」和「全國城市聯盟」（National Urban League）。「黑人女性全國聯盟」成立宗旨在於提昇種族與黑人女性的地位，努力創造黑人女性的正面形象，拒絕任何有關黑人女性負面的傳聞。第一任董事會主席泰瑞爾就宣稱，如果要完成這個目標，黑人女性就要以黑人母親、太太、女兒和姊妹們的身分，完成這個任務。[55]「黑人女性全國聯盟」認為南方白人為黑人姆媽設立紀念雕像不是為了榮耀她，而是藉由這個角色詆毀黑人女性，污衊黑人種族。所以面對威廉斯議員的建議案時，她們責無旁貸。組織裡的三位重要成員，伯朗、泰瑞爾、布朗針對此發言，表明立場。

伯朗認為白人對黑人姆媽的看法是在否定黑人女性。如果白人社會要感謝黑人，就應該更積極關心奴隸解放後黑人的生活，而不是榮耀一個曾經服侍白人家庭的黑人女性。建立紀念雕像無助於改善黑人的生活現狀，只會引起後人記憶到黑人女性對於白人的忠誠與奉獻，忽略奴隸制度下黑人的痛苦，及黑人女性面對的種種不公平待遇。[56]

而布朗早在 1919 年這個議案正在醞釀時，去函「婦女部跨種族合作委員會」（Woman's Department of the Commission on Interracial Cooperation），提出抗議，認為這是一個「虛偽的嘲弄」（hollow mockery）。不過，相對

---

54. 「全國黑人女性聯盟」是一個全國性黑人女性組織，成立於 1896 年，以提升黑人社會為主要宗旨。「全國黑人女性聯盟」也讓黑人女性透過實際的會務運作，提供學習領導、規劃的技巧與機會。根據資料顯示，「黑人女性全國聯盟」至少培育出 6 位傑出的黑人女性，泰瑞爾（Mary Church Terrell）、貝舒（Mary McLeod Bethune）、威爾斯（Ida B. Wells，反對私刑的活躍分子）、布朗（Charlotte Hawkins Brown）、布若斯（Nannie H. Burroughs）、伯朗（Hallie Queen Brown）。Beverly Washington Jones, *Quest for Equality: The Life and Writings of Mary Eliza Church Terrell, 1863-1954*, p. 21。

55. Evelyn Brooks Barnett, "Nannie Burroughs and the Education of Black Women," pp. 97-108; Rosalyn Terborg-Penn, "Woman Suffrage: 'First because We are Women and Second because We Are Colored Women,'" p. 9; Mary Church Terrell, "N.A.C.W. Department Announcement," pp. 3-4; "First Presidential Address to the National Association of Colored Women," pp. 131-138.

56. RNACWC, Hallie Q. Brown, "The Black Mammy Statue," pp. 3-4.

於其他黑人女性，布朗的立場比較溫和，主要考量她的帕莫學校（Palmer Institute）所需資金來源。白人女性常常會強調她們對黑人姆媽的懷念與感激，布朗深知只有繼續凸顯黑人姆媽在南方人思鄉情緒中的角色，提醒南方白人女性對於黑人女性應該有的責任，將感謝化為實際的行動，如此她的學校才不至於財源短缺。[57] 顯然布朗將黑人姆媽作為一個象徵性的符號，引發白人女性對黑人姆媽的肯定、懷念、內疚等錯綜複雜的情緒，作為挹注資金於黑人教育的工具。

「黑人女性全國聯盟」榮譽董事會主席泰瑞爾的抗議最為激烈。她在文章中直言黑人女性在奴隸制度中實際的經驗；她們並沒有所謂的家庭生活，沒有合法的婚姻保障，眼睜睜地看著她的孩子被賣到遠方，「美國的每一個黑人女性聽到要為黑人姆媽豎立雕像都嚇得站在原地不知該如何是好！」「成千上萬的黑人虔誠地祈禱，希望在暴風雨的夜晚一道雷擊將這個雕像化為碎片。」至於設置雕像的地點，泰瑞爾更不以為然。泰瑞爾認為在首都華盛頓設置黑人姆媽的紀念雕像，嚴重影響黑人女性的公共形象，扭曲後世子孫對於這段時期歷史的評價。[58] 對泰瑞爾來說，黑人姆媽紀念雕像的存在就是白人社會企圖掩蓋奴隸制度、否定黑人女性的女性特質，更是一場痛苦的記憶。「黑人女性全國聯盟」前董事會主席塔伯爾（Mary Talbert, 1866-1923）支持泰瑞爾的看法，並將其複本送其他刊物轉載，讓更多黑人閱讀。[59]

除了伯朗、泰瑞爾等人對外發表的文章外，「黑人女性全國聯盟」的立法委員會（legislative committee）也表示，「反對設置黑人姆媽雕像是『黑人女性全國聯盟』要積極面對的重要議題。」並要求大家署名，讓她們可以

57. Charlotte Hawkins Brown, *Mammy: An Appeal to the Heart of the South: The Correct Thing to Do-to Say-to Wear*, p. I.

58. Mary Church Terrell, *Washington Evening Star*, 10 February 1923, p. 6.

59. 塔貝爾曾任「黑人女性全國聯盟」董事會主席，對於保留黑人歷史文物有很多的貢獻。Mary Talbert to Mrs. Mollie Church Terrell, April 17, 1923, in container 6. *The Papers of Mary Church Terrell* [microform]/Library of Congress Manuscript Division, Washington, D.C.: Library of Congress Photoduplication Service, 1977 reel 5.

在國會中針對設置黑人姆媽雕像建議案表達抗議。[60]

除了「黑人女性全國聯盟」之外，尚有其他黑人婦女團體提出抗議，如：女青年會黑人分會（the Phyllis Wheatley YWCA）代表華盛頓特區 2,000 名黑人女性，向國會遞交抗議信。[61] 她們認為，白人社會與其豎立雕像紀念黑人姆媽對於白人社會的貢獻，不如將精神用於終止私刑、在教育方面對於黑人的不公平、種族歧視；公共領域的歧視，以及給予投票權等等，實質改善黑人生活。[62]

如果我們再深入分析，就可以理解這些中產階級的黑人女性菁英反對這個議案，除了憤怒之外的理由。長期以來，美國社會上充斥著許多充滿種族意識的論述，特別是對於黑人女性，她們受到更多的貶抑，如：道德不佳的黑人女性教師是黑人學校的教學不彰的原因；不道德的黑人母親應該為黑人家庭中年輕人的行為負責任；黑人男性丈夫默許妻子的不忠實行為；黑人女性是不愛清潔的。[63] 1904 年，一位白人女性在報紙上發表文章指出，「在一般大眾的印象中，黑人女性顯然比男性更為墮落……，當一個男性的母親、妻子與女兒是如此時，她的墮落天性將無所獲得任何榮耀或道德的鼓舞，……我真的很難想像有這樣道德的黑人女性。」[64] 這些看法逐漸成為對於黑人女性的刻板印象。[65] 因此改變社會對於黑人女性的刻板印象，一直是

---

60. RNACWC, *National Notes*, April 1923, p. 6.
61. *Washington Tribune*, February 10, 1923, p. 1; *Washington Post*, February 3, 1923, p. 3; February 24, 1923, p. 2.
62. Eugene Genovese, *Roll, Jordan, Roll: The World the Slaves Made*, p. 353; Jessie W. Parkhurst, "The Role of the Black Mammy in the Plantation Household," pp. 349-350.
63. Beverly Guy-Sheftall, *Daughters of Sorrow: Attitudes toward Black Women, 1880-1920*, pp. 40-43.
64. "Experiences of the Race Problem, By a Southern White Woman," *Independent* 56 (March 17, 1904), 引自 Beverly Guy-Sheftall, *Daughters of Sorrow: Attitudes toward Black Women, 1880-1920*, p. 46; 亦可參見 Anne Firor Scott, "Most Invisible of All: Black Women's Voluntary Associations," p. 10.
65. Patricia Morton, *Disfigured Images: The Historical Assault on Afro-American Women*, pp. 26-33. 史家摩頓（Patricia Morton）也認為即使社會學與歷史學逐漸走向科學、客觀的研究方法，但是仍舊有不少學者，如羅得斯（James Ford Rhodes）、司米金斯（Frances Butler Simkins）、非力普司（Ulrich B. Phillips）對於黑人女性的看法仍侷囿於刻板印象。

黑人女性努力的目標。

1890 年代之後，中產階級黑人女性開始積極組織與參與社團組織活動。「婦女紀元俱樂部」（Woman's Era Club）在波士頓召開全國性會議，該組織的出版物《婦女紀元》（*the Woman's Era*）在 1895 年 10 月號中指出，「這是美國史上的第一次，可以看到數以百計的黑人女性盛裝參與會議，正如白人女性一般。」[66] 主席露芬（Josephine Pierre Ruffin, 1842-1924）在開幕致詞中表示：「長久以來，南方的白人女性認為我們的道德上有瑕疵，不讓我們加入任何組織，而我們又是孤軍奮鬥，無法破除這樣的指控，……我們應該站起來，向世界宣示，為了我們自己的尊嚴，為了種族的尊嚴，以及為了我們孩子美好的未來著想。並宣誓我們的理念，教導這個充滿無知、懷疑的世界，我們的目標和興趣和那些行為舉止優雅的白人女性一樣。這是我們的責任。」[67] 顯然這些中產階級黑人女性想透過這些活動，破除刻板印象，證明她們和白人女性一樣有著高尚的情操。

1896 年中產階級黑人女性大團結，兩大黑人女性組織「黑人女性聯合會」（Colored Women's Leagues）和「全國非裔婦女聯盟」（National Federation of Afro-American Women）合併組成「黑人女性全國聯盟」，成員中以中產階級的女性為主，象徵著中產階級黑人女性的興起。若細分其中類型，約可分成三種：社會菁英（the social elite），如創始會員泰瑞爾、華辛頓夫人（Margaret Washington, 1865-1925）和葉慈（Josephine Silone Yates, 1852- 1912），她們出身良好的家庭背景，有很好的收入和較淡的膚色；具有專業知識的中產階級（the professional middle class），如布諾斯（Nannie Burroughs, 1879-1961）、貝舒（Mary McLeod Bethune, 1875-1955）等都是。

---

66. Mary Church Terrell, "The History of the Club Women's Movement," p. 322.
67. "Address of Josephine St. P. Ruffin, President," in Elizabeth Lindsay Davis, *Lifting As They Climb*, p. 18; Charles Harris Wesley, *The History of the National Association of Colored Women's Clubs: A Legacy of Service*, pp. 18, 57-59.

其他則為低階的中產階級（lower middle class），這類型人數最多，但社會菁英型擁有最多的組織權力。[68]「黑人女性全國聯盟」的成立就是要透過社會參與，證明黑人女性的能力。

不過，1890 年代的哥倫比亞博覽會是她們努力受挫的開始。除了在籌備階段，以白人女性為主的籌備會希望藉此營造全國一家，南北和諧氣氛，同意「婦女哥倫比亞協會」（Woman's Colombian Association）、「婦女哥倫比亞附屬協會」（Women's Columbian Auxiliary Association）等黑人女性社團組織聯合推薦黑人女性參與博覽會籌辦工作之外，[69]哥倫比亞萬國博覽會中也雇用格琳（Nancy Green, 1834-1923）擔任傑米姨（Aunt Jemima）的角色。傑米姨就是代表黑人姆媽。[70]博覽會開幕當天共有 6 位黑人女性參與開幕儀式，其中威蓮思和庫柏（Anna Julia Cooper, 1858-1964）有機會發表演說。

於是我們看到當時會場上的兩種情況，黑人女性菁英如威蓮思、伯朗、庫柏等人，不斷透過演講的機會，將自己介紹給外界認識，重申黑人女性的道德與智慧，爭取白人社會尊重，並將自己的形象與種族提昇相互連結之際，格琳裝扮代表奴隸身分的傑米姨也正在會場穿梭，並大受歡迎。[71]

但這兩種不同社會地位的黑人女性同時出現，如果再與黑人女性努力

---

68. Sharon Harley, "The Middle Class," pp. 786-789; Evelyn Brooks Barnett, "Nannie Burroughs and the Education of Black Women," pp. 97-108.

69. 最後由黑人女性威蓮思（Fannie Barrier Williams, 1855-1944）參與婦女館的籌備工作，另聘兩個黑人女性共同協助；霍華（Joan Imogene Howard, 1851-19??）協助有關調查黑人女性成就的資料，以提供籌備會印行；伯朗則在推廣與公關部門（the Department of Publicity and Promotion）中擔任無給職的工作。

70. Susan Dabney Smedes, *A Southern Planter*, p. 8; Jessie W. Parkhurst, "The Role of the Black Mammy in the Plantation Household," p. 351. 桂格燕麥公司（Quaker Oats Company）買下 1893 年哥倫比亞萬國博覽會（Columbia World Fair）創造出來的黑人姆媽——傑米姨作為商標，進入美國每一家的廚房。傑米姨的圖像可參考 http://www.auntjemima.com/。瀏覽日期：2011 年 5 月 21 日。黑人姆媽和傑米姨是有工作上的區別，黑人姆媽除了處理白人主人家的家務外，她還要照顧小主人，傑米姨則是專職廚房的工作。但兩個角色常常被混為一談。

71. 至於傑米姨受到歡迎的主要原因，則是因為長久以來南方黑人姆媽形象已經深植人心。Kimberly Wallace-Sanders, *Mammy: A Century of Race, Gender, and Southern Memory*, p. 67.

爭取平等待遇的真實世界相比,其矛盾性不言可喻。對這些黑人女性菁英而言,她們可以站在這個博覽會中演說,除了展現黑人女性特質,證明自己和白人女性一樣值得尊重之外,她們也想利用這個機會為黑人女性爭取女權與公民權。但傑米姨的角色卻是一再強調與提醒世人黑人女性不如白人女性、黑人女性必須順服,和黑人隸屬於白人的傳統觀念。庫柏指出,白人社會企圖透過傑米姨的角色,傳遞出白人社會對於南方莊園的理想模式,並將之內化成為一個歷史記憶,也就是黑人要爭取種族的平等是不可能的。[72] 史家華萊世·山德斯的研究也指出,1893 年萬國博覽會創造出來的傑米姨,已經阻止了其他黑人女性表現其特質的可能性。[73] 換句話說,以傑米姨否定了黑人女性爭取平等的可能,也以南方社會中種族和諧相處的快樂時光,重新解釋了黑人、奴隸制度與內戰之間的關係。於是「象徵性的意義如此強烈,就不再只是象徵性,而是實質存在了。」[74]

除了小說對於黑人姆媽的描述、萬國博覽會上以真人裝扮傑米姨之外,20 世紀初白人社會中還流行黑人姆媽娃娃(Mammy doll)。在 1908 至 1925 年之間,黑人姆媽娃娃大量出現在玩偶市場,「穿戴有如真正的南方黑人姆媽的穿著,頭戴班丹納花綢方巾,肩膀上掛著白色方巾,花色長裙,外加白色圍裙。」[75] 威爾欣(Frances C. Welsing)認為每一個經過設計的玩偶都代表或反應出當時社會對於種族議題的看法。[76] 雖然黑人姆媽娃娃被視為一個「好的黑人女性」,[77] 但並非形塑黑人族裔的正面形象。直到 1920 年代,白人社會仍會透過漫畫形式或玩偶,嘲弄黑人姆媽或傑米姨。[78]

---

72. Anna Julia Cooper, *A Voice from the South*, p. 101.

73. Kimberly Wallace-Sanders, *Mammy: A Century of Race, Gender, and Southern Memory*, p. 59.

74. Gordon W. Allport, *The Nature of Prejudice*, p. 182.

75. http://en.wikipedia.org/wiki/Aunt_Jemima。瀏覽日期:2011 年 5 月 21 日。Joseph J. Schroeder, ed., *The Wonderful World of Toys, Games and Dolls*, p. 124.

76. Frances C. Welsing, "The Conspiracy to Make Blacks Inferior," pp. 84-94.

77. Stan Pantovic, "Black Antiques Reveal History of Stereotypes," pp. 44-48.

78. Montgomery Ward & Company, *Montgomery Ward & Company General Catalogue*, p. 240.

就實質層面而言，黑人姆媽的存在，就是確立白人與黑人主雇的關係，不只是社會階級的差異，也是種族間的優劣之別。帕克赫斯特認為白人過度美化黑人姆媽的角色，而白人將之視為自己的一種成就象徵。白人想保留對於黑人姆媽的懷念，但對多數的黑人而言，他們寧可選擇遺忘。[79] 事實上，黑人姆媽等負面形象都是黑人中產階級女性極力想擺脫。「黑人女性全國聯盟」並不希望外界將注意力放在黑人姆媽擔任白人家幫傭的角色上，而應該注意黑人女性對於自己家庭、身為妻子與母親、協助提升種族等等的努力上，黑人女性值得白人社會尊重。[80] 這也是造成「黑人女性全國聯盟」等黑人女性對於黑人姆媽雕像反感的原因，一旦雕像豎立，就會成為集體記憶的一部分，黑人女性菁英重整形象的努力將更加困難。

（四）影射黑人女性怠忽母職

雖然黑人姆媽的形象會減損中產階級黑人女性力爭上游的努力，但並不表示她們鄙視這個行業。事實上，在種族歧視等等的因素影響下，黑人女性的職業多集中在家務勞力工作範圍（domestic servants）。史家海根包漢（Evelyn Brooks Higginbotham）指出，因為黑人，特別是黑人女性，收入所得有限，黑人社會不會以職業作為區分社會階級的標準，反而稱許從事家庭幫傭的黑人女性努力工作、勤勞、潔淨，符合社會對於態度的期望與道德規範。[81]

不僅從事家務勞力是黑人女性就業的最大宗，黑人也有設立專門訓練學校，協助提昇黑人女性在家務上的工作技巧，如華辛頓成立塔斯各濟學校（Tuskegee Institute）提供職業教育，訓練黑人謀生的技藝；貝舒的「德通

---

79. Jessie W. Parkhurst, "The Role of the Black Mammy in the Plantation Household," pp, 349-369, esp. 352-353.

80. Elizabeth Lindsey Davis, *Lifting as They Climb*, p. 316.

81. Evelyn Brooks Higginbotham, *Righteous Discontent: The Women's Movement in the Black Baptist Church, 1880-1920*, p. 205.

納黑人女子語文與職業訓練學校」（Daytona Literary and Industrial Training School for Negro Girls），也以此教授黑人女性縫紉、清潔、廚藝、園藝等課程。[82] 在布諾斯創建的學校所提供的課程中，就強調「學習實際操作家事，準備食物，清潔家務、整理房間、學習如何應答、接電話的禮貌等等，這些都是雇主希望僕人都能做到的基本要求。」[83] 透過這些紀律規矩、工作的態度與技巧的訓練，黑人女性不僅可以勝任職場上的需求，提昇黑人幫傭的專業技巧，從工作表現上獲得白人社會的肯定。[84] 顯然學校將這些訓練家庭幫傭變成專業的工作，並據此視為改變黑人女性在美國社會形象的一種途徑，所以黑人女性從事家務工作在黑人社會中是受到尊重的。

因此，若從職場的工作性質來討論黑人社會反對設置黑人姆媽紀念雕像，理由是不夠周全的。本文認為白人社會過分放大黑人姆媽與白人小孩的關係，引伸為親密的親子關係，進而引起外界對於黑人女性擔任母親角色稱職與否的質疑，才是值得探討的因素之一。

黑人姆媽同時具有母親與奴隸的身分，其母親特質呈現出矛盾的狀態。在許多有關黑人姆媽的照片資料中，黑人姆媽懷裡抱的都是白人的小孩，傳斯黛爾（Isabel Drysdale）在其書《喬治亞州風情》（*Scenes in Georgia*）有所描述：「也許這是一個從未見過的有趣畫面，秋兒姨正哺乳主人的小孩，小嬰兒枕在她的胸前，對照著她黝黑但充滿慈愛的臉。」[85] 南方人懷特（Samuel White）也表示黑人姆媽對主人家的孩子勝過對自己的孩子。[86] 華

82. Clara Stillman, "A Tourist in Florida," pp. 171, 173; Audrey Thomas McCluskey, "'We Specialize in the Wholly Impossible': Black Women School Founders and Their Mission," p. 411.

83. Evelyn Brooks Higginbotham, *Righteous Discontent: The Women's Movement in the Black Baptist Church, 1880-1920*, p. 215.

84. S. W. Layton, "The Servant Problem," p. 15.

85. Isabel Drysdale, *Scenes in Georgia*, p. 4; Kimberly Wallace-Sanders, *Mammy: A Century of Race, Gender, and Southern Memory*, p.5.

86. Kirk Savage, *Standing Soldiers, Kneeling Slaves: Race, War, and Monument in Nineteenth-Century America*, p. 159.

萊世‧山德斯也指出，黑人姆媽對白人的小孩比較好，比較有耐心，而她自己的孩子通常是髒兮兮的，並可能由同族的女性代為照顧。[87] 從照片和文字記載中，造成一般大眾的印象是黑人姆媽照顧主人家孩子的用心度超過對自己的孩子，引發對黑人姆媽忽略自己母親職責的質疑。一位黑人回憶其曾經擔任黑人姆媽之職的祖母時表示，他知道祖母是在白人家庭中擔任黑人姆媽，但他不願意公開提起這件事，因為「這是她的工作，用以換取酬勞，但我不想要大家用黑人姆媽對白人小孩比較好的刻板印象去看待我的祖母。我不要大家認為她就是這樣的人。」[88]

杜包斯認為黑人姆媽是基督世界中最可憐的人，並稱之為「一個具體有形的悲傷」（"an embodied Sorrow"）。無論黑人姆媽對白人社會多麼盡忠盡力，也必須屈服於那些對她兒子施以私刑，對其女兒不禮貌的白人威權之下。在這個錯誤的社會體制下，把她們從丈夫與孩子身邊搶走。黑人姆媽哺育出州長、法官、紳士、淑女等南方社會菁英，換來暗夜哭泣、沉默悲慘的人生。杜包斯指稱那些想藉由立碑彰顯黑人姆媽的白人，只為了凸顯黑人的低能與自己的成就。[89]「全國有色人種協進會」的歐文（Chandler Owen, 1889-1967）也支持應該放過可憐的黑人姆媽，「就讓這些雕像消失吧！」不過，如果是為禮讚黑人女性特質而立碑，要用崇高的心態對待新黑人的母親（New Negro mother）的話，他個人十分支持。[90]

於是黑人姆媽的角色就變得很諷刺。我們看到了黑人姆媽被視為養育的母親角色（unique type of foster motherhood），區隔其在白人家庭中與白

---

87. Kimberly Wallace-Sanders, *Mammy: A Century of Race, Gender, and Southern Memory*, p. 6.

88. Kimberly Wallace-Sanders, *Mammy: A Century of Race, Gender, and Southern Memory*, p. xvi.

89. W. E. B. DuBois, *The Gift of Black Folk*, pp. 337-338. 史家塔克（Susan Tucker）的研究也呼應了杜包斯的說法，她指出，白人女主人之所以讚美黑人姆媽，是因為在她們的觀念中，「黑人是懶惰、無知、低劣，有時暴力的，但卻發現黑人姆媽是『如此不同於其他黑人。』」顯然是用黑人姆媽的例子作為反比，凸顯其他黑人能力之不足。Susan Tucker, ed., *Telling Memories among Southern Women: Domestic Workers and Their Employers in the Segregated South*, pp. 227, 191-194.

90. Chandler Owen, "Black Mammies," p. 670.

人母親之間的、與奴隸家庭中母親的角色。[91] 而白人社會在讚譽黑人姆媽對白人小孩的悉心呵護，也暗示她對自己孩子的失職。所以杜包斯提醒黑人女性，即使擔任姆媽的工作，也不可忽略撫育自己的小孩的責任。[92]

　　黑人姆媽的家庭生活成謎，也增加了讓世人對黑人姆媽的母親角色稱職與否的懷疑。許多人在口述歷史或回憶錄中勾勒出他／她們與黑人姆媽相處的愉快經驗。但這些回憶都是白人的記憶，很少來自黑人姆媽自己的記憶或黑人的描述。[93] 回憶的場景多著重在主人家中的活動，較少提及黑人姆媽的家庭生活，「回憶的場景多著重黑人姆媽在主人家中的活動，有關她們自己的家庭生活記載闕如。」[94] 1919 年，布朗在〈黑姆媽——南方魅力〉（'Mammy': An Appeal to the Heart of the South）一文中，描述黑人姆媽的處境。其中有一段是說小主人看見黑人姆媽用水管在房子裡接漏水，央求父親整修姆媽的房子。但他的父親認為姆媽年紀已長，不需要額外投資。後來黑人姆媽死於一場意外，在廚房裡被一堆雪砸到，屍體是被四輪平板車載運到墓地安葬的。[95] 1923 年，海恩斯（Elizabeth Ross Haynes, 1883-1953）在《黑人史期刊》（*Journal of Negro History*）發表文章，以 1,771 個個案研究為例，指出黑人姆媽的工作是枯燥無味、沒有自由、辛苦的，為了賺錢養家，不得不從事的行業。[96] 白人口述回憶黑人姆媽時，有的人感念黑人姆媽的照顧；有的人不滿於其父母讓黑人姆媽只能在廚房裡用餐；但也有些家庭會提供黑人姆媽年老時候的照顧。

91. Sally McCarty, *Pleasants, Old Virginia Days and Way*s, p. 43; Jessie W. Parkhurst, "The Role of the Black Mammy in the Plantation Household," p. 352.

92. W. E. B. DuBois, *The Gift of Black Folk*, pp. 337-338.

93. Deborah Gray White, *Ar'n't I a Woman?: Female Slaves in the Plantation South*, pp. 46-47.

94. Karen Sue Warren Jewell, "An Analysis of the Visual Development of a Stereotype: The Media's Portrayal of Mammy and Aunt Jemima as Symbols of Black Womanhood," p. 37.

95. Charlotte Hawkins Brown, *Mammy: An Appeal to the Heart of the South: The Correct Thing to Do-to Say-to Wear*.

96. Elizabeth Ross Haynes, "Negroes in Domestic Services in the United States: Introduction," pp. 384-442.

[97] 這些都是黑人姆媽和白人家庭之間的關係被美化的證明。

　　照顧小主人是黑人姆媽的職責，但太過強調他們之間的親密，卻是黑人社會不樂見的，因為這就意味著黑人母親的失責，而母親職責是黑人社會最重視，並將之與種族提升的責任連結，正如史家史密斯（Stephanie Smith）在其研究中指出，「母親」是可以用來作為跨越所有障礙的象徵。[98] 黑人社會對於「母親」有很深的期許，「母親應該是堅定、固若磐石、和藹、具有同情心的。」[99] 布諾斯也指出母親的重要角色與責任：母親的責任就是要餵養孩子，給他們一個舒服的家。許多壞習慣的產生都是因為食物供給的營養系統出現問題所致，譬如，嚼口香糖、抽煙都是因為晚餐不足造成。而許多年輕人不願待在家裡也是因為家庭不夠滿足他們在智力方面的需求。[100]

　　而這樣的思維模式也一直影響黑人女性。在第一屆「黑人女性全國聯盟」大會中，主席泰瑞爾就指出，「淨化家庭」（purification of the home）是「黑人女性全國聯盟」的目標，透過女性自我提昇，協助黑人女性成為好太太、好媽媽，在家中發揮實質的影響力，創造美好世界與提昇種族。種族的未來維繫在孩子的身上，所以要為他們提供健康的家庭，這是母親的責任。[101] 顯示「黑人女性全國聯盟」相信女性是家庭道德的守護者，有健全的家庭就可以改善種族問題。因此黑人女性要透過母親角色，從家庭入手，進行社會與道德改革，提昇種族。[102]

　　所以黑人社會重視母職是可以理解的。如果黑人女性可以證明自己是稱

---

97. Kimberly Wallace-Sanders, *Mammy: A Century of Race, Gender, and Southern Memory*, pp. xvi-xvii.

98. Stephanie A. Smith, *Conceived by Liberty: Maternal Figures and Nineteenth-Century American Literature*, p. 14.

99. Evelyn Brooks Higginbotham, *Righteous Discontent: The Women's Movement in the Black Baptist Church, 1880-1920*, p. 202.

100.Nannie H. Burroughs, "Some Straight Talk to Mothers," National Baptist Union, February 13, 1904.

101.Beverly W. Jones, "Mary Church Terrell and the National Association of Colored Women, 1896 to 1901," p. 24; Mary Church Terrell, "First Presidential Address to the National Association of Colored Women," pp. 131-138; "The Duty of the National Association of Colored Women to the Race," pp. 340-354.

102.Elizabeth Lindsey Davis, *Lifting as They Climb*, p. 316.

職的母親，就可以獲得白人社會的尊重，也有助於提昇種族。因此當白人社會一方面用黑人姆媽否定黑人女性母職，一方面卻為之設置紀念雕像，彰顯她們對於白人社會與家庭的貢獻時，無疑加深了黑人姆媽輕忽母職，不值得尊重，種族墮落無法提升的種種疑慮。

四、結論

什麼樣的人可以名留青史？什麼樣的歷史人物該受到敬重？後世子孫又該如何面對受到扭曲的歷史陳述？本文從密西西比州的參議員威廉斯向國會提出為黑人姆媽設置紀念雕像的議案為研究切入點，將這個議題放在更大的時空架構中，抽絲剝繭後，發現黑人社會以種族之名反對設置黑人姆媽，除了基於爭取黑人在歷史上的正名外，也是為了捍衛「新黑人」精神、表現中產階級黑人女性力爭上游的努力成果、澄清黑人姆媽與黑人女性母職之間的誤解。

「邦聯之女聯合會」讚揚黑人姆媽，感謝她們的忠誠及對於南方社會的貢獻，於是有了威廉斯參議員在 1923 年設置雕像的建議案。如果將此案放在 20 世紀初美國南方解讀內戰起因的歷史框架中，就更能顯現其意義。讚揚黑人姆媽其實也是南方人企圖呈現出南方種族和諧的一面，並將內戰轉化成為保護南方文化與家園，非為繼續保有奴隸制度的戰爭，遑論尋求獨立聯邦政府之外。南方社會有了黑人姆媽，於是內戰除罪化，也合理化了奴隸制度。但內戰對於黑人而言卻十分重要，這是他們第一次以主角身分參與美國歷史，也是為了捍衛自身自由的戰役，絕不允許白人利用黑人姆媽雕像否定他們在美國內戰中的地位。

雖然黑人一直處於社會的邊緣，但從未放棄融入美國社會的努力，及表現自我特質的機會，特別是在 1920 年代開始，黑人努力展現「新黑人」精神。從白人社會的觀點來看，男人養家活口是男子氣概的基本條件。但彰顯了黑

人姆媽，就是凸顯其為家庭經濟支柱的事實，黑人男性不算男人，白人當然可以輕視他們。但黑人姆媽卻是不符合白人社會女性特質標準的人，不能和白人女性受到一樣的尊重。從性別的角度來看，表面上南方白人社會讚譽黑人姆媽，實質上，卻同時詆毀了黑人男性與女性，也成為他們繼續貶低黑人的口實。

　　雖然從事家務工作是黑人女性就業大宗，但也有中產階級黑人女性透過專業、社會參與等，來證明她們值得受到和白人女性一樣的待遇。當她們努力表現自己的成就時，白人女性立碑紀念黑人姆媽，無異提醒她們過去的種種，以及她們永無法超越白人女性，更無平起平坐的可能。中產階級黑人女性也不願意世人透過黑人姆媽來了解她們。對她們而言，白人社會設置黑人姆媽紀念雕像，無疑對黑人女性提昇自我形象的努力產生負面的效果。

　　奴隸制度本來就是黑人歷史上的痛，設置黑人姆媽紀念雕像無異是重新提醒他們過去的種種。不過黑人女性更在意的是，許多有關黑人姆媽的圖片或記載中，強調的是黑人姆媽與白人家庭、被照顧的白人小孩之間的感情，造成黑人女性怠忽母職的誤解。但黑人社會非常重視母親的角色，將之視為可以超越種族界限，是黑人女性和白人女性一樣值得受到尊重的特質。所以黑人女性必須起而捍衛與釐清事實真相，不容黑人姆媽模糊焦點。

　　當少數人的記憶變成集體的記憶，而集體記憶變成公共財，社會中的強勢握有解釋歷史記憶權的時候，社會中的弱勢應該如何自處？我們在論文中看到黑人社會反對設置黑人姆媽紀念雕像的理由，反映的卻是一個普遍的現象，亦即黑人社會爭取白人社會對於他們的尊重，這也是種族是否可以融合，和諧相處的關鍵。

參考書目

一、近人著作

- Allport, Gordon W. *The Nature of Prejudice*. Garden City, NY: Doubleday and Company, Inc., 1958.
- Anderson, Henry. "United Daughters of the Confederacy." *Confederate Veteran* (February 1906) , p. 58.
- Anderson, James D. *The Education of Blacks in the South, 1860-1935*. Chapel Hill: University of North Carolina Press, 1988.
- Anonymous. "Burial of 'Aunt' Mary Marlow." *Confederate Veteran* 14 (March 1906) , p. 101.
- Anonymous. "In Memory of a Faithful Servant." *Confederate Veteran* 24 (October 1916) , p. 476.
- Anonymous. "Mammy—And Memory." *Confederate Veteran* 28 (February 1920) , p. 55.
- Anonymous. "Preserving Amiability of Black Mammy." *Confederate Veteran* 17 (August 1909) , p. 427.
- Anonymous. "Refute the Slanders and Falsehoods." *Confederate Veteran* (March 1905) , pp. 123-124.
- Anonymous. "Requests by the United of Confederate Daughters, Historian-General." *Confederate Veteran* (February 1912) , pp. 54-55.
- Anonymous. "To Make Amends for a Long-Neglected Duty." *Keystone* (September 1904), p. 8.
- Babcock, Bernie. *Mammy: A Drama*. New York: Neale Publishing, 1915.
- Bagby, Albert Morris. *Mammy Rosie*. New York: Books for Libraries Press, 1972.
- Barnett, Evelyn Brooks. "Nannie Burroughs and the Education of Black Women." In *The Afro-American Woman: Struggle and Images*, eds. by Sharon Harley and Rosalyn Terborg-Penn. Baltimore, MD: Black Classic Press, 1997, pp. 97-108
- Blotner, Joseph L. *Faulkner: A Biography*. New York: Random House, 1974.
- Bone, Robert. *Down Home: Origins of the Afro-American Short Story*. New York: Columbia University Press, 1988.
- Brown, Charlotte Hawkins. *Mammy: An Appeal to the Heart of the South: The Correct Thing to Do-to Say-to Wear*. New York: G. K. Hall, 1995.
- Brown, Hallie Q. "The Black Mammy Statue." *National Notes* (April 1923) , pp. 3-4.
- Cabell, William Preston. "How a Woman Helped to Save Richmond." *Confederate Veteran* 31 (May 1923) , pp. 177-178.
- Carby, Hazel V. *Reconstructing Womanhood: The Emergence of the Afro-American Woman Novelist*. New York: Oxford University Press, 1987.
- Cash, W. J. *The Mind of the South*. New York: A. A. Knopf, 1941.
- Clinton, Catherine. *The Plantation Mistress: Woman's World in the Old South*. New York: Pantheon, 1982.
- Cooper, Anna Julia. *A Voice from the South*. New York: Oxford University Press, 1988.
- Cox, Karen L. *Dixie's Daughters: The United Daughters of the Confederacy and the Preservation of Confederate Culture*. Gainesville: University Press of Florida, 2003.
- Davis, Elizabeth Lindsay. *Lifting as They Climb*. Washington, D.C.: National Association of Colored Women, 1933.
- Davis, Stephen. "Empty Eyes, Marble Hand: The Confederate Monument and the South." *Journal of Popular Culture* 16:3 (Winter 1982) , pp. 2-21.
- De Lauretis, Teresa. *Technologies of Gender: Essays on Theory, Film, and Fiction*. Bloomington: Indiana University Press, 1987.

- Des Jardins, Julie. *Women and the Historical Enterprise in America: Gender, Race, and the Politics of Memory, 1880-1945*. Chapel Hill: University of North Carolina Press, 2003.
- Dinkins, Captain James. "My Old Black Mammy." *Confederate Veteran* 34 (January 1926) , pp. 20-22.
- Dohme, Margaret Heard. "Alexander Hamilton Stephens." *Confederate Veteran* 40 (March 1932) , pp. 91-94.
- Drysdale, Isabel. *Scenes in Georgia*. Philadelphia: American Sunday School Union, 1827.
- Du Bois, W. E. B. and Augustus Granville Dill. *Morals and Manners among Negro Americans*. Atlanta: Atlanta University Press, 1914.
- Du Bois, W. E. B. *The Gift of Black Folk: The Negroes in the Making of America*. Boston: Stratford, 1924.
- Emerson, A. J. "Stonewall Jackson: A Homily," *Confederate Veteran* 20 (February 1912) , pp. 58-59.
- Emerson, Bettie Alder Calhoun. *Historic Southern Monuments; Representative Memorials of the Heroic Dead of the Southern Confederacy*. New York: Neale Pub., 1911.
- Faulkner, John. *My Brother Bill: An Affectionate Reminiscence*. Oxford, MS: Yoknapatawpha Press, 1975.
- Faulkner, William. *Go Down, Moses*. New York: Vintage Books, 1973.
- Foster, Gaines M. *Ghosts of the Confederacy: Defeat, the Lost Cause, and the Emergence of the New South, 1865-1913*. New York: Oxford University Press, 1987.
- Genovese, Eugene. *Roll, Jordan, Roll: The World the Slaves Made*. New York: Vintage Books, 1976.
- Gutman, Herbert G. *The Black Family in Slavery and Freedom, 1750-1925*. New York: Vintage Books, 1976.
- Guy-Sheftall, Beverly. *Daughters of Sorrow: Attitudes toward Black Women, 1880-1920*. Brooklyn, NY: Carlson Publishing, 1990.
- Hammond, "The Old Black Mammy." *Confederate Veteran* 26 (January 1918) , p. 6.
- Hamner, Sally B. "Mammy Susan's Story," *Confederate Veteran* 1 (September 1893) , pp. 270-271.
- Hanson, Joyce A. *Mary McLeod Bethune and Black Women's Political Activism*. Columbia: University of Missouri Press, 2003.
- Harley, Sharon. "The Middle Class." In Darlene Clark Hine ed., *Black Women in America: An Historical Encyclopedia*, vol. 2. Bloomington: University of Indiana Press, 1993, pp. 786-789.
- Harris, Trudier. *From Mammies to Militants: Domestics in Black American Literature*. Philadelphia: Temple University Press, 1982.
- Haug, Kate. "Myth and Matriarchy: An Analysis of the Mammy Stereotype." In *Dirt and Domesticity: Constructions of the Feminine: June 12-August 14, 1992, Whitney Museum of American Art at Equitable Center*. New York: Whitney Museum of American Art, 1992, pp. 47-51.
- Haynes, Elizabeth Ross. "Negroes in Domestic Service in the United States: Introduction." *Journal of Negro History* 8:4 (October 1923), pp. 384-442.
- Higginbotham, Evelyn Brooks. *Righteous Discontent: The Women's Movement in the Black Baptist Church, 1880-1920*. Cambridge, MA: Harvard University Press, 1993.
- Hine, Darlene Clark. "Lifting the Veil, Shattering the Silence: Black Women's History in Slavery and Freedom." In *The State of Afro-American History: Past, Present, and Future*, ed. by Darlene Clark Hine. Baton Rouge: Louisiana State University Press, 1986, pp. 223-249.
- Hume, "Our 'Black Mammy'." *Confederate Veteran* (September 1898) , p. 476.
- Hunt, Lynn. ed. *The New Cultural History*. Berkeley: University of California Press, 1989.
- Jewell, Karen Sue Warren. "An Analysis of the Visual Development of a Stereotype: The Media's Portrayal of

Mammy and Aunt Jemima as Symbols of Black Womanhood." Ph.D. diss., Ohio State University, 1976.

- Johnson, Joan Marie. "'YE GAVE THEM A STONE': African American Women's Clubs, the Frederick Douglass Home, and the Black Mammy Monument." *Journal of Women's History* 17:1 (Spring 2005) , pp. 62-86.

- Jones, Beverly Washington. "Mary Church Terrell and the National Association of Colored Women, 1896 to 1901." *Journal of Negro History* 67:1 (Spring 1982) , pp. 20-33.

- Jones, Jacqueline. *Labor of Love, Labor of Sorrow: Black Women, Work, and the Family from Slavery to the Present*. New York: Basic Books, 1985.

- Kammen, Michael. *Mystic Chords of Memory: The Transformation of Tradition in American Culture*. New York: Alfred A. Knopf, 1991.

- Kerner, Otto. *Report of the National Advisory Commission on Civil Disorders*. Washington, DC: Government Printing Office, 1968.

- King, Mae C. "The Politics of Sexual Stereotypes," *Black Scholar* 4:6-7 (March/April 1973) , pp. 12-22.

- Layton, S. W. "The Servant Problem," *Colored American Magazine* 12 (January 1907) , pp. 13-15.

- Mac-Alpine, Laura Herbert. "War Memories of a Virginia Woman." *Confederate Veteran* 21 (December 1913) , pp. 579-581.

- Malone, C. D. "The Franklin County Monument." *Confederate Veteran* 22 (December 1914) , p. 537.

- McCall, J. E. "The New Negro." *Opportunity: Journal of Negro Life* 7 (July 1927) , p. 211.

- McKay, Claude. "If We Must Die." In Arna Bontemps ed., *American Negro Poetry*. New York: Hill and Wang, 1963, p. 31.

- Meier, August and Elliott M. Rudwick. *From Plantation to Ghetto: An Interpretive History of American Negroes*. New York: Hill and Wang, 1966.

- Milling, Chapman J. "Illium in Flames." *Confederate Veteran* 36 (May 1928) , pp. 179-183.

- Mitchell, Margaret. *Gone with the Wind*. New York: Macmillan, 1936.

- Montgomery Ward & Company, *Montgomery Ward & Company General Catalogue*. Chicago: Montgomery Ward & Company, 1930.

- Morton, Patricia. *Disfigured Images: The Historical Assault on Afro-American Women*. New York: Greenwood Press, 1991.

- Oltrogge, Estelle T. "My Old Black Mammy." *Confederate Veteran* 25 (January 1917) , p. 45.

- Owen, Chandler. "Black Mammies." *Messenger* (April 1923) , p. 670.

- Pantovic, Stan. "Black Antiques Reveal History of Stereotypes." *Sepia* 23 (July 1974) , pp. 44-48.

- Parkhurst, Jessie W. "The Role of the Black Mammy in the Plantation Household." *Journal of Negro History* 23:3 (July 1938) , pp. 349-369.

- Patton, June O., J. Strickland, and E. J. Crawford. "Moonlight and Magnolias in Southern Education: The Black Mammy Memorial Institute." *Journal of Negro History* 65:2 (Spring 1980) , pp. 149-155.

- Pickens, William. *The New Negro: His Political, Civil, and Mental Status, and Related Essays*. New York: Negro Universities Press, 1969.

- Pleasants, Sally McCarty. *Old Virginia Days and Ways*. Menasha, WI: George Banta, 1916.

- Poppenheim, Mary B., et al. *The History of the United Daughters of the Confederacy*. Richmond, VA: Garrett and Massie, 1938.

- Posey, Samuel. "The Crimson Battle Flag." *Confederate Veteran* 31 (March 1923) , pp. 98-100.

- Reed, Julia B. "Blue-coats at Liberty Hall." *Confederate Veteran* 7 (July 1899) , pp. 303-304.
- Rutherford, Mildred Lewis. "Extract from 'Wrongs of History Righted'." *Confederate Veteran* (October 1915) , pp. 443-444.
- Savage, Kirk. *Standing Soldiers, Kneeling Slaves: Race, War, and Monument in Nineteenth-Century America*. Princeton, NJ: Princeton University Press, 1997.
- Schroeder, Joseph J. ed. *The Wonderful World of Toys, Games and Dolls*. Northfield, IL: Digest Books, Inc., 1971.
- Scott, Anne Firor. "Most Invisible of All: Black Women's Voluntary Associations." *Journal of Southern History* 56:1 (February 1990) , pp. 3-22.
- Smedes, Susan Dabney. *A Southern Planter*. New York: James Pott & Co, 1899.
- Smith, Lillian Eugenia. *Killers of the Dream*. New York: W. W. Norton, 1949.
- Smith, Stephanie A. *Conceived by Liberty: Maternal Figures and Nineteenth-Century American literature*. Ithaca, NY: Cornell University Press, 1994.
- Stillman, Clara. "A Tourist in Florida." *The Crisis* (February 1924) , pp. 171-173.
- Terborg-Penn, Rosalyn. "Woman Suffrage: 'First because We are Women and Second because We Are Colored Women'." *Truth: Newsletter of the Association of Black Women Historians* (April 1985) , p. 9.
- Terrell, Mary Church. "First Presidential Address to the National Association of Colored Women," in *Quest for Equality: The Life and Writings of Mary Eliza Church Terrell, 1863-1954*, by Beverly Washington Jones. New York: Carlson Publishing Inc., 1990, pp. 131-138.
- Terrell, Mary Church. "N.A.C.W. Department Announcement." *Woman's Era* (August 1896) , pp. 3-4.
- Terrell, Mary Church. "The Duty of the National Association of Colored Women to the Race." *AME Church Review* (January 1900) , pp. 340-354.
- Terrell, Mary Church. "The History of the Club Women's Movement." In *Quest for Equality: The Life and Writings of Mary Eliza Church Terrell, 1863-1954*, by Beverly Washington Jones. New York: Carlson Publishing Inc., 1990, p. 322.
- Thurber, Cheryl. "The Development of the Mammy Image and Mythology." In Virginia Bernhard, Betty Brandon, Elizabeth Fox-Genovese, and Theda Perdue eds., *Southern Women: Histories and Identities*. Columbia: University of Missouri Press, 1992, pp. 87-108.
- Tucker, G. L. "Faithful to the 'Old Mammy'." *Confederate Veteran* 20 (December 1912) , p. 582.
- Tucker, Susan ed. *Telling Memories among Southern Women: Domestic Workers and Their Employers in the Segregated South*. Baton Rouge: Louisiana State University Press, 1988.
- Turner, Elizabeth Hayes. *Women, Culture, and Community: Religion and Reform in Galveston, 1880-1920*. New York: Oxford University Press, 1997.
- Wallace-Sanders, Kimberly. *Mammy: A Century of Race, Gender, and Southern Memory*. Ann Arbor: University of Michigan Press, 2008.
- Warren, Robert Penn. *The Legacy of the Civil War*. Cambridge, MA: Harvard University Press, 1983.
- Washington, Booker T., Fannie Barrier Williams, and Norman Barton Wood. *A New Negro for a New Century: An Accurate and Up-to-Date Record of the Upward Struggles of the Negro Race*. New York: AMS Press, 1973.
- Weeden, Howard. "Me and Mammy." *Confederate Veteran* 34 (November 1926) , p. 415.
- Welsing, Frances C. "The Conspiracy to Make Blacks Inferior." *Ebony* 29 (September 1974) , pp. 84-94.

- Wesley, Charles Harris. *The History of the National Association of Colored Women's Clubs: A Legacy of Service*. Washington, DC: National Association of Colored Women's Clubs, 1984.
- White, Deborah Gray. *Ar'n't I a Woman?: Female Slaves in the Plantation South*. New York: W. W. Norton, 1985.
- White, Deborah Gray. *Too Heavy a Load: Black Women in Defense of Themselves, 1894-1994*. New York: W.W. Norton, 1999.
- Whites, LeeAnn. *The Civil War as a Crisis in Gender, Augusta, Georgia, 1860-1890*. Athens: University of Georgia Press, 1995.
- Wickham, Julia Porcher. "My Children's Mammy—An Appreciation." *Confederate Veteran* 34 (November 1926), pp. 413-415.
- Williamson, Joel. *A Rage for Order: Black/White Relations in the American South since Emancipation*. New York: Oxford University Press, 1986.

二、微縮資料

- Anonymous. *The Papers of Mary Church Terrell*. The Institute of European and American Studies Library, Academia Sinica, Taipei; Library of Congress Manuscript Division. Washington, D.C.: Library of Congress Photoduplication Service, 1977. Text-fiche.
- United States Congress. *Congressional Record*. Parliamentary Library, Legislative Yuan, Taipei; Ann Arbor, MI: UMI, 1873-. Text-fiche.
- Williams, Lillian Serece and Randolph Boehm, eds. *Records of the National Association of Colored Women's Clubs, 1895-1992*. The Institute of European and American Studies Library, Academia Sinica, Taipei; Bethesda, MD: University Publications of America, 1993-1994. Text-fiche.

——本文原刊載於《新史學》22：2（2011.06），頁55-100。黃文齡教授授權使用。

一、黑人姆媽的形象

① 19 世紀美國南方莊園的黑人奴隸。

② 體型碩大、皮膚黝黑，身穿白色衣裙、圍裙、頭巾的黑人女性。

③ 自黑人幫傭（Nergo servants）衍伸，負責協助女主人的家務事和照護幼兒。

④ 生活作息完全配合主人家庭，也可能會與主人建立較為親密的人際關係。

⑤ 儘管現存有關黑人姆媽的紀錄，多半為白人口述、回憶，或是南方莊園相關文本，也帶有白人的美化，仍舊是了解當時美國南方和黑人社會的重要線索。

二、「邦聯之女聯合會」

① 成員：南方白人女性。

② 宗旨：捍衛邦聯、宣揚邦聯榮譽、保存邦聯記憶等。

③ 行動：照顧內戰遺族和倖存士兵、建立紀念碑與雕像、書寫南方觀點的教科書等。

④ 強調南方人是為了美國憲法和州權而戰、是愛國者，但同時也忽略了一些重要議題，如：奴隸制度、分離主義、黑人民權。

⑤ 黑人姆媽成為展現南方與黑人和諧相處的最佳例證，於是推動立法在華盛頓建立黑人姆媽的紀念雕像。

三、黑人社會反對設置黑人姆媽雕像

① 模糊黑人在內戰的歷史地位：

抹消了黑人、奴隸在內戰中的意義，進而無視了黑人在內戰為了爭取自由的努力。

② 有損黑人努力塑造的「新黑人」形象：

「新黑人」形象的用意在於面對當時社會的不平等，展現自我的價值，打破針對黑人的負面、刻板印象。

黑人姆媽往往被形容為具備白人社會的男子氣概，間接否定了黑人男性，貶低他們的社會價值。

③ 忽視黑人女性力爭上游的努力：

當時的「黑人女性全國聯盟」致力於提倡黑人的女權與公民權，與白人女性同樣值得尊重、擁有對等的地位。

黑人姆媽則象徵黑人女性就應該順從、隸屬於白人，黑人女性不如白人女性。

④ 影射黑人女性怠忽母職：

強調黑人姆媽與白人家庭的子女關係親密，暗示了黑人女性怠忽母職。

在黑人社會中「母親」有著相當重要的地位和職責，照護好孩子、家庭，進一步能提升整個種族的形象和未來。

文化的交會與
多元世界的發展

林長寬，〈理解《古蘭經》的耶穌： 伊斯蘭－基督宗教對話之起點〉

陳思仁

　　英國史家西蒙・夏瑪（Simon Schama）在《猶太人：世界史的缺口，失落的三千年文明史——追尋之旅（西元前 1000-1492）》一書中提到一則發生在穆斯林統治西班牙時的故事，說是里昂王國國王胖子桑橋一世（Sancho I, 956-960 在位），由於其過於肥胖而被貴族撤除王位（956-958），於是他遣使到伊斯蘭哥多華的王宮，請求哈里發拉赫曼三世（Abd-ar-Rahman III, 929-961 在位）準允讓他的猶太御醫幫忙治療肥胖症，猶太人是當時有名的醫療者。哈里發答應他的要求，減肥成功的桑橋一世最終又取回王位。夏瑪是想以這則故事說明當時（10 世紀）的西班牙世界，穆斯林、猶太人以及基督徒之間彼此保持來往的關係。大英博物館館長尼爾・麥葛瑞格（Neil MacGregoe），他在《看得到的世界史（下）》一書中也曾以博物館館藏的一具出自 14 世紀西班牙的「阿拉伯星盤」來證明伊斯蘭教、猶太教、基督教在摩擦過程中相互共存，彼此讓西班牙成為當時歐洲知識強國。上述例子說明了，在歷史上，這三個宗教曾有過既維持獨立性卻也能保有對話的可能，以及因為有對話而得以產生文明創造力。

　　本書選讀〈理解《古蘭經》的耶穌：伊斯蘭－基督宗教對話之起點〉一文，其一，作者提出，希冀透過兩方宗教在有關耶穌的觀點上，能夠在互相了解的基礎上，建立對話的可能。作者目的是要減少或最終消除伊斯蘭教與基督宗教之間的敵視與衝突。可以說，作者以作為一位學者（scholar）在面對世界公民時，展現其「公共」理性的思維。這是知識分子都應具備的公共理性。

其二，伊斯蘭教與基督宗教對於耶穌身分是否有神性的爭議，關鍵在於雙方對於「獨一無二的神」的見解不一樣，可以說，穆斯林對耶穌極為尊重，這是尊重其先知與使者的身分，以及其代表神的神蹟，而不是如基督徒視耶穌為神的身分上以尊重之。為此，本文自《古蘭經》引申幾項論證，以證明穆斯林一直視耶穌為先知、使者的角色，而這些論證實來自伊斯蘭教初期發展過程，教徒在不同地區接觸到的基督徒，從其口中獲得的關於耶穌身分的訊息，如《古蘭經》以「瑪麗亞之子」稱耶穌，可能源自東非基督徒口中對耶穌的稱呼，這就與基督宗教初期在不同地區的發展情況相應。本文提出，認定耶穌是「瑪麗亞之子」，因為僅從神獲得聖靈也不足以成為神或神的一部分，伊斯蘭教承認耶穌是先知與使者身分，因為這兩種身分都帶有責任來到世上。

其三，作者認為，無論猶太教、基督宗教以及伊斯蘭教都應回歸亞伯拉罕的教義——亦即一神信仰的最初。伊斯蘭教認為，所有後來出現的如耶穌或穆罕默德，他們都是作為出現在不同歷史階段的先知或使者，因為最初一神信仰，總是因人類的私心與愚昧而偏離正軌，為此，爾後降生的耶穌也好，穆罕默德也好，都是要糾正此前一歷史階段在宗教上走偏的現狀。這也是神對人類的慈愛。作者以持有這樣的伊斯蘭理解，而提出所有宗教不如再回歸原初，以反思爾今的基督教與伊斯蘭宗教，是否也有再度偏離的情況，因此回歸原初不失為修正自身宗教並開啟對話的可能。

信仰不同宗教的信徒之間，究竟有無對話的可能？作者認為有可能，在本文中作者以耶穌在《古蘭經》被描述的身分，提出此與基督宗教初期在不同地區發展的因素有關，而非伊斯蘭故意貶低耶穌身分，作者以歷史分析介入解讀《古蘭經》，又提出所有宗教回歸原初的伊斯蘭見解，這兩項都表現了作者具有的歷史思維，讓他接受時間與變化會在宗教上產生歷時性影響。此文既展現作者公共理性，也讓人理解，只有具備歷史思維的信徒才有任何對話的可能。

◆ 108 課綱相關條目對照說明

林教授的文章對應「伊斯蘭文化的發展與擴張」（條目 Ma-V-1）「伊斯蘭
世界與西方的互動」（條目 Ma-V-2）。了解伊斯蘭與基督宗教接觸的情形，
以及彼此對話的可能性。

延伸閱讀

1. 喬納森・萊昂斯（Jonathan Lyons）著，劉榜離等譯，〈智慧宮〉《智慧宮：被掩蓋的阿拉伯智慧史》（臺北：臺灣商務印書館，2015），頁 129-169。
   本文對應「伊斯蘭文化的發展與擴張」（條目 Ma-V-1）、「伊斯蘭世界與西方的互動」（條目 Ma-V-2）。
2. 卡洛斯（Brian A. Catlos）著，梁永安譯，〈基督教政權下的穆斯林〉《十字架上的新月：伊斯蘭統治下的西班牙（711-1614）》（臺北：貓頭鷹，2019），頁 343-358。
   本文對應「伊斯蘭文化的發展與擴張」（條目 Ma-V-1）、「伊斯蘭世界與西方的互動」（條目 Ma-V-2）。

理解《古蘭經》的耶穌：
伊斯蘭－基督宗教對話之起點

林長寬*

一、前言

　　眾所皆知，不同宗教之間的對話必須建立在彼此教義的理解與包容。[1]
同為一神信仰的伊斯蘭與基督宗教，自有其共同的根源；特別是伊斯蘭《古
蘭經》中真主的啟示（Wahy）承認伊斯蘭之前的一神教諸先知（Nabī）、使
者（Rasūl）。伊斯蘭於西元 7 世紀建立時，並非是以一個全新的宗教出現，
而是承繼了之前猶太教、基督宗教的傳統與教義。[2] 就穆斯林的信仰立場或
觀點而言，阿拉伯人的先知兼使者——穆罕默德，其宣揚伊斯蘭教義與「獨

---

* 國立成功大學歷史學系副教授。研究領域為伊斯蘭文化研究、中東研究、阿拉伯研究、阿拉伯文。

1. 不同宗教之間如何相互理解，若只是「捨我見，聽他言」是不夠的。一個宗教的成立自有其真
   理與價值觀。一個人不應只承認一種宗教傳統、教義；而是應該親身進入他人宗教傳統體驗之，
   方能於自己的信仰與生活中找到交集。這也是所謂的比較宗教學者所應有的認知。在諸多將宗
   教經驗與研究結合在一起，以達到宗教對話之目的者，美國的基督教神學家 Huston Smith 的宗
   教旅程當可作為一個借鏡。Huston Smith 研究世界宗教的態度，即是透過親身的參與，而與不同
   的信仰者交融、對話，以理解人類真理，一種被前定的永恆事實。有關 Huston Smith 之對話經驗，
   參閱其傳記：Huston Smith & Jeffrey Pain 著，雷淑雲譯，《探索的故事：追求神聖之旅》（*Tales
   of Wonder: Adventures Chasing the Divine, an Autobiography*）（新北：立緒，2010）。
2. 一般而言，伊斯蘭初期的教義、儀式與猶太教相當接近，因為在麥地那時期穆罕默德與該地的猶
   太教徒有良好的互動關係，但後來因為一些事件而決裂，遂逐漸發展出阿拉伯式的伊斯蘭特質。
   至於與基督宗教的關係，據研究，《古蘭經》（或是聖訓）所提到的基督教教義、傳統並非羅馬
   教廷，或拜占廷所宣稱的基督宗教，而是當時流行於阿拉伯地區（Arabia）清修基督教徒所抱持
   的教義。參閱 Mahmoud Ayoub, "Christian-Muslim Dialogue: Goals and Obstacles," *The Muslim Wold*
   94: 3 (2004) , pp. 313-314.

一神」（Wahīd）的倫理觀，乃是針對之前猶太教、基督宗教中一些背離造物主 Allāh 之道的異端教義做修正。[3] 因此穆罕默德在獨一神信仰（Tawhīd）的發展史上所扮演的角色有如耶穌，是一位宗教、社會改革者。[4] 穆罕默德的角色與功能，如同獨一神所派遣至人類的眾先知們一樣，是傳遞神的旨意，建構人類社會的秩序，並見證獨一神的存在。然而，不同於其他先知使者的是，他是接受獨一神啟示最終的一位。這有異於基督宗教的耶穌，猶太教的摩西，而穆斯林必須承認穆罕默德及其之前的眾先知使者。[5] 也因為如此，耶穌基督在伊斯蘭的教義中有其特定的地位與重要性。伊斯蘭的經典如《古蘭經》（al-Qur'ān）、聖訓（al-Hadīth）對耶穌尊崇有加，但對基督宗教的某些教義卻有批判，對猶太教亦然。本論文旨在提出《古蘭經》[6] 對耶穌基督的認知與理解，並進而突顯耶穌在伊斯蘭經典教義的描述，以及《古蘭經》如何將基督宗教的教義借鏡於伊斯蘭之宣揚上。無可否認的，穆斯林早期古典的《古蘭經》詮釋者在資料的運用上常常借助於基督宗教的經典詮

---

3. 基本上，《古蘭經》被穆斯林視為直接來自獨一神的話語；而《聖經》則是經過耶穌之後的門徒，以及好幾代的信徒所編撰、抄寫而成。在此過程，其原貌或許已不存在，一些人為的話語、思想被容納進去，一些原始教義也可能被扭曲。於此，一些基督宗教神學家已做了相當多的研究，試圖恢復《聖經》的原貌。Cf. Bart D. Ehrman, *Misquoting Jesus: The Story behind Who Changed the Bible and Why* (San Francisco: Harper, 2007). 中譯本見黃恩鄰譯，《製造耶穌：史上 No.1 暢銷書的傳抄、更動與錯用》（新北：大家出版社，2010）。

4. 有關穆罕默德之改革參閱：林長寬，〈穆罕默德的社會改革〉，《宗教哲學》30（2004），頁 38-57。

5. 伊斯蘭之基本信仰中的信「先知使者」（al-Anbiyā'），即信《古蘭經》中所提到穆罕默德之前的先知使者們。《古蘭經》中所提及的先知使者包括猶太人、阿拉伯人，《聖經》亦皆提及。Cf. Isma'īl b. Umar Abū al-Fidá ibn Kathīr, *Qisas al-Anbiyā* (the Stories of Prophets), 2 vols. (Mustafá 'Abd al-Wahīd, Ed.) (Cairo: Dar Kutub al-Hadīthah, 1968).

6. 《古蘭經》乃伊斯蘭文獻中最早提及基督耶穌的記載，因此若要理解伊斯蘭對耶穌基督的看待，則必須以《古蘭經》的「神啟」（Wahy）作為基礎探討之。本論文基本上只談論《古蘭經》對耶穌的記載，作為研究之基本。由於只是一篇文章，因而無法檢視所有伊斯蘭相關的文獻，如：*Tafsīr*（外義詮釋）、*Ta'wīl*（內義詮釋）之資料，或 al-Hadīth（聖訓）相關之文獻、蘇非密契主義（Tasawwuf, Sufism）之著作等。

7. 參閱 B. F. Stowasser, *Women in the Qur'an, Traditions and Interpretation* (Oxford: Oxford University Press, 1994), pp. 13-20.

釋,[7] 也因為如此,穆斯林對基督耶穌的理解,事實上保留了《古蘭經》所提及原始基督宗教中被現代人所忽視的一些觀念。基於此,本論文試圖提出伊斯蘭－基督宗教間對話的起點,作為華人獨一神信仰者之間溝通、理解的平台。

二、傳統上穆斯林與基督教徒彼此之宗教態度

穆罕默德宣傳獨一神信仰教義時,不時地提到猶太教徒與基督教徒,這顯示其對這二個宗教傳統有相當的認識,而穆罕默德所接到神之啟示,亦來自同樣脈絡之摩西、耶穌所接到的「神啟」（Wahy）。因而穆斯林對基督教徒亦有相當正面的印象,不像大部分的猶太教徒（或猶太人）對真正的信仰者（Mu'min bi-Allāh）持有敵意。《古蘭經》提到:

> 你（穆罕默德）將發現猶太人（教徒）與多神教徒是最仇視信
> 仰者的,你將發現他們當中最接近真主和對信仰者喜愛的人說
> 「我們是基督教徒」,因為這些人當中有教士與修士,他們並
> 不自大。[8]

穆罕默德在遷移到麥地那之後,他的先知地位受到挑戰,特別來自猶太教徒,而穆罕默德更是使用《舊約》的教義、知識來批判那些與他作對的猶太教徒。[9] 穆罕默德得到「真主」的啟示[10],將一神信仰推溯到亞伯拉罕,

---

8. 仝道章譯注,《古蘭經》5：82。
9. 穆罕默德傳教初時經常將猶太先知故事告示其信徒,並與猶太教徒維持良好關係,穆斯林禮拜的方向也朝向耶路撒冷。後來因政治、經濟衝突而與猶太教徒決裂,曾經為了捍衛穆斯林社群的安全、利益而與猶太教徒發生流血事件,這被一些反伊斯蘭者作為伊斯蘭迫害猶太教徒的引證。
10. 大部分的基督教徒或無神論學者認為《古蘭經》是穆罕默德自己的話。

並主張亞伯拉罕是位 Hanīf[11]，他不是猶太教徒，也不是基督教徒，因此穆罕默德所接到的啟示其意義乃重新彰顯亞伯拉罕的教義；不過伊斯蘭卻仍承認猶太教徒與基督教徒的經典。[12]

伊斯蘭建立之後，在對外傳播中實無可避免地與基督宗教或猶太教信仰有相當頻繁的接觸；而伊斯蘭的教義也直接受到猶太教或基督宗教教義的挑戰。原本伊斯蘭的建立乃為挑戰之前的獨一神信仰與傳統，因此為了捍衛伊斯蘭之立場，穆斯林作家常常引用《古蘭經》來挑戰猶太教與基督宗教的教義，認為 7 世紀當時那些一神教義已被扭曲篡改過了，因為有人已經背離獨一神的正道。伊斯蘭相當強調《古蘭經》乃直接來自真主 Allāh 的語言或訓諭，保留了獨一神的真正旨意。由於穆斯林對猶太教、基督教經典的認知，導致了伊斯蘭自我觀的強化，認為不符合《古蘭經》教義的經書皆可不必理會，甚或毀掉它。[13] 此認知也因而間接地造成一些激進的穆斯林其「排他主義」的產生，而對其他一神教的一些教義大肆攻擊。

相較於穆斯林對基督宗教的承認與批判，早期操希臘語的基督教神學家對伊斯蘭大多認為伊斯蘭是基督宗教中的異端，並否定穆罕默德其先知與使者的身分。但是拜占庭統轄地區被穆斯林征服後，當地的基督教徒成為了所謂的 Dhimmī[14]，方對伊斯蘭的態度有所改變；而歐洲的基督宗教與東方基

---

11. Hanīfism 可謂當時流行於阿拉伯地區的原生獨一神概念，相信宇宙間超然的強大力量。有學者認知其為亞伯拉罕之宗教信仰，即原生之一神教義。Cf. P. J. Bearman, Th. Bianquis, C. E. Bosworth, E. van Donzel, & W. P. Heinrichs et al. (Eds.) S.V., "Hanīf," *Encyclopaedia of Islam*, 2nd ed (Leiden: E. J. Brill, 1960-2005).

12. W. M. Watt, *Islam and the Integration of Society* (London: Routledge, 1961), pp. 267-269;《古蘭經》5：44-48, 2：135, 140, 3：65-68.

13. W. M. Watt, *Islam and Christianity Today* (London: Routledge, 1983), pp. 2-3.

14. Dhimmī 指的是受穆斯林政權保護的異教徒（特別是一神教徒），必須繳納「人頭稅」（Jizyah）以取得宗教、社群之自由，伊斯蘭法（Sharī'ah）對於 Dhimmī 有相當的規範。Cf. P. J. Bearman, Th. Bianquis, C. E. Bosworth, E. van Donzel, & W. P. Heinrichs et al. (Eds.) S.V., "Dhimma," *Encyclopaedia of Islam*, 2nd ed.; Majid Khadduri, *War and Peace in the Law of Islam* (Baltimore: The John Hopkins Press, 1955), pp. 175-201.

督教如 Orthodox、Monophysite、Nestrorian 等，便朝不同方向發展，其對伊斯蘭的認知與態度也因而不盡相同。在穆斯林統治地區的基督教徒常常為穆斯林統治者工作，進而將其對基督教教義的認知帶入伊斯蘭教義與思想的建構，並影響了伊斯蘭神學（Kalām）的發展。中世紀歐洲的基督宗教世界，因為與伊斯蘭世界處於敵對的立場，因而連帶地將伊斯蘭作為攻擊批判之標的。基督宗教人士常常醜化伊斯蘭先知穆罕默德的形象，鄙視穆斯林的傳統。基督教神學家始終認為沙漠阿拉伯人所帶出的伊斯蘭文化劣於歐洲的基督宗教文化。基督教神學家創造了伊斯蘭的暴力特質印象，指控它是一種墮落、腐化的宗教。[15] 而十字軍東征之後，雖然歐洲基督宗教世界對伊斯蘭有更進一步地接觸與認識，但並不完全接受伊斯蘭及其先知，這種偏見常常出現在當今國際政治角力當中被作為打壓或內政介入之藉口。[16]

隨著歐洲殖民帝國勢力的入侵，西方的基督教徒有更多的機會能更直接地與穆斯林接觸，並進入伊斯蘭的社會與傳統中去理解穆斯林的宗教文化。然而，基督教會的宣教活動也伴隨著西方殖民勢力之興起而更加積極，尤其是在穆斯林國家內。也因為如此，穆斯林與基督教徒比較有平等的立場可互相理解。而當歐洲殖民勢力撤離穆斯林國家之後，為了促進世界和平，特別是恢復基督教徒與穆斯林和平相處的過去光榮歷史，[17] 兩個宗教之間的對話明顯地被推動。也因為如此，穆斯林開始去研究基督宗教之教義、思想，

---

15. Cf. Norman Daniel, *Islam & the West: the Making of an Image* (Oxford: Oneworld, 1993)；W. M. Watt, *The Influence of Islam on Medieval Europe* (Edinburgh: Edinburgh University Press, 1972), pp. 72-77.

16. 現代學者如 Edward Said 對此有相當多的討論，可參閱其相關著作如：*Orientalism, Covering Islam, Imperialism and Culture*。

17. 這種經驗可以伊比利半島南部安達魯西亞（al-Andalus）穆斯林統治時期（西元 8 世紀中期至 15 世紀初 ）檢視之。Cf. S. K. Jayyusi (Ed.), *The Legacy of Muslim Spain* (Leiden: Brill, 1992); R. Flechter, *Moorish Spain* (Berkeley: University of California Press, 1993); S. M. Imauddin, *Muslim Spain 711-1492 AD* (Leiden: Brill, 1981); Maria R. Menocal, *The Ornament of the World: How Muslims, Jews and Christians Created a Culture of Tolerance in Medieval Spain* (New York: Little, Brown & Company, 2002); Chris Lowney, *A Vanished World: Medieval Spain's Golden Age of Enlightenment* (New York: Free Press, 2005).

試圖與伊斯蘭找出一個交集，並認知所有一神信仰皆應回歸到本源去理解，就像先知穆罕默德對「亞伯拉罕宗教」教義的提倡一樣。也唯有回歸到同一的根源，諸多的一神信仰教徒方能找到共同點，建立和平。穆斯林或伊斯蘭（《古蘭經》）對於基督宗教的建立者耶穌基督抱持相當肯定的態度，其教義是否為後人所扭曲而背離正道，此乃《古蘭經》中真主的啟示所要澄清的，而《古蘭經》經文中對耶穌的描述則是澄清與理解的切入點。穆斯林的「耶穌觀」之不同於基督教徒，主要是耶穌的位格問題，即耶穌是「神」或是「人」的認知與爭論。理解《古蘭經》中關於耶穌的教義，乃是對原始基督宗教基本的認識。[18]

三、《古蘭經》中的耶穌基督稱謂 [19]

伊斯蘭建立之初，基督宗教已在阿拉伯世界流傳相當長的時間，因此在所謂的 Jāhiliyyah [20]（曖昧時期）即有基督宗教的相關記載，尤其是在敘利亞以及葉門地區，似乎皆有基督教徒的活動，因為根據文獻記載，這兩個地區皆崇拜所謂的「yth' 神」（Heb. yéshûa, Aram. yeshû'）；不過，這並不確定即是對耶穌基督的崇拜。[21] 在阿拉伯文中（《古蘭經》）稱呼耶穌基督

---

18. 基督宗教初期在 Levant 地區（地中海東岸的巴勒斯坦或大敘利亞地區〔al-Shām〕）傳播時，在地者對耶穌的認知當不同於基督宗教自巴勒斯坦傳播出去後的定位，耶穌被定位為「救贖者」（Masīh）大過於「神耶和華」。

19. 除了《古蘭經》中的名字稱呼之外，在蘇非密契主義（Sūfism）文獻中，亦賦予耶穌一些尊稱；然而這些稱號似乎源自於《古蘭經》或聖訓（al-Hadīth），如 Jesus of the Soul、Jesus of the Age、Jesus of the Zephyr、Jesus of the Breath、Jesus of Love 以及 Jesus of the Spirit。可參考 Javad Nurbakhsh, *Jesus in the Eyes of the Sufis* (London: Khaniqahi-Nimatullashi Publications, 1983), pp. 56-57.

20. 所謂的 Jāhiliyyah 意指對一神信仰宗教的不理解，特別是西元 6 世紀時的阿拉伯人對猶太教、基督宗教的無知（Jāhil），而抱持泛靈信仰，或偶像崇拜。此名詞乃伊斯蘭建立之後，穆斯林所建構出來的用詞，並無貶抑非伊斯蘭文化之意涵。Cf. P. J. Bearman, Th. Bianquis, C. E. Bosworth, E. van Donzel, & W. P. Heinrichs et al. (Eds.). S.V., "Djāhiliyya," *Encyclopaedia of Islam*, 2nd ed.

21. F. V. Winnett, "References to Jesus in pre-Islamic Arabic inscriptions," *Muslim World* 31 (1941), p. 342.

為 'Isá，這個名字很可能源自於希伯來文的 Yesha'，或敘利亞文的 Yeshū' 或 Ishā'（意為「救贖」，salvation）。而南阿拉伯語言中，與其對等的字則是 Yitha'。[22] 因此毫無疑問地，《古蘭經》中的耶穌名字 'Isá 是源自於希伯來文或 Thamudic 碑文所提到的 Yŝ'（發成 Yisa' 的音）。這證明了基督宗教在伊斯蘭之前，即已流行遍及南北阿拉伯世界，而《古蘭經》中所提到有關耶穌基督的訊息，應是有其當時基督宗教不同支派傳播的歷史背景。

　　《古蘭經》提出獨一神信仰之訊息傳遞脈絡，從亞當起至穆罕默德，有 28 位先知的名字被提到，耶穌是其中的一位。現代學者對於《古蘭經》中的耶穌地位之界定有二種不同的認知：一是認為他並不比摩西或其他先知如約瑟夫（Yūsuf）來得重要。二是真主的啟示中賦予耶穌，甚至其生母瑪麗亞（Maryam）有特殊的身分及地位。[23] 至於耶穌與其他的先知是否具有等同的地位，則須做個別案例再行研究比較。耶穌的出現對猶太教徒有相當大的意義，他的身分被視為 Messiah，此 Messiah 對整體人類而言是否為唯一的救贖者呢？亦或就伊斯蘭的觀點，在穆罕默德出現後，真主 Allāh 的啟示即終結，不再有 Messiah 的出現。不過，這是順尼伊斯蘭（Sunnism）的觀點。在什葉伊斯蘭（Shi'ism）中 Messiah 的教義是存在的，只不過什葉派穆斯林所謂的 Messiah 是「隱遁伊瑪目」（Imām fī al-Ghaybah, Imām in Occultation）的再出現，而非重新由獨一神 Allāh 派遣一個新的先知或使者來拯救世人。[24] 這種「再現」以便「重整社群」的觀念似乎受到基督宗教中

---

22. Ibid., pp. 351-352.
23. 中世紀穆斯林的著作經常將瑪麗亞認知為具有先知的身分，而賦予一些神話。《古蘭經》經文提到獨一神啟示了瑪麗亞，要賜予她兒子。在一本中世紀穆斯林的阿拉伯文手抄本（書名為「《耶穌與瑪麗亞的故事》」）中，即提到瑪麗亞與耶穌同具先知身分的故事。參閱 James Robsdon, "Stories of Jesus and Mary," *Muslim World* 40 (1950), pp. 236-243.
24. 什葉伊斯蘭（Shi'ism）中的 Mahdī 教義與基督宗教之 Messiah 有類似的意涵，相關理論參閱 Moojan Momen, *An Introduction to Shi'i Islam* (New Haven: Yale University Press, 1985), pp. 161-171; Heinz Halm, *Shi'ism* (Edinburgh: Edinburgh University Press, 1991), pp. 35-39; 另參閱 P. J. Bearman, Th. Bianquis, C. E. Bosworth, E. van Donzel, & W. P. Heinrichs et al. (Eds.) S.V., "al-Mahdī," *Encyclopaedia of Islam*, 2nd ed. 中有關 Mahdi 教義之演變。

耶穌將於末世再臨的教義所影響，因此什葉教義中的 Mahdī 往往被解讀認知為「彌賽亞」（Messiah），這與《古蘭經》中稱呼耶穌為 Masīh（Messiah）當有所差別。什葉伊斯蘭的 Mahdī 與基督宗教的 Messiah 也當可作為伊斯蘭與基督宗教之間對話的一個基礎。

基本上，《古蘭經》對於耶穌的描述可分為四個類項：①他的出生嬰孩時期的故事，②他的奇蹟，③耶穌與真主 Allāh 之間的對話，或耶穌與以色列人的對話，④對耶穌人性面的強調，以及不應將他當作造物主崇拜。《古蘭經》對耶穌基督的敘述，其基本目的似乎在於強調 Tawhīd 的教義，亦即「真主之獨一性」的概念，並禁止偶像崇拜，或將神所創造的人類神格化。[25] 當然真主所創造的人類並非一律等同，或具單一性；祂創造人類並給予理智，而有了所謂的「自由意志」（'Aql, free will），因此人類有可能受到撒旦（Iblīs or Shaytān）的誘惑而違背了真主的旨意。在此情況下，人類則需要有所謂洞悉「真主之獨一性」的先知來引導並糾正人類錯誤的行為。此前提之下，《古蘭經》中所提到的眾先知只具人性而無神性；然而先知的身分並不同於一般人類的特質，若檢視《古蘭經》中對眾先知的描述即可得知。耶穌生平的種種事蹟乃是真主的跡象（Āyah）顯示，但並非祂本身的化身（Hulūl）。[26] 此觀念與基督宗教教義中「神與耶穌關係之界定」差異相當大。真主化身為耶穌之形象，耶穌的「人性肉體」（humanity）是否具有「神性」（divinity），乃是中世紀穆斯林神學家與基督宗教神學家的重要辯證議題之一。

---

25. 有關 Tawhīd 的討論資料相當多，基本概念可參閱 P. J. Bearman, Th. Bianquis, C. E. Bosworth, E. van Donzel, & W. P. Heinrichs et al. (Eds.) S.V., "Tawhīd," *Encyclopaedia of Islam*, 2nd ed.

26. Hulūl 在伊斯蘭神學中指的是基督教教義中的 Incarnation。穆斯林的基本觀念是：獨一神不可能化身為人的身上，否則祂超越所有「造化」之本質定受到質疑否定。參閱 P. J. Bearman, Th. Bianquis, C. E. Bosworth, E. van Donzel, & W. P. Heinrichs et al. (Eds.) S.V., "Hulūl," *Encyclopaedia of Islam*, 2nd ed.; Abū Hāmid al-Ghazālī, *al-Maqsad al-Asná fī Sharh Asmā' al-Husná* (Cairo: Mustafá al-Bābī al-Halabī, 1346/1927), p. 76. 英文翻譯參閱 David B. Burrell & Nazih Daher (Trans.), *The Ninety-Nine Beautiful Names of God* (Cambridge: The Islamic Society, 1995), pp. 149-150, 155-158 & 192 note 97.

四、耶穌的誕生：
真主 Allāh 之神蹟（Mu'jizah）的展現？

就基督宗教傳統或伊斯蘭《古蘭經》的啟示而言，耶穌的誕生乃是獨一神所顯示的跡象（Āyah），亦即其意志（Qadar）之展示。在《古蘭經》中耶穌的出生是真主 Allāh 派遣天使啟示瑪麗亞，經由她處女的人類身體，並特別受到真主所賜予的聖靈（Rūh, holy spirit）強化所孕育創造出不同一般凡人的一位先知使者。《古蘭經》第19章16-37節[27]敘述了耶穌的出生，其描述如下：

「你（指穆罕默德）要在這經典中提到瑪麗亞的故事。」那時候她離開了她的家人到東邊的一個隱避地方。

她放了一垂幕（把她自己）與他們隔開，那時我（指 Allāh）派了我的靈（Rūhanā）[28] 到她那裡，它顯現在她的面前完全和一個（健全）的人一樣。

她說：「我求仁主（al-Rahmān）讓我避開你，如果你也敬畏主，就不要走近我。」

他說：「我只是妳的主的一位使者來向妳宣布，（主）將賜給妳一個馨兒（Ghulām Zakī）[29]。」

---

27. 《古蘭經》第19章命名為「瑪麗亞」（Maryam），其中的主要內容是有關耶穌的事蹟及提出了對一些被扭曲的基督教教義。

28. 一般將 Rūhanā 解釋為 Our Spirit 或是 Angel，亦即真主 Allāh 派遣祂的造化 Rūh 作為使者（天使）將訊息傳給瑪麗亞。Muhammad M. Pickthall, *The Glorious Qur'an* (Mecca: The Muslim World League, 1977), p. 306; Yusuf Ali (Trans.), *The Holy Qur'an* (Brentwood: Amana Corp., 1983), p. 771.

29. Zakī 阿拉伯文意為「潔淨、無罪」（pure, sinless），在此《古蘭經》很明顯地指出耶穌的本質是完美無瑕疵的（faultless）。Muhammad M. Pickthall, *The Glorious Qur'an*. Yusuf Ali 則翻譯為 holy son，Yusuf Ali (Trans.), *The Holy Qur'an*。

她説：「沒有男人接觸過我，而我又不是一個不貞潔的女人，我怎能有一個兒子呢？」

他説：「事情就是如此，你的主説『對於我那是容易的事。我將使他作為對人類的跡象（Āyah）和來自我的慈憫。』這是已經確定了。」

所以她就孕育了他（耶穌），並攜帶他退隱到一個偏僻的地方。

生產的疼痛驅使她到一株棗樹下，她在痛楚中喊道：「哎呀！我真希望在這以前早就死了，並成為一個被人遺忘和忽視的人。」

那時有一個聲音從棗樹下面對她喊道：「不要憂慮！妳的主已在妳的下面安排了一條小溪。」

妳向著自己搖那棗樹的枝幹，就會向妳落下新鮮成熟的果子。

妳就吃、喝吧！並愉快適意。那時如果妳看到任何人，妳就説：「我已向仁主（al-Rahmān）發願齋戒，在這一天我將不與任何人説話。」

她終於帶嬰兒回到她的族人，她抱著他。他們説：「瑪麗亞啊！妳的確做了一件驚人的大事！」

「哈倫的妹妹啊！妳的父親不是一個歹人，妳的母親也不是不貞潔的。」

她指著那嬰兒，他們説：「我們怎能對一個尚在搖籃中的孩子談話？」

他（耶穌）說：「我確是真主 Allāh 的僕人，祂確已賜給我啟示（經典），並使我成為一位先知。」

祂使我不論在哪裡都享受天福，並命令我在有生之年做禮拜，納天課（Zakāt）。

祂教我對我的母親孝敬，而不使我遭受橫逆或不幸。

因此，在我生的那天，死的那天，和在我復活的那天，我都是平安的（受到賜福的）。

這就是瑪麗亞之子耶穌。這就是他們在爭論的實情。

真主 Allāh 不需有子嗣（那時對於祂是不適宜的）。光榮歸主！當祂決定一事時，祂只需說「有」，它就有了。

耶穌說：「Allāh 的確是我的主，也是你們的主，所以你們要尊崇祂，這是正道。」

但是他們當中各派對耶穌的意見不同，由於他們即將面臨的大日子，為那些不信的人們悲嘆吧！

此外在《古蘭經》第 3 章 42-47 節亦提到耶穌的誕生，經文如下：

那時，天使們說：「瑪麗亞啊！真主 Allāh 已選擇了妳，並淨化了妳，並選擇妳在舉世的婦女之上。」

瑪麗亞啊！妳要服從妳的主，妳要向祂叩拜，並（在禮拜時）同那些鞠躬的人一起鞠躬。

（先知啊！）這就是我啟示給你的那些眼所未見事物的一部分。當他們投箭（抽籤）取決誰將監護瑪麗亞時，你不在當場；當他們對此爭執時，你也未在場。

那時，天使們說：「瑪麗亞啊！真主 Allāh 用一句話賜給妳喜訊，他的名字將是『瑪麗亞之子，彌賽亞耶穌』（al-Masīh ‘Isá ibn Maryam）。他將享有今世與後世的尊榮，並將是那些接近 Allāh 中的一位。他將在搖籃中和成年時期對人們說話，並將是善人中的一位。」

她說：「我的主啊！沒有男人接近過我，我怎能有孩子呢？」他說：「Allāh 隨祂的意志造化。當祂決定一件事時，祂只要對它說一聲『有』，就有了。」

　　此兩處經文相互呼應，並說明了瑪麗亞處女（或非婚姻、性行為）生耶穌基督乃是真主 Allāh 所行使的神蹟。因此，耶穌本身是真主 Allāh 的特殊跡象（Āyah），他是不同於凡人；而這也直接說明了耶穌並非是真主的兒子，除了真主本身之外，任何人、事、物都在祂的意志控制下被創造的。在《古蘭經》中也特別強調「Allāh 不生，也不被生」的獨一性。《古蘭經》第 112 章即相當清楚地表明：「你（指穆罕默德）說：『祂是 Allāh（此位神），獨一的，是永恆的，受萬物祈求的 Allāh。祂不生，也不被生，沒有可以與祂相比擬的。』」

　　《古蘭經》有關耶穌基督的描述，古典或現代的註經學家皆有大同小異

的觀點，[30] 而且《古蘭經》的故事亦可以與《聖經》相呼應。耶穌被視為「瑪麗亞之子」（Ibn Maryam, Son of Maria），在《古蘭經》共出現 33 次。這種稱呼可能傳自於伊索比亞（Ethopia）。穆罕默德在傳教之初受到迫害，曾經要他的追隨者遷移到東非地區信仰基督宗教的阿比西尼亞（Habashah，即今日的伊索比亞），但並沒有成功，而可能將在那裡使用的此名稱帶回來。[31]《古蘭經》中對其他的先知使者並無如此的稱呼（「某某女人之子」）。「瑪麗亞之子」的稱呼，其意義不外是強調耶穌並非一般正常的凡人，因為他沒有父親，而是真主 Allāh 特別創造的「人」。如果耶穌的父親為人所知，則他應稱為「某某男人之子」，如「穆罕默德之子」（Son of Muhammad, Ibn Muhammad）。[32] 伊斯蘭的先知穆罕默德即被稱為「阿布都拉之子」（Ibn 'Abdullāh），或「葛辛之父」（Abū Qāsim）。[33] 此外「瑪麗亞之子」[34] 強調耶穌是人所生下來的，並非是 Allāh 所生的兒子。

《古蘭經》對於耶穌的出生強調其人性的本質，《古蘭經》提到：

> 在 Allāh 看來，耶穌（被造化的情形）就和亞當一樣。祂用泥土造
> 化了他（亞當），然後說一聲「有」，他就有了。這是來自 Allāh
> 的真理，所以你不要作為懷疑的人。[35]

穆斯林的注經學家對於瑪麗亞生子的事蹟有相當多的解釋版本。這些注釋可能是根據基督宗教的文獻或傳說。其中對於瑪麗亞的身分多所著

---

30. G. Parrinder, *Jesus in the Qur'an* (Oxford: Oneworld, 1995), pp. 75-81.

31. E. F. Bishop, "The Son of Mary," *Muslin World* 24 (1934)，p. 239.

32. 中東地區人的命名，通常與所謂的 nisbah（lineage）相關，參閱 P. J. Bearman, Th. Bianquis, C. E. Bosworth, E. van Donzel, & W. P. Heinrichs et al. (Eds.) S.V., "nisba," *Encyclopaedia of Islam*, 2nd ed.; Annemarie Schimmel, *Islamic Names* (Edinburgh: Edinburgh University Press, 1997), pp. 8-12.

33. 穆罕默德幼年夭折的長子被命名為 Qāsim，因此他也被稱為「葛辛之父」（Abū Qāsim）。

34. 「瑪麗亞之子」一直是《古蘭經》對「人類耶穌」的稱謂，若耶穌是真主之子，則有可能出現「養主之子」（Ibn Rabbihi 或 Ibn Allāh）的稱號，但通篇《古蘭經》並無如此的用詞。

35. 《古蘭經》3：59-60。

墨。[36] 然而《古蘭經》並無特別提到瑪麗亞的身分背景，而是強調真主透過瑪麗亞來顯示其跡象。或許《古蘭經》的描述過於簡潔，而使後來注經學家有很大的發揮空間。《古蘭經》提到瑪麗亞被淨化，並經由天使賜予一子，其名字為 al-Masīh ibn Mariyam。[37] 這位「人子」al-Masīh 從小即傳遞真主的訊息。[38] 基本上，耶穌的降生乃針對以色列人而來，他在以色列人當中傳布造物主的福音，這說明了耶穌的誕生有其時空的局限性。就當時而言，他實際是以色列人的 Masīh。[39] 就《古蘭經》的提示，不管後人如何詮釋耶穌與瑪麗亞的關係及其二人的身分、本質，耶穌並無被獨一神 Allāh 指定為其化身，但是耶穌的誕生是由 Allāh 的 Rūh al-Qudus（Holy Spirit）所加強。[40] 由於耶穌的父親（血緣關係）在《古蘭經》並無提到，或許因為這個原因，瑪麗亞經由真主 Allāh 的 Holy Spirit 來孕育耶穌，導致耶穌被誤解稱為「神子」（Son of God）？不過這點《古蘭經》提及 Allāh 起動 Rūh al-Qudus 的作用倒是很難否定之。至於耶穌在《古蘭經》中被稱為 Masīh 其意義為何？學者有不同的解釋，後人將之解釋為 Messiah（救世主），但如果依據希伯來文，《古蘭經》經文的意涵則應解釋為 the blessed one，那是耶穌的稱號，並非 Allāh 的化身或代理。[41] 依

---

36. Cf. B. F. Stowasser, *Women in the Qur'an, Traditions and Interpretation* (Oxford: Oxford University Press, 1994), pp. 69-76.

37. 《古蘭經》3：42, 45。Masīh 阿拉伯文之本意為「潔淨」，亦可推斷為「掃除不淨」。就此而言，al-Masīh 本身就有「改革之意」，意指耶穌改革猶太教之腐化。

38. 《古蘭經》3：46。這是 Allāh 的跡象，祂使耶穌從搖籃中發聲講話。

39. 有關於穆斯林經學家對耶穌的誕生詮釋，參閱 Helmut Gätje, *The Qur'an and Its Exegesis* (Oxford: Oneword, 1991), pp. 120-122。

40. 《古蘭經》2：87, 253。這裡的經文顯示耶穌的出生是受到 holy spirit 的支持（或曰「加持」）。所謂的 holy spirit 有不同的詮釋，有學者主張它是神的一部分，但一般的穆斯林認為這裡的 holy spirit 指的是天使嘉百利（Jibril, Gabriel），亦是 Allāh 的創造。Abū Hāmid al-Ghazālī 認為耶穌具有如天使般潔淨的本質，參閱 Ali Ünal (Trans.), *The Qur'an with Annotated Interpretation* (Somerset: The Light, Inc., 2006), p. 52; Muhammad M. Pickthall , *The Glorious Qur'an*, p. 40 note 1.

41. Th. P. Hughes, *Dictionary of Islam* (New Delhi: Munshiram Manoharlal Publisher, 1995), p. 328; P. J. Bearman, Th. Bianquis, C. E. Bosworth, E. van Donzel, & W. P. Heinrichs et al. (Eds.) S.V., "al-Masīh," *Encyclopaedia of Islam*, 2nd ed.; G. Parrinder, *Jesus in the Qur'an*, pp. 30-33.

據伊斯蘭的教義，耶穌是「救贖者」，造物主本身並不做「救贖」之行為，人類若要得到救贖，則必須「自力」求之，或透過先知使者的引導；若造物主本身不是「救贖者」，耶穌自然而然也不是與造物主等同了。穆斯林稱呼基督教徒為 Masīhī，指的是追隨耶穌，延續其教義的人，亦即透過耶穌得到救贖的人。這種稱呼有如伊斯蘭的 Sunnī（順尼派），為奉行穆罕默德之行誼者之稱呼。

耶穌的出生被 Rūh al-Qudus 強化。Rūh（Spirit）在《古蘭經》的意涵不論用於耶穌或是一般人類，皆是真主 Allāh 的操作。最早是造物主把 Rūh（氣或靈魂）吹入亞當（人類）的形體，[42] 其次將 Rūh 吹入瑪麗亞身體而孕育了耶穌。[43] 這裡的 Rūh，一些穆斯林解讀為「生命之氣」（breath of life），而《古蘭經》也提到天使奉真主的命令將 Rūh 送進祂所喜歡的造化。[44] 究竟此 Rūh 是否為 Allāh 的一部分似乎很難界定。毫無疑問的，獨一神 Allāh 常常差遣天使作為 Rūh 傳遞其旨意。[45] 就《古蘭經》整體的描述觀之，Rūh 並不具備 Allāh 的屬性或本質；換言之，這並非 Allāh 的一部分，它只是祂創造的跡象，因此耶穌或亞當及其後代人類子孫，應該都不具備與 Allāh 同等之神性，這是《古蘭經》中特別強調 Allāh 的「獨一性」（Tawhīd），以禁止泛神崇拜。總而言之，在伊斯蘭的教義裡，耶穌的出生亦是 Allāh 的創造，一個富有特殊意義的創造。

---

42. 《古蘭經》15：29, 32：8, 38：72。
43. 《古蘭經》21：91, 66：12。
44. 《古蘭經》16：2, 40：15, 42：52。
45. 《古蘭經》70：4, 78：38, 97：4。

五、耶穌的身分及其本質

根據《古蘭經》的說法，耶穌基督是先知[46]，也是使者[47]。他就如同真主在不同的時空所派遣引導其族人的使者或先知。耶穌生平宣教的對象是猶太教徒（以色列人）。《古蘭經》提到 Allāh 啟示頒降猶太人（教徒）的經書 Torah 給耶穌，[48] 以及他本身所接受新的啟示——Injīl（福音書）[49]，用之糾正引導那些背離 Allāh 之道的猶太人（教徒）。就先知本質而言，耶穌基督也是宗教、社會的改革者。而先知所傳之 Allāh 的訊息雖然有時空背景的不同，但是其共同意義實具有今世的永恆性價值。[50] 而人類社群之所以需要先知與使者，就一神信仰教義觀之，乃出自於造物主的仁慈與人類的不成熟；[51] 而耶穌的出現亦顯示了真主對人類的關懷，祂因為愛而創造人類。一般而言，一神教的眾先知其共同宣揚的教義之一，即是傳遞教導「對神的愛（渴望）」（'Ishq）。[52]

如同其他的先知，耶穌有其使命。他的使命也是在見證 Allāh 的跡象，並且他本身也行使 Āyah（跡象）以顯示其先知的身分與使命。[53] 他的一些奇蹟在《古蘭經》中皆有描述。[54] 耶穌的身分除了「救贖者」（Masīh）之外，在《古蘭經》中亦提到他是真主的「僕人」（'Abd）：「Masīh（耶穌）將

---

46. 《古蘭經》19：31。

47. 《古蘭經》4：156, 169；61：6。

48. 《古蘭經》3：44。

49. 《古蘭經》5：82。

50. Fazlur Rahman, *Major Themes of the Qur'an* (Chicago: Bibliotheca Islamica, 1980), p. 80.

51. Ibid., pp. 1-17.

52. 伊斯蘭的蘇非主義（Sufism）特別就《古蘭經》中，造物主基於愛而創造人類的教義提倡「神愛論」（'Ishq）。關於此基本概念參閱 P. J. Bearman, Th. Bianquis, C. E. Bosworth, E. van Donzel, & W. P. Heinrichs et al. (Eds.) S.V., "Ishq," *Encyclopaedia of Islam*, 2nd ed.

53. 參閱《古蘭經》2：254, 281；3：43, 5：110, 43：63, 61：6。

54. 《古蘭經》3：43, 5：110-114, 19：30。

不會反對作為 Allāh 的僕人，那些受恩寵的天使也不會不恥作為 Allāh 的僕人。」[55] 這節經文顯示 Allāh 的造化皆是其僕人。就伊斯蘭教義而言，所有的造化皆是造物主的擁有物，人類是真主所放置於這個世界，用來管理其創造物，人類是聽命於造物主的。而所謂的「僕人」其實有「完全順服於真主」的意涵，並進而被要求對造物者獨一神的敬拜。[56]《古蘭經》亦提到耶穌自言：「他（耶穌）說：『我確定是 Allāh 的僕人，祂確定已賜給我啟示（經典），並使我成為一位先知。』」[57] 並且在其他章節也提到：「當瑪麗亞的兒子（耶穌）被提出來作例證時，（看吧！）你的族人就會在那裡揶揄吵嚷了。……他（耶穌）只不過是（我的）一個僕人，我（真主）把我的恩典賜給他，我並使他成為以色列人的模範。」[58] 這種「耶穌是造物主的僕人」觀念在《聖經》中亦常常提到。[59] 耶穌的僕人身分在《古蘭經》亦肯定了他與其他先知僕人的關係。耶穌如同亞伯拉罕、摩西的先知身分，真主所賜給他的福音書（*Injīl*, Gospel）等同於 *Torah*、*Law*、*Zabūl*。[60]

《古蘭經》提到 28 個先知名字，其中擁有特殊稱號的，耶穌即是其中的一個。這些先知中有 6 位具特別身分，他們是：亞當（Adam the Chosen of God, Safī Allāh）、諾亞（Noah the Prophet of God, Nabī Allāh）、亞伯拉罕（Abraham the Friend of God, Halīl Allāh）、摩西（Moses the Converser with God, Kalīm Allāh）、耶穌（Jesus the Spirit of God, Rūh Allah）、穆罕默德（Muhammad the Apostle of God, Rasūl Allāh）。穆斯林依據《古蘭經》稱穆

---

55. 《古蘭經》4：170-172。

56. Cf. P. J. Bearman, Th. Bianquis, C. E. Bosworth, E. van Donzel, & W. P. Heinrichs et al. (Eds.) S.V., "'Abd & Islam," *Encyclopaedia of Islam*, 2nd ed.

57. 《古蘭經》19：30。

58. 《古蘭經》43：57-59。

59. Quoted in G. Parrinder, *Jesus in the Qur'an*, pp. 35-37.

60. 《古蘭經》2：136, 4：163, 5：46, 6：84, 19：30, 33：7, 57：26。

罕默德為「最後一位先知」（Khātam al-Nabīyīn）[61]；但卻認為耶穌是「最後一位聖人」（Khātam al-Awliyā'），這種觀念應是穆斯林的本位立場所致，才將耶穌置於蘇非聖人（Walī）的行列中。依蘇非主義理論，那些 Walī 是最接近神的人（Qarīb min Allāh），而耶穌也被認為是神聖（sancity）和清貧（poverty）的代表。[62] 事實上，穆斯林之所以將耶穌列為蘇非聖人之列，並肯定其先知使者地位，實因為穆斯林認知先知並無神聖性（亦即 Allāh 本身之屬性〔attributes〕）；而稱耶穌為 Rūh Allāh [63] 並不代表他是「聖靈」（Holy Spirit）而具有神聖性（divinity），因為《古蘭經》提到 Rūh 只是 Allāh 所創造的萬物之一，現代的穆斯林常常冠有 Rūh Allāh 的稱號，例如前伊朗革命領袖何梅尼（Āyatullah Rūhullāh Khomeinī）即有此稱呼。這是比較象徵性的頭銜，意為「全然合乎 Allāh 之旨意者」。

因為耶穌為人類帶來「福音書」（*Injīl*），而被視為 Allāh 的使者（Rasūlullāh）。《古蘭經》中出現稱呼耶穌為「使者」（Rasūl）大約有 10 次：

我（眞主）的確曾經賜給摩西經典，並在他之後派遣了許多使者。

---

61. Khātam al-Nabīyīn 常常被解釋為「最後的先知」；但就阿拉伯文的意義，解釋成「眾先知之集大成者」似乎較為貼切。因為 khātam 常常被翻譯解釋為 seal，即「封印」，故穆斯林咸認穆罕默德為「最後先知」，導致在他之後任何一位宣稱具先知性質者皆被視為異端，而產生宗教迫害。畢竟穆罕默德是否為最後的一位先知，只有 Allāh 可以斷定，如果 Allāh 計畫再派遣新的先知使者，是否有此可能性？人類當無能力去否定 Allāh 的意志，因此人類對「真主話語」（《古蘭經》）的解讀是否也會有局限性呢？而《古蘭經》提及所謂的 Khātam al-Nabīyīn 是否有時空性、針對性，即針對當時的阿拉伯人或一神信仰者的猶太教徒、基督教徒，此議題當可深入研究。

62. C. E. Padwick, *Muslim Devotions* (Oxford: Oneworld, 1961), p. 168ff. 有關 Walī 的中文討論，參閱：林長寬，〈論伊斯蘭 Tasawwuf 之「近神觀」（Qurbah）〉，《新世紀宗教研究》13：2（2014），頁 1-63。

63. 《古蘭經》幾處提到 Rūhullah：「耶穌只不過是阿拉的一位使者（Rasūl），那是由於祂對瑪麗亞所說的一句話，以及來自祂的 Rūh（靈）。」（4：171）；「那貞潔的女子（瑪麗亞），我對她吹入 Rūhanā（我的靈），我並使她與她的兒子成為世人的一個跡象。」（21：91）；「以及伊姆蘭的女兒瑪麗亞，她保持貞潔，所以我把 Rūhanā（我的靈）吹入她（的身體）中，她信服眾世界主的話語與祂的一切經典，她是一位順服的僕人。」（66：12）

我給瑪麗亞之子耶穌明顯的證據，並以 Rūh al-Qudus 加強了他。[64]

我曾使一些使者（的品德）高於另外一些使者，Allāh 對祂的使者其中的一些說話，祂也會提高他們當中的一些使者更高的品級。我曾賜給瑪麗亞之子耶穌明顯的證據，並以 Rūh al-Qudus 加強他。[65]

Allāh 將教導耶穌經典，智慧，戒律（Torah）和福音（Injīl），並使他成為以色列人的使者。[66]

我們的主啊：「我們將信仰祢已經啟示給他的經典，我們並追隨這位使者，因此求祢把我們記錄在那些做見證的人當中。」[67]

我們殺死了 Allāh 的使者，瑪麗亞的兒子，耶穌。[68]

Masīh 耶穌瑪麗亞之子，只不過是位 Allāh 的使者，（也）不過是 Allāh 對她的許諾與來自祂的一個 Rūh。[69]

瑪麗亞之子，Masīh 只是一位使者，在他之前已有許多使者逝去。[70]

那是我（真主 Allāh）也曾經啟示耶穌的門徒信仰我和我的使者。[71]

---

64. 《古蘭經》2：87。
65. 《古蘭經》2：253。
66. 《古蘭經》3：48-49。
67. 《古蘭經》3：53。
68. 《古蘭經》4：157。
69. 《古蘭經》4：171。
70. 《古蘭經》5：75。
71. 《古蘭經》5：11。

然後，我（眞主 Allāh）以其他的使者繼他們的後塵，我使瑪麗亞之子耶穌繼承他們，並賜給他福音書。[72]

瑪麗亞之子説：「以色列人啊！我是 Allāh 派來給你們證實在我之前降給你們的經典（*Torah*）和報告在我之後降臨的一位使者 Ahmad 之喜訊的使者。」[73]

　　以上《古蘭經》的經文證明了耶穌的使者身分。所謂的使者 Rasūl 似乎並不等同於先知。在一神信仰的發展史中，每一個族群皆會有其先知（警告者），但未必會有使者；一位先知不一定是使者，但使者一定是先知。[74]其中最大的差異應是使者通常帶有經書（Kitāb），這本經書是存在於天堂的。也因為如此，猶太教徒、基督教徒皆被稱為「有經書的子民」（Ahl al-Kitāb, People of the Book），他們連同穆斯林是特別受到造物主 Allāh 所眷顧的族群，但也是最為容易背叛 Allāh 的人類。

　　耶穌是使者，他從獨一神那裡為猶太人（教徒）帶來了福音書。使者帶來經書之目的可能是為了確定人類服從造物主的信仰，亦或讓人類無法做偽論去反對造物主的旨意。[75]耶穌是先知，也是使者，他所帶來的福音書於《古蘭經》中一再被肯定；而追隨耶穌的信仰者必然以耶穌福音書中神的訓諭來落實祂的旨意與生活價值。[76]然而，並非所有先知使者之追隨者皆嚴格地遵守此戒律，因此當 Allāh 再派遣穆罕默德帶來《古蘭經》教誨阿拉伯人的時候，之前違背造物主旨意的人與事件就被提出來檢討。原則上，《古蘭經》

---

72. 《古蘭經》57：27。
73. 《古蘭經》61：6。
74. P. J. Bearman, Th. Bianquis, C. E. Bosworth, E. van Donzel, & W. P. Heinrichs et al. (Eds.) S.V., "Rasūl & Nabī," *Encyclopaedia of Islam*, 2nd ed.
75. 《古蘭經》4：165。
76. 《古蘭經》5：11, 47；7：156-157。

的批判並不是否認耶穌及其福音書，而是在否定那些背離 Allāh 正道之猶太人（教徒）、基督教徒的行為。

六、「三位一體」(Trinity)（或三個神格）的問題

在伊斯蘭的教義中，Tawhīd （神的獨一性）一直是無法撼動的信仰主體。《古蘭經》的「神啟」內涵從一開始即強調 Allāh [77] 為獨一的造物主，人類與造物主之間的關係乃建立在「主人與僕人」的基礎觀念上。獨一神創造了人類，給予人類一個舒適的生存空間，因此人類必須服從祂的旨意，依其訓示而生活，人類必須敬拜祂，以取悅祂，方能蒙受祂的恩典。人與造物主的地位永遠不能被等同看待之。此「真主獨一性」（Tawhīd）的教義一直受到穆斯林宗教學者的支持與演繹，相關的著作不計其數。《古蘭經》強調造物主的獨一性，就人類社會公義而言，乃是為了提升人類的權利與平等的地位。「真主獨一性」的教義使得沒有人可以挾 Allāh 的旨意來提升自己的權威與地位。西元 7 世紀穆罕默德在宣揚「真主獨一性」教義時，似乎是針對當地麥加地區社會之政治、經濟問題而來。當時伊斯蘭與基督宗教教義上的基本差異即是所謂「三位一體」（Trinity）的問題。基督教會將耶穌置於「聖父—聖靈—聖子」的框架中，導致後來穆斯林認知「耶穌的被當作神或是神之子」之異端觀念，抵觸了伊斯蘭的核心教義——「真主獨一」，而大加撻伐。

就「神啟」下降的邏輯、先後順序而言，《古蘭經》中的啟示對之前的經書或啟示似乎有修正作用，因為信仰者常常會扭曲 Allāh 的旨意。就一神

---

77. Allāh 阿拉伯文原意為「The God」，有限定之意；一般的神祇則稱為「ilāh」。有關此名詞之語源、神學論述，參閱 P. J. Bearman, Th. Bianquis, C. E. Bosworth, E. van Donzel, & W. P. Heinrichs et al. (Eds.) S.V., "Allāh," *Encyclopaedia of Islam*, 2nd ed.

教的信仰而言，「神啟」的循環出現也是一種改革作用。Allāh 自亞伯拉罕起，即不斷地派遣先知使者來修正人類的步入歧途。伊斯蘭強調獨一性，《古蘭經》第 112 章提到：「獨一的 Allāh 不生，也不被生，無任何可以與之相比擬的」。這種反對將（無形的）神擬人化的觀念，實乃針對當時麥加偶像崇拜所造成的諸多問題而立，故提倡此一概念，以破除各個部族自己的偶像崇拜使之獨尊一神，而其實有團結部族之政治與社會作用；此教義後來也被應用在基督教徒上。[78] 由於《古蘭經》一直使用「瑪麗亞之子」來稱呼耶穌，因此穆斯林咸認「耶穌是神之子」的教義乃為偶像崇拜的表現，[79] 而這有如《古蘭經》譴責「神有三個女兒：al-Lāt、al-Uzzah、al-Manāt」的觀念與崇拜傳統。[80] 將耶穌稱為「神之子」在早期基督教義中似乎也是異端的主張，如 Adoptionist 與 Arian 皆認為耶穌變成神，或是被神收養為兒子。[81] 這似乎把神擬人化。把神擬人化在伊斯蘭神學中也是一項重要的辯論。穆斯林認為若把神擬人化則有可能造成「泛神論」之結果。[82]

　　《古蘭經》一直強調真主不需要有子嗣：「他們說：『Allāh 有一個兒子，光榮歸主，祂是無求的，天地萬物都屬於祂。你們無權說這話，而你們卻無知地妄說 Allāh』」。[83]《古蘭經》也說明了造物主的自主性：「諸天與大地主權都屬於祂（主），祂沒有子嗣，在主權上祂沒有任何夥伴。祂創造了萬物並規定了它們應得的份。」[84] 而它更明顯的指出「神之子」是人類錯誤的觀念：「他們說：『仁主（al-Rahmān）已有一子！』你們的確已說出了一個最荒謬之事！由於這話天地將崩裂，群山也倒塌。這是因為

78. W. M. Watt, *Muhammad at Mecca*. (Oxford: OUP, 1963), p. 318.

79. M. R. Rid, *The Muhammadan Revelation* (translated from Arabic by Y. T. Alexandria Delorenzo) (Beirut: al-Saʻadāwī Publications, 1996), p. 9.

80. 《古蘭經》53：19-21。

81. G. Parrinder, *Jesus in the Qurʼan*, p. 127.

82. 有關此伊斯蘭神學辯論主題，參閱 Ashʻarism 與 Muʻtazilism 相關之論述。

83. 《古蘭經》10：68。

84. 《古蘭經》25：2。

你們主張仁主立子嗣，而仁主是不屑有子，天地間沒有一物，不像僕人似的到仁主面前。」[85] 這相當明確的指出，造化是 Allāh 的僕人而不是祂的子嗣。人類認定獨一神有子嗣，這是挑戰神的旨意，因此《古蘭經》亦提到：「如果 Allāh 希望祂自己有一個兒子，祂可能已由祂造化的當中選出祂所喜歡的。光榮歸主，祂是獨一的，絕對的 Allāh。」[86]

　　穆斯林認為 Allāh 的確不需要有兒子以執行今世（al-Dunyā）之事務，因為祂所創造的人類（僕人）已被認定為今世這個世界的管理者。人類是造物主在這個世界的哈里發（Khalīfah, caliph）[87]，來管理人類以外的造化。對真主而言，「兒子」是不需要的，祂創造人類生而平等。如果有人成為「造物主的子嗣」，那其作用又如何？在人類社會的運作發展上，他又能扮演什麼角色？而對於某些一神教徒聲稱「神有兒子」，那是人類狂妄的主張，挑戰了造物主的能力！《古蘭經》斥責這種主張為「無知」（Jāhil）：

> 猶太教徒（或猶太人）說 Ezra 是獨一神 Allāh 的兒子；基督教徒說 Masīh（耶穌）是獨一神的兒子，那是他們自說自話，他們模仿以往那些不信者或偽信者的說法。Allāh 對他們惱怒了，他們是多麼的邪惡！他們在阿拉之外，以他們的教士、修士及瑪麗亞之子（Masīh）作為他們的主，而他們已被命令只崇拜獨一的主，除祂之外無主，萬讚歸主，祂與他們所添附的夥伴無關。[88]

這一節啟示也很明白地指出「聖人崇拜」的不可行，這也是在現代伊斯

---

85. 《古蘭經》19：88-93。
86. 《古蘭經》39：4。
87. 《古蘭經》提到神將亞當（2：30）、大衛（38：26）置於這個世界作為 Khalīfah，意為「神的代理者」（站在真主之後者）。
88. 《古蘭經》9：30-31。

蘭改革教義中（如 Wahhābism），破除以蘇非聖人（Walī）崇拜為首要目標的做法。[89]

基督宗教經典中所謂的耶穌是「Son of God」，可解讀為未必是指實質的父子關係。耶穌從沒有稱他自己為「神的兒子」，而是別人給他加上去的，特別是那些邪惡的人。而在《舊約》中「Son」所指的可能是「民族」或「族人」的意思。這點在阿拉伯文（閃語）中亦然。[90] 在福音書中，耶穌常稱自己是「Son of Man」[91]。穆斯林堅守 Tawhīd 的立場，將 Son 做不同的解釋；而相對地，「Father」亦然，有其象徵意義。例如印度穆斯林現代主義者 Sayyid Ahmad Khan 就主張 Father 乃意指 Rabb（主），而 Son 則是指 ‘Abd（僕）。因此基督宗教經典中的「父子」的稱呼，有「主僕」之廣泛意義，蓋為人子者必侍奉其父。[92] 此外「父子」關係在閃族傳統中，當有「親近」、「執行」的意義，耶穌是最親近造物主的，全然執行造物主的意志，故可比喻為「神子」。

對於強調「神之獨一性」的伊斯蘭而言，絕大多數穆斯林認為「三位一體」（Trinity）是違背 Tawhīd 的核心教義而無法接受。穆斯林對耶穌的敬重是在於他特殊的先知使者身分，以及 Allāh 對他的眷顧。造物主並不化身於人類身上（Hulūl）；祂也不需親自去教導人類，因為祂已指派先知、使者替祂服務。人間的事務自有其代理者去處理。在《古蘭經》下降時代，「三位一體」的教義似乎沒有那麼盛行於阿拉伯世界，因此《古蘭經》的否定 Thalāthah（三位），應是針對偶像崇拜的異端思想而立。《古蘭經》否定耶穌、瑪麗亞與 Allāh 同位格的相關經文如下：

---

89. Cf. P. J. Bearman, Th. Bianquis, C. E. Bosworth, E. van Donzel, & W. P. Heinrichs et al. (Eds.) S.V., "Wahhābism," *Encyclopaedia of Islam*, 2nd ed.

90. Cf. Ibid., S.V., "Ibn."

91. G. Parrinder, *Jesus in the Qur'an*, pp. 128-130.

92. J. M. S. Baljon, *The Reforms and Religious Ideas of Sayyid Ahmad Khan* (Leiden: Brill, 1949), pp. 88-89. Quoted in G. Parrinder, *Jesus in the Qur'an*, p. 131.

那些不信的人說：「Masīh 瑪麗亞之子是 Allāh 之子。」你說：「如果 Allāh 要消滅瑪麗亞之子及其母親，以及大地上所有的人，那時誰有力量抗拒 Allāh 呢？」[93]

他們說：「Allāh 是瑪麗亞之子 Masīh。」但是 Masīh 卻親自說：「以色列人啊！你們要敬拜 Allāh，祂是我的主和你們的主。」誰把其他的偽神與 Allāh 連結（作伴），Allāh 就禁止他進入樂園，而火獄是他的居所，犯罪者將得不到援助。[94]

他們的確不信了。他們說：「Allāh 是三位（神）當中的一位。」除了獨一的真主之外無神。[95]

那時 Allāh 說：「瑪麗亞之子，你可曾對人說過：『在 Allāh 之外，以我和我的母親當作兩個神？』」耶穌說：「讚美祢！我決不說我無權說的話。如果我說過這樣的話，那時，祢一定已經知道它了。祢知道我心中的一切，而我卻不知道祢的。因為祢是知道隱密的主。」[96]

從上面所提的經文看來，當時《古蘭經》所批判基督教徒的錯誤，是將耶穌與瑪麗亞視為等同 Allāh 去敬拜，與「三位一體」似乎無直接關係。提高耶穌與瑪麗亞位格的現象確實存在於早期原始基督宗教的一些教義中，

---

93. 《古蘭經》5：17。
94. 《古蘭經》5：72。
95. 《古蘭經》5：73。
96. 《古蘭經》5：116。

如 Patripassianism 將耶穌與 Allāh 比做父與子的關係，而在阿拉伯世界的 Collyridian 也將瑪利亞當作神看待。[97] 雖然《古蘭經》的批判似乎與基督教會所主張的「三位一體」不盡相同；不過現代的穆斯林往往將「三位一體」解讀為：「獨一的神」被當作「單一的造物主與二元的造化等同並列」，即耶穌、聖靈與 Allāh 同位格。《古蘭經》更進一步地說明耶穌、瑪麗亞，與造物主的從屬關係，即強調他們的「人類位格」：

> 持經書的人啊！你們不要在你們的宗教上誇張過當。除了真理之外，也不要談論有關 Allāh 的任何事。瑪麗亞之子 Masīh 只不過是 Allāh 的一位使者，那是由於祂對瑪麗亞說的話（承諾的啟示）和來自祂的聖靈（Rūh）。所以你們不要說「三位」（Thalāthah）。停止說這話，對你們會更好。Allāh 是獨一的，祂超絕萬物，祂無須子嗣，諸天與大地都歸於祂。Allāh 作為一位監護者是足夠的了。[98]

以上這幾段《古蘭經》的啟示，主要還是在強調真主 Allāh 的獨一性。在《古蘭經》中多處提到「以物配主」（Shirk）乃是異端與異教徒的行為。[99] 整體而言，《古蘭經》實質否定了基督宗教中的異端邪說，如 Adoption、Patripassianism 以及 Mariolatry，而堅定地強調造物主的獨一性（Tawhīd）。基督宗教學者認為《古蘭經》的批判與基督宗教的一神教義相符合。[100] 一般的穆斯林經常將「三位一體」的「聖父－聖靈－聖子」的字面意義，錯誤解讀為耶穌有不同的三個神格，而違背了《古蘭經》的 Tawhīd 教義。事實上，《古蘭經》所譴責的主要是「耶穌為 Allāh 之子」

---

97. G. Parrinder, *Jesus in the Qur'an*, pp. 133, 135.
98. 《古蘭經》4：171。依據這一節經文，Thalāthah 似乎又是意指「聖父、聖靈、聖子」。
99. 《古蘭經》5：76, 9：31, 11：190, 12：111, 16：51, 17：22, 19：35, 23：91, 25：2。
100. G. Parrinder, *Jesus in the Qur'an*, p. 137.

的觀念,而所謂的 Rūh al-Qudus(聖靈)在《古蘭經》文中也並沒有很清楚的指示是 Allāh 本身。「聖父－聖靈－聖子」的用詞並不表示「造物者」同意「人類的耶穌」具有此三位格,否則《古蘭經》中的啟示必有所澄清。撇開字面的意義,「聖父－聖靈－聖子」應當指的是「單一的神」。[101] 這裡值得深入思考探索的議題是:「若耶穌是神,那麼神是否可以用其他先知的名字來稱呼祂自己呢?」通常,神的稱號是人類所賦予的,以人自己的理解冠加上去的,造物主若需要人類用特殊的名號來稱呼祂,祂自會有所為。因此,「三位一體」是人類創造出來的「名稱問題」,而不是「多神的實質」。

七、耶穌之死

一般人依據基督宗教《聖經》的理解,耶穌是被釘死在十字架後而復活升天;但是根據《古蘭經》中真主的啟示,耶穌在這世上的最後一刻並非如一般基督教徒所認知的那樣。《古蘭經》的說法與傳統基督教徒的信仰相較之下產生二個疑問:①耶穌真的被釘死在十字架嗎?②如果不是,他是如何死的?或是,他並沒死,而直接進入天堂。根據《古蘭經》,十字架問題的

---

101. 筆者曾經在一次基督教青年營的講課中,與輔仁大學神學院教授房志榮神父有過對話。房神父指出「三位一體」指的是「獨一神」所顯現的三個面向,而不是「三個神」,這是一般人對名詞的誤解。《聖經》裡的用詞經常是象徵性的,而且有時空背景的因素,不應該以字面的意義去理解,基督教徒還是主張「一神論」。在伊斯蘭與基督宗教神學的辯證歷史上,阿巴斯朝的哈里發 al-Mahdī 曾經與敘利亞的基督教神學家 Timothy I 有精彩解讀 Trinity 的對話。雙方以「獨一神」的教義基礎去討論聖父、聖靈、聖子的意涵。基本上,基督教神學家還是主張「單一神」論,但是將「聖父－聖子」關係以象徵性的方式解讀之,主張「人類的耶穌是神的話」(Word of God);而「聖父是人類耶穌象徵性的父親」。換言之,無形的神轉化有形的耶穌並不將耶穌當作另一位神看待。穆斯林通常也將耶穌本身比擬為「《古蘭經》」,即「神的話語」,因為耶穌宣道當時直接將神的話語傳達給人類。Mona Siddiqui, *Christians, Muslims, and Jesus* (New Haven & London: Yale University Press, 2013), pp. 92-96. 有關 Timothy I 與 al-Mahdi 的對話全文,參閱:Alphone Mingana, *Timothy I: Apology for Christianity*, pp.16-90.(http://www.tertulian.org/fathers/timothy_i_apology_00_intro.htm)

提及主要在下面三節經文：

> 他們說：「我們殺死了 Allāh 的使者，瑪麗亞之子，耶穌。」但是他們並沒有殺死他，也沒有把他釘在十字架上，它只是（Allāh）對他們顯示那樣子而已，他們的行為值得懷疑。（此後）那些對這點意見相左的人便懷疑這件事。他們除了猜測之外，對這事一點知識也沒有。他們的確沒有殺死他，其實是 Allāh 把他提升到祂身邊。Allāh 是大能大智的。沒有一個有經書的人（一神信仰者）在死亡之前不信耶穌的。在復活日時，他將是他們的見證者。[102]

　　依據此經文阿拉伯文之原意，耶穌並沒有真正地被釘死在十字架上，那只是一般人對 Allāh 能力無知的認為。《古蘭經》很明顯地表示，耶穌亦有可能如同一般的造化（人類），其生死是操控在造物主的意志中。大多數穆斯林注經學家主張《古蘭經》所提到「耶穌之死」是真主所顯示的一個奇蹟。傳統穆斯林注經學家從阿拉伯文字意、語法的解讀，大都認為耶穌本人是否真的被釘死在十字架並不是《古蘭經》啟示經文所要表明的一個議題，其重點在於 Allāh 能力的顯示。真主的跡象顯現是要讓那些迫害耶穌的人認為他們處死了耶穌，但事實不然。[103]

　　《古蘭經》注經學相當複雜，涉及學派、教派的不同立場與主張之神學論證；但從順尼派、什葉派、蘇非主義的注經學資料觀之，一些什葉派的注經學家似乎強調耶穌的肉體已於今世結束，但其靈魂未滅；[104] 然而，有些順尼派注經學家如 al-Rāzī（d. 322/933-934）則主張耶穌並沒被釘死於十字架，

102.《古蘭經》4：157-159。

103.有關穆斯林注經學家的討論，參閱：Todd Lawson, *The Crucifixion and the Qur'an: Study in the History of Muslim Thought* (Oxford: Oneworld, 2009) .

104.Todd Lawson, *The Crucifixion and the Qur'an: Study in the History of Muslim Thought*, p. 82.

只是失蹤而已。這種解釋可視為古典穆斯林經學家與基督宗教教義的對話，因為穆斯林經學家往往引用《聖經》的故事或相關的基督教神學家的注經資料去解讀《古蘭經》經文。

　　蘇非主義者（Sūfī）對於《古蘭經》的詮釋一向採「內義途徑」（Ta'wīl）。著名的蘇非學者 al-Qushayrī（d. 465/1072）引用非伊斯蘭資料（可能是基督教的文獻），主張耶穌的一位門徒替代耶穌上十字架犧牲，該門徒因而成為殉教者（Shahīd），其靈魂直接被提升至真主 Allāh 身邊之等同於耶穌位階（Maqām）之處，因為耶穌的特殊身分早已是「近神者」（Walī）[105]，因此 al-Qushayrī 間接地承認耶穌肉體的死。[106] 另一位著名的波斯蘇非行者 Ruzbihān al-Baqlī（d. 606/1209）也詮釋耶穌的死乃是真主本身的神蹟，不過他認為那是真主 Allāh 下降，化作耶穌的形象來對應那些背道的猶太人，顯示其能力，將耶穌提升到祂本身那裡。這呼應了著名注經學家 Fakhr al-Dīn al-Rāzī 所解讀之「擬人化」的質疑：若耶穌的肉體被提升到真主 Allāh 那裡，那麼 Allāh 必然如同人類處於這個世界的某處，但這似乎是不可能的。[107] al-Baqlī 的觀點若與《聖經》的耶穌做對話，則證明了《古蘭經》對耶穌特殊身分的界定，即耶穌的出生是由造物主以 Rūh Qudus 所強化，這也解決了耶穌是「人或神」的身分問題。或許基督教徒所認定的「耶穌是神」的觀念，在穆斯林對 Tawhīd 教義的堅持下是可被認知為耶穌是「短暫今世的人間『神』」，而非「後世永恆的宇宙神」。當然就《古蘭經》或《聖經》的描述，耶穌在行使奇蹟時應有「Allāh 的臨在」才是，真主 Allāh 協助「肉體的

---

105. 蘇非主義者經常將《古蘭經》所提到的先知使者視為「近神者」（Walī），而且位階高於其他的蘇非「近神者」。這種論點旨在避免將先知使者「神格化」，以捍衛 Tawhīd 的教義基石。

106. Abū al-Qāsim al-Qushayrī (n.d.), *Latā'if al-Isharāt Tafsīr Sūfī Kāmil li-al-Qur'ān al-Karīm*, 5 vols. (Ibrāhīm Baywānī, Ed.) (Cairo: Dār al-Kitāb al- 'Arabī, vol.2), pp. 82-83. Quoted in Todd Lawson, *The Crucifixion and the Qur'an: Study in the History of Muslim Thought*, pp. 98-99.

107. Fakhr al-Dīn al-Rāzī, *Mafatīh al-Ghayb al-Mushtahar bi-al-Tafsīr al-Kabīr*, 38 vols. (Cairo: al-Mutba'at al-Bahiyyah, 1935-1938, vol.9), pp. 72-73. Quoted in Todd Lawson, *The Crucifixion and the Qur'an: Study in the History of Muslim Thought*, p. 107.

耶穌」（或以耶穌的人類形象）來展現祂的能力；此亦即真主是在協助祂自己，也因此遂有「神將祂（轉為人類形象的肉體耶穌）提升到祂自己那裡」（He raised Him to Himself）[108] 的解讀。無疑地，古典穆斯林注經學家早已經與基督教徒在對話了。

此外，就前述《古蘭經》經文之意推論之，耶穌被他的猶太同胞迫害時應是受到真主 Allāh 的保護。至於 Allāh 如何保護耶穌免於猶太教人（教徒）的迫害，穆斯林的觀點與基督教經典所述沒有多大的差別，因為穆斯林注經學家對於耶穌相關的概念，可能採自基督教神學家的詮釋。[109] 一些穆斯林的 Mu'tazilite（理性主義神學派）注經學家比較認同耶穌的被「提升」（Rafa'）是指靈魂的登天，而非肉體。因為一些相關的經文顯示，以泥土被創造的人體是短暫的，屬於今世的，而後世的永生是 Rūh 的部分。而且，《古蘭經》經文中的「提升」是比較具象徵性的意義，它強調真主的能力與掌控。[110] 亦有學者主張《聖經》與《古蘭經》有關耶穌復活（昇天）的教義是平行的，且不相背，其背後的意涵實際上與後世（al-Ākhirah）的教義有密切關係。[111] 什葉派經學家的一些著作也顯示，耶穌被提升到真主 Allāh 那裡的觀念被引用來解釋什葉派「隱頓伊瑪目」（Imām fī al-Ghaybah）[112]的概念。[113] 什葉派

---

108. Todd Lawson, *The Crucifixion and the Qur'an: Study in the History of Muslim Thought*, p. 54.

109. Cf A. Jeffery, *A Reader on Islam* (New York: Book for Libraries, 1962), p. 592f.

110. Cf. Moulvi Muhammad Ali, *Muhammad and Christ* (Lahor: Ahmadiyyah Anjuman Isha'at-Islam, 1921), pp. 126-132.

111. Cf. David Marshall, "The Resurrection of Jesus and the Qur'an," in Davin D'Costa (Ed.), *Resurrection Reconsidered* (Oxford: Oneworld, 1996), pp. 168-183.

112. 什葉伊斯蘭「隱頓」的教義，是否源自於猶太教或基督宗教的「彌賽亞」教義，值得做比較研究。有關「隱頓」的解讀，參閱：A. A. Sachedina, *Islamic Messianism: the Idea of the Mahdi in Twelver Shi'ism* (Albany, N.Y.: New York University Press, 1981).

113. Cf. Louis Massignon, "Le Christ dans les évangiles selon Ghazali," *Revue des etudes Islamigue* 6 (1932), pp. 523-536; Todd Lawson, *The Crucifixion and the Qur'an: Study in the History of Muslim Though*, p. 88. 什葉派兩大支系對耶穌的釘死十字架並無共識，Isma'ilī 主張耶穌的確被釘死於十字架；Ithna'asharī 則比較接近順尼注經學家的主張，認為耶穌並沒有被釘死於十字架。Todd Lawson, *The Crucifixion and the Qur'an: Study in the History of Muslim Thought*, p. 97.

的「隱頓伊瑪目」教義對應了猶太教「等待救世主」的觀念，伊瑪目隱頓之後，在世界末日來臨時會以 Mahdī（引導者、救贖者）的身分再現，而後重整、引領穆斯林社群接受末日的審判。什葉派的 Mahdī 理論無疑也與猶太教、基督宗教做了對話。

至於現代穆斯林思想家或宗教學者對耶穌是否被釘死於十字架的解讀，一般採取比較理性的態度。現代的解讀呈現了不同之目的，有的試圖與基督宗教的教義做對話，有的則是批判基督宗教《聖經》中「神的話語」被人類間接地修改，而導致耶穌的被神格化。[114]現代理性主義穆斯林思想家的代表之一——印度的 Sayyid Ahmad Khān（d.1316/1898），即認為一個人的身體被釘在十字架只是手腳的受傷，而不至於導致死亡。因此，即使耶穌被釘上十字架，後被取下時仍活著，他被門徒們藏著，之後再出現。[115]大部分的現代穆斯林思想家頗能肯定耶穌的身分與其歷史地位，如著名的埃及女學者 'Ā'ishah 'Abd al-Rahmān（Bint al-Shāti'）雖無明確斷論耶穌是否真的被釘死於十字架，但認為即使耶穌受到不義之城的猶太人陷害而被處死，他仍一直活在人類的歷史與生活中，他因傳道所受的苦難則受到永恆的祝福。耶穌被釘上十字架的事件，突顯了真主 Allāh 的勝利，也是耶穌宣道的成功。[116]因此，就現代理性主義穆斯林思想家、學者的詮釋觀點，《古蘭經》第 4 章 147-149 節經文所傳遞的訊息是 Allāh 的意志（Qadar），「今世的耶穌」其肉體死滅與否，只是被用來彰顯真主 Allāh 的能力罷了。

---

114. 埃及的原教旨主義者（Salafist）Rashīd Ridá 引用了《聖經》約翰福音 17：3 批判基督宗教徒的矛盾，否定耶穌的神格（divinity）。Muhammad Rashīd Ridá, *Tafsīr al-Qur'ān al-Karīm, al-Shahīr bi-Tafsīr al-Manār*, 2nd ed, 12 vols (Cairo: Dar al-Manar, 1367-1375/1948-1956, vol.6), p. 18. Quoted in Todd Lawson, *The Crucifixion and the Qur'an: Study in the History of Muslim Thought*, p. 123 note 22.

115. Geoffrey Parrinder, *Jesus in the Qur'an* (Oxford: Oneworld, 1965), p.13. 有關 Sayyid Ahmad Khān 之《古蘭經》詮釋理論，參閱：Daud Rahbar, "Sir Sayyid Ahmad Khān's Principles of Exegesis," *Muslim World*, 46 (1856), pp. 104-112, 324-325.

116. 'Ā'ishah 'Abd al-Rahmān Bint al-Shāti', "Easter Impression of the *City of Wrong*," *Muslim World* 51 (1961), p. 149.

基本上，耶穌基督的死可分為兩方面解釋之。一是他的肉體已死，但靈魂被提升到真主 Allāh 的身邊，以作為末世審判時的見證者；另一是耶穌的肉體沒死，而是永恆地活在天堂中。這是穆斯林的兩種觀點。主張耶穌肉體已死的學者經常以《古蘭經》的另外經文佐證之：

　　我只對他們說您（Allāh）命令我說的，那就是：「崇奉 Allāh，我的主與你們的主。當我住在他們當中，我是他們的見證，但是當您（Allāh）〔取走我時〕使我死亡時，您就是他們的監護者。您是萬物的見證。」[117]

　　那時，Allāh 說：「耶穌啊！我將使你死亡，把你提升到我跟前，並（為你）澄清那些不信的人對於你所說的謊話。直到復活日，我將使那些追隨你的人比那些不信的人優越。然後，你們都將回到我這裡，我將就你們之間的歧見加以判斷。」[118]

　　在我出生、死亡以及復活審判日時都是蒙受安寧的。[119]

　　從以上經文觀之，究竟耶穌如何死，或有沒有死，就《古蘭經》的啟示而言，並非是重點，造物主 Allāh 以耶穌的事件，要穆罕默德向他的敵人宣示祂的偉大力量，證明受造化的人類其生死以及所生活的空間都是在獨一神的掌控中，亦即任何人都無法違背 Allāh 的旨意。這也充分表現出耶穌基督其在伊斯蘭的重要地位。

　　簡而言之，大部分的穆斯林注經學家都認為確實另有他人代替耶穌被

---

117. 《古蘭經》5：117。
118. 《古蘭經》3：55。
119. 《古蘭經》19：33。這一節經文很明顯地指出：耶穌亦生亦死，在審判日時也會復活，和平地進入後世天堂。

釘死。[120] 就真主 Allāh 的跡象而言，如果耶穌沒有被迫害而死，那是 Allāh 的神蹟使然，因為真主 Allāh 是全能的，祂有絕對的威力與能力來阻止猶太人（教徒）迫害耶穌。儘管有不同的詮釋，《古蘭經》經文實際上說明了全能的真主 Allāh 是絕對掌控其造化的。這也充分說明造物主會捍衛信仰祂的人，[121] 而阻止了迫害耶穌者的計謀。[122]

八、結語

《古蘭經》是獨一神直接啟示給阿拉伯先知穆罕默德的訊息，這是穆罕默德之前的先知使者已經接受過的經書。《古蘭經》的出現其目的應是針對之前的先知使者所傳而被扭曲的神之旨意、訓誨做修正，因為很多一神教徒背離了神的正道，如果猶太人（教徒）沒有背離造物主的正道，就不會有耶穌的出生，重新引導迷途的羔羊。同樣的道理，《古蘭經》的出現，表明了穆罕默德先知使者身分的被選定，亦是對猶太教徒與基督教徒的一些行為有所修正。但是這並無否定了之前那些神所派遣來到人類中的先知使者。依據《古蘭經》真主的啟示，耶穌基督對一神信仰有相當大的影響，他在真正的信仰者心中有相當重的分量。信仰虔誠的穆斯林對耶穌崇敬有加，自古以來皆然。中世紀的穆斯林學者如 al-Ghazālī 就經常於其著作當中提到耶穌。[123] 而現代穆斯林思想家如埃及的 'Abbās M. al-'Aqqād 更是強調耶穌的地

---

120. Muslim interpretations quoted in G. Parrinder, *Jesus in the Qur'an*, pp. 110-113. 另參閱李靜遠譯，《古蘭經譯註》（香港：世界華人出版社，2005），頁 291-293，註 591、592。

121. 《古蘭經》22：49。

122. 《古蘭經》3：54。

123. Cf. K. Cragg, *Jesus and the Muslim* (Oxford: Oneworld, 1999), chapter 3. 關於 al-Ghazālī 之神學思想，參閱其傳世經典 *Ihyā' 'Ulūm al-Dīn*（宗教知識的復甦）阿拉伯文版本。從中世紀以來即有不同的印刷本，當代的版本則散見於阿拉伯國家、印度、巴基斯坦、印尼、馬來西亞等國家之伊斯蘭出版社，大部分沒有重新校對、排版。阿拉伯文版，參閱 Abū Hāmid al-Ghazālī , *Ihyā' 'Ulūm al-Dīn*, 4 vols (Cairo: Mustafá al-Bābī al-Halabī, 1346/1927). 此著作大部分以個別主題被翻譯成英文書。中文本則有中國出版的摘譯本：薩里赫·艾哈邁德·沙米編，馬玉龍譯，《聖學復甦精義》（北京：商務印書館，2001）。

位、身分而著書讚美他，[124] 以及 Kāmil Husayn 更寫出 *Qaryah Zālimah*（An Iniquitous City）[125] 作為歷史事件的詮釋，並為耶穌平反撥正。耶穌是位先知、使者，對穆斯林而言，他有特殊的身分與地位，並不亞於穆罕默德，然而他並不是造物主，他是「人子」、「瑪麗亞之子」。他的誕生是真主 Allāh 的神蹟呈現，他的先知使者本質，乃是 Allāh 的工具以見證其屬性，引導迷途者入正道。《古蘭經》有相當的頻率提到耶穌基督，此乃針對當時反對穆罕默德之傳道的猶太人（教徒）與基督教徒。如同其他的先知，他在《古蘭經》被提及，此強化了阿拉伯先知在一神信仰脈絡中的肯定性，即阿拉伯人先知與猶太人先知兩者之宣道（Risālah）的連結。

伊斯蘭建立之後，隨著不同的途徑傳到歐亞非三洲，伊斯蘭文明體系的建構，無疑地融合了東西世界不同的文明。伊斯蘭帝國輝煌時期，猶太教徒、基督教徒，與穆斯林和平相處，敬拜同一造物主（無論其稱呼為何），其間雖有十字軍東征伊斯蘭世界所發生的衝突，但那是短暫的。而透過十字軍，中東伊斯蘭文明也傳入了歐洲，加上在安達魯西亞（al-Andalus）的伊斯蘭文化，刺激了歐洲的現代化，進而產生所謂的歐洲殖民帝國主義。其擴張的結果，大部分的伊斯蘭世界淪為歐洲帝國主義的殖民地，而產生相當多的衝突與戰爭。時至今日，伊斯蘭世界與基督教世界亦經常發生衝突，這是歐洲帝國殖民主義的遺緒所致。如果真正信仰一神的猶太教徒、基督教徒與穆斯林能共同去理解彼此經書的教義，則可促進相互的理解，整理出「一神各自表述」的包容性；換言之，一切回歸到亞伯拉罕的教義（Hanīfism），亦即，一神信仰之最初根源。以三個宗教傳統的經書（Kitāb）去對話，那麼一神信仰的諸流派則可萬流歸宗，合而為一，如此或許可以消弭人類的衝突，再也沒有所謂的「文明衝突」。而透過宗教文化的對話，

---

124. 參閱其著作：'Abbās M. al-'Aqqād, *'Abqariyyah al-Masīh* (The Spirit of the Messiah) (Cairo: n. p., 1952).
125. Kāmil Husayn, *City of Wrong* (K. Cragg, Trans.) (Amsterdam: Djambatan, 1959).

無論是學術性探討[126]，或是實務的推行，世界和平當指日可待。至今，在西方或伊斯蘭世界已有相當多的穆斯林、基督教徒學者或宗教人投入對話研究[127]與活動；然而在華人世界，穆斯林與基督教徒或其他宗教徒之間的隔閡、猜忌、歧視，甚至衝突所產生的問題，似乎尚無明顯的解決方針。也許，華人不論穆斯林與否，應當開始省思華人宗教（無神論或有神論）如何與一神信仰者對話溝通，以求社會和諧；[128]而華人基督教徒更應起身與穆斯林做交流，相互理解並探尋不同的一神信仰系統可否有交集之處。如此，當輕而易舉地達成華人多元和諧的社會。

126.若就學術研究而言，穆斯林與基督教徒當就雙方古典神學的論證歷史深入去理解，以得到共同的交集。從伊斯蘭神學發展史觀之，過去穆斯林思想家或神學家早已經與基督教神學家進行相當久的和平論證，這可做當代人的參考。Cf. Mona Siddiqui (Ed.), *The Routledge Reader in Christian-Muslim Relations* (London: Routledge, 2013); Sidney H. Griffith, *The Church in the Shadow of the Mosque, Christians and Muslims in the World of Islam* (Princeton: Princeton University Press, 2008); Jerald F. Dirks, *The Cross and the Crescent: Interfaith Dialogue between Christianity and Islam* (Beltsville: Amana Publications, 2001); Hugh Goddard, *Christians and Muslims, from Double Standards to Mutual Understanding* (Richmond: Curzon Press, 1995).

127.例如可參閱：Oddbjørn Leirvik, *Images of Jesus Christ in Islam*, 2nd ed. (London & New York: Continuum International Publishing Group, 2010); I. Mark Beaumont, *Christology in Dialogue with Muslims, A Critical Analysis of Christian Presentations of Christ for Muslims from the Ninth and Twentieth Centuries* (Eugene, OR: Wipe and Stock, 2005); Irfan A. Omar (Ed.), *A Muslim View of Christianity: Essay on Dialogue by Mahmoud Ayoub* (Maryknoll, NY: Orbis Books, 2007); Idem., *A Christian View of Islam: Essays on Dialogue by Thomas F. Michel, S. J.* (Maryknoll, NY: Orbis Books, 2011); Douglas Pratt, *The Challenge of Islam, Encounters in Interfaith Dialogue* (Aldershot: Ashgate, 2005); Anthony O'Mahony & Emma Loosley (Eds.), *Christian Responses to Islam: Muslim-Christian Relations in the Modern World* (Manchester: Manchester University Press, 2008).

128.臺灣靈鷲山佛教教團所屬的「世界宗教博物館」近十多年以來，舉行相當頻繁的國際性宗教對話活動，其中包含了「回佛對話」。這些活動在世界各地舉行，臺灣國內次數不多，因此所知的人並不多，頗為可惜。（2008 年 6 月 11-13 日假政治大學舉辦第八屆回佛對話國際研討會，主題為「全球化靈性傳統」）心道法師所發起的「回佛對談」至 2014 年為止，已經舉辦了 13 個場次。臺灣佛教團體相當多，但本位主義也相當強，對跨宗教對話活動似乎無多大興趣，各自在其僧團內活動，即使不同的僧團之間的互動亦不多見。臺灣靈鷲山僧團的努力值得被肯定與獲得學術界的支持。（相關資料，參閱「世界宗教博物館」（http://www.mwr.org.tw）、「靈鷲山佛教教團」（http://www.093.org.tw）之網頁。）

參考書目

一、中文資料

- 巴特・葉爾曼（Bart D. Ehrman）著，黃恩鄰譯，《製造耶穌：史上No.1暢銷書的傳抄、更動與錯用》。新北：大家出版社，2010。原文書見 Ehrman, Bart D.. *Misquoting Jesus: The Story behind Who Changed the Bible and Why*. San Francisco: Harper, 2007.
- 仝道章譯注，《古蘭經》。上海：譯林出版社，1989。
- 休斯頓・史密士、傑佛瑞・潘恩（Huston Smith & Jeffrey Pain）著，雷淑雲譯，《探索的故事：追求神聖之旅》（*Tales of Wonder: Adventures Chasing the Divine, an Autobiography*）。新北：立緒，2010。
- 李靜遠譯注，《古蘭經譯註》。香港：世界華人出版社，2005。
- 林長寬，〈穆罕默德的社會改革〉，《宗教哲學》30（2004），頁38-57。
- 林長寬，〈論伊斯蘭Tasawwuf之「近神觀」（Qurbah）〉，《新世紀宗教研究》13：2（2014），頁1-63。
- 薩里赫・艾哈邁德・沙米編，馬玉龍譯，《聖學復甦精義》。北京：商務印書館，2001。

二、外文資料

- Al-'Aqqād, 'Abbās M. *'Abqariyyah al-Masīh* (The Spirit of the Messiah). Cairo: n. p., 1952.
- Ali, Moulvi Muhammad. *Muhammad and Christ*. Lahor: Ahmadiyyah Anjuman Isha'at-Islam, 1921 (S.I.: Storck Press, 2007 reprint).
- Ali, Yusuf. *The Holy Qur'an, Translation and Commentary*. Brentwood: Amana Corp, 1983.
- Ata ur-Rahim, Muhammad. *Jesus, Prophet of Islam*. New York: Tahrike Tarsile Qur'an, Inc., 1991.
- Ayoub, Mahmoud. "Christian-Muslim Dialogue: Goals and Obstacles." *The Muslim World* 94: 3 (2004), pp. 313-319.
- Baljon, J. M. S. *The Reforms and Religious Ideas of Sayyid Ahmad Khan*. Leiden: Brill, 1949.
- Bearman, P. J., Bianquis, Th., Bosworth, C. E., Donzel, E. van, & Heinrichs, W. P. et al. (Eds.) S.V. "'Abd, Allāh, Dhimma, Djāhiliyya, Hanīf, Hulūl, Ibn, Ishq, Islam, al-Mahdī, Nabī, Nisba, Rasūl, Tawhīd, & Wahhābism." *Encyclopaedia of Islam*, 2nd ed. Leiden: E. J. Brill, 1960-2005.
- Beaumont, I. Mark. *Christology in Dialogue with Muslims, A Critical Analysis of Christian Presentations of Christ for Muslims from the Ninth and Twentieth Centuries*. Eugene, OR: Wipe and Stock, 2005.
- Bint al-Shāti', 'Ā'ishah 'Abd al-Rahman. "Easter Impression of the *City of Wrong.*" *Muslim World* 51 (1961), pp. 148-150.
- Bishop, E. F. "The Son of Mary." *Muslim World* 24 (1934), pp. 237-245.
- Burrell, David B., & Daher, Nazih (Trans.) *The Ninety-Nine Beautiful Names of God*. Cambridge: The Islamic Society, 1995.
- Cragg, Kenneth. *Jesus and the Muslim*. Oxford: Oneworld, 1999.
- Daniel, N. *Islam and the West*. Oxford: Onewoeld, 1960.
- Din, Muhammad. "The Crucifixion in the Koran." *Muslim World* 14 (1924), pp. 23-29.
- Dirks, Jerald F. *The Cross and the Crescent: Interfaith Dialogue between Christianity and Islam*. Beltsville: Amana Publications, 2001.
- Field, C. H. A. "Christ in Mohammedan Tradition." *Muslim World* 1 (1911), pp. 68-73.
- Flechter, R. *Moorish Spain*. Berkeley: University of California Press, 1993.
- Gatje, H. *The Qur'an and Its Exegesis*. Oxford: Oneworld, 1997.

- Al-Ghazālī, Abū Hāmid. *al-Maqsad al-Asná fī Sharh Asmā' al-Husná*. Cairo: Mustafá al-Bābī al-Halabī, 1346/1927.
- Al-Ghazālī, Abū Hāmid. *Ihya' 'Ulum al-Din*, 4vols. Cairo: Mustafá al-Bābī al-Halabī, 1346/1927.
- Goddard, Hugh. *Christians and Muslims, from Double Standards to Mutual Understanding*. Richmond: Curzon Press, 1995.
- Griffith, Sidney H. *The Church in the Shadow of the Mosque, Christians and Muslims in the World of Islam*. Princeton: Princeton University Press, 2008.
- Hughes, Th. P. *Dictionary of Islam*. New Delhi: Munshiram Manoharlal Publisher, 1995.
- Husayn, Kāmil. *Quryah Zālimah* (City of Wrong) (translated from Arabic by K. Cragg). Amsterdam: Djambantan, 1959.
- Hussain, Iftekhar B. *Prophets in the Qur'an*, vol.2. London: Ta-Ha, 1995.
- Ibn Kathīr, Isma'īl b. 'Umar Abū al-Fidá. *Qisas al-Anbiyā'* (the Stories of Prophets), 2 vols. (Mustafa 'Abd al-Wahid, Ed.). Cairo: Dar Kutub al-Haditha, 1968.
- Imaduddin, S. M. *Muslim Spain 711-1492 AD*. Leiden: Brill, 1981.
- Jayyusi, S. K. (Ed.) *The Legacy of Muslim Spain*. Leiden: Brill, 1992.
- Jenkinson, E. J. "Jesus in Moslem Tradition." *Muslim World* 18 (1928), pp. 263-269.
- Khadduri, Majid. *War and Peace in the Law of Islam*. Baltimore: The John Hopkins Press, 1955.
- Khalidi, T. *The Muslim Jesus*. Cambridge: Harvard University Press, 2001.
- Lawson, Todd. *The Crucifixion and the Qur'an: Study in the History of Muslim Thought.* Oxford: Oneworld, 2009.
- Leirvik, Oddbjørn. *Images of Jesus Christ in Islam*, 2nd ed. London & New York: Continuum International Publishing Group, 2010.
- Littmann, E. "Jesus in a pre-Islamic inscription." *Muslim World* 40 (1950), pp. 18-20.
- Lowney, Chris. *A Vanished World: Medieval Spain's Golden Age of Enlightenment*. New York: Free Press, 2005.
- Marshall, David. "Resurrection of Jesus and the Qur'an." In G. D'Costa (Ed.), *Resurrection Reconsidered*. Oxford: Oneworld, 1996, pp. 168-183.
- Massignon, Louis. "Le Christ dans les évangiles selon Ghazali." *Revue des etudes Islamigue* 6 (1932), pp. 523-536.
- Menocal, Maria R.. *The Ornament of the World: How Muslims, Jews and Christians Created a Culture of Tolerance in Medieval Spain*. New York: Little, Brown & Company, 2002.
- Nurbakhsh, J.. *Jesus in the Eyes of the Sufis*. London: Khaniqahi-Nimatullahi, 1983.
- O'Mahony, Anthony, & Loosley, Emma (Eds.) *Christian Responses to Islam: Muslim-Christian Relations in the Modern World*. Manchester: Manchester University Press, 2008.
- O'Mahony, Anthony, & Loosley, Emma (Eds.) *A Christian View of Islam: Essays on Dialogue by Thomas F. Michel, S. J.* Maryknoll, NY: Orbis Books, 2011.
- Omar, Irfan A. (Ed.) *A Muslim View of Christianity: Essay on Dialogue by Mahmoud Ayoub*. Maryknoll. NY: Orbis Books, 2007.
- Padwick, C. E. *Muslim Devotions.* Oxford: Oneworld, 1961.
- Parrinder, G. *Jesus in the Qur'an*. Oxford: Oneworld, 1965.
- Peters, F. E. "Jesus and Muhammad: a historian's reflection." *Muslim World* 86 (1996), pp. 3-4 & pp. 334-341.

- Pickthall, Muhammad M. *The Glorious Qur'an, text and explanatory translation.* Mecca: the Muslim World League, 1977.
- Pratt, Douglas. *The Challenge of Islam, Encounters in Interfaith Dialogue.* Aldershot: Ashgate, 2005.
- al-Qushayrī, Abū al-Qāsim (n.d.). *Latā'if al-Isharāt Tafsīr Sūfī Kāmil li-al-Qur'ān al-Karīm,* 5 vols. (Ibrahīm Baywānī, Ed.). Cairo: Dār al-Kitāb al-'Arabī.
- Rahbar, Daud. "Sir Sayyid Ahmad Khān's Principles of Exegesis." *Muslim World* 46 (1856), pp. 104-112 & 324-325.
- Rahman, Fazlur. *Major Themes of the Qur'an.* Chicago: Bibliotheca Islamica, 1980.
- Al-Rāzī, Fakhr al-Dīn. *Mafatīh al-Ghayb al-Mushtahar bi-al-Tafsīr al-Kabīr,* 38 vols. Cairo: al-Mutba'at al-Bahiyyah, 1935-1938.
- Reynolds, Gabriel Said. *The Qur'an and Its Biblical Subtext.* London: Routledge, 2010.
- Rida, M. R. *The Muhammadan Revelation* (translated from Arabic by Y. T. Alexandria Delorenzo). Beirut: al-Saadawi Publications, 1996.
- Rida, M. R. *The Muhammadan Revelation* (Y. T. De Lorenzo, Trans.). Alexandria: al-Saadawi Publications, 1996.
- Ridá, Muhammad Rashīd. *Tafsīr al-Qur'ān al-Karīm, al-Shahīr bi-Tafsīr al-Manār,* 2nd ed, 12 vols. Cairo: Dar al-Manar, 1367-1375/1948-1956.
- Ridgeon, L. (Ed.) *Islamic interpretation of Christianity.* New York: St. Martin's, 2001.
- Robinson, Neal. *Christ in Islam and Christianity.* Albany: State University of New York Press, 1991.
- Robson, James. "Muhammadan Teachings about Jesus." *Muslim World* 29 (1939), pp. 37-54.
- Robson, James. "Stories of Jesus and Mary." *Muslim World* 40 (1950), pp. 236-243.
- Sachedina, A. A. *Islamic Messianism: the Idea of the Mahdi in Twelver Shi'ism.* Albany, N.Y.: New York University Press, 1981.
- Schimmel, A. *Islamic Names.* Edinburgh: Edinburgh University Press, 1989.
- Siddiqui, Mona. *Christians, Muslims, and Jesus.* New Haven & London: Yale University Press, 2013.
- Siddiqui, Mona (Ed.) *The Routledge Reader in Christian-Muslim Relations.* London: Routledge, 2013.
- Stowasser, B. F. *Women in the Qur'an, Traditions and Interpretation.* Oxford: Oxford University Press, 1994.
- Al-Tafahum, 'Abd. "The Qur'an and the Holy Communion." *Muslim World* 49, pp. 239-248.
- Tottoli, R. *Biblical Prophets in the Qur'an and Muslim literature.* London: Curzon, 2002.
- Ünal, Ali. *The Qur'an with Annotated Interpretation in Modern English.* Somerset: the Light, Inc., 2006.
- Watt, W. M. *Islam and the Integration of Society.* London: Routledge, 1961.
- Watt, W. M. *The Influence of Islam on Medieval Europe.* Edinburgh: EUP, 1972.
- Watt, W. M. *Islam and Christianity Today.* London: Routledge, 1983.
- Winnett, F. V. "References to Jesus in pre-Islamic Arabic inscriptions." *Muslim World* 31 (1941), pp. 341-353.

——本文原刊載於《新世紀宗教研究》14：1（2015.09），頁 1-41。林長寬教授授權使用。

一、耶穌在《古蘭經》的定位

① 穆罕默德作為最後一位傳達真主啟示的先知，是為了修正過去猶太教、基督宗教的違背真主的異端教義。

② 穆斯林承認穆罕默德之前的先知，如猶太教的摩西，而耶穌也在教義中有特定的地位。

二、穆斯林與基督教徒之間的宗教態度

① 穆罕默德最初宣揚教義時，由於與摩西、耶穌同屬傳遞真主啟示的先知，並不排斥猶太教徒和基督徒。

② 隨著伊斯蘭建立後，與猶太教、基督教的接觸頻繁、論戰興起，認為後兩者的教義偏離真主，不符合《古蘭經》教義皆不用理會，甚是毀棄。

③ 中世紀歐洲基督教世界與伊斯蘭世界敵對，時常批評、詆毀伊斯蘭和穆罕默德，儘管十字軍東征後有進一步接觸，但仍然不認同伊斯蘭。

④ 隨著歐洲殖民勢力進入伊斯蘭國家，基督教徒和伊斯蘭教徒有更多機會相互理解，為了推動世界和平，兩者之間也開始對話。穆斯林也想找出兩者之間的交集，耶穌就是其中一個值得重視的焦點。

三、《古蘭經》中的耶穌

① 耶穌的名字為救贖之意，很有可能淵源於希伯來文和敘利亞文，反映了基督宗教在伊斯蘭出現前，在阿拉伯地區的傳播。

② 耶穌為亞當到穆罕默德的 28 位先知的其中一位。

③ 《古蘭經》對於耶穌基督的描述：

出生嬰孩時期的故事。

耶穌的奇蹟。

耶穌與真主或以色列人的對話。

強調耶穌的人性面，不應當作造物主崇拜。

四、耶穌的誕生

① 瑪麗亞處女生子為真主的神蹟，耶穌不同於凡人，但也非真主之子，被視為「瑪麗亞之子」。

② 耶穌的出生為真主一個具有特殊意義的創造，

③ 《古蘭經》中強調真主的獨一性，耶穌不具備與真主同等的神性。

五、耶穌的身分和本質

① 耶穌為先知和使者，為猶太人帶來真主的福音書。

② 但是先知的追隨者不一定會嚴格遵守其教誨，《古蘭經》認同耶穌及其福音書，譴責那些扭曲造物主旨意的猶太教徒、基督教徒的行為。

六、「三位一體」的問題

① 伊斯蘭強調「真主的獨一性」，在《古蘭經》中耶穌和瑪麗亞並非與真主同位格，強調兩人的「人類位格」。

② 基督宗教將耶穌放入「聖父－聖靈－聖子」的架構，讓穆斯林認為基督教視耶穌為神之子或與神同等，違反了伊斯蘭的教義。

③ 《古蘭經》中強調耶穌非真主之子、造物主的獨一性，基督教學者也認為符合基督教的一神教義，甚至否定了某些視耶穌為神之子的異端。

七、耶穌之死

① 《古蘭經》的說法與基督教徒信仰的差異：是否被釘死在十字架上？耶穌是如何死的？

② 儘管各派注經學家的解釋不同，都認為一切都在真主的掌控之下，如果耶穌沒有受迫害而死，也是真主行使了神蹟的緣故。

八、未來交流的可能

受到過去歐洲帝國主義殖民的影響，伊斯蘭世界與基督教世界衝突不斷，若同為一神教信仰的猶太教、基督教、伊斯蘭教能夠對話，找出「一神各自表述」的交集點，或許就能消弭文明的衝突。

|導讀| 賴惠敏，〈十九世紀恰克圖貿易的俄羅斯紡織品〉

———— 陳思仁 ————

　　斯溫・貝克特（Sven Beckert）在《棉花帝國：資本主義全球化的過去與未來》一書中提及，17 世紀歐洲人對印度印花棉布的喜好，致使如英國與法國政府都不得不採取各種限制法令以阻止印度印花棉布的進口。然而，19 世紀時，反過來地是英國棉布行銷印度，英國棉布之所以取代印度棉布，除了帝國殖民的政治手段外，主要是英國棉布價格便宜，這是從軋棉籽—紡紗—棉布生產，一貫生產機械化以及動力蒸氣化的結果。可以說，異國商品之所以能獲得他國喜愛，大致上不脫離價格與品味兩項因素，早期印度印花棉布除了價格便宜外，花樣也深受英法等國人士的喜愛，以致於英國也不得不想模仿、學習印度棉布織法，間接促成英國紡織業技術的精進。

　　本書選讀〈十九世紀恰克圖貿易的俄羅斯紡織品〉一文，其一，可從中俄貿易商品的轉化，見證帝俄時期俄羅斯紡織工業化初期。18 世紀中俄貿易中，俄國主要以輸出毛皮換取中國棉紡織品、茶葉等，到 19 世紀初改以毛織品與布疋換取中國茶葉。作者認為，輸入中國的俄羅斯商品以毛織品與布疋為主，是因為價格低廉，以及花樣、色系與寬幅皆滿足中國製衣需求（如製袖所需寬幅與馬褂色系），價格便宜除了因為俄羅斯紡織品的工業化外，另一因素是藉由換取中國茶葉以轉賣茶葉所獲高額利潤來補償低價虧本賣出的俄羅斯紡織品。在這場看似不公平的貿易，卻說明中國茶葉對支撐俄羅斯早期發展紡織工業產品的貢獻。

其二，從「物」流（紡織品）來看交流，本文提供探究交流史的一項研究途徑。紡織品成為探究俄羅斯商人、中國商人、中國消費者之間互相交流的研究對象，其中又涉及關稅、外交、與「路」流（交通）等，透過商品（紡織品）而看出這場交流史的廣度與深度。文中也談及俄羅斯輸入中國的紡織品特色，說明商品特色與中國消費者的品味需求關係，然而，究竟是中國服裝自身特殊需求（寬幅與色系）而使得俄羅斯紡織品獲得青睞，抑或中國服裝品味的需求促成俄羅斯紡織品改變其特色（如布的寬幅與色系等）？儘管本文尚未深入探究其間影響的相互關係，但本文仍提供了中國消費者的品位（服裝與包裝文化需求）決定俄羅斯紡織品輸入的樣式。

其三，本文提供在19世紀全球化過程，中國「全球化」的連結關係。根據陳國棟〈印度棉布與中國──以十六、七世紀為中心〉一文提及中國早已接觸的印度棉，到了被視為「第一次全球化」的19世紀，大英帝國挾其工業化實力、軍事力量以及資本對市場的需求，而讓英國棉紡織品全球化。在這波各國發展紡織工業化的世紀，探究不同國家的紡織品在不同時期受到中國品位的青睞，有助理解全球化下，中國在不同時期與世界各國之間聯結關係的變化。

其四，本文提供從一座城市──「恰克圖」來看交流史，此文的研究文獻主要依據恰克圖的商貿關稅檔案。城市一直都是作為交流的中心，恰克圖位於中亞中心位置，當近代中國的全球化皆由沿岸港口來理解時，恰克圖或補充從陸地視角來窺探中國輾轉經俄羅斯而與波蘭、普魯士等王國之間的接觸與交流。

於此，本文作為全球化─交流史而論，既提供研究途徑，也獲得中國在19世紀如何以紡織品而與俄羅斯、世界產生聯繫與影響。

┌─ ◆ 108 課綱相關條目對照說明 ─────────────────────────────────
　　賴教授的文章對應「歐洲與亞洲的交流」（Mb-V-1）。分析 19 世紀俄羅
斯與中國透過商品的互動與影響。
└──

延伸閱讀

1. 潘宗億，〈全球化歷史與歷史化全球化：一個世界跨區域「五流」分析架構的提議與實踐〉，
《輔仁歷史學報》34（2015.03），頁 45-108。
　　本文對應「歐洲與亞洲的交流」（Mb-V-1）、「歐洲與非、美兩洲的交流」（Mb-V-2）。

2. 蘇尼爾·阿姆瑞斯（Sunil S. Amrith）著，堯嘉寧譯，〈人的運輸〉，《橫渡孟加拉灣》（臺
北：臉譜出版，2017），頁 125-173。
　　本文對應「歐洲與亞洲的交流」（Mb-V-1）。

3. 西敏司（Sidney W. Mintz）著，李祐寧譯，〈消費〉，《甜與權力》。（臺北：大牌出版，
2020），頁 119-218。
　　本文對應「歐洲與亞洲的交流」（Mb-V-1）。

4. 濮德培（Pater C. Perdue）著，葉品岑等譯，〈貨幣與商業〉，《中國西征：大清征服中央
歐亞與蒙古帝國的最後輓歌》（臺北：衛城出版，2021），頁 400-428。
　　本文對應「歐洲與亞洲的交流」（Mb-V-1）。

十九世紀恰克圖貿易的
俄羅斯紡織品[*]

賴惠敏[**]

一、前言

　　過去筆者曾撰文討論中俄恰克圖貿易，由俄羅斯輸入大量毛皮到中國，成為北京流行服飾。2010 年又撰文討論 18 世紀洋貨用在北京旗人的日常生活情況，指出它有炫耀性作用，西方的舶來品到中國，使用於婚喪習俗中，婦女嫁妝中的呢羽袍褂衣料，顯示富貴人家的闊氣。[1] 當時，我僅利用〈內務府廣儲司六庫月摺檔〉、〈內務府奏銷檔〉、《清宮粵港澳商貿檔案全集》，以及 H. B. Morse, *The Chronicles of the East India Company Trading to China, 1635-1834* 討論英國進口的毛織品等。[2] 最近，筆者閱讀恰克圖貿易的檔案，發現乾隆皇帝平定準噶爾之後，設滿蒙庫倫辦事大臣，監督貿易活動。清朝

＊　本文為執行國科會計畫「清代恰克圖貿易」，編號 NSC100-2410-H-001-044 研究成果，承蒙臺北蒙藏委員會提供檔案查詢，以及兩位匿名審查人提供寶貴意見，謹此致謝。研究助理曾堯民、王士銘、張家甄協助輸入資料，謹此致謝。

＊＊中央研究院近代史研究所研究員。研究領域為清史。

1.　參見拙作，〈清乾隆朝內務府皮貨買賣與京城時尚〉，收入胡曉真、王鴻泰主編，《日常生活的論述與實踐》（臺北：允晨文化，2011），頁 103-144；〈乾嘉時代北京的洋貨與旗人日常生活〉，收入巫仁恕等主編，《從城市看中國的現代性》（臺北：中央研究院近代史研究所，2010），頁1-35。
2.　中國第一歷史檔案館編，《清宮粵港澳商貿檔案全集》（北京：中國書店，2002）、Hosea Ballou Morse, *The Chronicles of the East India Company Trading to China, 1635-1834* (Oxford: The Clarendon Press, 1926-1929). 中譯本見：中國海關史研究中心、區宗華譯，《英國東印度公司對華貿易編年史》（廣州：中山大學出版社，1991）。

官商從北京經張家口、庫倫、恰克圖等，是貿易最直接的商道。乾隆 33 年（1768）訂《恰克圖章程》，對商人的管制更有系統。規定商人與俄羅斯貿易，設 8 位行頭，不能私下將俄羅斯貨物增價，並且不能透露官方介入。皇帝與官員協助商人貿易，提高利潤。[3]

俄國進口的哦噔紬、金花緞、倭緞、回子絨、回子布數量相當多，此因 19 世紀上半葉，俄羅斯狩獵業年復一年地衰弱，毛皮變得更加稀珍。中國人尋找其他的服飾衣料，轉而使用呢子和棉布。莫斯科的商人用相當低廉的價格把呢子賣給中國人，使中國人喜歡上呢子。呢子比毛皮便宜，市場上價格低廉，是它得受歡迎很重要的因素。[4] 因此，本文擬討論 19 世紀經由俄羅斯進口的紡織品數量及其對清代民眾生活的影響。

中外學者對恰克圖貿易的研究主要仰賴俄國豐富資料，有〔俄〕米·約·斯拉德科夫斯基（M. I. Sladkovskii）著、宿豐林譯，《俄國各民族與中國貿易經濟關係史（1917 年以前）》；〔俄〕阿·科爾薩克（A. Korsake）著、米鎮波譯，《俄中商貿關係史述》；[5] 另有米鎮波，《清代中俄恰克圖邊境貿易》等。[6] 這些書主要利用俄文《俄中通商歷史統計概覽》，對於俄國輸出的毛皮、皮革、毛織品、棉製品等，以及中國輸出的茶葉、絲織、布疋等，均有詳細分析。

本文利用臺北蒙藏委員會複印蒙古共和國國家檔案局檔案〈恰克圖各鋪戶請領部票隨帶貨物價值銀兩並買俄羅斯貨物價值銀兩數目清冊〉，這資料

3. 參見拙作，〈清政府對恰克圖商人的管理（1755-1799）〉，《內蒙古師大學報》41：1（2012.01），頁 39-66；〈山西常氏在恰克圖的茶葉貿易〉，《史學集刊》2012：6，頁 33-47。
4. 〔俄〕阿·科爾薩克（A. Korsake）著，米鎮波譯，《俄中商貿關係史述》（北京：社會科學文獻出版社，2010），頁 174。
5. 〔俄〕米·約·斯拉德科夫斯基（M. I. Sladkovskii）著，宿豐林譯，《俄國各民族與中國貿易經濟關係史（1917 年以前）》（北京：社會科學文獻出版社，2008）；〔俄〕阿·科爾薩克著，米鎮波譯，《俄中商貿關係史述》。
6. 米鎮波，《清代中俄恰克圖邊境貿易》（天津：南開大學出版社，2003）；同作者，《清代西北邊境地區中俄貿易》（天津：天津社會科學院出版社，2005）。

起自乾隆 57 年（1792），迄於同治 10 年（1871）。乾隆 57 年中俄恰克圖貿易中斷 8 年後，恢復互市，乾隆皇帝上諭：「商民等與俄羅斯商人貿易之貨物，務於兩家貨物成交時，即核算清楚，當時清結不許稍有拖欠。仍照向例，每日將換貨物開寫清單，呈送該管札爾古齊，核其所出貨物與所入者是否相底，有無拖欠。並著各行頭一月一次加結呈報，札爾古齊核對。如有拖欠者即令該商補清。」[7] 札爾古齊為蒙語，是章京的意思。庫倫辦事大臣松筠亦在奏摺中重申兩國商民交易，即時歸結，不能負欠。[8] 因此，中國商民攜帶物品與俄羅斯交換貨物均須登記。乾隆晚期到嘉慶初年，雙方貿易「以物易物」，交換雙方貨物，沒有記錄價格。至嘉慶 21 年（1816）起，則詳細記錄商號名稱、領部票數量、攜帶貨物數量與銀兩，兌換俄羅斯貨物數量與銀兩等。迄於同治 10 年（參見附錄一）。中國出口的物資主要以茶葉為主，布疋和綢緞次之。俄國出口的則是毛皮、毛織品、皮革、鏡子、鹿茸等。本文將該清冊所載之紡織品進口數量、價格等，逐年輸入電腦，並繪製圖表。但該清冊對於俄羅斯的紡織品產地、來源、花色等都沒有記錄，所以只能利用俄羅斯學者的研究。

　　商人前往恰克圖與俄羅斯貿易，必先造具花名冊，呈送張家口理事同知，詳報管理察哈爾都統，由都統派員赴理藩院，請領恰克圖部票。到張家口散給各商收存，出口貿易時將隨帶貨物，開單呈送察哈爾都統等衙門。每票准帶貨一萬二千勐之數，繕寫清字（滿文）貨單黏貼票尾。鈐印發給。張家口北口守口官兵，於該商運貨出口。嘉慶 10 年（1805）間，察哈爾都統佛爾卿額等奏明，將市圈八旗駐防官兵房間租與商民居住者，原為該商民領票出口貿易換回貨物存貯，圈內納稅易於稽查。照票查驗放行，及至換貨回

7. 〈上諭嚴禁商民拖欠加價以及賭博奢華等事〉，《中華民國蒙藏委員會藏蒙古共和國國家檔案局檔案》（臺北：蒙藏委員會藏，下略），編號 002-009，頁 0085-0095。
8. 《軍機處滿文錄副奏摺》（北京：中國第一歷史檔案館藏，下略），編號 3375-028，微捲 153，頁 0245-0251。乾隆五十七年二月十四日。松筠奏摺云：「倘若以年結算，萬一確因有事耽擱，則應限期三月補還俄羅斯。若有不能償還者，則由張家口各該鋪追賠。」

口市圈，則由大境門進口納稅。[9] 清政府在張家口、庫倫等地設官管理票照，又將商人編入保甲制度。乾隆 30 年（1765）發生桑齋多爾濟等走私貿易後，33 年重訂《恰克圖貿易章程》，包括定貨品的種類、官員聯合商人與俄國人議價等，由政府主導貿易，讓商人獲取最大利潤。[10]

嘉慶 4 年（1799）蘊端多爾濟奏稱：「查得恰克圖地方與俄羅斯貿易之店舖，有正式部票者三十二家，無部票者三十四家，小商販三十家，共九十六家店舖。還有往烏里雅蘇臺、庫倫行商者，並無定數，此內除小商販外，其大舖之商民，每年人數不等，皆照例由察哈爾都統衙門領票往恰克圖貿易。」[11] 從檔案中找到這 32 家商號，分別是：廣發成記、永合成記、興泰和記、廣隆光記、世和榮記、增隆永記、興盛高記、萬盛隆記、世祿安記、德義永記、合盛興記、興順公記、日升如記、祥發成記、萬順德記、萬源發記、合盛永記、興盛輔記、四合全記、合盛全記、德盛玉記、美玉公記、永興泉記、美玉德記、興玉中記、豐玉成記、萬德悅記、合裕安記、廣和興記、協和公記、宏泰裕記、長發成記。[12] 這些商號為 19 世紀與俄國貿易的主要商號，筆者已另撰文討論過。[13]

阿・科爾薩克說中國人有能力把像米澤里茨基呢這樣的商品，在距離其

9. 《宮中檔硃批奏摺》（北京：中國第一歷史檔案館藏，下略），編號 04-01-01-836-007。道光二十九年十一月十四日。

10. 參見拙作，〈清政府對恰克圖商人的管理（1755-1799）〉，《內蒙古師大學報》41：1，頁 39-66。

11. 蘊端多爾濟的奏摺提到未領票的人，應查封其貨物。「今年未領部票，徑自先來之商民金廷璜之流，理應不准貿易，惟一等車載什物甚多，難於驅趕，又恐為俄羅斯所疑，奴才商議，今暫准其貿易，後續所來無票者亦准貿易，但由俄羅斯換得什物，該員暫且查封，不准運回。至於擅自先來之人及未領部票者，皆應懲處示儆，如何懲處，由部裁定，訓示遵行。」《軍機處滿文錄副奏摺》，嘉慶四年九月二十五日蘊端多爾濟奏摺。轉引自孟憲章，《中蘇貿易史資料》（北京：中國對外經濟貿易出版社，1991），頁 151。

12. 〈庫倫買賣商民事務衙門查明恰克圖有票無票之商民有無私行出貨事〉，《中華民國蒙藏委員會藏蒙古共和國國家檔案局檔案》，編號 022-016，頁 064-065。附件嘉慶四年春秋二季請領部票舖戶，頁 66-69。

13. 參見拙作，〈十九世紀晉商在恰克圖的茶葉貿易〉，收入陳熙遠主編，《覆案的歷史：檔案考掘與清史研究》（臺北：中央研究院，2013），頁 587-640。

產地 9,000 俄里之外的地方，賣得比在莫斯科便宜 17%。但茶葉在離產地幾乎同樣距離之上，在俄國價格卻是原產地價的 4 倍。[14] 俄國商人只要把商品換到茶葉，立刻把茶葉運回國搶占市場，所以不考慮自己的商品是否獲利。俄羅斯的紡織品在中國價格低廉，甚至打垮歐美其他國家進口的紡織品，成為中國官宦、庶民喜愛的服飾。

過去，西方學者認為清人的生活不容易接受西洋的物品，如 Harold Kahn（康無為）曾提到：「十八世紀的北京在生活方式或服飾上，並未模仿外人，也沒做過什麼調適，不像八世紀長安那樣，深受唐帝國外緣的突厥和波斯人的風格與貨物的影響。」[15] Gary G. Hamilton（韓格理）也說中國人基於文化的優越性，菁英分子不喜歡所有的外國人及外國製的貨品。[16] 則松彰文認為清代中期以後形成「消費社會」，要從生產、流通、消費三個途徑來思考。[17] 從東印度公司對華貿易資料可以看出，自英國輸往廣州的毛織品大量增加，1788 年毛織品的銷售超過 100 萬兩，1804 年增至 346 萬兩。中俄貿易方面，1847-1851 年左右俄國每年輸往中國的呢子達到 130 萬俄尺。[18] 如老舍在《正紅旗下》提到，全北京的老少男女都穿起洋布。……洋緞、洋布、洋鐘、洋表、還有洋槍，像潮水一般地湧進來。本文擬闡述 19 世紀從俄羅斯進口洋貨的生產、流通、消費三個層面。華北地區出現的俄羅斯紡織品，完全藉助〔俄〕阿·馬·波茲德涅耶夫（Aleksei Matveevich Pozdneev）考察日記。[19] 北京城出現的俄羅斯紡織品則見於《中國古代當鋪鑑定秘籍》

14. 〔俄〕阿·科爾薩克著，米鎮波譯，《俄中商貿關係史述》，頁 229。

15. Harold Kahn（康無為），〈帝王品味：乾隆朝的宏偉氣象與異國奇珍〉，收入《讀史偶得：學術演講三篇》（臺北：中央研究院近代史研究所，1993），頁 70。

16. Gary G. Hamilton 著，張維安譯，〈中國人對外國商品的消費：一個比較的觀點〉，收入《中國社會與經濟》（臺北：聯經，1990），頁 191-225。

17. 則松彰文，〈清代中期社會における奢侈·流行·消費——江南地方を中心として——〉，《東洋學報》80：2（1998），頁 173-200。

18. 〔俄〕阿·科爾薩克著，米鎮波譯，《俄中商貿關係史述》，頁 144。

19. 〔俄〕阿·馬·波茲德涅耶夫（Aleksei Matveevich Pozdneev）著，劉漢明等譯，《蒙古及蒙古人》（呼和浩特：內蒙古人民出版社，1989），卷 1，頁 706。

以及筆記小說等。[20] 本文利用這些檔案資料，首先討論氈呢類，其次討論布匹，最後討論俄羅斯紡織品在中國流行情況。

二、氈呢

　　從乾隆 19 年（1754）開始，皇帝派內務府官員到恰克圖貿易。乾隆 25 年（1760）員外郎留保住與金寶去恰克圖貿易，揀選會做生意的回子 30 名，帶銀 1 萬兩。26 年（1761）派員外郎金寶帶一般回子 30 名，帶銀 2 萬兩。27 年（1762）派主事法富里帶領 29 名回子，帶去銀 1 萬 4 千兩。27 年主事法福里帶 30 名回子到恰克圖做貿易，其中有一位回子米爾札相當優異，米爾札會俄羅斯語言，深得俄羅斯人信任，若有任何好貨物，米爾札到時就會拿出來給他看，其他回子會俄羅斯語言者甚少。法福里「雖學了一些貿易，其實也不認識俄羅斯，米爾札做生意得力，今年買賣的情形略少，每年在恰克圖與俄羅斯貿易，多賴米爾札。」[21] 內務府的官員去恰克圖貿易，每日口糧銀 8 錢、回民口糧銀 2 錢。皇帝另給回民賞銀 3 至 10 兩不等。28 年（1763）派員外郎秦保帶 10 名回子，帶銀兩去貿易。[23] 乾隆皇帝關注俄羅斯貿易商

20. 國家圖書館分館編，《中國古代當鋪鑑定秘籍（清鈔本）》（北京：全國圖書館文獻縮微複製中心，2001）。
21. 《軍機處滿文錄副奏摺》，編號 03-1996-030，微捲 065，頁 2951-2954。乾隆二十七年十二月。
22. 〈乾隆朝內務府銀庫用項月摺檔〉記載乾隆 35 年閏 5 月奉旨賞恰克圖貿易之回子那匝爾銀 10 兩、邁瑪特等 3 人，每人銀 5 兩、伊爾瑪呼里等 5 人，每人銀 3 兩，共 40 兩。乾隆 37 年 5 月賞恰克圖易回京之回子尼匝爾銀 10 兩、巴巴等 2 人，每人銀 5 兩、伊瑪呼里等 5 人，每人銀 3 兩，共 35 兩。乾隆 38 年閏 3 月賞恰克圖貿易回子尼匝爾銀 10 兩、巴巴等 2 人，每人銀 5 兩、阿布拉等 5 人，每人銀 3 兩，共 35 兩。乾隆 38 年 4 月由恰克圖貿易來京回子呢匝爾銀 10 兩、巴巴等 2 人，每人銀 5 兩、伊瑪瑪呼里等 5 人，每人銀 3 兩，共 35 兩。乾隆 40 年 4 月由恰克圖貿易來京回子尼咱爾銀 10 兩、霍托羅拜等 2 人，每人銀 5 兩、伊瑪瑪呼里等 5 人，每人銀 3 兩，共 35 兩。乾隆 43 年 5 月前往恰克圖貿易皮張回子，尼咱爾銀 10 兩，和托爾巴什等 2 人，每人銀 5 兩，伊瑪瑪庫里等 5 人，每人銀 3 兩，共 35 兩。參見《乾隆朝內務府銀庫用項月摺檔》（北京：中國第一歷史檔案館藏，下略），乾隆三十五年閏五月；乾隆三十七年五月；乾隆三十八年閏三月；乾隆三十九年四月；乾隆四十年四月；乾隆四十三年五月。
23. 《軍機處滿文錄副奏摺》，編號 03-2273-031，微捲 082，頁 3404-3408。乾隆三十三年七月十六日。

品價格，傳諭：「俄羅斯所帶之金絲緞、銀絲緞、金殼問鐘、磁面問鐘是否有購買者？若有，購買者係何等之人？出價多少？著詢問清楚。」[24] 看守俄羅斯貿易郎中伊克坦布呈稱：「查得俄羅斯等雖拿出金銀線織緞、問鐘，給我商人看過，並無人詢問要買，先前金線織緞，以俄羅斯每尺曾索價銀二十兩，今定價十二兩；銀線織緞每尺曾索銀十兩，今定價七兩。先前金殼問鐘、磁面問鐘共要四百八十兩，今仍要三百兩。我們的人給一百三十兩，他雖然不答應，看這物件，並不是好的，俄羅斯的情形，若給二百兩左右，才肯賣。」[25] 至乾隆 43 年（1778）都有官員採辦各種金花緞、俄羅斯緞、金線等（表一）。金花緞的價格高，每尺為 5.8 兩，俄羅斯緞每尺 2.47 兩，金線每重 1 兩價銀 1.33 兩。

表一　乾隆時期派官商在恰克圖採購緞疋數量

名稱	1761	1762	1763	1770	1771	1772	1774
官員及買賣人	范清注、留保住	員外郎秦保	主事法富里	郎中法福里	郎中班達爾沙	郎中班達爾沙	郎中海紹員外郎隆興
金花緞				132.4 尺	196.5 尺	1,428 尺	176 尺
各色氈	1,138 尺	3	31 塊				
俄羅斯緞	82 尺		20 塊				
金線	70 枝						

資料來源：《乾隆朝內務府奏銷檔》（北京：中國第一歷史檔案館藏），冊 257，乾隆二十六年六月初四日；冊 261，乾隆二十七年閏五月十三日；冊 263，乾隆二十八年五月初十日；冊 257，乾隆二十六年六月初四日；冊 257，乾隆二十六年六月初四日；冊 257，乾隆二十六年六月初四日；冊 333，乾隆四十年四月初八日；《軍機處滿文錄副奏摺》，編號 03-2015-022，微捲 66，頁 2410；《軍機處滿文錄副奏摺》，編號 2772-014，微捲 115，頁 868。

---

24. 中國第一歷史檔案館編，《乾隆朝滿文寄信檔譯編》（長沙：岳麓書社，2011），冊 4，頁 530-531。
25. 《軍機處滿文錄副奏摺》，編號 03-2403-016，微捲 068，頁 0407-0408。乾隆二十八年七月初一日。

根據清朝檔案記載：「張家口市圈商民每年由察哈爾都統等咨行理藩院請領部票，前往恰克圖地方貿易，係屬官商。」[26]「官商」亦即劉選民教授所說的票商，他們屬官商性質，一方面是領官本去恰克圖貿易如內務府商人；另方面係其貿易活動受官方管制。換句話說，領部票的商人分成兩種類型：第一種是內務府買賣人，如上述乾隆皇帝出資派官員或買賣人到恰克圖採購毛皮。第二類商人主要以山西商人為主。嘉慶以降，內務府商人不再去恰克圖採辦俄羅斯物品，由山西商人主導恰克圖的貿易。

18世紀中國對呢絨、毛皮的大量需求，促成俄國商人向普魯士、荷蘭[27]和英國進口呢絨，轉運到恰克圖貿易。至19世紀，普魯士於1817年與俄國簽訂關於過境運輸權和經俄國商人在恰克圖銷售西里西亞呢絨的專約，普魯士呢絨過境俄羅斯輸往中國，普魯士名牌呢子包括特利德查多呢、賓廓夫呢、卡爾諾夫呢、馬斯洛夫呢、米澤里茨基呢，也稱三塊呢、四塊呢、五塊呢。[28]馬斯洛夫呢又稱作卡爾諾夫呢，這名稱源自普魯士的一個小鎮，該小鎮一直生產這種呢子。米澤里茨基呢來自波蘭的小鎮——米澤里奇，這小鎮很久以來以生產大量的呢子且質量上乘著稱。米澤里茨基呢常織成1俄尺10俄寸幅寬，長25俄尺，重35至36磅，每俄尺約1.7磅。馬斯洛夫呢織成1俄尺12-14俄寸，長40俄尺、重50磅，每俄尺約1.25磅。1850年左右，兩種呢都同樣製成三種尺寸：2.2俄尺寬幅；2.2至2.4俄尺寬幅；2.6至2.8俄尺寬幅。[29]

當普魯士、波蘭的呢子減少時，俄國生產的呢子仿製波蘭呢或普魯士呢

26. 《中央研究院歷史語言研究所現存清代內閣大庫原藏明清檔案》（臺北：中央研究院歷史語言研究所藏，下略），登錄號179311-001，道光二十七年十一月初七日。

27. 由俄羅斯輸往中國的羽紗（Dutch camlets）主要是荷蘭產品。姚賢鎬，《中國近代對外貿易史資料（1840-1895）》（北京：中華書局，1962），冊1，頁112。

28. 〔俄〕阿·科爾薩克著，米鎮波譯，《俄中商貿關係史述》，頁75；加利佩林，〈18世紀至19世紀上半葉的俄中貿易〉，《東方學問題》1959：5，頁223。轉引自孟憲章，《中蘇貿易史資料》，頁176。

29. 〔俄〕阿·科爾薩克著，米鎮波譯，《俄中商貿關係史述》，頁140-141。

的樣子織成，並且在銷售時採用原來的名稱馬斯洛夫呢、米澤里茨基呢。[30]
馬斯洛夫呢和米澤里茨基呢主要是在莫斯科及其近郊織造的，與英國毛呢中
的所謂小呢（Blankets）或制服呢（Habit Cloths）相近。[31] 在外國商品中占
重要價值。18 世紀末起，出口量增加，1799 年約 6,000 件，1807 至 1809 年
間出口總和達到 20,000 件。米澤里茨基呢在 18 世紀末輸出 4,000 件，19 世
紀初輸出 12,000 至 20,000 件。[32] 1818 年 446.9 千俄尺，1820 年 841.5 千俄尺。
1820 年以後西里西亞的出口額衰落，1824 年 186.9 千俄尺。[33] 1840 年代西
歐商品的輸入已經完全停止。波蘭國的呢絨也經由俄國商人賣到中國，1832
年出口額為 144.5 千俄尺，1834 年為 247.3 千俄尺，1837 年為 26.6 千俄尺。
同時期的俄國呢絨出口由 1832 年的 493.7 千俄尺，至 1845 年增為 1,525.1 千
俄尺。[34]

　　米澤里茨基呢在恰克圖檔案之稱呼為哦噔紬，價格不斐，每板（長 44
尺、寬 2.2 尺）在 1838 年以前大概在 20 兩以下，1838 至 1855 年約在 30 兩
以下。1858 年以後約 3、40 兩。輸入最多的年代為 1862 年，其次是 1843
年，總數超過 100 萬兩。1840 至 1842 年中英鴉片戰爭；1856 至 1860 年為
中英法戰爭，促使俄國進口的哦噔紬數量增加。哦噔紬的滿文是 odonceo
jangci 哦噔紬氈。《中國古代當鋪鑑定秘籍》記載頭等名曰喀拉明鏡（滿文
為 karmingjing），直經絲粗而堅，絨緊而貼緯，有骨而綿者是也。[35] 次一等
名曰哦噔紬，較比喀拉氈緯鬆洩堆絨，而成珠微厚，而絨稀者是也。又次一

30. 〔俄〕阿·科爾薩克著，米鎮波譯，《俄中商貿關係史述》，頁 140-141。
31. 姚賢鎬，《中國近代對外貿易史資料（1840-1895）》，冊 1，頁 111。
32. 〔俄〕阿·科爾薩克著，米鎮波譯，《俄中商貿關係史述》，頁 70。
33. 〔俄〕米·約·斯拉德科夫斯基著，宿豐林譯，《俄國各民族與中國貿易經濟關係史（1917 年
　　以前）》，頁 220。
34. 〔俄〕米·約·斯拉德科夫斯基著，宿豐林譯，《俄國各民族與中國貿易經濟關係史（1917 年
　　以前）》，頁 229。1830 年代進入恰克圖的西歐商品數量減少，至 1840 年代中，西歐商品輸入
　　完全停止。
35. 乾隆 30 年恰克圖賣的喀喇明鏡一塊價值 8 錢銀，珍珠狐皮一張 6 兩、黃狐皮 2 兩銀。《軍機處
　　滿文錄副奏摺》，編號 03-2153-001，微捲 074，頁 3282-3296。乾隆三十年七月二十九日。

等絲粗絨洩發散，而不寔緯不能緊，絨不能固地，此等即是口氈也。[36] 顏色方面，原來以黑色約占 50% 至 60%、藍色為 15%，其他為紅色或其他流行色。1850 年以後，黑色約占 20%、藍色 30%、寶藍色 15%、深紅色等占 21%，其他為金色或灰色等。恰克圖的商號清冊記載：「元青哦噔紬」、「青哦噔紬」、「色哦噔紬」等名目，1860 年以後，各色哦噔紬有增加趨勢。清人提到這種價格昂貴的俄國毛料，即使毛料既費錢又不經穿，仍能滿足富有階層的需求，穿起來模樣衣冠楚楚、神氣十足。[37] 自 1816 至 1871 年輸入的數量和價格，參見圖一及表二。

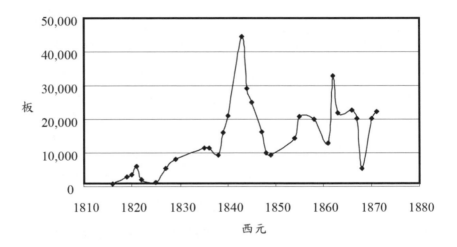

圖一　哦噔紬進口數量

資料來源：〈恰克圖商民買賣貨物清冊〉，臺北蒙藏委員會藏蒙古共和國國家檔案局檔案，編號 3-8、25-14、25-15、26-18、26-19、27-1、29-4、30-21、30-22、31-21、31-22、32-1、32-2、32-3、33-24、34-16、34-17、35-2、37-8、38-1、42-5、45-13、45-14、46-1、46-2。

---

36. 〈當譜‧清抄本〉，收入《中國古代當鋪鑑定秘籍（清鈔本）》，頁 331-332。
37. 參見姚賢鎬，《中國近代對外貿易史資料（1840-1895）》（北京：中華書局，1962），冊 2，頁 1287。

表二 1816 至 1871 年哦噹紬進口數量與單價

西元	數量（板）	單價（銀兩）	金額（銀兩）
1816	748	22.061	16,502
1819	2,881	17.000	48,977
1820	3,500	16.486	57,700
1821	6,032	15.508	93,546
1822	2,022	17.085	34,546
1825	1,198	15.182	18,188
1827	5,354	17.075	91,420
1829	8,124	15.358	124,772
1835	11,384	19.461	221,540
1836	11,417	18.199	207,780
1838	9,354	21.271	198,973
1839	16,142	21.425	345,849
1840	21,014	22.063	463,630
1843	44,566	26.860	1,197,059
1844	29,228	26.417	772,130
1845	25,045	26.930	674,457
1847	16,304	28.599	466,284
1848	9,932	28.969	287,724
1849	9,475	27.736	262,801
1854	14,376	23.993	344,930
1855	20,933	26.671	558,305
1858	20,083	34.232	687,490
1861	12,973	33.060	428,888
1862	32,945	36.478	1,201,760
1863	21,811	44.027	960,267
1866	22,772	34.598	787,871
1867	20,220	33.270	672,820
1868	5,315	34.090	181,190
1870	20,150	33.275	667,910
1871	22,207	34.195	759,374

資料來源：同圖一。

英國的毛呢有寬幅絨（Broadcloth）、長厄爾絨（Long ells），在恰克圖商民貿易清冊上稱為大哈喇、二哈喇，亦有「大合洛」、「二合洛」之稱。在《中國古代當鋪鑑定秘籍》稱哈喇指寬幅呢子，一板長 44 尺、寬 4 尺；「二哈拉」或「二喀喇」，一板長 48 尺、寬 4 尺。[38] 恰克圖貿易清冊記載，大合洛每尺為 1.2 至 2.5 兩，二合洛每尺為 1 至 1.6 兩。圖二之大合洛進口量最多一年為 1821 年，超過 6 萬尺，其餘年代都不到 2 萬尺。圖三之二合洛數量多的年代超過 20 萬尺，中英鴉片戰爭時由俄國輸入的數量也較多，價格相對來說也較為便宜。

1775 至 1795 年 20 年間，自英國輸入的長厄爾絨總值為 9,897,584 兩白銀，占進口毛織品總值的 65%。[39] 英國東印度公司進口的毛織品中，居次要地位的是出色、平滑、細織的寬幅絨。在此 20 年間，寬幅絨進口總值 4,558,321 兩，占進口毛織品總值的 30%。自英國進口到廣州的寬幅絨有三種品級：較差的一碼賣 1 兩；次好的平均一碼賣 1.45 兩；最好的平均一碼賣 2.50 兩。長厄爾絨應屬較差的毛織品，由其名稱來判斷，它們是一厄爾（1 ells，等於 48 吋）寬，可能有 24 碼長，因為在 1792 年每塊布長 24 碼，每疋約 6 至 7 兩。在 1793 至 1794 年期間，長厄爾絨的銷售損失了 3.2%，尤其 1794 至 1795 這一季由於市場存貨太多，故中國方面將價格降至每匹 6.7 兩。[40] 根據陳國棟教授的研究，照英國法律規定，東印度公司每年必須運往中國一定數量的毛料，但英國毛料在中國銷售的情況不佳，廣州行商販賣毛料大多有所虧損。舉例來說，1823 至 1827 年行商若只出售茶葉給公司，平均有 16%

---

38. 〈當譜集・乾隆二十四年抄本〉，收入《中國古代當鋪鑑定秘籍（清鈔本）》，頁 116。

39. Earl H. Pritchard, *Britain and the China Trade 1635-1842* (London and New York: Routledge, 2000), pp. 154-155.

40. 一匹布長約 35 碼，3 匹布打包成一捆。在 1783 之前平均每年進口約 2,000 匹布；在 1783 至 1790 間升至每年約 4,000 匹，然後在 1793-94 遽升至 7,151 匹布。在這段期間寬幅絨亦以虧本在賣，總損失為 465,013 兩，占總成本之 9.33%。若以最基本的材料及人工成本來算，則有小賺。Earl H. Pritchard, *Britain and the China Trade 1635-1842*, pp. 154-162.

的利潤；若列入毛料交易，利潤則降至 13%。[41] 英國以毛織品換取中國的茶葉，以物易物，避免毛織品大量存貨，但是毛織品銷售成績不佳，因俄國轉賣英國毛織品陸路運費更高。圖二及圖三顯示大合洛和二合洛每俄尺單價都比廣州進口的高，譬如 1823 年東印度公司販售的寬幅絨特等每碼（90 公分）1.6 兩，上等每碼 1.1 兩，下等每碼 1.6 兩，而 1822 年恰克圖出售的大合洛一俄尺（71 公分）為 1.52 兩。東印度公司販售的長厄爾絨每疋 6.7 兩，1822 年恰克圖出售的二合洛每俄尺為 1.13 兩。[42] 因此，俄羅斯商人轉賣英國的毛織品在 1845 年即結束。

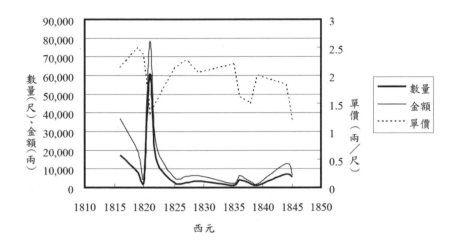

圖二　大合洛的數量、單價、總價

資料來源：同圖一。

41. 陳國棟，〈清代中葉廣東行商經營不善的原因〉，收入氏著，《東亞海域一千年：歷史上的海洋中國與對外貿易》（濟南：山東畫報出版社，2006），頁 267-277。
42. 〔美〕馬士（H. B. Morse）著，中國海關史研究中心、區宗華譯，《英國東印度公司對華貿易編年史》，卷 4，頁 74。

如同馬斯洛呢、米澤里茨基呢一樣，俄國也仿造英國的哈喇，並且在銷售時採用原來哈喇的名稱。1887年有報導說在牛莊的哈喇有兩種，「口哈拉」和「洋哈拉」，洋哈拉字義上看起來很可能不是俄國的產品，但實際上兩種毛料上都印有俄文字母和俄國商標。洋哈拉是一種次級的毛料，賣價比較便宜，是用輪船從上海運來，或是從俄國的東方各港或海參崴等處運來。口哈喇是來自張家口，從陸路經過西伯利亞運來的，這種價格很高，每疋價格是22到23兩，高昂的價格是由於路途遙遠所造成的。[43]

圖二左邊的 Y 軸為數量和金額，右邊的 Y 軸為單價。大合洛每尺在 1兩至 2.5 兩之間，只有 1821 年進口數量最多，達 60,900 尺，其餘都在 1 萬尺以下。這年的單價較低，每尺只有 1.28 兩。

圖三左邊的 Y 軸為數量和金額，右邊的 Y 軸為單價。二合洛每尺在 1

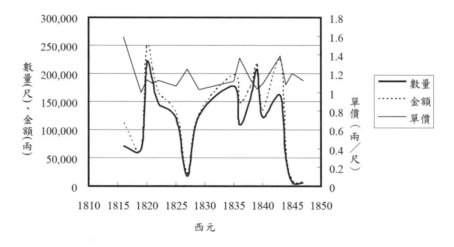

圖三　二合洛的數量、單價、總價

資料來源：同圖一。

---

43. 參見姚賢鎬，《中國近代對外貿易史資料（1840-1895）》，冊 2，頁 1287。

兩至 1.5 兩之間，進口數量較大合洛多，大約在 10 萬至 20 萬尺間。

俄國呢絨於 1733 年始於西伯利亞設立第一家製呢廠捷利緬斯卡亞工廠，1790 年代中國對俄國呢絨需求擴大，產量大增。1790 至 1797 年間，生產 32,200 俄尺（arshin）的呢絨，一俄尺等於 71 公分，大部分運銷恰克圖。[44] 1815 年俄國呢絨出口達到 533,930 俄尺，1820 年為 916,618 俄尺。同一年分從英國、美國和其他國家經由廣州輸入中國的呢絨，只有 206,325 俄尺和 420,075 俄尺。俄羅斯製呢工廠的主要產品即科熱夫尼科夫、茹科夫、雷布尼科夫和巴布金的。在 1827 年出現了亞歷山德羅夫製呢工廠，該廠的呢子在中國成為著名品牌，直到 1855 年都在恰克圖貿易中占據首位。[45]

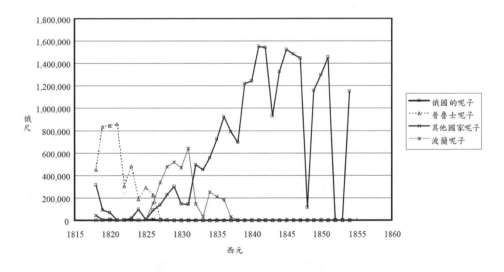

圖四　恰克圖貿易各國呢子的數量（1818-1854）

資料來源：《俄中商貿關係史述》，頁 143-144。

---

44. 〔俄〕米·約·斯拉德科夫斯基著，宿豐林譯，《俄國各民族與中國貿易經濟關係史（1917 年以前）》，頁 190。
45. 〔俄〕阿·科爾薩克著，米鎮波譯，《俄中商貿關係史述》，頁 78。

恰克圖貿易的毛紡織品為適應中國人的品味，特別注意呢子上漿，因為英國和法國的呢子明顯具有這種特點。[46] 俄國生產棉絨布為棉花和毛呢混紡，又稱回絨，每疋 25 俄尺。[47] 關於俄國呢子的價格，根據阿·科爾薩克的看法，俄國商人用一塊呢子可以跟中國商人換取一件或兩件茶葉。[48] 1847 至 1851 年間，俄國向中國出口的毛紡織品平均值為 2,687,623 銀盧布，約占恰克圖貿易的 43%，俄國呢子輸出亞洲總值的 93%。[49] 1840 至 1842 年的中英鴉片戰爭以及 1856 至 1860 年的中英法戰爭，都促使俄國出口的回絨數量大為增加。從俄羅斯出口的回絨數量增加了，但價格卻有下跌的趨勢，1816 至 1825 年間，每俄尺約在 0.5 兩以上，1827 至 1836 年每俄尺在 0.3 至 0.4 兩。

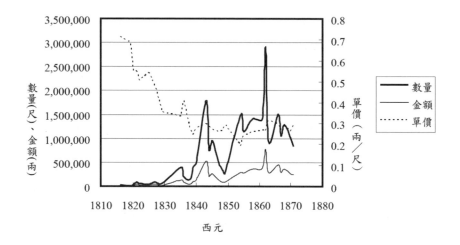

圖五　俄羅斯出口的回絨數量、單價、總價

資料來源：同圖一。

---

46. 〔俄〕阿·科爾薩克著，米鎮波譯，《俄中商貿關係史述》，頁 145。
47. 〔俄〕阿·馬·波茲德涅耶夫著，劉漢明等譯，《蒙古及蒙古人》，卷 1，頁 706。
48. 〔俄〕阿·科爾薩克著，米鎮波譯，《俄中商貿關係史述》，頁 206-207。
49. 〔俄〕阿·科爾薩克著，米鎮波譯，《俄中商貿關係史述》，頁 148。

1838 至 1871 年間，每俄尺約在 0.2 至 0.3 兩間。此因織造棉絨布的棉花來自西伯利亞草原氣候不甚溫暖之下生長的短絨棉，質量遠不及英國自印度進口的棉花。[50]

《中國古代當鋪鑑定秘籍》記載回子氈寬 4.2 尺，長百尺。花髮邊較比洋氈，地絲粗絨厚而斂，亦係直經地厚，而不寔絨渾不亮，露橫絲而掩直。此物係物粗氈之論也。[51] 陰陽氈此氈係洋貨，寬窄不一，長短尺寸與洋氈相同（長 44 尺寬 2.2 尺）惟兩面不得一樣故名。此原係織造而成非染色沖之。[52]

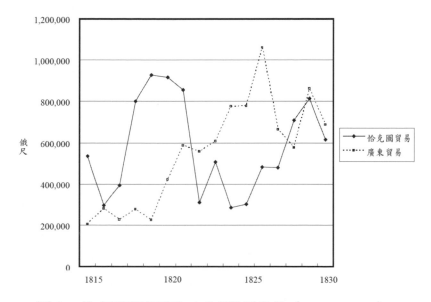

圖六　恰克圖與廣州進口毛呢數量比較（1815-1830）

資料來源：《俄中商貿關係史述》，頁 80-81。

---

50. 參見姚賢鎬，《中國近代對外貿易史資料（1840-1895）》（北京：中華書局，1962），冊 2，頁 1288。
51. 〈當譜‧清抄本〉，收入《中國古代當鋪鑑定秘籍（清鈔本）》，頁 330。
52. 〈當譜‧清抄本〉，收入《中國古代當鋪鑑定秘籍（清鈔本）》，頁 331-332。

19世紀自俄羅斯輸入的紡織品傾銷中國，但張家口卻沒這項稅則。道光24年（1844）張家口稅關監督明益奏請整飭關稅，明定以上各貨之稅數。戶部官員認為：「張家口徵收稅課，歷年以來並無貽誤，今該監督請將例不徵稅之哈喇、回絨等項一律明定稅數，是於稅則之外加增多款。既與定例不符，且恐商民觀望不前，於稅課更無裨益，臣等公同商酌，請仍照舊章程辦理。」[53] 依照舊章，張家口對於回絨、錦布、貂腿皮、狐腿皮、窩刀腿皮、麝香、羚羊角等項不徵稅。咸豐6年（1856），察哈爾都統穆隆阿奏查訪張家口稅務，重定張家口稅則，至咸豐8年（1858）張家口稅關監督崇筠始行新稅則：回絨即照本關三號錦緞，每匹徵稅5分；錦布照本關大平機布每匹徵稅2分；回子布照本關斜紋布每匹徵稅7釐；狐腿皮照本關大狐皮每張例稅1分量為酌，增每百個徵稅2分；玻璃鏡照粵海關通商新例每百斤徵稅5錢；香臍照殺虎口麝香每斤徵稅5分。[54] 據〈明清檔案〉記載，乾隆57年（1792）張家口徵稅繳交戶部稅銀2萬兩左右，關稅盈餘交給內務府為30,915.86兩。[55] 至1892年張家口的關稅也不過將近4萬兩，其中有1,500到2,000兩是近3、4年才增加的。[56]

　　天下物資輸往北京都必須在崇文門稅關繳稅，康熙8年（1669）戶部頒行《崇文門稅課則例》，但乾隆年間洋貨進口名目甚繁，因此在乾隆17年（1752）、36年（1771）、45年（1780）增減稅目條款，從這些新增稅則可看出俄羅斯商品增加。呢絨按照「一身」課稅，應該是一件的意思，大呢的稅率比哦噔紬高3倍，哈喇也比哦噔紬多1.5倍，參見表三。洋呢的稅率比

53. 《中央研究院歷史語言研究所現存清代內閣大庫原藏明清檔案》，登錄號186532-001，道光三十年十二月。
54. 〈察哈爾都統穆隆阿奏查訪張家口稅務〉，《軍機處錄副奏摺》（北京：中國第一歷史檔案館藏），編號03-4379-009，微捲303，頁934。咸豐六年二月十六日；編號03-4381-041，微捲303，頁1419-1424，咸豐八年十二月十六日。
55. 《中央研究院歷史語言研究所現存清代內閣大庫原藏明清檔案》，登錄號101303-001，乾隆五十七年二月五日。
56. 〔俄〕阿‧馬‧波茲德涅耶夫著，劉漢明等譯，《蒙古及蒙古人》，卷1，頁708。

回絨多一倍，這也看出哦噔紬和回絨的市面價格比英國、德國的毛織品低。

表三　氈呢絨稅則

項目	時間	數量	顏色	銀兩（兩）	備註
大呢	乾隆 45 年	1 身	大紅加倍， 桃紅加半倍	0.72	比照小哆囉絨例
哈喇	乾隆 45 年	1 身	大紅加倍， 桃紅加半倍	0.36	比照嗶嘰加半倍
哦噔紬	乾隆 45 年	1 身	大紅加倍， 桃紅加半倍	0.24	比照嗶嘰例
咯嘰呢	乾隆 45 年	1 身	大紅加倍， 桃紅加半倍	0.24	比照嗶嘰例
洋呢	乾隆 45 年	1 身	大紅加倍， 桃紅加半倍	0.36	比照嗶嘰加半倍
回絨	乾隆 45 年	1 身		0.18	比照彰絨例
洋絨	乾隆 45 年	1 身	大紅加倍， 桃紅加半倍	0.18	比照彰絨例

資料來源：《督理崇文門商稅鹽法・乾隆三十六年新增稅則》，頁 3；《督理崇文門商稅鹽法・乾隆四十五年新增稅則》，頁 78-79。

三、布疋

18 世紀俄國大量輸入中國的貨物為毛皮，俄國產的印花布、單面印花布等很少出現在恰克圖市場中。[57] 19 世紀上半葉，俄國生產的棉製品在 1825 年只占 6%，到 1854 年已上升為 30%。[58] 1847 至 1851 年棉布製品的價值達 1,174,067 盧布，超過恰克圖貿易出口的 18%。占俄羅斯對亞洲貿易輸出總額的 49.5%。[59] 1825 年，俄國工廠生產的南京小土布開始賣給中國，1828 年銷售達 4,653 俄尺。[60] 1833 年開始，來自俄羅斯的布疋銷售迅速增長。中國

---

57. 〔俄〕阿・科爾薩克著，米鎮波譯，《俄中商貿關係史述》，頁 70-71。
58. 孟憲章，《中蘇貿易史資料》，頁 174-175。
59. 〔俄〕阿・科爾薩克著，米鎮波譯，《俄中商貿關係史述》，頁 134-137。
60. 〔俄〕阿・科爾薩克著，米鎮波譯，《俄中商貿關係史述》，頁 94。

人換取俄國的商品，要先到俄國人的鋪子，看他們所需要的樣品，中國人將俄商的樣品發往張家口，俄國布大量傾銷中國。

俄國亞麻布（Linen 或 flax）在 1770 年開始販售，每年約在 2,300 至 11,500 碼。1802 至 1805 年，總值約在 27,300 至 44,700 盧布。普通布料（Common cloth）於 1785 年開始販售，每年約在 38,500 至 77,000 碼（約 50,000 至 100,000 俄尺）。1802 至 1805 年，總值約在 27,300 至 44,700 盧布。[61] 這些布疋質料大部分粗糙、厚重，數量不多。但到 19 世紀，布疋成為重要輸出商品。

棉織品中主要是棉絨或波里斯絨、粗布；亞麻織品中主要是切舒伊卡布、吉克布、粗麻布。[62] 俄羅斯手工業工廠，質量好的棉織品稱「波瑟令斯基」，其工廠有巴拉諾夫工廠、亞歷山德羅夫的祖博夫工廠、杜爾捷列夫工廠、甘杜林工廠、伊萬諾夫鎮的烏寧工廠；另一類稱為「薩克森」，指低質量家庭手工土法製作的。「波瑟令斯基」的印花布在 1849 年，每俄尺 12 戈比至 12.5 戈比。高級的「薩克森」印花布，每俄尺 8 至 9 戈比，低級的每俄尺 5.5 至 6 銀戈比。棉絨需要良好的質量和 16 俄寸（1 俄寸等於 4.44 公分，16 俄寸大約中國尺 2 尺）的幅寬，如此才能製成中國外衣的一整袖子，如果成色低，或幅寬只有 13 至 15 俄寸，那麼銷售就會遇到困難，工廠總是盡量滿足這些要求。[63] 1847 至 1851 年，棉布製品的價值達 1,174,067 盧布，超過恰克圖貿易出口的 18%。占俄羅斯對亞洲貿易輸出總額的 49.5%。1842 年以後，外國商品開始廣泛銷售中國內地，俄國的棉布織品銷售量便大幅滑落。[64]

根據恰克圖商號的檔案，自俄羅斯進口的布稱為「回回布」、「回錦布」、「喃坎布」。回回布每尺大約 0.15 至 0.3 兩，回回布又有狗頭國回回布、花兒回回布、碎花回回布、雨過天青回回布、大紅蘭回回布幾種，應是

---

61. Clifford M. Foust, *Muscovite and Mandarin: Russia's Trade with China and Its Setting, 1727-1805*, p. 352.
62. 孟憲章，《中蘇貿易史資料》，頁 178。
63. 〔俄〕阿‧科爾薩克著，米鎮波譯，《俄中商貿關係史述》，頁 131-132。
64. 〔俄〕阿‧科爾薩克著，米鎮波譯，《俄中商貿關係史述》，頁 134-137。

以顏色和圖案來命名。喃坎布較便宜，每尺大約 0.08 至 0.1 兩，寬幅喃坎布則約 0.15 兩。喃坎布是什麼目前還沒找到相關資料。回錦布每尺為 0.2 兩，《中國古代當鋪鑑定秘籍》記載：倭羅綢、倭羅緞、握洛緞，長 44 尺、寬 2.2 尺，1 疋 10 兩。[65] 從價格上來看，回錦布可能是俄羅綢，但還需考證。

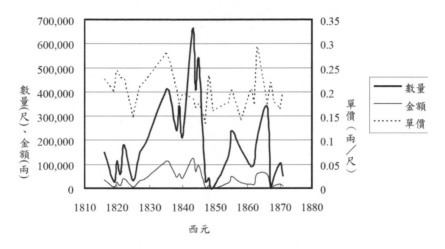

圖七　俄羅斯出口的回布數量、單價、總價

資料來源：同圖一。

從回絨和回布的比較可發現，回布進口數量少，是因俄羅斯產的布疋，表面上看起來結實美麗，但驗貨員認為它的質量比不上英國貨和美國貨。它們的長度和寬度都異乎尋常，因此中國人都不買。俄國棉織品在中國市場上的競爭能力尚待考驗。這種棉織品被認為是西伯利亞草原不是很溫暖氣候下生長的短絨棉織品。[66] 至 1858 年為止，俄國輸出的製成品中，毛料占 41%，

---

65. 〈當譜・清抄本〉，收入《中國古代當鋪鑑定秘籍（清鈔本）》，頁 238；〈論皮衣粗細毛法・道光二十三年抄本〉，同上書，頁 144。
66. 參見姚賢鎬，《中國近代對外貿易史資料（1840-1895）》，冊 2，頁 1288。

棉織品占 25%。4% 至 20% 為生皮，10% 是毛皮和皮革，2% 是穀物，17%
是金屬貴重品。[67]

　　《中國古代當鋪鑑定秘籍》記載清人剪裁服飾所需要的布料尺寸，哈喇
屬於寬幅布，所需的布料較少，參見表四。

表四　清人裁製服飾所需緞布數量

貨品	素緞(尺)	線綢(尺)	寧紬(尺)	洋綢(尺)	改機紬(尺)	哈喇(尺)	洋布(尺)
長寬尺寸				32*1.7	27*1.8	44*4	100*2.2
袍用	12	24	23	26	28	9	13
套用	9.5	16	16	19	22	7	9.5
馬掛	6.5	9	8.5、7.5	12.5	12.5	4	6.5
女襖	12	20	14	22	22	6.6	12
氅衣	9.5	10	12、16	12、16	15	6.6	11
褶子	7.5	17	7.5	7.5		3.6	
馬掛	7.5	11.5	9.5、7.5	9.5、7.5		5	7
男大掛				25			
女掛					25		12
大掛							13

資料來源：〈當譜集・乾隆二十四年抄本〉，頁 126-128。

　　因為俄羅斯進口布料多，在乾隆 45 年崇文門的稅收中添增新增稅則，
如表五所示。回布、回錦布、色布、洋回錦布、洋印花布、印花洋布等，和
恰克圖商號貿易的布疋名稱相同。崇文門稅關自乾隆 21 年（1756）關稅為
262,085.7 兩，至乾隆 41 年（1776）增為 316,089.5 兩。[68] 崇文門關稅數量提
高，應與俄羅斯貿易增長有關。

---

67. 參見姚賢鎬，《中國近代對外貿易史資料 (1840-1895)》，冊 2，頁 666。
68. 參見拙作，〈清乾隆朝的稅關與皇室財政〉，《中央研究院近代史研究所集刊》46（2004.12），
　　頁 53-103。

表五　布疋稅則

項目	數量	顏色	銀兩（兩）	備註	數量	銀兩（兩）	
回布	1 身		0.0204	比照西洋布例	100 碼	0.21	口外者
回錦布	1 身	大紅加倍，桃紅加半倍	0.0204				
色布	1 身				10 疋	0.24	寬者加倍
番布	1 身				100 碼	0.585	
象眼羅	1 身	大紅加倍，桃紅加半倍	0.0408	比照西洋布加倍	100 碼	0.78	
洋回錦布	1 身				100 碼	0.39	
斜紋羽布	1 身	大紅加倍，桃紅加半倍	0.0204	比照西洋布例	100 碼	0.39	
斜紋花洋布	1 身	大紅加倍，桃紅加半倍	0.0408	比照西洋布加倍			
斜紋素條布	1 身		0.0306	比照西洋布加半倍			
洋標布	1 身	大紅加倍，桃紅加半倍	0.0204	比照西洋布例	100 碼	0.39	
洋紗布	1 身	大紅加倍，桃紅加半倍	0.0204	比照西洋布例	100 碼	0.39	
洋印花布	1 身				100 碼	0.39	
洋羅布	1 身	大紅加倍，桃紅加半倍	0.0204	比照西洋布例			
織花洋布	1 身				100 碼	0.78	
柳條布	1 身				100 碼	0.585	
刷絨布	1 身				10 疋	0.24	
褡褳絨	1 身		0.0408	比照西洋布加倍	100 碼	0.78	
洋褡褳	1 身		0.0204	比照西洋布例	100 碼	0.39	
白褡褳布	100 疋		0.6	比照斜紋布減半			
洋漆布	1 身		0.0408	比照西洋布加倍	100 碼	0.78	
洋緞	1 身	大紅加倍，桃紅加半倍	0.0306	比照西洋布加半倍	100 碼	0.78	

各種 洋絨布	1 身			100 碼	1.2
洋小褂	1 件		0.0204	比照西洋 布例		
織花褡 褳絨	1 身			100 碼	1.2
織花洋布	1 身	大紅加倍， 桃紅加半倍	0.0306	比照西洋 布加半倍		
絨棉布	1 身	大紅加倍， 桃紅加半倍	0.0204	比照西洋 布例	100 碼	0.39
被面	100 個		1.2	比照苧麻 布例		
印花洋布	1 身	大紅加倍， 桃紅加半倍	0.0204	比照西洋 布例		
冷布	100 疋		0.24	比照白粗 布例		
香正	100 疋		0.24	比照白粗 布例		

資料來源：〈督理崇文門商稅鹽法·乾隆四十五年新增稅則〉，頁79-81、[69] 光緒三十三年《崇文門商稅衙門現行則例》，頁 19-20。

四、俄羅斯紡織品的普及與用途

〔俄〕阿·馬·波茲德涅耶夫的《蒙古及蒙古人》一書，描述他走過北方城市的店鋪，在烏里雅蘇臺看到這裡的店鋪經營的棉布有褡褳布、大布、洋大布及俄國各色印花布等。1880 年，烏里雅蘇臺周圍地區的草原上至少有四分之三的居民穿的都是俄國棉布做的衣服。在烏里雅蘇臺經營的北京人，在庫倫也有自己的店鋪。[70] 在慶寧寺附近的漢商經營商品主要是俄國貨，例如紡織品中有：士兵呢、棉絨布，各種顏色的厚棉布、各種顏色的羽毛絨和細平布。庫倫的北京店鋪裡的毛、棉織品大多數是歐洲產品。[71] 歸化城出售

---

69. 〈督理崇文門商稅鹽法·乾隆四十五年新增稅則〉，收入陳湛綺編，《國家圖書館藏清代稅收稅務檔案史料匯編》（北京：全國圖書館文獻縮微複製中心，2008）。

70. 〔俄〕阿·馬·波茲德涅耶夫著，劉漢明等譯，《蒙古及蒙古人》，卷 1，頁 283。

71. 〔俄〕阿·馬·波茲德涅耶夫著，劉漢明等譯，《蒙古及蒙古人》，卷 1，頁 47；112。

的布疋也都是外國貨，中國生產的只有絲織品，棉布只有大布一種。[72] 張家口的買賣城可以說是中國對俄貿易的集中點，幾乎全部的俄國呢絨和各種絨布，以及俄國出口的毛皮製品都先運到張家口上堡買賣城的貨棧；然後批發給下堡，再轉運往中國本土。[73] 多倫諾爾販售的歐洲商品，如斜紋布、府綢、印花布和德國呢，不過德國呢往往是俄國呢的仿冒品。俄國呢子有邱利亞耶夫和巴布金兩家廠商出產的呢子，莫羅佐夫廠出產的粗平布和棉絨布，以及黑白兩種油性軟革稱為香牛皮。多倫諾爾的貨物來自恰克圖，主要的商人也都是山西人。[74]

俄國呢絨是一種厚的密織毛料，在華北使用較多，而華南則較少。中國人叫這種衣料為哈拉（Ka-la），每件衣料長 60 碼、寬 2 碼，織邊不計在內。一共有 3 個顏色：綠色、深藍色和深紅色。這三種呢絨都可以從天津的商店裡買到，在商店裡是按中國尺出售的，而且銷路很廣。綠色的哈拉主要用來鋪蓋高級官員的官轎；銷路較廣的深紅色呢絨，供室內裝飾用和婦女穿著用。中國人叫燕尾青的深藍色呢絨銷路最廣，因富有的人都用這料子做馬褂。綠色哈拉每裁縫尺值銅錢 1,300 文；深藍色哈拉值 1,200 文；深紅色哈拉值 1,150 文。[75]

俄國呢子愈來愈普及，特別是中國北方地區，俄國呢子粗劣、厚重，較適合北方寒冷氣候。[76] 1850 年間，俄國呢子行銷上海、蘇州、廣東地區，與歐洲產品競爭，更超越英德的呢子。[77]《澳門月報》載來自俄羅斯的產品主要是一種粗糙的哆囉呢，這種呢多半在俄國織的，但也有一定的數量來自比

---

72. 〔俄〕阿・馬・波茲德涅耶夫著，劉漢明等譯，《蒙古及蒙古人》，卷 2，頁 95。
73. 〔俄〕阿・馬・波茲德涅耶夫著，劉漢明等譯，《蒙古及蒙古人》，卷 1，頁 704。
74. 〔俄〕阿・馬・波茲德涅耶夫著，劉漢明等譯，《蒙古及蒙古人》，卷 2，頁 342。
75. 參見姚賢鎬，《中國近代對外貿易史資料（1840-1895）》，冊 2，頁 1305。
76. Clifford M. Foust, *Muscovite and Mandarin: Russia's Trade with China and Its Setting, 1727-1805*, p. 352.
77. 〔俄〕阿・科爾薩克著，米鎮波譯，《俄中商貿關係史述》，頁 148-150、155。俄羅斯呢子廉價和適應中國北方寒冷氣候，是呢子在北方各省市場上居領先地位的擔保，頁 156。

利時和薩克森。它的寬度是 62 到 64 英吋。[78] 在 19 世紀上半葉，中國北方口岸常見到的是俄國的紡織品，運進上海、寧波的俄國呢子比英國進口的多 12 倍。

除此之外，俄羅斯舶來品在宮廷用途還有下列幾項：

（一）賞賜蒙古王公、使臣、官員等

清朝與蒙古關係密切，蒙古王公、喇嘛每年派人到北京朝貢，喀爾喀蒙王公所設立的行館稱為外館，位於安定門外附近偏西的郊區。北京城裡王府井大街東交民巷附近的內館為科爾沁等內蒙古王公朝覲住所。[79] 清朝皇帝於紫光閣筵宴蒙古王公、喇嘛，賞給緞、貂皮等。如乾隆 13 年（1748）銀庫月摺檔記載：「照例賞章嘉胡土克圖等二人，每人五等貂皮五十張、多羅尼袍褂一套、米心毾𣯚二疋，和碩達爾漢親王、和碩額駙羅卜藏滾布等三人，每人黃貂皮五十張、多羅尼袍掛一套、米心毾𣯚二疋。」[80] 乾隆 35 年（1770），賞給袍料 90 餘件，用哆囉呢 120 餘庹（五尺為一庹）、小呢、斜紋、嗶嘰緞各 120 庹，羽緞、羽紗、猩猩氈、絳片氈等。[81] 嘉慶年間，自俄羅斯進口的呢絨多，皇帝下令：「命理藩院通行內外眾扎薩克蒙古王公等，嗣後年班圍班請安時，俱著正穿石青馬褂，不得穿黃馬褂及反穿馬褂。著為例。」[82] 根據阿‧馬‧波茲德涅耶夫的觀察，庫倫的店鋪裡的毛織品和

---

78. 《澳門月報》，1845 年 6 月號。轉引自孟憲章，《中蘇貿易史資料》，頁 177。

79. 札奇斯欽、海爾保羅撰述，《一位活佛的傳記：末代甘珠爾瓦‧呼圖克圖的自述》（臺北：聯經，1983），頁 48。康熙 26 年（1687）題准，科爾沁等十旗令於會同館內安置。33 年（1694），分內外館。《清代理藩院資料輯錄‧乾隆朝內府抄本《理藩院則例》》，頁 71。

80. 《乾隆朝內務府銀庫用項月摺檔》，乾隆十三年正月。

81. 《內務府奏案》（北京：中國第一歷史檔案館藏），檔案編號 5-0283-075，乾隆三十五年十二月十四日。

82. 覺羅勒德洪等奉敕修，《大清仁宗睿皇帝實錄》（北京：中華書局，1986），卷 172，頁 240-1，嘉慶十一年十二月。

棉紡織品大多數是歐洲產品。[83] 對喀爾喀蒙古王公來說，石青馬褂應取自俄羅斯的毛織品較為便利。

乾隆 56 年（1791）賞朝鮮正副使回子緞、回子紬、回子布等。[84] 安南國王復遣使謝恩，特賜國王玉如意一、玉器二、玻璃器、瓷器各四，錦、綵緞、閃緞、蟒緞各四疋；陪臣二員金鞘小刀各一、回子緞各四疋、回子紬各五疋、回子布各二疋；通事一名賞回子緞、回子布、各一疋、回子紬二疋；行人六名賞回子紬、回子布各一疋；從人九名賞回子布各一疋。[85] 乾隆 58 年（1793）軍機處傳賞布魯克巴額爾德第巴粧緞一疋、洋花緞一疋、蟒緞一疋、洋錦一疋、大小荷包三對；噶里噶所屬之巴爾底薩難哩之頭人粧緞一疋、洋花緞一疋、蟒緞一疋、洋錦一疋、大小荷包三對，並隨賞發交欽差大臣和琳事件一包配木匣盛裝包裹，黑氈馬皮塞墊棉花發報。[86]

除了賞賜俄羅斯的布疋、綢緞給藩屬國之外，也賞賜給大學士、九卿、侍衛等。姚元之，《竹葉亭雜記》記載：「道光元年十月，內務府檢查內庫綢緞等項存者若干件，奏請發交外庫備用。上乃命悉數分賜大學士、九卿及翰詹科道，於是以官職高卑為差等。余官編修，分得天青江紬一端、回子錦一疋，小臣不勝慶幸之至。」[87] 石青馬褂為藍色的哦噔紬，中國稱為燕尾青的深藍色呢絨，宮廷侍衛亦穿著這料子做馬褂。同治 13 年（1874），皇帝大閱於南苑，命「文案營務翼長委員等穿天青馬褂，佩刀入隊。……侍衛均穿天青馬褂。」[88] 《兒女英雄傳》、《老殘遊記》也多處描述提到男性穿著石青馬褂，或許俄羅斯的呢子穿起來衣冠楚楚，可展現男性氣概。

83. 〔俄〕阿·馬·波茲德涅耶夫著，劉漢明等譯，《蒙古及蒙古人》，卷 1，頁 112。
84. 崑岡等奉敕撰，《大清會典事例》（北京：中華書局據光緒 26 年（1899）石印本影印，1991），冊 6，卷 507，頁 874-2。
85. 崑岡等奉敕撰，《大清會典事例》，冊 6，卷 507，頁 875-1。
86. 《養心殿造辦處各作成做活計檔》（北京：中國第一歷史檔案館發行微捲，2000），第 152 盒，乾隆五十八年二月，記事錄。
87. 姚元之，《竹葉亭雜記》（北京：中華書局，1982），卷 2，頁 44。
88. 崑岡等奉敕撰，《大清會典事例》，冊 12，卷 1106，頁 616-1。

（二）佛教器物

　　清宮修建寺廟的牆壁常懸掛巨幅的壁畫，或繪於布縵上，再懸掛在牆壁上。壁畫內容都以宗教故事為題材。壁畫以黃、紅、藍三種顏色為主色，用對比手法突出主題。《西藏密教研究》提到格魯派在寺廟堂內的柱及兩側的壁上，都掛著布製的幡及稱為唐卡的掛軸式的布製佛畫，以裝飾堂內的莊嚴。[89] 根據《養心殿造辦處各作成做活計清檔》（簡稱《活計檔》）記載：雍和宮東西進間班禪厄爾德尼坐落處成做歡門旛一堂，員外郎四德、五德等說太監鄂魯里交繡鶴灰色氈一塊高 8.5 尺、寬 13.1 尺，繡鶴石青氈一塊寬 13.1 尺、高 8.35 尺，繡鳴鳳在竹枲氈一塊寬 13.2 尺、高 8.7 尺，青地紅花絨氈一塊長 2 丈、寬 8.4 尺，裁絨氈一塊長 19.3 尺、寬 7.4 尺。[90] 因為西洋絨氈為寬幅，適合做壁衣。《活計檔》記載：「鑲做繡佛像 3 軸、緙絲佛像 3 軸、畫像佛 3 張，挑得內庭石青洋錦 1 塊 1 丈 5 寸、藍洋錦 2 丈 4 尺 4 寸 1 塊。奉旨繡佛像 3 軸、緙絲佛像 3 軸，准用洋錦 2 塊各鑲做佛像 3 軸。」[91]

　　乾隆 50 年（1785）員外郎五德庫掌大達色催長舒興來說太監常寧傳旨：「方壺勝境中層樓上明間成做拉古里一件、壁衣一件。欽此。」挑得內庫石青倭緞一塊，做拉古里毘盧帽用；紫綠石青回子紬三疋，做拉古里刷子用；大紅緞一疋，做拉古里頂面刷子裡；用石青回子紬一疋，做壁衣邊用；紫回子紬一疋，做壁衣心子用。[92]

---

89. 日本種智院大學密教學會編，世界佛學名著譯叢編委會譯，《西藏密教研究》（臺北：華宇出版社，1988），頁 51。

90. 《養心殿造辦處各作成做活計清檔》，乾隆 45 年 2 月 25 日燈裁作，收入《雍和宮事務專檔》，卷 8。

91. 《養心殿造辦處各作成做活計清檔》，微捲第 116 盒，乾隆 31 年 10 月 25 日行文房。

92. 中國第一歷史檔案館、香港中文大學文物館合編，《清宮內務府造辦處檔案總匯》（北京：人民出版社，2005），冊 48，頁 438，乾隆五十年十月，記事錄。

（三）建築、保暖之用

　　《清宮內務府造辦處檔案總匯》記載清宮建造蒙古包的事務，最有名的是熱河避暑山莊萬樹園造的蒙古包。據昭槤，《嘯亭雜錄》載：「避暑山莊之萬樹園中，設大黃幄殿，可容千餘人。其入座典禮，咸如保和殿之宴，宗室王公皆與焉。上親賜卮酒，以及新降諸王、貝勒、伯克等，示無外也，俗謂之大蒙古包宴。」[93] 黃幄殿蒙古包 7 丈 2 尺，蒙古包內天花板、圍牆用庫紅地金花回子紬、石青回子紬做成。[94] 其他還有 5 丈 2 尺花頂蒙古包 2 架，2 丈 5 尺備差蒙古包 24 架。蒙古包前有遮陽平頂棚，四周有窗，內設寶座及地毯，使用回子綢當圍帳等。

　　阿‧馬‧波茲德涅耶夫描述他走過蒙古王旗，旗署本身就是一組氈包，譬如在達賴王旗的旗署氈包有 11 個，兩座特別大，一座是圖薩拉克齊的氈包，一座是旗署辦公地方，其他是旗署辦事人員和聽差居住地方。[95] 由俄羅斯進口的氈呢，當保暖用的炕毯分成素色和印花兩種：素色炕毯有明黃、米色、薑色、綠色、猩紅色、灰色、藍色、駝色，有些素色炕毯上加以刺繡，有蘇繡、粵繡、京繡；印花的哆囉呢炕毯，在 18 世紀只有雙色，如紅地黑花、黃地紅花等。19 世紀西方使用滾筒印花工藝，出現多色彩的花紋，如褐、紅、黑等 3 種顏色，裝飾西方時尚的花紋。[96]

　　阿‧馬‧波茲德涅耶夫描述他經過烏里雅蘇臺、科布多時，官員的接待室房炕上鋪著大紅呢子，同樣的紅呢坐墊，四壁牆下各放著一張窄長的桌子，上面也鋪著大紅呢子。[97]

---

93. 昭槤，《嘯亭雜錄》（北京：中華書局，1980），卷 1，頁 375-376。
94. 中國第一歷史檔案館、香港中文大學文物館合編，《清宮內務府造辦處檔案總匯》，乾隆四十六年七月十五日，記事錄。
95. 〔俄〕阿‧馬‧波茲德涅耶夫著，劉漢明等譯，《蒙古及蒙古人》，卷 1，頁 423-434。
96. 苑洪琪、劉寶建主編，《清宮藏毯圖典》（北京：紫禁城出版社，2010），頁 159。
97. 〔俄〕阿‧馬‧波茲德涅耶夫著，劉漢明等譯，《蒙古及蒙古人》，卷 1，頁 267、331。

（四）包裝器物

臺北國立故宮博物院收藏許多玉器用回子布包裝，在檔案中也可以找到相關檔案。乾隆 51 年（1786）4 月 16 日太監常寧「將玉有盒圓洗一件、玉壺一件，配得回子布套呈進交乾清宮訖。於四月二十二日將玉圓洗一件，配得回子布套呈進。」[98] 27 日員外郎五德催長大達色金江舒興將蘇州織造四德送到青白玉瓶魚壺一件，隨紫檀木座青白玉方盒一件、隨原交檀香盒一件、碧玉方盒一件、白玉穿花花囊一件、隨回殘玉二塊，並畫得做愛鵝紙樣一張、雙鴛鴦紙樣一張、紅雕漆手卷罩蓋匣一件、天鹿錦包首手卷四卷、隨玉鶯錦袱四分、織西洋花毯一塊收什漆裡紅漆人物長方盒一件呈覽。[99]

（五）車轎帷幔

皇室冬天乘坐的車駕使用氈呢。如內務府成造皇帝座車，應配做黃猩猩氈圍一件、狼皮座褥一件。[100] 皇太后圓頂車上做哆羅呢圍一分、上緞下接哆羅呢圍一分、春紬袷裡圍一分、紗圍一分、狼皮褥一箇、衣素褥一箇、靠背一箇。哆羅呢是寬幅絨，適合做轎子圍屏，內務府鑾儀衛成做八人抬的暖轎需用哆羅呢 35 餘尺。[101] 巫仁恕研究明代的轎子說：「明代的暖轎應室外披有厚布料以防寒，而涼轎則是圍以竹簾。」[102]《北平市工商業概況》記載，清乾嘉年間，其時王公貴族以及達官富戶類，皆出入乘坐轎車，需用圍墊較

98. 中國第一歷史檔案館、香港中文大學文物館合編，《清宮內務府造辦處檔案總匯》，冊 49，頁 396-397，乾隆五十一年四月，匣裱作。
99. 中國第一歷史檔案館、香港中文大學文物館合編，《清宮內務府造辦處檔案總匯》，冊 46，頁 670，乾隆四十八年二月，記事錄。
100.《養心殿造辦處各作成做活計清檔》，微捲第 75 捲，頁 398。
101.《乾隆朝內務府奏銷檔》（北京：中國第一歷史檔案館藏），冊 203，乾隆五年十二月；冊 261，乾隆二十七年閏五月二十九日。
102.巫仁恕，〈明代士大夫與轎子文化〉，《中央研究院近代史研究所集刊》38（2002.12），頁 1-69。

夥；且各蒙古王公於入覲之便，常大批採購此項圍墊，攜歸蒙地，視為極珍貴之禮品。以故治斯業者，先後繼起，並力謀業務之發展，兼製桌圍椅墊、帘帳枕褥，一時出品繁而購者眾，獲利頗厚。車圍墊之材料，以藍白洋布、市布、褡褳布、蒲絨為大宗。俄國來的回錦、哈喇等為寬幅布，適合做窗簾、帳幔、車圍等。[103]

　　清朝的轎子使用洋呢。清人子弟書〈祿壽堂〉描述某大爺「那輛車價值毂買四合房，外圍子洋呢塌條沿倭緞，裡衣子弓棚子一色掇紗花樣兒輝煌，鍍金什件鍬爵是玲瓏多剔透。」[104]北京滿、蒙八旗用的喜轎照例用一紅一綠，新娘乘坐紅喀喇呢圍轎，新郎官乘坐綠呢官轎。[105]《兒女英雄傳》褚大娘子道：「等到了吉時，人家就擎花紅轎兒，八個人兒擡了去了。我不怕你笑話我怯，我長這麼大還是頭一遭兒看見大紅猩猩氈的轎子。敢是比我們家鄉那怯轎子好看多著呢！」[106]大紅猩猩氈的轎子就是用進口的氈呢帷幔。結婚的時候用猩猩氈的官轎，看到井口也必須用紅氈子遮掩以避邪。「猩猩氈的官轎走得十分平穩，壓轎的童子打沉鼾，百子的蓋頭後邊車上拿定，紅氈子遮攔井口煞全除。」[107]

（六）服飾衣料

　　Evelyn S. Rawski（羅友枝）在 *The Last Emperors: A Social History of Qing Imperial Institutions* 一書的第一部分〈清朝宮廷之物質文化〉中指出，清初頒布有關髮式、服飾、語言和戰術的法令，以界定征服菁英之獨特認同，

103.池澤匯等編纂，《北平市工商業概況（一）》，收入張研等主編，《民國史料叢刊》（鄭州：大象出版社，2009），冊 571，頁 267-268。

104.〈祿壽堂〉，《清蒙古車王府藏戲曲本》（北京：北京古籍出版社，1991），第 304 函，冊 4。

105.常人春，《老北京的民俗行業》（北京：學苑出版社，2002），頁 42-43。

106.文康著，《兒女英雄傳》（臺北：桂冠出版社，1983），第 27 回，頁 460。

107.李家瑞編，《北平風俗類徵》，〈婚喪〉，頁 137。

雖然滿族認同的內涵隨時間而有變異，卻從未消失。[108] 清代首重國語騎射，現今故宮博物院藏雍正醬色羽緞行裳為清代皇帝的行服之一，滿語稱為「都什希」。皇帝在出行和圍獵時，將行裳繫在行服袍外，形式如圍裙。行裳的面料多為耐磨保暖的毛皮、氈、呢及羽緞（Dutch camlets）等。皇帝常服袍也有用羽緞做成，[109]「都什希」亦用鹿皮做的騎射服飾。

象徵滿洲文化的馬褂，亦稱棉甲，滿語為 olbo，從皇帝到官員都穿著馬褂。根據《清朝通志》記載：「皇帝行褂色用石青，長與坐齊，袖長及肘，棉袷紗裘惟其時。」、親王以下「行褂色用石青，長與坐齊，袖長及肘，棉袷紗裘惟其時。」郡王以下文武品官行褂制同，健銳營前鋒參領行褂色用明黃、藍綠，營兵行褂色用藍、明黃綠。[110] 男性穿著石青馬褂，如〈武鄉試〉應試武生員「穿一件大藍箭袖缺衿線縐，套一領月白夾襯遮體天青，倭緞廂沿巴圖魯坎，小呢帽鳳尾龍頭紫絲縷，繫一條巧匠結成腰裡硬。」[111] 皇帝、親王至文武品官行褂皆用石青色，因此俄國石青色的呢子特別暢銷。廣東巡撫等高官在慶典場合都鄭重地穿上俄國呢子製作的袍子。中國偏好俄國呢子的其他原因是它價格低廉、顏色種類齊全、寬幅及包裝花色繁多。恰克圖貿易毛織品可以比出廠價再便宜 20% 賣給中國人，所以俄羅斯呢子在長江以南還能占有一席之地。[112] 過去筆者討論過清代政府制定帝后官員朝服、朝冠，也包括了西方進口的羽紗、羽緞，以及各色毛皮。[113] 俄羅斯進口的元青

108. Evelyn S. Rawski, *The Last Emperors: A Social History of Qing Imperial Institutions* (Berkeley: University of California Press, 1998), pp. 17-55.
109. 嚴勇、房宏俊、殷安妮主編，《清宮服飾圖典》（北京：紫禁城出版社，2010），頁 176、156。
110. 清高宗敕撰，《清朝通志》（臺北：臺灣商務，1987），卷 58，頁 7099-2~1799-3。
111. 〈武鄉試〉，《清蒙古車王府藏戲曲本》，第 303 函，冊 4。
112. 〔俄〕阿·科爾薩克著，米鎮波譯，《俄中商貿關係史述》，頁 150-151。莫斯科的商人把自己工廠生產的呢子推銷給中國人，並且用相當低廉的價格賣給中國人，使中國人喜歡上呢子。呢子比毛皮便宜，而在市場上價格低廉是很重要的。因此，呢子的銷售迅速增長，而毛皮銷售則下降。頁 174。
113. 參見拙作，〈清乾隆朝內務府皮貨買賣與京城時尚〉，收入《日常生活的論述與實踐》，頁 103-144；〈乾嘉時代北京的洋貨與旗人日常生活〉，收入《從城市看中國的現代性》，頁 1-35。

哦噔紬為清朝服飾規定項目，石青色的呢子在中國能暢銷有其原因。

嘉慶4年庫倫辦事大臣蘊端多爾濟審理恰克圖章京永齡、九十四收取商號大量的饋禮，在衣料類有合洛袍料、哦噔紬、回子布、回子絨、氆氌袍料、寶藍西絨等。[114] 恰克圖商人的衣物清單上有回錦藍布褥子、斜紋布皮襖、斜紋布長袖馬褂、袷袍子、氈襪子、達氈、斜紋布馬褂等。[115] 金黃洋縐腰帶、大羢喇嘛帽子、氆氌紫袷袍等。[116] 這說明恰克圖官員、商人用俄羅斯來的紡織品，製作帽子、馬褂、袷袍、腰帶、氈襪等。根據 The North-China Herald and Market Report 於 1869 年的報導，哈拉有綠色作為車轎帷幕和椅套；紅色的消費較廣，作為室內裝潢或婦女服飾；深藍色的或稱為燕尾青，作為富裕人家的馬褂（Ma-kwa）和外套。[117]

其次，象徵旗人「國語騎射」精神的服飾之一為朝靴，即北方游牧民族所穿便於乘騎跋涉的靴子。清朝規定文武百官入朝奏事必須穿著朝靴，如北京故宮博物院收藏之石青緞補絨雲頭朝靴、石青緞尖底朝靴，係採用俄羅斯之回絨。北京製靴鞋之質料，有呢、有絨、有緞、有布、有皮，[118] 其中呢、回絨應產自俄羅斯。清末民初北京有 240 餘家靴鞋店，以全盛齋、內聯陞、步瀛齋、長福齋、永升齋等家開設為最久、資本亦較厚。[119] 庫倫亦有靴匠作坊，他們製鞋所需的皮革全是俄國皮革，如伊爾庫次克、托木斯克製革廠生

---

114. 〈乾隆五十七年起至嘉慶四年止恰克圖商人饋送歷任官員回錢禮物賬冊〉，《中華民國蒙藏委員會藏蒙古共和國國家檔案局檔案》，編號 020-011，頁 0125-0199。九十四的供詞說：「歷任司員確均如此所為，亦照舊接收饋禮。」該檔案為〈蘊端多爾濟等因未查出商人饋送錢物案自請治罪摺〉，見《軍機處滿文錄副奏摺》，編號 03-3601-024，微捲 166，頁 1482-1486，嘉慶四年九月二十五日。

115. 〈己未燒毀張書田甲內存放衣物清單〉，《中華民國蒙藏委員會藏蒙古共和國國家檔案局檔案》，編號 005-013，頁 0242-0245。

116. 〈領收衣物貨柜單〉，《中華民國蒙藏委員會藏蒙古共和國國家檔案局檔案》，編號 086-095，頁 0189-0190。

117. The North-China Herald and Market Report (Shanghai: North-China Herald, 1867-), July 24, 1869, p. 392.

118. 池澤匯等編纂，《北平市工商業概況（一）》，頁 250。

119. 池澤匯等編纂，《北平市工商業概況（一）》，頁 251。

產的皮革，恰克圖的製革廠以馬特列寧斯基工廠的銷數最多。[120]

　　女性穿著紅色的氈絨，如《鏡花緣》描述：「小山同若花清晨起來，梳洗已畢，將衣履結束，腰間都繫了絲縧，掛一口防身寶劍；外面穿一件大紅猩猩氈箭衣；頭上戴一頂大紅猩猩氈帽兒。」[121] 子弟書〈闊大奶奶聽善會戲〉描述闊大奶奶「穿一件絳色洋呢廂領袖，氅衣兒裡襯微微透水紅」，可見清代婦女喜歡穿的是紅色的呢絨服。[122] 婦女使用花布傘，其布多用俄國花標或日本印花布，花樣頗美觀。[123]

　　穆齊賢（1801-?）《閑窗錄夢》記載，他家境貧寒，為謀生計，入值惇親王府為管領，也在歷代帝王廟開設學堂。每年俸銀 60 兩、俸米 30 石，但是買不起一身的穿戴。道光 8 年當差遇王爺召見，「余急借徐二爺之褂、帽、甲裙，蔣爺之袍，什勝保之靴」。次年，安慶大人送他「灰色羊皮襖一件、外表貓皮內裡灰鼠皮之袍褂一件、毛帽子沿兒一套」。[124] 之後，朋友向他借袍褂。「伊昌吾穿余之袍褂入班」，或有「伊隆阿將余之袍服借去」。過幾天把袍服送回，再過幾天伊隆阿又借去，給他父親穿戴。[125] 旗人婚喪紅白事件多，借衣袍的事情屢見不鮮，可見馬褂服飾對下層旗人來說，算是奢侈品。

　　北京內城的護國寺與隆福寺是旗人採辦日常用品的重要市集，護國寺有綢緞店德昌號，鶴侶〈逛護國寺〉載：「走至紬緞棚子內去打落，德昌號連忙讓坐笑盈腮，他說先與我撕一雙哦噔紬的包腳布，再看看銀紅袍料要大裁，寸寬的欄杆我要用十數多板。」[126] 這裡提到德昌號賣哦噔紬、銀紅袍料等，可見俄羅斯進口的紡織品充斥北京市集。

---

120. 〔俄〕阿・馬・波茲德涅耶夫著，劉漢明等譯，《蒙古及蒙古人》，卷 1，頁 115。
121. 李汝珍，《鏡花緣》（臺北：世界書局，1974），第 47 回，頁 187。
122. 〈闊大奶奶聽善會戲〉，《清蒙古車王府藏戲曲本》，第 305 函，冊 5。
123. 池澤匯等編纂，《北平市工商業概況（一）》，頁 262。
124. 松筠（穆齊賢）記，趙令志、關康譯，《閑窗錄夢譯編》（北京：中央民族大學出版社，2010），頁 31、159。
125. 松筠（穆齊賢）記，趙令志、關康譯，《閑窗錄夢譯編》，頁 88、172-173。
126. 鶴侶，〈逛護國寺〉，《清蒙古車王府藏戲曲本》，第 304 函，冊 3。

五、結論

　　在 18 世紀的中俄恰克圖貿易，中國輸出大量的藍京布、上海梭布等，俄羅斯則輸出毛皮。19 世紀中國的布疋輸出量減少，而茶葉成為主要輸出品。俄羅斯方面，毛皮產量減少，轉而將普魯士和波蘭毛織品輸往中國，19 世紀中葉俄羅斯紡織工業發展，生產大量的毛織品和布疋輸往中國。歐洲生產的呢絨和棉織品逐漸受到俄國生產的紡織品排擠，到 1840 年代經恰克圖貿易的外國紡織品只占 2%。俄國紡織品中，毛織品因價格低廉又渾厚細密，廣受歡迎，甚至比英美產品更具競爭力。俄國學者 H・E・葉季納爾霍娃提到恰克圖貿易促進西伯利亞地區的繁榮以及紡織工業的發展，1857 年莫斯科就有 96 家為恰克圖貿易生產工廠，其中 37 家生產呢絨、45 家生產棉織品、14 家生產亞麻和大麻織品。[127] 阿・科爾薩克說中國人有能力把像米澤里茨基呢這樣的商品，在距離其產地 9,000 俄里之外的地方，賣得比在莫斯科便宜 17%；但茶葉在離產地幾乎同樣距離時，在我們這裡的價格卻是原產地價的 4 倍。[128]

　　19 世紀時，每年由俄羅斯進口的回絨多達數百萬俄尺，回布亦有數十萬俄尺，俄羅斯的紡織品遍及蒙古和中國北方各城市。清朝政府規定蒙古王公年班圍班請安時，穿石青馬褂，連廣東巡撫等高官在慶典場合都鄭重地穿上俄國呢子製作的袍子。中國偏好俄國呢子的其他原因是它價格低廉、顏色種類齊全、寬幅及包裝花色繁多。俄國進口的回回布也用於車轎帷幕、室內裝潢及包裝器物等。可見 19 世紀的俄國紡織品在中國普及程度亦不下於 18 世紀俄國進口的毛皮。

　　以前筆者討論俄國進口的毛皮，在《乾隆朝內務府奏銷檔》、《軍機

---

127. H・E・葉季納爾霍娃，《十九世紀四十至六十年代的恰克圖貿易及其對俄國、蒙古和中國經濟發展的影響》（莫斯科：副博士學位論文自選摘要，1979），轉引自孟憲章，《中蘇貿易史資料》，頁 186。
128. 〔俄〕阿・科爾薩克著，米鎮波譯，《俄中商貿關係史述》，頁 229。

處滿文錄副奏摺》、《清宮內務府造辦處檔案總匯》可以找到進口數量、以及宮廷和文武百官製作的各種服飾等，因毛皮為清代貴族官員身分等第的象徵，不同身分穿著不同種類的毛皮。但 19 世紀俄國紡織品在清宮檔案較不易查尋，因俄羅斯紡織品價格低，用來製作窗簾、縟子、服飾內裡、鞋襪等用途廣，並不是清宮特別珍藏的物品。2011 年夏天，筆者到故宮博物院織繡組與該組研究人員座談，他們聲稱在庫房整疋布料中有俄文織邊布標，可惜尚未整理，無法調閱。期待將來有機會看到俄國紡織品另撰論文。

附錄一　恰克圖商民買賣貨物清冊

編號	頁碼		內容	年分
21	8	0080~0089	恰克圖貿易商民人數清冊一號	乾隆 57 年
21	8	0090~0099	附件：恰克圖貿易商民人數清冊	乾隆 57 年
21	9	0100~0111	恰克圖貿易商民人數清冊二號	乾隆 57 年
21	9	0112~0123	附件：恰克圖貿易商民人數清冊	乾隆 57 年
21	10	0124~0126	恰克圖貿易商民人數清冊	乾隆 57 年
21	11	0127~0129	恰克圖貿易商民人數清冊	乾隆 57 年
21	12	0130~0134	恰克圖貿易商民人數清冊	乾隆 57 年
21	13	0135~0137	恰克圖貿易商民人數清冊	乾隆 57 年
21	14	0138~0141	恰克圖貿易商民人數清冊	乾隆 57 年
21	15	0142~0144	恰克圖貿易商民人數清冊	乾隆 57 年
21	16	0145~0152	恰克圖貿易商民人數清冊	乾隆 57 年
75	7	0035~0038	恰克圖貿易商民人數清冊	乾隆 57 年
27	1	0001~0042	恰克圖各舖戶請領舖票隨帶貨物價值銀兩並買俄羅斯貨物價值銀兩數目清冊	嘉慶 21 年
25	14	0039~0058	恰克圖商民買賣貨物清冊	嘉慶 24 年
26	19	0125~0162	恰克圖各舖戶請領舖票隨帶貨物價值銀兩並買俄羅斯貨物價值銀兩數目清冊	嘉慶 25 年
26	18	0083~0124	恰克圖各舖戶請領舖票隨帶貨物價值銀兩並買俄羅斯貨物價值銀兩數目清冊	道光元年
31	21	0069~0115	恰克圖各舖戶請領舖票隨帶貨物價值銀兩並買俄羅斯貨物價值銀兩數目清冊	道光 2 年

編號		頁碼	內容	年分
29	4	0041~0075	恰克圖各舖戶請領舖票隨帶貨物價值銀兩並買俄羅斯貨物價值銀兩數目清冊	道光 5 年
29	10	0094~0143	恰克圖各舖戶請領舖票隨帶貨物價值銀兩並買俄羅斯貨物價值銀兩數目清冊	道光 7 年
3	8	0120~0166	恰克圖各舖戶請領舖票隨帶貨物價值銀兩並買俄羅斯貨物價值銀兩數目清冊	道光 9 年
30	21	0080~0133	恰克圖各舖戶請領舖票隨帶貨物價值銀兩並買俄羅斯貨物價值銀兩數目清冊	道光 15 年
30	22	0134~0182	恰克圖各舖戶請領舖票隨帶貨物價值銀兩並買俄羅斯貨物價值銀兩數目清冊	道光 16 年
35	2	0010~0064	道光十九年冬季起至二十年春季止恰克圖闐圈使茶兌換俄羅斯貨物茶銀數目清冊	道光 19 年
31	22	0116~0192	道光廿三年秋季起至廿四年春季止恰克圖闐圈使茶兌換俄羅斯貨物茶銀數目清冊	道光 23 年
34	16	0063~0147	道光二十四年秋季起至二十五年春季止恰克圖闐圈使茶兌換俄羅斯貨物茶銀數目清冊	道光 24 年
33	24	0102~0185	道光廿五年冬季起至廿六年春季止恰克圖闐圈使茶兌換俄羅斯貨物茶銀數目清冊	道光 25 年
32	1	0001~0087	道光廿七年冬季起至廿八年春季止恰克圖闐圈使茶兌換俄羅斯貨物茶銀數目清冊	道光 27 年
32	2	0088~0182	道光廿八年冬季起至廿九年春季止恰克圖闐圈使茶兌換俄羅斯貨物茶銀數目清冊	道光 28 年
32	3	0183~0223	咸豐四年秋季起至五年五月止恰克圖闐圈使茶兌換俄羅斯貨物茶銀數目清冊	咸豐 4 年
34	17	0148~0227	咸豐五年秋季起至六年六月止恰克圖闐圈使茶兌換俄羅斯貨物茶銀數目清冊	咸豐 5 年
37	8	0028~0111	咸豐八年秋季起至九年五月止恰克圖闐圈使茶兌換俄羅斯貨物茶銀數目清冊	咸豐 8 年
38	1	0001~0104	咸豐十一年七月起至同治元年六月止恰克圖闐圈使茶兌換俄羅斯貨物茶銀數目清冊	咸豐 11 年
42	5	0038~0160	同治元年秋季起至同治貳年伍月止恰克圖闐圈使茶兌換俄羅斯貨物茶銀數目清冊	同治元年
46	1	0001~0020	同治五年秋季起至同治陸年六月止恰克圖闐圈使茶兌換俄羅斯貨物茶銀數目清冊	同治 5 年
45	13	0069~0084	同治六年秋季起至同治七年六月止恰克圖闐圈使茶兌換俄羅斯貨物茶銀數目清冊	同治 6 年
45	14	0085~0101	同治七年秋季起至同治八年六月止恰克圖闐圈使茶兌換俄羅斯貨物茶銀數目清冊	同治 7 年
25	15	0059~0079	恰克圖商民買賣貨物清冊	同治 9 年
46	2	0021~0041	同治十年七月起至同治十一年五月止恰克圖闐圈使茶兌換俄羅斯貨物茶銀數目清冊	同治 10 年

附錄二　《中國古代當鋪鑑定秘籍》有關氈呢和布疋的資料

項目	長寬	銀兩（兩）	備註	出處
二哈拉	80-90*2.4尺		毛薄絨微細。	〈當譜集・乾隆二十四年抄本〉，頁20。
二喀喇	一板長48*4尺	每板銀25兩	袍一件9尺、敞6.5尺、套7尺、馬褂4尺，每尺0.2兩	〈當譜集・乾隆二十四年抄本〉，頁116。
大呢	100*4.2尺		西洋四方底子原扁長，花邊寬一寸。	〈當譜集・乾隆二十四年抄本〉，頁19。
大呢	一板長48*4尺	每板銀50兩		〈當譜集・乾隆二十四年抄本〉，頁114。
大呢氈	100*4.8尺		髮邊直經而地緊絨時較比洋氈緯緊，而絨足民而有骨色亮者佳。	〈當譜・清抄本〉，頁330。
小呢	100*4.2尺	0.8兩	西洋四方底子原扁長。	〈當譜集・乾隆二十四年抄本〉，頁18。
小呢氈	100*4.8尺		比大呢地緯絲細薄而絨散，不能起亮。	〈當譜・清抄本〉，頁330。
回子錦	18*2尺	5.5兩		〈當譜・清抄本〉，頁261。
回子氈	100*4.2尺		花髮邊較比洋氈地絲粗絨厚而斂，亦係直經地厚而不寔，絨渾不亮。露橫絲而掩直。此物係物粗氈之論也。	〈當譜・清抄本〉，頁330。
西氈	44尺長	每尺4.5兩	亦名哈拉，分頭、二、三等，頭等細，三等粗。	〈當譜集・乾隆二十四年抄本〉，頁113。
西絨	42*1.3尺	每尺0.11兩	袍料銀2兩。	〈當譜集・乾隆二十四年抄本〉，頁115。
米心氆氇		藏裡每尺0.15兩	氆氇呢需看有髮邊者高，毛編者次之，洋貨俱5.5尺寬。第一要辨明地到寬窄為要。	〈當譜・清抄本〉，頁234。
呵敦紬	80-90*3.2尺	0.8兩	出在西口宣化府，底子厚核桃紋。	〈當譜集・乾隆二十四年抄本〉，頁19。
呵敦紬			袍7兩、套5兩。	〈當譜集・乾隆二十四年抄本〉，頁22。
哦噔紬	每板長40尺，亦有37-38尺	12兩		〈論皮衣粗細毛法・道光二十三年抄本〉，頁164。
紅猩猩氈	9*0.5尺		洋箭套料10兩。	〈當譜・清抄本〉，頁231。

項目	長寬	銀兩（兩）	備註	出處
倭羅綢	44*2.2 尺	10 兩	出在大洋。	〈當譜‧清抄本〉，頁238。
倭羅緞	44*2.2 尺	10 兩	出在大洋。	〈當譜‧清抄本〉，頁238。
握洛緞			起台子，水文花樣。	〈論皮衣粗細毛法‧道光二十三年抄本〉，頁144。
哦噔紬	44*2.2 尺		較比喀拉氊緯鬆洩，堆絨而成，珠微厚而絨稀者是也。	〈當譜‧清抄本〉，頁331。
哦噔紬	44*2.2 尺	每板14 兩		〈當譜集‧乾隆二十四年抄本〉，頁116。
陰陽氊	44*2.2 尺		兩面不得一樣故名。	〈當譜‧清抄本〉，頁332。
連緺喀拉明鏡	48*4 尺	每板30 兩		〈當譜集‧乾隆二十四年抄本〉，頁116。
喀拉明鏡	44*2.2 尺		直經絲粗而堅，絨緊而貼，緯有骨而綿者。	〈當譜‧清抄本〉，頁331。
喀拉明鏡			袍 8 兩、套 6 兩。	〈當譜集‧乾隆二十四年抄本〉，頁22。
喀拉明鏡			出北直、宣化府，是毛絨。織的地子，又似厚嗶嘰，又似真氆氌。	〈論皮衣粗細毛法‧道光二十三年抄本〉，頁143。
猩猩紅氊	寬 3.7 尺	1.6-1.7 兩	北口、哆囉呢長同。	〈論皮衣粗細毛法‧道光二十三年抄本〉，頁143。
猩猩氊	81*4.3-4.4 尺		價比哆囉呢高。	〈論皮衣粗細毛法‧道光二十三年抄本〉，頁146。
撒拉絨	袍料 24 尺	買價5000 文		〈論皮衣粗細毛法‧道光二十三年抄本〉，頁145。
踏絨哈咯	一板 300.5 尺		做鞍韂用的，做絨毡送褐袷用連褐用。	〈當譜集‧乾隆二十四年抄本〉，頁117。
褡子布	寬 1.9 尺		經藍緯白生絲，白棋子方花樣，有藍點四，又有山水文面。	〈論皮衣粗細毛法‧道光二十三年抄本〉，頁148。

——本文原刊載於《中央研究院近代史研究所集刊》79（2013.03），頁 1-46。賴惠敏教授授權使用。

一、19 世紀中國從俄羅斯輸入紡織品

① 乾隆 33 年的《恰克圖貿易章程》規定由政府主導商人和俄羅斯之間的貿易，詳細登記貨品清單，留下詳盡的紀錄。

② 進口的紡織品有：哦噔絨、金花緞、回子絨、回子布等。

③ 俄羅斯紡織品售價低廉，利用換取茶葉回本國販售賺取大量利潤，擊敗其他歐美國家成為中國官民喜愛的商品。

二、氈呢

① 18 世紀俄國商人向普魯士、波蘭、英國進口呢絨轉銷中國。1817 年普魯士與俄羅斯協議經由俄國商人將普魯士呢絨賣給中國。

② 當普魯士和波蘭呢子減少時，俄國也仿製兩國的產品，用同樣商品的名稱來販售。

③ 儘管俄羅斯布料的價格不斐，仍受到中國富有階級的喜愛。

④ 英國同樣也向中國輸入紡織品，不論是進口到廣州或透過俄國商人從內陸引進，銷售並不理想，後者更因為成本較高，價格更為高昂。

⑤ 從貨物課徵的稅務來看，德國、英國比起俄羅斯紡織品的稅率較高，市面價格也比俄羅斯來得貴。

三、布疋

① 19 世紀前半葉，俄羅斯棉織品占恰克圖貿易的比例逐漸提升，從 1825 年的 6% 到 1854 年的 30%。1847-1851 年甚至占了俄羅斯對中國貿易總額的 49.5%。

② 1842 年以後，外國商品在中國廣泛銷售，俄羅斯棉織品的質量不敵其他國家，銷量開始下滑。

四、俄羅斯紡織品的普及與用途

① 俄羅呢絨以 3 個顏色為主：綠色、深藍色、深紅色。由於其質地厚重適合北方氣候，特別流行於中國北方地區。

② 清朝皇帝往往賞賜給蒙古王公、使臣、官員等。

③ 清宮所建寺廟裡所掛布製的幡或是稱為「唐卡」掛軸式布製佛畫，也為俄羅斯布料所製。

④ 清宮建造的蒙古包或是一些保暖用的炕毯，也都使用俄羅斯紡織品。

⑤ 清朝製作車駕、轎子的帷幔等，如《兒女英雄傳》的「大紅猩猩氈」，就是進口的布料。

⑥ 除了室內裝潢、車轎帷幕等，由於俄羅斯紡織品種類、花色多樣，價格便宜，日常的服飾也大量採用俄羅斯紡織品，如官員的馬褂、旗人的朝靴、女性的氈絨等。在北京的市集也看得到大量俄羅斯紡織品。

|導讀| 陳思仁，〈大西洋史：一個史學史及其生態研究考察〉

陳思仁

　　莎拉·瑪莎（Sarah Maza）《想想歷史》（*Thinking about History*）一書第 2 章〈何處的歷史？〉提到，民族國家概念是晚近、人為且脆弱的，在文化意義上是狹隘的；且若專注民族國家為單位的歷史書寫，許多過去會被忽視或扭曲；再者，了解到民族國家的想像性與建構性，讓史家意識到，許多過去歷史若局限在以國家為範疇下則根本可能無法獲得完整或明確地研究。因此，以超越國家為史學研究範疇的提倡下，海洋、中間地帶以及邊緣成為被倡議的研究對象，並促成今日「區域史」研究的發展。特別以連結大陸的「海洋」作為研究交流史的範疇，如以大西洋史、印度洋史與太平洋史的史學研究因應而生，尤以大西洋史學研究最早形成且至今也有了相當豐碩成果。

　　本書選讀〈大西洋史：一個史學史及其生態研究考察〉一文，其一，本文說明大西洋史學研究的歷史背景與研究成果，於此可以了解此項研究是基於 20 世紀的國際情勢與需求所促成的。大西洋史學研究從初期研究對象的局限與偏狹，在 1960 年代反帝國、民權運動等大西洋國際局勢轉變下，卻擴展大西洋研究對象與內容。如此，本文作為了解史學研究與當下現實變化之間的關係，也證明歷史是過去與當下（現在）辯證下的結果。

　　其二，大西洋史在世界史具有重要意義。所謂「大西洋史」是以研究歐洲、非洲以及美洲三大洲之間的交流為主，由於大西洋正是連結三大洲並使

之得以交流的主要通道，故而稱為大西洋史。也因為大西洋史的出現，全球四大洲相互交流終於產生，並構成 16 世紀全球化的初期，於是從全球化觀點論世界史時，大西洋史可謂促使全球化與全球史的起點。

其三，此文提及研究大西洋史的方法，提出以物（器物、商品、植物、動物等）、疾病（天花、梅毒等）、人（黑奴、印第安原住民、歐洲移民等）、白銀等作為研究大西洋的對象，藉由研究上述這些物、人或疾病等的流動，得以窺見各大洲交流的廣度與深渡，以及交流下產生的互動與影響。也因為以物、人或疾病等為研究對象，才得以跨越國境進行區域史甚或全球史的研究，可以說大西洋史研究建立自身研究途徑與方法，也奠定研究交流史的重要途徑。

其四，本文藉由考查大西洋史在生態交流方面的研究成果，一方面肯定「哥倫布大交換」是影響大西洋交流史的重要因素，二方面藉由探討生態交流的「意外」（指非人為導致）提出「意外」因素對文明轉變與政治權力的影響，並藉此建立生態關懷與環境保護的當代環保意識。

透過本文可作為理解「區域史」研究途徑的文章，建立讀者從物、人、疾病、或白銀等媒介思考交流史，如此獲得研究交流史的途徑，也可應用來協助引導學生，藉由觀察自身周遭食用食物、使用的器物、以及人與疾病等，以思考臺灣與周邊國家之間的交流史。

◆ 108 課綱相關條目對照說明

　　陳教授的文章對應「歐洲與非、美兩洲的交流」（條目 Mb-V-2）。理解大西洋交流的視野，以及區域史研究的重要性。

延伸閱讀

1. 傑瑞・波頓（Jerry Brotton）著，楊惠君譯，〈發現〉，《十二幅地圖看世界史》（臺北：馬可孛羅，2015），頁 145-182。
   本文對應「歐洲與非、美兩洲的交流」（條目 Mb-V-2）。
2. 普拉提克・查克拉巴提（Pratik Chakrabarti）著，李尚仁譯，〈植物、醫學與帝國〉，《醫療與帝國：從全球史看現代醫學的誕生》（臺北：左岸文化，2019），頁 81-114。
   本文對應「歐洲與非、美兩洲的交流」（條目 Mb-V-2）。
3. 凱西・威里斯、卡洛琳・弗萊（Kathy Willis and Carolyn Fry）著，鄭景文等譯，〈打造植物王國〉，《英國皇家植物園巡禮》（臺北：商周出版，2016）。
   本書對應「歐洲與非、美兩洲的交流」（條目 Mb-V-2）。

大西洋史：一個史學史及其生態研究考察

陳思仁*

一、前言

　　黃俊傑先生在〈做為區域史的東亞文化交流史──問題意識與研究主題〉[1]一文中提議以東亞區域為研究領域，試圖在全球史研究與國別史研究中另闢一研究領域。對於強調全球視野的 21 世紀，區域研究打破國與國的界限，提供了廣闊視野。對於研究國別史而言，區域研究取徑提供有別於國家目的論的研究方向。因此，提倡區域研究實為值得發展的方向。

　　相較於臺灣學界強調東亞區域研究，美國學界倡議大西洋（Atlantic）區域研究也已多年。所謂大西洋區域是指由四大陸地（歐洲、非洲、北美洲、南美洲）與加勒比海環繞構築成的區域地理環境，而研究此四大陸地和加勒比海島嶼之間的歷史關係構成史學學科所稱的大西洋史。由於將歐洲、南北美洲、加勒比海區，以及非洲連結起來，起始於 1492 年哥倫布（Christopher Columbus, 1451-1506）「發現」新大陸，因此大西洋區域史研究一般以此年（1492）為歷史分期，這一年也一直是作為世界近代史的啟元年，以及開啟

＊　國立臺北藝術大學通識教育中心兼任助理教授。研究領域為大西洋史、西方近代史、西方史學史。

1.　黃俊傑，〈做為區域史的東亞文化交流史──問題意識與研究主題〉，《臺大歷史學報》43（2009.06），頁 187-218。

「哥倫布大交換」（Columbus Exchange）的首年。[2]

　　地理環境上，環大西洋區域的四大陸地包含高山、平原、盆地、沙漠以及島嶼等極端差異的地理特色。氣候上，環大西洋區域跨越赤道熱帶以及南北緯的副熱帶、溫帶及寒帶，涵蓋廣泛。儘管複雜與多元地理環境，西方史家仍試圖透過研究主題與研究範式，逐步為大西洋史描繪出一幅輪廓。今日，當提到「大西洋史」一詞時，吾人可以清楚理解「大西洋史」是指涉歐洲、南北美洲、加勒比海區、非洲地理區域，以及它歷經接觸、交流、互動、滲透、認同或轉化的區域史。[3]

　　基於大西洋史研究作為區域研究的參考對象，以及考量大西洋區域在全球史的重要性與意義，筆者認為有必要了解西方學界的大西洋史研究概況。為此，本文第一部分綜合整理美國史家對於「大西洋史」研究的發展概況；第二部分說明「大西洋史」研究取徑提供什麼不同以往的研究方向；第三部分是透過史家著作論大西洋生態方面研究，以作為區域史研究未來可行方向。

---

2. 大西洋研究的歷史分期，史家一般是以 1492 年起，而以 18 世紀末、19 世紀初美洲革命為結束。這段時期也常被史家以「帝國時期的大西洋史」為專題：如帝國時期的「文化衝突」、「社會認同」、「經濟力」、「國家與帝國」等議題，都成為史家研究大西洋史的主題。而所謂「哥倫布大交換」指的是：自哥倫布發現新大陸之後，歐洲、美洲與非洲三洲之間進行動物、植物與疾病的生態交換，以及生態交換對環境文化的影響。見克羅斯比（Alfred W. Crosby），鄭明萱譯，《哥倫布大交換：1492 年以後的生物影響和文化衝擊》（*The Columbian Exchange: Biological and Cultural Consequences of 1492*）（臺北：貓頭鷹，2008）；英文版 Alfred W. Crosby, *The Columbian Exchange: Biological and Cultural Consequences of 1492* (Westport, Connecticut& London: Praeger Publishers, 2003).(Greenwood Press 1972).

3. 史家貝利（Bernard Bailyn）總結大西洋史研究成果：大西洋是歐洲、非洲、北、南美洲、加勒比海共同歷經的一個空間，在這一地理空間中，他們相遇、衝突，其間充斥暴力不安、文化衝突、疏離與認同、種族主義、以及殘酷的經濟動能（指黑奴或印第安工人勞力）；以及，他們對於自治與自由的追求，以及對極權的反對，也為大西洋世界留下難以抹殺的歷史痕跡。Bailyn, *Atlantic History: Concept and Contours* (Cambridge, Massachusetts: Harvard University Press, 2005), p. 111.

二、大西洋史：從政治性話語轉為史學研究對象

以「大西洋」為地理架構的歷史研究，並最終使「大西洋史」成為史學研究的副學科，一開始是 20 世紀美國與西歐政治考量下的產物。[4] 根據貝利的說法，「大西洋」一詞，最早可追溯自 20 世紀初一次世界大戰。為鼓舞美國應該加入歐戰，持干涉主義立場的記者立普曼（Walter Lippmann, 1889-1974），基於政治考量而將大西洋環「大西洋」周邊國家視為是擁有共同利益網的群體。到了二次大戰時，同樣持干涉主義立場戴維斯（Forrest Davis, 1893-1962）在其《大西洋體系》（*The Atlantic System*, 1941）一書中強調「大西洋」群體是有機循序漸進形成，並且是在自由環境下形成理性、古老且實際的群體，以駁斥「大西洋」群體是政策考量下的說法。二戰結束前，立普曼又倡議由海洋體系的大西洋群體（有歷史文明的群體）共同管理全世界。[5] 這次立普曼有意以「海洋體系」區隔以德國為首的日耳曼陸地體系。

二戰後的國際局勢，以蘇聯為首的共產威脅讓美國與西歐各國無法選擇孤立主義政治策略。立普曼與戴維斯在戰爭期間的聲明終因國際政治因素而被採納。戰後的「馬歇爾計畫」（Marshall Plan）、「杜魯門原則」（Truman Doctrine）與「北大西洋條約聯盟」（North Atlantic Treaty Alliance，簡稱北約）皆從事扶植整合大西洋聯盟的工作。在進入美蘇冷戰（Cold War）對峙下，美國與西歐國家有意識的組織共同聯盟——「美國大西洋委員會」（Atlantic Council of the United States, 1961），透過此組織促進大西洋聯盟國家之間的溝通與交流，並提供必要協助以鞏固大西洋團結。1963 年「美國大西洋委員

---

4. 關於大西洋史研究與政治考量關係，本文採取史家 Bernard Bailyn 觀點，其觀點也為史家 David Armitage 與 Alison Games 認同。然 Nicholas Canny 與 Alison Games 另提出與史學發展相關的論點，至於 Peter A. Coclanis 則反諷地說，此系譜學也可以追溯至 Karl Marx 與年鑑學派。

5. Bernard Bailyn, *Atlantic History: Concept and Contours*, pp. 6-7.

會」發行期刊《大西洋共同體季刊》（*The Atlantic Community Quarterly*），秉持「大西洋群體是歷史必然，以及有生之年必然形成」的信念，定期舉辦各項會議、討論會、演講、出版期刊文章、文件，提供大西洋周邊國家「國對國」互相了解與對話的管道。[6]「大西洋群體」在政治支援下成為政治上的現實。

透過《大西洋共同體季刊》得以邀請政治家、行政者、軍事家、銀行家、記者以及學院領袖參與各式會議。當中，有些史家基於宗教信仰與政治信念，開始為大西洋研究提出貢獻。[7] 1945 年史家霍夫曼（Ross Hoffman）提出「大西洋群體」是西方基督教文明的後代。同年，美國歷史協會（AHA）會長海耶斯（Carlton J. H. Hayes, 1882-1964）在年度會議中以〈美國邊界——什麼邊界？〉（The American Frontier — Frontier of What?）一文，批評有地域主義以及誇大美國特殊性的史家，並要求史家應該思考美國與歐洲歷史的親近性，以及當前來自東方異議信條的威脅。貝利（Bernard Bailyn）就認為海耶斯是位天主教徒，因此能敏感地意識到宗教受到蘇聯共產的政治威脅，故而試圖以天主教作為大西洋共同文明，以拉近歐洲與美國關係。[8]

亦即為了對抗宣稱無神信仰的共產世界，宗教是最早被意識到的大西洋研究主題。不過，既使因為政治推力而發展的研究主題，也可能是因為史家意識到的這是一項「歷史事實」。1960 年托力斯（Frederick Barnes

---

6. Bernard Bailyn, *Atlantic History: Concept and Contours*, p. 9. 貝利與雷利（William O'Reilly）皆認為大西洋史研究與冷戰時期的政治策略、外交運作有密切相關性。政治因素提供「大西洋」歷史研究的外部推力。William O'Reilly, "Genealogies of Atlantic History," *Atlantic Studies* 1 (2004), pp. 66-84. Alison Games, "Atlantic History: Definition, Challenges and Opportunities," *The American Historical Review*, p. 743.

7. 1956 年史家米勒（Perry Miller, 1905-1963）《走入荒野》（*Errand into the Wilderness*）一書雖是證明美國是宗教信仰的國家，但卻是要突顯美國的特殊性。

8. Baily, *Atlantic History: Concept and Contours*, pp. 12-14. 在〈美國邊界－什麼邊界？〉一文中，海耶斯回答：美國邊界止於「希臘羅馬與猶太基督傳統」（of the Greco-Roman and Judeo-Christian tradition）。見 Armitage, "Three Concepts of Atlantic History," in Armitage and Braddick, *The British Atlantic World*, pp. 14-15.

Tolles, 1915-1975）憶起他當初寫《貴格教派與大西洋文化》（*Quakers and the Atlantic Culture*）[9]一書：「雖然大西洋群體是二次大戰的想法，但是大西洋群體作為文化事實，確實是 17、18 世紀英語世界人民每天經驗到的文化世界」。[10] 托力斯還強調大西洋如古代地中海，這與史家內文斯（Allan Nevis, 1890-1971）1954 年發表〈歷史中的指路明燈〉（New Lamps for Old in History）一文不謀而合，內文斯也強調把美國歷史放在廣大大西洋史一部分來看待。[11]

除了宗教被訴諸作為大西洋共同文明之外，在反專制與反共產政權意識下，民主與自由的價值也被訴諸作為大西洋共同承繼的政治資產。霍夫斯塔特（Richard Hofstadter, 1916-1970）在《進步史家》（*The Progressive Historians*）一書寫到「為了保住民主，或許更重要的事是把美國民主視為西歐民主一部分，而不是強調美國特殊性」。「西方文明」（Western Civilization）也在二戰後首度成為大學普遍教授的課程，目的是要讓美國學生認識歐洲自由價值遺產，以幫助學生自本國經驗連結歐美兩者歷史關係。甚至有學者建議將「西方文明」課程改為「大西洋文明」，因為大西洋研究中的近代（指 18 世紀），課程焦點愈以北大西洋地區為主，也就愈能追溯關於自由議題。[12]

這些冷戰下的教學與研究考量，大多強調歐洲對美國與美洲的影響，如 1964 年英國史家貝露（H. Hale Bellot, 1890-1960）就說「美國歷史發展是大西洋的現象」，並建議學校可以從更廣視野如不列顛角度來看待美國史。法國史家古居修（Jacques Godechot, 1907-1989）認為大西洋史是闡明

9.　Frederick Barnes Tolles, *Quakers and the Atlantic Culture* (The Macmillan Company, 1969).

10.　Baily, *Atlantic History: Concept and Contours*, p. 14.

11.　Allan Nevis, "New Lamps for Old in History," *North Carolina Historical Review* 31 (1954), p. 249.

12.　Peter Novick, *The Noble Dream: The "Objectivity Question" and the American Historical profession* (Cambridge, New York: Cambridge University Press, 1997) (first published 1988), pp. 310-314.

事物往西發展的歷史。僅少數史家會強調大西洋文明中北美洲對歐洲社會經濟影響。[13]

　　除了上述以傳播影響為角度的觀點，當時也有試圖視大西洋為完整實體以為研究途徑。如比利時史家皮韓（Jacques Pirenne, 1891-1972）在《當今世界主要趨勢》（*Grands Courants de l'Histoire Universelle*）第三卷內文一段提到：西方文明是圍繞大西洋發展（大西洋如同內海）。葡萄牙史家古金紐（V. M. Godinho, 1918-2011）以研究葡萄牙和巴西糖業歷史，認為二次大戰後美洲取代歐洲，讓歐洲吸納融入泛大西洋群體之中。法國史家皮耶·修呂（Pierre Chaunu, 1923-2009）和俞格特·修呂（Huguette Chaunu, 1913-2009）共寫的 11 冊《賽維利亞和大西洋》（*Séville et l'Atlantique*），也有意將大西洋空間納入年鑑研究模式。[14]

　　同一時期，中、南美洲地區的史家提出「大美洲」的想法，期望從美洲自身看待美國史或中、南美洲史，[15] 排斥以「大西洋」概念研究美洲史。這說明「大西洋」研究途徑大多從歐洲視野出發，因此遭受美洲史家的反對。1955 年，史家古居修與帕瑪（R. R. Palmer, 1909-2002）於〈大西洋問題〉（le Probléme de l'Atlantiaue）一文，問及是否真的有一個大西洋文明？有無可能過去有一個大西洋文明，而今有很多個大西洋文明？18 世紀革命是誕生其它大西洋文明關鍵時間？[16] 他們的問題不僅質疑了大西洋研究的政治目的（以證明環大西洋國家擁有共同文明為目的），也試圖為美國或各國在大西洋研究中找到特殊性地位或歷史意義。例如帕瑪日後出版《民主革命的年代》（*The Age of the Democratic Revolution: A Political History of Europe and*

---

13. 1948 年紐約市立大學史家可羅斯（Michael Kraus）在《大西洋文明》（*Atlantic Civilization: Eighteenth-Century Origins*）一書就是強調大西洋文明中北美洲對歐洲社會經濟影響。

14. Bailyn, *Atlantic History: Concept and Contours*, pp. 19-23.

15. Bailyn, *Atlantic History: Concept and Contours*, p. 23.

16. Bailyn, *Atlantic History: Concept and Contours*, p. 29.

America, 1760-1800, 1959-1963）[17] 兩冊，除了說明 18 世紀的革命是整個大西洋現象，也證明美國革命具有重要創造性地位。不久，伍德《美國共和的創造》（*The Creation of the American Republic, 1776-1787*）與《美國革命的激進主義》（*The Radicalism of American Revolution*）[18] 兩書將美國革命與制憲政治思想追溯到英國共和思想，認定這是藉用英國共和思想，但卻是在美國進行激進政治決斷後產生不同結果。

冷戰使「大西洋」頓然成為研究「文明」的中心。「大西洋」一詞因為外部政治環境而形成，透過出版、媒體宣傳，這詞不僅深入民眾心裡也從政治性話語轉而受到史學界以及史家注意。然而，國際政治環境引領的「大西洋」研究是要證明大西洋共同體享有共同文明，而古居修與帕瑪卻對此目的提出質疑。他們的質疑在日後史家主動以「大西洋」概念推動學術研討會與出版計畫，以及 60、70 年代社會科學方法的援用而取得新的進展。

1970 年代，約翰霍普金斯歷史系成立「約翰霍普金斯大西洋歷史與文化研究」（John Hopkins Studies in Atlantic History and Culture）計畫，在此計畫下約翰霍普金斯出版社以「約翰霍普金斯大西洋歷史與文化研究」（John Hopkins Studies in Atlantic History and Culture）之名出版一系列書籍。期間，大西洋研究逐漸發展為對於「研究權力、文化與歷史的全球核心」（Global center for the Study of Power, Culture and History）而受到史家、人類學家以及社會學家（如社會學者、經濟學者、地理學者與社會心理學者）的注意，尤其他們關注近代早期非洲、美洲與歐洲三者交流關係。[19] 1995 年，

---

17. R. R. Palmer, *The Age of the Democratic Revolution: A Political History of Europe and America, 1760-1800 The Challenge* (Princeton, New Jersey: Princeton University Press, 1974). (first edition 1959).

18. Gordon S. Wood. *The Creation of the American Republic* (Chapel Hill and London: The University of North Carolina Press, 1998). (first edition 1969) Wood, *The Radicalism of the American Revolution* (New York: Vintage Books, A division of Random House, Inc, 1993).

19. Jack P. Green and Philip D. Morgan, "Introduction: The Present State of Atlantic History," in Jack P. Green and Philip D. Morgan ed., *Atlantic History: A Critical Appraisal* (New York: Oxford University Press, 2009).

哈佛大學正式成立「大西洋世界歷史的國際研討會」（Harvard University's International Seminar on the History of the Atlantic World）[20]，在主持人貝利支持與提倡下，每年研討會議與工作坊聚集許多來自歐洲、南北美洲與非洲四塊陸地的學者，討論「大西洋史」發展與方法理論等，並將發表文章匯集成冊出版。[21] 在約翰霍普金斯計畫下，培育了以大西洋為研究主題的史學博士與人類學博士。在哈佛大學例年國際研討會下，自 1996-2007 年會議論文共發表有 320 篇，且不論每隔兩年一次的國際研討會或工作坊所發表的文章作品。[22]

　　儘管學界努力甚早，然而大致是進入 21 世紀，大西洋史研究才取得可見成果。[23] 如「美國歷史協會」（AHA）在 2000 年才首次將「大西洋史」列為計畫目錄的主題，並且頒發寫作「大西洋史」的獎座。2004 年「美國歷史組織」（OAH）在其所屬期刊《歷史雜誌》（*Magazine of History*，專為歷史教師設計的歷史雜誌）特闢「大西洋史」專題。「歐洲擴張與全球互動論壇」（Forum on European Expansion and Global Interaction, FEEGI）要到 2000 年才首次出現「大西洋」一詞。較積極推動「大西洋史」研究的是「美國早期歷史與文化歐莫芬卓兒機構」（Omohundro Institute of Early American History and Culture, OIEAHC），其專屬期刊《威廉與瑪麗季刊》（*William and Mary Quarterly, WMQ*）不僅舉辦「大西洋史」研討會或論

---

20. 網址 http://www.fas.harvard.edu/~atlantic/index.htm，瀏覽日期：2011 年 12 月 18 日。
21. 如 2001 年秋研討會集結成書的 David Armitage and Michael J. Braddick ed., *The British Atlantic World 1500-1800* (Houndmills, Basingstoke, Hampshire: Palgrave Macmillan, 2002). 歐洲部分，1999 年有萊登大學（The University of Leiden）邀請研究大西洋史的專家學者，共會討論大西洋研究。會議論文匯集在 "Round Table Conference: The Nature of Atlantic History," *Itinerario* 23, no. 2 (1999), pp. 48-173.
22. Green and Morgan, "Introduction: The Present State of Atlantic History," in Green and Morgan ed., *Atlantic History: A Critical Appraisal*, pp. 25-26.
23. 此是否是因為中國崛起，歐美意圖加強環大西洋國際關係；亦或相較歐盟，英國有意強調北大西洋或大不列顛（Greater Britain，意指大英國協或曾經受英國殖民統治的地區）認同，都有待進一步考察。

壇，並且出版「大西洋史」專書，鼓勵史家採取大西洋取徑（approach）研究早期美國歷史。[24] 2004 年跨領域的網路期刊（e-journal）《大西洋研究》（*Atlantic Studies*）也開始發行。

呼應學界期刊的取向，出版社也以系列名出版相關書籍，如羅特里吉（Routledge）的「大西洋世界的新世界」（New World in the Atlantic World）；帕爾葛雷夫（Palgrave）的「近代大西洋世界中的美洲」（The Americas in the Early Modern Atlantic World）；哥倫比亞大學出版社（Columbia University Press）的「變動的大西洋社會研究」（Atlantic Studies on Society in Change）；布里爾出版社（Brill）的「大西洋世界：歐洲、非洲、美洲，1500-1830」（The Atlantic World: Europe, Africa, and the Americas, 1500-1830）；亮點出版社（Lit Verlag）的「大西洋文化研究」（Atlantic Cultural Studies）；南卡羅萊納大學出版社（University of South Carolina Press）的「卡羅萊納低地與大西洋世界」（The Carolina low Country and the Atlantic World）。[25] 在學術期刊、出版社的推動下，學者有機會發表大西洋相關研究，培養了眾多朝大西洋史研究的專業學者。

大學方面，美國與歐洲大學也是近十年才陸續有「大西洋史」課程，或設立「大西洋史」碩士學位與博士計畫——如紐約大學、芝加哥州立大學、佛州國際大學、以及位於阿靈頓（Arlington）的德州大學等——鼓勵從大西洋視野探討美洲殖民地，或以大西洋為領域探討殖民時期歐美非之間

---

24. Alison Games, *Atlantic History: Definition, Challenges and Opportunities*, pp. 744-745; WMQ 推動大西洋研究，專題有 1999 年「非洲與美洲的大西洋世界」（African and American Atlantic Worlds）、2001 年「跨大西洋奴隸貿易的新視野」（New Perspectives on the Transatlantic Slave Trade）、2002 年「大西洋世界的奴隸」（Slaveries in the Atlantic World）、2006 年「超越大西洋」（Beyond the Atlantic），見 Green and Morgan, "Introduction: The Present State of Atlantic History," in Green and Morgan ed., *Atlantic History: A Critical Appraisal*, p. 25.

25. Green and Morgan, "Introduction: The Present State of Atlantic History," in Green and Morgan ed., *Atlantic History: A Critical Appraisal*, p. 25.

的商品或物質來往等。[26]跨洋計畫也有如中部密西根大學（Central Michigan University）與蘇格蘭格拉斯哥大學（Glasglow University）、史崔德克萊得大學（Strathclylde University）共同推動大西洋學位計畫。[27]大西洋史在史學界有意識的支持與發展下得到史學界認同，「大西洋史」研究有其專門會議、研討會、工作坊、以及大學開班授課、或研究所授予「大西洋史」學位，「大西洋史」研究逐漸朝向制度化。

　　冷戰時期的政治策略、外交運作，亦或史家基於宗教信仰或政治信仰危機，都直接或間接幫助了大西洋史研究的發展。但是，讓大西洋史研究制度化，則有賴史學專門機構的設立、出版社出版專門書籍、專門期刊、各種研討會議（學術圈的形成）、專業史家的研究成果（論文）以及大學設立課程。

---

26. 2000 年美國歷史協會（AHA）年會中的一場會議，就以「大西洋史：新興的教學領域」（Atlantic History: Emerging Themes in a New Teaching Field）為名，反映大學課程或研究所的現實狀況。
　　目前各大學設立大西洋史課程或碩士學位有：
　　澳洲國立大學大西洋史課程 http://studyat.anu.edu.au/courses/HIST1205;details.html；
　　紐約州立大學大西洋博士學位 http://history.fas.nyu.edu/object/history.gradprog.atlantichistory.html；
　　美國范德比爾特大學歷史系 http://www.vanderbilt.edu/historydept/affiliated.html；
　　密西根立大學歷史系大西洋碩士學位 http://history.msu.edu/fields-strengths/atlantic-world/；
　　佛羅里達國際大學大西洋史博士計畫 http://www2.fiu.edu/~history/Graduates/phd.htm；
　　德國萊比錫大學大西洋史碩士學位 http://www.mastersportal.eu/students/browse/programme/14373/atlantic-studies-in-history-culture-and-society.html；
　　英國伯明罕大學跨大西洋碩士課程 http://www.mastersportal.eu/students/browse/programme/2723/transatlantic-studies.html；
　　加拿大提倡大西洋史研究的入口網站 http://atlanticportal.hil.unb.ca/；以及愛爾蘭蓋威（Galway）、蘇格蘭頓迪（Dundee）、英國利物普（Liverpool）、澳洲雪梨（Sydney）、奧地利維也納（Vienna）、德國漢堡（Hamburg）等各地大學。歷史教師開設大西洋史課程的個人網站 http://www.marcusrediker.com/Teaching/2721.htm 與 http://academics.keene.edu/jlund/courses.htm。
　　筆者於 99 學年度第一學期，以「大西洋史概論」課名，在中原大學通識教育中心推動此課程，此課程並榮獲教育部 99 學年海洋教育先導型計畫補助。100 學年度第一學期，以「大西洋交流史」課程，再獲教育部 100 學年海洋教育先導型計畫補助。
27. 2001 年中密西根大學研討計畫的課程，文章集結成書 Thomas Benjamin, Timothy Hall, and David Rutherford ed., *The Atlantic World in the Age of Empire* (Boston, New York: Houghton Mifflin Company, 2001). 此外，呼應教學的大西洋教科書，如 Douglas R. Egerton, Alison Games, Jane G. Landers, Kris Lane, and Donald R. Wright, *The Atlantic World: A History, 1400-1888* (Wheeling, III: Harlan Davidson, 2007); Alison F. Games and Adam. Rothman ed., *Major Problems in Atlantic History* (Boston, New York: Houghton Mifflin Company, 2008).

三、研究途徑及其影響

　　研討會、工作坊、出版社與期刊提供學者聚集在「大西洋史」概念下從事研究討論與交流，使原先其它史學專門領域逐步採取大西洋研究取徑，並最終歸屬大西洋史區域研究領域。亦即，史學內部自行轉向到大西洋史領域。[28] 史家甘姆斯（Alison Games）分析得很清楚，她認為在大西洋史尚未被整合為一項單獨研究領域之前，史學內部有三項專門領域，日後皆採納大西洋史研究取徑：一為研究黑奴交易的史家。二為從事研究殖民地史的史家，以及比較殖民地的學者。三為研究帝國的史家。[29] 第一項實質上原就需從大西洋角度探討黑奴販賣問題，而後兩項則是一體兩面，可以幫助擺脫國家或帝國視野的研究取徑。

　　以研究黑奴交易的史家為例，美國內戰之前就有史家杜包斯（W. E. B. Du Bois, 1868-1963）、詹姆士（C. L. R. James, 1901-1989）、威廉斯（Eric Williams, 1911-1981）開始關注研究黑奴買賣、廢除黑奴，以及黑奴與工業化關係和海地革命（Haitian Revolution）。[30] 二戰後，因應討論資本主義發展以及勞工議題，艾力克（William Eric）《資本主義與黑奴》（*Capitalism and Slavery*）一書，討論英國歷史以及黑奴勞力對英國資本主義發展的貢獻。60 年代人口統計、人類學與流行病學的應用，史家克堤（Philip D. Curtin）研究完成《大西洋奴隸貿易：一份統計調查》（*The Atlantic Slave Trade: A Census*）一書，探究大西洋四周黑奴移動，以及移動帶來的文化、宗教、語

---

28. 類似見解如史家貝利同樣認為，早期許多史家雖未以「大西洋史」概念從事研究，實際上卻已經在做跨大西洋史（transatlantic）的研究專題。只不過研究目的是探討新世界如何被開發而不是如何成形為一個大西洋世界。

29. 三項專業史學領域，何以容易接受大西洋史研究，本文解釋參考 Alison Games, "Atlantic History: Definition, Challenges and Opportunities," *The American Historical Review*, pp. 743-744.

30. Armitage, "Three Concepts of Atlantic History," in Armitage and Braddick, *The British Atlantic World*, pp.14-15; Alison F. Games and Adam. Rothman ed., *Major Problems in Atlantic History* (Boston, New York: Houghton Mifflin Company, 2008).

言滲透與轉化。進一步關注非洲移民、文化傳播轉變與認同問題、及其對美洲的影響。[31] 由於黑奴買賣研究本身即涉及整個大西洋交流，可以說黑奴研究著實是最早從事「大西洋海洋史」（circum-Atlantic history）研究取徑的研究主題，所以，當史學界宣揚大西洋史取徑時，其轉向並非不可能。如同史家沃德（Jason Ward）在〈另一個大西洋世界〉（The Other Atlantic World）一文強調，為避免大西洋史研究在討論黑奴問題時僅限於經濟問題，應該將非洲納入大西洋史的討論，以更深入討論非洲黑人對於移植黑人宗教文化到美洲的問題。[32]

　　至於美國早期殖民地研究，之所以容易接受大西洋研究取徑，除了甘姆斯認為：早期從事研究殖民地時期的史家，史學訓練上原就熟悉帝國歷史，因此並不排斥採取大西洋研究取徑或被納入大西洋史的研究領域。如愛爾蘭史家坎寧（Nicholas Canny）回憶自己原先是研究英國殖民愛爾蘭歷史，日後到美國賓州念博士學位時，學習過程中意識到殖民地歷史應該是跨大西洋的主題。

　　或有的原本從事殖民地研究的史家，為擺脫「國家」視野的殖民地史，乃樂意接受以大西洋視野從事研究殖民地史。從大西洋世界討論殖民地（colony in Atlantic World），避免了殖民地史研究是為合法化或特殊化國家建國的必要歷程，免除了「國家」（nation-states）目的論。[33] 不過，坎寧也

---

31. 史家貝利認為，以研究大西洋奴隸販賣問題，就應用人口統計學、非洲人類學、流行病學，取得的成果是更深入了解美洲各地奴隸文化的非洲淵源、地理來源，及其數量與情況。如克堤採用 60、70 年代社會科學方法，以人口統計、人類學與流行病學完成《大西洋奴隸貿易：一份統計調查》一書。Philip D. Curtin, *The Atlantic Slave Trade: A Census* (Madison, Wisc., 1969); Eric William, *Capitalism & Slavery* (London: André Deutsch Limited, 1991) (first published 1944); Paul Gilroy, *The Black Atlantic: Modernity and Double Consciousness* (Cambridge, Mass., 1993); John Thornton, *Africa and Africans in the Making of the Atlantic World, 1400-1800* (New York: Cambridge University Press, 1998) (first edition 1992).

32. Jason Ward, "The Other Atlantic World," *History Compass* 1 (2003) , pp. 1-6.

33. 也有擺脫以國家為單位的比較殖民地史，如《大西洋世界殖民地的認同》。Nicholas Canny & Anthony Pagden ed., *Colonial Identity in the Atlantic World, 1500-1800* (Princeton, New Jersey: Princeton University Press, 1987).

提出另一見解，他自美國殖民地時期的史學史演變過程，[34] 認為美國殖民地研究者在 20 世紀 70、80 年代後關注印地安人、黑人、女性等議題，讓美國殖民地研究顯得分歧、破碎。因此只有接受大西洋架構，才可能容納更多元的論述。[35]

至於研究殖民地史自然牽涉到帝國史。研究帝國的史家長久以來必須將大西洋納為研究範圍。只不過帝國史家一向以歐洲或單一帝國為主題，從帝國角度輻射所轄地理區域，視帝國形成是國家形成過程中，與其它歐洲帝國競逐權力而產生的結果。這種視野易造就類如不列顛「日不落國」神

---

34. 參考 Nicholas Canny, "Writing Atlantic History; or, Reconfiguring the History of Colonial British America," *The Journal of American History*, Vol. 86, No. 3 (Dec 1999), pp. 1093-1098.

35. 60 年代，美國殖民地史家葛林（Jack P. Greene）為解決殖民地常被視作美國獨立或制憲前的「前戲」而已，援引了「近代美洲」（early modern America）或「英國美洲殖民地」（colonial British America）一詞，以描述他們研究的時期或研究區域。此外，研究美國殖民地的史家們，早期著重殖民地與英國之間的政治關係與政治制度相關性，日後受到社會史挑戰而研究殖民地社會，儘管研究方向改變卻仍強調英國帝國與殖民地之間的社會關係，以致於研究生在史學訓練上必要學習英國社會史與當代英國史學方法，這些研究生因此具備廣闊視野看待殖民地史。關於英國北美殖民地史學研究如何從強調與英國帝國政治社會關係到後來擴展接受大西洋視野，可參考 Nicholas Canny, "Writing Atlantic History; or, Reconfiguring the History of Colonial British America," pp. 1093-1098. 史家貝利則提出，60 年代社會科學方法的人口統計被應用在移民議題上，透過殖民地移民戶籍討論移民團體的社會結構。或是討論原住民、非洲移民、歐洲移民三者構築的南美社會結構；或是移民者的歐洲文化來源，如貝利編著的《王國內的陌生人》（*Strangers within the Realm*, 1986）一書。或是利用 17、18 世紀英國港口移民登記策研究移民者的身分地位，如貝利《航向西方的冒險者》（*Voyagers to The West*, 1986）一書。也有利用統計學與經濟學討論英格蘭殖民地社會結構與經濟發展，揭露英美經濟關係。政治學的討論也從討論憲政思想，轉為討論官僚體制的政治脈絡與權力關係，或是早期研究殖民地的史家與研究帝國的史家，著眼點皆在政治制度或憲政主題，他們在 60 與 70 年代也面對社會史研究的挑戰。貝利《十七世紀新英格蘭商人》（*The New England Merchants in the Seventeenth Century*）一書和摩根（Edmund S. Morgan）《美國奴隸、美國自由》（*American Slavery, American Freedom: The Ordeal of Colonial Virginia*）一書都試圖處理殖民地商人或是殖民社會內部衝突問題，是殖民地研究轉向社會史的代表作之一。語言轉向（linguistic turn）後如史家波卡克（J. G. A. Pocock, 1924- ）《馬基維利的關鍵時刻》（*The Machiavellian Moment: Florentine Political Thought And The Atlantic Republican Tradition*, 1975）一書，他研究政治語言的使用，追蹤語言在不同歷史環境下的意義轉變，探討自義大利文藝復興、英國、美國的一部跨大西洋共和政治思想研究，並稱美國革命是「文藝復興以來最後一場行動」。Baily, *Atlantic History: Concept and Contours*, pp. 30-53.

話。[36] 大西洋視野讓帝國史家擺脫單一視野，例如討論英國帝國的加勒比海，同時也需考量法國、西班牙等帝國在此領域的競逐關係與外交影響。如史家蘭茲曼（Ned C. Landsman）《帝國交會地：不列顛北美中部殖民地》（*Crossroads of Empire: the Middle Colonies in British North American*）一書說明紐約、紐澤西、賓夕法尼亞三處殖民地，在印地安人威脅與歐洲帝國權力競逐環境中，如何逐漸成為重要的商業與軍事要地。或例如史家梅恩克（Elizabeth Mancke）和夏瑪（Carole Shammas）編著的《不列顛大西洋世界的形成》（*The Creation of British Atlantic World*）一書，提供觀察不同的競爭力量如何形塑大西洋，以及不列顛大西洋帝國形成過程中，帝國本身與帝國內不同團體之間的緊張關係。[37] 或如艾略特（J. H. Elliott）《大西洋世界的帝國：美洲的不列顛和西班牙》（*Empires of the Atlantic World: Britain and Spain in America,1492-1830*）一書，比較英國與西班牙官方移民政策，如何影響殖民地社會結構、族群與文化特色。大西洋研究取徑可以擺脫強調帝國偉大事跡的史學方向。

　　無論是政治力推動，或史學內部制度化推動而採納大西洋研究途徑，大西洋史的研究終究發展為一史學副領域。2002 年，史家阿米塔吉（David Armitage, 1965- ）預告大西洋史研究已然形成史學副學科，然而當時他也批評，大西洋史研究有白人大西洋史的傾向。[38] 2004 年，由紐約州立水牛城分校舉

---

36. 例如研究不列顛第一帝國時期的美洲殖民地 Charles McLean Andrews, *Colonial Period of American History* (New Haven, 1934-1938), 4v.。或研究西班牙帝國時期的美洲殖民地 Charles Haring, *The Spanish Empire in America* (New York, 1947). 他們被稱為「帝國學派」（the imperial school of early American history），以研究帝國時期的體制、政府、官僚活動為主。即使討論經濟或社會面，也視之為首都中央政府的延伸或內閣官員的創舉。史家坎寧認為，這些「帝國學派」研究行政、制度、貿易領域，目的要證明美國獨立前，殖民地行政制度與英國制度之間的親近性，參考 Nicholas Canny, "Writing Atlantic History; or, Reconfiguring the History of Colonial British America," pp. 1095-1096.

37. Ned C. Landsman, *Crossroads of Empire: the Middle Colonies in British North American* (Baltimore, Maryland: Johns Hopkins University Press, 2010); Elizabeth Mancke and Carole Shammas ed., *The Creation of British Atlantic World* (Baltimore, Maryland: Johns Hopkins University Press, 2005).

38. 阿米塔吉認為「大西洋史」研究史的系譜應該推向更早之前。他以黑人歷史的研究為判准，認定「大西洋史」史學研究應該溯及 19 世紀末葉、20 世紀初。David Armitage, "Three Concepts of Atlantic History," in David Armitage and Michael J. Braddick, *The British Atlantic World, 1500-1800*, pp. 10-15.

辦的「超越界線：北與南大西洋和全球史，1500-2000」（Beyond the Line: The North and South Atlantics and Global History, 1500-2000），目的在討論如何能超越英文世界中以北大西洋為研究範圍的大西洋研究典範。[39] 甘姆斯在〈大西洋史：定義、挑戰與機會〉（Atlantic History: Definition, Challenges and Opportunities, 2006）一文批評貝利主持的「大西洋世界史國際研討會」導致大西洋研究著重於北美殖民地（colony in Atlantic World）或不列顛大西洋（British Atlantic）研究為主，她也批評美國大學課程仍習慣以「國家」為教學單元，致使研究生從事大西洋史研究時自然而然會以「國家」單位作為思維取向（指的是美國學生）。她在文後，呼籲以全球史角度或海洋為架構的大西洋史，以突破仍存在的以國家或帝國為視野的大西洋史。[40] 這項訴求，服膺了全球史學發展，也為大西洋史研究找到一個連結其它海域——如印度洋、東亞海域的超越視野。

2005 年美國歷史學會（AHA）在西雅圖（Seattle）會議其中一場次，就曾針對當時大西洋史研究與發展提出了類似相關評論。並且因應會議議題而有《大西洋史：批判性的評論》（Atlantic History: A Critical Appraisal, 2009）一書出版：此書針對五項批評——大西洋不是一個完整體系、大西洋從未是一個封閉環境、大西洋史只是帝國歷史的新包裝、大西洋史不應只是關注大西洋沿岸的區域，而應該從陸地論大西洋史、大西洋史應該更關心內陸地區如

---

39. 2004 年會後文章集結成書 Jorge Cañizares-Esguerra and Erik R. Seeman ed., *The Atlantic in Global History,1500-2000* (Upper Saddle River, New Jersey: Pearson Prentice Hall, 2007).

40. Alison Games, "Atlantic History: Definition, Challenges and Opportunities," *The American Historical Review*, pp. 749-754；史家寇克蘭尼斯（Peter A. Coclanis）2002 年就要求史家應從全球架構下考量大西洋史研究，見 Peter A. Coclanis, "Drang Nach Osten: Bernard Bailyn, the World-Island, and the idea of Atlantic History," *Journal of World History* Vol. 13, No. I (Spring 2002), pp. 169-182; 呼應採取全球化考量可見於 Green and Morgan ed., *Atlantic History: A Critical Appraisal*. 以及 Cañizares-Esguerra and Seeman ed., *The Atlantic in Global History, 1500-2000* 兩書。若從洋流角度認知海洋，海洋是沒有疆界。海洋理應是溝通陸地的橋樑而非「障礙」，並且可以考量作為全球史地理架構。關於海洋作為地理架構，參考 Jerry Bentley, "Seas and Ocean basins as Frameworks of Historical Analysis," *Geographical Review* 89, no. 2 (April 1999), pp. 215-224; Elizabeth Mancke, "Early Modern Expansion and Politicization of Oceanic space," *Geographical Review* 89, no. 2 (April 1999), pp. 225-236.

何受大西洋交流的影響——提出回應與建議。此書編者葛林（Jack P. Green）與摩根（Philip D. Morgan）在序文（Introduction）中回應：大西洋確實不是一個完整封閉體系，因此必然受到非大西洋區域的影響，而大西洋史的意義就在於跨越國界與帝國界線。亦即大西洋史今後重點不應是大西洋四大陸地間的連繫、或比較帝國殖民經驗，而應該是其互動與跨界，以及互動交流過程中，對陸地上的印地安人、黑人、生態以及歐洲現代國家誕生的影響。[41]

甘姆斯、葛林與摩根對大西洋未來研究方向提供了新方向，而這種轉向，部分是針對全球史的回應。其中，甘姆斯還主張以海洋作為大西洋史的空間架構，試圖建立大西洋史為一完整體系，呼應了阿米塔吉分析的一項大西洋研究概念「大西洋海洋史」（circum-Atlantic history）。

2002 年阿米塔吉分析三項大西洋史概念（亦即研究取徑）：「從點知面的大西洋史」（Cis-Atlantic history）、「大西洋比較關係史」（trans-Atlantic history）、「大西洋海洋史」（circum-Atlantic history）。[42] 其中前兩項以陸地說明大西洋史。至於「大西洋海洋史」才是將「大西洋」（海洋）當作一處完整空間，並在此空間從事交流與互動。下文一一說明之。

如前文提到，研究美國早期殖民地的學會或期刊（如 WMQ）會鼓勵採用大西洋研究取徑研究殖民地史。如以大西洋研究取徑研究早期美國殖民地史，是「從點知面的大西洋史」取徑：研究大西洋世界中某一具「獨特性」的地方，而之所以「獨特」，正因為其是經由大西洋世界中的互動而造就成。所以，以研究一個「點」而得以了解大西洋交流互動狀況。例如研究

---

41. 2005 年會後文章集結成書 Jack P. Green and Philip D. Morgan ed., *Atlantic History: A Critical Appraisal* (New York: Oxford University Press, 2009). 本書收入 5 篇討論各國的大西洋（the Atlantics）：不列顛大西洋、法國大西洋、荷蘭大西洋、以及葡萄牙大西洋與西班牙大西洋。

42. trans-Atlantic history、Cis-Atlantic history、circum-Atlantic history 這三種概念的論點，分別參考自 David Armitage, "Three Concepts of Atlantic History," in David Armitage and Michael J. Braddick, *The British Atlantic World, 1500-1800*, pp. 11-27. Alison Games, "Atlantic History: Definition, Challenges and Opportunities," p. 746.

英國布里斯托（Bristol），可以理解大西洋物質交流與變化，以及布里斯托港從對歐洲貿易轉為以大西洋為主的貿易，同時就呈現出英國對外經濟重心的轉向，如摩根（Kenneth Morgan）《布里斯托與 18 世紀大西洋貿易》（*Bristol& the Atlantic Trade in the Eighteenth Century*）一書。或如哈特斐爾（April Lee Hatfield）《大西洋的維吉尼亞：17 世紀殖民地相互關係》（*Atlantic Virginia: Intercolonial Relations in the Seventeenth Century*）一書：藉由研究殖民地維吉尼亞（Virginia），說明英國與荷蘭貿易商與當地印第安人的貿易來往，以及經由跨大西洋海運出口煙草到英國和荷蘭低地國，證明維吉尼亞與其它殖民地和歐洲之間來往密切，而非孤立自給自足的區域——也就是從英國、荷蘭、原住民、維吉尼亞地區、維吉尼亞出口商品煙草、歐洲對煙草的上癮——多層關係討論起。或討論殖民時期的五大湖區（Great Lakes）——可以從法國、英國、原住民、海狸皮、生態影響、歐洲帽子時尚——多元與多層關係討論起。[43] 上述二項是以更廣脈絡（大西洋脈絡）完整地理解一座城市、一處殖民地等，擺脫自「國別史」角度探究問題。

相較於「從點知面的大西洋史」的取徑，「大西洋比較關係史」則以研究大西洋兩岸來往的歷史關係為主，類如國際關係。研究對象可能是「國對國」、「帝國對帝國」、「城市對城市」或「帝國對國家」，例如美國獨立戰爭時，英國與美國間政治來往關係，以及美國獨立對英國帝國思想與帝國政策的影響，這些可以稱為「大西洋關係史」。或是一種比較史，例如比較英國對北美殖民地與對愛爾蘭殖民地的殖民政策。[44] 此類研究雖常易被認為

---

43. April Lee Hatfield, *Atlantic Virginia: Intercolonial Relations in the Seventeenth Century* (Philadelphia, Pa., 2004); Alan Taylor, *American Colonies: The Settling of North America* (New York: Penguin books, 2001); Marsha L. Hamilton, *Social and Economic Network: Early Massachusetts Atlantic Connections* (Pennsylvania University Press, 2009); Richard White, *Indians, Empire, and Republics in the Great Lakes Regions, 1650-1815* (Cambridge, Eng., 1991).

44. Armitage and Braddick ed., *The British Atlantic World*; Eliga H. Gould and Peter S. Onuf, ed., *Empire and Nation: The American Revolution in the Atlantic World* (Baltimore and London: The Johns Hopkins University Press, 2005).

帝國史研究的延續，但與以往不同地是，帝國不再是主軸，帝國是被視為大西洋一部分而被研究。[45]

上述兩項取徑著重陸地之間或內陸、陸地沿岸城市，將大西洋當作四大陸塊相互來往溝通的橋樑。然而甘姆斯認為致使大西洋史研究無法被當成整體看待的研究途徑。因此，她主張阿米塔吉分類之一的「大西洋海洋史」（circum-Atlantic history）[46] 概念才可能將大西洋當作一實體（entity）來理解：亦即大西洋作為海洋，並且因為海洋，四大陸地與加勒比海區域才得以進行交流、互動、轉化與滲透。而環境史、歷史地理、非洲人的離散、移民、經濟史與商品史，這些研究內容都是可以超越國家、帝國界限。她也建議：以人（移民）、物品或游移於大西洋周邊國家的奴隸或個人為研究對象，將海洋視為是轉變「認同」或「移動」（人、事、物）的領域。[47]

如史家漢考克（David Hancock）藉由研究一款名為馬德拉（Madeira）葡萄酒，證明18世紀經濟具備大西洋規模，且提出另一種經濟解釋：消費者決定生產量、酒的品味以及生產方式。[48] 馬德拉葡萄酒作為商品將大西洋周邊國家的消費者、生產者、釀酒工人與（大小）盤商以及商船船主們連繫起來。馬德拉葡萄酒也成為種植園主佐餐酒、美國西部河谷探險家隨身攜帶飲品、北美政治家窖藏宴客或舉杯慶祝的飲料以及倫敦小酒吧飲品之一，因為馬德拉葡萄酒而將大西洋周邊陸地的各階層消費者串連起來。亦或如

---

45. Green and Morgan, "Introduction: The Present State of Atlantic History," in Green and Morgan ed., *Atlantic History: A Critical Appraisal*, pp. 8-9.

46. Armitage, "Three Concepts of Atlantic History," in Armitage and Braddick, *The British Atlantic World, 1500-1800*, p. 11.

47. Games, "Atlantic History: Definition, Challenges and Opportunities," pp. 754-756. 黃俊傑，〈做為區域史的東亞文化交流史——問題意識與研究主題〉，頁 187-218。一文也對研究東亞區域提出類同觀點。

48. David Hancock, "Commerce and Conversation in the Eighteenth-Century Atlantic: The Invention of Madeira Wine," *The Journal of Interdisciplinary History* Vol. 29, No. 2 (Autumn 1998), pp. 197-219; David Hancock, *Oceans of Wine: Madeira and the Emergence of American Trade and Taste* (New Haven & London: Yale University Press, 2009); Green and Morgan, "Introduction: The Present State of Atlantic History,"in Green and Morgan ed., Atlantic History: A Critical Appraisal, p. 13.

史家諾頓（Marcy Norton）對巧克力的研究，改變了傳統認為歐洲接受巧克力是因為醫療理由：諾頓提出巧克力在美洲被視為與階級相關的飲品因而被歐洲人認同並接受，她同時也闡釋了美洲巧克力如何影響歐洲飲用（吃）巧克力習慣、以及器皿美學。漢考克與諾頓的研究成果，與西敏司（Sidney W. Mintz）《甜與權力》（*Sweetness and Power: The Place of Sugar in Modern History*）一書同樣都是藉由「物品」討論大西洋商業交流與文化影響。[49]

或史家雷辛（Karane Racine）和梅尼哥尼亞（Beatriz G. Mamigonian）合編《大西洋世界人類傳統》（*The Human Tradition in the Atlantic World, 1500-1850*），或史家雀吉芝（Kate Chedgzoy）《不列顛大西洋世界女性書寫》（*Women's Writing in the British Atlantic World: Memory, Place and History, 1550-1700*），兩本書都是想透過移動於大西洋周邊地區的人，來認識當時代的大西洋世界。

上述研究主題，符合當代史學主題——如商業與文化，[50] 又假以大西洋為地理範疇從事主題研究，其結果不再是將大西洋切割為北或南大西洋，專注點也不僅只是沿大西洋岸的國家或港口。再者，國家與帝國成為歷史主題的配角，大西洋成為承載與推動商品流動交易以及文化交流轉變的場域。可以說，「大西洋海洋史」研究途徑才能真正落實以海洋、並將海洋（大西洋）視為整體的歷史研究。[51]

---

49. Marcy Norton, "Conquests of Chocolate," *Magazine of History* 18, No. 3 (April 1999), pp. 188-214; Marcy Norton, "Conquests of Chocolate," *Magazine of History* 18, No. 3 (April 2004), pp. 14-17; Marcy Norton, "Chocolate and then Internalization of Mesoamerican Aesthetics," *The American Historical Review* Vol. 111, No. 3 (June 2006), pp. 660-691; Marcy Norton, *Sacred Gifts, Profane Pleasures: A History of Tobacco and Chocolate in the Atlantic World* (Ithaca and London: Cornell University Press, 2008); 西敏司（Sidney W. Mintz）著，王超、朱健剛譯，《甜與權力－糖在近代歷史上的地位》（*Sweetness and Power: The Place of Sugar in Modern History*）（北京：商務印書館，2010）；Stuart B. Schwartz, *Tropical Babylons: Sugar and the Making of the Atlantic World, 1450-1680* (Chapel Hill and London: University of North Carolina Press, 2000).

50. Ulinka Rublack ed., *A Concise Companion to History* (Oxford, New York: Oxford University Press, 2011).

51. *AHR* 111 (2006), pp. 717-780 當期專題為 *Oceans of History*。討論以地中海、大西洋與太平洋為體系的歷史研究。

四、生態研究考察 [52]

（一）生態取徑──去「歐洲中心論」的嘗試

認為「大西洋」的地理界限是歐洲人歷經無數次海上航行、探索、移民、管理、以及想像並繪製成圖而產生。或認為歐洲人將四大陸地（歐洲、南美洲、北美洲、非洲、加勒比海）海岸連繫一起，「大西洋」才可能被想像是一個完整實體（single entity）或體系。[53] 這樣的思維，必然使「大西洋史」研究從歐洲帝國、殖民地或近代西方國家角度談起。如同過去半世紀，大西洋史在近代世界史的意義是經濟「資本主義化」，以及作為西歐帝國主義與現代化發展的契機。

在此歷史認知下，大西洋研究多集中討論黑奴勞動力對廉價成本、美洲提供廉價原料等議題，以及大西洋海洋霸權爭戰對歐洲發展現代國家與帝國的角色，這也造就史著慣常自文藝復興、或自哥倫布發現新大陸來論現代世界起源。此成就以「西方的興起」為現代世界史的敘述，且構成歐洲中心論（Eurocentrism）的核心。[54] 然美國加州學派（The California School）的佛蘭克（Andre Gunder Frank, 1929-2005）、彭慕蘭（Kenneth Pomeranz, 1958-）、馬立博（Robert B. Marks, 1949-）等就試圖反駁此歐洲中心論，並以生態觀點

---

52. 生態史關注的是生態系統經受自然環境或人為開發而改變生態系統的歷史發展。生態系統意指一定空間範圍內生命系統的變遷，包括動植物種類、數量、活動分布。生態系統受整體環境（包括非生物環境如氣候、水土狀況和生物環境，特別是人類社會環境）影響而轉變，而成為生態史的關注重點。而今由於認知到人類經濟發展更多影響環境並改變生態系統，因此生態史轉而更多強調人類經濟開發對環境與生態的影響（以及互為影響）。

53. Armitage, "Three Concepts of Atlantic History," in David Armitage and Michael J. Braddick ed., *The British Atlantic World*, p. 12; Alison Games 認為，大西洋作為「地理」名詞是很現代的創造。見 Games, "Atlantic History: Definition, Challenges and Opportunities," pp. 742-743.

54. 一種歐洲特殊論的觀點，最早可以追溯自韋伯（Max Weber, 1864-1920）研究資本主義與新教精神的關係，或更早的馬克思（Karl Marx, 1818-1883）對歐洲經濟發展階段的研究，兩者皆自歐洲自身特殊宗教、文化思想、科學技術、經濟發展階段，論西方必然發展出資本主義經濟與社會。

提出論據。[55] 他們的論點為現代世界史敘事開啟新方向。

1998 年佛蘭克以《白銀資本：重視經濟全球化中的東方》（*Reorient: Global Economy in the Asian Age*）[56] 一書提出以全球視野審視世界經濟發展，而不自西方內部思考現代世界經濟。佛蘭克以阿布—盧格霍特（Janet L. Abu-Lughod, 1928- ）《歐洲霸權之前：1250-1350 年間的世界體系》（*Before European Hegemony: The World System A. D. 1250-1350*）一書立論的八個橢圓貿易區，[57] 加上大西洋經濟區而構築他所謂的現代世界經濟體系。佛蘭克認為大西洋經濟區取代久已存在的八大橢圓貿易區而成為世界經濟區的中心，亦即世界中心從東亞海域中國、印度轉移到西歐、美洲，只不過是因為市場競爭與商業發展變化，而不是因為西方具有獨特的資本主義生產方式。前提是歐洲發現美洲白銀而為歐洲找到一張進入亞洲經濟圈的門票，促使世界經濟中心有機會轉往西方這邊。（白銀的發現是生態上的意外，因為恰好產於南美洲）。

繼佛蘭克之後彭慕蘭《大分流：中國、歐洲以及現代世界經濟的形成》（*The Great Divergence: China, Europe, and the Making of the Modern World Economy*）[58] 一書，分析比較各地區（如中國、日本、印度、英國）經濟水平，並指出 1750 年之前，亞洲中國、印度的經濟水平與工資都較英國好。日後英國的勝出（而不是「興起」），僅只是因為有了美洲新大陸。新大陸

---

55. 對加州學派的批評，可見於 Peer Vries, "The California School and Beyond: How to Study the Great Divergence?" *History Compass* 8/7 (2010), pp. 730-751.

56. Andre Gunder Frank, *Reorient: Global Economy in the Asian Age* (Berkeley: University of California Press, 1998).

57. 這 8 個橢圓貿易區，從西向東分別是：歐洲、地中海、紅海、波斯灣、阿拉伯海、孟加拉灣、南中國海以及亞洲腹地為中心。關於此 8 個貿易圈，是依 Janet L. Abu-Lughod, *Before European Hegemony: The World System A. D. 1250-1350* (New York: Oxford University Press, 1989) 一書為根據。或參考 Janet L. Abu-Lughod, "Before European Hegemony," in Thomas Benjamin, Timothy Hall, and David Rutherford ed., *The Atlantic World in the Age of Empire*, pp.13-18.

58. Kenneth Pomeranz, *The Great Divergence: China, Europe, and the Making of the Modern World Economy* (Princeton, N. J.: Princeton University Press, 2000).

的土地為歐洲過多人口提供移民地、也提供英國有限土地無法生產的經濟作物——棉花，以及熱量來源——糖，上癮之物——茶。最重要是，英國本土廉價煤礦推動機械蒸汽動力，解決長久仰賴人力從事的生產活動。彭慕蘭認為英國因為突破生態上的限制而得以發展資本主義經濟。

在前兩位史家的立論基礎上，成就了史家馬立博《現代世界源起：全球與生態的敘述，15 世紀至 21 世紀》（*The Origins of the Modern World: A Global and Ecological Narrative from the Fifteenth to the Twenty-first Century*）[59] 一書。他同樣從生態方面談論美洲新大陸的重要性，他認為如果沒有新大陸，英國將步入如中國一樣——擁有過多人口、且被局限居住在有限土地上，處於所謂「生態舊王朝」（The Biological Old Regime）循環。[60]

所謂「生態舊王朝」指的是糧食生產仰賴氣候、有限可耕地、自然肥料、以人力為主的勞動力。由於糧食對於人口成長有正比關係，因此可耕地的大小會決定人口成長速度與比率。至於各區域發展出專業經濟（絲、棉）則是由地理環境決定。而貿易是為取得遠方生產的專業產品（如磁器、絲、棉），但主要是為滿足上層貴族的需求。

而「生態新王朝」指的是擺脫仰賴人力的勞動力，以地球能源（煤、石油）生產動力。透過貿易取得遠方生產的專業商品，對專業產品的需求不再只限上層階級，而是普及一般民眾（如咖啡、茶與蔗糖）。而英國能早先擺脫「生態舊王朝」限制，歸之於西方在 15 世紀之後意外地擁有美洲。首先，英國工業革命改變勞動力——從仰賴人力改為機械動力。偶然兼意外地，

---

59. 第一版書名《現代世界源起：全球與生態的敘述》（*The Origins of the Modern World: A Global and Ecological Narrative*, 2002）。第二版書名《現代世界源起：全球與生態的敘述，15 世紀至 21 世紀》（*The Origins of the Modern World: A Global and Ecological Narrative from the Fifteenth to the Twenty-first Century*, 2007）。

60. 馬立博於此書中提出「生態舊王朝」（The Biological Old Regime）與「生態新王朝」（The Biological New Regime）的概念。

英國煤礦區，靠近地表易開發，且又接近河邊易於以便宜水運送至紡織工廠區，幫助英國發展以煤作為的發動蒸汽動力的燃料。當機械取代人力勞動，帶動棉紡織工業革命——於是，英國得以生產便宜的棉織品，並自此與印度手工棉織品有了價格上的差距。工業革命也使英國發展煉鐵工業，英國得以建立鐵路改變人口遷移速度與煤運輸，也得以建造裝載大砲的鐵戰船去征服亞洲。加上 19 世紀化學肥取代自然肥料，讓有限土地增加糧產，使人口成長不再受限，都是脫離「生態舊王朝」限制的原因。其次，英國與美國歷史關係，美國南方提供了英國棉花原料，配合英國採用棉紡織工業所需的大量原料，間接也讓英國糧食耕地得以保留作為糧食產區以餵養國內人口。也因為美洲加勒比海區生產便宜的上癮之物——煙草、咖啡、蔗糖——不僅提供英國工人多元熱量攝取來源，也讓工人願意努力工作換取這些上癮之物。加勒比海種植園提供上癮之物，帶動 19 世紀英國的消費民主化。如果沒有新大陸，英國將步入如中國一樣——擁有過多人口、且被局限居住在有限土地上處於所謂「生態舊王朝」循環。

　　「意外」讓西歐發現並擁有新大陸，因此舒緩 16、17 世紀逐漸增多的歐洲人口；「意外」在美洲發現的白銀，讓西歐買到一張進入亞洲中國貿易圈的入門票，並使中國與印度的產品，不再只是歐洲上層的奢侈品。而偶然兼意外地，英國煤礦區，靠近地表易開發、又接近河邊易於運輸，有利了英國發展以煤為燃料最先發展蒸汽動力，帶動棉紡織工業革命以及煉鐵工業——於是，英國得以生產便宜的棉織品，並自此與印度手工棉織品有了價格上的差距。最重要是，美國南方提供棉花原料，讓英國糧食耕地不用換為經濟作物耕地，就能擁有便宜且大量的棉原料，此亦助長英國生產便宜的棉織品；而煉鐵工業幫助英國建立鐵路之外，也敦促鐵戰船的勝出，助益不列顛帝國的發展，並得以以「船堅炮利」殖民其它尚未工業化的亞、非地區。於是，基於生態環境的「意外」與「偶然」，讓大西洋史擺脫了成就「歐洲中心論」論述的歷史解釋。這也為世界史研究提供了一項新的歷史敘述。

彭慕蘭與馬立博以生態視野討論現代世界史，其中大西洋世界成就了歐洲擺脫生態限制。如此，美洲新大陸的發現不再僅只作為英國資本主義發展下，被剝削與累積資本之來源，[61] 且是用以消解「歐洲中心論」的可能。生態取徑賦予了大西洋史在現代世界史的新理解。

（二）區域環境研究——族群、性別、商業與文化視野

自克羅斯比（Alfred W. Crosby）《哥倫布大交換：1492 年以後的生物影響和文化衝擊》一書出版後，「哥倫布大交換」一詞成為指涉環大西洋三大洲之間，人為有意或無心插柳之下進行著動物——如牛羊豬，植物——如馬鈴薯、樹薯、咖啡、煙草、蔗糖，以及疾病——如天花、麻疹、流行病等的交換。克羅斯比的研究成果開啟史家關注三大洲之間的人類社會與自然之間的歷史關係，使環境史成為研究大西洋史重要議題。

如討論北美殖民地初期的克羅仁（William Cronon）《土地的改變：印地安人、殖民者以及新英格蘭生態》（*Changes in the Land: Indians, Colonists, and the Ecology of New England*）一書，便採用考古學、地質學、氣候學輔助研究殖民地初期生態系統。他以說明新英格蘭地區南北生態差異如何影響兩地區印地安人的社會與求生方式，並對照殖民者日後對環境的破壞，從中點出印地安人與自然、白人與自然之間是兩種不同生態系統，而這又取決於兩者如何看待自然環境：前者力求人與自然維持平衡關係，而後者是利益取向——明言之，就是商業資本主義傾向。[62] 儘管克羅仁是以新英格蘭為研究區域，多少也論及到英國發展海軍所需林木，以及加勒比海對林木與肉類需求

---

61. 如 Immanuel Wallerstein, *The Modern World-System: Capitalist Agriculture and Origins of the European World- Economy in the Sixteenth Century* (New York: Academic Press, 1974).
62. William Cronon, *Changes in the Land: Indians, Colonists, and the Ecology of New England* (New York: Hill and Wang, 2003) (first revised edition).

造成新英格蘭環境破壞（亦即跨大西洋兩岸）。雖未能視作「大西洋為一整體」的研究取徑，卻不失為提供研究北美大西洋環境史的方法。尤其認為印地安人與白人對環境與生態破壞是出自於不同價值觀，正說明了研究大西洋環境史是無法脫離討論資本主義經濟關係。[63] 類如討論資本主義對生態影響的還有史家蒙切特（Carolyn Merchant）《生態革命：新英格蘭的自然、性別與科學》（*Ecological Revolutions: Nature, Gender, and Science in New England*）一書，她以文化視角思考「自然」原作為女性（如印地安人對自然的想像是女性——如母親），卻因科學技術的取勝轉而視自然如機器，「自然」因此可以被宰制，是一本具有性別意識與科技反省的生態史研究。[64]

除了研究歐洲白人移民對北美環境的改變，非洲黑奴傳進美洲並改變美洲植物環境，也是近來重視的大西洋生態交流之一，如卡尼與羅索莫夫（Judith A. Carney and Richard Nicholas Rosomoff）《黑奴亡靈：遺贈給大西洋世界的非洲植物》（*In the Shadow of Slavery: Africa's Botanical Legacy in the Atlantic World*）一書，就認為非洲人作為優秀的熱帶區（tropical）農夫，既懂得如何在熱帶美洲栽種作物，也了解如何飼養家禽。而非洲獅子山國（Sierra Leone）的黑奴因為善於種植「米」，而成為殖民地南卡羅來納（South Carolina）黑奴拍賣會中價格最高的奴隸。[65] 這兩本研究著重討論黑人對美洲生態環境的影響，強調黑奴不是由奴隸主教他們如何栽種的接受者，而是主

---

63. 李尚仁，〈歐洲擴張與生態決定論：大衛・諾論環境史〉，《當代》170（2001.10），頁18-29。李尚仁一文提到，經濟也是決定環境改變的原因之一。另有討論中美洲胭脂蟲影響歐洲繪畫中的鮮紅色彩，以及因應利益需求大肆種植仙人掌而引起地域生態改變，見艾美・巴勒・格林菲（Amy Butler Greenfield）著，鍾清瑜譯，《爭紅：帝國間諜與欲望的顏色》（*Empire, Espionage, and the Quest for the Color of Desire*）（臺北：究竟出版社，2008）。

64. Carolyn Merchant, *Ecological Revolutions: Nature, Gender, and Science in New England* (Chapel Hill and London: The University of North Carolina Press, 1989).

65. Judith A. Carney, *Black Rice: The African Origins of Rice Cultivation in the Americas* (Cambridge, Massachusetts: Harvard University Press, 2001); Judith A. Carney and Richard Nicholas Rosomoff, *In the Shadow of Slavery: Africa's Botanical Legacy in the Atlantic World* (Berkeley, Los Angeles, London: University of California Press, 2009).

動將其非洲經驗帶至美洲並適應美洲環境的農人，同時，來自非洲的作物不僅增加黑奴日常食物的多元取得，也成為黑奴認同的對象。由於過去研究對象多以歐洲白人對美洲生態環境影響，或是美洲植物對歐洲、非洲的影響，類如卡尼與羅索莫夫的研究結論，可謂填補非洲對美洲生態影響的內容，並讓「哥倫布大交換」更具有「環大西洋」面貌。

上述論及環大西洋生態交流的研究中，在討論洲與洲之間的生物互換時，研究內容必然牽涉到黑奴買賣與資本主義經濟，亦即人類生產活動對環境的破壞及後續影響。以往強調歐洲白人不經意將天花、麻疹、百日咳、流行性感冒等疾病帶到美洲新大陸，並導致美洲印地安人口迅速減少而改變當地政治權力，史家麥克尼爾（J. R. McNeill）《蚊子帝國》（*Mosquito Empires: Ecology And War In The Greater Caribbean, 1620-1914*）一書卻敘述了另一種歷史現象：來自非洲的黃熱病（yellow disease）卻幫助西班牙人抵擋 17 世紀英國侵犯巴西東北，以及 19 世紀又幫助黑人、白人以及印地安人混種後代取得政治獨立（如海地），並使其脫離「非本地人」的西班牙與法國母國的統治。

蚊子看似影響帝國政權轉換，卻是出自於森林生態的破壞而營造出適合蚊子生存的環境。帶有黃熱病病原的孑孓，隨黑奴船自非洲移居加勒比海，其能落腳找到歸宿地與血液來源，歸諸於蔗糖種植園取代原是大片森林區的島嶼，讓原先生活於加勒比海森林地的蚊子得以與來自非洲的蚊子進行生物上的交配。雨季來之前，孑孓就寄活於水桶或是因為環境破壞後（森林被砍伐）而產生的沼澤地與水池區。而當地龐大蔗糖利潤引來大批商船水手與覬覦者軍隊——這些毫無免疫能力的白人水手與軍人——其血液更提供蚊子繁衍後代。[66] 麥克尼爾的研究不僅涉及黑奴移民、蔗糖資本經濟、以及環境破

---

66. J. R. McNeill, "Yellow Jack and Geopoltics: Environment, Epidemics, and the Struggles for Empire in the American Tropics, 1650-1825," *OAH Magazine of History* 18, No. 3 (April 2004), pp. 9-13; J. R. McNeill, *Mosquito Empires: Ecology and War in the Greater Caribbean, 1620-1914* (New York: Cambridge University Press, 2010).

壞營造出有利蚊子滋生的惡劣環境，也論及當地政權轉變如何受生態改變的影響。[67] 人類社會與政權轉換不再被動受限環境，反而人類對環境開發與經濟追求導致生態破壞與生態改變，而新的生態環境卻以意想不到的方式影響歷史發展。因此，此書雖以蚊子為研究對象，卻帶出黑奴貿易、蔗糖經濟，從而點出 18、19 世紀西方發展資本經濟的歷史。

由於大西洋史研究牽涉到三大洲、多元族群與多元語言，致使環境史學者往往傾向專注本國環境生態研究。誠如麥克尼爾自述其因為掌握英文以及西班牙文，而有助其游刃於兩國史料並得以完成《蚊子帝國》一書，[68] 這說明了大西洋生態史研究需要各國環境史學者共同合作。如克羅仁採用其它如地質學與氣候學等資料，證明環境史研究有跨學科的必要性。這都是研究區域環境史必然面對的問題。

而從上述研究而論，大西洋區域生態環境研究，不僅必須考量族群、性別，也同時需涉及西方發展資本經濟的歷史。無疑地，環境史研究與 20 世紀 70-80 年代社會研究、社會運動的相關性，自然影響研究者自族群（黑人、印地安人與白人移民）、性別、文化以及經濟角度研究大西洋生態環境史。然而，大西洋區域環境研究，結論或許不再是「衰敗敘述」（degradation narrative），也少了政治使命，[69] 更多強調環大西洋三洲之間的生態轉變與其歷史發展關係。

---

67. 當然，以蚊子為研究對象，在研究過程中是以大西洋為一個整體，是服膺了「大西洋海洋史」取徑。

68. McNeill, "Preface," in *Mosquito Empires: Ecology and War in the Greater Caribbean, 1620-1914*, pp. xv-xvi.

69. 關於環境史研究最初具有政治使命的說法，參考自 J. R. McNeill, "Environmental History," in Rublack ed., *A Concise Companion to History*, pp. 299-325.

五、結論

本文試圖將大西洋史相關研究成果做一綜合說明，並希冀借此文，為研究國別史（如美國史）與類區域史研究（如東亞史）提供可能的研究取徑。

大西洋史研究從初始因為國際政治因素考量與史家個人宗教或政治關懷而獲得研究關注，於是，在政治環境的驅使下，史家有意地促進大西洋相關研究與相關課程的教授。儘管相關研究多集中於北大西洋區域，研究內容或多是強調歐美在政治思想與宗教上的承繼性。

歸功於史家與學術研究機構的成立，在史家貝利的推動下，開啟史學界以大西洋研究之名進行相關研討會，並逐漸培養從事大西洋史研究的史家。在因應 70 年代社會學研究以及社會運動發展，間接敦促史學自身內部的轉向。由於以大西洋史之名進行史學研究正得以涵蓋多元族群，並且避免國族、帝國取向的論述，在去殖民論述下，大西洋研究不失為史學轉向後的選擇。

在史家、學術機構、期刊、研討會，以及出版社助力下，大西洋史研究得以獲得史學副學科地位。大學課程也以推動大西洋課程與碩士學程，試圖培養學生自大西洋角度思考國別史，或助益未來研究者自大西洋視野看待研究主題。這不僅幫助環大西洋三洲人民互為了解，也有助建立以大西洋為整體認同感的可能。

作為區域史，大西洋研究牽涉到眾多族群、多元語言、複雜的地理生態環境。曾經史家過於著重北大西洋史研究、忽略南大西洋史研究，因此而被詬病與批評。在要求將大西洋視為一整體看待下，史家提出環境史、歷史地理、非洲人的離散、移民、經濟史與商品史，以這些研究主題超越國家、帝國界限，最重要是能視海洋（大西洋）為真正進行商品、人交流、轉變的地域。

在強調環境與歷史關係的史學研究下，本文考察了經濟史家借由強調

生態上的「意外」而改變大西洋史的現代史意義，也考察史家借用種族、性別、文化與商業視角，談論環大西洋三洲之間的生態交流與環境變遷。可以說，生態研究也讓大西洋成為生物──動物、植物、疾病與人──交流的場域（服膺提倡「環大西洋」研究取徑）。

藉由說明大西洋史的研究取徑，本文希冀能提供些許研究方向思考。並誠如史家甘姆斯所言，大學課程中有必要提供以大西洋視野討論國別史，以助學生日後從事大西洋史相關研究。

參考書目

一、中文譯著（依筆劃順序）

· 艾美‧巴勒‧格林菲（Amy Butler Greenfield）著，鍾清瑜譯，《爭紅：帝國間諜與欲望的顏色》（*Empire, Espionage, and the Quest for the Color of Desire*）。臺北：究竟出版社，2008。
· 西敏司（Sidney W. Mintz）著，王超、朱健剛譯，《甜與權力──糖在近代歷史上的地位》（*Sweetness and Power: The Place of Sugar in Modern History*）。北京：商務印書館，2010。
· 克羅斯比（Alfred W. Crosby）著，鄭明萱譯，《哥倫布大交換：1492 年以後的生物影響和文化衝擊》（*The Columbian Exchange: Biological and Cultural Consequences of 1492*）。臺北：貓頭鷹，2008。

二、外文專書

· Armitage, David and Braddick, Michael J. ed. *The British Atlantic World, 1500-1800*. Houndmills, Basingstoke, Hampshire: Palgrave Macmillan, 2002.
· Bailyn, Bernard, & Philip D. Morgan, ed. *Strangers within in the Realm: Culture: Cultural Margins of the First British Empire*. Chapel Hill & London: University of North Carolina Press, 1991.
· Bailyn, Bernard. *Atlantic History: Concept and Contours. Cambridge*, Massachusetts: Harvard University Press, 2005.
· Bailyn, Bernard. *The Ideological Origins of the American Revolution*. Cambridge, Massachusetts: The Belknap Press of Harvard University Press, 1992. (first edition 1967).
· Bailyn, Bernard. *The New England Merchants in the Seventeenth Century*. Cambridge, Massachusetts and London, England: Harvard University Press, 1979. (first edition 1955).
· Bailyn, Bernard. *The People of British North America: An Introduction.* New York: Vintage Books, 1988. (first edition 1986 by Alfred A. Knopf, Inc.).
· Bailyn, Bernard. *Voyagers To the West.* New York: Vintage Books, 1988. (first edition 1986 by Alfred A. Knopf, Inc.).
· Benjamin, Thomas. Hall, Timothy. and Rutherford, David. ed. *The Atlantic World in the Age of Empire*. Boston, New York: Houghton Mifflin Company, 2001.
· Butel, Paul. translated by Iain Hamilton Grant. *The Atlantic.* New York, London: Routledge, 1999.

· Cañizares-Esguerra, Jorge. And Seeman, Erik R. ed. *The Atlantic in Global History, 1500-2000*. Upper Saddle River, New Jersey: Pearson Prentice Hall, 2007.

· Canny, Nicholas & Pagden, Anthony. edited. *Colonial Identity in the Atlantic World, 1500-1800*. Princeton, New Jersey: Princeton University Press, 1987.

· Carney, Judith A. and Rosomoff, Richard Nicholas. *In the Shadow of Slavery: Africa's Botanical Legacy in the Atlantic World*. Berkeley, Los Angeles, London: University of California Press, 2009.

· Carney, Judith A. *Black Rice: The African Origins of Rice Cultivation in the Americas*. Cambridge, Massachusetts: Harvard University Press, 2001.

· Chedgzoy, Kate. *Women's Writing in the British Atlantic World: Memory, Place and History, 1550-1700*. New York: Cambridge University Press, 2007.

· Cronon, William. *Changes in the Land: Indians, Colonists, and the Ecology of New England*. New York: Hill and Wang, 2003. (first revised edition).

· Crosby, Alfred W.. *Ecological Imperialism: The Biological Expansion of Europe, 900-1900*. Cambridge: Cambridge University Press, 2004. (second edition).

· Crosby, Alfred W.. *The Columbian Exchange: Biological and Cultural Consequences of 1492*. Westport, Connecticut& London: Praeger Publishers, 2003.(Greenwood Press, 1972).

· Frank, Andre Gunder. *Reorient: Global Economy in the Asian Age*. Berkeley: University of California Press, 1998.

· Games, Alison F. and Rothman, Adam. ed.. *Major Problems in Atlantic History*. Boston, New York: Houghton Mifflin Company, 2008.

· Gilroy, Paul. *The Black Atlantic: Modernity and Double Consciousness*. Cambridge, Massachusetts: Harvard University Press, 1993.

· Gould, Eliga H. and Onuf, Peter S. ed. *Empire and Nation: The American Revolution in the Atlantic World*. Baltimore and London: The Johns Hopkins University Press, 2005.

· Gould, Eliga H.. *The Persistence of Empire: British Political Culture in the Age of the American Revolution*. Chapel Hill and London: University of North Carolina Press, 2000.

· Green, Jack P. and Morgan, Philip D. ed. *Atlantic History: A Critical Appraisal*. New York: Oxford University Press, 2009.

· Hancock, David. *Oceans of Wine: Madeira and the Emergence of American Trade and Taste*. New Haven & London: Yale University Press, 2009.

· ———. *Margins of the First British Empire*. Chapel Hill and London: The University of North Carolina Press, 1991.

· Marks, Robert B. *The Origins of the Modern World: A Global and Ecological Narrative from the Fifteenth to the Twenty-first Century*. New York and Oxford: Rowman & Littlefield Publishers, Inc., 2007. (second ed.).

· McCann, James C.. *Maize and Grace: Africa's Encounter with a New World Crop, 1500-2000*. Cambridge, Massachusetts: Harvard University Press, 2007. (first paperback edition).

· McNeill, J. R. *Mosquito Empires: Ecology and War in the Greater Caribbean, 1620-1914*. New York: Cambridge University Press, 2010.

· Merchant, Carolyn. *Ecological Revolutions: Nature, Gender, and Science in New England*. Chapel Hill and London: The University of North Carolina Press, 1989.

· Norton, Marcy. *Sacred Gifts, Profane Pleasures: A History of Tobacco and Chocolate in the Atlantic World.* Ithaca and London: Cornell University Press, 2008.

· Novick, Peter. *The Noble Dream: The "Objecivity Question" and the American Historical Profession.* Cambridge, New York: Cambridge University Press, 1997. (forst published 1988).

· Pagden, Anthony. *European Encounters with the New World: From Renaissance to Romanticism.* New Haven & London: Yale University Press, 1993.

· Palmer, R. R.. *The Age of the Democratic Revolution: A Political History of Europe and America, 1760-1800 (The Challenge).* Princeton, New Jersey: Princeton University Press, 1974. (first edition 1959).

· Pocock, J. G. A.. *The Machiavellian Moment：Florentine Political Thought and The Atlantic Republican Tradition.* Princeton, New Jersey: Princeton University Press, 1975.

· Pomeranz, Kenneth. *The Great Divergence: China, Europe, and the Making of the Modern World Economy.* Princeton, N. J. : Princeton University Press, 2000.

· Racine, Karane. and Mamigonian, Beatriz G. ed.. *The Human Tradition in the Atlantic World, 1500-1850.* Lanham, Maryland: Rowman& Littlefield Publishers, Inc., 2010.

· Rediker, Marcus. *Villians of All Nations: Atlantic Pirates in the Golden Age.* Boston: Beacon Press, 2004.

· Rublack, Ulinka ed.. *A Concise Companion to History.* Oxford, New York: Oxford University Press, 2011.

· Schwartz, Stuart B.. *Tropical Babylons: Sugar and the Making of the Atlantic World, 1450-1680.* Chapel Hill and London: University of North Carolina Press, 2000.

· Sidbury, James. *Becoming African in America: Race and Nation in the Early Black Atlantic.* New York: Oxford University Press, 2007.

· Taylor, Alan. *American Colonies: The Settling of North America.* New York: Penguin books, 2001.

· Thornton, John. *Africa and Africans in the Making of the Atlantic World, 1400-1800.* New York: Cambridge University Press, 1998. (first edition 1992).

· William, Eric. *Capitalism & Slavery.* London: André Deutsch Limited, 1991. (first published 1944).

三、中文期刊論文

· 李尚仁，〈歐洲擴張與生態決定論：大衛・諾論環境史〉，《當代》170（2001.10），頁 18-29。
· 黃俊傑，〈做為區域史的東亞文化交流史——問題意識與研究主題〉，《臺大歷史學報》43（2009.06），頁 187-218。

四、外文期刊論文

· Alison Games. "Atlantic History: Definition, Challenges and Opportunities." *The American Historical Review* Vol. 111, No. 3 (June 2006), pp. 741-757.

· Bernard Bailyn. "The idea of Atlantic History." *Itinerario* 20, No. 1 (1996), pp. 19-44.

· David Eltis. "Atlantic History in Global Perspective." *Itinerario* 23, no. 2 , 1999.

· David Hancock. "Commerce and Conversation in the Eighteenth-Century Atlantic: The Invention of Madeira Wine." *The Journal of Interdisciplinary History* Vol. 29, No. 2 (Autumn 1998), pp. 197-219.

· Elizabeth Mancke. "Early Modern Expansion and Politicization of Oceanic space." *Geographical Review* 89, No. 2 (April 1999), pp. 225-236.

· Ira Berlin. "From Creole to African: Atlantic Creoles and the Origins of African-American Society in

Mainland North America." *The William and Mary Quarterly* 3rd series 53, No. 2, April (1996), pp. 251-288.

· J. R. McNeill. "Yellow Jack and Geopoltics: Environment, Epidemics, and the Struggles for Empire in the American Tropics, 1650-1825." OAH *Magazine of History* 18, No. 3 (April 2004), pp. 9-13.

· Jason Ward. "The Other Atlantic World." *History Compass* 1 (2003), pp. 1-6.

· Jerry Bentley. "Seas and Ocean basins as Frameworks of Historical Analysis." *Geographical Review* 89, No. 2 (April 1999), pp. 215-224.

· Jessica Harland-Jacobs."'Hands across the sea': The Masonic network, British Imperialism and the North Atlantic World." *Geographical Review* 89, No. 2 (April 1999), pp. 237-253.

· Marcy Norton. "Chocolate and then Internalization of Mesoamerian Aesthetics." *The American Historical Review* Vol. 111, No. 3 (June 2006), pp. 660-691.

· Marcy Norton. "Conquests of Chocolate." *Magazine of History* 18, No. 3 (April 2004), pp. 14-17.

· Markus Vink. "From port city to World System: Spatial Constructs of Dutch Indian studies, 1500-1800." *Itinerario* 28, No. 2 (2004), pp. 45-116.

· Martin W. Lewis. "Dividing the Ocean Sea." *Geographical Review* 89, No. 2 (April 1999), pp 188-214.

· Nicholas Canny. "Writing Atlantic History; or, Reconfiguring the History of Colonial British America." *The Journal of American History* Vol. 86, No. 3 (Dec 1999), pp. 1093-1114.

· Peter A. Coclanis. "Drang Nach Osten: Bernard Bailyn, the World-Island, and the idea of Atlantic History." *Journal of World History* Vol. 13, No. I (Spring 2002), pp. 169-182.

· William O'Reilly. "Genealogies of Atlantic History." *Atlantic Studies* 1 (2004).

——本文原刊載於《成大歷史學報》41（2011.12），頁103-136。陳思仁教授授權使用。

一、大西洋研究的視野

① 區域研究打破國與國的疆界，提供更廣闊的視野。

② 大西洋區域：四塊陸地（歐洲、非洲、北美洲、南美洲）和加勒比海環繞構成的區域。

③ 包含高山、平原、盆地、沙漠和島嶼等地形；橫跨赤道、南北緯的副熱帶、溫帶，以及寒帶等氣候。

二、大西洋從政治話語轉為史學研究對象

① 自一次大戰提出大西洋體系，認為美國應該加入歐洲戰場。二戰時也有提倡大西洋海洋體系，對抗德國為首的日耳曼陸地體系。

② 二戰結束後，面對蘇聯領頭的共產勢力，也主張組織「大西洋群體」作為抗衡，從宗教（天主教）、民主自由的價值，來對抗宣稱無神信仰、專制和共產的共產世界。

③ 1970 年代以約翰霍普金斯歷史學系的「約翰霍普金斯大西洋歷史與文化研究」為針對大西洋學術研究的開端，受到歷史學家、人類學家，以及社會學家的重視。

④ 隨著學會、期刊的建立和創辦、相關書籍的出版、大學教育體系的支持，「大西洋史」的研究逐漸走向制度化。

三、大西洋史的研究途徑

① 原有的史學領域採取大西洋史的研究途徑：黑奴研究、殖民地研究、帝國研究。

② 大西洋史研究的發展過程中陸續收到批評，指出仍以國家／帝國為單位著眼、焦點集中在大西洋沿岸或北大西洋等問題。

③ 學者認為應將大西洋視為一個由四塊大陸、加勒比海環繞的實體，來理解這個範圍內的人、事、物之間的交流與互動。同時，大西洋也並非是一個封閉的區域，會受到世界上其他區域的影響，觸及了全球史的範疇。

四、大西洋史中的生態研究取徑

① 破除歐洲中心論：從白銀、棉花、糖、茶等生態資源，討論大西洋世界所提供的各項資源，如何讓歐洲有機會發展為現代社會，重新定位大西洋在世界史的地位，不再是附屬於歐洲之下來剝削和累積資本的地區。

② 區域環境研究：族群、性別、商業和文化視野。例如：非洲黑奴來到美洲，如何改變美洲的植物環境，帶來非洲的農業經驗，成為適應美洲環境的農人。

|導讀| 劉文彬，〈科西嘉民族自決運動之困境〉

陳思仁

　　哲學家康德（Immanuel Kant, 1724-1804）是德國人還是俄羅斯人？這是課堂上偶爾用來說明「普魯士」領土所屬，輾轉從臣屬於波蘭王國到直屬於德國，一、二戰後又先後歸屬波蘭與俄羅斯，以此來說明近代歐洲領土疆域的變化。至於被法國當作英雄，帶領法國人征服歐洲，建立法蘭西第一帝國的科西嘉人拿破崙（Napoléon Bonaparte），設若科西嘉獨立建國，在法國國族敘事中，又該如何安置拿破崙的角色呢？上述例子僅說明，領土自非歷史以來就屬於某一民族或國家的「自然」疆域。而 20 世紀宣示的「民族自決與自治」，事實證明，大國或國際秩序才是決定領土疆域所有權的因素，科西嘉島人在追求無論是「獨立」或「自治」之路所遇到的困境，正說明此。

　　本書選讀〈科西嘉民族自決運動之困境〉一文，其一，自 20 世紀初「民族自決與自治」的國際宣言以來，「自決與自治」仍是民族展現自我認同與獨特性的方式。在政治上要求「自治」或「獨立」以宣告科西嘉人「不同於」法國人，並訴求「共和」精神，科西嘉島屬於科西嘉人，不應由法國意志來決定，以此逐步建立科西嘉人的自我認同。可以說，透過自治、自決甚或獨立的政治訴求，建立了科西嘉人的自我意識，這可由科西嘉人堅決要求法國以「科西嘉人民」稱呼之可得知。

　　其二，法國中央政府在政策的轉變，取決中央不同政黨對科西嘉民族自決、自治態度的不同見解，而這可以從冷戰—後冷戰—冷戰正式結束這一國

際局勢脈絡來思考。在 1960-70 年代，科西嘉民族主義者抗爭過程較具激進暴力，這是二戰後、冷戰時期，世界各地處於被殖民的民族或國家展現的「反帝國、去殖民」運動的抗爭方式，面對當時法國中央的集權政治，反抗者以激烈方式對抗，以獲得足以威脅中央的力量來取得關注或取得政府退讓的可能。待 1980 年後，即後冷戰以及冷戰正式結束，在法國歷經 68 學運抗爭，以及世界局勢的緩和下，許多國家開始進行民主政治轉型，民主國家在施政上也逐步放寬各種管制或釋放權力給地方政府，因此，本文可用來思考，各國家面對國內少數民族自決運動，在政策上的變化實與二戰後半世紀國際秩序有密切關係。

其三，授予科西嘉島「地區特殊性」或承認「科西嘉人民」何以構成法國憲政上的問題？自法國大革命以後，法國共和政府建立了「公民」（citizen）身分是所有法國人唯一身分，以強調共和精神的平等性與普世性（即所有法國人或人類），以此解決舊制度時期的階級差異，並實踐啟蒙運動的普世精神。因此，賦予科西嘉人民「特殊性」就可能違反法國大革命的共和精神——即普世性。當 21 世紀世界各地在主張支持多元化與差異性時，何以在法國會有憲政上的疑慮，這需以法國大革命的精神脈絡中去理解。

面對科西嘉人要求民族自治或獨立，〈科西嘉民族自決運動之困境〉一文詳實地指出法國中央政府在法律與政策上的轉變，也指出科西嘉人在不斷抗爭下所獲得的成果，說明了在一國之內，少數民族要求自決、自治或獨立，這是政治手段與方法，也是建立認同的途徑之一，而對國家而言，承認多元性與差異性何以如此不容易，或許有些國家是基於堅持民族統一性的主張，但就法國來說，這與法國自大革命追求的普世性的這條「獨特性」歷史發展有關。所謂歷史，就在「普世性—獨特性」正反辨證下而產生的結果吧！

┌─ ◆ 108 課綱相關條目對照說明 ─────────────────────────
│
│   劉教授的文章對應「反殖民運動的發展」（條目 Mb-V-3）。了解科西嘉爭
│ 取獨立、民族自決的過程中呈現的難題與經驗。
└──

延伸閱讀

1. 埃雷斯・馬內拉（Erez Manela）著，吳潤璿譯，〈威爾遜時刻的浮現〉，《1919：中國、埃及、韓國，威爾遜主義及民族自決的起點》（臺北：八旗文化，2018），頁 39-98。
   本文對應「反殖民運動的發展」（條目 Mb-V-3）。
2. 霍布斯邦（Eric Hobsbawn）著，鄭明萱譯，〈社會革命：1945-1990〉，《極端的年代 1914-1991（下）》（臺北：麥田，1996），頁 433-480。
   本文對應「反殖民運動的發展」（條目 Mb-V-3）。
3. 汪采燁，〈法國大革命時期英法對於「世界公民」的認知衝突〉，《新史學》26：2（2015.06），頁 131-189。
   本文對應「反殖民運動的發展」（條目 Mb-V-3）。

科西嘉民族自決運動之困境[*]

劉文彬[**]

一、前言

　　科西嘉民族自決問題為當今歐洲重要且棘手之問題，但過去其受國際社會注意之程度不若北愛爾蘭和西班牙巴斯克之民族自決問題，直到 1998 年 2 月 6 日，法國政府派駐科西嘉之省長艾利涅克（Claude Érignac）在科西嘉首府阿佳修（Ajaccio）街頭遭獨立主義份子伊凡・科洛納（Yvan Colonna）自背後連開數槍射殺後，始引起國際社會之高度重視。

　　此次暴力行動震驚全法國，自從科西嘉有政治謀殺案以來，這是第一次一位如此高階之國家代表遇害。科洛納於逃亡 5 年後（2003 年 7 月 4 日）在南科西嘉的波布里阿諾（Propriano）附近被警方逮捕（另外 8 名共犯已於 1999 年 5 月被逮捕）。巴黎特別重罪法庭（la cour d'assises spéciale de Paris）於 2007 年 12 月 13 日判決科洛納無期徒刑且不得假釋。[1]此案之嚴屬判決令科西嘉原已動盪之情勢更為不安，該島民族主義之父艾德蒙・希摩尼（Edmond Simeoni）譴責該判決為「國家暴力」，[2]科西嘉民族主義也因此案而更加激進化，暴力事件頻傳，行政委員會主任委員（président du conseil exécutif）辦公室遭焚毀，科西嘉地方行政單位（la collectivité territoriale de

---

[*]　兩位匿名審查人惠賜寶貴意見，使本文獲益良多，作者謹致誠摯的謝意。本文為國立臺灣師範大學校內專題計畫之研究成果，計畫編號：97 年 3 月 11 日 97 師大研發字 第 024 號。

[**]國立臺灣師範大學歷史學系教授。研究領域為西洋近現代史、西洋人權史、法國史、國際關係史。

1.　"Sous les yeux de son père, M. Simeoni dénonce la violence d'Etat," *Le Monde* (Paris),15 Décembre 2007, p. 5.

2.　"Sous les yeux de son père, M. Simeoni dénonce la violence d'Etat," p.5.

Corse, CTC）大樓被激進民族主義份子攻占，甚至連民族主義議員經常出席之科西嘉議會（Assemblée de Corse）亦遭縱火（2008 年 1 月 12 日），[3] 法國政府又展開新一波逮捕、審訊、懲處暴力分子的行動，往日那種「鎮壓／暴力／鎮壓」的惡性循環似又重現，世人不禁要問：科西嘉民族自決問題何時才能獲得解決？

1981 年以前的法國政府通常認為科西嘉民族自決問題乃是暴力犯罪的問題，亦即觸犯普通刑法的問題，而非政治問題，例如前總統季斯卡（Valéry Giscard d'Estaing，任期 1974-1981）在 1978 年 6 月 9 日視察科西嘉時語氣強硬地說：「沒有科西嘉問題，只有科西嘉製造的問題。」（*il n'y a pas de problème corse, il n'y a que des problèmes en corse*）。[4] 季斯卡負氣的話無法改變科西嘉民族自決問題存在之客觀事實；然而，科西嘉民族自決運動自 1970 年代起至今已奮鬥數十年，為何仍未能如願達成目標？科西嘉民族自決運動的困境何在？這是本文要探討和回答的問題。

本文先概述科西嘉民族自決運動之歷史背景，再嘗試從民族主義勢力分裂且相互殘殺、法國政府採取鎮壓與懷柔的兩手策略、科西嘉人口流失、宗派之制約、缺乏國際奧援等不同角度進行分析，以明瞭科西嘉民族自決運動之困境；結論部分則指出困境的癥結所在，並提出建言。

二、歷史背景

科西嘉因為地處地中海心臟位置，為南歐與北非，東地中海與西地中海往來必經之地，具有極高之戰略價值。因此，歷史上她曾經多次遭遇外力入侵和鎮壓，例如希臘人、迦太基人、羅馬人、汪達爾人、拜占庭人、倫巴底

---

3. "L'incendie à l'Assemblée de Corse unanimement condamné, sauf par les indépendantistes," *Le Monde* (Paris), 13 Janvier 2008, p. 6.

4. "Le Président en colère," *Corse-Matin* (Corse), 10 Juin 1978, p. 1.「民族自決」為科西嘉問題之核心。

人、摩爾人、比薩共和國、熱那亞共和國均曾在法國之前統治過科西嘉。過去科西嘉人即是生活在基督教與伊斯蘭教、歐洲與非洲勢力進退消長之間，科西嘉人甚少有機會能自行決定其命運，此種殖民地處境實與科西嘉人的強悍性格形成強烈對比。

　　熱那亞統治科西嘉時期，把許多土地轉予熱那亞的某些貴族，而且大量榨取科西嘉天然資源和物產，因此科西嘉人認為熱那亞人只是將科西嘉視為可以獲利的殖民地而已。[5] 此外，熱那亞為防止科西嘉人反叛而推行「解除武裝」政策，導致武力不足以自衛的科西嘉基督徒百姓暴露在異教徒穆斯林的攻擊危險之下，1564 年遂爆發科西嘉歷史上第一次有計畫且有組織的尚皮耶諾・科索（Sampiero Corso）之革命運動。[6] 1684 年法王路易十四不滿熱那亞增建戰艦以圖聯合西班牙攻打法國，乃派兵攻打熱那亞，熱那亞國力和聲譽受到重創，科西嘉人趁機揭竿起義，反抗熱那亞人的統治。科西嘉反熱那亞的革命在 1755 年產生新的領導者巴斯卡・包利（Pasquale Paoli），他帶領科西嘉人建立屬於科西嘉人的國家。[7]

　　當時熱那亞國力已衰，無法獨自撲滅科西嘉國，但熱那亞洞察局勢，知道正與英國進行「七年戰爭」的法國亟欲尋找機會削弱英國，因此積極設法將法國勢力引入科西嘉，以對抗英國的覬覦。1768 年 5 月 15 日，熱那亞與法國簽署《凡爾賽條約》，[8] 暫時將科西嘉交由法國治理，法國則以金援熱那亞作為補償，[9] 科西嘉人因此認為科西嘉形同被熱那亞「售予」法國，對

5.　Corrado Tommasi, *L'Administration de la Corse sous la domination génoise, 1300-1768* (Paris: P.U.F., 1912), p. 85.

6.　Emmanuel Bernabéu-Casanova, *Le nationalisme corse: genèse, succès et échec* (Paris: L'Harmattan, 1997), p. 23.

7.　Mathieu Bartoli, *Pasquale Paoli, père de la patrie corse* (Paris: Allbatros, 1974), p. 31.

8.　全名為《國王與熱那亞共和國之間的條約：為熱那亞保管科西嘉島》（*Traité entre le Roi et la République de Gênes : Conservation de l'isle de Corse à la République de Gênes*），因在凡爾賽（Versailles）簽訂，故亦稱為《凡爾賽條約》。

9.　《凡爾賽條約》共 16 條，但最後附加兩條「獨立且秘密之條文」（articles séparés et secrets），其中第 2 條規定法國每年予熱那亞 200,000 利弗之補助，為期十年。

熱那亞極不諒解。

但包利拒絕讓 14 萬科西嘉生靈臣服於法國的統治，科、法雙方激戰遂不可免。科西嘉軍隊雖英勇作戰、保衛家園，然因雙方軍力懸殊而挫敗。科西嘉再次被強權征服。1789 年 11 月 25 日法國國民會議發布法令：「科西嘉為法蘭西帝國之一部分，島上居民將與其他法國人受同一部憲法之統治。」[10] 此一法令極為重要，因為它使科西嘉走出 20 年（1768-1789）的不確定期，科西嘉在法理上正式為法國所有。

科西嘉自 18 世紀末併入法國後，其民族自決運動即歸於沉寂；當 19 世紀歐洲被弱小民族的獨立風潮撼動時，科西嘉幾乎未聞任何類似的主張或行動。當時科西嘉民族意識薄弱，除了法國政府的壓制且科西嘉人對世界第二強權法國有幻想外，也有經濟和社會方面的因素（政府機構大量雇用科西嘉人），科西嘉向義大利靠攏的現象因此產生轉變，法國的語言和文化開始在該島凌駕義大利的語言和文化。

1870 年 9 月法國於色當（Sedan）戰役慘敗後國際聲望受挫，為了挽回科西嘉民心，第三共和政府在殖民地政府和軍隊中提供大量工作機會予科西嘉人。[11] 然而，法國殖民地開拓時代科西嘉人職業上的成就卻隱藏著科西嘉內部的危機，因為人口外移情形日益嚴重，對該島經濟造成不利的影響，甚至導致科西嘉地區主義誕生（1960 年代）。地區主義達到巔峰後不久，1972 年科西嘉發生「紅污泥事件」（l'affaire des "boues rouges"），[12] 地區主義者

---

10. *Cahiers d'histoire et de documentation* (Paris: publiés par le Groupe parisien d'études corses historiques et scientifiques, 1949-1950), p. 173.

11. Emmanuel Bernabéu-Casanova, *Le nationalisme corse: genèse, succès et échec*, p. 35.

12. 「紅污泥事件」發生在 1972 年 4 月，科西嘉人獲知一家名為「蒙得狄松」（Montedison）的義大利公司將有毒的廢棄物二氧化鈦（bioxyde de titane，因其色紅，故名「紅污泥」）丟棄在科西嘉海角（le cap corse）之海灘上，導致附近 40 英里被污染的海域在 4 個月內有 5 條巨鯨中毒而死。消息被媒體批露後，引起科西嘉人的憤怒；科西嘉人不僅僅對那家義大利公司不滿而已，更覺得法國政府對科西嘉人不太關心，因為政府始終未積極採取行動保護科西嘉的海岸和環境。Cf. Lucia Molinelli Cancellieri, *Boues rouges, la Corse dit non* (Paris: L'Harmattan, 1995), pp. 7-174.

對法國政府不滿，進一步要求自治，自治主義遂蔚為主流，科西嘉民族自決運動於焉復甦。1975 年 8 月自治主義者對政府採取大動作抗爭行動（即「阿列里亞事件」〔l'évenement d'Aléria〕），[13] 而公權力又處置失當，導致部分科西嘉人群情激憤，認為自治主義之主張與手段過於溫和，無法令法國政府正視科西嘉處境，唯有採取激烈手段才能迫使政府坐上談判桌，民族主義者於是提出獨立之訴求，此外更頻頻以暴力破壞、暗殺等手段宣洩不滿，藉此向政府施壓，科西嘉民族自決運動因此走向激進化。

三、科西嘉民族自決運動遭遇的主要障礙

科西嘉民族自決運動自 1970 年代復甦後，迄今已逾 30 年，然而既未獲得自治之權力，亦未實現獨立之目標，揆其原因，係由於遭遇下列五項障礙：民族主義勢力分裂且相互殘殺、法國政府採取鎮壓與懷柔的兩手策略、科西嘉人口流失、宗派之制約、缺乏國際奧援。茲依序分析如下：

---

13. 此事源於自治主義領導人艾德蒙・希摩尼（Edmond Simeoni）在「科西嘉復興行動」（Azzione per a rinascita di a Corsica）大會中揭發「黑腳」（pieds-noirs，指法國自北非返國之僑民）在酒中加糖縮短發酵期矇騙消費者的醜聞。「黑腳」會在酒中加糖，其實亦有其苦衷。「黑腳」於 1962 年以後前來科西嘉殖民，但後來發現科西嘉並不如先前想像的那樣美好，因為定居 13 年後，東部平原仍是窮鄉僻壤，沒有公路、沒有鐵路，同時，自阿爾及利亞引進的葡萄籽不適應科西嘉氣候，以致收成後釀成的葡萄酒無法測出其酒精濃度。某些「黑腳」葡萄農遂在酒中加糖促其發酵以產生酒精，惟此種詐欺行為已嚴重損害科西嘉葡萄酒之整體商譽。自治主義人士（艾德蒙・希摩尼及其追隨者）遂決定將「黑腳」的詐欺行為公諸於世，以與科西嘉人之循規蹈矩作區隔。1975 年 8 月 21 日上午，艾德蒙・希摩尼率數位自治主義分子，攜獵槍占領了阿列里亞一位名為亨利・德貝意（Henri Depeille）的「黑腳」葡萄農的酒窖，目的是揭發他在酒中加糖，損害科西嘉葡萄酒聲譽之詐欺行為，以及他涉入一件財務醜聞，卻未受到起訴之不合理情形。艾德蒙・希摩尼原期待政府出面以調解方式化解此一事件；自治主義分子也打算舉行記者會，與社會各界人士接觸，他們也已通知記者：「我們只在此停留 3 天。」然而，當外界正在凝聚力量支持占領酒窖者時，憲警即開始對酒窖發動攻擊，公權力以不符比例原則之粗暴手段對付占領酒窖者：2,000 名憲兵，外加數輛輕型坦克和數架軍用直昇機，對占領者進行嚴厲之鎮壓行動，其場景與戰爭無異。雙方交火後，有 2 名軍人（屬「共和國治安部隊」）死亡，數人受傷。Cf. "Dossier: la Corse est-elle française?," *L'Histoire* 244 (Juin, 2000), p. 52.

（一）民族主義勢力分裂且相互殘殺 [14]

　　科西嘉民族自決運動於 1970 年代復甦後，最初只要求法國政府給予科西嘉自治的權力。當時的地區主義者和工團主義者曾共同制訂一份綱領，其中明文提到「科西嘉國」（nation corse）、「文化認同」、「尊嚴」和承認「科西嘉人民」（le peuple corse）之存在。他們要求政府讓科西嘉島「自決」，並給予「內部自治之權利」。[15] 隨後成立的自治主義組織「祖國聯盟」（Unione de a patria）更強調，「地方化已無法再作為科西嘉民族反殖民戰鬥的目標」，[16] 並宣稱「要以合法手段達成科西嘉人民掌握自己命運的深切期望」；該聯盟同時也希望政府能大幅度轉移權力予科西嘉，並允許科西嘉人以直接、普遍、按比例之方式選舉議員組成一個科西嘉立法議會（une Assemblée législative corse）。艾德蒙·希摩尼領導的自治主義組織「科西嘉地區主義行動」（Action Régionaliste de Corse, ARC）出版的書籍《自治》（*Autonomia*）也闡述相同的論題；該書主張，政府應給予「科西嘉人民」法律上的承認，地方必須接收除了國防和外交以外的所有管轄權，並以一個諮詢性質的經濟、社會和文化委員會輔助之，該委員會有權表決有關科西嘉的特別法；島內行政由一個執行機構負責，此機構由立法機關的一個委員會籌組，並向其負責；一個由雙方相同員額代表組成的高等仲裁法院負責裁決法國和科西嘉之間的爭端。[17] 艾德蒙·希摩尼在《世界日報》（*Le Monde*）上進一步說明：「……只有在法國框架內的內部自治才能為我們保證工作機會『科西嘉化』、重建公民主義、流亡者返鄉、吾人語言和文化的復甦、本地大學的重新開張、訓練科西嘉年輕人適應一個由科西嘉人且為科西嘉人（par les Corses et pour les

---

14. 在科西嘉，民族主義（nationalisme）包含自治主義（autonomisme）與獨立主義（indépendantisme）。
15. Lucia Molinelli Cancellieri, *Boues rouges, la Corse dit non*, p. 33.
16. Lucia Molinelli Cancellieri, *Boues rouges, la Corse dit non*, p. 35.
17. Cf. ARC (Action Régionale de Corse), *Autonomia* (Bastia: Arritti éditions, 1974), pp. 70-72.

Corses）計畫和執行的經濟發展。」[18] 換言之，自治主義要求讓科西嘉在法蘭西共和國內擁有自治地位，不要求與法國分裂，立場和訴求相當溫和。[19]

　　但就在許多合法的地區主義組織漸漸轉變為主張自治主義之際，[20] 不合法的地下組織則主張為民族的解放而鬥爭。例如 1973 年 10 月，「科西嘉愛國人士解放陣線」（Fronte paesanu corsu di liberazione, FPCL）警告將展開謀殺行動，它要求：撤除所有殖民設備、撤離殖民者、公務人員、外籍兵團和占領軍；重新分配土地予島民；承認科西嘉國；在學校和行政機關使用科西嘉語；科西嘉文化官方化（l'officialisation de culture corse）。由於未獲政府回應，該組織遂發動首次「藍夜」（nuit bleue）炸彈攻擊行動。[21] 這次行動後，科西嘉民族自決運動內部已因是否應該爭取獨立、是否應該採用暴力與激進之手段迫使政府屈服而出現爭執。

　　法國政府一向認為科西嘉自治主義者主張之「自治」其實是「獨立」，事實上並非如此。自治主義者主張之「內部自治」之意義，在 1974 年 6 月「科西嘉地區主義行動」（ARC）集體編纂之《自治》一書中有極清楚之解釋：「有必要指出內部自治的真正內涵，由於忽視或故意，有人常將它與獨立視為同義詞。內部自治意即『局部自治』（une autonomie partielle），只適用於社區或領土的『內部領域』（domaine interne）之事物；此一內部領域可有不同內涵，但永不包含外交事務與國防，這兩項在任何情況下（即使自治範圍擴大），均屬於唯一握有主權之中央政府。」[22]

----

18. "E. Simeoni: l'autonomie corse dans le cadre français," *Le Monde* (Paris), 6 Décembre 1974, p. 3.

19. Paul Hainsworth et John Loughlin, "Le problème corse," *Contemporary French Civilization* 8:3 (March, 1984), p. 355.

20. 自治主義組織最初僅有由「科西嘉地區主義行動」蛻變而來的「科西嘉復興行動」（Azzione per a rinascita di a Corsica），以後陸續出現許多同質性之組織或次級團體，例如「科西嘉愛國人士解放陣線」（Fronte paesanu corse di liberazion, FPCL）、「包利司法」（Ghjustizia paolina）、「科西嘉社會主義黨」（partitu corsu per u sucialisimu, PCS）……等，至 21 世紀初，這類組織或次級團體總數已超過 20 個。本文為了分析之便，以下將它們統稱為「自治主義陣營」。

21. 夜空在炸藥爆炸之火光照射下呈藍色，故名「藍夜」。

22. ARC, *Autonomia*, p. 13.

什麼是自治的科西嘉的「內部領域」？它有一項標準：內部領域必須包括科西嘉人民為確保其生存而必須保衛、但卻受到殖民化的、掠奪的行為所侵犯或將侵犯之事務。上項標準適用於所有與科西嘉開發相關之經濟、社會和文化事務：農業、觀光業、工業、手工業、土地開發、就業市場、各級教育、職業訓練、文化祖產、基礎建設、對內對外貿易、公共服務等。對於上述事務，自治的科西嘉必須享有目前國家執行的權能，即立法、行政、財政和司法之權能。在內部領域，科西嘉必須能表決法律、執行法律、發布行政命令和規則、制裁犯法行為。最後一項（即制裁犯法行為）可能令人驚訝，但這是最重要的。如果科西嘉無法制裁違反規定的人，或者如果必須根據一種蔑視科西嘉自治的法律審判這些人的話，科西嘉在內部自治的架構內即無法援引法條制止某些人士或公司在其領土上進行土地投機。因此，在內部領域裡存在司法問題，有待科西嘉與中央政府商訂詳細之協議。[23]

　　其實，統一國家（l'Etat unitaire）之觀念並不妨害國家賦予所屬島嶼內部自治之權利。義大利 1948 年憲法第 5 條、葡萄牙 1976 年基本準則（les norms fondamentales）、西班牙 1978 年基本準則中，均有「國家是統一的」之規定（例如義大利：「共和國為單一且不可分割」；葡萄牙：「國家是統一的」；西班牙：「西班牙國為不可解散的統一」），但這些國家仍賦予其所屬島嶼內部自治之權利。另外，丹麥在 1948 年的法律中賦予費侯埃島（Feroé）內部自治之權利，名稱為「自治社區」（communauté autonome）；格陵蘭島（Groenland）內部自治之權利則於 1978 年的丹麥法律中明載，其名稱為「特殊社區」（communauté particulière）。[24]

　　面對科西嘉自治主義者的上述要求，時任總統的季斯卡卻自 1974 年 10

23. "Corse: l'autonomie n'est pas l'indépendance," *Le Monde* (Paris), 1er Janvier 1975, p. 3.
24. 義大利和西班牙憲法條文請參閱 Yvan Meny, *Textes constitutionnels et documents politiques* (Paris: Montchrestien, 1989) 和 François Moderne, *L'état des autonomies dans "l'État des autonomies"*. RFDC 1990-2；葡萄牙憲法條文請參閱 Maurice Duverger, *Notes et Etudes Documentaires n°4387-4388*, Doc. Frses. 1976 年 4 月 2 日葡萄牙憲法的條文經過兩次修正（1982 年和 1989 年）。

月起，將科西嘉「雙省化」（bidépartementalisation），即將科西嘉分裂為「上科西嘉」（Haute-Corse）和「南科西嘉」（Corse-Sud）兩省，同時拒絕以政治談判之方式解決科西嘉問題；換言之，季斯卡欲以否認科西嘉問題存在之方式解決科西嘉問題。艾德蒙·希摩尼曾針對法國政府上述決策作如下分析：「科西嘉是法國唯一只有一個省分的殖民地——對不起，是地區。為何有人要設立雙省？因為設立雙省，即增加兩個新選舉遊戲區，有人欲藉此加劇科西嘉南北之鐘樓主義（campanilisme），有人意圖以此『折斷』自治主義人士，尤其有人欲藉此拒斥科西嘉的一切特殊性。」[25] 這些話顯示科西嘉自治主義人士的理念與法國政府的政策幾乎沒有交集，互信蕩然無存，科西嘉民族自決運動已走到歷史的轉折點，自治主義組織內部已出現獨立的呼聲。例如「包利司法」黨（Ghjustizia paolina）要求「帝國主義偽君子」離開科西嘉，「科西嘉復興行動」則敦促艾德蒙·希摩尼在釣竿和步槍之間做選擇，[26] 科西嘉民族自決運動面臨分裂之危機。

1975 年 8 月 21 日發生的「阿列里亞事件」（l'évenement d'Aléria）為科西嘉民族自決運動正式分裂之導火線。該事件發生時，政府處置不當，若干科西嘉自治主義者遂提出獨立之主張，亦開啟往後數十年暴力行動之序幕，自治主義者與獨立主義者從此因理念不同而分裂為不同陣營。部分獨立主義極端分子更利用「阿列里亞事件」後科西嘉社會對法國政府的不滿氣氛，成立地下激進暴力組織——「科西嘉民族解放陣線」（Front de Libération Nationale de la Corse, FLNC）（1976 年 5 月 5 日），[27] 該組織創立者之一彭

---

25. "E. Simeoni: on a tenté de 'casser' les autonomistes," *Arritti* (Corse), 7 Août 1975, p. 2.

26. "L'ARC presse Edmond de choisir entre la canne à pêche et le fusil," *Corse-Matin* (Corse), 18 Décembre 1975, p. 2.

27. 「科西嘉民族解放陣線」（FLNC）是由「科西嘉復興行動」內部異議分子結合兩個地下團體——「農民陣線」（Front paysan）和「包利司法」（Ghjustizia paolina）——的極端分子，利用「阿列里亞事件」和艾德蒙·希摩尼被捕後科西嘉社會的不滿氣氛，成立激進暴力組織——「科西嘉民族解放陣線」（FLNC）。

達拉奇（Bernard Pantallacci）說：「『科西嘉民族解放陣線』將匯集所有的心願和方法，以痛擊法蘭西民族主義。」[28] 此一地下分離組織主張以暴力手段達成科西嘉的完全獨立。[29]

「科西嘉民族解放陣線」在傳單上載明其行動綱領為：

——承認科西嘉人民之民族權利（reconnaissance des droits nationaux du peuple corse）。

——摧毀法國殖民主義全部的工具（軍隊、行政機構、移殖者）。

——建立人民民主政權，表達所有科西嘉愛鄉人士之心聲。

——沒收殖民者與觀光托辣斯的大批地產。

——實踐農業改革以滿足農民、工人、知識分子之願望並除去各種形式之剝削。

——三年的過渡期之後賦予科西嘉人自決權，過渡期間，行政部門須平等對待民族主義勢力和占領者之勢力。此一擺脫束縛之時期可讓我們人民民主地選擇其命運是否要與法國連結。[30]

「科西嘉民族解放陣線」自創立後即一直採取這種混合暴力和以傳統方式宣傳的手法（如散發傳單、報紙等），譴責法國的帝國主義。該陣線的成

---

28. Source audiovisuelle, *1976-1991, l'histoire du FLNC,le FLNC dans l'Histoire* (Aiácciu: Édition Paese, 1991), 100min.

29. 獨立主義組織除了最初的「科西嘉民族解放陣線」外，以後陸續出現許多同質性之組織或次級團體，例如「科西嘉陣線」（Fronte corsu）、「科西嘉民族主義委員會」（Cunsulta di a ghjuventu nazionalista corsa, CGNC）、「科西嘉民族會」（l'Accolta naziunale corsa, ANC）、「民族議會」（A Cuncolta naziunalista）、「自決運動」（le Muvimientu per l'autodeterminazione, MPA）……等，至 21 世紀初，這類組織或次級團體總數已達 20 餘個。本文為了分析之便，以下將它們統稱為「獨立主義陣營」，並將此陣營與自治主義陣營合稱為「民族主義陣營」或「民族主義勢力」。

30. Tract du FLNC, 5 Mai 1976.

員有時白天是合法團體的成員，晚上則變成暴力的獨立主義分子。[31] 暴力獨立主義分子只占科西嘉人口的少數，但他們計畫性的炸彈攻擊行動造成一種鎮壓／暴力／鎮壓的循環，以致全島均籠罩在不安定的氣氛之中。例如「科西嘉民族解放陣線」在成立當天午夜即在科西嘉、巴黎、尼斯和馬賽製造「藍夜」，總共發動二十一次炸彈攻擊，此後科西嘉夜晚即經常點綴著爆炸和破壞的聲音。[32]

但艾德蒙・希摩尼在「科西嘉民族解放陣線」成立後立即與該組織保持距離，而且明確表示拒絕接受錯綜複雜的地下暴力行為和會造成科西嘉人相互衝突的危險做法，理由是這種暴力的行動會對民族自決運動的訴求產生反效果。[33]

除了上述理念的差異使民族主義的力量無法凝聚之外，自治主義陣營與獨立主義陣營之間的相互殘殺，使兩陣營均折損許多優秀領導人和中堅分子，科西嘉民族自決運動力量因而更進一步走向衰弱。暴力的獨立主義分子所發動的炸彈攻擊與謀殺行動分為兩類，第一類是獨立主義分子針對象徵剝削或歧視科西嘉人權益之建築物和人士之暴力行為，另一類則是針對自治主義陣營人士或己方陣營內部的異議分子採取的暴力行為。第一類行動的主因是對法國治理科西嘉失策的不滿，第二類行動的主因則是理念差異與私人恩怨。第二類行動占科西嘉暴力行動之最大宗，因為此類行動有當地的社會人文背景，此即科西嘉（也是地中海區）「族間仇殺」（vendetta，即私人復仇）的傳統。

據統計，科西嘉 1964 至 1970 年總共發生 100 件謀殺案（attentats），1971 年為 9 件，1972 年為 18 件，1973 年為 42 件，1974 年為 111 件，1975

---

31. 此種地下運動團體常有分裂之傾向，例如「科西嘉民族解放陣線」即與「科西嘉革命旅」（Brigades Révolutionnaires Corses）分道揚鑣。Cf. Paul Hainsworth et John Loughlin, "Le problème corse," p. 367.

32. Paul Hainsworth et John Loughlin, "Le problème corse," p. 356.

33. Edmond Simeoni, *Un combat pour la Corse* (Paris: le cherche midi, 2003), p. 97.

年有 226 件，1980 年有 462 件，其中有 63 件在島外；1982 年的謀殺案達
802 件，此後雖有減少，但 2002 年仍有 221 件（參看表一）。[34]

表一　科西嘉謀殺案

年	1971	1976	1982	1987	1992	1997	2001	2002
件數	9	345	802	480	400	221	130	221

備註：作者自繪表格

資料來源：Marianne Lefevre, *Géopolitique de la Corse* (Paris: L'Harmattan, 2000), p. 20. Alessandri Pantaléon, *Indépendantiste corse, mémoires d'un franc-tireur* (Paris: Éditions Calmann-Lévy, 2002), p. 196.

　　總計自 1980 年代初以來，自治主義陣營與獨立主義陣營之間的鬥爭已
經直接或間接造成至少 220 人死亡，此一數字遠超過被民族主義者殺害之非
民族主義人士之數字（約 10 餘人）。[35] 上述謀殺行動所以能造成震撼，係因
1960 年代初科西嘉「秘密武裝組織」（Organisation armée secrète, OAS）[36] 將
塑膠炸藥引進科西嘉，由於殺傷力驚人，大幅增加謀殺成功之機率。[37]

　　然而，面對無止境的謀殺行動，科西嘉人已有某種程度的厭倦，即如《科
西嘉》（*Kyrn*）[38] 月刊之社論（出刊於 1981 年 4 月）對此所做之評論：

> 我們已經習慣一切，即使是暴力。昨天，即使最小的謀殺案都可成
> 為各報頭條新聞；今天則被縮小為「各類事件」欄中的二行字。昨
> 天，「藍夜」會是年度大事；今天，它不會比路上的一場大車禍更
> 引人注意。炸彈已成為日常生活的一部分，只有受害者才會感到受

---

34. Marianne Lefevre, *Géopolitique de la Corse* (Paris: L'Harmattan, 2000), p. 20; Alessandri Pantaléon, *Indépendantiste corse, mémoires d'un franc-tireur* (Paris: Éditions Calmann-Lévy, 2002), p. 196.
35. "Corse: attentats par explosifs," *Le Monde* (Paris), 27 Novembre 1998, p. 4.
36. 該組織活躍於 1961 年至 1963 年，其宗旨是以暴力反對阿爾及利亞獨立。其中某些激進人士甚至成立「科西嘉獨立委員會」（Comité pour l'indépendance corse, CIC），要求法國政府讓科西嘉獨立建國。
37. "Dossier: la Corse est-elle française?," p.51.
38. Kyrn 此字源自「科西嘉」之希臘文寫法 Kurnos。

影響，尤其是當保險公司厭惡賠償他們的時候⋯⋯。科西嘉目前是地中海擁有最多使用炸藥的人和警察的地方，此地打破了炸藥謀殺和政治犯數目的紀錄，此地有一群已厭倦暴力和鎮壓的人，對一切都不在乎。[39]

　　換言之，頻繁出現的恐怖主義行徑激起了科西嘉人民排斥民族主義者的情緒。科西嘉人其實是自治主義和獨立主義的綜合體，渴望在和平的環境中生活。科西嘉人對暴力謀殺的厭倦情緒在 1998 年 2 月 6 日科西嘉地區省長（préfet de région）艾利涅克（Claude Érignac）遭刺殺後達到頂點。這次謀殺引發科西嘉各大城市前所未見的上萬人的大規模示威遊行，他們同時抗議過去民族自決運動不同陣營之間的各種鬥爭行動。這種厭倦暴力的情緒立即反應在 1998 年 3 月 15 日和 22 日的科西嘉議會選舉上，自治主義和獨立主義候選人的得票率明顯地受到不利的影響。第一輪投票時，獨立主義陣營和自治主義陣營之候選人總共只得到 17.33% 之選票，比 1992 年第一輪投票時少 3.75 個百分點。第二輪投票時，「科西嘉人民聯盟」（Unione di u Populu Corsu, UPC）之自治主義者無人當選科西嘉議會之議員；只有獨立主義陣營之派系「民族議會」（ACN）得到 4.6% 的選票，成為民族主義陣營中唯一有候選人當選之派系。[40] 雖然兩陣營後來為了贏得選舉而刻意短暫和解，甚至聯合提出競選名單，但是 2004 年 3 月 28 日科西嘉議會選舉第二輪投票結果，自治主義與獨立主義組織提出之候選人，只獲得 24,652 張選票，得票率為 17.34%，當選 8 席，[41] 低於選前之預估值。此一得票率令自治主義陣營與獨立主義陣營頗失望，但亦可看出科西嘉民族自決運動已因其分裂和暴力鬥爭付出代價——無法贏得大多數科西嘉人民的支持。

---

39. Aimé Pietri, "Éditorial," *Kyrn* 220 (Avril, 1981), p. 7.

40. "Les résultats des élections territoriales en Corse," *Le Monde* (Paris), 18 Mars 1998, p. 4;25 Mars 1998, p. 4.

41. "Second tour des régionales et des cantonales," *Le Monde* (Paris), 30 Mars 2004, p. 39.

（二）法國政府採取鎮壓與懷柔的兩手策略

　　法國政府對科西嘉的立場並非一成不變。它的政策是先強硬，若無效，再讓步。例如，「阿列里亞事件」後，政府下令解散「科西嘉復興行動」，但科西嘉人強烈抗爭，季斯卡總統於 1975 年 9 月 12 日致席哈克總理的信中即暗示性地說：「在那個造成兩人死亡的事件之後，現在應該找出徹底解決問題之道，那些問題是我們的科西嘉同胞關心的，也是政府過去致力解決而一直沒有找到辦法的問題。……我希望你考慮到科西嘉心靈的特殊敏感性。」[42] 此外，法國政府也做了一件象徵綏靖的事情，即派遣一位科西嘉人──里歐拉奇（Jean-Etienne Riolacci）──擔任科西嘉省長。另外，更決定設立「土地規劃與農村設施公司」（SAFER），將允許各地區居民享有優先購買當地土地的法律權利（科西嘉人 7 年來無法享有該權利）還給科西嘉人。[43]

　　又如，地下暴力組織「科西嘉民族解放陣線」成立並製造「藍夜」後，季斯卡的態度最初十分強硬，例如 1978 年 6 月 9 日他視察科西嘉時，在巴斯提亞（Bastia）語氣強硬地說：「沒有科西嘉問題，只有科西嘉製造的問題。」[44] 但是季斯卡後來發現科西嘉人並未被政府的威權震嚇，反而製造更多的示威和破壞事件，於是又開始認真考慮某些自治主義者的訴求，例如重新開辦科西嘉大學。政府選擇把大學設在交通十分不便（特別是冬天）的內陸古城科特（Corti），並命名為「科特大學」，其目的顯然是為了討好民族主義者，因為科特是 18 世紀獨立的「科西嘉國」的首都。

　　一般而言，1981 年以前，法國第五共和歷屆政府均視科西嘉民族主義動亂為公共秩序問題，無絲毫合法性，因此在任何情況下，滋事者均不得為政

---

42. "Corse: une lettre du Président à son premier ministre," *Le Monde* (Paris), 14-15 Septembre 1975, p. 3.

43. Emmanuel Bernabéu-Casanova, *Le nationalisme corse: genèse, succès et échec*, p. 126.

44. "Le Président en colère," *Corse-Matin* (Corse), 10 Juin 1978, p. 1.

治對話者，政府亦長期拒絕給予科西嘉特殊地位。季斯卡執政時，不但拒絕承認「科西嘉人民」之存在，對科西嘉語言和文化亦不關心，尤其對涉及「統一的國家」之問題均拒絕作任何讓步。換言之，季斯卡在給予科西嘉大量經濟補助之餘，在有關憲法對制度的安排上，仍維持雅各賓派那種激進民主主義的立場（Jacobin position）。[45] 但自 1981 年起，為徹底化解科西嘉民族自決運動對法國和科西嘉社會帶來的壓力，法國政府的政策有重大改變。1981年初總統大選時，社會黨總統候選人密特朗（François Mitterrand）承諾當選後將特赦科西嘉囚犯、廢除國家保安法庭（la Cour de sûreté de l'Etat）、實施去中央化（décentralisation），並給予科西嘉特殊地位。[46]

在「去中央化」的議題上，社會黨的立場比右派政黨前衛，該黨曾聲明贊同將權力重新分配予地區，例如 1981 年賀加（Michel Rocard）說：「左派贊同共和國的統一與不可分割性，但也認為此種統一應確保各地區能以它們的認同為傲，在面對一個權力不再無所不在、不再伸向四面八方的國家時，能保障公民及其社會之自由。」[47] 密特朗自 1970 年代起承認科西嘉問題具有特殊性，而且希望儘速解決之。為此，他利用 1974 年 3 月 17 日科西嘉社會黨聯盟大會在吉舒納恰（Ghisunaccia）開會時，推動以投票表決方式通過決議，要求社會黨指導委員會逕行宣布承認科西嘉人民的文化認同，[48]科西嘉在特殊地位架構內之自我管理，因而成為社會黨實施去中央化政策的目標。在此背景下，1977 年 6 月 3 日，社會黨國會議員主動提議，並將一份有利於科西嘉的法律草案提交國民議會。該法案擬在科西嘉成立一個以比例代表制普選產生的有廣泛權力的地區議會（une assemblée régionale），與季斯卡不斷企圖降低科西嘉問題重要性之立場完全不同。

---

45. Paul Hainsworth et John Loughlin, "Le problème corse," p. 356.
46. 事實上，法國「去中央化」之政治思維非自 1981 年左派執政後才有，在密特朗之前，「去中央化」曾被法國政府提起，而且科西嘉的特殊性亦曾被提及，但實施之日一直遙遙無期。
47. Michel Rocard, "La région, une idée neuve pour la gauche," *Pouvoirs* 19 (Février, 1981), pp. 133-134.
48. Michel Rocard, "La région, une idée neuve pour la gauche," pp. 133-134.

由於密特朗的承諾與法國傳統的中央集權化的理念迥不相同，而且對科西嘉有利，因此自治主義者和獨立主義者均對他寄予厚望，相信科西嘉問題可獲得解決。樂觀的氣息不僅瀰漫自治主義陣營，連「科西嘉民族解放陣線」的獨立主義者也認為科西嘉徹底的政治改革有可能實現，該陣線因此於 1981 年 8 月 2 日宣布停止製造炸彈破壞案。

　　左派政黨執政（贏得總統與國會選舉）後，去中央化計畫由內政與去中央化部長（ministre de l'Intérieur et de la Décentralisation）德費爾（Gaston Defferre）負責。他於 1981 年 7 月為科西嘉提出第一次特殊地位法案，該法案與前述 1977 年社會黨所提之有利於科西嘉的法案內容十分接近，計畫對拿破崙建立的行政體系做激進的改革。《科西嘉地區特殊地位法》（Loi n°82-214 du 2 mars 1982 portant statut particulier de la région de Corse）法案於 1982 年 3 月 2 日被國民議會三讀後，以 327 票贊成，156 票反對，表決通過（以下簡稱《特殊地位法》）。[49]《特殊地位法》總共 5 篇（titres）51 條。法案前言稱：「科西嘉是一個特殊例子，即無權力走出鎮壓的陰影……對吾人而言，只有一種解決之道：在法蘭西共和國架構內，承認科西嘉人有自我管理與其相關事務之權利。」[50] 第 1 至 2 條說明科西嘉地區特殊地位之性質，第 1 篇（Art.3-Art.34）規範科西嘉議會（l'assemblée de Corse），第 2 篇（Art.35-Art.37）規範行政機構（l'exécutif），第 3 篇（Art.38-Art.41）規範諮詢委員會（des conseils consultatifs），第 4 篇（Art.42-Art.45）規範科西嘉地區之國家代表（le représentant de l'État dans la région de Corse），第 5 篇（Art.46-Art.51）為各種不同且過度的條款（dispositions diverses et transitoires）。[51] 該法保留地區的架構（le cadre de la région），但賦予科西嘉許多特殊的性質。根據該法，科西嘉擁有「地方行政單位」（la

---

49. Loi n° 82-214 du 2 mars 1982, *Journal Officiel de la République Française*, 3 Mars 1982, pp. 746-748.
50. Loi n° 82-214 du 2 mars 1982, *Journal Officiel de la République Française*, 3 Mars 1982, p.746.
51. Loi n° 82-214 du 2 mars 1982, *Journal Officiel de la République Française*, 3 Mars 1982, pp.746-748.

collectivité territoriale）之地位（第 1 條）；其次，科西嘉可以擁有一個以單一選區比例代表制選出，任期 6 年、由 61 名議員組成之地區議會（Assemblée régionale）；行政權則賦予該議會之議長，議長任期 3 年，可連選連任，由 4 至 6 位副議長輔佐；議長負責準備議案、督導各項收支之執行及管理科西嘉財產。該議會也被准許設立一些處室（agences et offices），負責擬訂文化與經濟發展計畫。該議會在文化領域擁有很大權力，目的是要「給予科西嘉人民自由地發展其文化人格之方法」。從前屬於國家和省的教育訓練和文化方面的權力，現在均移轉至科西嘉議會；該法同時亦根據科西嘉之地理與文化認同而承認某種程度之科西嘉特殊性和人格。該議會另設置兩個輔助性質之專家諮詢委員會，即「經濟暨社會委員會」（le Conseil économique et social）和「文化、教育暨生活環境委員會」（le Conseil de la culture, de l'éducation et du cadre de vie）（第 38 條），後者負責提供科西嘉教育活動和文化前景之意見。[52]

至於「科西嘉地區」（la région corse）之管轄權，係由 1982 年 7 月 30 日通過之另一項法律〔以下簡稱《1982 年 7 月 30 日法》（Loi n°82-659 du 30 juillet 1982）〕所明確界定，項目包括：教育與訓練、通訊、文化、環境、土地規劃、都市發展、農業、住宅與運輸、工作與能源。[53] 換言之，「科西嘉地區」擁有制度上的特殊地位。

《特殊地位法》另一個值得重視的革新是它重視政府與地區之間的溝通，因此提供它們合作與對話之機會。例如，《特殊地位法》最新穎之處是第 27 條，它規定只要實施或制訂中的法律及規則之條文，內容涉及科西嘉地方單位整體之權能、組織與功能時，科西嘉議會得針對這些條文向總理提

---

52. Loi n° 82-214 du 2 mars 1982; "Dossier: la Corse est-elle française?," p. 54; Paul Hainsworth et John Loughlin, "Le problème corse," p. 358.

53. Loi n° 82-659 du 30 juillet 1982, statut particulier, compétences, *Journal Officiel de la République Française*, 30 Juillet 1982, p. 1159.

出其修正或改寫之提案。將科西嘉議會與政府間關係做這種制度化的規範，形同讓該議會擁有間接的法律創制權。再者，科西嘉議會之創立也可證明法國政府的確有將地區事物之管理去中央化之意願，過去由國家直接指揮的情形，也代之以事後由國家指派的特派員進行查核。

《特殊地位法》上述規定象徵國家與地區（État-Région）之關係出現重大突破，而且最重要的是替科西嘉問題找到了可能的解決辦法。法官安東尼（Anne-Cécile et Dominique Antoni）即對科西嘉特殊地位有如下之評語：

> 整體計畫係由一種觀念所引導：實施自治，讓科西嘉可以保存並發展其因島嶼性和歷史而形成的文化認同。因此，原則上是在科西嘉實施去中央化的一般法律並給予特殊權能，外加普通法上的權力。這是地區，不是省，應屬於權力移轉之受惠層級。……法案的「動機（l'exposé des motifs）裡提到「科西嘉人民」，在這一點上，執政當局想滿足那些要求在「法律上」承認「科西嘉人民」的自治主義者。[54]

科西嘉各界對新制度不但評價不一，甚至爆發激烈爭論，民族自決運動乃進一步分裂。溫和的民族主義者願意接受新制度，但激進者則相反；獨立主義人士拒絕為新制度背書，因為他們認為該制度並未完全承認科西嘉人民之權利。民族主義勢力當中，「科西嘉人民聯盟」（UPC）和「科西嘉人民黨」（PPC）對《特殊地位法》之內容持保留態度，但這兩個自治主義勢力仍呼籲科西嘉人參與第一屆科西嘉議會選舉，因為若排除承認「科西嘉人民」之問題，1974 年「科西嘉地區主義行動」出版的《自治》中所規劃的科西嘉內部自治草案，實與 1982 年特殊地位之內涵相當接近。[55] 激進民族主義者則

---

54. Anne-Cécile et Dominique Antoni, "La Corse face à elle-même," *Études* 22 (Décembre, 1982), p. 622.
55. Cf. ARC, *Autonomia*, p. 143.

完全不接受特殊地位，與「科西嘉民族解放陣線」立場接近之「民族主義小組委員會」（CCN）強烈反對特殊地位，它認為該地位提出的改革仍然不夠，既未承認「科西嘉人民之民族權利」（les droits nationaux du peuple corse），亦未承認其自決權，因此特殊地位只是法國政府短暫的恩惠而已，[56] 它其實是一個政治陷阱，該組織呼籲其支持者在 1982 年 8 月選舉時不要投票。「科西嘉民族解放陣線」則指責「特殊地位」為一場騙局，目的是要「軟化」科西嘉被殖民之地位。

事實上，過去數年間，設立科西嘉議會和承認科西嘉的特殊性一直是民族主義人士要求之重要項目，而密特朗的社會黨政府在這方面也作了顯著的改進，但應注意的是，「特殊地位」和科西嘉議會能在多大程度上滿足科西嘉各界對改革之要求？再者，能從社會黨政府治理科西嘉的最初階段觀察到什麼改變？[57] 事實上，議會成立後，科西嘉並無重大改變，主因是巴黎不願給予該議會足夠的自治權，也不願撥發足夠的資金以應付科西嘉低度開發的問題。

法國政府准許科西嘉擁有議會之目的，係為了緩解獨立主義人士之獨立訴求，並鼓勵獨立主義和自治主義人士參與選舉。在這方面，「科西嘉人民聯盟」（UPC）的選舉主義（électoralisme）頗受政府歡迎，它至少充實了 1981 年社會黨選舉勝利後與科西嘉的蜜月期。不幸地，蜜月期非常短暫，因為獨立主義運動死灰復燃。「科西嘉民族解放陣線」抗議政府將其「罪犯化」和加強對其施壓（例如增加政治監視、電話監聽、任意逮捕，甚至使異議人士神祕失蹤），這些作為顯然較右派執政時更嚴厲；該陣線也不滿「特殊地位」未正式承認「科西嘉人民」之存在及其自決權，遂恢復進行炸彈攻擊行動，法國政府也迅速採取新一波的鎮壓行動。甫成立的科西嘉議會面對的是

56. "Les Corses dehors!," une affiche de la CCN contre le statut particulier de 1982.
57. Eleonore Kofman, "Differential modernization, social conflict and ethnic regionalism in Corsica," *Ethnic and Racial Studies* 5:3 (July, 1982), p. 309.

一個「鎮壓／暴力活動／更多鎮壓」惡性循環之環境。

對那些期望科西嘉有立即且確實改變的人而言，社會黨政府最初幾年治理科西嘉的政策可能令人失望。但事實上，如果科西嘉有任何改變的話，應是左派政黨之功，因為過去兩年間（1981-1983），執政的社會黨為科西嘉所做之貢獻遠遠超過右派政府二十年間之所為。密特朗政府的科西嘉政策和去中央化計畫的主要目的是「還政於民」，同時維持國家的完整。對社會黨而言，科西嘉與其他地區不同，而且該黨對法科關係為「準殖民狀況」（a quasi-colonial situation）之觀點似亦有同感。該黨不願讓這種引起爭議的狀況持續下去，因此積極重新安排法國和科西嘉之關係。但對科西嘉而言，主要問題在於如何將科西嘉「特殊地位」的特殊性與科西嘉作為法國不可分割的一部分之主張結合起來。不過，社會黨政府準備要做的讓步不是讓科西嘉自治或獨立，而是修正過去的一些政策。然而，由於新制度缺乏該島民族自決運動所要求之獨立或自治，而且擾亂了科西嘉傳統的利益和政治派系，法國政府對科西嘉的新安排因而備受爭議。

在科西嘉社會持續不安的氣氛下，社會黨政府有必要為科西嘉政策再提出新構想。[58] 新任內政部長喬克斯（Pierre Joxe）除選擇以對話方式袪除民族主義人士所有發動暴力攻擊之藉口外，也於7月14日國慶日（傳統的大赦日）擴大特赦巴斯卡（Charles Pasqua）任內拘禁的科西嘉異議分子，此外，更決定構思一個新地位，授予科西嘉更大的自治，並承認「科西嘉人民」之存在。

他認為，在經濟與文化發展的重要領域，地方行政單位之管轄權必須擴大。為此，他參考了歐洲其他島嶼地區的特殊地位，[59] 希望在國家制度中承認科西嘉認同而重建國內的和平。[60] 他得出的結論是，如同其他地中海島嶼，

---

58. Paul Hainsworth et John Loughlin, "Le problème corse," p. 363.

59. Doc. Ass. Nat., 21 Novembre 1990, p. 5803.

60. Jean-Françoi Auby, "Le statut de la France 'périphérique'," *A.J.D.A.* (1989), p. 347; Thierry Michalon, "La République française, une fédération qui s'ignore ?," *Revue du Droit public* 3 (Mars, 1982), p. 626.

科西嘉的特殊性可以合理化其特殊地位。[61]

　　國會討論科西嘉地位時，法律委員會（la Commission des lois）針對喬克斯的理念做了一份報告，報告內容顯然參考了西班牙、葡萄牙、義大利和英國所屬島嶼之情況。報告中強調，上述國家所屬島嶼「與科西嘉之情況可以相互比較，這些島嶼受特殊地位之惠，因此比其他地區擁有更大的自治。」[62] 內政部長在國會中也強調，若要讓科西嘉成為一個被賦予較大權力的特殊行政單位，政府就必須讓該島的地位接近歐洲民主國家針對島嶼地區而採用的普通法的規範。[63] 喬克斯所指的這些歐洲島嶼包括西班牙的巴里阿利群島（Baléares）和加納利群島（Canaries）、義大利的薩丁尼亞島和西西里島、葡萄牙的安索耳島（Açores）和馬德爾島（Madère）、丹麥的格陵蘭島（Groenland）和費侯埃島（Feroé）、英國的央格魯—諾曼地群島（les anglo-normandes）和緬恩島（l'île de Man），這些島嶼均擁有內部自治之地位（un statut d'autonomie interne）。此種地位明載於義大利、西班牙和葡萄牙之憲法（constitution），以及丹麥之法律（loi）中。[64] 換言之，上述國家是以普通法（le droit commun）賦予其某些領土內部自治之地位。喬克斯似乎要仿照上述國家之作法，讓科西嘉往內部自治的道路前進。

　　不過，喬克斯認為對「科西嘉人民」的承認是政治的承認，非法律的承認；喬克斯其實希望藉賦予科西嘉新特殊地位，向民族主義者釋出善意，消除該島獨立主義者使用暴力之藉口。為此，他不但認可科西嘉議會於 1988

---

61. "Corse: la possibilité d'un nouveau statut," *Le Monde* (Paris), 28 Juin 1990, p. 4.

62. Rapport fait au nom de la commission des lois constitutionnelles, de la législation et de l'administration générale de la République sur le projet de loi n°1692 portant statut de la collectivité territoriale de Corse, par José Rossi, député (UDF): n°1706 *Ass. nat. Doc.* Mis en distribution le 19 Novembre 1990, p. 14 et s.

63. "Les îles italiennes, portugaises, espagnoles sont dotées de statuts particuliers et bénéficient pour la plupart d'un régime d'autonomie interne à valeur constitutionnelle," *Ass. Nat. Compte rendu analytique officiel 1er séance 21-11-90*, p. 37.

64. "Le statut des îles européennes," *Note de synthèse Sénat*, cellule de législation comparée, service des affaires européennes, p. 26.

年 10 月承認「科西嘉人民」存在之決議，而且同時提出「科西嘉人民為法蘭西人民之一部分」之觀念，此種觀念過去為科西嘉民族主義人士之重要訴求，但一直在法國大陸引起強大的反對聲浪。可是，民族主義者希望政府更進一步對「科西嘉人民」給予法律上的承認，而非如 1982 年的特殊地位法一般，僅做宣示性之表示。事實上，「科西嘉人民」這種詞語在 1982 年特殊地位法中曾使用過，但憲法委員會在 1982 年 2 月 25 日做成的審查判決未對該詞語表示意見，係因該詞語只出現在法案的「動機」（l'exposé des motifs）中，[65] 無法律約束力，意即就算 1982 年特殊地位法通過該委員會審查，並不表示「科西嘉人民」獲得法律上的承認。

喬克斯規劃的科西嘉新特殊地位法案第 1 條稱：「法蘭西共和國保證作為法蘭西人民之一部分的科西嘉人民所建立的一個充滿活力的歷史和文化社區有權保有其文化認同並捍衛其特殊經濟與社會利益。與島嶼性相關之權利須在尊重國家統一、憲法架構、共和國法律及目前的地位下實施。」[66] 此條的內容與 1988 年 10 月 13 日科西嘉議會通過的決議案內容極為近似，但更接近 1990 年 5 月 11 日該議會通過的另一個決議案：「科西嘉議會無意修正組織法，而是希望對法律上與法蘭西人民有別之一支人民給予文化的意義。……科西嘉議會希望在符合 1982 年 3 月 2 日特殊地位法的『動機』內容下，根據憲法第一篇，重申科西嘉人民的歷史和文化社區為法蘭西人民不可分割之一部分。」[67] 上述文字的意義是：在沒有法律後果的情形下承認科西嘉人民，共和國的統一性未受到質疑，「科西嘉人民」的表述方式不會使國家解體。科西嘉議會也認為科西嘉新特殊地位法案第 1 條使用「科西嘉人

65. 《1982 年 3 月 2 日法》法案的「動機」（l'exposé des motifs）中有下列文字："Le peuple corse composante du peuple français fait partie de la République française mais il doit conduire son avenir dans un cadre institutionnel profondément rénové."

66. La loi n° 91-428 du 13 mai 1991 portant statut de la Collectivité territoriale de Corse, *Journal Officiel de la République française*, 13 Mai 1991, p. 6321.

67. *Compte rendu des documents officiels*, Assemblée de Corse, n°54 du 23 Juin1990, p. 198.

民」一詞將可帶來和平，獨立主義者將沒有使用暴力之藉口。換言之，該法案第 1 條使用「科西嘉人民」可達到承認地區多元性或特殊性之效果，而且確認科西嘉人民為法蘭西人民之一部分，這是一個不具法律影響的政治行動。然而該條文卻遭到憲法委員會的強烈批評。

科西嘉新特殊地位法案送到憲法委員會審查前，該法案第 1 條中「科西嘉人民」這種詞語即遭遇不同的詮釋。首先，內政部長喬克斯的政策方向在多數黨陣營受到質疑，例如謝維內芒（Jean-Pierre Chevènement）等人和左派激進人士朱恰瑞利（Emile Zuccarelli）均以「共和國的統一性」之名義反對承認「科西嘉人民」之存在。相反地，喬克斯反而在右派陣營找到支持者羅西（José Rossi，南科西嘉議員〔UDF-PR〕兼一般委員會〔le conseil général〕主席），因為他希望超越左右派的鴻溝。科西嘉民族主義者則認為，「科西嘉人民」這種詞語並非一般空洞的詞語，它的使用是科西嘉邁向獨立的第一步，是民族解放鬥爭的第一階段的勝利，是組成國家對抗法國的要素。國會雖將法案內容保留下來且投票通過，但憲法委員會於 1991 年 5 月 9 日宣布科西嘉新特殊地位法案的第 1 條抵觸憲法；該委員會指出，憲法所謂的「法蘭西人民」為一個單一人民（un seul peuple），並非其他人民的集合體，因此該條文字違反憲法第 2 條對共和國不可分割性之規定。憲法委員會指出，法蘭西共和國是「不可分割的、俗世的、民主的和社會的，……她確保所有公民，無論出身，在法律之前一律平等。」換言之，「科西嘉人民」的表述方式是違憲的，因為「憲法只承認法蘭西人民（le peuple français）之存在，它是由所有法國公民，無分出身、種族或宗教，所組成的。」[68] 因此，憲法委員會撤銷了該法案的第 1 條。其實，憲法委員會並未探討「科西嘉人民」之真實意義，該詞語只是更清楚地界定科西嘉特殊性和認同的一種表述方式而已。時任該委員會主席之巴丹德（Robert Badinter）似乎僅僅為

---

68. *La décision du conseil constitutionnel*, n°91-291 DC du 9 Mai 1991.

了排斥他眼中可能會使法國走向「社區主義」（le communautarisme）的事物而反對「科西嘉人民」之觀念；[69] 他認為這種背離常道的觀念若走向極端，會導致法國人彼此歧視。除了第 1 條之外，法案的第 26 條也被宣告違憲，因為該條有下列文字：「對科西嘉特殊安排之法案或行政命令需徵詢科西嘉議會。……科西嘉議會得自己決定、或應行政委員會或總理之要求提出建議案，以修正或改寫執行或制訂中之有關科西嘉地方行政單位整體權能、組織和功能之法律、規則等之條文，以及所有有關科西嘉經濟、社會與文化發展之法律或規則之條文。……」上述文字被憲法委員會認定侵犯中央政府之權利。[70]

憲法委員會之見解雖然否定了「科西嘉人民」的詞語，也減損了新地位的政治意義，但憲法委員會並未採取極端手段禁止公布除第 1 條和第 26 條外之其他條文，只是將後續實施的責任丟回給國會和行政部門，因此不妨礙 1991 年 5 月 13 日公布的新地位之實施（該地位因由內政部長喬克斯提出，故亦可稱為「喬克斯地位」），也不妨礙科西嘉新地位作為法國地方組織未來演變之實驗室。

1991 年 5 月 13 日公布的《科西嘉地方行政單位地位法》（*Loi n° 91-428 du 13 mai 1991 portant statut de la collictivité territoriale de Corse*）對《1982 年 7 月 30 日法》而言有新的超越。它給予科西嘉的是一個新地位，這種地位不再是 1982 年法律所規定的那種需配合普通法的特殊地位，也不像歐洲共同體會員國所屬島嶼之地位，這是一種地方行政單位地位（un statut de collectivité territoriale），其名稱為「科西嘉地方行政單位」（la Collectivité territoriale de Corse, CTC），它是法律創造的特例。雖然《羅馬條約》（*les traités de Rome*）第 227 條第 2 款慮及法國海外省分的經濟、地理和社會的

---

69. *Petit Larousse* 對社區主義（le communautarisme）之釋義如下：「這是一種觀念，這種觀念主張應優先將社會組織成社區，而非強調以同一規範和模式同化個人。」
70. *La décision du conseil constitutionnel, n°91-291 DC du 9 Mai 1991.*

特殊性而允許它們適用該條約某些特別和一般條款，而且《馬斯垂克條約》（le traité de Maastricht）附件中的議定書也同意共同體範圍之外的會員國領土得有特殊規範，[71]但未強制會員國採用何種規範，因此科西嘉之地位為何，基本上仍屬法國政府之權限。不過，歐體於 1988 年生效之《歐洲地區化憲章》（la Charte européenne de la régionalisation），要求會員國移轉立法權力予地區，在此情形下，科西嘉未來有可能成為歐洲地區化之實驗室，其地位將可能推廣到全歐洲各地區。總之，科西嘉此次新地位超出規範地區之普通法範圍，但未提到科西嘉具備「自治地位」（le statut d'autonomie）。不過，新地位也使科西嘉成為新型的地方行政單位，原因是她具備可以牴觸規範大都會地區（des régions métropolitaines）的普通法的特殊處境，而非因為她在本質上類似法國的海外領地。

　　新地方行政單位同時具備立法功能和行政功能，而且將立法部門與行政部門分立。立法功能指科西嘉議會具有制訂地方事務相關法律之權力，並可針對與科西嘉相關的特殊法律條文草案提供意見予行政單位，亦即科西嘉議會被承認擁有立法諮詢權和有關立法或規範之提案權；該功能由科西嘉議會五十一位以單一選區、兩輪投票、比例代表制、非混合圈選、任期六年的議員執行。[72]如果某政黨提出之候選人名單在第一輪獲得絕對多數票，該政黨即可額外得到 3 個議員席位。第二輪投票時，在第一輪投票獲得超過 5% 選票門檻之候選人可以參與第二輪競選，但未達門檻之候選人在有必要時可被允許列入合格的名單（les listes qualifiées）參與第二輪投票，因此名單可能合併和重組。

　　行政功能則由行政委員會（le conseil exécutif）的主任委員和六位委員執行，該行政委員會委員由科西嘉議會議員互選產生，且對議會負責；當選

---

71. *Traité sur l'Union européenne*, Commission des communautés européennes, office des publications, Luxembourg, 1992, p. 38, Déclaration relative aux régions ultrapériphériques de la Communauté.
72. 新法律規定，科西嘉議會議員之總人數由以前的 61 名降至 51 名。

行政委員會委員者，視同辭去議員職務；行政委員會另接受一個經濟、社會和文化委員會之襄助。行政委員會擁有關於經濟和社會發展、教育與文化行動，以及空間規劃之專屬權力，同時也設置許多「辦公室」（offices，如運輸辦公室、環境辦公室……）負責在經濟、農業、水利和觀光等領域協助行政委員會之施政（其中運輸辦公室為新設立之單位，為 1982 年之特殊地位所未見），亦即新法律賦予新行政單位普遍管轄權（第 25 條）。[73]

此外，科西嘉議會另有一項使命，即在聽取行政委員會與經社文委員會之意見後，擬訂發展科西嘉語言與文化之計畫，該計畫預定在學校課程中加入科西嘉語言與文化之教學形態。這些教學形態只有在科西嘉行政單位和國家間協議之架構內獲得批准後，才會成為定制。[74] 上述規定與 1982 年特殊地位預期者極為接近，但它們可分為三點：首先，至目前為止由科西嘉議會議長執行之提案權被轉移到行政委員會；另外，新的條文內容未恢復省的事先諮詢權；最後，對學生而言的非強制性質活動（指選修科西嘉語言和文化課程）不再列入法律之中。這最後一項修正使得憲法委員會於 1991 年 5 月 9 日作出第 91-290 號判決；該判決認為，將科西嘉語言教育併入教學時段內，只要不具義務性且不致使島上的學生逃避全法國所有學生均應有之權利與義務的話，不會違反平等原則。[75] 最後，國會並未賦予法語和科西嘉語「共同官方」地位（le statut de "coofficialité"），因此界定科西嘉語言和文化角色之權責乃屬於科西嘉議會。[76]

總之，法國政府因去中央化政策而轉移予科西嘉的權能，較轉移予

---

73. La loi n° 91-428 du 13 mai 1991 portant statut de la Collectivité territoriale de Corse, *Journal Officiel de la République française*, 13 Mai 1991, p. 6321.

74. 1991 年 7 月 10 日針對科西嘉之跨部會小組（le comité interministériel sur la Corse）決定在大學教師訓練所（l'Institut universitaire de formation des maîtres, IUFM）中增設科西嘉語言和文化選修課程。

75. *La décision du conseil constitutionnel, n°91-290 DC du 9 Mai 1991.*

76. 科西嘉議會已於 1989 年 2 月 2 日通過第 89-11 號決議，承諾推廣科西嘉語並支持歐洲理事會（le Conseil de l'Europe）針對少數群體語言所通過之第 192 號決議。

其他大都會地區的權能為多，科西嘉議會除了未具有標準的自治權力（un pouvoir normatif autonome）外，其功能實已類似中央政府監督下的迷你國會。

惟上述權能的轉移仍無法滿足科西嘉自治主義者與獨立主義者，科西嘉省長艾利涅克（Claude Érignac）被刺及茅舍事件（l'affaire des paillotes）發生後，[77] 法國政府決心發動新一波改革，此即由總理喬斯潘（Lionel Jospin）規劃而於 1999 年底啟動之馬提尼翁進程（le processus de Matignon），該進程的成果是達成《2002 年 1 月 22 日第 2002-92 法》（*la Loi n°2002-92 du 22 janvier 2002*）之公布。

政府定稿之文件預定分兩階段對科西嘉地位進行改革，同時修正憲法。第一階段預定以實驗之名義移轉立法權予科西嘉議會，但不改變源自「喬克斯地位」之科西嘉地方行政單位（CTC）之架構。第二階段預定在 2003 年至 2004 年期間修訂憲法，俾廢除「上科西嘉」與「南科西嘉」之一般委員會（le conseil général），並維持一個在國會監督下具立法權之單一議會（une assemblée unique）。[78] 自第一階段起，重要的補充性權力（les compétences supplémentaires）即會移轉至科西嘉議會。此計畫同時包含一個重要的經濟項目，即一份投資特別計畫（PEI）和設立投資所得稅信貸機構（un crédit d'impôt sur l'investissement），目的是取代即將期滿失效之朱貝（Juppé）「免稅區」（la zone franche）。該計畫也打算將科西嘉語教學置入幼稚園和小學的正常教學時段中，但不增加學生父母額外之金錢負擔。[79]

該計畫草案依規定送交行政法院（le Conseil d'État）審查，該法院於

---

77. 「茅舍事件」大要如下：成立於 1998 年、旨在支援省長任務之「安全隊小組」（Groupe de pelotons de sécurité, GPS）的數名憲兵被控於 1999 年 4 月 20 日縱火燒毀阿佳修近郊海灘上的「法郎西之家」（Chez Francis）的茅舍。這些憲兵事後承認縱火，但聲稱奉波內省長（Préfet Bernard Bonnet）之命行事，波內卻否認下令。Cf. Préfet Bernard Bonnet, *À vous de juger, contre-enquête sur une affaire d'État en Corse* (Saint-Amand-Montrond: Flammarion, 2001), pp. 73-76.

78. 即科西嘉議會。

79. Jean-Vitus Albertini et Paul-Fraçois Torre, *Jospin: le pari corse, histoire du processus de Matignon* (Ajaccio: Albiana, 2002), p. 31.

2001 年 2 月 8 日提出極嚴苛之意見。行政法院對草案第 7 條有關科西嘉語、科西嘉繼承辦法逐漸回復到普通法管轄，以及以實驗名義移轉立法權予科西嘉議會之相關規定均持保留態度。法院上述意見對馬提尼翁進程造成衝擊。國民議會對上述法案進行一讀前，政府改寫了一部分法案內容，俾行政法院批評最烈的項目能減少爭議性。然而，由於這份經國民議會一讀表決通過的法律文件內容與 2000 年 7 月政府提出的政策方向相比，有明顯的退縮。科西嘉參與馬提尼翁進程之人士對此十分失望，特別是獨立主義人士，他們因而於 9 月底退出該進程之談判。[80]

由於國會反對黨議員之要求，憲法委員會乃審查「以實驗為名移轉有限立法權予科西嘉議會」（Art. 1）是否違憲，最後該條文幸運通過審查。[81] 數日後，經過大幅修正但仍維持移轉重要權力予科西嘉議會的「馬提尼翁進程」第一階段生效，此即《2002 年 1 月 22 日第 2002-92 法》（*la Loi n°2002-92 du 22 janvier 2002*），它修正了「喬克斯地位」，賦予科西嘉第三次「特殊地位」。

該法律總共 5 篇 54 條，含有許多從國家轉移到科西嘉議會的新而重要的管轄權，如研究與職業訓練、教育（附帶興建大學校舍之責）、文化、對企業之補助、土地規劃、農業與森林、打獵、環境、水源管理、觀光、運輸（附帶港口和機場之管理）等。該法律的「動機」（l'exposé des motifs）中，明文指出政府預備進行「第二階段」，主要目標為憲法改革。它是政治約定而非法律義務，因為一個法律的「動機」並非送交表決的條文之一部分，而且在表決通過並移送憲法委員會審查後，並不附在《官方公報》（*Journal officiel*）公佈的法律文件中。此一新階段（即第二階段）被如此界定：「某些在政府於 2000 年 7 月 20 日提出之結論紀錄中已預作規劃之措施（如設立

80. Jean-Vitus Albertini et Paul-Fraçois Torre, *Jospin: le pari corse, histoire du processus de Matignon*, p. 187.

81. *La décision du conseil constitutionnel, n°2001-454 DC du 17 Janvier 2002.*

一個獨特的行政單位、立法機關改寫法律之權力）只在 2004 年科西嘉議會議員任期屆滿時之第二階段才被考慮，並且要求事先修訂憲法。憲法之修訂須以現任之公權力同意為前提，也必須能重建國內長久的和平。」[82]

有範圍限制且受國會控制之法律改寫權（le pouvoir d'adaptation législative）特別排除會傷害人民基本自由之領域。雖然這「第二階段」因 2002 年總統與國會選舉連續兩次政黨多數更迭（指右派選舉獲勝）而未及實施，至少喬斯潘政府已經在不違反地區普通法（le droit commun des régions）的情況下處理了科西嘉的特殊性。

科西嘉民族主義者對「馬提尼翁進程」的反應為何？「馬提尼翁進程」於 1999 年 12 月 13 日展開後，民族主義議員首次能在科西嘉議會其他黨團代表之陪同下參加總理府（l'Hôtel Matignon）之會議。「科西嘉民族解放陣線—戰士聯盟」（FLNC-l'Union des combattants）[83] 為回應馬提尼翁進程之展開，宣布無條件停火，不限時間與地點。科西嘉最激進的組織「科西嘉民族解放陣線—歷史途徑」（FLNC-"canal historique"）也早在 12 月 13 日宣布，[84] 若有「全面性之政治解決方案，則該組織有可能採取歷史性之行動」。民族主義者為了避免影響該進程之進展，甚至同意做重大讓步，即不堅持政府承認「科西嘉人民」，且不高分貝要求政府特赦被囚禁的民族主義人士。[85]

然而，由於前述國民議會對法案進行一讀前，政府為使行政法院批評最烈的項目能減少爭議性而改寫了一部分法案內容，以致國會通過的方案較

---

82. La loi n° 2002-92 du 22 janvier 2002, portant les nouvelles compétences de la Collectivité territoriale de Corse, *Journal Officiel de la République française*, 23 Janvier 2002, p. 1503.

83. 1999 年 12 月 23 日「科西嘉民族解放陣線—歷史途徑」與三個地下活動組織宣布合併，名稱為「科西嘉民族解放陣線」之後加上「戰士聯盟」（FLNC-l'Union des combattants）。

84. 「科西嘉民族解放陣線」在 1990 年分裂為兩個敵對的支派：一是立場強硬的「科西嘉民族解放陣線—歷史途徑」（FLNC-"canal historique"），二是立場溫和的「科西嘉民族解放陣線—習慣途徑」（FLNC-"canal habituel"）。

85. Jean-Vitus Albertini et Paul-Fraçois Torre, *Jospin: le pari corse, histoire du processus de Matignon*, pp. 64-65.

原提草案大幅退縮，民族主義者因而對政府的政策不再抱持幻想。「科西嘉民族解放陣線—戰士聯盟」譴責政府背信，對他們不忠誠，並宣布有意全面抗爭。民族主義者參與「馬提尼翁進程」的主要談判人塔拉莫尼（Jean-Guy Talamoni）認為，政府對科西嘉新地位法案內容之修正已構成「思想上和政治上之詐欺」（une tromperie intellectuelle et politique）。[86]

席哈克於 2002 年 4 月底總統大選第二輪投票勝出後，右派政黨亦接著於國會議員改選時獲得多數席位，拉法漢（Jean-Pierre Raffarin）政府開始主政。不過，拉法漢政府的作風與一般做法相反，他並未反喬斯潘之政策（通常政黨輪替，政策亦隨之變更），他反而對被右派攻擊甚烈之左派前政府之政策存有一份尊重之意。即因如此，新內政部長沙克吉（Nicolas Sarkozy）上任後，不顧席哈克在選戰中發表的一些政見，仍願依循有較廣泛的去中央化改革意義的「馬提尼翁進程」所開闢的道路前進。

沙克吉擬廢除科西嘉兩省制、廢除上科西嘉和南科西嘉的兩個一般委員會，建立一個「去集中的獨特行政單位」（une collectivité unique déconcentrée），此行政單位將具備專屬之權力及從前一般委員會之權力。[87]其目的是要縮減目前龐大的地方結構（260,000 居民和 8,712 平方公里的小地方卻擁有 360 個市鎮、2 個省、1 個地區），因為此一龐大結構經常產生不同行政單位間許多政策協調和金錢分配的問題。國會為配合此一政策，於 2003 年 3 月 17 日通過憲法修正案，[88] 所有法國的地區將因憲法修正而在它們的管轄權範圍內免於牴觸法律或規則，科西嘉將是法國第一個因憲法修正而受惠的地區。此次憲法修正啟動了「馬提尼翁進程」的第二階段，從此一觀點看，

---

86. "Les nationalistes condamnent la loi nouvelle," *Corse-Matin* (Corse), 14 Septembre 2001, p. 2.

87. 法國政府自 1793 年以來將科西嘉劃分為兩部分，即以科西嘉中央山脈為界，以東是「山的此邊」（l'en deçà des monts），即「上科西嘉」；以西是「山的那邊」（l'au-delà des monts），即「南科西嘉」。這種劃分，拿破崙認為是為了符合科西嘉的歷史與地理條件。

88. Loi constitutionnelle n° 2003-276 du 28 mars 2003 relative à l'organisation décentralisée de la République, *Journal Officiel de la République française*, 29 Mars 2003, p. 5568, texte n° 1.

拉法漢政府的做法與其前任相似，不同的是擴及法國所有地區；不過，原則上僅以實驗的且時間上有限期的名義才被允許牴觸法律。

沙克吉上述改革方案受到民族主義人士的歡迎。自治主義組織「科西嘉國」（Corsica nazione）之議員塔拉莫尼（Jean-Guy Talamoni）與獨立主義組織「獨立」（Indipendenza）之議員沙罔提尼（François Sargentini）均呼籲科西嘉人在 7 月 6 日有關科西嘉地位改革的公投中，「儘管不滿意，仍投贊成票」（"oui, malgré tout"），因為兩省制是傳統宗派「政治保護主義」賴以存在的重要環節。

然而，2003 年 7 月 6 日針對科西嘉第四次新地位而舉行的公投卻未過關（公投題目：「您是否贊成科西嘉島的制度改革？」），50.98% 的選民投「反對票」，49.02% 投「贊成票」；「贊成票」與「反對票」差距為 2,190 票。[89]

事實上公投前已可嗅出不尋常的氣氛。雖然第一批民意測驗顯示，支持改革的人數日益增加。但後來，支持者與反對者的人數差距逐漸縮小，反對人數不斷增加。[90] 支持者日漸減少的原因是多重的，最顯著的原因是科西嘉人害怕改變，他們有根深蒂固的保守心態，這種情形在居民平均年齡比全國人民平均年齡老的科西嘉十分平常。此外，此項改革之原則其實很簡單，可是看起來卻十分複雜。再者，兩省制廢除後的未來會更好或更壞，也引起科西嘉人焦慮。科西嘉議員其實對改革的目標為何十分清楚，一般人民則不甚明瞭，而且許多選民不願與贊成改革的民族主義者（民族主義者儘管對改革方案某些部分持保留態度，但大多數人支持該項改革）投相同的「贊成票」，因此改投「反對票」。

此次公投失敗有三個影響。首先，科西嘉繼續保留兩省制以及因喬克斯和喬斯潘的改革所具備之特殊地位，一向管理兩省的科西嘉地方行政單

---

89. "Réferendum: les Corses disent'non'," *Corse-Matin* (Corse), 8 Juillet 2003, p. 1.
90. "SOFRES: Corse," *Le Monde* (Paris), 15 Avril 2003, p. 6; 17 Juin 2003, p. 7.

位（CTC）只得靠《2002 年 1 月 22 日法》繼續運作；其次，今後科西嘉與所有法國其他地區一樣，只能以實驗和臨時之名義擁有改寫法律之權力（un pouvoir d'adaptation des lois）；再者，對政府而言，公投失敗意味內政部長個人之失敗，短期間之內已不可能再提出有關科西嘉制度之新改革。

綜合以上所述，自 1981 年至 2004 年，24 年間法國政府為化解科西嘉民族自決運動為科西嘉和法國社會所帶來的壓力而推動的四次科西嘉特殊地位改革，事實上已達到其目的。因為：第一、自 1981 年以降的歷次科西嘉議會選舉，除第一次選舉時（1982 年 8 月舉行）獨立主義陣營拒絕參選外，以後歷次科西嘉議會選舉，獨立主義陣營均與自治主義陣營一樣提出候選人參與選舉。獨立主義者與自治主義者願意參與地方選舉，意味他們接受法國政府的制度性安排，而且認為透過這種制度可以找到合法的發聲管道，為其贏得科西嘉人民的支持；換言之，這種制度性安排建立了民主的溝通機制，讓民族主義者可以和政府就科西嘉前途進行對話，也給予民族主義者發洩情緒的合法途徑。對法國政府而言，針對科西嘉特殊性所做的各種安排，儘管無法完全滿足該島民族主義者之期望，但是一方面可以化解科西嘉人民認為法國視科西嘉島為殖民地之疑慮，使民族主義者無法凝聚廣大支持者；另一方面則因政府對科西嘉歷次特殊地位之安排，形同在「自治」與「獨立」的選項之外，另外提供科西嘉人民第三種選項，此種選項滿足了部分民族主義者的要求，因而對科西嘉自治與獨立運動有某種程度之緩和及制約之效果。第二、無論是德費爾、喬克斯、喬斯潘或沙克吉，均曾於推動改革之前赴科西嘉與科西嘉各界溝通（包括與民族主義領袖），喬斯潘推動的「馬提尼翁進程」甚至在啟動之初，即邀請民族主義領袖參與討論，[91] 這種釋出善意的舉動很難令民族主義者拒絕，若干激進民族主義組織或者宣布無條件停火，

---

91. 1999 年 12 月 13 日，「馬提尼翁進程」之第一次會議〔即「馬提尼翁第一」（Matignon I）〕在總理府召開，28 名代表科西嘉議會各政治勢力（包括民族主義勢力）之議員出席會議。12 月 23 日，「科西嘉民族解放陣線－歷史途徑」和數個其他地下團體宣布「停火」。

或者不堅持政府承認「科西嘉人民」，民族自決運動過去堅持的理念在無形中被軟化了。第三、民族主義各陣營對歷次特殊地位的評價不一，有支持者，亦有反對者，因而造成民族主義勢力內鬨（內鬨出現在獨立主義陣營最明顯，其次為自治主義陣營）。明顯的例子如「科西嘉民族解放陣線—歷史途徑」與「科西嘉民族解放陣線—習慣途徑」之內鬨，前者拒絕內政部長喬克斯所提議之對話，但後者則接受對話之提議並放棄暴力；又如沙克吉的改革案提出後，新「科西嘉民族解放陣線」拒絕與同屬獨立主義陣營之「獨立」（Indipendenza）採取相同的立場（後者呼籲選民參與公投）。[92] 此種內鬨進一步削弱了科西嘉民族自決運動的力量。第四、法國政府雖然以給予科西嘉特殊地位之方式懷柔該島民族主義人士，但對後者的暴力攻擊行動之鎮壓絕不手軟，自治主義領導人艾德蒙·希摩尼、獨立主義激進領導人皮耶利（Charles Pieri）、桑托尼（François Santoni）、刺殺艾利涅克省長的兇手伊凡·科洛納等人被捕入獄並判刑，均為著例。

　　總之，法國政府的鎮壓與懷柔兩手策略使科西嘉民族自決運動有如陷入泥淖，進退兩難，而且在掙扎的過程中，逐漸銷蝕了本身的力量。

（三）科西嘉人口流失

　　另一個對科西嘉民族自決運動甚為不利的障礙為科西嘉人口流失。人口不斷流失，該島民族自決運動即難以吸納更多成員以壯大其勢力。人口流失有兩個原因，一是兩次世界大戰的影響，二是科西嘉經濟衰退。

　　兩次世界大戰對科西嘉人口損失的影響雖是短期性的，卻極為迅速。一戰時大約有 20,000 個科西嘉年輕男子死亡，戰時直接或間接死亡的男性

---

92. Xavier Crettiez, *La Question corse* (Bruxelles: Éditions complexe, 1999), p. 231. 新「科西嘉民族解放陣線」於 2002 年 10 月成立。

占科西嘉人口 30%，而法國大陸僅有 7% 男性死亡。[93] 科西嘉在二戰時親法反義，赴湯蹈火，人員損失慘重，傷亡者數萬人，[94] 使得科西嘉原本已稀少的人口更為惡化。據法國「國立統計暨經濟研究所」（Institut national de la statistique et des études économiques, INSEE）統計，1901 年至 1954 年間，科西嘉人口從 295,000 人減為 172,000 人。[95]

　　經濟衰退導致人口外移尋找出路，對人口流失的影響是長期性的。科西嘉經濟下滑之根源在於法國政府於 19 世紀末、20 世紀初未採取有效的經濟發展政策。科西嘉經濟在 19 世紀末崩潰，部分原因是科西嘉市場（即使是最偏遠的村莊）已被來自法國大陸的廉價日用品所充斥，當地經濟無法與法國大陸競爭，科西嘉的經濟因此逆轉：農業退回到僅足以維持生存的傳統形態，剛萌芽的初級工業則全面崩潰，經濟衰退導致人口外移速度由涓涓細流轉變為洪流奔洩。與鄰近島嶼相較，科西嘉是近百年來人口唯一減少的地方，1880 年時其人口為 300,000 人，尚超越西班牙所屬之地中海巴利阿里群島（les Baléares），人口密度亦高於薩丁尼亞島，[96] 但自 1881 年起，人口開始遭遇到一些變化和困境，因為傳統農業已不足以提供所需的就業機會，而工業資本主義在科西嘉又未發展，無法像法國社會一樣吸納眾多的待業人口，再加上第三共和政府在殖民地政府和軍隊中提供大量工作機會予科西嘉人，將科西嘉菁英「公務員化」，[97] 並藉此使科西嘉菁英分子外流，無法在家鄉興風作浪（例如反法國政府或甚至倡導獨立）。長期以還，人口流失進

93. Klaus Engelhardt, "The Autonomist Movement in Corsica," *Contemporary French Civilization* 4:2 (winter, 1980), p. 213; Paul Hainsworth and John Loughlin, "Le problème corse," p. 351.

94. Paul Hainsworth et John Loughlin, "Le problème corse," pp. 352-353; "Dossier: la Corse est-elle française?," p. 42.

95. 數字引自 Edward Perrier, "Corse: les raisons de la colère, perspectives démocratiques," *Économie et politique*, numéro hors série (Juillet, 1974), p. 138.

96. Fernand Ettori, "Peuple, nationalité, nation: pour une réévaluation de l'histoire de la Corse," *L'île paradoxe, peuples méditerranéens* 38-39 (Janv.-Juin, 1987), p. 11.

97. Emmanuel Bernabéu-Casanova, *Le nationalisme corse: genèse, succès et échec*, p. 35.

一步侵蝕了科西嘉的社會和經濟結構，科西嘉傳統的經濟活動逐漸沒落。例如 1873 年至 1885 年間，麥田面積減少一半以上，自 75,000 公畝減為 35,000 公畝；許多工廠瀕於破產；農村半數居民消費的麵包來自法國大陸。簡言之，該島工業前景暗淡，傳統的農牧業也沒落。1908 年 9 月「科西嘉銻礦公司」（la Société corse des animoines）倒閉時，克里蒙梭（Clemenseau）曾說：「科西嘉無工業、無商業，亦無農業。」[98] 經濟衰退迫使科西嘉人另謀出路，大多數人先前往阿爾及利亞殖民，再伺機轉往法國大陸。

科西嘉經濟不振亦與第三共和之特性有關。第三共和為中央集權之資產階級政體，無意願改善經濟落後地區的困境，因為任何一種形式的介入都會被此一政體視為違反自由的資本主義之基本教條——適者生存。第三共和其實是視科西嘉為殖民地：自科西嘉輸往法國大陸的貨物必須先課稅，但自法國大陸輸入科西嘉的貨物則無須課稅。[99] 科西嘉因此愈來愈無法自給自足和養活自己的居民，人口不得不外移。

戰爭對科西嘉的經濟而言更是雪上加霜。二次大戰時，僅在巴斯提亞（Bastia）一地，物資損失即達六億五千萬法郎。但二戰結束後，法國政府並未積極在科西嘉進行重建工作或發展科西嘉經濟。[100] 政府的政策反而使各地區的發展失衡，科西嘉經濟、社會和人口的成長幾乎停滯。然而，法國政府認為科西嘉經濟衰頹係因島民的個人主義、缺乏經濟動能和無農工業才能所造成的；[101] 換言之，政府認為科西嘉人需負起部分責任。

不過，法國政府在批評科西嘉人之餘，亦採取了一些振興經濟的措施，如 1957 年 4 月 2 日根據 1955 年 6 月 30 日發布的有關地方政治組織的行政命令，

98. Antoine Albitreccia, *La Corse, son évolution au XIXe siècle et au début du XXe siècle* (Paris: J. Laffitte, 1981), p. 221.

99. Michel Labro, *La Question Corse* (Paris: Entente, 1977), pp. 43-44.

100. Paul Hainsworth et John Loughlin, "Le problème corse," pp. 352-353; "Dossier: la Corse est-elle française?," p. 42.

101. *Corse: programme d'action régionale* (Paris: Impr. Off., 1957), p. 18.

制訂了《科西嘉地區行動計畫》（*Corse: programme d'action régionale*），期望「以最少的經費開發科西嘉資源，達到迅速獲利與普遍發展」之目標。[102] 在農業方面，該計畫雖明言要善用科西嘉本身的動能以推動計畫之實施，但又說「在漫長的努力獲致結果前，應視需要由島外發起立即行動」。[103] 由於行動將由島外發起，因而接下來規定：「在最初的開發階段指派開發人員和外國職員到科西嘉是必要的。」[104] 觀光業方面的規定亦復相同，科西嘉旅遊設備公司計畫興建的旅館「只交予有資格的開發人員負責興建」。[105] 上述規定意味政府將保證這些人獲得財務上和技術上的援助，科西嘉人因而被排除在那兩家公司的大型開發案之外，無法獲得任何補助。《科西嘉地區行動計畫》實施後產生兩個結果：一是外來公司在封閉的通路中經營勞力密集之觀光業，然後將利潤匯出科西嘉；二是科西嘉東部平原被外來公司以現代化的器具進行農業殖民化（la colonisation agraire），並大量雇用摩洛哥和阿爾及利亞裔的勞工。換言之，科西嘉本地人並未因該計畫而在財富或工作機會上受惠。

此外，科西嘉經濟亦存在經濟體質脆弱與發展不平衡之問題。例如觀光業在時間上和空間上過度集中於夏天和海岸平原、高度依賴交通運輸、無工業可言、非生產部門過度發展、內部市場太狹小、高失業率（尤其是年輕人的失業率）。因此科西嘉十分依賴進口：1992 年，科西嘉人消費的 86% 商品由境外輸入，本地生產之商品僅占 14%。社會調查也發現，科西嘉的財富和專業訓練均落後於法國大陸，12.4% 的島民至少領有一種社會補助金（例如最低收入津貼〔Revenu minimum d'insertion, RMI〕、殘障津貼……），全法國的平均數則是 7.7%。[106] 科西嘉某些工業化的計畫因觀念錯誤或當地

102.*Corse: programme d'action régionale* (Paris: Impr. Off., 1957), p. 19.

103.*Corse: programme d'action régionale* (Paris: Impr. Off., 1957), p. 20.

104.*Corse: programme d'action régionale* (Paris: Impr. Off., 1957), p. 21.

105.*Corse: programme d'action régionale* (Paris: Impr. Off., 1957), p. 22.

106."INSEE-recensement, Moyenne annuelle. France métropolitaine," Statistiques reunites mises en forme par Corse-Économie. (http://www.corse-economie.eu)(accessed 20 December 2008)

市場狹小而失敗，根據「國立統計暨經濟研究所」的研究，1994 年科西嘉是法國最低度工業化之地區；[107] 6 年後情況仍未改變，2000 年該島工業產值僅增加 7.4%，遠低於倒數第二位之朗格多克－盧西甬地區（le Languedoc-Roussillon）。[108] 低度工業化的必然結果是非生產部門（例如貿易、運輸、郵政與電信、餐廳、飯店等服務業）的行業充斥。[109]

　　由於上述種種因素，科西嘉的失業率高於全法國之平均數，例如 2005 年該島失業率為 9.3%（全法國為 8.8%），科西嘉年輕人（15 至 24 歲）失業率尤高，1999 年為 37.1%，2005 年為 26.3%（參看表二）。薪水則為全國最低。根據「國立統計暨經濟研究所」的調查，1999 年科西嘉私人部門職員的平均年薪為 15,773 歐元，全法國之平均數則為 17,948 歐元。[110] 2000 年科西嘉國民生產毛額（produit intérieur brut, PIB）每人為 17,529 歐元（約等於 114,990 法郎），比全國平均數低 26%，比「法蘭西島」（l'Île-de-France）外的地區平均數低 15%，比朗格多克－盧西甬地區、北加萊海峽地區（le Nord-Pas-de-Calais）和利穆贊地區（le Limousin）更低，為法國二十二個地區中最低者（比朗格多克－盧西甬地區低 2%，比利穆贊地區低 8%，比阿爾薩斯地區〔l'Alsace〕和羅納－阿爾卑斯地區〔le Rhône-Alpes〕低 35%）。[111] 2007 年科西嘉總國民生產毛額為七十億三千九百萬歐元，是法國二十二區中最低者，[112] 該島同時也名列歐盟十個最窮困地區之列。[113]

107. *Économie corse*, n°85, Juin 1998, p. 3.

108. *Économie corse*, n°92, Août 2000, p. 4.

109. "INSEE: La France et ses régions, 2000-2001," *Le Monde* (Paris), 12 Mai 2002, p. 9.

110. "INSEE: La France et ses régions, 1998-1999," *Le Monde* (Paris), 18 Juin 2000, p. 7.

111. "INSEE, La France et ses régions, 2000-2001," *Le Monde* (Paris), 12 Mai 2002, p. 9.

112. "INSEE, Produit intérieur brut par région (PIB) à prix courants," (http://www.insee.fr/themes/tableau)(20 December 2008)

113. "INSEE, La richesse comparée des 196 régions d'Europe," *Le Monde* (Paris), 14 Août 1998, p. 8. 另外 9 個地區為 Ahvenanmaa-Aaland（芬蘭）、Voreio Aigaio（希臘）、Ionia Nisia（希臘）、Ipeiros（希臘）、Vallée d'aoste（義大利）、Dytiki Makedonia（希臘）、Notio Aigaio（希臘）、Burgenland（奧地利）、Flevoland（荷蘭）。

表二　科西嘉失業率

| | 科西嘉 | | 法國 |
	1999	2005	2005
失業率	12.9%	9.3%	8.8%
15-24 歲	37.1%	26.3%	22.1%
55 歲以上	—	7.5%	9.2%
15-64 歲之女性	21.2%	16.6%	13.8%
15-64 歲之男性	15.2%	9.6%	10.7%

資料來源："INSEE-recensement, Moyenne annuelle. France métropolitaine," Statistiques reunies mises en forme par Corse-Economie. (http://www.corse-economie.eu) (accessed 20 December 2008)

　　科西嘉因此陷入一種「經濟衰退／人口外移／經濟更衰退／人口繼續外移」的惡性循環。外移至法國大陸和世界各地的科西嘉人總數至今已經超過科西嘉島上的人口數。儘管科西嘉人曾發起一些「返鄉」運動，但是科西嘉的經濟條件無法吸引科西嘉人大批返鄉。

　　「歐洲島嶼網」（le réseau Eurisles）在 1990 年代即強調：「2000 年時，科西嘉將是地中海唯一人口數低於本世紀初的島嶼。」[114] 人口自然增加率（出生率減去死亡率）從前為負數，根據最近的調查結果，自 1985 年起，人口自然增加率轉為正數，但人數增加太慢又太少，鼓勵生育的方法緩不濟急（參看表三）。

表三　科西嘉出生與死亡人數

年分	1975	1985	1995	2005	2006	2007
出生人數	2,489	2,889	2,929	2,873	2,811	2,834
死亡人數	2,617	2,732	2,758	2,806	2,737	—

資料來源：INSEE：Statistiques reunies mises en forme par Corse-Economie.(http://www.corse-economie.eu)(accessed 20 December 2008)

114."La Corse malade de sa démographie," *Le Monde* (Paris), 2 Juillet 1996, p. 6. 「歐洲島嶼網」為歐洲島嶼之科學與技術數據銀行，1992 年在「歐洲海洋邊陲地區會議」（la Conférence des régions périphériques maritimes d'Europe, CRPM）支持下於阿佳修近郊成立，初期由歐盟給予資金補助，今日則由「歐洲島嶼網」的 10 餘個島嶼會員提供財務支援。

法國「國立統計暨經濟研究所」於 2007 年調查之結果顯示，科西嘉約 8,712.8 平方公里的土地上，只有 281,000 個居民，比前兩年（2005 年）的調查結果 276,911 人，僅增加 4,000 餘人；每平方公里約為 32 人（參看表四），人口密度遠低於其他歐洲大島，也是法國人口密度最低的地區之一。[115]

表四　科西嘉的人口

年分	1982	1990	1995	2000	2005	2007
該年 1 月 1 日之人口	240,178	250,371	258,416	262,608	276,911	281,000

資料來源：INSEE：Statistiques reunies mises en forme par Corse-Economie.
(http://www.corse-economie.eu)(accessed 20 December 2008)

　　科西嘉稀少的人口中，60 歲以上的老人比率甚高，且逐年增加，1990 年為 22.4%，2000 年為 24%，2006 年為 24.9%（參看表五）。青壯人口不足，不但不利於現代競爭經濟之發展，對該島民族自決運動之發展而言亦極為不利，因為青壯人口不足使民族自決運動出現人力斷層、世代無法交替的危機。

表五　科西嘉人口的結構

	人數			占總人口之百分比		
	1990	2000	2006	1990	2000	2006
0-19 歲	60,657	60,393	60,208	24.3%	23.0%	21.6%
20-39 歲	73,225	68,521	69,888	29.3%	26.1%	25.0%
40-59 歲	59,943	70,453	79,305	24.0%	26.8%	28.4%
60-74 歲	36,852	41,055	43,356	14.8%	15.6%	15.5%
75 歲以上	18,968	22,186	26,243	7.6%	8.4%	9.4%

資料來源：INSEE：Statistiques reunies mises en forme par Corse-Economie.
(http://www.corse-economie.eu)(accessed 20 December 2008)

---

115. 法國只有 Alpes-de-Haute-Provence、Hautes-Alpes、Ariège、Cantal、Creuse、Gers、Lozère 7 個省的人口密度低於科西嘉。

增加人口最快的方式是鼓勵外地人移民科西嘉，1990 年至 1999 年共有 9,017 人移入科西嘉，使外來移民在科西嘉總人數達到 24,500 人，占該島總人口之 9.6%（參看表六）。然而，過多的外來移民又會使科西嘉人產生語言與文化流失的危機感，更擔心將來會淪為家鄉人口的少數群體，科西嘉人因而大多敵視外來移民。況且外來移民多來自法國大陸或北非，他們不必然會支持科西嘉民族自決運動，甚至極有可能反對科西嘉民族自決運動，因此接受移民對增強該島民族自決運動之實力而言不見得有利。

表六　科西嘉外來移民

	科西嘉		法國（單位：千人）	
	1999	2005	1999	2005
外來移民總人數	24,500	25,100	4,119	4,759
占總人口比率（%）	9.6	8.9	7.2	8.0

資料來源：INSEE：Statistiques reunies mises en forme par Corse-Economie.
(http://www.corse-economie.eu)(accessed 20 December 2008)

（四）宗派之制約

　　科西嘉政治生活中，「宗派」具關鍵性之地位。宗派是家庭的延伸，不同的村莊以不同的「宗派」區分，它也是「政治保護主義」（clientélisme）[116] 運作的基礎；簡言之，它是科西嘉政治的基石。「政治保護主義」是指：政治擁護者（clientèle）聚集於不同家族出身的保護主（patron）之下，形成一個個團體（groupes），每個團體的成員受保護主之指揮，並把政治權利轉移至

116.「clientele」此字在英文中有「顧客、被保護民、侍從」等意思，有研究者因此將「clientelism」譯為「侍從主義」。但「clienètle」此字在法文中另有「擁護者、支持者」之意，例如「clientèle électorale」意為「競選的擁護者」，「clienètle d'un parti politique」意為「某政黨的支持者」。這些「擁護者」或「支持者」不必然是其支持和擁護對象之「侍從」，因此若將法文「clientléisme」譯為「侍從主義」，恐會以詞害意。有鑑於此，本文將「clientléisme」依照其政治運作之精神譯為「政治保護主義」。

該政治領袖（即保護主）手中，以換取其保護或影響力，保護主之影響力亦因其擁護者眾而擴大，彼此形成相互依存之關係。科西嘉的政黨亦由此孕育而生。這種關係是私人關係，政治人物與其選民之間透過它進行「選票與服務」之交換行為。保護主對其擁護者之服務項目繁多，舉凡住宅、工作、企業市場之取得等，均包含在內。「政治保護主義」最初係源於公民對政府的恐懼和不信任，然而，若要進行政治的現代化，傳統的「政治保護主義」即有檢討之必要。

科西嘉人平日受到家庭及宗派的雙重保護，因而養成尋找強大保護者之習性。其做法一般而言是承認某一士紳之權威，由該士紳擔任科西嘉人和外部政權（les pouvoirs extérieurs）之間的協調人。但即使這位士紳極有權力，他卻經常與他人共管其村莊或地區，職是之故，地方上的宗派反而孕育出反宗派的勢力。不同宗派的支持者間爆發衝突係科西嘉生活之常態，以致各宗派易深陷於相互敵對之困境，並因而助長「族間仇殺」之發生。

「政治保護主義」雖將政治和物質利益連結在一起，但它不是黑手黨，不過它會墮落成黑手黨那種形態的制度。無論如何，即使它未經常違反法律，但它至少與法治國家（l'État de droit）的精神不相容。在法國，「政治保護主義」非僅見於科西嘉，從「法蘭西島」到米提（Midi）均可見這種情形之存在，惟「政治保護主義」在 19 與 20 世紀的科西嘉最為蓬勃發展，它深深嵌入科西嘉的社會結構中，與暴力密不可分。宗派應「政治保護主義」之需要而形成，為了應付環境中的險惡（例如敵對宗派之挑釁、外力之侵犯等）而有必要團結其成員。宗派從前只需保護成員（即政治擁護者）之人身安全即可，但今日則增加了經濟、社會和政治的保護，目的只為獲得選票。該島政治的「個人化」現象因而被加強，私人領域和公共領域之間的分際已被移除，政治上的選擇即意味家族的選擇（選擇某個政治人物會被視為認同其家族）。

不同宗派的聯盟或解盟所秉持的原則極簡單，即「以宗派之利益作為首

要考量」。[117]法國第三共和初期，當時科西嘉十分具代表性之政治人物亞罕（Emmanuel Arène）曾試圖在科西嘉建立政黨政治，以取代宗派政治，但他發現有意於科西嘉發展政治勢力的全國性政黨於登陸科西嘉後，即迅速與宗派結合，甚至成為宗派的保護傘，[118]宗派在科西嘉政治上的影響力及其根深蒂固於此可見一斑。

「政治保護主義」自19世紀以來，隨著社會和經濟結構的演變而變換其應用的場域，因此能在科西嘉的政治生活中繼續存在。例如，20世紀初葉的科西嘉是一個農業社會，「政治保護主義」主要即在大地主的權力上建構；後來，科西嘉人的收入來源漸漸轉至公共部門後，「政治保護主義」即滲透至國家和地方行政網絡中，士紳從中進行公共職位之分配，使「政治保護主義」與國家建立了連結。法國政府也由於未能在一戰後使科西嘉經濟發展成功，不得不坐視這種政治利益分配的情形持續下去。

科西嘉獨立主義和自治主義陣營對宗派在政治上的作為頗不以為然。他們質疑，這種藉服務網絡讓議員得以控制選民的作為，事實上已妨礙了真正民主的產生。「政治保護主義」能在科西嘉盛行不衰，最根本的原因是經濟不振，經濟發展欠佳使作為社會利益重新分配者的議員得以不斷當選，而他們也常以合法或非法之手段當選議員，俾在科西嘉的微小經濟體系中維護自己的利益。科西嘉政治人物涉入經濟事務太深，甚至干預私人企業，是「政治保護主義」受到批評的重要原因。不過，宗派仍然是科西嘉社會的重要基礎，科西嘉整體政治和社會關係極難擺脫宗派的影響。

由於民族主義組織反對宗派之作為，宗派不可能支持這些質疑其權力甚至其存在之必要的自治主義者和獨立主義者，雙方的立場因此無交集。2003年7月6日有關科西嘉地位改革的公投前，自治主義議員塔拉莫尼和獨立主義議員沙罔提尼呼籲科西嘉人投贊成票，其所持的理由即是：除去科西嘉目

---

117. Paul Bourde, *En Corse* (Paris: Calmann-Lévy, 1887), p. 47.
118. Pierre Tafani, *Géopolitique de la Corse* (Paris: Fayard/La Marge, 1986), p. 96.

前的兩省制極為重要，因為兩省制是「政治保護主義」賴以存在的重要環節。然而宗派勢力在科西嘉植根甚深，對選民的影響力遠遠超過民族主義勢力，故儘管民族主義者選前不斷催票，該公投案仍未通過。

從以往科西嘉議會選舉時，以宗派為基礎之政黨的得票率與民族主義候選人之得票率高低，亦可看出宗派對民族主義勢力之發展有壓縮或制約之情形。例如，1982 年《特殊地位法》（第 82-214 號法和第 82-659 號法）[119] 通過後舉行的第一屆科西嘉議會選舉開票結果，民族主義候選人（主要是自治主義候選人，獨立主義者此次未參選）共獲得 15.12% 選票，當選 9 席。右派聯合勢力（戴高樂派、季斯卡派、波拿帕特派、保守派）獲得 45.51% 選票，當選 29 席。左派聯合勢力（社會黨、「左派激進運動」〔MRG〕及法共）獲得 35.58% 選票，當選 22 席（參看表七）。[120]

表七 1982 科西嘉議會選舉結果

政治勢力	得票率	當選席次
右派聯合勢力	45.51%	29
左派聯合勢力	35.58%	22
民族主義陣營	15.12%	9
其他政黨	3.75%	1

作者自繪表格，資料來源：*Journal Officiel de la République Française*, 30 Août 1982, p.1226.

1984 年 8 月 12 日第二屆選舉開票的結果，民族主義陣營遭到挫敗，自治主義與獨立主義候選人合計獲得 11.42% 選票，僅當選 6 席，較上屆選舉

---

119. Loi n°82-214 du 2 Mars 1982, *Journal Officiel de la République Française*, 3 Mars 1982, pp.748-752; Loi n°82-659 du 30 Juillet 1982, statut particulier, compétences, *Journal Officiel de la République Française*, 30 Juillet 1982, pp. 1159-1166.
120. 由於各種因素，社會黨候選人在此次地區議會選舉中，只得到 5.38% 選票，當選 3 席，無法如 1981 年 5 月至 6 月間總統和國會選舉那樣獲得勝利。Cf. *Journal Officiel de la République Française*, 30 Août 1982, p. 1226.

減少 3 席。而由宗派控制的右派聯合勢力和左派聯合勢力分別獲得 37.04%
與 39.71% 的選票，各當選 24 席和 25 席，遠遠超過民族主義陣營當選的席
次（參看表八）。[121]

表八　1984　科西嘉議會選舉結果

政治勢力	得票率	當選席次
右派聯合勢力	37.04%	24
左派聯合勢力	39.71%	25
民族主義陣營	11.42%	6
極右政黨（民族陣線）	9.22%	6
其他政黨	2.61%	0

作者自繪表格，資料來源：*Journal Officiel de la République Française*, 31 Août 1984, p.1877.

　　1991 年 5 月 13 日《科西嘉地方行政單位地位法》[122] 公布後，1992 年科
西嘉議會選舉時，情況稍有改變，自治主義與獨立主義陣營共獲得 24.83%
選票，當選 13 席；右派聯合勢力獲 52.53% 選票，當選 29 席；左派聯合勢
力獲 19.03% 選票，當選 9 席。[123] 但 1998 年舉行相同性質選舉時（時間在
省長艾利涅克遭刺殺後），民族主義候選人只得到 9.85% 選票，當選 5 席。
1999 年稍增，獲得 16.77% 選票，當選 8 席（參看表九）。[124] 2004 年 3 月科
西嘉議會選舉第二輪投票結果，自治主義與獨立主義陣營提出之共同候選人
名單，獲得 24,652 張選票，得票率為 17.34%，與 1999 年之得票率相近，當
選 8 席。[125]

---

121. *Journal Officiel de la République Française*, 31 Août 1984, p. 1877.
122. Loi n° 91-428 du 13 mai 1991 portant statut de la Collectivité territoriale de Corse, *Journal Officiel de la République française*, 14 Mai 1991.
123. "Les résultats des élections territoriales en Corse," *Le Monde* (Paris), 16 Mars 1999, p.6.
124. "Les résultats des élections territoriales en Corse," p. 6.
125. "Cahier résultat," *Le Monde* (Paris), 30 Mars 2004, p. 39.

表九　1992-1999 科西嘉議會選舉結果

政治勢力	1992		1998		1999	
	得票率	當選席次	得票率	當選席次	得票率	當選席次
右派聯合勢力	52.53%	29	47.81%	26	43.15%	24
左派聯合勢力	19.03%	9	33.33%	16	32.37%	16
民族主義陣營	24.83%	13	9.85%	5	16.77%	8
民族陣線	3.61%	0				

作者自繪表格，資料來源："Les résultats des élections territoriales en Corse," *Le Monde* (Paris), 16 Mars 1999, p. 6.

　　從以上歷次選舉時民族主義候選人的得票率可以看出，雖然自治與獨立的訴求是科西嘉問題不可或缺的一部分，但因民族主義勢力的發展空間受到傳統宗派極大的挑戰和壓縮，以致在科西嘉所獲之支持率仍比不上傳統政黨。在此情形下，獨立主義者自然不敢冒然宣布科西嘉獨立，而自治主義者則徘徊於「自治」與「特殊地位」之間。

（五）缺乏國際奧援

　　實踐經驗顯示，一國之內某族群的民族自決運動若要獲得國際社會之支持，通常須符合下列四項要件：①該運動不會對區域或全球的和平與穩定造成太大震盪，②該運動不會對區域或全球權力平衡造成威脅，③該運動獲得其所屬族群之絕大多數贊同，④自決之族群其人權受到居住國之迫害。東歐科索沃的獨立過程即是典型例子。科索沃獲得國際社會支持其獨立前，居住該地的阿爾巴尼亞裔曾遭到塞爾維亞政府軍隊血腥鎮壓，人權受到嚴重傷害，符合上述第④項要件；此外，1991 年科索沃針對獨立舉行公投，贊成獨立者高達 99.7%，[126] 顯示阿爾巴尼亞裔極為團結，亦符合上述第③項要件；再者，

126.劉文彬，〈科索沃獨立運動之困境〉，《問題與研究》45：5（2006.9-10），頁 100。

科索沃解放軍（Kosovo Liberation Army, KLA）之軍力不超過 2 萬人，即使科索沃獨立後與阿爾巴尼亞合併成立「大阿爾巴尼亞」，「大阿爾巴尼亞」的軍力也不可能威脅巴爾幹半島的權力平衡態勢，亦符合上述第②項要件。1990 年代國際社會（聯合國、歐盟、美國及許多歐洲國家）不願意支持科索沃獨立是因為當時斯洛文尼亞（Slovenia）、克羅埃西亞（Croatia）、波士尼亞 - 黑塞哥維那（Bosnia-Herzegovina）、馬其頓（Macedonia）相繼脫離南斯拉夫聯邦而獨立，巴爾幹半島已經動盪不安，若再支持科索沃獨立，則局勢將更紛亂。俟塞爾維亞總統米洛塞維奇（Slobodan Milošević）下臺，親西方人士當選新總統並連任後，科索沃的局勢已不會對巴爾幹半島的和平與穩定造成太大震盪，已符合上述第①項要件，所以科索沃於 2008 年 2 月宣布獨立時，國際社會即給予支持。亞洲的東帝汶所以能獲得國際社會支持其獨立，亦因其符合上述四項要件。巴勒斯坦人獲得國際社會支持其建立巴勒斯坦自治政府，情況亦相同。車臣獨立運動雖然符合上述第②、③、④項要件，但其獨立會引發俄國之反彈和鎮壓，支持車臣獨立之國家或國際組織將面臨與俄國之衝突，對全球的和平與穩定極為不利，不符合第①項要件，因此未獲國際社會支持。

　　反觀科西嘉民族自決運動，它雖然符合上述第②項要件，卻不符合第①、第③與第④項要件。就第①項要件而言，支持科西嘉自治或獨立之國家或國際組織將面臨與法國之衝突，對全球的和平與穩定極為不利。就第③項要件而言，「法國民意測驗調查協會」（Société française d'études par sondages, SOFRES）於 1975 年 8 月 28 日至 30 日在科西嘉進行民意調查時發現，38% 科西嘉居民贊成自治，4% 希望該島獨立。[127] 該協會於 1989 年所做的相同性質民意調查顯示，有 41% 的科西嘉人同情民族主義運動，但支持獨立的島民只有 8%。[128] 1999 年 12 月舉行的另一次民調發現，80% 的

127. "SOFRES: le résultat de sondage en Corse," *Le Nouvel Observateur* (Paris), 8 Septembre 1975, p. 4.
128. "SOFRES: la majorité des corses dit 'non' à l'indépendance," *Le Nouvel Observateur* (Paris), 10 Avril 1989, p. 6.

科西嘉人反對科西嘉獨立。[129] 從以上民調結果可以查知，科西嘉民族主義人士推動的民族自決並未獲得大多數科西嘉人民之認同，在此窘境下實難說服國際社會給予支持。就第④項要件而言，法國政府並未迫害科西嘉人之人權（對暴力之鎮壓難以認定為侵犯人權），它反而提出一些改善措施回應民族主義人士之要求（儘管這些措施可能不完全符合後者之期待），因此科西嘉民族主義人士無法以人權受侵害為理由要求國際社會支持其自決主張，國際社會亦無主動給予支持之立場。

更何況，許多歐洲國家亦被內部類似的分離主義運動所苦，例如西班牙有巴斯克人（the Basques）和加泰隆尼亞人（the Catalans）的獨立運動，英國有蘇格蘭人（the Scots）的分離主義，比利時也有荷語區和法語區分裂的問題，如無特殊理由，這些國家似不便表態支持科西嘉的民族自決運動。

四、結論

就重要性而言，前述五項障礙中，以第一項障礙（民族主義勢力分裂且相互殘殺）最為基本，也最重要；第二項、第三項和第四項障礙（法國政府採取鎮壓與懷柔的兩手策略、科西嘉人口流失、宗派之制約）使情勢更不利於科西嘉民族自決運動，第五項障礙（缺乏國際奧援）則為前四項障礙之衍生物。就性質而言，第一項障礙為科西嘉民族自決運動之內在障礙，其餘四項均屬於外在障礙；由此可見，科西嘉民族自決運動除了靠自己之力量之外，還需外在力量配合，始能達成目標。

若以地方、國家和國際三個層次觀察，在地方層次上，科西嘉民族自決運動在科西嘉本土因分裂且相互殘殺而失去人民支持，該運動之民意代表性不足，民族自決之訴求即無正當性，此為該運動陷入困境之最主要原因，也

---

129. Janice Valls-Russell, "France's Corsican conundrum," *The New Leader* 83:3 (July/August, 2000), p. 14.

是該運動的困境難以化解之癥結所在。未來該運動若欲永續發展，民族主義
各陣營應捐棄成見、停止以暴力手段相互殘殺和製造「藍夜」，並提出成熟
的政經願景和具體計畫，[130] 才有希望贏得既保守又厭煩暴力的科西嘉人民之
信賴。在國家層次上，戴高樂（Charles de Gaulle）曾指出現代法國必須建
立在兩個要素之上，一是強大的國家，其具體化即是強有力的總統；二是團
結的人民，他們居住在不可分割的共和國內。法國人認為上述兩項要素是他
們認同的象徵，也是第五共和政治穩定的根本，因此自戴高樂時代起，歷屆
政府均拒絕給與科西嘉更多的自治權，尤其科西嘉民族主義者強調種族和文
化的差異，這種訴求會刺激不列塔尼（Bretagne）和普羅旺斯（Provence）
也走向分離主義，對法國的主權構成威脅。但自 1980 年代左派政黨執政後
上述理念已有變化，法國政府逐漸朝向「去中央化」的道路前進，由此可見
科西嘉民族自決運動已對法國中央集權主義的轉變產生影響。但這種轉變也
對科西嘉民族自決運動的發展有影響，即激進的民族主義者會逐漸流失支持
者，理性與溫和的民族主義者才有可能獲得與政府對話的機會。這些理性與
溫和的民族主義者以後應藉與政府溝通的場合，爭取更多自決的權利。在國
際層次上，由於科西嘉民族自決運動的發展對歐洲許多國家內部的自治或獨
立運動有暗示作用，因此科西嘉民族自決問題不僅僅是科西嘉和法國的問
題，也是歐洲國家關切的問題。但由於科西嘉民族自決運動至目前為止的活
動範圍始終局限於科西嘉島和法國境內，並未「溢出」該島和法國境外而影
響其他國家，而且沒有造成如科索沃或北愛爾蘭那種國際爭端，因此國際社
會不便干涉，科西嘉民族自決運動的領導人也不易爭取到各國對法國的干

130.科西嘉就業人口中有四分之一是國家公務員，且自 1768 年成為法國領土以來，科西嘉全靠法
國的財政支援度日，法國政府每年補助科西嘉的金額達 70 億法郎，平均每個科西嘉居民每年
獲得 28,000 法郎之補助。科西嘉獨立後，上述補助將中斷，上述科西嘉公務員也可能失業。
Cf. Anonymous, "Bribe and bash," *The Economist* (London), vol. 341, Iss. 7987 (Oct. 12, 1996), p. 54;
Anonymous, "Europe: Pluprefect," *The Economist* (London), vol. 346, Iss. 8055 (Feb. 14, 1998), p. 52.

涉。有鑑於此，未來科西嘉民族自決運動仍應回歸到爭取科西嘉人支持和與法國政府進行和平談判的基本面上，才可能有光明的未來。

—— 本文原刊載於《臺灣師大歷史學報》41（2009.06），頁141-190。劉文彬教授授權使用。

一、科西嘉的歷史背景

① 位處地中海心臟位置，過去受到希臘人、羅馬人、拜占庭人等統治。

② 熱那亞占領時期，將科西嘉作為榨取資源的島嶼，1564 年引發第一次科西嘉人有組織的革命運動。1755 年反抗熱那亞的革命成功，成立科西嘉國。

③ 1768 年熱那亞與法國協議將科西嘉交由法國管理，經過 20 年的抗爭後，1789 年正式納入法國的統治。

④ 1870 年法國開放殖民地政府和軍隊的職位給科西嘉人，造成科西嘉大量人口外移，對島上經濟影響甚鉅，進而產生日後的地區主義。

⑤ 1972 年「紅污泥事件」法國處置不當，讓科西嘉要求自治的聲浪高漲，出現大規模的抗爭行動，又因法國政府未妥善處理，衝突更加激烈。

二、科西嘉民族自決運動的主要障礙

① 民族主義勢力分裂且互相殘殺：

最初就科西嘉應該取得自治權，或完全獨立？是否使用暴力且激進的手段讓政府屈服？讓民族主義勢力內部產生分歧。

1975 年的「阿列里亞」事件後，徹底分裂為兩派：自治主義者與獨立主義者，後者更影響了往後數十年的暴力行動。例如：「科西嘉民族解放陣線」成立當天，就在法國巴黎、尼斯、馬賽發動了總共 21 次的炸彈攻擊。

頻繁的暴力行動卻導致了科西嘉人的反感，產生排斥民族主義的情緒。

② 法國政府同時採去鎮壓和懷柔的手段：

法國政府採取先強硬，再讓步的方式，並在 1981-2001 年間推動 4 次的科西嘉特殊地位改革來緩解來自科西嘉和法國社會的壓力。

這樣的做法同時提供了民族主義者抒發的管道、減少科西嘉人民對法國政府的疑慮，並提供了在自治與獨立之外的第三條路，和緩了民族主義運動的力道。

此外，民族主義勢力對特殊地位改革評價不一，產生內部陣營的分裂。

③ 科西嘉的人口流失：

兩次世界大戰造成的死亡人口，造成嚴重的打擊。1901-1954 年科西嘉的人口從 295,000 人下降到 172,000 人。

經濟因素導致的人口外移，則是造成科西嘉人口長期流失的主因。

經濟發展不佳的因素：法國政府未採取適當的經濟發展政策、科西嘉經濟體質脆弱和發展不平衡等。

為了彌補人口流失而鼓勵外地人移民到科西嘉，也未必對民族自決運動有正面的影響。

④ 宗派的制約：

宗派是科西嘉的政治傳統，一種「政治保護主義」，由保護者（政治領袖）和政治擁護者建立私人關係，組成一個團體。

最初只須保護成員的人生安全，後來擴展至經濟、社會、政治的保護。

民族主義者認為宗派這種私人利益往來，妨礙了真正民主的誕生，雙方沒有交集。

由於宗派勢力在科西嘉根植已久，導致民族主義的力量和發展受到限縮。

⑤ 缺乏國際奧援：

民族自決獲得成功的條件：1. 不會對區域或全球和平造成影響、2. 不會打破全球權力平衡、3. 獲得所屬族群絕大多數支持、4. 自決族群的人權受到居住國的迫害。

科西嘉僅滿足 2. 的條件，因此無法取得來自國際的支持。

世界變遷與現代性

|導讀| 林志宏，〈兩個祖國的邊緣人：「遺華日僑」的戰爭、記憶與性別〉

韓承樺

　　戰爭的影響不僅止於戰場上的殺戮和死亡，更廣及每個人的日常生活。有形的戰爭如是，無形的戰爭亦若如是。人類在 20 世紀經歷了兩次世界大戰，更於 50 年代後深陷在資本主義／自由主義和共產主義／社會主義陣營間的「冷戰」。這是一場長達半世紀的政治、意識形態角力、對抗，影響遍及人們生、心理、思想、文化、記憶和認同。這樣來看，戰爭確為形塑現代世界的重要因素和力量。接續兩次熱戰後的冷戰，更是建構東、西兩方世界彼此對立之特徵和意象的關鍵轉折。回顧這段歷史，除深入認識現代局勢外，更得促醒吾人省思戰爭之惡，作為祈嚮和平的起點。

　　戰爭擁有破壞社會的力量，更可能從某些方面「建構」社會。誠如「社會是戰爭的延續」這句話，戰爭框限人們於戰時的意識和認識觀，深刻影響認知和精神層面，形塑了生命觀與世界觀。這種影響並不隨戰爭結束消逝，反倒更可能從經驗、記憶和認同層面，建構人們對自我和群體乃至於國族的認同。現代民族國家的建立過程，往往牽涉程度不一的戰爭。這讓我們不得不重視戰爭和國族的關係；也可藉此進一步思考，20 世紀的幾次戰爭，如何改變既有的國際秩序和國家形態，我們對當前世界的認知，又有多少是深陷在「戰爭遺緒」之中。[1]

---

1. 汪宏倫，〈戰爭與社會：對「二戰結束七十週年」的觀察與反思〉，《國史研究通訊》10（2016.06），頁 123。關於戰爭與社會的研究成果繁多，這裡僅舉數例：方德萬（Hans van de Ven）著、何啟仁譯，《戰火中國 1937-1952：流轉的勝利與悲劇，近代新中國的內爆與崛起》（臺北：聯經，2020）。黛安娜·拉里（Diana Larry）著、廖彥博譯，《流離歲月：抗戰中的中國人民》（臺北：時報文化，2015）。

配合「冷戰期間的政治局勢」這則課綱條目，我們選擇林志宏關於戰爭和歷史記憶的論文，就是試圖揭示戰爭與社會間千絲萬縷的關係，並由此思考冷戰期間的世界歷史發展走向。亦即，從個人或群體的戰爭經驗窺探20世紀國際情勢，是選用此文的主要目的。教學者可藉此文，以單一案例引導學習者較深入理解戰爭對社會各種層面的改變。再者，從時空背景來看，亦可以此例牽涉的日本、中國、滿州國，引導學生了解冷戰期間的東亞政治局勢變化，及其如何影響不同國家底下的人群。

　　這篇文章聚焦在「遺華日僑」上，描述這批遺留在中國的日本僑民，如何及為何選擇遺留中國或遷移回日本母國。並從這批人群的多重行動上，見出不同個體對於戰爭移民與殖民的歷史經驗和記憶，這部分包括了日本遺民與中國人民交往互動的複雜經歷，以及由此生成的各種話語。過去我們往往僵化地從民族主義揣測移民的遷移選擇和意向，但此文則揭露了人們的考量萬千，絕非國族一詞能概括解釋。

　　甚且，通過閱讀這篇文章，我們可以清楚地知道，戰爭對國家、地域造成的限制和人口移動，均是重要課題。20世紀以降幾次戰爭的影響，還包括了以政治力量造成各個國家、地域人民的各種遷移，自願或被迫皆有。這種大規模人群移動，則於戰爭結束後，遺留許多難解問題，交織著人們的歷史經驗、記憶、情感、性別與認同，進而形成戰後復原或重建時期，不同國家面臨的國族困境。而這並不單指國家重建過程的困難，更是指向因戰爭被迫移動遷徙的人群，每個人的身分和國家認同，都可能因戰爭時期的暫時區隔而產生混淆。

　　戰爭造成的人群移動以及記憶與認同這兩個問題，是貫串這篇文章的主軸。同時也可作為我們理解20世紀以降，兩次世界大戰和冷戰所建構的世界秩序體系。本文可作為了解東亞地區狀況的適切案例，更可由此延伸討論歐美地區，因冷戰所構築的各種限制和區隔，及其如何深入影響人民的歷史經驗、記憶和國族認同。

延伸閱讀

1. 汪宏倫等著，《戰爭與社會：理論、歷史、主體經驗》（臺北：聯經，2014）。
　　本書對應「冷戰期間的政治局勢」（條目 Na-V-1）。

2. 藍適齊，〈從「我們的」戰爭到「被遺忘的」戰爭：台灣對「韓戰」的歷史記憶〉，《東亞
　　觀念史集刊》7（2015.04），頁 205-251。
　　本文對應「冷戰期間的政治局勢」（條目 Na-V-1）。

3. 張隆志，〈二次世界大戰結束 70 週年紀念專刊：戰爭記憶、認同政治與反思史學：從
　　戰後日本的教科書論爭談起〉，《人社東華》7（2015）。（電子期刊：https://reurl.cc/
　　dVOpXk）。
　　本文對應「冷戰期間的政治局勢」（條目 Na-V-1）。

兩個祖國的邊緣人：
「遺華日僑」的戰爭、記憶與性別[*]

—————— 林志宏[**] ——————

一、前言

　　1995 年 11 月 11 日，日本 NHK 電視台與中華人民共和國中央電視台合作，將女作家山崎豐子（1924-2013）原作《大地之子》改編成連續劇。[1] 全劇描述中日戰爭至文化大革命期間，一名在中國的日本遺孤松本勝南之經歷。戲中起自二次大戰失敗後，日軍、日僑紛紛撤出中國東北地區（以下為了配合原來史料的運用，稱作「滿洲」），少年松本與家人離散，被善心的中國人扶養，進而展開一段傳奇人生。故事講到文化大革命前後，擁有日人身分的松本不但失去愛情，接著還遭陷害，歷經下放勞改，死而復生，最後尋獲其親妹，並與生父相認。這部以口述文獻為基礎，結合親情、愛情的戲劇，後來贏得蒙地卡羅國際電視節（the Monte-Carlo TV Festival）最佳作品

* 本文為求簡化書寫，凡具有爭議性的字眼，如世所共知的傀儡政權「滿洲國」、深富政治性意義的「滿洲」、地域分布的「北滿」及「南滿」等，一概省略引號。

** 中央研究院近代史研究所副研究員。研究領域為近代中國思想文化史、學術史。

1. 該部戲本來是為了紀念 NHK 電視台創台 70 週年而作，最先是以 7 集（1995 年 11 月 11 日至 12 月 23 日）的形式播出，後來廣獲社會好評，於是電視台將原來省略的 40 分鐘加入，分為 11 集（1996 年 3 月 11 日至 3 月 20 日）重新播出。相關報導見 http://ja.wikipedia.org/wiki/%E5%A4%A7%E5%9C%B0%E3%81%AE%E5%AD%90（瀏覽日期：2014 年 3 月 28 日）。

獎（the Gold Nymph Award），也在日本社會造成轟動，引發討論。[2]虛構劇情引人入勝，帶來熱烈迴響，正因有其社會基礎之故。由於和現實生活息息相關，它勾起人們聯想到一群身處社會邊緣的族群——「遺華日僑」（係「中國殘留婦人」、「中國殘留孤兒」、「中國殘留邦人」、「遣返日僑」、「日本遺孤」等名詞的統稱）存在於兩國之中。

　　1905 年日本在日俄戰爭中取得勝利，歷經長達 40 年的經營，有意將滿洲塑造成「新天地」；特別是 1932 年 3 月建立滿洲國後，更處心積慮地從國內移民。[3]這批堪稱史上最多人數的計畫性移民，戰後卻遭到遣返命運，又在一連串不幸發生下「殘留」於中國境內。[4]直到 1972 年 9 月，中華人民共和國與日本（以下行文簡稱為「中、日兩國」）外交邁向「正常化」後，調查遺華日僑的動向成為首要目標。實際上，這群人回歸到現實社會裡，開始面臨各種抉擇，包括隨之而來的不平等待遇，還有如何面對、調適生活等心理狀況。他們的過去種種，非惟成為目前族群研究中的熱門焦點，[5]也帶來社會議題與法律爭議。

2.　〈NHK2　作品がグランプリに　モナコの国際テレビ番組コンクール〉，《朝日新聞》，1996年 2 月 22 日，第 12 頁。山崎豐子日後也在自傳中談到得獎經過，參見山崎豐子著，王文萱譯，《作家的使命・我的戰後》（臺北：天下雜誌出版有限公司，2012），頁 187-188。至於討論部分，例如石濱昌宏、田所竹彥、景慧、伊藤一彥，〈ドラマ「大地の子」を檢証する〉，《宇都宮大學国際學部研究論集》6（1998.06），頁 183-198。

3.　Sandra Wilson, "The New Paradise: Japanese Emigration to Manchuria in the 1930s and 1940s," *The International History Review* 17:2 (May 1995), pp. 249-286. 根據日本外務省調查，戰爭結束之際滯留海外的日僑共 660 萬人，其中在滿日人約 155 萬（包含住在關東州的有 25 萬）。原屬參與滿洲移民「開拓」工作的人，總共將近 27 萬名（其中包含徵召的 47,000 人）；後因各種因素而致死者，約 78,500 人（病死的有 66,980 人，自殺的有 11,520 人），占四分之一。至於戰後生存未歸者，則有 4,500人。滿洲開拓史復刊委員會編，《滿洲開拓史》（東京：全國拓友協議會，1980），頁 507。

4.　小島雄輔，〈中国殘留者發生の經緯と背景〉，《政治學研究論集》21（2004），頁 273-293。

5.　相關討論很多，茲不贅述。可參見井出孫六，《終わりなき旅：「中国殘留孤兒」の歷史と現在》（東京：岩波書店，1991）；蘭信三，《「滿洲移民」の歷史社會學》（京都：行路社，1994）；宮田幸枝，〈「中国殘留婦人」問題　教育實踐：識字實踐を中心に〉，《人文學報・教育學》30（1995.03），頁 205-223；山田陽子，〈中国歸国子女と家族への日本語教育：1970年代に開始した村〉，《人間文化研究》9（2008.06），頁 141-153；張嵐，《「中国殘留孤兒」の社會學：日本と中国を生きる三世代のライフストーリー》（東京：青弓社，2011）等。

從歷史角度來看，遺華日僑毋寧也是研究日本帝國時期、滿洲國乃至戰後中日交流史上不可忽略的一環。[6] 然而相較於社會學者，歷史學界處理遺華日僑的課題時，經常囿於各自立場，缺乏客觀分析。以中文書寫為例，對日本移民滿洲之討論，帶有民族主義的情緒性字眼，依然無法擺脫「侵略」的敘事主軸。[7] 儘管今日研究風氣已能掌握、運用較多元的檔案資料，惟仍難克服意識形態及框架主導，[8] 鮮少以人性面客觀地理解其處境。至於日本學界，雖然關注滿洲移民的著作不少，其中不乏反省戰爭責任者，但由於見樹不見林，並無深化「人群移動」之對照及其思考。像是留意日本「內地」向滿洲移民之餘，有關其他地區（包括殖民地、占領地等）前往滿洲的群眾，[9] 當中所呈顯的社會、經濟等層面與意涵。

　　近年受到帝國主義與後殖民（post-colonial）研究啟發，戰後日本民眾的遣返與移動成為一項備受矚目之議題。例如，日本學界曾以集眾之力，分析「帝國」結束之際各項復員活動，包括遺華日僑的組織、歸還遺骨工作，乃至國際冷戰局勢所扮演的角色。[10] 以英文著作來說，有華樂瑞（Lori Watt）

---

6. 最具體的證例，就是最近出版的滿洲史辭典，也將山崎豐子書名《大地之子》一條列入其中。貴志俊彥、松重充浩、松村史紀編，《二〇世紀滿洲歷史事典》（東京：吉川弘文館，2012），頁597-598。

7. 像是文革前的討論，即為具體實例。孔經緯，〈1931至1945年間日本帝國主義移民我國東北的侵略活動〉，《歷史研究》3（1961），頁97-107。

8. 伴隨1970年代中、日兩國外交的「正常化」，日僑遣返也成為中文研究的重點之一，如最近的專書討論有：關亞新、張志坤，《日本遺孤調查研究》（北京：社會科學文獻出版社，2005）；張志坤、關亞新，《葫蘆島日僑遣返的調查與研究》（北京：社會科學文獻出版社，2010），惟對日人移民方面，仍秉持所謂「侵略」的見解。至於臺灣情況較為不同，主要從臺灣史的角度探究日僑遣返，參見歐素瑛，〈戰後初期在臺日人之遣返〉，《國史館學術集刊》3（2003.09），頁201-227；吳文星，〈戰後初年在台日本人留用政策初探〉，《臺灣師大歷史學報》33（2005.06），頁269-285。

9. 以臺灣為例，從事醫療背景的許多人便前往滿洲，也有基於平等待遇或生存發展到新天地者。相關討論參見許雪姬，〈日治時期臺灣人的海外活動——在「滿洲」的臺灣醫生〉，《臺灣史研究》11：2（2004.12），頁1-75；許雪姬，〈在「滿洲國」的臺灣人高等官：以大同學院的畢業生為例〉，《臺灣史研究》19：3（2012.09），頁95-150。

10. 增田弘編著，《大日本帝国の崩壊と引揚・復員》（東京：慶應義塾大學出版會，2012）。

和玉野井麻利子（Mariko Asano Tamanoi）兩位的重要研究。前者討論主要指出：日本帝國時期與戰後人群的移動，使得日僑業已成為一項複雜之歷史議題。它不僅如實地反映了日本帝國主義擴張和瓦解的過程，也因戰後美國的「占領」及介入，加上遣返者作為「他者」而存在，結果使得日本促發了新的國家認同。[11] 至於後者，則釐清記憶作為「遣返話語」（repatriation discourse）代表的意義；當遺華日僑的回憶一旦納入歷史，記憶滿洲非惟指涉他們在中國東北的生活而已，它還觸及到帝國主義、殖民主義、大亞洲主義、後殖民性等多項課題，甚且是全球化地緣政治的想像及影響。[12]

實際上，處理遺華日僑的「滿洲經驗」，應當要留意遣返話語不是一整個無法移動的板塊，而是隨著時空的階段性差異，有其不同內容。[13] 尤其隨著年齡世代的變遷，回憶滿洲具有複雜的情感糾葛，斷非三言兩語所可形容，也不是單向方式的呈現。誠如坂部晶子所言，殖民地記憶非僅只有支配者的體驗，還有來自抵抗者、被害者的印象交相互疊。換言之，那是一處各種形形色色聲音共同構築的場域，隨時因應不同的情況而有所變化。[14]

這篇短文之目的，並非要重新檢討那些「滿洲經驗」，而是希望思考目前討論遣返話語同時，通過遺華日僑的文字檢討幾項主題：戰爭、記憶與性別關係。此處所謂的「戰爭」，並非意指真正戰事進行之憶述，而是凸顯這

---

11. Lori Watt, *When Empire Comes Home: Repatriation and Reintegration in Postwar Japan* (Cambridge: Harvard University Press, 2009), 特別是第 5 章。

12. Mariko Asano Tamanoi, *Memory Maps: The State and Manchuria in Postwar Japan* (Honolulu: University of Hawai'i Press, 2009), p. 3.

13. 這方面的討論可參考兩篇相關書評。參見 Mariko Asano Tamanoi, "Review: *When Empire Comes Home: Repatriation and Reintegration in Postwar Japan* by Lori Watt," *The Journal of Asian Studies* 69.4 (November 2010), p. 1257; 曾齡儀，〈評華樂瑞《當帝國回到家：戰後日本的引揚與重整》〉，《臺灣史研究》19：3（2012.09），頁 242。

14. 坂部晶子分析戰後中、日兩國「正常化」外交，以會報上文章提醒讀者應該注意所謂「故鄉」形象的兩面性。當日本人回到滿洲舊地重遊時，他們心中有著一個已經消逝的過去，而看到現今中國東北，已經缺乏昔日追懷的鄉愁。即使是曾經殖民滿洲的日本人，同樣的地方卻有各自的想像。坂部晶子，《「滿洲」經驗の社會學：植民地の記憶のかたち》（京都：世界思想社，2008），頁 74-75。

些回憶的大量湧現，本身有其目的與意義，毋寧也是一場爭奪利益和非武器的戰爭。接下來的部分，則將釐清記憶的敘事主軸。筆者要談的是：這些回憶都有其共通點可循。首先，它們都是「弱者的聲音」。遺華日僑不管是身處日本或者中國東北，無論戰前還是戰後，都屬於生活在社會底層而被迫改變的一群。第二、憶述內容著墨最多之處，在於歷經生離死別的過程，還有強調恐懼、無奈等情緒；我們怎麼看待當中的意義？本文最後還要處理性別關係所扮演的角色。到底性別成為記憶敘事的內容時，人們又是怎樣合理化自我行為，藉此表達自己的抉擇和行為。

二、利益與非武器的「戰爭」

探討這些回憶的內容本身之前，有必要稍加說明一下它們所產生的背景。眾所周知，歷數戰爭期間發生的慘狀，往往並非出自人們主觀上的意願，經常是在特定的時空環境裡進行。要不是基於某種因素、或被某些觀點限制所建構，人們在盡可能的條件下，不太會願意去回想自己悲痛、恐懼的過去。因此，掀開「滿洲經驗」的記憶有其特殊背景。由於日本敗戰、滿洲國覆滅之際，大量地檔案遭到秘密銷毀，再加上接著戰亂紛更，許多有關戰爭前後時期的情況難於獲悉。[15] 據此，親歷者所保存的遺物，乃至他們藉由回憶留下的任何文字，都顯得彌足珍貴。其中有關遺華日僑的事後追記，無疑補充了這些過往遺闕，為歷史保留了不為人知的吉光片羽。而掌握這些憶述資料的生產過程，將有助於我們更加理解其目的與內容上的歧異。

首先要知道，任何記憶或口述記錄下來的文字，經常屬於人們刻意的行為，處於一種「塑造自我」的過程。無論受訪者還是作者本身，追索過去發

---

15. 相關討論見井村哲郎，〈滿鐵編纂史資料の現在〉，收入アジア經濟研究所圖書館編，《史料滿鐵と滿洲事變──山崎元幹文書》（東京：岩波書店，2011），上冊，頁 7-8。

生的事情，難免會站在主觀立場，凸顯一己行為。有時環繞在其他利益或隱
惡揚善等諸多理由考量下，使得敘事充滿自我主體性；是以考察這些內容的
真確性與否，吾人不可據以為信，認為毫無可疑。而且，個人回憶之中會過
度強調某些「事實」，所以我們應當警覺是否有其「意識」存在。如 2001 年，
鈴木則子等 3 名遺華日僑即向日本政府提出訴訟，以國家未實際保護公民而
遭受精神損失為由，要求申請國家賠償 6,000 萬円（每人 2,000 萬円）。[16] 該
件案例曾經轟傳一時，歷時 5 年之久，最後在 2006 年 2 月 15 日時由法官判
決予以全部駁回。法官結果並無完全採信 3 名原告證詞，主要原因係由於涉
及「利益」，並且攸關到國家整體問題。而法律層面沒有站在遺華日僑一方，
或許與追憶內容能否視為證據不無關連。

其次值得一提的是：呈現記憶的方式因應不同之客觀條件而發展。即使
戰後日人對「滿洲經驗」的描述文字，每個階段也各有其著重點，不可一概
而論。譬如，戰後初期係來自帝國時期參與各殖民地區調查活動者的陳述；
1960 年代之後，主要為滿洲國的政、財、官界相關知名人物，由他們各自來
編寫回憶錄；1970 年代起，伴隨個人生命史展開的各項回憶資料，更是著重
於描寫私人領域的瑣事。等到 1980 年代以後，日本首相中曾根康弘揭櫫「戰
後政治的總決算」原則，儘管造成輿論批判，卻帶動一波個人對「滿洲經驗」
的描述。[17] 又以空間地域來說，殖民地民眾（如朝鮮、臺灣）的「滿洲經驗」
也和帝國日本「內地」的人們接觸層面相異，理解上自然有別。另外，性別
亦成為當中一項明顯地差異所在，因為就比例而言，女性泰半成為遺華日僑
的主角。由不同的性別憶及滿洲種種，當然側重內容也有所不同（詳下）。

第三，後人體認任何與「滿洲經驗」相關的遣返話語與文字時，應該要
思考到皮耶‧諾拉（Pierre Nora）所言，這些記憶很可能都源自「一個社會

---

16. 全文參見 NPO 法人中国帰国者の會編，《中国残留邦人等国家賠償求訴訟》（東京：編者印行，
2006）。

17. 小林英夫，《「滿洲」の歷史》（東京：講談社，2008），頁 267-275。

有意識地生產」。[18] 諾拉所談都是以集體記憶或歷史建築物為主體，並沒有涉及口述方面資料的意涵。然而饒富興味地是，口述者或紀錄者往往透過記憶分享而重新「詮釋」，毋寧也可能受到社會整體「後見之明」所影響。最先開始記錄「滿洲經驗」者的生命歷程，約自 1950 年前後，而大規模展開則要到 1970 年代時期。[19] 隨著當時中、日兩國外交「和解」的前提下，儘管個別的遺華日僑有其不同遭遇，但他們卻集體共同完成「滿洲經驗」之憶述。加上因應現實政治的需要，雙方於是開啟調查日本遺孤的工作，從而累積了不少的口述紀錄。後來這些回憶逐漸化為文字，進而發展成為後人的研究基礎，乃至官方的歷史解釋。

最具體的實例，乃是中國透過輯錄編寫的各地《文史資料》。《文史資料》係國務院總理、中國人民政治協商會議（以下行文簡稱「政協」）全國委員會主席周恩來所倡議。1959 年 4 月 29 日，周氏希望透過訪查耆老，獲得舊中國時期各方面的具體情況和知識，從中汲取有益的經驗教訓。之後，從中央到各省、自治區、直轄市的政協相繼成立機構，開展徵集工作，最終以「內部資料」的形式出版。[20] 經由自己編寫、他人採錄或提供稿件等，各地出版的《文史資料》成為中共建政以來最龐大的「集體記憶」活動，據說文字已超過億萬之譜。然而，基於出發點殊異，不同語文所呈現的回憶當然強調內容亦有不同。[21] 以遺華日僑為例，對中文世界的讀者而言，主要描述日人如何到滿洲來進行掠奪，說明其中不公不義的部分，然後戰爭結束時中國人又是如何撫育遺孤，表現出寬大胸懷之精神。反觀日文方面的回憶資料，則多傳達「開拓」精神，還有敗戰之際遺留下來的人面臨困境，以及最

---

18. 皮耶・諾拉，〈記憶與歷史之間：如何書寫法國史〉，收入皮耶・諾拉編，戴麗娟譯，《記憶所繫之處 I》（臺北：行人文化實驗室，2012），頁 27。

19. 成田龍一，〈「引揚げ」に關する序章〉，《思想》955（2003.11），頁 170。

20. 章同，〈周恩來與政協文史資料工作〉，《文史精華》2（2009），頁 13-21。

21. 對於文史資料問題及其可徵信度，不妨參考：上田貴子，〈文史資料についての覺書〉，《近現代東北アジア地域史研究會ニュースレター》12（2003.12），頁 14-17。

後歸返日本之過程。整體來說，這是一場自戰後通過記憶滿洲、以重新回歸歷史的「文字戰爭」，目的則是爭取外交談判的籌碼。在面對追究戰爭責任的討論裡，雙方「各取所需」，保留各自的目的和「教訓」。

因此，這些戰爭記憶之意象，無疑也是「發生中歷史」（History as it occurs）的一部分。以下除了零星的口述資料外，筆者將集中在兩份口述訪談上，分別是《夢碎「滿洲」——日本開拓團覆滅前後》和《下伊那のなかの滿洲　聞き書き報告集》（共 5 冊），它們是一群參與農業開拓團的遺華日僑之紀錄。之所以選擇這兩種文本進行討論，主要基於如下幾項原因：第一、它們分別是中、日文不同語文撰寫有關「滿洲經驗」的作品，可以從中分析其敘事結構之異同。第二、這兩種口述訪談資料，儘管成書時間不同，可是所針對的主題卻是一致，觀照到性別角色與對象比例。第三、兩部書主要涉及的地域都在北滿，並都以日本開拓團為主。中文由黑龍江方面出版，自然以該省為主；而日文書中的「下伊那」在長野縣，亦是開拓團前往滿洲最多的地方。

三、記憶敘事的主旋律

攤開遣返話語中的各項描述，遺華日僑的記憶裡有幾條主旋律，分別書寫著他們來到滿洲「新天地」的景象。

（一）異地離別的前奏

第一條主旋律是關於他們參與帝國日本殖民史的開端，也是接觸另一個「祖國」——中國之起點。許多回憶裡都刻畫社會上經濟遭受戰爭而惡化，無論男女為了擺脫貧苦，紛紛參與開拓滿洲的行列。自從 1905 年日俄戰爭後，日本帝國積極部署「大陸政策」，東北亞成為其經略地域。在關東軍高

唱「日滿不可分的關係」下，兒玉源太郎（1898-1906）、後藤新平（1857-1929）、福島安正（1852-1919）等人建議向外移民，於是滿洲、朝鮮成為眾所矚目的焦點。[22] 這一移民政策的推展，目標則是配合軍事活動，滿洲尤其成為「新天地」。儘管上述的考量一直都有人推動，但要到 1930 年代後期才轉為「國策」，[23] 執行所謂「20 年百萬戶移民計畫」。松田千衛、鈴木五三美等人便以政府宣傳滿洲「地大物博，土地肥沃，資源豐富」之下，為了解決生活壓力而步上「開拓」之途。[24]

儘管紓解了生活壓力，可是開拓工作並非一蹴可幾，毫無阻礙。遣返話語的第二條主旋律，便放在他們如何適應這塊嶄新的土地——滿洲，還有描述生活方面所發生的種種障礙。譬如，對農業耕作方面，由於滿洲與日本的氣候差異甚巨，前者不僅嚴峻許多，且變化極大。雖然有人曾考慮援用「北海道農法」來解決，[25] 惟仍難以克服；最後不得已則採取因地制宜的方法，僱用現地農民進行耕作。[26] 加上彼此之間缺乏信任感，日人並不認同中國人

22. 滿洲國史編纂委員會編，《滿洲國史·總論》（東京：滿蒙同胞援護會，1970），頁 632。

23. 考量移民包括幾項因素：（一）對蘇聯作戰的後備兵力；（二）維持和確立滿洲的治安對策；（三）解決過剩的農村人口；（四）強調日本帝國與「東亞共榮圈」的利益；（五）掠奪重工業的資源。1930 年代初期日本推動移民滿洲的政策，實際效果相當有限，早為有識之士所察。譬如矢內原忠雄以貨幣經濟原理認為：生活水平較高的日人難與中國東北當地農民從事競爭，另一位中國評論家橘樸同樣抱持類似意見。相關研究也指出，1930 年代初期日本向滿洲移民的成果應該相當有限。參見淺田喬二，〈滿洲農業移民政策の立案過程〉，收入滿洲移民史研究會編，《日本帝国主義下の滿洲移民》（東京：龍溪書舍，1976），頁 104。矢內原忠雄，《滿洲問題》（東京：岩波書店，1934），頁 114-116；橘樸，〈時評·滿州移民の經濟價值〉，《滿州評論》6：23（1934.06），頁 4-6；Sandra Wilson, *The Manchurian Crisis and Japanese Society, 1931-33* (London: Routledge, 2002), pp. 146-149.

24. 松田千衛，〈惡夢醒來〉，收入政協黑龍江省委員會文史資料委員會、政協方正縣委員會文史資料委員會合編，《夢碎「滿洲」——日本開拓團覆滅前後》（哈爾濱：黑龍江人民出版社，1991），頁 33；鈴木五三美，〈到中國家庭的前前後後〉，收入《夢碎「滿洲」——日本開拓團覆滅前後》，頁 125。

25. 「北海道農法」是 1938 年小森健治來滿洲考察後所提倡採用，主要是針對北滿氣候問題，認為在來農法的稻作事業並不適用，建議應該以同緯度北海道的農作方法來進行。參見滿洲開拓史復刊委員會編，《滿洲開拓史》，頁 419-420。

26. 相關例證可參見中山房治，〈中国の養父母に育てられて〉，收入滿蒙開拓を語りつぐ會編，《下伊那のなかの滿洲　聞き書き報告集 2》（飯田：飯田市歷史研究所，2006），頁 101。

的農業粗放式耕作，結果情況是到處碰壁。[27] 此外，大陸型氣候的夏冬兩季分明，春秋兩季短暫，天候陡變令人健康倍受侵襲，且在衛生條件極差情形下，嬰幼兒易染病死亡。許多開拓團民精神屢遭打擊，易生思鄉情緒（日文譯為「屯墾病」）。[28] 疾病方面像是痢疾傳染，帶來極大威脅；當時的下水道處理並不健全，飲水習慣尚未改善，導致死亡甚多。[29] 根據關島要三回憶：川路村開拓團一度引發阿米巴痢疾（Amoebic dysentery）的流行，後來只剩3、4 位年輕人繼續工作，部落幾乎慘遭滅絕。[30] 醫療環境欠佳，加以食物普遍不足、營養失調，死亡率自然迅速攀升。熊谷美都、岩崎都是因為不良的醫療環境，造成家人陸續逝去。[31]

遺華日僑口述回憶中，最大宗的敘事內容在於描寫戰爭結束之際各種無情的離別、緊張與恐懼，乃至死亡所帶來的感受。絕大部分主角都是女性，通過其經歷來凸顯這場「悲劇噩夢」。自太平洋戰事展開之際，各地開拓團的青壯男性先後被徵召入伍；徵集令係以男子 18 歲以上、45 歲以下為限。甚至直到宣告投降的前幾天，還有男子收到徵召令，卻連在何處集合、參加

---

27. 1940 年代曾在滿洲開拓的北澤輝子便說：「日本人種旱田的方法是在平板地上種。號上僱傭的中國人非常善良，教給我們種地的方法，可日本人不相信，認為是騙他們，說中國的種地方法浪費地，仍然固執地按照自己的方法種，一壟雙株或多株，壟與壟之間的距離又很近。結果到秋天，玉米稈很細，玉米棒兒也不大點兒，有的還不結棒兒，總共也打不出多少糧食。……後來我們也種水田，當地的朝鮮族人教我們種田方法，由於是漫撒【種】籽，耕種方法不先進，所以收成也不太好。」北澤輝子，〈痛苦的回憶〉，收入《夢碎「滿洲」——日本開拓團覆滅前後》，頁 163。

28. 今井良一，〈戰時下における「滿洲」分村開拓團の經營および生活實態——長野縣泰阜分村第八次大八浪開拓團を事例として〉，《村落社會研究》12：1（2005.09），頁 15。

29. 池田精孝，〈醫學生が體驗した滿洲——滿洲国立佳木斯醫科大學〉，收入滿蒙開拓を語りつぐ會編，《下伊那のなかの滿洲　聞き書き報告集4》（飯田：飯田市歷史研究所，2006），頁 199。

30. 關島要三，〈開拓の夢を三たび追って——第八次老石房川路開拓團〉，收入滿蒙開拓を語りつぐ會編，《下伊那のなかの滿洲　聞き書き報告集4》，頁 26。

31. 熊谷みと，〈はるかなる祖国中国殘留五十年の半生〉，收入滿蒙開拓を語りつぐ會編，《下伊那のなかの滿洲　聞き書き報告集1》（飯田：飯田市歷史研究所，2003），頁 23-24；岩崎，〈憶親人的慘死〉，收入《夢碎「滿洲」——日本開拓團覆滅前後》，頁 142。

哪一支軍隊等細節都不曉得。[32] 1945年上半葉，男性只剩下一些老弱病殘者。婦女於是成為遺華日僑裡最重要的角色；她們不僅要操持家務、照顧老人和小孩，還得承擔全部的農活。

（二）與死神搏鬥

1945年8月15日，日本天皇宣布無條件投降，一時之間豬羊變色。成為敗戰國家公民，首要問題是必須趕緊回到祖國。本來繁重的行李，此時被迫要一件件地放棄；而歷經長途跋涉的歸途，連親人也成為不得不拋掉的「選項」。水野百合子在投降後隔天收到開拓團的指令，必須趕往方正縣伊漢通碼頭，等待日本軍艦遣送回國。但是，目的地距離水野居住的依蘭縣將近100多公里。為此她費盡氣力，跟著眾人隊伍朝方正縣邁進，但一面牽著女兒趕路，一面身上還得揹著年僅2歲的兒子，結果每日僅能走上2、3公里。由於擔心拖累大家的趕路計畫，水野聽到的建議竟是拋棄小孩：

> 團長說：「你扔了，中國人會撿去把他養大的；要帶上，影響大家趕路，上不了船，我們就都得死了。」……我一邊流著淚一邊對女兒說：「孩子，別怪媽媽無情啊，我這是給你留一條活路，要不咱就都得死了。」[33]

經過百般無奈，選擇扔棄是為了「留活路」，這是絕處裡所做的殘酷決定。羽賀君枝也提及：一路逃難經常看到有小孩被棄置於路旁，甚至還有母

---

32. 中山房治，〈中国の養父母に育てられて〉，收入《下伊那のなかの滿洲　聞き書き報告集2》，頁111。

33. 水野百合子，〈我的恩與怨〉，收入《夢碎「滿洲」——日本開拓團覆滅前後》，頁121。個別標點偶有更易。

親伴裝要帶小孩喝水，領進河中順將小孩的頭按在水裡，乾脆活活溺死。另一個故事則發生在婆媳身上。由於婆婆體力不支，一直脫隊；兒媳婦擔心如果扔下婆婆的話，下場不是被狼吃了，就得被虎咬了，因此守在身旁。然而婆婆一想到祖國日本距離竟是如此遙遠，不知何時才能抵達，所以極力勸媳婦放棄自己這個累贅。就在隔天，婆婆趁媳婦不注意之際撞死自裁。[34]

　　1945 年的秋冬，令遺華日僑一生永難忘懷。這年 8 月中旬戰爭結束，逃難潮才剛起，寒冬緊接降臨。當人們性命交關之際，只能匆匆帶走細軟，誰還想到準備多餘物件？那些難民收容所或集結遣返日軍、日裔的村落，頓時湧進 3,000 至 4,000 名人口，光是住處便成為大問題。先來者可能還有機會住在屋內，後到的人根本擠不進去，只好隨意在路邊搭蓋地窖棲息；碰上寒冷氣候到來，自然難以抵抗。大浦孝子形容她所住的地方，是「陰暗寒冷，對面的人彼此鼻眼都看不清楚。屋裡沒有炕，人們就睡在水泥地上。剛來的時候，屋裡就涼颼颼的，一到冬天更是嘎巴嘎巴冷。窗戶用草團子塞著，四壁結了厚厚的冰霜。我們的行李、衣服在逃難的路上都丟掉了，到了冬天還穿著單衣服。」[35]

　　極度缺乏食物的情形下，老人、小孩成為最先犧牲的一群。他們飽受寒冬侵襲，紛紛感染傷寒、體力不支而亡。新京（今長春）的南大房收容所，據稱 6 歲以下小孩、60 歲以上老人無一倖免，難逃猝死命運。[36] 戰敗那年正擔任醫院助產護士的澤柳文美，親見 10 月期間到處有人挖穴掩埋小孩屍體。因為短短一個月內，氣候驟降造成逃難期間許多已經營養失調的小孩被凍死，不勝其數。[37]

　　真正帶給活著人們壓力的，或許不在食物匱乏，反倒是面對死亡的恐

34. 羽賀君枝，〈逃難路上〉，收入《夢碎「滿洲」——日本開拓團覆滅前後》，頁 190-193。
35. 大浦孝子，〈世代難忘活命恩〉，收入《夢碎「滿洲」——日本開拓團覆滅前後》，頁 169。
36. 木下茂利，〈滿洲に新天地を求めて〉，收入《下伊那のなかの滿洲聞き書き報告集 2》，頁 180-181。
37. 澤柳フミ，〈決斷　開拓地を出よう〉，收入《下伊那のなかの滿洲聞き書き報告集 2》，頁 74。

懼。特別是大量死亡後，病菌隨之傳開，情形更加嚴重。戰後擔任松江省政府委員的田雨時，回想自己親赴哈爾濱附近的日人收容所，眼見男女披頭散髮，骨瘦如柴，情狀若瘋若癲，雖生猶死，慘不忍睹。據說原有 15,000 人，但多因凍餓、疾病喪生，最後僅餘數百人。田氏又前往所謂的「萬人坑」，裡面堆滿了凍死、餓死、被殺、自殺的千百具屍體。所幸當時天寒雪掩，尚少氣味，一旦氣候回溫，日後難免瘟疫流行。[38] 串原喜代枝形容難民收容所裡，先是小孩一個個地死亡，接著猶如爬梯子般，年過 50 歲的人身體愈見脆弱，僅剩 2、30 歲的青年人堪能負荷。每日清早起床，就會聽到「今日幾號房的某某已死了」，後來對於體驗死亡愈來愈沒有感受。[39] 許多回憶共同地指稱：因為收容所內太多人猝死，所以不知自己是和已死的人睡在一起，直到早晨起來才發現到處是已死、將死的人，深覺那種「消失」感無所不在。就連想要挖穴埋藏屍體，也不是一人一穴，而是乾脆挖處大洞，集體掩埋所有逝去的人。[40]

　　與死神的搏鬥，都沒有比集體自裁更駭人聽聞了。位在新京不遠處的河野村開拓團，是所謂示範的「皇國農村」。戰敗不久，該團決定移往吉林市避難。然而盡是婦孺的情況下，團民們深感歸國甚難，又怕無法保全節操，故決定集體自殺。她們先以平日勞動、防寒所穿的褲子將小孩勒死，然後一起上吊，總共 73 人，死狀慘烈。[41] 黑龍江省綏棱縣附近的開拓團，則由馬

38. 田雨時，〈東北接收三年災禍罪言──大陸一角初陷自省錄（三）〉，《傳記文學》36：2（1980.02），頁 84。臺灣人到滿洲的翁通逢也有類似的經驗，某次見到來自北滿的日人，躲在日本小學裡，「經過三星期後我再去看，學校運動場像個墳墓」，心想夏天屍水流出，將發生流行傳染病，故決定離開。許雪姬訪問，鄭鳳凰紀錄，〈翁通逢先生訪問紀錄〉，收入許雪姬訪問，許雪姬等紀錄，《日治時期在「滿洲」的台灣人》（臺北：中央研究院近代史研究所，2002），頁 116。
39. 串原喜代枝，〈義勇軍の少年達とともに〉，收入《下伊那のなかの滿洲　聞き書き報告集 1》，頁 67。
40. 小川津根子，《祖国よ──「中国残留婦人」の半世紀》（東京：岩波書店，1995），頁 150。
41. 久保田諫，〈集團自決をひとり生き殘って──第十三次河野村開拓團〉，收入滿蒙開拓を語りつぐ會編，《下伊那のなかの滿洲　聞き書き報告集 3》（飯田：飯田歷史研究所，2006），頁 27-28。

獸醫配製毒藥，發給每人一包，在團幹部監督之下全部服毒自殺。瑞穗地區則是幹部放火燒了團部；「有的婦女不忍心殺死自己的孩子，就偷偷地將自己的孩子放出去逃生，監督服藥的幾名男子有的最後也沒自殺，而是逃到山上躲了起來。」[42] 阿城縣的豐村開拓團最後也以爆炸來集體結束生命。[43]

四、浴火重生後的抉擇與命運

面對生離死別的痛楚，存留下來的日裔則選擇了繼續「開拓」人生的方式。他們面對新的生命旅程，同時也在戰後的中國東北重新適應。值得留意之處，那時滿洲社會因應戰爭問題，性別關係也正歷經調整之中。這一節要簡單地從那些回憶的文字敘述中，分析關於他們在戰後的處境。

（一）過繼、再婚與提供勞動力

為了繼續生存，沒有任何謀生能力的日人只好選擇另一個「祖國」——紛紛充當中國家庭的媳婦或養子女。當時中國人何以願意對待無助的日本人，甚至樂於接受他們的小孩？如果單方面閱讀相關記載，可能陷入一種過度樂觀的思考。像是以中文撰作的憶述文字，絕大部分會呈現出所謂「對敵人寬大為懷」的精神，然而從社會需求的角度來看，真實情況未必如此。大體說來，東北地區在 1920 年代屬於男多於女的社會，原因是歷年由華北地區移入的人口，係以貧苦的男性獨身漢為主。[44] 直到滿洲國時期，戰爭帶來生活上的壓迫，使

---

42. 以上兩例均參見孫繼武、劉含發調查，劉含發整理，〈黑龍江省綏棱地區移民地調查〉，收入孫繼武、鄭敏主編，《日本向中國東北移民的調查與研究》（長春：吉林文史出版社，2002），頁 189、192。

43. 周福臣，〈日本豐村「開拓團」爆炸自決的前前後後〉，收入《日本向中國東北移民的調查與研究》，頁 157-161。

44. 萬國賓，〈東北九省之地理與人口〉，《邊疆通訊》5：6-7 合刊（1948.07），頁 6。

得東北當地的農村社會裡人口出生率極低，如果再加上長期普遍地營養不足、貧苦、衛生不佳等因素，可以想見成人的人口數並不多。[45] 此外，經濟困難也間接造成了締結婚姻的阻礙，許多男性缺乏足夠的金錢而無法通婚、組織家庭。[46] 上述這些困難可能變成後來吸納遺華日僑的理由。

　　值得思索的是，收養遺華日僑還必須要考慮到國籍的法律層面問題。本來中華民國民法中有關於親屬身分互負扶養之義務，[47] 惟戰後滿洲政局情勢動盪不安，許多狀況恐怕無法按照常理來衡量。以中國名字張秀蘭的山田君子個案為例，14 歲的她被中國人收買，而入籍中國之際尚在中共建政以前。根據山田描述，國民黨主政時代，每晚都會派遣警察挨家挨戶來調查人口，所以為了避免節外生枝，她趕緊報入收買的家庭戶籍之中。此後，表面雖是中國人身分，可是究屬中國人還是日本人始終一直困擾著山田。然而由於身分未明，直至山田 1989 年打算回日本之際，卻發現自己早於 1952 年被以「戰時死亡」方式宣告除去國籍。儘管仍有過去的戶籍資料可供佐證，山田君子可以藉此申請歸化，但等待需長達 5 年，暫時只好以外國人身分登錄，成為無國籍的日裔僑民。[48]

---

45. 以桓仁縣為例，1932 年人口數為 206,466，此後驟減。1936 年統計人口數為 137,942，1939 年後才又緩慢增加，至戰爭結束前一年 1944 年恢復至人口數 156,056。主要因素有二：一是日本屠殺無辜中國民眾；二是強制施行「集家歸屯」，導致無家可歸，疾病流行，死亡慘重。參見桓仁縣地方志編纂委員會編，《桓仁縣志》（北京：方志出版社，1996），頁 762。

46. 這一點是曾經歷遣返的殘留日僑觀察及憶述。見上松久子，〈国共内戦に従軍した私の青春〉，收入《下伊那のなかの滿洲 聞き書き報告集 2》，頁 34。

47. 楊立新主編，《中國百年民法典匯編》（北京：中國法制出版社，2011），頁 508-510。

48. 小川津根子，《祖国よ——「中国残留婦人」の半世紀》，頁 216-219。山田君子在隔年 15 歲便已結婚，她的案例象徵入籍通常只是因勢利導之權宜措施，並且凸顯出幾項重點。首先，國籍與戶籍的二重身分符合，是戰前日本帝國確立國民的方式，可是這項辦法未必完全適用於中國遺華日僑。針對於此，日本政府還曾有多項措施安排，如 1959 年訂立的〈未歸還者特別措置法〉，其中包括了那些已被宣告死亡、塗銷戶籍的日本人，即使與中國人通婚也沒有喪失其日本國籍。其次，1972 年中日兩國外交「正常化」後，厚生省開始進行中國遺華日僑調查，要求歸國者必須有親友家族對戶籍進行確認。不久民間團體便展開「就籍運動」，政府認定即使無親友的確認，但只要能夠確認國籍的話，亦可永住日本。上述討論均見：南誠，〈「中国帰国者」をめぐる包攝と排除——国籍と戶籍に注目して——〉，《国立民族学博物館調查報告》83（2009.03），頁 121-137。

憑藉著父親敗戰前與當地農民的和睦相處，下山幸子與姐姐兩人在母親去世後，也成為中國家庭的養女。儘管領養的時間並沒有維持多久，下山姊妹便因遣返而歸國，不過她們卻得到良好照顧。[49] 另一例為 11 歲的中島茂，為了不想活活餓死，他到一戶何姓大家庭充當養子，並負責幫傭，在牧場裡畜牧長達 8 年。據中島回憶，還有比他年長的堂兄參加八路軍，甚至得到共產黨幹部的賞識。[50] 至於年僅 9 歲的戶島一行，則是被一位 24 歲的青年修鞋匠充當養子。由於生父有病在身，生母又無法照料全家，只好忍痛決定將戶島送給他人。本來戶島不願離開，但姐姐勸說「別白白犧牲性命」才聽話。[51] 上述幾位到了中國人家庭後，甚至都還取了中國姓名。

相較於年幼男女可過繼給中國家庭，延續香火，那些年齡接近成年或者已婚的婦女，大都選擇結婚甚至再婚一途。不過，其中仍有些微的差別，值得進一步推敲。譬如，在城市和農村之間的境況即有不同。像城市裡，許多日本女性是嫁給中國軍隊的基層軍官，「她們多半願意自動以求一飽」；還有沿街叫賣、乃至成為女傭的人，她們往往都受過良好教育，程度很高。[52] 不過在農村之中，「當時跟中國人去的，大部分是利手利腳的婦女」，[53] 因為必須擔任平日農作。

此外在婚姻儀式上，農村生活一般較為貧窮，通常只能維持溫飽，所以過程相當簡單，並無繁文縟節，往往雙方達成生活的共識基礎後便結合。[54]

49. 下山幸子，〈團長の娘として渡った私──第八次新立屯上久堅村開拓團〉，收入滿蒙開拓を語りつぐ會編，《下伊那のなかの滿洲　聞き書き報告集 5》（飯田：飯田市歷史研究所，2007），頁 114-115。

50. 中島茂，〈中国人になりきって暮らした開拓少年〉，收入《下伊那のなかの滿洲　聞き書き報告集 1》，頁 23-24。

51. 戶島一行，〈尋親記〉，收入《夢碎「滿洲」──日本開拓團覆滅前後》，頁 200。

52. 趙世洵，〈東北見聞錄（四）〉，《大成》40（1977.03），頁 50；沈雲龍、陳存恭訪問，陳存恭紀錄，《王奉瑞先生訪問紀錄》（臺北：中央研究院近代史研究所，1985），頁 111-112；許雪姬訪問，鄭鳳凰紀錄，〈翁通逢先生訪問紀錄〉，收入《日治時期在「滿洲」的臺灣人》，頁 115。

53. 大浦孝子，〈世代難忘活命恩〉，收入《夢碎「滿洲」──日本開拓團覆滅前後》，頁 169。

例如，小林真江、小林春江等 2 位日本女性，原本戰爭結束前已有家庭，但丈夫隨後接受軍隊徵召，下落不明；而小孩則分別都在逃亡期間罹難，所以當中國男子前來要求共組家庭時，便毫不猶豫地答應了。[55] 慶遠屯部落在日本投降以後，中國人發現被開拓團遺棄的 8、9 歲小女孩工藤日佐子，原本打算殺她以吐怨氣，後經人勸說而放生。此女孩後來輾轉到古蹟鄉保安屯，農民劉臣義在田野見到她，深覺可憐便帶回家。爾後劉母對女孩特別喜歡，決定收留。工藤長大後，自願與劉氏弟弟結為夫婦，並育有兒女。[56] 水野百合子則是在方正縣收容所裡，面對饑寒交迫、傳染病到處散布、眼看即將死去之際，一位年約 30 歲的青年李春林前來，表示願意帶她回家。根據水野日後描述，收容所內其他難民「都用羨慕的眼光望著我」。然而，她並非來到了一處衣食無憂的環境，因為李家連炕席也沒有，還是向親戚借錢來訂製水野的衣服。後來經過李氏母親日夜照料，終使水野病情好轉；又因兩人相處和諧，水野主動提出結婚，生有一男一女。[57]

選擇結婚做為重生之途，相信是滯留滿洲、等待遣返的日本女性，唯一不得不採行的辦法。有些例子，日本女性投靠了原來比較信任的雇工，尤其以單身者做為婚姻對象，當然亦有帶著子女全家來依附者。[58] 根據平柳今沙代的口述，她原本是一家五口到滿洲「開拓」，結果小孩先後死亡，接著丈

---

54. 熊谷みと因為接受張家收養，歷經數年後屆滿 17 歲，以生活貧乏窮苦為由，嫁給張家兒子。但是，這樣的婚姻連照片也沒有，遂使日後歸返日本時都無從證明。類似像她這樣的個案並不少。熊谷みと，〈はるかなる祖国中国残留五十年の半生〉，收入《下伊那のなかの滿洲聞き書き報告集 1》，頁 46。
55. 小林真江，〈破鏡難圓〉，收入《夢碎「滿洲」──日本開拓團覆滅前後》，頁 212-213。
56. 黃耀慧調查整理，〈內蒙古科右前旗日本移民地調查資料〉，《東北淪陷史研究》4（2001），頁 63、69。
57. 水野百合子，〈我的恩與怨〉，收入《夢碎「滿洲」──日本開拓團覆滅前後》，頁 122-123。
58. 北澤輝子回憶到自己同一開拓團的人，「大家無處可去，紛紛投靠了原來在我們各家當雇工的中國人，這樣一家人也就有了著落。有的青年婦女嫁給了原來自己家的雇工，現在中和鎮街里的岳元珍和中和勝利村的趙方，就是娶的自己曾給幹過活的日本人家的媳婦。我姨也嫁給了一個中國人，我們姊弟五人開始就在他家生活。」北澤輝子，〈痛苦的回憶〉，收入《夢碎「滿洲」──日本開拓團覆滅前後》，頁 166。

夫奉召當兵。戰爭結束時業已36歲的平柳，身邊還帶有一名甫6歲的兒子；面對孤兒寡母的窘境，他們只好尋求「唯一的活路」──嫁給未婚男子侯瑞清。[59] 與平柳今沙代的境況有些不同，本野時興是在父親勸說下，嫁給了年長於她將近14歲的張文簡。儘管張氏家裡很窮，但平日生活對本野極好，並不要求她下地種田，只須幫忙處理家務即可。此外，張氏還經常照顧本野一家生活，甚至送飯菜給她娘家。[60] 還有一處例證，則顯得相當無奈。1946年，18歲的村田初江與中國人劉萬福結婚。由於村田始終企盼有朝一日得以返歸日本，雖是心中百般不願，但眼見母親下嫁他人，也只好順從命運安排，委身一位自己其實並不喜歡的男性。[61]

（二）中介者的角色

　　遺華日僑的憶述之中，男性選擇的道路及其命運則有不同。前述婚姻在經濟困難的條件下，造成許多中國人無法組織家庭，大量吸納年幼兒童以傳承香火。至於那些年紀太大、不適合以養子身分投寄他人者，則是充當雇工，負責勞務工作，以求溫飽。例如，戰後屆齡16歲的宮澤一三就是明顯例證。他先是倚靠一位王姓的中國人，主要擔任長工的工作。直到1953年，宮澤才與一位中國家庭的日本養女結婚。或許由於年齡較長的關係，為宮澤一三帶來與眾不同的「認同」；他後來在回憶文章中，甚至強調自己還不忘日語，而這樣的感受也使得自己適應有困難，中文的學習也未必能夠全部了解。[62]

　　這些依附當地中國家庭的歷程裡，不能忽略中介者所扮演的角色。在許

59. 平柳今沙代，〈活路〉，收入《夢碎「滿洲」──日本開拓團覆滅前後》，頁160-161。
60. 本野時興，〈移民恨事〉，收入《夢碎「滿洲」──日本開拓團覆滅前後》，頁110。
61. 村田初江，〈日本に歸化した日本人〉，收入NPO法人中國殘留日僑の會編，《わたしたちは歷史の中に生きている：「中国殘留邦人」と家族　10の物語》（東京：編者印行，2011），頁44-45。
62. 宮澤一三，〈在滿二十二年　日本語を忘れず──第八次大八浪泰阜村開拓團〉，收入《下伊那のなかの滿洲　聞き書き報告集4》，頁63-67、72。

多回憶之中，不時可以看到有些居間牽線的人口販子，幫忙進行勸說；他們有的是中國人，絕大部分則是日本難民本身。中山房治的回憶提到：最初有位張姓男子，為人和善，笑嘻嘻前來問候，令他與妹妹深感不安。母親特別告誡「絕對別去中國人的家庭！」。[63] 憶述內容中提到的張姓男子，應該與人口仲介有關。山木瀨子則在父母雙亡後、祖母與哥哥致力想辦法尋求生存之際，經由表姐的介紹，被一戶陳姓家庭收留為養女。當時陳家共有五口人，以種地為生，生活的條件並不算佳。就在幾年後，由於鄉鄰的撮合，山木便決定與養母的大兒子結婚。[64] 當初負責介紹山木的表姐，極有可能扮演中介的功能，目的是為了讓山木家人放心。

　　現今並不需要去苛責這些中介販賣人口的行徑，因為那可能是努力創造「三贏」（中國家庭、被收養者、未被收養者）局面最佳的辦法。鈴木五三美之所以被人收養，乃是經由一位日本老太太居中介紹的緣故。根據鈴木後來所描述，中國老農民是從「兜裡掏出 50 元錢遞給日本老太太，日本老太太把錢分給了沒走的人」，[65] 顯然這位負責牽線的日本年長女性，考量是要讓收容所的難民都能獲得安養。大浦孝子也特別提到一位姓世本的老婦人，建議母親把她賣給別人，目的是得到充足的糧食及金錢，挽救正在生病的哥哥。就在大浦同意成全之下，隔天世本便帶領一位張姓男子，以大米和 30 元的代價將大浦認作妹妹。[66] 甚至從類似的回憶可以看到，直到戰後 5、6 年期間，東北當地販賣人口的情況依然持續發生之中。北澤輝子是在 1946 年蘇軍撤走以後，以 200 元蘇聯紅票的價錢被賣到地主老

63. 中山房治，〈中国の養父母に育てられて〉，收入《下伊那のなかの滿洲　聞き書き報告集 2》，頁 122-123。

64. 山木瀨子，〈一個日本孤兒的自述〉，收入《夢碎「滿洲」——日本開拓團覆滅前後》，頁 115-116。

65. 鈴木五三美，〈到中國家庭的前前後後〉，收入《夢碎「滿洲」——日本開拓團覆滅前後》，頁 133-134。

66. 大浦孝子，〈世代難忘活命恩〉，收入《夢碎「滿洲」——日本開拓團覆滅前後》，頁 170-171。

朱家，成為僱傭。[67] 還有另一種特別的情況則是：某甲與某乙分別買了同一家人，後來由於種種原因，決定讓該家小孩同住在一起，於是某甲便支付了某乙購買時的費用。[68] 考量中介角色之際，經濟因素固然極為要緊，但也不該忽略當中屬於人性的一面。

五、性別與歸國心態

其實釐清遣返話語性質最終之目的，在於了解遣華日僑對未來的期待與動態。這些口述文字呈現了他們對現狀之關懷，也凸顯身處社會邊緣人的心態。更重要是，同時還反映了 1970 年代中、日兩國的外交情形。

（一）另一種「他者」

等待遣返日本的國民，大部分等同放棄了戰前自己在海外的資產。當他們回到戰後亟待復興的日本社會，面對社會資源和人際關係的困乏，相當不易就業。據尾高煌之助的探究，歸返回國日裔的主要就業傾向，依序為農業、製造業、零售業、服務業、運輸業和公務員；其中，從事農業的人數占絕大比例。[69] 揆其原因，一方面由於百廢待舉，都市不可能容納過多的就業人口及市場；另一方面若從滿洲遣返日裔本身來看，他們擁有的農耕經驗，自然以經營相關的工作最為便利。可以看到，不少遣華日僑有回國「再開拓」的經歷。戰爭結束前曾被徵兵的關島要三，1946 年回日本後在山梨縣經營農

---

67. 北澤輝子，〈痛苦的回憶〉，收入《夢碎「滿洲」──日本開拓團覆滅前後》，頁166。
68. 例如中山房治與妹妹的情況便是如此。中山房治，〈中国の養父母に育てられて〉，收入《下伊那のなかの滿洲　聞き書き報告集2》，頁129。
69. 這裡主要引用的是1950年日本國勢調查報告。參見尾高煌之助，〈引揚者と戰爭直後の勞働力〉，《社會科學研究》48：1（1996.07），頁139-140。

事。隔年，妻子也順利回國，在與其他有「滿洲經驗」的朋友互勉下，關島決定眾人一起到北海道，從事農耕工作。[70]

然而，關島要三之例其實是比較幸運的；歷經戰爭顛沛流離的遺華日僑，當回到祖國後，農業以外的工作似乎並無想像地那麼順遂。本來擔任鐵嶺陸軍醫院衛生兵的森本勝治，因為個人身負特殊技能，在日本投降時反而被中共軍隊留用，直迨 1953 年才遣返歸國。但結果適逢經濟不景氣，無法人盡其才，3 年半之中一直只能倚靠兄長救濟。[71] 甚至另一位女性遺華日僑橋場定美還私心認為：跟戰後返歸時發生糧食極端不足的情況相比，戰爭結束前的滿洲生活彷彿就像是活在天堂一般。[72]

敗戰前的徵兵活動，無疑活生生地拆散了這些遺華日僑的家庭，甚至有的人直到戰後並未團圓。那些被徵召從軍的日本男性，最初絕大多數返抵國門之際，依然企盼能夠見到家人，但後來音訊仍無。以前往滿洲者為例，有人因為妻兒雙亡，只好另組家庭。像筒井茂實，1945 年 7 月被徵召到新京參戰，不久後確知戰敗，隨即又傳來妻子自殺消息。遭到一連串打擊的筒井返回日本，本想領養小孩度過餘生，卻有幸結識了第二任妻子美惠子。美惠子其實也是再婚，她雖無「開拓」經歷，但前夫曾赴滿洲，後因徵兵戰死。[73] 還有些人熱切候望妻兒能早日返國，可是消息始終杳然，故決定再婚，結果社會問題因此叢生，一時之間重覆申請辦理結婚登記者甚多。奧山龜次郎徵兵入伍不久，與蘇軍作戰被俘，押往蘇聯西伯利亞地區修築鐵路，歷時兩年勞役才回國。之後，他苦等了 6、7 年，多方打聽仍未見妻子小林真江的音訊，

---

70. 關島要三，〈開拓の夢を三たび追って──第八次老石房川路開拓團〉，收入《下伊那のなかの滿洲　聞き書き報告集 4》，頁 45-48。
71. 森本勝治，〈八路軍に留用されて──第一次長崗義勇隊開拓團〉，收入《下伊那のなかの滿洲　聞き書き報告集 3》，頁 214。
72. 橋場定美，〈土地を求めて──第八次大古洞下伊那鄉開拓團と神原村峠山開拓團〉，收入《下伊那のなかの滿洲　聞き書き報告集 3》，頁 228。
73. 筒井茂實，〈ハルピン開拓指導員訓練所で蔬菜作り研究して〉，收入《下伊那のなかの滿洲　聞き書き報告集 2》，頁 159。

於是再婚。結果日後輾轉得悉前妻尚在人間，只好通信要求填具退婚書，云若不如此，則新任妻子、孩子將無從辦理入戶登記。[74]

此外語言的問題，同樣使得遺華日僑回國後彷彿成為另一「他者」而存在。不可諱言地，許多遺華日僑固然受到語言限制，無法順利返回「原鄉」；但歸國者勢必將面臨生活適應上更大的挑戰。山田陽子訪問並檢討這群人身處日本社會的生存情況，發現儘管政府設有類似輔導、補救的制度（如身元引受人、自立指導員等），[75] 協助他們處理日常生活中的難題，卻仍不能擺脫困境。譬如，因為他們在日語的溝通上發生障礙，往往只能選擇在那些收入低、工時長的勞動環境工作。以製造業來說，遺華日僑幾乎都在具有操作、使用機械的公司裡上班；薪資方面則是受限於日語能力的緣故，往往也較其他同業的人要少得多，乃至無端還被資方解僱。於是學習日語成為遺華日僑歸國後重要的活動，也是他們希望能夠獲取職場雇用的機會，甚至是遭受欺凌時足以對抗的武器。[76] 因應社會不平等的待遇，遺華日僑形成「他者」認同，具有千絲萬縷的複雜情感。

至於滯留滿洲的日裔，大多面臨改嫁或孤兒（包括被拋棄的子女）被收養之情形。他們在 1953 年時，經由聯合國及國際紅十字會協助下，中、日兩國達成協議，由各地公安局外僑科負責辦理手續，申請歸國事宜。不過，卻有人在戰後諸多條件發生變化下，思考日後出路問題。以下分別從相關口述記載探析他們的理由與處境。

（二）性別帶來不同的遭遇及心境

74. 小林真江，〈破鏡難圓〉，收入《夢碎「滿洲」——日本開拓團覆滅前後》，頁 213。
75. 山田陽子，〈「中国帰国者」と身元引受人制度——中国残留孤児の日本への帰国をめぐって——〉，《人間文化研究》8（2007.12），頁 99-111。
76. 山田陽子，〈中国帰国者の日本語習得と雇用——国家賠償請求訴訟における帰国者の陳述および身元引受人の語りから——〉，《人間文化研究》5（2006.06），頁 83-100。

首先是關於年幼遺華日僑的長大與論及婚嫁。許多憶述文字指稱：中國適婚年齡通常較早，尤其女性大部分在 20 歲以前。被收養的女性面對此一問題，不禁思考究竟是要結婚入中國籍，還是要等待機會返回日本？如中山房治的妹妹，當時便碰到類似情況。當養父母向中山提及婚事，中山還企盼得悉能否歸返日本的問題。嗣後他與妹妹商量後，妹妹說：「還是聽從養父母的話吧」，於是決定與安排的男子結婚。[77] 原為日本遺孤的劉秀清也觸及同樣問題，所幸她的養母和先生對此並無刻意要求，沒有帶給她太大的困擾。[78]

至於被收為養子的日本男性孤兒，反而少有難以適應之處。從有限的紀錄來看，他們另有一番特殊經歷。由於身為日本人，文化大革命期間一度被認為是特務，慘遭批鬥，甚至連要結婚的對象也不信任。吉田英行的例子頗為傳奇，很適合作為觀察的個案。他在 8 歲的時候被中國人領養，改名為蘆永德。讀書求學期間，曾與同校一位日本女孩相戀，惟未得到養父認可，怕「娶個日本姑娘將來拐回日本」，於是 16 歲時託人另外介紹而結婚。[79] 婚後，吉田在建設公司充當工人，由於工作表現良好，得到領導賞識，黨組織吸收為預備黨員。1962 年，另一位遺華日僑打算辦理歸國手續，夥同吉田一起商量。這件事無意間被妻子發現，並向法院檢舉，使得「一貫保密的蘆永德是日本人的秘密卻公開了」。結果，黨組織以「對黨不忠實」為由，取消了吉田預備黨員的資格，同時也在工作上認定「不宜用日本人」，而被調任為一般雜勤工作。由於妻子的告密，促使吉田的家庭關係惡化，甚至到了水火不容的地步。適逢文化大革命初起，吉田英行為了要擺脫這種處境，決定自動報名去貴州支邊。[80] 同樣有著類似遭遇的日本孤兒胡菊芳，文革時 25 歲，

---

77. 中山房治，〈中国の養父母に育てられて〉，收入《下伊那のなかの滿洲　聞き書き報告集 2》，頁 130。

78. 岩本くにを，〈妹との別れと再會と——第八次大八浪泰阜村開拓團〉，收入《下伊那のなかの滿洲　聞き書き報告集 5》，頁 258。

79. 吉田英行，〈在中國親人中間〉，收入《夢碎「滿洲」——日本開拓團覆滅前後》，頁 216-217。

不懂日語的他亦被認為是日本特務。為此胡菊芳被關進牛棚，鎮日掛著大牌子，不停地遭人批鬥，身心俱受重創，留下陰影。終於在 1986 年，胡獲得「中國歸國者支援會」幫忙，取得日本國籍，重新展開人生。[81]

其次為返回日本後定居問題，也在性別上產生不同的效應。許多女性遺孤結婚生子後，儘管日本親人規勸留居，但畢竟已有新家庭，難以全然脫離，最後仍選擇留居中國。如被中國家庭領養的佐藤青子，以「根已紮在中國」為由，婉拒日本哥哥的要求。[82] 鈴木五三美的情況也是一處代表例證。1950年，她收到生母遠從日本寄來的信，規勸她趕緊辦理歸國手續。但已經結婚的鈴木，由於當時中日兩國尚無外交關係，且丈夫、小孩無法一齊帶去，只好覆信將在適當時機歸返日本。1966 年，身為 5 個孩子母親的鈴木，再度收到生母郵寄的 2 萬日元及回國手續單，帶著小女兒回到日本。歷經 6 個月的團聚後，生父執意要鈴木留下，生母卻深悉女兒心意，向父親說：「咱們惦記她一個，不能叫她惦記五個」，於是讓鈴木返回中國。後來幾次的中國、日本往返，鈴木五三美始終都沒有在日本定居下來。[83]

這些抉擇也讓我們重新思考遺華日僑中女性對「家」與「國」的認同之別。戰爭期間本來已有婚姻和小孩的松田千衛，歷經戰後一連串的不幸變成孑然一身，之後又與中國男性締結婚姻、組織新家庭並育有一子。在 1952年歸返風潮裡，松田的內心深感矛盾，不知究竟該如何？她的中國丈夫則是同意松田自己回去，可是「一定要把孩子給我留下」。幾番掙扎後，松田千衛終於體認到「扔下孩子一個人回到日本是不會幸福的」，不如等到孩子長

---

80. 吉田英行，〈在中國親人中間〉，收入《夢碎「滿洲」──日本開拓團覆滅前後》，頁 217-218。
81. 胡菊芳的個案引自口述調查，參見關亞新、張志坤，《日本遺孤調查研究》，頁 549。
82. 梁玉多、楊玉林、辛培林，〈寧安市鏡泊湖日本移民侵略活動調查散記〉，收入《日本向中國東北移民的調查與研究》，頁 51-52。
83. 鈴木五三美，〈到中國家庭的前前後後〉，收入《夢碎「滿洲」──日本開拓團覆滅前後》，頁 140-141。據我所知，鈴木個人近幾年業已返回日本定居，目前正由日本「滿洲的記憶」研究會重新進行口述訪問之中，預料將與《文史資料》的敘述有所出入。

大再回去。[84] 在凸顯「家」的重要性上，松田的個案是將目前個人的幸福緊緊地維繫住，遠比長久日本的認同要來得迫切重要，因而取代祖國之意義。

必須指出，這些留在中國女性遺孤的文字，因為多半經由口述方式，登載於《文史資料》一類的刊物上，所以內容上不無強調另一「祖國」──中國的情懷，透過「第二故鄉」來訴諸愛國意識。西川候子傳達自己「從開拓民到中國公民」的經歷，也不忘提到：「在中國的土地上我已經生活了十幾年，這裡也有我的孩子，我的親骨肉啊！他們也需要母親。……孩子是中國人的骨血，我能忍心把他們帶到日本？」[85] 水野百合子則係以「人道」為由，婉拒日本親友、前夫希望她留下的請求：

> ……我中國的婆婆，是她們母子把我從死神的手裡奪了回來，是她使我懂得了很多人生道理，是她幫我拉扯大了兩個孩子。我不能忘了她，也不能沒有她，我有責任給她養老送終。我就是死了，也要讓我的孩子們，代我報答中國人民對我的恩情。……我沒有在日本久留，很快就返回了我依戀的第二故鄉──中國。[86]

這些「溫情」的內容，彷彿也訴說自己歷經「再造」。山木瀨子則在1975 年 10 月，帶著 2 個孩子到日本訪親，半年後如期返回中國。她在口述訪談的結語是這麼說：

> 在日本時，那裡的親友曾勸我留下，因為那裡的生活水平比中國高得多，但是我能那樣做嗎？是中國人民給了我第二次生命。在中國，

---

84. 松田千衛，〈惡夢醒來〉，收入《夢碎「滿洲」──日本開拓團覆滅前後》，頁 58-62。
85. 西川候子，〈從一個開拓民到中國公民〉，收入《夢碎「滿洲」──日本開拓團覆滅前後》，頁 153-154。
86. 水野百合子，〈我的恩與怨〉，收入《夢碎「滿洲」──日本開拓團覆滅前後》，頁 124。

有我的愛人，有我的親生骨肉；單位裡的同事們，待我也都情同姐妹，我的根已經繫在這裡了。你們看，我現在生活得多幸福啊！[87]

無獨有偶，小林真江也在 1975 年返回日本探親。回到中國後，她經常收到前夫來信問候。但面對中國尚有兒孫孝順，而且有工人退休待遇，小林深感自己晚年是幸福的，決定留在這個擁有「第二生命」的中國。[88] 這是否為當事人之初衷，或者事後對官方的「交代」，因為缺乏足夠論證，尚待觀察；可是當吾人在閱讀這些相關記載時，不妨留心其中的意涵。

耐人尋味地，男性遺華日僑依照年齡差別，表現結果亦大相逕庭。年長者多數傾向返回日本定居，態度上也沒有女性口中兩個「祖國」、「故鄉」的包袱。譬如，松野隆信在 7 歲時跟著全家到黑龍江慶豐村進行「開拓」，不到兩年日本戰敗，各地戰亂頻仍，為求自保，決定給王姓人家充當養子。直到 1950 年代，松野入籍中國，又娶妻生子。直至中共與日本邦交建立後，他得以返國探親，家中親屬勸其落葉歸根。幾番衡量後，松野辦理定居手續。[89] 至於年幼者，則是有放棄返歸日本權利之例。像一位始終沒有講明自己日本姓名的男子，卻以相當強烈的口吻，說出不願歸國定居的理由：

說心裡話，我很佩服他們那高度的物質文明，但生活習慣等各方面，我總覺著和他們格格不入。尤其使我自尊心大受挫傷的，是我的親屬們注視我時，那種掩飾不住的憐憫加歧視的眼光。好像在中國大陸就像在地獄中受苦似的，他們以救世主自居的神態，實在叫我受不了。出於禮貌，我沒有對來看望我的親屬反唇相譏；我卻斷

---

87. 山木瀨子，〈一個日本孤兒的自述〉，收入《夢碎「滿洲」——日本開拓團覆滅前後》，頁 117。
88. 小林真江，〈破鏡難圓〉，收入《夢碎「滿洲」——日本開拓團覆滅前後》，頁 214。
89. 梁玉多、楊玉林、辛培林，〈寧安市鏡泊湖日本移民侵略活動調查散記〉，收入《日本向中國東北移民的調查與研究》，頁 50-51。

然拒絕了他們多次請求我先放棄中國國籍，再申請加入日本國籍，
然後再去日本定居的請求。[90]

　　他是在 1986-1987 年間先後 2 次到日本。二戰結束之際，這位男子大概
只是一位年僅 4 歲的小孩，許多記憶對他來說或許相當模糊。從類似例子可
以發現，對土地的認同想必要遠比「國家」來得強烈；而其感受則印證了前
述華樂瑞所論「他者」的寫照，也可視為處於兩國社會邊緣人的心態。

六、結論

　　戰爭一旦開始，勝負的哪一方民眾，都必須承受殺戮帶來的離散與傷亡
之痛。二次大戰期間，除了物資配合軍事戰略產生地域性流動外，人口移動
也是值得注目的課題之一。無論這些移民是否出於真心自願，抑或受到外力
影響，實際上他們付出的代價，並未隨著戰爭結束而獲得充分解決。有些歷
史見證者甚至還成為日後國際外交的爭議所在。

　　本文所探討的對象──遺華日僑在戰後的處境便係如此。由於外交現實的
利害關係，他們獲得一定程度之關注，並且引發社會上諸多討論。通過曾經參
與「開拓」日人的「滿洲經驗」，這篇短文論旨如下：戰爭期間到滿洲參與「開
拓」的日本人，不過是試驗性質濃厚的「國策」下之「被害者」。[91] 儘管很多
日人配合帝國向外擴張而移民，但細究動機，不諱言因為現實生活壓力所致，
只好遠離家鄉，前往白山黑水開闢夢想。然而，前往「新天地」毋寧是條充
滿荊棘的道路。從遺華日僑的憶述裡可知，舊俗、氣候、衛生以及疾病，都

---

90. 陳仁財口述，金小瑞整理，〈東瀛風光好不如黑土親〉，收入《日本向中國東北移民的調查與研
　　究》，頁 185。個別標點偶有更易。
91. 這一點反省，也有少數的研究提出。今井良一，〈戰時下における「滿洲」分村開拓團の經營お
　　よび生活實態〉，《村落社會研究》12：1，頁 21。

是亟待克服的障礙;隨著戰爭結束,這些壓力並未因此消除,隨著亡國喪權的痛楚接踵而來,敗戰日裔面臨孤苦無依的狀態,成為國際「棄兒」。蘇聯軍隊的暴行、天候及病菌侵襲、集體自裁與死亡恐懼陸續上演,留下遺華日僑的慘痛回憶。

從口述史料之中,我們歸納了遺華日僑的各種抉擇。值得提出的是,這些選擇也因為性別差異而有不同的結果。另外,雖然有許多人企盼歸返國門,可是無力回到日本的僑民,則是極力就地尋求謀生之路。除了少數因為特殊理由而寧可留在中國者外,[92] 命運迫使他們成為一群身分認同混淆的人。尤其冷戰時期,歷經飄蕩的遺華日僑遭到現實環境左右;文革時被斥為「戰爭餘孽」,中日兩國恢復正常外交後,則搖身變成政治棋子。無情地打壓、熱情地湧現,令其無所適從,更加深了社會邊緣感。當他們被視為「他者」來對待,而在中國又有難以揮去的陰影之際;擺在面前的,是一段無法忘懷的遣返話語,還有不為人所知的過去。

探究遺華日僑遣返記憶的內容,固可增添不少歷史具象,填補以往不被重視的部分,惟並非毫無缺憾之處。雖然已有學者關注這些回憶本身的真確性,甚至留心口述資料本身的特徵,[93] 但難免會掛一漏萬,只選擇或刻意地來記錄自己。儘管戰亂之際,這些遺華日僑面對不可預知的將來,使得他們有了這樣或那樣的抉擇;傾聽這群人對過去離散的回憶與心聲,或許正是今

---

92. 日本敗戰後,同盟國聯軍(GHQ)對日進行託管占領,實際情形不見得要比中國發生內戰為佳。所以,很多日僑固然企盼遣返,但深知未必為最好的脫困辦法。譬如有許多技術人員,他們對於一下子被遣送回國,反而感到前途茫茫;甚至直到 1949 年中共建政的前夕,仍有留在大連的原來滿鐵中央試驗所相關人員。例證可見沈雲龍、陳存恭訪問,陳存恭紀錄,《王奉瑞先生訪問紀錄》,頁 100;杉田望,《滿鐵中央試驗所——大陸に夢を賭けた男たち》(東京:講談社,1990),頁 240-245。相關研究如大澤武司,〈戰後東アジア地域秩序の再編と中国殘留日本人ノ發生——「送還」と「留用」のはざまで〉,《中央大學政策文化總合研究所年報》10(2006),頁 35-51;鹿錫俊,〈戰後中國における日本人の「留用」問題:この研究の背景と意義を中心に〉,《大東アジア學論集》,6(2006.03),頁 183-188。

93. 雖然蘭信三曾注意到中國殘留日本婦人的經驗,並簡略區分有 7 種特徵,但未關注到男性居中扮演的角色。蘭信三,《「滿洲移民」の歷史社會學》,頁 260-266。

日吾人如何省思避免戰爭、追求和平的切入點。

徵引書目

一、史料

- 〈NHK2 作品がグランプリに　モナコの国際テレビ番組コンクール〉，《朝日新聞》，1996 年2 月 22 日，第 12 頁。
- NPO 法人中国殘留日僑の會編，《わたしたちは歴史の中に生きている：「中国殘留邦人」と家族　10 の物語》。東京：編者印行，2011。
- NPO 法人中国歸国者の會編，《中国殘留邦人等国家賠償求訴訟》。東京：編者印行，2006。
- アジア經濟研究所圖書館編，《史料　滿鐵と滿洲事變──山崎元幹文書》，上冊。東京：岩波書店，2011。
- 小川津根子，《祖国よ──「中国殘留婦人」の半世紀》。東京：岩波書店，1995。
- 田雨時，〈東北接收三年災禍罪言──大陸一角初陷自省錄（三）〉，《傳記文學》36:2（1980.02），頁 80-86。
- 矢内原忠雄，《滿洲問題》。東京：岩波書店，1934。
- 沈雲龍、陳存恭訪問，陳存恭紀錄，《王奉瑞先生訪問紀錄》。臺北：中央研究院近代史研究所，1985。
- 政協黑龍江省委員會文史資料委員會、政協方正縣委員會文史資料委員會合編，《夢碎「滿洲」──日本開拓團覆滅前後》。哈爾濱：黑龍江人民出版社，1991。
- 孫繼武、鄭敏主編，《日本向中國東北移民的調查與研究》。長春：吉林文史出版社，2002。
- 許雪姬訪問，許雪姬等紀錄，《日治時期在「滿洲」的臺灣人》。臺北：中央研究院近代史研究所，2002。
- 黃耀慧調查整理，〈内蒙古科右前旗日本移民地調查資料〉，《東北淪陷史研究》4（2001），頁60-71。
- 楊立新主編，《中國百年民法典匯編》。北京：中國法制出版社，2011。
- 萬國賓，〈東北九省之地理與人口〉，《邊疆通訊》5：6-7 合刊（1948.07），頁 1-6。
- 滿洲國史編纂委員會編，《滿洲國史‧總論》。東京：滿蒙同胞援護會，1970。
- 滿洲移民史研究會編，《日本帝国主義下の滿洲移民》。東京：龍溪書舍，1976。
- 滿洲開拓史復刊委員會編，《滿洲開拓史》。東京：全國拓友協議會，1980。
- 滿蒙開拓を語りつぐ會編，《下伊那のなかの滿洲　聞き書き報告集 1》。飯田：飯田市歷史研究所，2003。
- 滿蒙開拓を語りつぐ會編，《下伊那のなかの滿洲　聞き書き報告集 2》。飯田：飯田市歷史研究所，2006。
- 滿蒙開拓を語りつぐ會編，《下伊那のなかの滿洲　聞き書き報告集 3》。飯田：飯田市歷史研究所，2006。
- 滿蒙開拓を語りつぐ會編，《下伊那のなかの滿洲　聞き書き報告集 4》。飯田：飯田市歷史研究所，2006。
- 滿蒙開拓を語りつぐ會編，《下伊那のなかの滿洲　聞き書き報告集 5》。飯田：飯田市歷史研究所，2007。

- 趙世洵，〈東北見聞錄（四）〉，《大成》40（1977.03），頁 44-50。
- 橘樸，〈時評・滿州移民の經濟價值〉，《滿州評論》6：23（1934.06），頁 4-6。

二、專著

- 小林英夫，《「滿洲」の歷史》。東京：講談社，2008。
- 山崎豐子著，王文萱譯，《作家的使命　我的戰後》。臺北：天下雜誌出版有限公司，2012。
- 井出孫六，《終わりなき旅：「中国殘留孤兒」の歷史と現在》。東京：岩波書店，1991。
- 皮耶・諾拉編，戴麗娟譯，《記憶所繫之處 I 》。臺北：行人文化實驗室，2012。
- 杉田望，《滿鐵中央試驗所──大陸に夢を賭けた男たち》。東京：講談社，1990。
- 坂部晶子，《「滿洲」經驗の社會學：植民地の記憶のかたち》。京都：世界思想社，2008。
- 桓仁縣地方志編纂委員會編，《桓仁縣志》。北京：方志出版社，1996。
- 張志坤、關亞新，《葫蘆島日僑遣返的調查與研究》。北京：社會科學文獻出版社，2010。
- 張嵐，《「中国殘留孤兒」の社會學：日本と中国を生きる三世代のライフストーリー》。東京：青弓社，2011。
- 貴志俊彥、松重充浩、松村史紀編，《二〇世紀滿洲歷史事典》。東京：吉川弘文館，2012。
- 增田弘編著，《大日本帝国の崩壞と引揚・復員》。東京：慶應義塾大學出版會，2012。
- 關亞新、張志坤，《日本遺孤調查研究》。北京：社會科學文獻出版社，2005。
- 蘭信三，《「滿洲移民」の歷史社會學》。京都：行路社，1994。
- Tamanoi, Mariko Asano. *Memory Maps: The State and Manchuria in Postwar Japan*. Honolulu: University of Hawai'i Press, 2009.
- Watt, Lori. *When Empire Comes Home: Repatriation and Reintegration in Postwar Japan*. Cambridge: Harvard University Press, 2009.
- Wilson, Sandra. *The Manchurian Crisis and Japanese Society, 1931-33*. London: Routledge, 2002.

三、論文

- 上田貴子，〈文史資料についての覺書〉，《近現代東北アジア地域史研究會ニューズレター》12（2003.12），頁 14-17。
- 大澤武司，〈戰後東アジア地域秩序の再編と中国殘留日本人ノ發生──「送還」と「留用」のはざまで〉，《中央大學政策文化總合研究所年報》10（2006），頁 35-51。
- 小島雄輔，〈中国殘留者發生の經緯と背景〉，《政治學研究論集》21（2004），頁 273-293。
- 山田陽子，〈「中国歸国者」と身元引受人制度──中国殘留孤兒の日本への歸国をめぐって──〉，《人間文化研究》8（2007.12），頁 99-111。
- 山田陽子，〈中国歸国子女と家族への日本語教育：1970 年代に開始した村〉，《人間文化研究》9（2008.06），頁 141-153。
- 山田陽子，〈中国歸国者の日本語習得と雇用──国家賠償請求訴訟における歸国者の陳述および身元引受人の語りから──〉，《人間文化研究》5（2006.06），頁 83-100。
- 今井良一，〈戰時下における「滿洲」分村開拓團の經營および生活實態──長野縣泰阜分村第八次大八浪開拓團を事例として〉，《村落社會研究》12：1（2005.09），頁 11-22。
- 孔經緯，〈1931 至 1945 年間日本帝國主義移民我國東北的侵略活動〉，《歷史研究》3（1961），頁 97-107。

- 石濱昌宏、田所竹彥、景慧、伊藤一彥，〈ドラマ「大地の子」を檢証する〉，《宇都宮大學国際學部研究論集》6（1998.06），頁 183-198。
- 成田龍一，〈「引揚げ」に關する序章〉，《思想》955（2003.11），頁 149-174。
- 吳文星，〈戰後初年在臺日本人留用政策初探〉，《臺灣師大歷史學報》33（2005.06），頁 269-285。
- 尾高煌之助，〈引揚者と戰爭直後の勞働力〉，《社會科學研究》48：1（1996.07），頁 135-144。
- 南誠，〈「中国歸国者」をめぐる包攝と排除——国籍と戶籍に注目して——〉，《国立民族博物館調查報告》83（2009.03），頁 121-137。
- 宮田幸枝，〈「中国殘留婦人」問題と教育實踐：識字實踐を中心に〉，《人文學報‧教育學》30（1995.03），頁 205-223。
- 許雪姬，〈日治時期臺灣人的海外活動——在「滿洲」的臺灣醫生〉，《臺灣史研究》11：2（2004.12），頁 1-75。
- 許雪姬，〈在「滿洲國」的臺灣人高等官：以大同學院的畢業生為例〉，《臺灣史研究》19：3（2012.09），頁 95-150。
- 章同，〈周恩來與政協文史資料工作〉，《文史精華》2（2009），頁 13-21。
- 鹿錫俊，〈戰後中国における日本人の「留用」問題：この研究の背景と意義を中心に〉，《大東アジア學論集》6（2006.03），頁 183-188。
- 曾齡儀，〈評華樂瑞《當帝國回到家：戰後日本的引揚與重整》〉，《臺灣史研究》19：3（2012.09），頁 237-244。
- 歐素瑛，〈戰後初期在臺日人之遣返〉，《國史館學術集刊》3（2003.09），頁 201-227。
- Tamanoi, Mariko Asano. "Review: *When Empire Comes Home: Repatriation and Reintegration in Postwar Japan* by Lori Watt." *The Journal of Asian Studies* 69:4 (November 2010), pp. 1256-1258.
- Wilson, Sandra. "The New Paradise: Japanese Emigration to Manchuria in the 1930s and 1940s." *The International History Review* 17:2 (May 1995), pp. 249-286.

四、網路資料

- http://ja.wikipedia.org/wiki/%E5%A4%A7%E5%9C%B0%E3%81%AE%E5%AD%90（瀏覽日期：2014 年 3 月 28 日）。

　　——本文原刊載於《近代中國婦女研究》24（2014.12），頁 1-45。林志宏教授授權使用。

一、遺華日僑的課題

① 1905 年日俄戰爭獲勝、1932 年滿洲國建立，到 1945 年二戰結束，日本鼓勵國民到滿洲移民開拓。

② 這群人在戰後受到一連串事件影響，遺留在中國境內，成為遺華日僑。

③ 研究日本帝國時期、滿洲國、戰後中日交流史的重要課題。近年帝國主義和後殖民研究的興起，也讓戰後日本人的遣返和移動成為注目焦點。

④ 遺華日僑的「滿洲經驗」及其中的戰爭、記憶與性別關係。

二、記憶和口述記錄的產生背景

① 屬於個人主觀的論述，可能會因為現實利益或目的，隱藏或強調特定事實。

② 不同時期留下的紀錄之重點各有不同，例如：1960 年代為滿洲國政、財、官界知名人士的回憶錄、1970 年代則為對個人生命史的重視。此外，性別也影響各自側重的內容。

③ 口述者或紀錄者有可能受到社會整體的「後見之明」，重新詮釋歷史記憶。例如：中國對於遺華日僑的記述，為日本人如何掠奪滿洲，而戰後中國人又如何善待這群遺民；日本方面則多強調日人的開拓精神，以及戰後遺留面臨的困境，雙方可以說透過歷史記憶的陳述，展開一場在字裡行間的戰爭。

三、遺華日僑歷史記憶的主軸

① 為什麼來到滿洲，以及來到滿洲後的生活：

由於戰爭造成經濟惡化、生活貧困，加上 1905 年日俄戰爭後政府鼓勵移民朝鮮、滿洲，因此走向開拓滿洲之路。

來到滿洲後，則面臨氣候、開墾、疾病等諸多挑戰。

大平洋戰爭開打後，男子接受徵召前往戰爭，婦女不僅面對生離死別，更成為開拓團的核心，需要操持家務、照顧老幼，以及下田工作。

② 戰後與死神搏鬥的經歷：

日本宣布投降後，移民急忙回到祖國，其中不但路途遙遠、氣候惡劣、糧食不足，更有死亡造成的疾病問題，更有開拓村集體自殺的情形。

四、遺華日僑的選擇

① 過繼、再婚、提供勞動力：

為了生存，有些年幼的孩童選擇過繼到中國人家庭；年紀稍長或已婚的婦女選擇了結婚或再婚，有時候也是為了留在滿洲或等待回到日本，而不得不選擇的方法；男性則投身於勞動力，成為雇傭以求溫飽。

② 中介者的角色：

遺華日僑與中國人之間經常有中介的人口販子，有部分為中國人，而絕大多數同屬日本難民，除了經濟因素之外，有些也帶有人性的層面。

五、性別與歸國心態

① 成為另一種「他者」：

返回日本的移民，需要重新適應日本社會，可能找不到就業機會，也在語言上碰到障礙，甚至受到不平等的待遇，成為日本社會中的「他者」。

② 性別影響面對不同處境的態度：

被中國人收養的子女長大後論及婚嫁，女性似乎考慮到是否應該等待時機歸國，或是就此進入中國籍而產生猶豫；男性則較少有難以適應之處。當有歸國機會時，已經在中國擁有家庭、兒女的婦女，夾在家與國之間兩面為難，有些為了家庭而留下，有些則強調自己有了另外的祖國「中國」；男性按照年齡的不同，年長者多半傾向回國，年幼者則有留在中國的案例。

─────────── 韓承樺 ───────────

　　青年學子揭起的社會運動，是促進國家、社會新陳代謝的重要力量，這樣的例子在歷史上屢見不鮮。特別在近代以來，隨著兩次大戰結束，世界體系進入自由主義國家和共產、社會主義國家對抗的冷戰秩序結構，以學生為主體的社會運動案例則愈見繁多，又以 1960 年代為高峰。由此，欲在「社會運動與反戰」這則課綱下展開討論，首先得注意的是，這個時間點的特殊性為何？發生在這段時間的學生運動，又多半是出於何種原因，有何抗議目的？各場運動之間的內在連繫和殊異處為何？這是教學者在引導學習者進入這段歷史時，得先留意之處。

　　學生運動的成因，總脫不開背後的政治、社會結構及脈絡問題。有如楊人梗（1903-1973）這位現代中國史家曾言「一代的政治培養出一代的學運，一代的學運反映出一代的政治」，直白點出學運和政治環境的共生關係。[1]觀察 1960 年代的世界秩序，國際情勢在自由和共產、資本主義和社會主義這些政治意識形態統轄、主導之國家政權相互敵對、衝突的脈絡中，被劃歸為以美國為首的自由勢力與蘇聯、社會主義鐵幕的對抗。這是我們認識 1960年代以降的反戰風潮暨學生運動的背景脈絡。

　　更重要的是，以學生為群體的社會運動，最能突顯出人們試圖爭取自

───────────────

1. 楊人梗，〈從這一代的學運看這一代的政治〉，《中建》1：8（1948.11），頁 13 。關於中國現代歷史上的學生運動，請參見：呂芳上，《從學生運動到運動學生（民國八年至十八年）》（臺北：中央研究院近代史研究所，2015）。

由、民主，反抗威權統治的特性。舉凡出現在美國校園的反越戰風潮，抑或是日本社會的「反安保條約」運動，裡頭皆可見出自由與威權意識的相互競爭。當時，多數參與這些社會運動的人，身上都流露了濃淡不一的左派思想。譬如那些高喊反對越戰口號的青年，他們多半以「嬉皮」的形式包裝自己，表達自己親身實踐一種自由、無拘束之生活的理念。參與「反安保條約」運動者，則更是直接視美國此舉為「帝國主義」的重新再臨。而魏楚陽此文介紹的德國學生運動，則是環繞著校園內部的言論自由和民主機制，以及自身學習權益所發。在這些背景脈絡中，自由開放和威權統治的對抗，始終是最明顯的一條線索。甚且，德國學運的參與者更自主地連結了美國反戰、黑人民權運動、中國文化大革命、亞洲反資本主義運動，將這場學運昇華為反對帝國主義的國際殖民剝削，以及對抗資本經濟結構對社會內部的壓迫。這是本文提供教師參考的，關於 1960 年代以降社會運動的世界脈絡和特性。

不過，學生從事的社會運動，多半是違背國家法律的。此即為本文可提供教師參酌的另個重要面向：該如何思考公民不服從運動的合法、合理性？這既是個歷史問題，更是關乎當代政治、社會、法律秩序的公共議題。以本文討論的哈伯瑪斯對公民不服從運動意見來說，他顯是肯定這種抗爭手法在道德理想的正當性；但他卻又限制了這種手法適用的範圍，必須以不挑戰國家「正當性」（Legitimitat），僅針對法治的「合法性」為原則。換言之，在哈伯瑪斯看來，學生運動的抵抗行為和國家法律之間存有一種緊張關係。它不能被直接視為犯罪行為，又不能完全不接受法律懲罰。而是要求法官訴諸某種道德正當性，來克服這層緊張關係。

顯然，哈伯瑪斯對德國這場學生運動的看法，頗為正向。更進一步說，他對學運的認識，也與他對德國民主政治的構想，緊密連繫在一起。在他看來，德國學生的運動訴求其實就反映了，校園民主機制即為孕生「公共領域」（public sphere）的溫床。哈伯馬斯對學生運動的重視，即彰顯出他對「公共領域」的關切；這也呼應著他對理想的現代民主國家必須擁有成熟之公共

討論機制的想像。而這個部分，或許是教學者在引導學生認識 1960 年代以降，世界各地爆發的社會運動、學運和反戰風潮之際，可以進一步討論和思考的議題：一套公眾討論、交換論述的開放性機制，對於一個成熟民主社會的助益及重要性究竟在哪？該如何做，才能建構這樣的機制？

◆ 108 課綱相關條目對照說明

魏教授的文章對應「社會運動與反戰」（條目 Na-V-2）。學習可以如何看待學生運動，和其中蘊含的公民不服從等民主政治相關議題。

延伸閱讀

1. 張鐵志，《聲音與憤怒：搖滾樂可能改變世界嗎？（十週年紀念增訂版）》（臺北：印刻文化，2015）。
   本書對應「社會運動與反戰」（條目 Na-V-2）。
2. 小熊英二，《如何改變社會：反抗運動的實踐與創造》（臺北：時報出版，2015）。
   本書對應「社會運動與反戰」（條目 Na-V-2）。

哈伯瑪斯
論德國學生運動[*]

魏楚陽[**]

一、前言

德國大學生自 1960 年代起，肇因於對西方世界進行越南戰爭（Vietnam War, 1955-1975）的不滿，從柏林自由大學（Freie Universität Berlin）開始，展開了一連串的學生抗議運動。[1] 此一學生運動的風潮從一開始對於越戰的抗議，到了 1967 因為柏林大學生 Benno Ohnesorge 在一場抗議活動中，被警察射殺，而愈演愈烈。[2] 不僅抗議的範圍蔓延至當時西德境內的許多大學，並且抗議的目標，亦從一開始對於政府外交政策不滿的表達，到後來更加基進地與革命思想加以連結，高舉了對政治權威的解放，以及徹底改變西方資本主義社會等訴求，並且對現代國家的正當性，提出了根本的質疑。[3]

* 本文初稿曾於 2014 年 5 月 22 日在中央研究院人文社會科學研究中心政治思想研究專題中心主辦之「公民意識與憲政民主」學術研討會發表。筆者感謝張福建教授所召集之多次學術討論，給予筆者寫作本文之起點，亦感謝研討會評論人石忠山教授之諸多建議，會場討論時李明輝教授對拙文之針砭，以及楊尚儒博士與本人之討論，讓本文有重生之機會。筆者由衷感謝二位匿名審查人之剴切建議，讓本文之內容更為完整豐富，惟文中若尚有不足之處，仍由筆者自負文責。本文由國立中正大學 103 年度校務發展計畫培育青年學者經費補助，在此一並致謝。

**國立中正大學政治學系副教授。研究領域為西洋政治思想史、當代西方政治思潮、正義理論、中國政治思想史。

1. 本文所指之德國學生運動，係指在兩德統一之前的德意志聯邦共和國（西德）之大學生之學生運動。
2. 關於德國大學生 Benno Ohnesorge 被警察射殺之事件，請參考 Hermann（1967）。
3. 關於德國學生運動訴求不同階段的區分與變化，請參考 Habermas（1981a: 267-269）。

在德國經歷學生運動的期間，德國哲學家哈伯瑪斯（Jürgen Habermas, 1929-）針對學生運動此一事件及其背後所蘊含的政治思潮，發表了多篇演說與文章。這些圍繞學生運動此一主題的論文，所討論的議題相當廣泛，其中包含大學生與政治之間的關聯性、大學在現代國家中的角色、學生運動與民主政治的關係、學生運動與其他社會運動的差異、學生所發起的公民不服從在現代國家中的意義、公共領域在現代國家之中的意義等。

在哈伯瑪斯關於學生運動的討論之中，吾人可以發現，他一方面與學生運動對於當時的政治與社會問題的批判性，有著接近的立場。他批評當時德國社會事實上並不存在維繫民主政治應有的公共領域，因為大眾媒體將人民的政治意識，引導至個人利益與個人化的關係，亦即將公共利益視為政治人物的權力之爭，公共領域作為討論政治正當性的意義，就已經相當減弱。此外，專業技術與行政權力這兩種精神，更造成了公共領域的去政治化，因為公共領域的議題，成為資本管理與效率的討論。個人與國家之間的關係，則必須以時間或金錢作為衡量的標準，毫無追求美好共同生活的意涵，因此哈伯瑪斯認為，民主政治下的公共領域，當時並不存在（Habermas, 1981a: 246）。[4] 在此情勢下，雖然學生運動始於大學校園內學生對於學習與生活條件日益惡化的不滿而接續一連串抗議，最後才發展成為對國家外交政策的不滿（Habermas, 1981a: 219-226），但是哈伯瑪斯樂觀認為，大學生可以在此一社會脈絡下，扮演喚起社會大眾的政治意識，在公共領域中作為對抗政府錯誤論述的重要力量（Habermas, 1981a: 208）。簡而言之，學生運動的意義，就是讓公共領域能夠政治化（Politisierung der Öffentlichkeit）（Habermas, 1981a: 250）。

即使如此，哈伯瑪斯對於學生運動的政治論述路線，亦不是毫無意見，而是有嚴格的批評。學生運動陣營之中，對於運動的性質，懷有作為當時國際

4.　哈伯瑪斯在一篇從媒體與公共領域的角度，討論學生運動的文章〈我們是否被正確告知──答四個問題〉（Werden wir richtig informiert─Antwort auf vier Fragen）之中，討論公共領域與學生運動的關係。見 Habermas（1981a: 245-248）。

反資本主義運動中的一部分的想像。對此哈伯瑪斯明確指出，學生運動不是推翻現有政治體制的革命運動，因為對哈伯瑪斯而言，當時德國所面對的問題，並不是人權受到壓迫或缺乏民主政治，而是在一個具有憲政民主制度的國家之中，公共領域的精神無法彰顯。因此德國學生運動，並不能說是當時國際反資本主義運動下的產物，亦與越共、美國黑人、古巴革命者、文化大革命等政治行動所要反對的帝國主義殖民、政治權利的不平等、傳統封建社會的壓迫等問題，無法相提並論（Habermas, 1981a: 256）。更重要的是，以推翻現有政治體制為想像的極端化學生運動，會讓運動失去方向、失去對危機的預防、甚至失去了對於捍衛自由與權利的憲法制度的尊重（Habermas, 1981a: 258）。

然而在追求開放的公共領域而非革命的前提之下，哈伯瑪斯亦同意學生運動中公民不服從的正面意義。違法行為並不否定法治國的正當性，因為不服從運動與對政治體制的徹底反對有所不同，它不是應用在法治體系的正當性出現基本問題的危機時刻，而是在一般的狀況下，針對合法性的規定基於其正當性的質疑，所發起的政治行動（Habermas, 1985: 87）。

本文之目的，不在於探討德國 1960 年代學生運動的史實，亦非從史學之角度，討論此一學生運動之成敗與影響。本文之主要目的，在於透過哈伯瑪斯的政治與社會思想，特別是從他對現代性與現代國家的論述，理解他對德國學生運動的立場與看法。[5]

---

5. 事實上，檢視思想家對於具體歷史事實的看法，往往是檢驗思想家思想之一貫性及其基本價值的重要方式。例如德國學者 Joachim Ritter（2003）在其所著的〈黑格爾與法國大革命〉（Hegel und die französische Revolution）一文之中，試圖透過黑格爾對於法國大革命此一歷史事件的各種看似相互衝突的評述之中，尋找出一個與黑格爾理論內在一貫性不致衝突的方式。哈伯瑪斯對於當時學生運動的看法與立場，事實上亦已經具體而微的展現了哈伯瑪斯向來的學術主張，同時也提供了吾人探索日後哈伯瑪斯理論發展方向的線索。

二、知識分子與現代政治

在民主政治時代，知識分子與大學生，應扮演何種角色？此乃探討哈伯瑪斯與學生運動此一主題時，首先要加以處理的問題。

探討現代民主政治時代知識分子扮演的角色，所面臨的基本問題，在於知識分子基於在知識與判斷上的能力，與民主政治對於每個人的權利、自由、判斷與尊嚴的承認，這二者之間，存在著需要釐清的問題。哈伯瑪斯在2006 年獲頒布魯諾克萊斯基獎（Bruno-Kreisky-Preise），在頒獎演說時，對於公共領域中的知識分子角色，提出了他的看法。[6] 知識分子在現代國家之中所面對的情境是，他們有責任透過生動的說理來影響大眾的政治看法，相對的，此一互動有賴於一群對於知識分子的論述有所共鳴，而且是覺醒的且資訊充足的公眾，才有可能達成。此一知識分子與大眾透過論述產生互動的過程，則是有賴於一個有效運作的法治國制度（Habermas, 2006）。

現代民主國家早已經不是柏拉圖所描繪，哲學家基於其掌握知識的能力，具有比其他人更大的政治權力的正當性。在現代民主國家之中，哲學不能代表或壟斷賦予政治領域意義的思考活動，因為對於政治的理解、反思與評價，是政治共同體所有成員，也就是公民的本質性活動（Ottmann, 2001: 3）。既然如此，哈伯瑪斯要如何論述，哲學家在民主社會之中，扮演了與大眾有所不同的角色？

哈伯瑪斯在《論黑格爾的政治著作》（*Zu Hegels Politischen Schriften*）

---

6. 布魯諾・克萊斯基（Bruno Kreisky）曾任奧地利總理（1970-1983），克萊斯基人權獎每兩年頒發一次。哈伯瑪斯在該演說之中，除了提到知識分子在公共領域中的責任，也談到了在電子媒體與網路時代，資訊以去中心化的方式快速流傳，且未經傳統出版業的專業編輯，雖然彰顯了平等主義的精神，但是也使得原本透過知識與討論影響大眾的公共領域，產生了很大的變化。在電子媒體時代，參與者往往為了建立知名度，而容易成為表演者。因此哈伯瑪斯提醒，知識分子的名聲，不是建立在知名度之上，而是作為學者或作家領域中的聲望，然後才能論及公共領域中的聲望。即使知識分子參與媒體的辯論，他不是為了被注目，而是交換意見。他應在意的不是觀眾，而是潛在的對話者（Habermas, 2006）。

一書中，藉由黑格爾的著作，討論了哲學家在政治中的角色。哈伯瑪斯引用黑格爾（G.W.F. Hegel）在其《法哲學原理》（以下簡稱《法哲學》）（*Grundliniender Philosophie des Rechts*）的「前言」指出，哲學家的任務不在於指出國家未來應當如何，而在於要理解國家此一倫理實體的意義。亦即哲學家的活動在於理解與敘述現實，目的在於探究其中的理性，而不是提供某種彼岸的理想。黑格爾的理由，在於哲學家或哲學若認為可以跳脫他所處的時代脈絡，事實上只是一種妄想或是一種個人的意見，但都不是真實的，因為每個人都是時代的產兒（Habermas, 1974: 155-157; Hegel, 1986b: Vorrede）。對黑格爾而言，哲學對於國家的使命，在於「把國家作為其自身是一種理性的東西來理解和敘述的嘗試。……就個人來說，每個人都是他那時代的產兒。哲學也是這樣，他是被把握在思想中的它的時代。」（Hegel, 1986b: Vorrede）對黑格爾而言，法哲學（Rechtsphilosophie）作為一種在塵世中加以實現的客觀精神（der objektive Geist），必然是時代的產物，並且受制於所處的客觀現實脈絡，法哲學因此具有其有限性（Endlichkeit）。[7]

黑格爾主張法哲學理論的有限性，此一論述所針對的，乃是當時自然法理論家所採取以抽象與去脈絡化的方式，從虛構的自然狀態訂定政治契約並藉此討論國家本質的論述方式。黑格爾在其早年的〈自然法論文〉（"Über die wissenschaftlichen Behandlungsarten des Naturrechts, seine Stelle in der praktischen Philosophie, und sein Verhältnis zu den positiven Rechtswissenschaften"）中批評，[8] 霍布斯的自然狀態，是一種缺乏根據的虛

---

7. 黑格爾在《小邏輯》（*Enzyklopädie der philosophischen Wissenschaften*）之中指出，客觀精神（也就是國家與法的哲學）身處於現實脈絡，因此其本質上所具有的有限性是終究無法擺脫，就像黃金無法擺脫其重量一樣，因此客觀精神必然有其限制。但正因為了解其自身之限制，因此精神反而是無限的，因為精神的辯證，自會超越客觀精神的限制，走向不受限制的絕對精神領域發展，也就是宗教、藝術、哲學的領域（Hegel, 1986a: §386）。

8. 〈自然法論文〉為該文之簡稱，其完整名稱為：〈關於自然法的科學處理方式，其在實踐哲學中的地位，及其對實證法學的關係〉（Über die wissenschaftlichen Behandlungsarten des Naturrechts, seine Stelle in der praktischen Philosophie, und sein Verhältnis zu den positiven Rechtswissenschaften）。

構，因為何者為自然狀態下的特質，何者為進入政治社會後的行為，事實上皆是任意的決定（Hegel, 1986c: 444-448）。黑格爾在其晚年《法哲學》的第一部分「抽象法」（das abstrakte Recht）與第二部分的「道德性」（die Moralität）之中亦指出，無論是去脈絡化的所有權主張或是以個人主體性為基礎的道德觀點，由於缺乏政治社群成員普遍承認的有效規範，因此無論是權利或是道德觀點之間的衝突勢必無法化解。因此雖然黑格爾並未否定現代國家應該承認個人的權利與道德自主性，但是透過抽象的自然法論述理解國家與個人權利的根源，不僅無助於解決政治社會的紛爭，更會造成個體之間無止境的衝突（Hegel, 1986b: §102-§104; §140-§141）。

　　哈伯瑪斯透過黑格爾的觀點，指出哲學家的使命不在於指引國家未來的方向，而在於討論與理解現實、權利與道德觀，應該在現實脈絡之中被理解與定義。然而黑格爾的現實所指為何？在黑格爾關於法國大革命的討論中可以看到，他對現實的理解，具有強烈的歷史主義色彩。他一方面批判大革命根據去脈絡化的抽象自由概念造成了恐怖與破壞，但是另一方面，他又透過歷史哲學的觀點，指出法國大革命乃是自由概念在人類漫長歷史過程中所結的果實，因此大革命仍是一件能夠從歷史現實脈絡中理解的事件，而不是一件抽象的、毫無歷史基礎的主張。關於黑格爾對於法國大革命的看法，Joachim Ritter 在其〈黑格爾與法國大革命〉（Hegel und die französische Revolution）一文中，有相當詳細的分析。他指出，黑格爾不否定大革命的本質，亦不因大革命是抽象自由的實踐，而否定大革命的歷史意義。對黑格爾而言，其哲學的任務，就是要將大革命與歷史的斷裂，透過哲學的詮釋加以消解。黑格爾視大革命為歷史脈絡中的一部分，因為歷史發展的過程是從少數人到多數人實現自由的過程。看似與歷史斷裂的大革命，被黑格爾透過歷史主義重新置入現實脈絡之中，大革命因此擺脫了抽象性，在黑格爾的哲學中也因此而合理化（Ritter, 2003: 197-200）。

黑格爾透過歷史理解現實之中的理性，理性存在於歷史發展之中，是一種實體性的概念，無論是實現自由的歷史觀，以及現代國家之中的倫理生活，作為理性的實現，皆標示了理性對黑格爾而言是一種具有其實質內涵，有待人們透過辯證加以認識的實體。值得注意的是，在黑格爾國家理論中，雖然具有強烈的歷史主義傾向，但是個體的反思與自由，也具有相當重要的地位。黑格爾理論中關於認識理性辯證過程，事實上包含了兩種不同的邏輯：反思邏輯（reflexionslogisch）與概念邏輯（begriffslogisch）。[9]前者乃是從無限的自由意志與主體的內在性出發，對於既有的倫理與政治實體不斷地加以質疑與拆解的過程。例如在《法哲學》的抽象法、道德性與市民社會的辯證中，黑格爾強調以自身為目的且不斷追求自我實現的個體，在追求自由的過程中，對於個人權利與道德自主性的堅持，以及在歷史上由追求自我實現的個人組成市民社會的現實。另一方面，概念邏輯則是透過整合性的概念，解決反思邏輯不斷發展所面臨困境的思維模式，例如透過市民社會中具有倫理精神的同業公會，作為市民社會中個人面對經濟困境時的助力；以及將原本就已在歷史中出現的國家，視為徹底解決市民社會中同業公會與警察機構在對象上的局限性；以及市民社會成員基於追求自我利益的本質，將政治生活作為滿足個人利益工具而無法真正認識政治生活之中內在價值的解決之道。

　　雖然哈伯瑪斯在論述哲學家與政治之間的關係時，受到黑格爾思想當中所強調知識分子與現實脈絡之間相互關係的影響，因此認為哲學家與現實政治之間，具有不可分的密切關係，但是哈伯瑪斯對於現代國家之中理性如何被建構的看法，則與黑格爾有著明確的不同，並且受到康德（Immanuel

---

9. 關於黑格爾《法哲學》之中反思邏輯（reflexionslogisch）與概念邏輯（begriffslogisch）之討論，請詳見 Ottmann（1982）。

Kant）法治國理想相當大的影響。哈伯瑪斯將黑格爾追求政治意義與價值過程加以修正，其要點在於將理性從黑格爾的歷史主義之中解放出來，並且將現代國家規範的建立方式，透過公民的語言與溝通行動加以實現（Habermas, 1992a: 17-18），這是哈伯瑪斯與黑格爾理論的重要差異。哈伯瑪斯在其《認識與興趣》（*Erkenntnis und Interesse*）一書中指出，理性無法如同黑格爾從歷史的方式加以論述。他認為理性應是在康德主義的傳統下，透過主觀性與客觀性這兩種力量相互辯證而成（Habermas, 1973）。他對理性的看法，因此與康德的道德理論具有同樣的基礎，也就是取消了理性的實體概念，而是透過程序原理，為人類的理性重新定位。

透過對於黑格爾歷史主義的修正，哈伯瑪斯將公共領域中公民的溝通與討論，視為追求現代國家政治生活規範性意義的方式。知識分子作為現代社會的公民，在公共領域的政治討論中與其他人的不同，固然不在於前述黑格爾所反對，能夠提供一套超越現實、讓公民無法理解的理想，也不在黑格爾所主張，能夠將現實透過歷史主義加以理解的能力。知識分子在現代國家追求政治生活意義的過程中所扮演的角色在於，在現實脈絡之中，透過理性與對話，為現代社會的公共生活的規範找到出路。哈伯瑪斯在〈生活形式，道德性與哲學家的任務〉（Life-Forms, Morality and the Task of the Philosopher）一文中，指出了哲學家與政治之間的關係：

> 哲學家不是國家的老師。哲學家有時或許對人民有些許用處。例如他們可以像 John Rawls 一樣寫書。Rawls 並未系統性地去在意他是作為哲學家，還是作為一個在社會中對自由主義有所承諾的人發言。這就是我所要說哲學家該做的：拋下專業角色，投身去做你比其他人更能做的公共事務。但是公民的政治論述這種共同事務，依然要留給公民。這不是哲學家的任務。因為「現在怎麼辦？」這個問題，應要留待參與者去嘗試回答。（Habermas,

1992b: 199-200）

　　哈伯瑪斯不否認哲學家在公共事務上，具有比其他公民較為有用的功能。例如 Rawls 能夠以公民的身分寫書，以喚起大眾對某些事物的關注與討論，此種哲學家對大眾的影響力，不是因為哲學家的身分，也不存在法律賦予知識分子任何的特權，而是因為哲學家作為一個具有比其他人較佳論述能力的公民，所能發揮的影響力。[10] 哈伯瑪斯對於知識分子的期待，因此乃是基於他的政治思想之中，將現代國家之中公共領域中的溝通與討論，視為形成現代國家政治生活規範的主要方式，在其中，知識分子扮演了極為重要的關鍵力量。在此理解之中，民主政治的核心意義，就不僅止於多數決的政治，而在於民主政治之中的開放討論，這也是哈伯瑪斯思考學生運動在民主政治中有何意義的切入點。

三、校園抗爭與知識分子運動

　　大學生在現代民主國家的民主政治運動之中，是否扮演了任何重要的角色？哈伯瑪斯在一場於 1967 年談論德國大學生抗議運動的演說中指出，討論現代社會中大學生的政治角色，並且將大學生視為現代社會中，推動社會改革與民主化的知識分子。然而，要大學生作為推動社會進步的力量，無論是在客觀的社會條件上，或是大學生對自身的認知而言，皆不是一件

---

10. 另一個類似哈伯瑪斯關於哲學家在公共領域中角色的討論，則是 Richard Rorty。Rorty（1984: 424-425）在其《自然之鏡：哲學的批判》（*Der Spiegel der Natur: Eine Kritik der Philosophie*）一書中指出，哲學家基於其所受過的思考訓練，雖然不具有高於其他人的特權，但是因為具有較佳的認識能力，能夠為文提供社會大眾有趣的觀點，並且促進對問題的了解。亦請參考 Reese-Schäfer（1994: 81）。

容易的事。[11]

　　歷史上的發展中國家，例如 19 世紀的俄羅斯、20 世紀 20 至 30 年代的中國、50 年代的古巴，以及 1956 年布達佩斯與華沙等，皆發生了大學生的抗議運動，大學生在政治上扮演了重要的角色。甚至其中玻利維亞、委內瑞拉、印尼、南韓與越南等威權政府，更因為學生抗議運動而垮台（Habermas, 1981a: 217）。哈伯瑪斯認為，上述大學生對政治具有革命性影響力的原因在於：

　　第一，大學生了解自身是未來的國家菁英，並且對於建立現代化國家，具有強烈的使命感。另一方面，大學教育並未與未來職業有緊密的結合，因此大學並非只是作為一個私領域化的、以職業為導向的教育機構，而具有政治上的意義。第二，大學生的角色不僅具有政治上的意義，更具有社會變遷代理人的角色。大學生掌握了新的知識，並且大學自身就是一個具有對抗社會結構與反傳統的意義。第三，大學生脫離傳統的家庭與社會，進入一個追求普遍知識的大學，能夠理解此種發展的過程，也較能夠促使社會中的其他人，進一步接受此中發展的變化（Habermas, 1981a: 217-218）。

---

11. 60 年代德國學生運動與當時的政治的發展有密切的關係，其中亦有不同的論述陣營。德國於 1966 年大選之後，由原本相互競爭的兩大黨派（CDU／CSU 與 SPD）共同組成大聯合政府（Grand coalition）。在大聯合政府時期，國會之中在野黨的力量微乎其微，因此學生運動有了重要的訴求，就是在扮演「國會外的反對者」（außerparlamentarische Opposition, APO）角色，透過群眾運動監督政府，對政府施加壓力。直到 1969 年大聯合政府時代結束，此一學生運動的訴求也不復存在，學生運動失去了一個重要的正當性基礎，運動的力量也因此減少許多（Schneider/Toyka-Seid, 2013）。上述透過「國會外的反對者」對政治施加壓力，並未在根本上反對民主政治與現代國家體制的正面價值，只是對大聯合政府下國會缺乏反對黨的局面感到不滿。另一種反對力量，也就是「社會主義德國大學生協會」（Sozialistischer Deutscher Studentenbund, SDS）則是訴諸於馬克思主義理論，以基進的思維反對現代法治國家的經濟、政治正當性，並且以毫無妥協的方式，帶領大學生進行激烈的抗議。SDS 對學生的影響相當深遠，原因在於他們充滿理想主義的目標，以及其成員充滿激情、人格魅力與語言藝術的群眾演講，往往令學生為之瘋狂，即使演講中所主張的馬克思理論，其實並不一定是聽眾所能理解的，例如 SDS 的成員 Rudi Dutschke（1940-1979）充滿魅力與激情的演講，雖然時間極長，卻相當受歡迎且津津樂道，便是一例（Schönbohm, 2008: 19）。即使哈伯瑪斯作為學者，透過理論反駁 Rudi Dutschke 所追求的烏托邦社會主義理想的演說內容（Habermas, 1981a: 214-215），但仍無損其傳奇色彩。

從上述分析可以發現，大學生成為社會進步的推動者，往往發生在當政治社會尚未民主或現代化，且大學相對於社會，具有創造與傳播知識的優勢時，大學生方能成為社會進步的力量。因此哈伯瑪斯也不諱言，在工業化社會之中，大學生已經很難扮演任何政治上的角色（Habermas, 1981a: 217），因為大學不再是帶領社會進步的力量，而是成為順應社會價值的職業訓練機構。大學與家庭及社會之間，並不存在著價值與規範的對立，因為二者皆在追求現代社會的效率。因此，在已開發國家之中，大學生往往在政治上，已經無足輕重（Habermas, 1981a: 218-219）。

　　既然現代社會中的大學生，已經成為商業社會價值的追逐者，而非改革社會的力量，哈伯瑪斯又是如何解釋已經邁入現代化的 1960 年代的德國社會，大學生為何能掀起巨大的社會運動風潮，並成為政治改革的力量？哈伯瑪斯回答此一問題的方式，不是透過抽象的政治理論，而是藉由實際的社會變化的觀察。哈伯瑪斯特別指出，德國學生運動的背景，不能忽略原本即已存在於大學校園內的對立。對立的一方，是積極從事抗議運動的社會科學或哲學系學生，另一方則是較為保守的法律系與醫學系教授。雙方所爭議的問題，包含言論自由、知識工廠、學生權力等三個議題（Habermas, 1981a: 220）

　　言論自由的爭議，起源於柏林自由大學（Free University of Berlin, Freie Universität Berlin）在學生運動的潮流之中，禁止了學生會的言論自由。學生會是所有學生皆須加入的組織，在理論上，學生會不宜針對單一政治事件提出批評。但是事實上，學生會與各種政治議題，並不可能完全加以切割。因此學生會的言論自由，雖然看似有一定的自由度，但是事實上，大學對學生會發表政治言論就法律上加以限制的可能性，是一直存在的（Habermas, 1981a: 220）。

　　1965 年，學生會計畫邀請哲學家 Karl Jaspers 演講，主題是關於德國從納粹解放與大戰投降 20 周年。然而由於柏林自由大學校長的禁令，學生會

於是改邀請 Erich Kuby 演講。Kuby 曾經對於自由大學的自由，發表過批判的言論，校長也因此禁止其在自由大學發表演講。這件事，開啟了學生一連串的抗議事件，學校對於學生會的政治活動，也逐漸加強控制。例如一項以越戰為主題的展覽，學校以違反建築物安全規定的理由加以禁止；此外，在講堂中舉辦的政治演講，也被學校以缺乏學術成分的理由，而加以禁止。（Habermas, 1981a: 220-221）。

知識工廠的爭議，在於德國大學在教育政策使得學生數目大幅擴張之後，學校的設備不足、修業年限的縮短與限制、學生在校工讀時間的增加等問題，影響了學生的學習。這些問題導致了過長的就學時間以及增加了中輟學業的比例。於是，柏林自由大學學生在 1966 年進行了大規模的抗議，有 3 千學生加入。此一大規模抗議的終極目標，在於學生希望能夠促進大學校園的民主化，學生對校內事務，擁有一定的參與及決定權（Habermas, 1981a: 221-222）。

從上述三個導致德國大學生抗議運動的因素中可以發現，此一運動的興起，一方面肇因於個人權益受損，例如大學學習條件惡化淪為知識工廠，導致學生不滿。另一方面，亦包含了政治性的理想，例如言論自由與校園民主化等。因此，德國大學生的抗議運動，在校園內的起源階段，並不是一種純粹追求政治理想的抗議運動，而是一個改善大學生校園學習條件的抗議運動，如此才得以號召最大多數的學生上街示威。哈伯瑪斯在一篇批判學生運動逐漸走向極端革命的文章〈革命假象及其孩子〉（Die Scheinrevolution undihre Kinder）之中，即明白指出，傳統的無產階級工人革命，在當時的德國社會並不適用，因為現代社會的大學生所發動的抗議活動，希望同時處理社會成員日常生活的私人目標追求，以及政治解放的目標。因此哈伯瑪斯認為，現代社會的抗議運動，事實上就是一種將所有社會領域加以民主化並實現其目標的過程（Habermas, 1981a: 259）。

一個原本只是在柏林自由大學中，針對校園內學習環境惡化與校園民主

而起的抗議運動，在學生發動越戰抗議之後，學生運動跨出校園界線，大學生與學校甚至是政府之間的衝突，於是全面爆發。學生所面對的，不僅是大學管理當局，還包含市議會、市長、司法機構等，因為學生發動了違法的示威遊行，導致衝突不斷升高。甚至在大學生 Benno Ohnesorg 被警察槍殺之後，德國政府還高度肯定以高壓方式鎮壓學生的行為。然而一週之後，超過 1 萬 2 千名柏林學生，為被殺的學生上街送葬。哈伯瑪斯於是指出，在柏林大學生抗議風波之前的 20 年之中，學生會選舉的參與者，往往不到全部的三分之一。然而在槍殺學生的衝突之後，參與率立刻上升至超過三分之二，這一切都是由於暴怒的政府當局、病態的教授與行政權威所造成，而學生的集結與抗議就是面對當局最直接的回答（Habermas, 1981a: 225）。[12]

在哈伯瑪斯的觀察中可以得知，德國學生運動的興起，起初固然肇因於當時大學生所面臨學習條件不佳此種個人權利受損的事件。但更重要的是，哈伯瑪斯發現即使是現代社會之中的大學生，也不必然會完全依循資本主義社會追求效率的價值。當學生感到個人權利受到傷害卻無法解決，加上面對大學管理當局以及政府等掌握權力者拒絕以民主的方式與學生討論問題，甚至以武力回應學生訴求時（例如 Benno Ohnesorg 被警察槍殺），學生運動就會如野火般燎原。當學生運動從爭取自身權利，發展到與政治權力擁有者對話甚至是對抗時，學生運動就開始對民主政治的基本問題，有了重要的意義。其中的關鍵，就在於大學生作為知識分子的身分，對於公共領域討論與民主化的影響。

---

12. 事實上，大學生的抗議行動並非一帆風順，而是在初期，面臨了德國社會許多的阻礙與懷疑，否則就不會在警察槍殺學生之後，政府卻高度肯定警察高壓處理的表態。哈伯瑪斯在〈大學與民主政治〉（Kongreß Hochschule und Demokratie）一文中指出，跨出大學校園的政治運動，事實上激起了社會的激烈反應，包含了社會的不信任。大學生的行動，也對社會大眾造成了不安，在大眾媒體中亦可看到社會中的大多數人，對於占社會少數的知識分子具有很大的反感。走上街頭的大學生，被視為是邊緣分子、幫派分子、共產黨員等。不僅是社會大眾與媒體對於學生運動不滿，連政黨也對於大學生在政黨中的角色採取抗拒的態度，不希望大學生在政黨中發揮影響力。甚至連國家，都對學生的政治參與權，亦即參與抗議活動採取限制。此外，警察的壓制行動，甚至是針對凡是有嫌疑卻尚未發生的行動即已展開（Habermas, 1981a: 205-206）。

哈伯瑪斯〈大學與民主政治〉（Hochschule und Demokratie）一文中，強調了大學生作為知識分子，對民主政治的重要性，此一期待，與哈伯瑪斯對於大學的理解密切相關。哈伯瑪斯認為，在校園內，大學生的政治討論，應該成為大學公共領域討論的一部分，而且大學不僅應同意，更應該鼓勵與期待大學生討論政治，因為對於知識的反思，與對於政治的批判，是一體兩面且密不可分的。他強調，如果將大學視為職業訓練機構，並且規定修業年限，事實上就是強迫大學「去政治化」，將學生與政治討論隔離，這是對大學精神的傷害。而且，學生作為大學的一部分，自當具有權利參與大學的管理事務（Habermas, 1981a: 210）。[13]

　　在校園外，大學生是民主政治運作下，存在於議會外且無組織的反對黨。他們不具有任何實質上的特權，而是透過知識，為其身為社會菁英的地位與發言權加以辯護。他們參與政治的正當性與其他公民並無不同，但是他們是積極看待其公民權利的人，也就是積極公民，因為大學生具有較佳的吸收資訊能力，也具有較佳的政治領導能力。此外，大學生因為尚未在社會中工作，因此反而不受到各種社會結構、壓力與利益的影響，比其他人具有更大行使公民權的自由空間。基於上述條件，大學生的抗議運動，具有喚醒人們對於國家壓迫公民的認知，並且在民主政治之中，發揮其「補償性功能」（kompensatorische Funktion）的角色，因為大學生能夠在公共領域之中，透過論述對抗政府的錯誤政策（Habermas, 1981a: 207-208），並且提出針對德國缺乏理論上的願景、缺乏對於政治不透明的敏感度、缺乏作為一個社會法治國與民主憲政體制缺乏實踐與討論上的決心，以及缺乏對於民主政治的想

---

13. 哈伯瑪斯強調在大學之中，學生具有參與學校事務的權利，但是他並不是指大學應廢除管理機構以及否定教學的專業性，由學生統治來取代，而是學生作為大學成員有權參與。例如關於教師授課內容的問題，他認為授課經由專業的評鑑，是具有意義的，學生在課堂進行時的任何時刻，對課程提出批評，也都是正當的。但是一種從下而上，由學生對課程直接加以控制的主張，則是缺乏正當性的，因為這是對授課自由的漠視或限制，而授課自由，是教師不容被剝奪的權利（Habermas, 1981a: 214）。

像力等問題，加以彌補（Habermas, 1981a: 209）。

從哈伯瑪斯對大學生抗議運動的期許之中可以發現，哈伯瑪斯對於大學生的定位以及學生運動的期待，與上節所述他對羅爾斯（John Rawls）作為知識分子在公共領域發起公共討論的角色，極為相似，也就是學生運動透過公共領域中的論述，對公共輿論形成影響，因此學生運動，可以被視為是一種知識分子在民主政治中的活動。

四、學生運動的論述與哈伯瑪斯的批評

1970 年代德國學生運動就參與者而言，固然是一場知識分子運動；但是就行動的方式而言，更是一場不折不扣的群眾運動。受到當時美國民權運動的影響，學生運動在策略上，採取了有限的違法行為與非暴力的反抗行動，也就是公民不服從（civil disobedience），作為影響政治的主要方式。採取此一運動方式的意義，哈伯瑪斯指出，在於對抗國家體制與大規模商業媒體的社會時，此種抗議只需面對最小程度的阻力，就能凸顯社會體制的問題（Habermas, 1981a: 252）。雖然哈伯瑪斯同意學生透過公民不服從運動，凸顯現代社會問題，但是哈伯瑪斯對於當時學生的公民不服從運動，也提出了重要的批判。[14]

---

14. 關於德國學生運動的意義，即使 1970 年代學生運動（由於運動的高峰在 1968 年，因此亦稱為 68 學運，68 世代亦是稱呼當時抗議世代青年的集體標誌）已經是超過 40 年前的事情，但是對於德國社會而言，當時的學生運動，仍是一件複雜難解的社會運動。德國學者 Hubert Kleinert（2008: 8-10）在〈迷思 1968〉（Mythos 1968）一文中指出，這件事情到底該如何被理解，基本上就是一個難解的問題，因為至今並無明確的觀點。文中引用 Ralf Dahrendorf 的看法指出，68 學運因素的複雜性，就像是癌症一樣相當多元，其中包含了大學內部的教育擴張與大型大學的設立所導致的教育資源不足所引發，亦有從民主運動的角度，指出當時正面臨德國民主政治的變動階段；此外亦有觀點指出，學生運動是基於新的後工業時期的年輕世代，對於年老世代強調控制與價值的反抗；從家庭社會化的角度出發，亦有人指出，這是一個戰後世代對戰前世代的反抗與衝突，其中涉及了因戰爭而失去父親的年輕世代與父親世代的價值衝突等深層心理因素，尤其是戰後世代對於戰前世代在戰後工業蓬勃發展時代，只強調物質富裕生活的小確幸，卻忽略對二次大戰的歷史深層反省的風氣，感到不滿；從時代價值變動的角度出發，亦可以將 68 學生運動，視為浪漫主義的生活價值對抗工業社會生活價值的運動。

哈伯瑪斯在〈抗議運動與大學改革〉之中對於學生運動的主要批評，在於學生運動的極端化，以及無可妥協的心理（Habermas, 1981a: 294）。之所以會有這些批評，在於哈伯瑪斯觀察到學生運動主要是透過下列方式自我辯護：第一，反帝國主義理論：學生運動深信自己所從事的，是以馬克思主義理論為基礎，在全世界各地進行對抗資本主義與帝國主義的戰鬥。此一信念，乃是受到當時第三世界對抗美國的越戰以及對抗法國的阿爾及利亞戰爭等反殖民主義戰爭的啟發，而德國學生運動在此一時代背景下，將自身與在當時的南美洲、亞洲的反資本主義運動、美國的黑人民權運動、甚至是中國的文化大革命等運動加以連結，將德國學生運動視為全球反資本主義運動的一部分，因為在國際上對抗殖民帝國的經濟壓迫與剝削，尋求民族的獨立自主，與在國內對抗資本主義的社會結構以爭取個人的自由與解放，是這場反帝國主義戰爭的一體兩面。哈伯瑪斯批評，將德國學生運動視為全球反資本主義運動的一部分，問題在於無法區別在富裕國家與貧窮國家，以及在資本主義國家以及社會主義國家之間，學生運動具有不同的動機與目標。不同社會脈絡下的學生運動，是不應該放在一個理論之下無視其差異性（Habermas, 1981a: 274-275）。

　　學生運動的第二個自我辯護的理由，是當時的「新無政府主義」（Neoanarchismus）。新無政府主義興起的背景，在於一方面在歐洲工人運動之中的組織性的階級鬥爭運動，已經不再具有任何動力；而共產黨所主張透過政治聯盟參與國會選舉奪取政權以達成社會革命的政策，也逐漸讓自己就像工會改革運動以及與社會民主政黨一樣，日漸安於政治體制。然而現代工業社會複雜的制度體系，確實是一個能夠整合許多功能的整體，並且能夠滿足社會所需的各種功能。若是接受此一對現代工業社會的觀察，就會開始尋找衝突的可能，以改變現代工業社會此一系統的方法，就是從基礎出發，直接從「人」的內心出發，喚醒人的革命意識（Habermas, 1981a: 276）。

新無政府主義的立論觀點，在於認為階級衝突之所以看似不存在，是因為階級衝突被轉移至別處的結果。資本主義社會的問題，很難從社會系統中從某些特定群體之間的衝突加以解決。因此，學生運動者認為需要製造出一種來自於心理因素所造成的不滿與衝突，而且不是透過物質的補償就能解決的，而是從地位與成就導向的壓力中解脫，才是從這種小市民生活的結構中解脫的方法。這是新無政府主義對於社會改革的主要論述，也就是激發人們內心的不滿與不安，最後不再透過物質上的補償，而是從小市民社會的經濟結構中完全解脫出來。然而哈伯瑪斯批評，期待從經濟壓力解脫的可能性，是相當低的，因為長久以來的市場競爭體系，事實上已經與勞工體系加以整合。另一方面，現代社會亦有其自我改善的可能。當人們開始對所累積勞動與生活中多餘物質或是對於美好生活的理想相當敏感，社會就會把消除貧窮，視為一個重要的前提。簡而言之，哈伯瑪斯批評學生運動根據革命理論來決定目標，試圖讓社會上許多人對現代社會體系感到不安，進而要擺脫現代社會的生活形式，是不切實際的。因此，以革命理論作為學生運動的論述，並不能讓人們理解學生運動的真正原因（Habermas, 1981a: 277-278）。

　　哈伯瑪斯提到學生運動的第三個論述，是文化革命。學生運動中的文化革命理想，深受當時中國文化大革命的影響。[15] 學生的革命熱情被喚醒，批判的對象，則是資本主義文化的產物。但是要注意的是，德國年輕人對於資本主義文化的不滿，並不是由於馬克思理論所指出，資本主義造成的經濟困

---

15. 文化大革命源自中國，而且是一個由上而下的運動，其政治目標是根據上面的命令而來的。但是哈伯瑪斯特別指出，即使如此，吾人亦不應該對這場大革命的意涵，以簡化的方式加以理解。他指出，這場在遠東發生的政治運動，對於西方學生運動的意義，在於激發青年世代的革命意識，並且將年輕世代生活環境中的資本主義文化，包含教育制度、政治體制等馬克思理論中資本主義生產方式的「上層建築」（Überbau），視為反抗的對象，影響相當深遠（Habermas, 1981a: 279）。

境所引起，而是對於文化的不安而起的，其重點在於現代市民社會生活中，追求個人快樂生活文化的氾濫（Habermas, 1981a: 278-279），亦即現代社會的大眾文化，是一種將消費與文化加以結合的資本主義文化產物。更深入的批評，甚至包含對於現代科學與大學的批判。學生運動者認為，應取消大學與學術，因為藝術是一種意識形態，而科學則是一種壓迫。新的科學，應該是從政治實踐產生，而非由未經過思考的生活形式而決定（Habermas, 1981a: 280-281）。

　　哈伯瑪斯批判學生運動將現代社會的文化、藝術甚至學術，以簡單的理解方式，將其視為是資本主義的產物。他認為，藝術、文學、學術等，不僅僅是在某傳統之下所形成的，而是一種在歷史之中複雜的連續體。這個世界及其自我理解的象徵系統，並不是由某個主體所決定的，他本身就是一種中介體系。因此，若是相信藝術文學科學是資本主義產物的人，事實上是在傳播這種非理性主義（Habermas, 1981a: 282-283）。

　　從哈伯瑪斯對於學生運動論述的批判可以看出，哈伯瑪斯認為學生運動的問題，在於學生運動以一種革命性的批判觀點，對當時德國社會的正當性提出根本的質疑。在學生運動的訴求中可以發現，他們並不相信公共領域在現代國家的正面意義，他們也沒有從現代國家的歷史脈絡中，理解問題之所在（Habermas, 1981a: 297）。事實上，這正是理解哈伯瑪斯為何以一種既非激進又非保守的複雜態度看待德國學生運動：一方面他支持學生運動透過公民不服從的違法行為，對現代國家提出質疑；另一方面他卻又反對學生激進的否定現代國家的正當性。欲理解哈伯瑪斯上述觀點，就有必要理解他對於

現代國家正當性（Legitimität）的看法。[16]

五、現代國家的正當性與公共領域的政治化

　　哈伯瑪斯對學生運動的討論，在理論層面上，與他對現代國家以法律制度為基礎的合法性（Legalität）原則的看法密不可分，而此一問題可以從兩個角度加以了解：一是現代國家法律制度對於保障自由的重要性，另一是現代國家的程序性原則與正當性之間的關係。上述問題，在其《事實性與效力》（*Faktizität und Geltung*）一書中有詳細的論述。關於現代國家根據法律制度

---

16. 哈伯瑪斯在學生運動的暴力抗議事件，並且發生學生被警察槍擊死亡的事件之後，於 1967 年在漢諾威（Hannover）舉辦的一場討論之中，對於「社會主義德國大學生協會」（Sozialistischer Deutscher Studentenbund, SDS）的馬克思理論基進主張，提出強烈的質疑，批評其為「左派法西斯主義」（linker Faschismus）。哈伯瑪斯認為，抗議行動中的暴力發展，其實是可以預期的，因此在發生示威暴力激化導致大學生被槍殺之後，他質疑此種暴力行動到底是個意外，還是被當作政治操弄的工具？他指出，SDS 成員 Rudi Dutschke 曾經明確要求人們應該和平地靜坐罷工，但是在 Dutschke 的演說之中，他又透過意志論意識形態（voluntaristische Ideologie）的論述，將原本的和平靜坐主張加以激化，成為一種「烏托邦社會主義」（utopischer Sozialismus）的理想。哈伯瑪斯認為，在當時的憲政制度已經建立的環境之中，這種主張其實是一種「左派法西斯主義」（linker Faschismus）（Habermas, 1981a: 214）。然而在哈伯瑪斯於 1968 年，也就是他批評學生運動為左派法西斯主義一年之後，哈伯瑪斯對於學生運動的暴力行動的看法，有了以下修正：第一，哈伯瑪斯在提出左派法西斯主義時，並未發現此種新形態的挑釁，其實有其正面意義，也就是透過暴力所造成的輿論與社會壓力，使得被國家所拒絕的公共討論，能夠繼續進行。第二，哈伯瑪斯當時所擔心的是非理性的群眾暴力運動，打破了政治的遊戲規則。此一擔憂仍然存在，他也不希望此一形式的挑釁繼續發生，但是哈伯瑪斯不會再以左派法西斯主義稱呼此種運動方式，因為此一稱呼，除了會讓人們將 SDS 與 30 年代右派法西斯學生相互混淆，更是因為哈伯瑪斯愈加不確定，此種新形態的抗議方式，是否能夠與過去法西斯的歷史加以類比。第三，哈伯瑪斯仍然強調，暴力向來是不應被支持的政治抗爭方式，因為暴力的抗爭，必定會引發相對的暴力出現。暴力作為策略是不可行的，在行為的道德判斷上，仍是不可接受的（Habermas, 1981a: 215-216）。也就是說，若是將康德的道德普遍性原則作為判准，即使透過暴力取得政治的進步，也是不可行的。但是從黑格爾的角度來看，如果大家能夠接受透過暴力性的政治抗議的方式，這就是人們皆能接受的「風尚」（Sittlichkeit），暴力抗議就具有在其所屬的政治社群之中的正當性，因為暴力促使討論與對話的進行。如果暴力的行使，是人們所無法承受的，暴力非但無法達成效果，甚至刺激了反暴力的暴力出現，此一暴力抗議就是失敗的。因此，哈伯瑪斯透過黑格爾的 Sittlichkeit 概念，以歷史的結果作為判斷標準，部分的接受了暴力抗議有可能成為一個社會的正當行動，條件是暴力能夠為社會所接受，也能夠帶動政治的進步（Habermas, 1981a: 216）。

的程序性所形成的合法性（Legalität）原則，哈伯瑪斯指出，現代國家的合法性之所以能夠作為正當性的基礎，其條件在於讓合理性（Rationalität）成為社會的共同基礎。他所指的合理性，並非韋伯（Max Weber）所主張與道德無涉而僅合乎法律程序的合法性原則，而是現代國家立法程序基於不對特定價值辯護的立場所構成的中立性原則，讓社會成員得以透過溝通行動，制定具有道德性實質內涵的法律（Habermas, 1992a: 563）。[17]

從現代國家保障個人自由與權利的角度出發，以法律制度的程序性原則為基礎的合法性概念，是現代國家論證其統治正當性時必要但絕非充分的條件。合法性以程序正義為基本原則，其正面的意義，在於現代社會的法治體系，基於尊重個人內在自由的原則，法律不應該對於個人的道德觀加以干涉，法律與道德之間的界線是相當清楚且不應混淆的（Habermas, 1992a: 565）。即使是基於道德理由的論述所訂定的法律，其實現的方式，亦是根據人的外在行為加以規範，並且透過外在的罰則加以強制，而不是對於個人內在思想加以檢查或懲罰。這是哈伯瑪斯從康德（Immanuel Kant）保障自由的觀點，對現代國家根據法律程序而論述的合法性原則所提出的肯定性看法（Habermas, 1992a: 567）。

進一步檢視康德的政治思想對哈伯瑪斯的意義，就必須從康德的「法治國」（Rechtsstaat）論述加以探討。而此一論述，對於哈伯瑪斯的現代國家正當性觀點，以及本文所探討他對於德國學生運動的看法，皆有密不可分的關係。康德指出，文明的政治社會，必須建立在以下三個基礎上，也就是自由（Freiheit）、平等（Gleichheit）與自主性（Selbständigkeit）（Kant,

---

17. 透過合理性（Rationalität）構成的正當性，其意義根據 Bernhard Peters（2007: 341-342）的論述，是一種透過有意義與深入的討論，形成正當性的過程。即使正當性在爭議之中，亦無損其合理性之程度。合理性的論點，包含了自我利益的計算，也包含對於某種價值與道德原則的堅持。就此而言，透過合理性所構成的正當性，是具有多種類型的。就此而言，非理性的正當性，意指無法透過公共辯論加以描述與辯護的正當性，例如韋伯所分類基於傳統的、宗教的、人格魅力的正當性，即屬此類。

1910b: 290-296）。自由原則乃是康德所主張，個人的權利是透過人與人之間的任意性相互共存所得到的自由所加以定義的。康德指出，「在權利此一條件下，一個人的任意性與另一個人的任意性，就能夠透過自由的普遍性律則得以共存」（Kant, 1910c: 230）。至於平等，並非財產或能力上的平等，而是站在前述權利相同的基礎上，所享有的平等，因為「無人能強迫另一人，……另一人也會以相同的方式加以反抗」（Kant, 1910b: 292）。關於自主性，則是康德認為社會條件必須滿足公民的經濟生活（Kant, 1910b: 294-296）。若是滿足上述三個條件，方能理解康德在《道德形上學》（*Metaphysik der Sitten*）之中所說，「國家是一群人在權利律則之下的聯合體」，因為國家乃是在追求自由、平等與自主性的目標下，以保障權利為目的的政治共同體。

康德在其政治理想中，將權利的保障視為政治生活的基本目標，此一政治主張的基礎，乃是奠基在康德對於人的理性概念之上。對康德而言，「人」本身就是一個規範性的概念，因為人應當克服其自然本性，實現其理性。唯有實現了理性，人的主體性才能充分開展，人也才能獲得真正的自由（Höffe, 2004: 170）。康德所論述人的主體性，乃是指人作為一個道德的主體，依循「無上律令」（der kategorische Imperativ），也就是「只能根據此一準則行事，也就是你所希望依據的行事原則，同時也能成為所有人的行事原則」（Kant, 1910a: 421）。此一原則意味著人作為道德主體的行事原則，並非根據某種外在的壓力或傳統，而是根據自身的理性。因此，康德的道德理論不僅說明了個人層面的道德原則，更構成了政治正當性以及公民反抗權的理論基礎：從康德法治國的正當性觀之，現代國家的保障公民權利的意義，在於保障公民作為一個道德主體的內在自由；從公民與國家之間的關係而論，個體作為一個獨立於國家的道德主體，在面對違反個人道德自由的政治義務時，可以基於內在理性的道德判斷而決定是否服從。

哈伯瑪斯透過康德的法治國理論之中，指出了現代國家的法制體系的合

法性與道德實踐之間的微妙關係：一、現代國家的法律，對於道德的實現，是以間接的方式加以實現的。國家對於道德的探討，亦必須站在程序性正義與理性的角度出發，排除預設的或特定的道德立場，以理性的方式進行道德性的論述。這是現代國家法治體系依然能夠論述道德的方式。二、具有道德意涵的法律，其實現是透過外在行為的規範，而不是內在性的強迫，這是現代國家不得強迫內在自由的基本原則。就此而言，法律與道德之間具有兩面的關係：二者在形式上有其對立性，因為法律是一種程序理性的產物，是故有別於自足的、直接的道德論述；另一方面，道德亦是蘊含在法律之中，但是法律中的道德，是透過程序的理性來論述的，而非直接訴諸於道德情感（Habermas, 1992a: 568）。因此，哈伯瑪斯認為，從程序理性的角度看待法律程序，其缺點不在於其程序性的正當性理論自身的問題，而在理解現代國家法治體系的基礎時，忽視了程序理性與道德二者之間的相互關係。要解決這個問題，就應該從形成討論的非制度的過程著手，包含學校教育，以及公共領域之中（Habermas, 1992a: 570）。

　　哈伯瑪斯強調現代國家程序合法性的不足，因此必須與道德性的論述結合，作為統治正當性的基礎。這並非基於一種個人主觀情感上，對於道德與政治之間關係的期待，而是根據他對歐洲實定法發展的歷史脈絡與統治正當性的觀察而來。在歐洲中古世紀，所有法律的提出，必須借助自上帝而來的自然法之名，或是借助宗教改革與重建上帝之法的概念提出，如此世俗統治者的權力，才能透過法律加以展現，而權力本身，並未成為正當性的基礎。儘管在實際統治的政治領域與無法由政治控制的宗教領域之間，存在著緊張關係，但是只要宗教仍是人們日常生活信念中的一部分，此一緊張關係就不會被注意到，宗教仍然能夠作為正當性的基礎。然而在現代社會中，宗教不再扮演中古社會中作為正當性基礎的角色，上述由政治與宗教構成的二元結構就會出現危機。因此現代社會的難題在於，是否存在能夠取代宗教作為政治正當性基礎的替代物，並且能夠作為政治統治權威的來源（Habermas,

1992a: 582-583）？

對於此一問題，在現代政治的討論中最具代表性的思想家就是霍布斯（Thomas Hobbes）。他將主權者的意志，作為法律的正當性基礎。但是哈伯瑪斯認為，此種主張仍然未能替法律找到正當性的基礎，而只是將法律作為統治者的工具。[18] 對哈伯瑪斯而言，此種論點使得原本在歷史上由政治、法律、道德所構成，具有賦予正當性權力的政治秩序結構之中，道德作為正當性基礎的位置消失，而由絕對主權者所取代。此種正當性論述最大的問題在於，自由的個人為何要接受此種置於絕對主權者統治之下的安排？實定法具備了解決爭議的功能，同時也具備了規範性的意義，也就是一種就法論法或是尊重法律的精神，但不同於中世紀透過道德作為法律應然性的基礎，現代法律的應然性，則是藉由實定法的程序加以展現。法律與道德的緊張關係也因此消失，因為法律的正當性就在法律體系自身的程序之中（Habermas, 1992a: 584）。

將主權者的意志視為現代政治正當性基礎的觀點，是哈伯瑪斯所無法接受的。他不是懷古，為中古時代的政治秩序與世界觀辯護。他所要強調的，毋寧是依循法律程序建立的統治權力作為現代國家法律的正當性基礎時，法律所應具有的道德規範性也隨之消失，政治統治也不再能夠由法律賦予其正當性，政治的概念也隨之消失，因為政治無法作為賦予正當性的權力（Habermas, 1992a: 588）。因此，哈伯瑪斯雖然一方面肯定現代國家透過程序的合法性，對於個人自由保障的重要意義；但是另一方面，他對於現代社會將程序合法性與統治者的絕對主權作為正當性的基礎，則是深感憂慮，因

---

18. 哈伯瑪斯指出，霍布斯（Thomas Hobbes）在《利維坦》（*Leviathan*）之中，將原本自由與平等的個人，在訂定社會契約之後，置於絕對的主權者之下，並且將主權者視為正當性基礎。哈伯瑪斯認為這是充滿疑問的，因為人為何要接受此種安排？事實上，哈伯瑪斯雖然支持現代性，但是他在諸多文章之中，批判了霍布斯以政治權力作為正當性的論點，並且連帶批判了 Carl Schmitt 以霍布斯思想為基礎的國家論述。見 Habermas（1992a: 590）。

無論是政治權力或是法律程序，皆無法作為具有實質道德性意涵的正當性的替代物。[19]

　　哈伯瑪斯對於霍布斯式現代國家的批評，與他對康德（Immanuel Kant）法治國的看法息息相關，哈伯瑪斯所尋找的出路，亦與他對這兩位思想家的反思密不可分。不同於霍布斯以統治者的絕對主權取代前現代政治的宗教與道德作為正當性的基礎，康德雖然同樣不再將宗教作為政治正當性的根源，但是他不像霍布斯將法律作為主權者意志的工具，犧牲了法律原本所具有的正當性原則，康德則是認為法律的使命，在於保障個人道德自由的實現，因此現代國家的法律，必須將前述的「無上律令」（Kategorischer Imperativ）作為其前提與基本原則，亦即道德主體在判斷其行為是否道德時，是根據主體的理性。這不僅是個人的行為標準，更是履行政治義務的內在基礎。哈伯瑪斯比較霍布斯與康德這兩位思想家，他指出，在社會契約論的思維之中，能夠作為普遍性基礎的，是個人利益與理性原則，而訂定社會契約，以社會成員的同意為前提的程序，則成為檢驗政治規範是否有效的標準。在此種以程序而非實質內容作為檢驗標準的思維模式下，現代社會的道德意識，也逐漸開始轉變（Habermas, 1992a: 590）。

　　霍布斯與康德雖然皆屬社會契約論傳統下的人物，但是他們的論述並不相同。哈伯瑪斯指出，霍布斯所代表的，是一種肯定現代社會各種改變的觀點，而且政治權力亦應明確的作為法律與道德的基礎，不應有曖昧不明之處。康德所代表的，則是認為現代社會透過契約論程序建立正當性的模式

---

19. Bernhard Peters（2007: 346-347）對於程序合法性無法取代實質正當性，提出了相當清楚的討論。一種常見的情況是，即使人們對於民主程序的實質結果持反對意見，但是基於對於程序，也就是多數決的信任，因此對於透過此一程序所得到的結果，就認為是正當的。然而，程序的正當性並不能夠被視為是實質正當性的替代物，因為實質的正當性，是基於實質的內容，而非空洞的程序所加以論述的。因此，僅僅基於程序的正當性，但缺乏具體的實質內容正當性，就應該接受其結果，其實是不可行的。進一步言，無論是在規範性的意義上，或是在實際經驗上，在現代自由主義的社會，僅憑程序來論述正當性，都是無法說服人的。因此，審議式民主才會受到重視，因為審議是一種對於實質性內涵討論的重視，而不是只有多數決的程序。

有所不足，因此試圖加以修正的理論。同為社會契約論，霍布斯直接放棄傳統社會中無法掌握的道德正當性根源，並以主權者的意志作為社會規範的基礎；康德則是在道德理論的框架下，主張法律的目的在於實現個人的自主性與自由。就此而言，霍布斯固然並未真正解決現代社會正當性基礎的問題，然而將道德視為法律前提的康德，是否就解決了現代社會追求正當性基礎的問題？哈伯瑪斯針對康德的主張，提出了他的憂慮。他認為，對康德而言，由於理性是法律的前提與目的，因此一個可以想像的結局是，政治統治是很難在康德的理論中被視為是具有正當性的，因為理性的標準過高，政治統治實難以達成（Habermas, 1992a: 590-591）。

哈伯瑪斯對霍布斯與康德的觀察，事實上透露出兩個現代國家必須同時考量的問題，這兩個問題雖然相關但並不相同：一是現代國家統治正當性的基礎為何，二是現代國家如何有效統治的問題。前者是正當性的問題，後者是政治權力如何建構的問題。康德固然指出了正當性應有的基礎，但哈伯瑪斯認為其主張難以發展成為有效的統治權力；霍布斯雖然將主權者意志視為統治權力的基礎，但卻放棄了道德正當性的關懷，現代國家對於個人自由與權利的理想，勢必岌岌可危。

哈伯瑪斯透過 19 世紀德國思想家 Julius Fröbel（1805-1893）所指出，規範性的內容必須得到多數人承認方具有其效力的觀點，試圖在上述難題中找到出路。Fröbel 認為，人們所承認的法律規範性意義，其實無法透過法律文字本身的語意特性加以解釋，因為規範性力量的構成，其實是透過形成真理時的溝通條件，經由多人的意志所形成的。哈伯瑪斯要指出的是正當性與有效統治之間的內在關聯性：正當性與有效統治雖然是不同的概念，但是事實上是無法分離的。正當性的形成，除了其訴求的實質內容此一因素之外，同時亦有賴於民主政治的參與討論，形成社會的共識。因此民主政治在制度上的決策程序雖然是多數決，但是不可忽視的是多數決程序中，仍然蘊含了追求真理的機制，亦即透過公共的討論，將理性與意志，以及所有人的意見與

多數代表的意見等鴻溝加以中介（Habermas, 1992a: 613）。透過 Fröbel 的理論，哈伯瑪斯一方面將盧梭（J.-J. Rousseau）所強調全民參與的普遍意志（general will），理解為保障個人權利與自由的政治制度建立的過程；另一方面，他亦指出了康德理想中的法治國，事實上無法僅憑其理性法的內容，取得其規範性，而仍然必須經過公共領域討論的過程。就此而言，Fröbel 的理論在哈伯瑪斯的眼中，適度地將盧梭與康德的理論，分別加以修正，並且發展成為哈伯瑪斯所提出，以公共領域的討論作為正當性基礎，並且進一步建立法治國的主張。[20]

　　透過哈伯瑪斯對現代國家統治正當性的討論，吾人可以更為清楚地檢視他對德國學生運動的看法。德國學生運動所處的環境是現代民主國家，而非專制體制國家。哈伯瑪斯支持的理由，在於他認為學生運動有助於達成公共領域的政治化此一目標，並且對於現代國家所面臨的正當性與政治統治這兩個問題，有重要的意義。關於公共領域的討論，哈伯瑪斯在其 1965 年所著的《公共領域的結構轉型》（*Strukturwandel der Öffentlichkeit*）一書之中，提出了歷史考察說明。[21] 公共領域此一概念的意義，在於透過公民對於政治事務的討論，對統治者的權力提出批判，進一步讓公共領域自身成為政治權力的基礎，而非接受由上而下的政治力量統治，但是其最終的意義，更是要

---

20. 哈伯瑪斯透過 Fröbel 的理論，對於盧梭普遍意志的主張，提出了一種具有康德式色彩的理解方式，亦即盧梭所主張的普遍意志，不必然是一種塑造某種實質性民族精神或共同性意義的雅各賓式的主張，而是對所有追求自由與自主的現代國家而言，欲以法律保障權利的不可或缺的前提。因此，盧梭的普遍意志，與康德的法治國理想，事實上並無衝突之處，甚至康德的理想，必須透過普遍意志，其法律體系方能獲得真正的有效性。

21. 哈伯瑪斯的公共領域概念，源自於他對黑格爾《法哲學原理》之中市民社會（bürgerliche Gesellschaft）此一概念的分析，也就是現代自由經濟社會興起之後，個人的主體性獲得承認，社會中的成員從事經濟活動，亦參與公共事務所形成的。黑格爾雖然指出市民社會具有一定的倫理性特質，亦具有公共討論的可能，但是市民社會卻難以自行解決貧窮與經濟利益衝突的問題，個人的倫理性認知亦局限在其所屬的行業之中，而無法具有普遍性，因此市民社會的困境，有待於國家的介入與整合（Hegel, 1986b: §255-§256）。哈伯瑪斯的公共領域除了承襲黑格爾市民社會理論中自由理性個人的觀察，更進一步主張，市民社會作為一個公共領域，具有賦予現代國家合法性基礎的特質，而不是一個有待國家加以整合的社會領域（Habermas, 1990: 21）。

去消解統治權力（Habermas, 1990: 152-153）。另一方面他也指出，在歷史上曾經出現，具有自由主義精神的公共領域，在 19 世紀時因為企業的聯合公會以及工人階級的工會與政黨的成立，接收了公共領域的力量，讓公共領域與國家之間的區別及其獨立性因此消失。[22] 公共領域在此轉變下，自主且自由的公民消失無蹤，公共的討論亦不再出現（Ottmann, 2012: 103）。

接續該書的討論，哈伯瑪斯在討論學生運動的諸篇文章中，將學生運動視為現代公共領域再興的重要力量。他指出，學生運動的目標，在於讓「公共領域的政治化」（Politisierung der Öffentlichkeit），也就是所有在政治上會造成重大影響的決定，都能夠在不受支配的情況下，由公民討論來決定（Habermas, 1981a: 247）。當代國家的資本主義社會體系並不具有上述的公共領域，因為其正當性是建立在經濟的不斷成長以及私有財產的累積此類基礎之上。當前公共領域去政治化的原因，在於大眾媒體將人民的政治意識，導向個人利益的追求以及政治人物的權力之爭，因此公共領域作為討論政治正當性的意義，已是相當減弱，因為公共領域已經被私領域化了（Habermas, 1981a: 251）。[23] 此外，專業技術與行政兩種精神的相互影響，則是讓公共領域的議題，成為資本管理的討論。個人與國家之間的關係，則是從時間或金錢衡量下的標準加以定義，毫無追求美好共同生活的討論。因此哈伯瑪斯認為，民主政治下的公共領域，在學生運動當時的德國並不存在（Habermas, 1981a: 245-246）。要改變此一危機，讓公共領域再度政治化，成為討論公共事務，並且進一步成為政治正當性的基礎，就必須要讓當代社會的公民，重新面對政治與公共事務。有趣的是，哈伯瑪斯在討論問題時，除了學生運動，

---

22. 哈伯瑪斯認為，現代社會領域的出現，標示了一個與古代社會截然不同的時代。此一社會領域不是古代社會中以維生為目的的家計生活領域，而是一個公共領域，具有其內在的政治使命，也就是以促進公共理性為基礎的社會作為目標。哈伯瑪斯在方法上，將現代社會領域的出現，視為是歷史演進的結果，而非契約論的成果（Habermas, 1990:116）。

23. 哈伯瑪斯所稱典型當代社會的大型媒體，就像德國的 *Bild-Zeitung*（《畫報》），這是一份日報，內容主要是個人娛樂、消費，以及政治人物與政黨的權力鬥爭（Habermas, 1981a: 247）。

他亦訴諸於媒體與相關制度的改革，這應是哈伯瑪斯基於時代背景考量的結果，因為 20 世紀 70 年代的德國社會，絕無可能回到在《公共領域的結構轉型》之中所述，18 世紀歐洲市民社會興起時，由知識分子與新興市民階級，基於文化與知識傳播的技術大幅進步所形成的公共領域；亦不是在獨裁國家或開發中國家之中，由大學生直接對抗威權政府以推動社會進步的模式。為了改變商業社會的大眾媒體，他主張經濟權力與媒體權力應加以分離，亦即公共媒體與私有經濟的力量應有所區隔，這需要媒體具有足夠的自我要求，將自己視為公共的媒體，並且透過法律的規範與保障，方有可能。唯有如此，公共媒體方能擔負起政治啟蒙的責任（Habermas, 1981a: 247-248）。

有別於大眾媒體的改革，學生運動對於公共領域的意義，則在於突破現代社會的大眾媒體將焦點放在個人消費與政治權力鬥爭等事務的圍籬，吸引大眾媒體關注公共事務並引發討論，將啟蒙的進程繼續向前推進，達到重新將公共領域加以政治化的目的。應明辨的是，學生運動固然具有公民不服從行動對抗體制的衝突性，足以吸引媒體的關注，但哈伯瑪斯所指的突破媒體圍籬，不僅是吸引商業媒體關注，而是學生能夠突破現代社會商業媒體所營造的那道將公民與政治生活價值隔離、僅關注個人經濟利益或政治權力鬥爭的社會心理圍籬。學生運動具有與資本主義社會追求個人利益的目的保持距離的理想性，學生的目標，也不同於勞工運動或其他社會運動，以要求更多的收入或是更多的休假等透過經濟價值衡量的目標，而是一種打破經濟價值與追求政治生活及公民德性的精神，因為學生運動要求的是社會心理的徹底改變（Habermas, 1981a: 252-253），[24] 因此，學生運動的理想性，在於對資

---

24. 此處提及哈伯瑪斯認為學生運動基於其挑戰資本主義社會價值的理想性，因此與勞工運動或其他社會運動有所不同。要說明的是，哈伯瑪斯並不是否定勞工運動與其他社會運動捍衛權利的正當性，只是這些訴求，仍屬於各方在經濟利益上的計算與較量，學生運動則是從無關自身利益的角度出發，以追求美好的社會生活為目標，因此有所不同。對於福利國家，哈伯瑪斯在意的是，福利國家是否透過由下而上的民主討論過程，凝聚公民的共識所形成，因為這是公共領域政治生活的核心。另一種福利國家的模式，則是威權政府所建立的福利國家，其中毫無民主討論的過程，而由國家進行分配，哈伯瑪斯批評這是公共領域的去政治化，亦是對自由與民主的壓抑（Habermas, 1981a: 296-297）。

本主義生活的基本價值進行挑戰，進而刺激社會輿論，能夠更加關注政治生活的公共議題。就理論層面而言，哈伯瑪斯的期待應是，學生運動能夠刺激公共領域中以民主方式，讓公民對於政治生活目標進行溝通與實質的對話，於是公共領域一方面基於其公共討論，能夠作為提供政治正當性意義的基礎；另一方面基於公民對於政治生活價值討論的參與，公共領域亦能夠成為政治統治穩定性的根基，亦即前述哈伯瑪斯所述霍布斯與康德契約論各自的問題，透過公共領域的政治化，均能夠獲得解決。[25]

值得一提的是，哈伯瑪斯在此道出了知識分子在社會運動中所扮演的靈活角色。一方面他認為學生作為知識分子，基於對政治生活價值的追求，要勇於挑戰資本主義社會的邏輯。另一方面，對於造成公共領域去政治化的商業媒體，哈伯瑪斯除了透過理論嚴加批判，並指出學生運動的意義在於突破商業媒體的圍籬之外，他也很清楚，要突破這道圍籬，仍然需要借助媒體關注的力量，對社會與國家造成影響力與壓力。而贏得媒體關注的方法，就是公民不服從運動。

六、公民不服從與違法行為

學生運動對於哈伯瑪斯而言，是喚起社會大眾關注公共事務的有效手段，目的在於達成公共領域的政治化，使其成為政治正當性的基礎（Habermas, 1981a: 250-252），這是在 1960 年代開始，發生在德國社會的重要變化。這股學生運動的力量到了 70 年代，發展成為社會的公民不服從

---

25. 哈伯瑪斯在學生運動論述之中，期待學生藉由其在公共領域的溝通行動，對社會產生影響。事實上，哈伯瑪斯相對的亦認為法治國應具備溝通權力（kommunikative Macht），因為法治國透過「溝通權力制度化的機制，來保障公民的溝通自由，並藉此不斷創造出具有正當性的法」，同時亦藉由溝通權力，將正當性與政治權力加以結合（顏厥安，2005: 143）。就此而言，在哈伯瑪斯的理論中，公共領域的溝通權力，無論是制度化的機制或是非制度化的社會領域，皆是現代國家維繫正當性與有效統治的核心概念。

運動，範圍已超出校園，對德國產生了深遠的影響。[26] 一個必須討論的問題是，哈伯瑪斯如何看待在一個他所追求的現代法治國家理想之中，無論是1960年代的學生運動或是70年代的社會運動，基於公民不服從所產生的違法行為？

哈伯瑪斯在其〈公民不服從：對民主法治國的試煉〉（Ziviler Ungehorsam — Testfall für den demokratischen Rechtsstaat）一文中，詳細說明了他對於公民不服從的看法。他對於公民不服從的看法，是根據他所處的德國社會，也就是一個在制度上已經民主化的現代法治國家，但是在政治文化上，則與哈伯瑪斯理想中的民主政治與啟蒙理想，仍有相當距離的社會情境。他的公民不服從論述，重點在於同時挑戰了關於此一議題的兩種完全不同的主張：其一是站在就法論法的立場，否定公民不服從有任何正面意義，並且將其視為對法治國的破壞與威脅；另一種主張則是站在正面肯定的立場，認為公民不服從乃是基於一個人的內在道德與良心的認知，具有正當性，不應該被視為違法行為，而是公民反抗權的行使，甚至可以作為革命行動的一部分。

當德國大學生受到當時美國民權運動影響，從事公民不服從運動並涉及違法行為時（Habermas, 1981a: 252），德國的社會氣氛普遍反對此種抗議行動。政府官員對於公民不服從的立場是，「既使是非暴力的抵抗，也是一種暴力」（Gewaltloser Widerstand ist Gewalt）；至於媒體，則是將社會運動者視為威脅國家安全的敵人，而國家的武力壓制，則是一種愛國與保障和平的行動。[27] 哈伯瑪斯並不否認此種行為是違法行為，甚至帶有暴力成分，但是

---

26. 到了70年代，德國公民不服從運動所採取的抗議方式，包含了包圍核能電廠、占領建築工地、封鎖或癱瘓交通、包圍政府機關等（Habermas, 1985: 80-81）。

27. 雖然當時德國政府與媒體批評公民不服從的占領行為是一種暴力行為，但是哈伯瑪斯指出，只要與當時以暴力手段推翻資本主義社會為目標的德國赤軍旅（Rote Armee Fraktion, RAF）比較，就可以知道公民不服從的犯罪行為，與真正的恐怖暴力行動，仍有相當明顯的不同（Habermas, 1985: 80）。

他指出，示威的暴力，目的在於引發輿論的注意，並且透過社會的壓力，強迫國家與公民進行對話，而一個拒絕對話的制度，雖然具有程序上合法性，但其實是一種制度內的暴力（Habermas, 1981a: 213）。因此若是將基於道德理想所發起的公民不服從的行動視為一般的非法行動，是值得商榷的，因為哈伯瑪斯指出，公民不服從其實可以作為一種成熟民主政治文化之下的一個元素（Habermas, 1985: 79-81）。違法行為作為民主政治文化下的要素，關鍵在於現代國家到底能夠具有多少的道德意涵？亦即在何種程度上，能夠以道德的論述對現代國家加以批判？

現代國家要求其公民服從法律，固然在形式上只能基於成文法，以及由此而來的合法性原則。然而哈伯瑪斯指出，若是觀察德國基本法關於基本權利的條文，吾人可以發現，現代國家的法治體系，其實仍然是根據某些應然性的價值，作為其正當性的基礎。[28] 亦即，現代國家的正當性，事實上並非完全建立在以法律程序為基礎的合法性原則之上，這是現代國家的合法性（Legalität）與正當性（Legitimität）二者之間的緊張關係。由於程序上的合法性，並不足以捍衛合法性自身，因此，對於合法性本身保持一定程度的不信任與警戒，對現代法治國家而言是相當重要的事。在某些關鍵時刻，透過違法的行動，捍衛正當性的原則，在現代法治國家之中，甚至是有必要的（Habermas, 1985: 86-87）。

因此哈伯瑪斯指出，公民不服從只能在一個正常運作的法治國家之中實現，此種行動並不否定法治國的正當性，因為公民不服從的正當性來自於法治國家的合法性之中，事實上亦有不正當的可能性存在。因此公民不服從，其實不是應用在整個統治體系的正當性出現基本問題的時刻，而是在一般的狀況下，針對合法性的規定，根據正當性的理由所發起的抗議行動。法治國

---

28. 《德意志聯邦共和國基本法》的第 1 章為「基本權利」，其內容皆奠基於人類生活之理想價值，例如人性尊嚴、平等權、宗教與良心之自由等。德國基本法內容全文，請參考司法院（2012）。

的發展，是一個漫長的學習過程，在其中，公民不服從扮演了重要的角色，因為公民不服從提供了一個讓法律程序能夠重新思考的機會。就此而言，公民不服從被哈伯瑪斯視為是「正當性的守護者」（der Hüter der Legitimität）（Habermas, 1985: 86-88）。

公民不服從既然是正當性的守護者，是否意味其違法行為，在法律上應該被特殊對待？事實上，哈伯瑪斯認為這是一個無解的難題。若是基於其道德論述，將公民不服從視為無罪，也有可能會是一種錯誤，因為對公民不服從進行政治道德的評斷，其實是極為困難的。哈伯瑪斯甚至舉例指出，吾人難以從是否根據良心來反抗，區分 Ulrike Meinhoff 與 Sophie Scholl 的不同，因為二人皆透過自己的良心，對政府進行了不服從的違法運動，並且都被判有罪，然而世人對這兩人的評價，卻是有極大的不同。[29] 哈伯瑪斯的論點是，若是讓公民不服從在法治體系中合法化，公民不服從反而就無須透過道德上或人格上的特殊力量加以正當化，公民不服從的力量也就會隨之消失（Habermas, 1985: 90）。就此而言，公民不服從展現影響力的方式與目的，不在於不服從的違法行動本身被判無罪，而在於進入法律程序，但是基於其道德性的訴求，反而能因此引發社會關注與討論，質疑現行法律內容並形成民意壓力，最後扭轉原本法律的內容，讓合法性與正當性之間的距離，能夠因此而縮短。[30]

以上述哈伯瑪斯關於公民不服從的論述回應他所要對抗的兩種公民不服

---

29. 上述兩人皆為著名的反抗者，Ulrike Meinhoff 為德國左翼赤軍旅成員，以恐怖行動反抗資本主義，殺害企業老闆與官員；Sophie Scholl 則是在二戰時期反抗納粹，但是前者被世人認為是恐怖分子，後者則被視為抗暴英雄。

30. 就哈伯瑪斯的觀點來看，公民不服從的違法行動，若是被起訴或判刑，應是「求之不得」，甚至是「求仁得仁」，因為能夠凸顯制度的不合理之處，進一步引發社會不滿與討論，政府所承受之壓力也會更大。若是獲得不起訴或無罪，行動的能量反而會被削弱，因為社會已經不需要關注此事，政府也毋須承受壓力。當然，如果社會輿論普遍認為必須就法論法，違法就是政治體制的破壞者，此種策略勢必無法產生效果。如果社會輿論能夠理解反抗者的理想性，不將合法性等同於正當性原則，學生運動方有影響社會之可能。

從的主張，他一方面反對將公民不服從視為一般性的犯罪行為（但是他仍然同意依法律程序處理），因為此種看法，完全忽視了公民不服從在法治國之中所訴諸的道德理想。哈伯瑪斯對納粹時代政府官員與法官的批評，就在於他們認為公民不服從運動不僅是在法律上是違法的，在道德上亦是應受譴責的，他認為這是一種威權法治主義（autoritärer Legalismus）的展現，亦即將合法性自身視為正當性的原則，而忽略了法律體系應以道德正當性作為基礎（Habermas, 1985: 91; 101）。另一方面，他也反對將公民不服從，基於其出於道德或良心的主張，因此在法律上不應加以處罰的看法。哈伯瑪斯認為，即使公民不服從具有其道德正當性，讓法官對於公民不服從有不同於一般罪犯的處理方式，此一程序亦不應規定在法律條文中，而是訴諸於超越法律層次的正當性問題（Habermas, 1985: 90）。簡而言之，哈伯瑪斯認為國家權力對於公民不服從，應該保持審判上的謙卑，但是這建立在公民不服從者對於法治體系的基本尊重並且對於法律後果願意承擔此一前提之上，而且不服從的信念，來自於憲法基本規範中的道德性原則（Habermas, 1985: 114）。在此前提下，公民不服從方有可能作為成熟民主政治文化之下的元素。

七、結論

　　哈伯瑪斯關於德國學生運動的論述，理論涵蓋範圍既深且廣，並不容易面面俱到，將其中細節逐一分析，更遑論提出深入的批判。本文僅是一個開端，試圖達到的目標，是將一位重要思想家如何看待當代社會現實問題的思考脈絡，透過其相關的理論背景加以理解，讓吾人能夠理解思想家面對現實問題的態度與思考方法。事實上，思想家關注現實問題，向來不乏其人。例如黑格爾曾經擔任德國報紙 Bamberger Zeitung 總編輯，他在書寫《精神現象學》（*Phänomenologie des Geistes*）的「主奴辯證」論述時，正透過報紙，關注在中美洲海地所發生海地人與入侵的法國人之間的殊死戰爭與其後的發

展（Kluge, 2012: 157-158）。思想家關於政治社會論述的書寫，無可避免有其限制，原因不在於思想家思考之不足，而在於所有政治社會問題皆有其複雜性與獨特性，由此而產生的思考結晶，亦有其框架存在。同理，吾人在理解哈伯瑪斯的學生運動論述時，亦當清楚其論點之脈絡背景，而不是將其論述，視為學生運動的普遍性守則，否則就犯了哈伯瑪斯所批評，當時德國學生將左派革命理論視為典範而忽視德國當時社會發展現實的錯誤。

值得注意的是，哈伯瑪斯在經歷學生運動之後，其理論著述與學生運動當時所面臨的議題之間的關聯性，亦有跡可循。在學生運動時期，哈伯瑪斯面對的是一個在應然性意義上具有道德理想性的法治體系，在實際上無法充分實現其理想的問題。他一方面批判激進的左派學生運動，另一方面亦為康德的法治國的理想，透過理論尋求當代脈絡的實現方式。在《溝通行為理論》（*Theorie des kommunikativen Handelns*）之中，哈伯瑪斯嘗試解決此一問題，亦即何種行動模式在現代社會之中是可行的（Habermas, 1981b）。有別於康德透過以目的論與美學為基礎的判斷力所指出，將理論與實踐的理性加以連結的方式，哈伯瑪斯則指出溝通理性，乃是解決現代社會中此一問題的方法；在《事實性與效力》（*Faktizität und Geltung*）之中，哈伯瑪斯對於法治國之中的程序性原則與道德性原則之間的關聯性，進行深入的探討（Habermas, 1992a）。簡而言之，哈伯瑪斯反對黑格爾的具有歷史主義精神的「風尚」（Sittlichkeit）概念，作為法治國的建立其道德基礎的方式，而是主張透過溝通行為（kommunikatives Handeln），建立現代法治國的道德內涵，並且在政治理論上，採取介於盧梭人民主權的集體主義觀點以及康德個人道德主體之間的理路，實現其現代法治國的道德性原則。就此而言，學生運動與哈伯瑪斯日後的理論發展，具有密不可分的關係。

總結本文，哈伯瑪斯的學生運動論述，奠基在他對當時德國脈絡的理解，以及他對現代國家如何解決正當性與合法性之間差距的看法。德國已是一個現代化的法治國家，擁有一部具道德理想性的基本法（憲法），但同時

也是一個追求個人經濟利益的現代社會，無論在民主政治文化、法律制度與政治決策過程上，仍有許多未能實現基本法所宣示的道德理想之處。此種正當性與合法性之間的差距，就是學生運動與公民不服從得以發揮的空間，同時也是哈伯瑪斯認為學生運動雖然以公民不服從作為手段，但是仍應以憲法為訴求基礎的原因。學生作為知識分子，能夠提出超越資本主義經濟價值的理想，亦能夠提出根據憲法的道德性原則的正當性，來挑戰現有法律制度與決策過程的合法性。學生作為社會運動者，能夠透過群眾與輿論的力量，對現行制度施加壓力，並且讓公共領域具有政治討論的功能，以超越現代國家透過經濟價值與專業官僚所構成的正當性基礎，其目的是讓政治生活回到現代國家之中。

　　試將哈伯瑪斯的主張與相關思想家加以比較，或許藉此更能掌握其思想之梗概：他與康德相同，追求法治國保障個人自由的道德理想，但是哈伯瑪斯更強調了社會運動在法治國之中作為道德力量推動者的重要性；他與盧梭相同，強調透過公共領域的政治討論，建立捍衛自由的普遍意志的重要性，但是盧梭將此一普遍意志視為凌駕制度的統治基礎，哈伯瑪斯則是在既存的現代國家實定法體系之中，將公民意志視為一種讓法律政策能夠遵循現代國家道德理想的社會力量；他與馬克思相同，批評資本主義是造成政治統治正當性問題的原因，馬克思認為國家成為資產階級壓迫的工具，解決方式在於透過革命將生產工具公有化，哈伯瑪斯則認為資本主義的生活方式，造成了公共領域的商業化與去政治化，解決方式在於透過公民不服從，刺激公共領域的政治參與活力；他與梭羅（Henry David Thoreau）一樣，將公民不服從視為要求政治進步的重要手段，但是梭羅是以人（men）的身分，根據自己的良心（consciousness），違反政府的法律，哈伯瑪斯則是以公民的身分，訴諸於憲法與現代國家的道德理想，挑戰法律的規定；他與甘地（Mohandas Karamchand Gandhi）一樣，贊成非暴力的公民不服從，但是甘地的不服從是一種生命與靈魂偉大力量的展現，目的是要讓殖民者（英國）自行垮台，

哈伯瑪斯則是將不服從視為群眾力量的展現，目的是要促進公共討論的活力，捍衛憲政體制的道德正當性；他與羅爾斯（John Rawls）一樣，將公民不服從視為在不破壞憲政體制的前提下，所採取的反抗行動，但是二人的分析方法完全不同。羅爾斯透過去脈絡化的抽象定義與分析，解釋公民不服從在一個國家之中應依循的原則；哈伯瑪斯則是透過歷史與政治經濟的研究，說明公民不服從在現代國家之中之所以出現的結構性因素。[31]

最後要指出，哈伯瑪斯學生運動論述中的目的性與工具性二元價值的潛在衝突。在哈伯瑪斯對學生運動的論述中可以發現，運動進行中所包含的理性討論與政治參與，與民主政治的理想可謂一致，就此而言，運動本身即是民主政治理想的實現；但是學生運動透過公民不服從的違法爭議，引發社會大眾與媒體的關注，讓政府感受到壓力並且開放政治討論，則是一種帶有強烈工具性意義的行動。雖然哈伯瑪斯追求的，是以康德的法治國理想為基礎的現代國家，然而透過公民不服從運動所引發的群眾熱情與壓力，來追求理性的政治參與此一目標，亦即透過與目標相互衝突的手段，來追求目標的實現，即使有其手段上的必要性，但是長遠而言，難道不會傷害理性討論此一目標的價值？這是否就像盧梭在《社會契約論》（*The Social Contract*）的民主政治實踐過程中所指出，共和國之中的偉大「立法者」（lawgiver）的角色，在於他具備高超的政治藝術與改變人性的能力，引導公民的政治參與，帶領公民追求符合公共利益的普遍意志的過程中，所扮演與公民自主參與有所衝突的微妙角色（Rousseau, 1997: II, Ch.7）？抑或是黑格爾在《歷史哲學》（*Vorlesungen über die Philosophie der Geschichte*）之中所指出「理性的狡獪」（List der Vernunft），亦即人類歷史之中理性的實現，往往是很弔詭地透過非理性的、激情的歷史事件所達成（Hegel, 1986d: Einleitung）？這是在本文行文至此，未及完成的議題。

---

31. 關於不同思想家的公民不服從的理論，請參考何懷宏編（2001）。

參考書目

一、中文部分

- 司法院，2012，《德意志聯邦共和國基本法》，司法院，2012 年7 月17 日，取自http://www.judicial. gov.tw/db/db04.asp (Judicial Yuan, 2012, "Basic Law for the Federal Republic of Germany," Judicial Yuan, Retrieved July 17, 2012, from http://www.judicial.gov.tw/db/db04.asp)
- 何懷宏編，2001，《西方公民不服從的傳統》長春市：吉林人民出版社。(He, Huaihong (ed.). 2001. *Tradition of Western Civil Disobedience*. Changchun: Jilin People's Publishing House.)
- 顏厥安，2005，《幕垂鴞翔：法理學與政治思想論文集》。臺北：元照。(Yen, Chueh-an. 2005. *Owl Flies Only at Dusk: Essays on Jurisprudence and Political Thought*. Taipei: Angel.)

二、外文部分

- Habermas, Jürgen.1973. *Erkenntnis und Interesse*. Frankfurt am Main: Suhrkamp Verlag.
- ——. 1974. "Zu Hegels Politischen Schriften." In Habermas, Jürgen (ed.), *Theorie und Praxis*. Frankfurt am Main: Suhrkamp Verlag, pp. 148-171.
- ——. 1981a. *Kleine Politische Schriften I-IV*. Frankfurt am Main: Suhrkamp Verlag.
- ——. 1981b. *Theorie des Kommunikativen Handelns*. Frankfurt am Main: Suhrkamp Verlag.
- ——. 1985. *Die Neue Unübersichtlichkeit: Kleine Politische Schriften V*. Frankfurt am Main: Suhrkamp Verlag.
- ——. 1990. *Strukturwandel der Öffentlichkeit*. Frankfurt am Main: Suhrkamp Verlag.
- ——. 1992a. *Faktizität und Geltung: Beiträge zur Diskurstheorie des Rechts und des demokratischen Rechtsstaats*. Frankfurt am Main: Suhrkamp Verlag.
- ——. 1992b. "Life-Forms, Morality and the Task of the Philosopher." In Dews, Peter(ed.), *Autonomy and Solidarity: Interviews with Jürgen Habermas*. London: Verso, pp. 187-210.
- ——. 2006. "Preisrede von Jürgen Habermas anlässlich der Verleihung des Bruno-Kreisky-Preises für das politische Buch 2005." Retrieved July 15, 2015, from http://www.rennerinstitut.at/fileadmin/user_upload/ downloads/kreisky_preis/habermas2006-03-09.pdf
- Hegel, G. W. F. 1986a. *Enzyklopädie der philosophischen Wissenschaften im Grundrisse 1830*, I-III. Eva Moldenhauer and Karl Markus Michel (eds.). Frankfurt am Main: Suhrkamp Verlag.
- ——. 1986b. *Grundlinien der Philosophie des Rechts oder Naturrecht und Staatswissenschaft im Grundrisse*. Frankfurt am Main: Suhrkamp.
- ——. 1986c. "Über die wissenschaftlichen Behandlungsarten des Naturrechts, seine Stelle in der praktischen Philosophie, und sein Verhältnis zu den positiven Rechtswissenschaften." In Eva Moldenhauer and Karl Markus Michel (eds.), *G. W. F. Hegel: Jenaer Schriften, 1801-1807*. Frankfurt am Main: Suhrkamp, pp. 434-530.
- ——. 1986d. *Vorlesungen über die Philosophie der Geschichte*. Eva Moldenhauer and Karl Markus Michel (eds.). Frankfurt am Main: Suhrkamp.
- Hermann, Kai. 1967. "Die Polizeischlacht von Berlin—Nach der Tragödie: Die Verantwortlichen spielen sich als Unschuldige auf." Retrieved July 15, 2015, from http://www.zeit.de/1967/23/die-polizeischlacht-von-berlin
- Höffe, Otfried. 2004. *Immanuel Kant*. München: C. H. Beck.

- Kant, Immanuel. 1910a. "Grundlegung zur Metaphysik der Sitten." In Königlich Preußischen Akademie der Wissenschaften zu Berlin (ed.), *Kant's gesammelte Schriften (IV)*. Berlin: Georg Reimer, pp. 385-463.
- ——. 1910b. "Über den Gemeinspruch: Das mag in der Theorie richtig sein, taugt aber nicht für die Praxis." In Königlich Preußischen Akademie der Wissenschaften zu Berlin (ed.), *Kant's gesammelte Schriften (VIII)*. Berlin: Georg Reimer, pp. 273-313.
- ——. 1910c. "Die Metaphysik der Sitten." In Königlich Preußischen Akademie der Wissenschaften zu Berlin (ed.), *Kant's gesammelte Schriften (VI)*. Berlin: Georg Reimer, pp. 203-493.
- Kleinert, Hubert. 2008. "Mythos 1968." *Aus Politik und Zeitgeschichte* 14-15/2008. S., pp. 8-15.
- Kluge, Alexander. 2012. *Das fünfte Buch: Neue Lebensläufe. 402 Geschichten*. Frankfurt am Main: Suhrkamp Verlag.
- Ottmann, Henning. 1982. "Hegelsche Logik und Rechtsphilosophie. Unzulängliche Bemerkungen zu einem ungelösten Problem." In Henrich, D. und Horstmann, R. P. (eds.), *Hegels Philosophie des Rechts: Die Theorie der Rechtsformen und ihre Logik*. Stuttgart: Klett-Cotta Verlag, pp. 382-392.
- ——. 2001. *Geschichte des politischen Denkens 1/1*. Stuttgart: Verlag J. B. Metzler.
- ——. 2012. *Geschichte des politischen Denkens 4/2: Das 20. Jahrhundert*. Stuttgart: Verlag J. B. Metzler.
- Peters, Bernhard. 2007. *Der Sinn von Öffentlichkeit*. Frankfurt am Main: Suhrkamp Verlag.
- Reese-Schäfer, Walter. 1994. *Jürgen Habermas*. Frankfurt am Main: Campus Verlag.
- Ritter, Joachim. 2003. *Metaphysik und Politik*. Frankfurt am Main: Suhrkamp Verlag.
- Rorty, Richard. 1984. *Der Spiegel der Natur: Eine Kritik der Philosophie*. Frankfurt am Main: Suhrkamp Verlag.
- Rousseau, Jean-Jacques.1997. *The Social Contract and Other Later Political Writings*. Cambridge: Cambridge University Press.
- Schneider/Toyka-Seid. 2013. "Studentenbewegung." Retrieved January 31, 2016, from http://www.bpb.de/nachschlagen/lexika/das-junge-politik-lexikon/161667/studentenbewegung.
- Schönbohm, Wulf. 2008. "Die 68er: Verirrungen und Veränderungen." *Aus Politik und Zeitgeschichte* 14-15/2008 S., pp. 16-21.

——本文原刊載於《人文及社會科學集刊》28：4（2016.12），頁503-539。中央研究院人文社會科學研究中心《人文及社會科學集刊》編輯委員會授權使用。

一、德國學生運動與哈伯瑪斯

① 德國學生運動的開端：1960 年代反對西方進行越南戰爭。

② 1967 年因學生在抗議中被警察射殺，愈演愈烈，議題也擴及了政治權威的解放、改變西方資本主義社會、質疑現代國家的正當性。

③ 哈伯瑪斯一方面認為當時德國缺乏民主政治需要的公共領域，支持學生公民不服從的行為；另一方面則反對學生運動欲推翻現有政治體制的訴求，會讓整場運動失去焦點。

二、知識分子與現代政治

① 哈伯瑪斯認為現代國家之下，公共領域中的知識分子有責任透過論述，影響大眾的政治看法。這點也建立在有一群良好素養的群眾，與有效運作的法治國家體制的前提之上。

② 承繼黑格爾的觀點，哈伯瑪斯提出哲學家的使命並非提出國家未來的藍圖，而是從現實的脈絡來理解與討論現狀、權利和道德觀。

③ 哈伯瑪斯也援引康德對於理性的看法，應該藉由主觀和客觀辯證而產生的理性，為現代社會的公共事務找到一條出路。

④ 哈伯瑪斯重視的是在現代國家公共領域中的溝通與討論，而其中知識分子扮演重要角色。

三、校園抗爭與知識分子運動

① 哈伯瑪斯認為現代社會中的大學生是可能成為推動社會改革和民主化的知識分子，但是假如大學只淪為職業訓練機構，或大學與家庭和社會之間不存在價值、規範的對立，大學生在政治上就毫無影響。

② 哈伯瑪斯觀察當時的學生運動，指出當時的三個議題：言論自由、知識工廠、學生權利的議題，學生因為自身權利受損，而與擁有政治權利者對話、抗爭，在公共領域發表意見，並對輿論造成了影響，進而達到他對知識分子角色的定義。

四、學生運動的論述與哈伯瑪斯的批評

① 哈伯瑪斯認同當時學生運動採取的公民不服從手段，但批評學生為自己行為辯護的論點，反對學生否定現代國家正當性。

② 反帝國主義理論：

將學生運動視為與當時南美洲、亞洲反資本主義運動、美國黑人民權運動、中國文化大革命，屬於反資本主義、反帝國主義運動的一環，是忽略了不同國家的社會脈略，無視彼此之間的差異。

③ 新無政府主義：

透過新無政府主義傳達對社會差異的不滿，試圖推翻現有社會、經濟結構，忽略了當時的社會體系，以及現代社會自我改善的可能。

④ 文化革命：

學生將現代社會的文化、藝術、學術，認為都是資本主義的產物，都必須徹底否定和推翻，是不了解文化、藝術和學術的本質，只是傳播一種非理性主義。

五、現代國家的正當性與公共領域的政治化

① 透過對於霍布斯與康德的政治思想，哈伯瑪斯指出兩個組成現代國家的關鍵問題，一是國家統治正當性的基礎，二是國家如何有效統治。

② 哈伯瑪斯透過 19 世紀德國思想家 Julius Fröbel 的論點，在建立正當性的過程中，除了其訴求的實質內容外，民主政治的參與討論更是重要的環節，藉著公共討論將理性、意志及所有人的意見統合在一起。而這種公共領域的討論，正是正當性的基礎。

③ 哈伯瑪斯認為學生運動有助於喚醒當時社會對公共領域的重視，讓大眾重新參與對於政治和社會的討論，而非流於對於個人利益的追求，放任政治人物的權力鬥爭，進一步推動「公共領域的政治化」。

六、公民不服從與違法行為

① 哈伯瑪斯認為公民不服從確實是一種違法行為，但是為了引起輿論、媒體的關注，獲得與國家對話的機會。

② 國家的合法性與正當性之間並非一致，合法性中有可能出現不正當的行為，而公民不服從就是根據正當性來向體制抗議的行動。

③ 儘管哈伯瑪斯覺得不能將公民不服從看作一般的犯罪行為，但也要尊重法律體系，不應該有別於一般罪犯的處理方式，這樣才是成熟的民主政治。

湯志傑，〈重新認識現代性的必要：
來自概念史與知識社會學的初步反
省〉

韓承樺

　　翻閱 19 至 20 世紀之交於東亞地區出版的各種英華雙語字典，裡頭關於
modern 一系列詞彙的中文詞條，透露了我們現在為什麼是以這種方式、脈絡
來理解和想像「現代」。當時，這批由西方傳教士編纂的雙語字典，收錄了
modern、modernize、modernization 三個詞彙。Modernization 和 modernize 以
中文「改新」、「更新」、「維新」為對譯詞彙；modern 則多半和 ancient 對比，
翻譯為「古今」、「近今」、「新近」、「時新」之意。這些被當時西方人
選用的中文詞彙，均表達了「我們正在想辦法，甚至得通過革除或改正舊事
物來靠近某個時間點」，這不僅意味著「古」或「舊」是不好、必須揚棄的，
也凸顯出「今」和「新」是良好、理想的狀態。更重要的是，使用這些字詞
的我們，也就在這般語言脈絡中認識到，自己正是生活在未能靠近「今」和
「新」的時間點上，必須不斷向前邁進。[1]

　　這筆資料揭示了三個面向的特色，框限了我們對 modern 概念的認識。
第一，「現代」概念的內涵和動詞式使用，多是和時間性質有關。第二，這
個意指時間的詞彙群，是描述了古舊、當下、新近三種時間區段，而三者之
間均存有絕對性差距。第三，人們必須通過一定程度的努力，甚至是不得逆

---

1. 此處提及的英華字典，是察索自中央研究院近代史研究所建置的「英華字典」資料庫。使用者
僅需線上申請帳號密碼後，即可登錄使用。資料庫位址：http://mhdb.mh.sinica.edu.tw/dictionary/
index.php。

轉、倒復的手法，才可能跨越鴻溝，由古來到今。就史料所提示的，我們現在使用「現代」一詞時，實則隱含著對尚未來臨、實現的「未來」之祈嚮，也透露了人們是如此堅定地揚棄過去的意念。由此可見，這些出自西方知識人的雙語字典，於 19 到 20 世紀就設下的中文解釋，雖不堪完備卻仍留存至今，限制了我們對 modern／「現代」概念的理解。

在課綱條目「現代性與現代文化」下，選擇湯志傑這篇環繞著「現代性」概念做歷史梳理和反省的論文，是希望提供教學者在講述「現代世界」此環節之際，能一方面介紹現代所意指的特性和對應現象，另方面則嘗試在有限時間內，引導同學認識這概念所帶來的謬誤和限制。畢竟，這個概念和其指涉的現象，均是源出於西方世界，更於後期專限於「美國文化」。它為何及如何也成為了東方世界／亞洲各國必須遵循，甚至是自覺或不自覺追趕的生活形式？再者，這種以「現代」作為建構及衡量世界的單一標準，究竟會對非西方國家造成何種影響？也是我們選用這篇文章希望達到的目的。

「現代性」與人類社會現代化過程密不可分，是對此歷史進程中的經驗和現象做本質性描述和定義。舉凡工業發展、市場經濟、都市化、民族國家、民主政治、世俗化、科學態度和理性精神……等現代化的各項指標，就是現代性概念所涵括的特徵。湯志傑這篇文章有三條線索值得我們注意。第一，「現代性」概念變質與轉化的歷史過程。以歷史社會學的角度，作者引導我們看到「現代性」如何從原本描述時間分期的中性詞彙，於 18 世紀交織在啟蒙和工業影響下，轉為具有「線性往前」，超越過往任何時代的價值意涵。第二，「現代性」概念詮釋權在歐洲世界和美國之間的代際轉換。這發生在二次大戰結束及隨後的冷戰體系，美國以自由民主、資本主義的政治經濟體制，以對抗共產勢力為由，向全世界輸出美國生活和文化體系。更由此強勢界定了人們的現代性想像。第三，「現代性」的歐洲／西方中心主義，以及東方世界對此概念的話語權及實踐經驗。這意在破除「現代性」專設為西方歷史經驗的限制，進而在亞洲國家近代崛起之際，思考我們的經驗是否能成

為開創多元現代性的素材。

　　或許，在教學現場最值得引導同學探討的，會是本文提供的第三條線索。這當然不是要我們徹底拋棄「現代」、「現代化」或「現代性」這詞彙及其指涉的意涵和理想。而是希冀引起同學對現代世界和未來可能走向有更多可能的想像。誠如拉圖（Bruno Latour）的「我們從未現代過」一語，對中文世界的讀者而言，最有趣又富挑戰性的讀解脈絡，就是思考拉圖言之「我們」究竟是指誰？是「誰」從未現代過？[2] 更甚者，「我們」究竟該如何行動，才能被稱為所謂的「現代人」？這個問題，希望能引起教學現場的更多討論。

◆ 108 課綱相關條目對照說明

　　湯教授的文章對應「現代性與現代文化」（條目 Nb-V-1）。反思現代性的意涵，以及我們應該如何看待當代社會？

延伸閱讀

1. 湯志傑等著，《交互比較視野下的現代性：從台灣出發的反省》（臺北：國立臺灣大學出版中心，2019）。
   本書對應「現代性與現代文化」（條目 Nb-V-1）。
2. 李思逸，《鐵路現代性：晚清至民國的時空體驗與文化想像》（臺北：時報文化，2020）。
   本書對應「現代性與現代文化」（條目 Nb-V-1）。

---

2. 請見雷祥麟為該書所寫的中文版序言。雷祥麟，〈《我們從未現代過》的三個意義〉，收錄布魯諾・拉圖著、林文源等譯、王文基等校訂，《我們從未現代過》（臺北：麥田出版，2012），頁 12-15。

重新認識現代性的必要：
來自概念史與知識社會學的
初步反省[*]

湯志傑[**]

一、重新認識的必要：
認識論與倫理學的雙重要求

常自詡為現代之子，以探討、釐清及診斷現代社會為職志的社會學，還需要認識，特別是重新認識現代性嗎？對這的探討不正是社會學的看家本領與整個研究傳統的精髓所在？我在此夸言需重新認識，豈非要顛覆，甚或拋棄西方 19 世紀以來建立的傳統？身為「後學」的臺灣社會學家，憑什麼做此大膽宣稱？

我的憑藉無非是我們立足於臺灣這個事實。按「立足點理論」（Harding ed., 2004；另見 Bourdieu, 2004: Ch. 3），臺灣既然是我們賴以生活，並由以觀察、認識世界的出發點，那麼從臺灣的立場重新認識現代性，就不只是個

---

* 本文初稿曾發表於中研院社會所主辦之「重探東亞與西方的現代性：理論系譜與歷史比較」（2017 年 3 月 24、25 日），感謝朱元鴻及其他與會者的評論和建議，以及科技部（MOST 103-2410-H-001-083-MY2）與中研院（AS-105-TP-CO1）對本研究的資助。欲更完整了解此議題所涉及的文獻，請參見未刪節的初稿。

**中央研究院社會學研究所研究員。研究領域為系統理論、歷史社會學、社會學理論。

帶有倫理意涵的要求，同時也是認識論上的迫切需要。[1] 一旦我們敢於拋棄習以為常，以致渾然不覺的歐洲中心視角，將現代性問題化，梳理它在漫長歷史演變中牽涉到的諸多偶連性與複雜性，將清楚認知到，當前的主流現代性理解實是套霸權論述，不但形塑出許多關於歐洲的迷思，亦常令我們誤認東亞的歷史，乃至樂於此而不自知。例如，我們常以 19 世紀的西歐國家為民族國家的範例，卻忽略它們同時是殖民或帝國主義國家，而印度的「種姓制度」則是被殖民者把西方的發明當成自己的真實的著例。視中國為長期停滯的帝國，或認定清代臺灣係與世界失去貿易連繫的落後孤島，則是與我們自身歷史有關的顯例。

作為非西方的邊陲，臺灣更可提供西方與中心所無或較難獲得的觀察利基。人類學早以其學科歷史揭示我們，繞道異己雖看似迂迴，在自我反省與批判上實更有效。透過與他者的比較，我們更易察覺自己習而不察的盲點。面對現代性的問題時，這尤其重要。因為我族中心雖是人類恆有的傾向，現代性卻創造出貌似普遍，從而更為牢固的「我族中心的囚牢」（Taylor, 1995）。經過語言學轉向洗禮的 Peter Wagner（2008）雖清楚認識到，沒有發明現代性概念的話，便無現代性可言，強調需區辨作為「經驗」與作為「詮釋」之現代性的不同，但他畢竟仍處於西方發動的現代性論述洪流中，不易與其拉開距離，更無法把自己提到西方之外來觀察，故無法充分且全面地認識到內建於現代性的歐洲中心論盲點。處於臺灣的觀察位置，擁有與西方不同的思想資源、歷史理解與現實感受，我們毋寧更有條件看出既有現代性論述的盲點，重新思考現代性的意義，以及我們與它的關係。

撤除早於 1990 年代初便引進後殖民的觀點，之後也非常流行使用「現

---

1. Harding 雖較強調立足經驗的不同而來的差異，及藉由經營與鬥爭捍衛自己立足點的必要，Bourdieu 則偏重反身性的問題，但兩者皆要求正視、反省自己的立足點何在，且皆會導出，回歸自身的立足點認識世界係正當且迫切的認識論與倫理學的要求。本文援引立足點理論的用意也在此，而非表示採取後殖民的立場。

代性」一詞的文學研究不論，史學、文化研究以及科技與社會研究，在邁入 21 世紀後，也紛紛展開對殖民現代性、另類現代性的研究，或是從後殖民、另類現代性、重層現代性、多元現代性等觀點進行反思（如見李尚仁、張隆志、傅大為、陳光興、林崇熙等人的相關研究）。這些研究雖未必直接以現代性為主題，但藉由實際的研究與論述開展，都對反省並建構臺灣自身理解現代性的立足點做出貢獻。

比較可惜而令人感到遺憾的是，社會學界雖先後有朱元鴻及張君玫譯介後現代與後殖民理論及從事相關研究，但整個社會學界對現代性的探討不但少而晚，且幾乎不受後殖民觀點影響。我在檢索相關資料後發現，一如國際學界，臺灣的社會學者在 1990 年代以前很少用現代性一詞。就是到今天，收錄在資料庫裡，以現代性為關鍵詞的社會學文獻，依然寥寥可數。[2] 這反映出臺灣社會學者對現代性議題不感興趣，連帶質疑及反省此概念的機會也相對少，極可能依成長及學習過程中習得的既有主流論述來認識它。或也因此，儘管我間或發現有學者表露出源自臺灣立場的不同觀點，但多數人似仍習於追隨源起於西方的主流現代性論述，相信歐洲邁入現代性的發展不但創造出古今的斷裂，也令歐洲有別於世界其他地區，而很少覺察其中隱涵的歐洲中心論。

例如，黃瑞祺（1996）發表於因後現代的挑戰而在西方掀起現代性研究浪潮後的論文，是臺灣社會學界最早正式探究現代性議題的代表，也框限了後人的理解。他不但直言現代性等同於「近代西方文明的特性」，以「理性」為核心，還逐步依城市復興（11-13 世紀）、文藝復興運動（14-15 世紀）、海外探險及殖民主義（15-19 世紀）、資本主義（14-20 世紀）、宗教改革（16 世紀）、民族國家（15-17 世紀）、民主革命（17 世紀）、科學革命（17 世紀）、啟蒙運動（18 世紀）、工業革命（18-19 世紀）考察其歷史軌跡。他

---

2. 因篇幅與時間所限，須他日另文才能探討現代性概念在臺灣社會學界的繼受史。

進而在認定現代性具有積累、擴張特質（表現在資本主義、殖民主義和帝國主義）的基礎上，以「現代性的漩渦」的講法反駁競賽的觀點，主張源起於西歐、北美的「西方現代性」先是波及非洲、美洲，繼而波及印度、東南亞、中國、日本，終於席捲全世界，以致現代化其實就是西化，並隨著全球化的發展，步入「全球現代性」的階段，連第三世界都現代化了，令全球成為一個「現代世界」。

黃文雖標舉歷史社會學的進路，卻不曾「歷史地思考」，將偶連性與未被選擇的可能性納入視野，反而在再現時，只凸顯一條鮮明的線性發展軌跡，既不斷向前回溯現代性的根源，又有淪為目的論的疑慮。在渾然不覺數百年的貫時發展與共時性的全貌概念不盡協調，並片面強調「理性」的情況下，黃文不但有事後證成與時代錯誤的問題，更反於意圖地變成歐洲中心論與西方霸權的積極擁護者。黃文雖指出現代化論與美國霸權的關連，卻不曾反身地思考，他的論述會帶來歐洲獨力發展出現代性的印象，及造成讀者認同歐洲自始優越的效果。他視全球化為晚出及現代性的後果，應是師承其老師 Anthony Giddens 的說法，但把現代性上溯到 11 世紀，無疑是其自加的觀點。或有人認為這是無關緊要的歷史錯誤，但實際上往往正是這些似是而非的歷史認識鞏固了歐洲中心論，形塑出西方不可挑戰與超越的意象與我們自己被俘虜的心靈，以致沒勇氣不向西方學習，不敢在認識論上踏出解殖的轉向。

第二個例子是李丁讚、吳介民（2005）對地方公廟的研究。該文探討現代性、宗教與巫術的關係，對現代性的界定是「『現代』社會的基本特質」，但在強調隱涵時間斷裂的「大轉折」的同時，又說現代性是個「深刻、漫長而全面的轉化過程……從文藝復興開始」，經歷了「宗教改革、啟蒙運動、工業革命、法國大革命」等歷史進程。該文羅列的歷史事件與黃瑞祺大同小異，而未意識到漫長轉化過程的說法不但與從傳統到現代的斷裂意象矛盾，還會證成歐洲長期優越的神話，顯見這是多數人的「常識」或「共識」。他

們認為，啟蒙運動以來對現代性的樂觀期待要到 Baudelaire 才有所轉變，現代性變成是「對『當下』的一種反叛和轉化……真正的『現代人』，絕不會接受當下所面臨的處境」，而是會「把自己當成一個對象或客體」進行操作和控制，以「成為另一個人」。然而，根據實際歷史發展來說，Baudelaire 其實是現代性概念的締造者，而非改變其意涵的竄改者（詳後）。

李、吳兩人從現代化與民間信仰的弔詭談起，但未完全拒斥現代化理論世俗化的除魅過程造成宗教衰退的說法，[3] 僅將其降格為片面的真理。藉由引進治理性的概念與宗教市場的研究取徑，兩人雖成功解釋了宗教與現代性看似背反的現象，卻未正面挑戰世俗化的命題是否適用於臺灣，以及可否、應否把西方經驗當量尺的問題，以致在對現代性與宗教的理解上，似隱隱仍奉西方的理論與經驗為典範。他們認定「巫術社群」為「現代社群的原型」，有開展出不同於西方現代性論述的潛能，可惜未發展。

黃金麟、汪宏倫與黃崇憲編的《帝國邊緣：台灣現代性的考察》（黃金麟等編，2010）是最後的例子。這是臺灣第一本討論臺灣現代性發展的社會學專書，全書對現代性卻無統一的理解架構。該書雖企圖糾正非西方只有「遲到的現代性」的偏見，卻僅有少數文章討論或引入後殖民、後現代與多元現代性等不同看法，以致多數人對現代性的理解雖或類似美國主流社會學界的立場，但與國際社會學界的最新反省卻有落差。因此，儘管該書大幅推進了本地學界對現代性的理解，卻依然未能跳脫誤認歐洲及臺灣歷史的陷阱，誤以為歐洲 16 世紀時政治與經濟的現代性便趨於成熟，並顯現出相對於其他地區的優越性，而 17 世紀清帝國治下的臺灣卻仍處於停滯的封建體制。

有鑑於現實情況如此，本文雖受後殖民觀點啟發，但未嚴格追隨後殖民的進路，也不把重點放在已有較多人從事的，對殖民性與權力關係的析辨與

---

3. 相對於 1970 年代末以來，多數社會學者明白否定現代化理論，到 1990 年代現代性議題興起後，多數人對現代化理論的態度毋寧變得曖昧，黃瑞祺的文章亦有類似現象。

批判，或是分析在地認同及主體性如何形塑與建構，而是選擇聚焦於較少被
注意的，對西方的實際歷史進程進行探究與檢討，亦即以現代性的概念與論
述的發展為例，以真實的西方本身為分析對象，檢討其與我們今日熟知的西
方意象（某意義上即主流的現代性理解）間的落差，從而隱涵了從本土立場
對西方意象的殖民與霸權性格的檢討和批判，但並非直接以此為主軸。需先
說明的是，受限於學養，我尚無力對現代性從事完整的系譜爬梳，遑論顛覆
整套現代性論述，但願借鑑系譜學研究的批判精神，將現代性問題化，一方
面藉以了解現在何以如此，探尋未來轉變的可能，另方面藉以反思臺灣與世
界的關係，進而探尋臺灣認識現代世界的適切觀點何在。

　　以下，本文將透過對現代、現代性的概念史研究，討論現代的多重意涵，
指證晚出的現代性概念充斥著歐洲中心與現在中心的成見。然後，本文將藉
由對現代化、現代性研究的知識社會學考察，探究當前主流現代性理解形成
的軌跡。本文嘗試把前兩項研究擺回到東、西方與歐、美霸權消長的實際歷
史脈絡中考察，連帶探討西方概念主要指涉與涵括對象的變化，以具體論證
現代性的確是套歐洲中心的霸權論述。秉此認知，本文最後呼籲，我們應積
極尋找在地立場的認識論位置，以之打造符合臺灣主體性的世界觀與歷史觀。

二、概念史的釐清：
多義的現代與晚出的現代性

　　重新認識現代性可有多種途徑，我選擇從概念史與知識社會學的角度入
手，係基於人對現實的認識絕大多數係經由語言媒介。考察現代性的概念與
論述形成，因此大有必要。Foucault、Skinner 及 Koselleck 的研究不約而同揭
露了，支配當前政治與智識生活的概念與論述，大約皆形成於 18 世紀晚期到
19 世紀初期。現代性概念無疑正是其中的佼佼者，引領我們的觀察與思考至
今。何況，這是最基本的釐清功夫，先弄清楚概念本身的來龍去脈，理解它

在何時空環境下為何及如何為人使用等基礎事實後，才足以談其他。Wagner 本身研究現代性歷程的轉變，適是證明由此角度探討有其必要的佳例。

在最早 1994 年的 *A Sociology of Modernity: Liberty and Disciple* 一書中，Wagner 已留意敘述現代性的不同模式，強調現代性令人愛恨交織的兩面性。但他基本上仍依過去傳統，以「自由與規訓」這兩項——不無可能是期望所導致或事後投射出來的——實質內容來界定現代性，且是站在自由現代性受到限制此一當下危機的時點，往前回溯現代性的發展。到 2001 年出版的 *Theorizing Modernity: Inescapability and Attainability in Social Theory* 時，Wagner 便露出過渡的徵兆。在延續把重點擺在實際的經驗，探討知識的確定性、政體的生存能力、自我的延續、過去的可及性與未來的透明度等議題的同時，他用後記凸顯了歷史性與多元性的重要，並帶入 problématique 的概念。接著，Wagner（2008）賦予「詮釋」與經驗同等的重要性，用 *Modernity as Experience and Interpretation: A New Sociology of Modernity* 宣告一套新的、超越制度分析的現代性社會學，並分別依現代性所環繞之政治的、經濟的及認知的 problématique 進行剖析與探討。到 2012 年最新的 *Modernity: Understanding the Present*，Wagner 在「理解現在」的企圖下，開始把目光望向西方之外，提出「邁向現代性的世界社會學」的構想，以回應後殖民、多元現代性與相互連結的歷史等蓬勃發展的知識潮流。

儘管 Wagner 的研究表現出高度的自省，並不斷隨時代變動（既包括知識上與學術上的，也涉及政治、經濟及文化的改變）做調適，但若與本文以下的討論對照，我們可輕易看出 Wagner 對歐洲中心論的反省仍有不足的盲點。

（一）現代作為現代性概念的史前史

依 Jauß（1971）與 Gumbrecht（2004/1978）的概念史研究，拉丁文的「現代」（modernus）一詞 5 世紀即出現。人們創造這個新詞，以區別剛掙得承

認的基督教與所謂「異教徒的」羅馬社會。因此，自誕生伊始，現代一詞雖未逕自強調當代的就是好的，但刻意的今昔對照不免隱含有與過去斷裂的企圖與欲望。不難想像，歷史上會一再出現類似這樣希望與過去保持距離，透過對現在的反省與批判，尋覓未來方向的事。6 世紀初，羅馬政治家卡西奧多羅斯（Cassiodorus）甚至就已經以時代區隔的意涵使用現代一詞。然而，如他自稱為「勤勉的古代模仿者」所顯示的，古今對照雖會一再出現，但不一定會發展為古今之爭，更不必然往新的就是好的方向發展。在 11 世紀教會與君王關於「敘任權」的爭奪中，便不乏認為現代是個有待克服的時代的看法。從負面眼光看待現在的主張在中世紀雖係少數，但就是推崇現在的文藝復興，也從未因崇今而薄古，反而是讚揚古代智慧的流傳係現代得以發展的前提，以致有人稱「現代」不過是站在古代巨人肩上的「侏儒」罷了。

不過，隨著時間的演進，文藝復興運動慢慢走出「模仿」的原則，開始強調「競爭、匹敵」（emulation）。到 15 世紀末，認為從古代的繁榮，經基督教時代的衰退，再到文藝復興的三階段論，變成時人不言自明的歷史圖像，並成為日後視中世紀為黑暗時代的起源。大約在這時，隨著各民族語言的形成，現代一詞陸續出現在義大利文、法文（14 世紀）、西班牙文（15 世紀）、葡萄牙文、英文（16 世紀）、荷蘭文、瑞典文（17 世紀）、德文（18 世紀）等語言裡（Hunt, 2007: 48-49）。

儘管如此，一直要到 17 世紀的啟蒙運動，由 1687 年法蘭西學院關於「古今之爭」的會議揭開序幕，才徹底拋棄以古代為榜樣。但現代較古代猶勝的優越感實非一場文化戰爭所能一夕底定，而不免是個漸進的過程。這具體反映在 17 世紀前半葉以現代為題的英文書為數仍少，要到下半葉才告激增。重要的是，這種優越感讓人們告別了仍支配著文藝復興的循環的歷史圖像，走向歷史不斷進步的模型，並逐漸發展出階段論的看法。同時，這不只逆轉了古今評價上的位階，也顛覆了專家與大眾評價上的位階，開始正面看待平民百姓的參與（Hunt, 2007: 49-50）。

（二）從年代的順序到質的迴異

Koselleck（2002）的研究指出，「現代」到 18 世紀才開始起如今的歷史分期作用，但最初也只是個中性的分期，沒任何實質內容，主要作用在承襲、沿續文藝復興的概念，把先前的時代建構為黑暗的中世紀。是在啟蒙運動的進展與浪漫主義的回應共同作用下，現代的概念才不再僅限於編年的、線性往前的意涵，而日益凸顯出質上超越以往任何時代的強烈價值意涵。工業革命及法國大革命促成人們普遍感覺到「加速」的歷史經驗，令現代的概念更普及，以致時間也獲得了歷史的性質，而不再被視為容器，僅是歷史在其中發生的媒介，亦即歷史不再僅是發生於時間中，更是透過時間而發生。Osborne（1992）也說，現代不只是年代順序的範疇，更指涉一個質上截然不同的範疇。

既然現代涉及今昔質上的差異，不同領域的斷代點便可能有所出入，以致對現代究竟指涉什麼，該依何種判準界定，有形形色色的理解。不同領域的學者偏好按其專業觀點提出自己的現代判準，而未必依古代、中世紀、現代的通俗三分架構，以文藝復興或君士坦丁堡「陷落」（1453）為現代的開始。例如，不少文化史家與宗教學者認為 16 世紀馬丁·路德引發的宗教改革才是邁入現代的分水嶺，因為去除教會中介的關鍵後果與其說是凸顯上帝，不如說是確立個人。但多數哲學家卻喜歡採取理性與主體的視角，以 17 世紀的啟蒙運動為現代的始點，一些史學家則傾向認定 18 世紀不斷進步的觀念才彰顯了現代的時間意識。大多數社會學家則習慣以社會結構的轉變為判準，主張所謂的雙重革命，即工業革命與法國大革命才是轉捩的關鍵，把現代的開端推遲到接近 19 世紀。

（三）斷裂抑或連續漸進

路德在教堂大門釘上 95 條論綱此一後世敘述中引發宗教改革的革命性

作為，實際上是當時的慣行（Morris, 2010: 447-448）。這不但提醒我們留意因著社會自我指涉的運作而來的循環的因果性的問題，需從二階觀察的角度分析，為何特定時代、特定領域的人們會如此觀察外，也明白指出，現代性到底涉及斷裂還是連續，取決於觀察的角度。

以「工業革命」為例，在「爆發」伊始，恐怕極少，甚至不太可能有人會用「革命」的字眼來描述它。因為直到 16 世紀為止，revolution 指的主要是往復遞迴的物理運動，特別是天體的循環運動。自 16 世紀起，才慢慢發展出具政治意涵的字彙 revolt（反叛、造反）。雖然 15 世紀起，revolution 已兼有改變、交替之意，但它與 revolt 匯流，被農民、叛變者用來正當化自己的反抗行動，演變出具政治意涵的革命之意，特別是指短時間內的劇烈變化，無論如何是 17 世紀的事，而且直到 1688 年光榮革命時，仍與舊有的意思重疊。1789 年的法國革命才真正確立了它的現代意涵，但這相當程度是靠托克維爾 1856 年出版的《舊體制與大革命》的事後證成。恐怕要到 19 世紀，藉由與演化的對比，革命一詞才跨出政治領域，變成廣泛用來指涉任何領域帶有進步意涵的急劇變化（Conze, 2004; Williams, 1983/1976）。雖然 19 世紀初有不少法國作者在類比大革命的意義下談及產業中的「革命」，特別是機械造成的改變，但 Williams 關於英文關鍵詞的研究明確指出，把工業革命視為新社會秩序的建立而不僅只是指技術革新的話，不會早於 1830 年代（Williams, 1983/1976: 138）。

Shapin（1996）也挑釁地說，沒有「科學革命」這回事，所謂「新」的觀點與方法仍建立在之前的基礎上。是無數人的努力積累，在科學、宗教與國家等不同力量的複雜角力及互動下，逐步推動科學事業向前發展。後人會誤認有無中生有般瞬間突破的革命性劇變，是因為那些後來被封作革命先鋒的祖先們運用了這一類的修辭來形容自己的成就，就像我們在現代及現代性的概念史裡常看到的一樣。

（四）投射期望之待完成的方案

　　就是 18 世紀末彷彿一夕間改變整個世界的法國大革命，實際上也沒提供太多新東西，而不過是令其「加速」而已。法國大革命與其說是新期望與新的時間性想像到來的結果，不如說是徵候。現代社會的誕生與現代性概念的形成，有賴諸多相伴而來的語意與論述的促成與鞏固。就是「社會」概念本身，也是現代的發明。而諸如革命、民主、進步、歷史、危機、聯邦、解放、國家、市民社會、自由等一大批 18 世紀中葉才形成，或重新被賦予新義的舊詞，常當單數集合名詞用的「現代的」概念，特色之一在包含期望的面向、指向未來。換句話說，這些歷史語意並非單純是反映時代變化的如實紀錄，而更常是催化或加速時代變化的象徵鬥爭工具。它們所指涉、企求的對象，往往還未真正誕生或鞏固，而需靠這些語意協助其實現。就像法國大革命變成正面評價的象徵，相當程度是托克維爾事後今昔對照之功，把它理解為一個不可逆，同時卻又不會終結的根本改變的過程。也因此，包括「現代」在內的現代概念，在時間化之外，常兼有政治化、意識形態化及向大眾普及的民主化等特徵（Koselleck, 2011）。

　　所以，現代性的確是 Habermas 所謂「待完成的方案」（unfinished project），但並非遭逢後現代論述挑戰後才曝露出其未完成的一面，而是自始便是個投射到未來的規劃，不但有想像的成分，也會與現實衝突，是個充滿高度張力的場域（Arnason, 1991）。雖然我們未必要像 Latour 般主張「我們從未現代過」，但必須認知到現代的進程不像流行歷史敘事說的，早在 16 世紀便展開。同時，我們更要對現代性概念保持認識論上的警惕，莫忘它就如其他現代概念一般，最早皆是象徵鬥爭的工具，係立基於特定的意識形態立場。

（五）確定性的喪失與晚出的現代性概念

「現代」除前述當前的、新的及作為時代區分的意涵外，還有第三個意思，即短暫的、轉瞬即逝的。這樣的意涵之前隱而未顯，要到 19 世紀才日益為人所用及所知，最後才衍生出「現代性」一詞（Gumbrecht, 2004/1978）。換句話說，雖然現代的概念有漫長的歷史，但嚴格意義下的現代性概念，問世不過一世紀左右。Baudelaire 曾對現代性下了個可說最早也最著名的界說，指的正是過渡、短暫、偶然。轉換成 Wallerstein（1996）的社會科學語言來說，即是將變化制度化、常態化。Baudelaire 會用現代性的概念，是試圖調和瞬間與永恆的弔詭，希望證成在對當前生活的藝術模寫之瞬間的美中，一樣能找到與古典作品媲美的永恆價值。也因此，關於現代性的討論最初集中於藝文界，古典社會學其實不太談。

社會生活全方位的加速，不但造成轉瞬即逝，更帶來確定性的喪失，而這一直是現代性的重要內涵之一。改變的常態化、正常化，更先後激發了保守主義、自由主義與社會主義等不同意識形態的政治方略，從而導致各式各樣的紛爭與衝突。我們不妨這麼看，17 世紀啟蒙運動所標榜的樂觀進步理念，毋寧要到 18 世紀才慢慢在社會層面實現，到了 19 世紀，隨著前所未有的各種社會問題的產生，逐漸陷入遏止不住，無法煞車的窘境，也因此到世紀末可謂充滿危機意識，在攀上繁華自信高峰的同時，也陷入深刻的自我懷疑與自我反省，以致悲觀主義與享樂主義攜手而行。

社會學的誕生，本身便是對此危機的回應，企圖釐清正在發生的時代鉅變，並因此產生了社群／社會、身分／契約、機械連帶／有機連帶、封建／資本主義等著名二分。然而，這卻是種「非歷史的歷史主義」。古典社會學雖試圖從歷史的視角來理解、掌握現在，但實際上並未採取「歷史地思考」的態度，真正貼近偶連、多變的歷史現實，而常把自己的觀點投射到過去。值得注意的是，歐洲雖因社會變遷過快以致憂心忡忡，並在危機意識驅策下

對自己進行深刻的反省與審視，但當面對非西方社會時，卻不免充滿優越感，而這往往正是以所謂的現代性來證成。韋伯在憂慮「鐵的籠牢」的同時，不免流露出「身為歐洲文明之子」的自傲，馬克思在指出「剝削」與「異化」的同時，也發明了「亞細亞生產模式」的概念，便是顯見的著例。有社會學之父稱號的孔德，更是令「西方」變成重要政治、社會概念的關鍵推手。

（六）始終看不到的歐洲中心與現代中心盲點

前面的事例清楚顯示，不論是現代社會發展本身，還是人們對它的觀察，往往是雙義而矛盾的（ambivalence）。有學者因此主張，現代性不是個概念，而不過是各種各樣的敘事類型。其實，尼采早指出「概念」是無法定義的，因為它牽涉到整個複雜的歷史過程。但儘管概念始終保持多義，卻不妨礙它可以是清楚的。現代與現代性概念本身便見證了這一點，儘管人們對它們的看法極分歧，還是能找到多數人接受的核心意涵。從後設的角度來看，這些不同的看法更共享相同的盲點，不自覺地支持西方中心的史觀，強調西方文明或社會在觀念或制度上優於其他社會，而很少考慮到現代世界的樣貌，其實是由各地的發展與諸多的歷史偶然交錯形成的結果。

意圖證成西方當前的統治有其合理歷史基礎的 Morris（2010:14）也承認，從 1750 到 1950 年間，流行的皆是他所謂西方具有長期鎖定優勢的看法。因此，在現代與現代性的議題上，我們可發現一個有趣的矛盾。19 到 20 世紀初的西方觀察家在觀察自己身處的當代情境時，傾向強調現代與傳統的斷裂、不連續，但當他們將西方與其他地區比較時，卻傾向主張所謂的現代性優勢是長期積累的結果，淵源深遠。這種內外有別的態度，正是迄今主流現代性論述看不到的盲點。它彰顯出，現代性固可以是西方深刻的自我反省，但也可以是西方自我防衛與證成其支配的語意工具。雖然現代性論述最初也看不到現代性的黑暗面，看不到自己內部的宰制與不平等，

但這比較像佛洛依德所謂的「壓抑」，只是被埋在深處，仍有返回的可能。相對地，否定西方以外的地區曾貢獻於現代性的誕生及運作，卻是將其徹底地排除在外（foreclosure），彷彿從來不曾發生一般（Hardt and Negri, 2009: 69）。

遺憾的是，隨著現代性概念的日益流行，我們不但愈來愈習慣它的觀察角度，而很少意識到它建立在今／古、西方／非西方的二分上，從而將後者排除在外，就連它原本是有特定立場的象徵鬥爭工具這點都忘了。由於現代性的概念意涵了性質與狀態，在歐美社會 19 世紀以來實際政經優勢的加持下，現代性的概念不但一再被賦予各種魅力，更享有認識論上的特權，從而日益強化與鞏固西方自始享有優勢的本質論看法，一筆抹煞掉西方霸權之前的東方霸權、西方中心剝削邊陲，以及西方得以稱霸的偶連性等歷史事實（Mignolo, 2002），也常讓人忽略乃至遺忘現代性所帶來的黑暗面。如 Hunt 對現代性如何形塑了我們的歷史思考的深切反省所指出的，與現代性攜手同來的現代史學內建了一種時間的優越感，從而導致現在主義的陷阱，讓人不自覺地以西方現代性隱涵的真理與價值標準評判一切（Hunt, 2007: 85-86）。因此，我們不只要超越歐洲或西方中心主義，同時也必須超越現代中心主義（Bentley, 2006）。

三、世紀末的轉折：
美國崛起、西方的發明與對東亞的矛盾情懷

如果我們跳出習而不察的歐洲中心觀點，改從世界史的全球觀點來看，我們將發現到，即便在所謂歐亞大分流後的 19 世紀，牽涉到的仍是場與時間的競賽。如日本明治維新後的歷史所見證的，亞非國家仍有可能及早透過自強爭取到與西方近乎平起平坐的地位（Darwin, 2008: Ch. 5）。同樣地，如果我們拿下長期戴著而不自覺的中國中心眼鏡，不再只從帝國主義侵略的角度解讀明末

以來中國與西方的互動，而是也看到帝國碰撞的事實，[4] 將認知到，以往清朝被認做遲緩、顢頇的反應和作為，實受其重西北內陸、輕東南沿海的一貫戰略思維，[5] 以及少數統治下以抓牢政權為第一優先的考慮所影響。即便如此，中日甲午戰前，多數國際觀察家仍認中國較有優勢。帝國遺緒固然拖累了中國現代化的步伐，但中國能擺脫如奧斯曼帝國般崩解的命運，在歷經軍閥割據等分裂狀態後仍能復歸統一，卻得歸功於同一遺產。儘管西方列強常把東亞描述為「無政府的」狀態，但實際面對擁有悠久國家傳統的東亞時，他們不敢掉以輕心，因為他們深知，要入侵得付出較征服美洲、南亞及東南亞更多的代價。

（一）百年和平神話背後的帝國年代

因此，所謂「百年和平」或「19 世紀和平」雖是個歐洲中心的神話（朱元鴻，2014），但也揭露了，透過拿破崙戰爭後的維也納和議，歐洲列強取得某種權力平衡，不再像以往般頻繁互耗，而得以把心力放在對外侵略上。尤值注意的是，「西方」的概念與認同這時被發明出來（如見 Bonnett, 2004; Browning and Lehti eds., 2010; Darwin, 2008: Ch. 5），[6] 把快速崛起的美國與

---

4. 舊有的「衝擊─回應」說雖早遭拋棄，但臺海兩岸仍常奉歐洲為中心，視 1842 年的鴉片戰爭為中國「現代史」的起點──儘管歐洲人未必重視此事件或如此看。其實，在清廷眼裡，到 1860 年代，列強的危害不過是「肘腋之憂」、「肢體之患」，太平天國、捻軍等內亂才是要命的「心腹之害」。真正令大清朝野震動的，是甲午敗於日本。但要到義和團事件，剝下清廷僅存的正當性，令改革派也投向革命，滿清才終於傾覆。幾十年的蹉跎，決定了中、日發展的殊途。
5. 帝制末期中國的海外貿易其實一直很蓬勃，絕非待洋人以槍砲叩關後，才被不平等條約強行打開。一如我們常誤以為臺灣要到 1860 年開港後才與世界連結，以往流行的歷史敘事塑造出來的理解，常是錯的或至少片面的。
6. 傳統歷史敘事常受歐洲中心觀影響，以事後的建構證成，具有或等同於「西方」意涵的「歐洲」誕生於 10 世紀甚或 5 世紀。雖然古代就有「西方」與「歐洲」兩個詞彙，但它們未取得過特定的認同地位，更不曾疊合。對古希臘人來說，文明與野蠻的界限係落在希臘與非希臘間。對以地中海互相連結，側重航海的古代文明來說，南北區別遠比東西對立重要。直到 15 世紀晚期，歐洲主要仍是個地理觀念，附屬於作為主流認同體系的基督教世界。歐洲起源於古希臘，是 19 世紀初才有的建構，恰與此處所言的發明西方約略同時。

不斷東進擴張的俄羅斯涵括進「大歐洲」中，[7] 從而創造出 Hobsbawm 所謂「帝國年代」的帝國主義高峰期。

前歐洲殖民地美國的崛起，格外值得留意。以往多認為要到 1898 年美西戰爭，美國才加入帝國主義競逐的舞台，而低估了美國作為歐洲帝國主義得以擴張的幕後推手的重要角色。美國不但以遼闊的「無主」土地吸納歐洲龐大的移民人口，紓解其日益惡化的人地比，更以低廉的成本創造出蓬勃的大西洋貿易，在協助歐洲致富的同時，又未消耗它太多資本。美國的工業產量 1830 年代便已超過法國，僅次於英國，而和比利時、瑞士並列世界第二。故此後不斷有人談及美國的崛起，托克維爾、宋巴特、韋伯等古典大師也對此新興國度表現出高度興趣，紛紛撰文討論。到 19、20 世紀之交，美國更躍居全球最大經濟體。儘管如此，由於反抗帝國的殖民傳統等因素影響，中央集權的行政體系與可派赴海外的軍事力量，發展的相對晚，而海軍又較陸軍順利些。要到邁入 20 世紀，屢屢在危機刺激下，國家力量才大幅擴張，特別是經兩次世界大戰後，美國才拋棄長期採行的孤立主義政策，憑經濟實力躋身軍事強國，開始以商業、消費、娛樂及流行文化影響世界各地（如見 Ernst, 2014; Higgs, 2006）。

（二）尚不敢僭稱世界文明史的西方文明史

隨著西方認同的發明，開始有「西方文明史」的教科書與課程出現，此一稱呼習慣一直延續到二次世界大戰後。值得注意的是，西方文明史多半以歐洲史為基礎，並往往再擴大改寫成世界史。例如，Hayes 在 *A Political*

---

7. 西方概念與認同的建構，涉及內、外諸多面向的複雜過程。就西歐內部而言，勞工與女性一開始並未包括在內。就對外來說，在涵括美國與俄羅斯時，又需與其他地區或文明區隔。有趣但不難理解的是，非西方的知識分子不但積極參與「西方」的建構，還常率先如此做。西方認同的流行，某程度可說是處於邊陲的俄羅斯打造自我認同的附帶產品。

and Cultural History of Modern Europe（1932）的基礎上，便分別出過 *History of Western Civilization since 1500*（Hayes, Baldwin and Cole, 1962） 與 *World History*（Hayes, Moon and Wayland, 1955/1932）。不過，就如 Morris（2010: 22-23）自承的，在他求學及初任教職的 1970、1980 年代，學的及講的都還是西方文明史。換言之，這時西方人尚不敢以全世界自居。因為隨著前述確定性的喪失、各式社會問題層出不窮，特別是一次世界大戰的經驗，讓歐洲人嚐到既是歷史繁華的高峰，同時卻也是衰敗開始的苦痛經驗，不少人對歐洲或西方文明其實充滿懷疑。史賓格勒的《西方的沒落》及晚些湯恩比的《歷史研究》，便誕生於這樣的時代氛圍。在對西方文明感到失望乃至絕望時，東方文明常相應被吹捧為可提供出路的思想資源。因此，雖然現代性概念這時已開始普及，但獨尊西方文明的現代性論述還難以成形。

很能說明當時知識氛圍的是，Hayes, Moon 與 Wayland（1955/1932）的世界史教科書雖依循古代、中世紀、現代的三分架構，但接著敘述的是「歐洲的擴張」，不但談到「今日文明的革命基礎」與「白人的負擔」，還探討了「試煉中的現代文明」。作者們顯然對西方與現代文明充滿憂慮，而非自信滿滿。若我們了解 Hayes 曾探討過「物質主義的世代」、「現代民族主義的歷史演進」與「民族主義作為宗教」等議題，當不會對此感到訝異。這清楚顯示，人們對「現代」與「現代文明」的感知，是不斷隨時代氛圍波動的。

（三）當時社會學文獻反映出的西方優越感、傍惶與對東亞的關注

當我用現代性為關鍵詞，對 jstor 資料庫進行全文檢索，也發現類似的現象，更意外看到當時英語世界高度關心東亞現代化的問題。在不限定條件的情況下，1920 年前，用過現代性一詞的文獻有 422 筆，惟似多來自文學與藝術圈。我隨機抽樣了幾篇文章閱讀，得到個有趣但待進一步研究確證的印

象。有的文章固強調現代性的當代意涵，但質疑現代性獨屬於當代西方者亦不在少數。有作者便指出，人們雖有理由對今日的現代性感到驕傲，但昨天的現代性亦非徒然，我們所嘲笑的野蠻人不但自認現代，還可能是藝術上的先行者。有人更具體以畢卡索受原始非洲的黑人啟發為例，指出現代性與進步的藝術的界限其實是模糊的。

加上社會學的學科限定條件後，在 1920 年以前，僅能找到 6 例，且無一以現代性為標題。除一篇曾提到兩次外，其他皆只在行文時偶一提及。這清楚顯示，對 1920 年以前的美國社會學家來說，現代性並非關鍵的問題意識。原因之一或在於，他們對「現代性」的理解基本上與「現代」無異，也就是把現代性當「形容詞」用，常提及或稱讚如治理或經營方式、表達、操作定義、材料、書、新聞……的現代性。較有趣且值得注意的是，Laidlaw（1911）提及福音與先知皆具有「現代性」，雖正面評價現代性，但不採取古今截然斷裂的觀點。Barnes（1917）則稱許 Marsiglio 的著作是中世紀裡最為現代及原創的作品，秉持著類似伏爾泰的精神與「現代性」，對教會展開攻擊。顯示不論支持或反對教會，時人對「現代性」一詞的理解某個意義上是一樣的。

更引人注意的是，Thomas（1908: 738）提到，「從中國的觀點來看，我們是霸凌值得尊敬的古老民族的暴發戶」，相對地，「日本在戰鬥的一面，有著類似歐洲的歷史。她有相同的封建制度……武士道系統……幾乎與我們一樣年輕……她的現代性讓她能看出我們的科學與火器的優點」。這顯示，當西方日益以現代性為傲，並以此來區辨自己與其他國家、地區或文明的差異時，也開始留意他者的追趕，既期待他者變得像自己一樣，又擔心他者真的追上——儘管這時現代性的用法仍舊較像無特定內容的形容詞。

當年限放寬到 1945 年，也只有 46 筆社會學文獻曾用過現代性一詞，[8] 且

---

8. 實際上僅 44 筆，因兩筆是 back matter，另近半是書評，嚴格意義下的期刊文章僅 25 筆。

依然沒有任何一篇論文以此為標題，基本上多數還是把現代性當形容詞用。不過，內容上開始有些接近日後西方中心主義通俗版本的論點出現。有文章便稱許克里特島文明有著璀璨的現代性，凸顯出西方現代性的發展係長期累積而來。同時，「不止息」（restless）成為與現代性緊密連結的意象。White（1925: 1）更明確述及，「位於歐洲與西半球以及西方海中特定島嶼的我們，以我們的現代性為傲。或許我們的驕傲太過依賴於我們如此普遍使用的現代機器，以致於我們很容易遺忘，將我們與黑皮膚的兄弟們分別開來的，是利用機械的普遍性，而不是單純運用機器而已……我們將機器的好處擴散得如此之廣，以平等的方式將它的利益與所有能進到我們的現代文明之中的人分享，主要是因為西方世界的我們充滿了民主的理念，廣泛地來說，這個理念也就是基督教的教義」。相對流行的歷史敘事常以文藝復興或宗教改革啟動的「世俗化」，即擺脫基督教會的掌控為現代的起點，這似是個矛盾。但在日後的論述裡，偏好把現代性的誕生與西方的勝出歸功於基督教的獨特傳統者，實不在少數（如 Duchesne, 2012; Stark, 2014）。

值得留意的是，當西方日益明確以現代性為傲時，慢慢也開始有人論題化現代性的負面效應。Lippmann（1929）在 *A Preface to Morals* 一書裡便曾以「現代性的迷幻藥」為章節名，此後似一定程度成為流行的套語，至少兩篇分別討論老人照護以及印度種姓制度的文章，都援用了同一修辭。

更重要的是幾篇將目光投向西方之外的「他者」的文章，有人討論現代思想對印度的影響，也有文章在分析墨西哥的教會與國家的關係時，將現代性的象徵與過去的象徵對舉。如果把包含有「現代化」一詞的文獻也納入，例子就更多了。而且，一篇 1912 年討論滿洲問題的文章，便已觸及了中國現代化的議題。

同樣顯著的是，美國的社會學家不但更常在討論他者時用到「現代」與「現代化」，且特別關注東亞的發展。扣掉談西方本身的文獻，除少數談到蘇俄及中東歐外，主要都跟亞洲有關。有一、兩篇是談土耳其與印度，更多

是談日本，但最多其實是討論中國的現代化問題。MacNair（1941）從反對自由主義、民主的潮流以及思想的現代性等脈絡來分析日本轉向軍事法西斯的書評，清楚顯示出時人對東亞的關心，除法西斯的時代背景外，背後還涉及愛恨交織的矛盾情懷：他者的改造與追趕。

此外，會用現代化一詞的社會學論文，討論的主題常跟「人口」有關，但更多的是「鐵路」，討論了包括美國、法國、俄國、印度與中國在內的鐵路問題。對亞洲的關注，依然相當顯著。鐵路會成為偏好的主題，不令人訝異，因正是它帶來交通與運輸上的變革，令人可在短時間內做遠距的空間移動，帶來「時空壓縮」的效果，可謂現代的經典象徵。

值得深思的是，西方這時為何格外留意現代性與現代化在東亞的發展。如果我們不再被西方自始勝出的神話迷住，而是細心重新審視當時的世界大勢，那麼便不會對西方特別著緊東亞感到奇怪。除了東亞是西方尚未入侵的最後一塊淨土，常被形容為「無主荒地」（no man's land）的因素外，這無疑也跟東亞自有國家統治傳統，能相對有效地動員人民抵禦外侮有關。例如，首倡海權說的馬漢，1900 年便探討過所謂的「亞洲問題」。在視美國的擴張為歐洲文明發展的片段此前提下，他試圖在陸權的俄國與海權的英國於亞洲爭霸的情況下，籌謀對美國最有利的作為。他特別提到，在此特定區域採取行動時，對所涉地區人口的考慮應優先於對任一外來國家利益的考慮，並馬上說這並非是獲取利益的掩飾或借口。因為，他強調，是既有政府效率不彰才造成此區域的不安定，而居民的利益不必然與現政府或其繼任者一致。他接著說國家分裂是極可能的發展，但強調這種瓜分利益的做法不符美國的傳統，故應致力於創造某種權力平衡（馬漢，李少彥等譯，2013/1890，頁 494-495）。

西方強權間的微妙平衡，很快被日俄戰爭（1904-1905）打破。戰爭爆發前，馬漢便認為日本加入歐洲大家庭的行為正體現該國的優秀品質，應接受其為歐洲大家庭的一員，否則即將到來的大災難，將迫使歐洲文明國家認

清它們在亞洲的一致利益（馬漢，李少彥等譯，2013/1890，頁 515）。從傳統歐洲中心的敘事角度來看，日俄戰爭似不過帝國擴張下，幾必然會發生的殖民衝突插曲，無足輕重。但換個視角，這場東亞的小日本打敗傳統歐陸強權的大俄國的戰爭，便頗有資格稱作「第零次世界大戰」（如見 Steinberg et al. eds., 2005）。這不單因日、俄分屬亞、歐，而戰爭卻是在中、韓及鄰近水域開打，並主要由第三造資助，牽扯眾多，同時也因為鐵路與汽船等新科技裝備的投入，與「總體戰」等新軍事理論的應用，更因電報與廣播的運用而變成近乎全球同步關注的大事件。

　　若非不到 10 年便發生規模更大，並深刻地改變了歐洲與整個世界面貌的「歐戰」，同時俄、日卻分別發生革命及在二戰中戰敗，以致日俄戰爭在政治正確的影響下泰半被遺忘，今天我們對它的重要性的評價極可能不同。無論如何，儘管阻止俄國擴張的，的確是它本身的革命而非日俄戰爭，但戰爭以及尤其是戰敗的結果，無疑大幅提高了革命成功的機率。更重要的，就算俄國未以全力與日作戰，但這場原不足以改變整體戰略形勢的單場戰役，卻會促成自我實現的預言，[9] 以致實質影響了歐洲內部的權力均衡以及歐亞均勢，令西方列強再難阻擋東亞勢力的上升。所以，這時英語世界會關心東亞現代化的問題，不足為怪。

（四）伴隨現代性而來的黑暗面也是它不可分的一環

　　正如前面提過的，現代性最初的意涵是過渡、短暫與偶然，意味著改變的制度化與常態化。社會生活全面的加速固然帶來了進步與繁榮，同時卻也帶來失落與傍惶，就像一列不斷加速，卻茫不知駛向何方的火車。就此而言，

---

9. 這個影響是多方面的，不單涉及其他列強對俄、日國力走向的判斷，也令東亞諸國及其他地方的弱小國家指望可以日為師。事實上，不只甘地、蘇卡托等後來形塑東亞歷史走向的人物受此戰役影響，就是希特勒的世界觀也深受此戰所形塑。

歐戰後成立，本身體現為「古典現代性」危機的威瑪德國，具體而微地彰顯了當時歐洲文明的普遍危機。首先，廣義的自由主義雖漸取得上風，不但正當化了民族國家的成立，同時也助長了帝國主義與大歐洲的擴張，但放任資本主義自由發展的治理術，卻也造成各種問題，不但促成各種政治抗議與社會運動，更埋下形形色色革命的火藥。其次，隨著理性主義與歷史主義的相繼破產，歐洲人更陷入主體性危機的文化危機──對知識分子尤然。最後，在現實上，隨著大眾社會與群眾政治的到來，在民族主義、共產主義與法西斯主義間，產生了持續而劇烈的鬥爭。於是，在同時混雜著希望與絕望的情況下，人們不斷在墮落與革命間擺盪（如見 Peukert, 1992）。

當歐洲人對自身的文明都充滿懷疑，難怪這時現代性不會是流行的社會學概念。重要的是，儘管時人未必把這些負面發展看作現代性的內容，或甚至看作是現代性的對立面；但站在今日的視角，不論我們把這視為黑暗面也罷，看成與自由主義意識形態指導下的資本主義或自由民主體制競爭的變異也罷，須認知到它們同為現代性的一環。惟有當我們一併掌握到變異與負面發展，掌握到通往現代性的不同途徑與軌跡，才真正掌握到現代性的完整面貌，而不能依著主流現代性論述只看到成王敗寇的單一軸線。

對活在 20 世紀前半葉的美國社會學家來說，留意不同發展模式間的差異與優劣，正是他們的時代課題。資料顯示，比起現代性來說，他們更常用現代化一詞。雖然 1920 年以前，收錄在 jstor 資料庫中提及現代化一詞的社會學文獻也只有 10 筆，但從 1920 到 1945 年間，便增加到 114 筆，1945 到 1960 年間更迅速增長為 322 筆。特別值得注意的是，一些論文的知識關懷與提問方式，已隱約透露出戰後美國社會學發展的動向。像有篇論文的主旨便在討論工業進步的模式，而晚些，在二次大戰何時方可結束仍不確定的情況下，就已有論文針對戰後規劃的機制預做知識準備。

四、二戰後的發展：從現代化論、後現代性的挑戰到不斷改寫的現代性

（一）冷戰競逐下現代化理論的流行

　　雖然戰前已出現了現代化的提問，但現代化的問題意識及現代化理論的流行，終是二次大戰以後的事。這不只反映出美國慢慢取代英、法等歐洲舊霸權，以及逐漸形成美、蘇兩極對抗的世界局勢，同時也反映了美國的社會科學隨其政經勢力日益取得知識上的領導。二戰結束不久，Levy 在討論《現代中國的家庭革命》一書裡，便明確使用了現代化的概念，將傳統與現代對照，但基本上是把現代化等同於工業化，尚不包括經濟以外其他方面的內涵。一直要到 1950 年代，人們才開始廣泛用「現代化」一詞來描述所謂從傳統到現代的鉅變，將其比擬為如同從狩獵採集演進到定居農業文明社會般的千古之變（Gilman, 2003: 24）。隨著冷戰格局形成，爭取後殖民國家與第三世界支持，變成美、蘇角力的關鍵。現代化的理論與論述因此相應而生，其推廣與流行更與冷戰下的心理戰、宣傳戰緊密相關，就是行為科學的發明也都可歸為「文化冷戰」的一環，從而也助長了「冷戰文化」的形成（Gilman, 2003; Shah, 2011）。

　　在資本主義與共產主義之爭的時代背景下，兩位俄國出身的經濟學家成為現代化論述的指標人物，不令人意外。Rostow（1960）便明白打出「非共產黨宣言」的旗號，其階段論的論述方式，清楚反映出歐洲中心論指引下的單一線性演化模式。對決定論與線性發展模式有更高警覺的 Gerschenkron（1962）則以「經濟落後的歷史透視」為名，闡述愈是落後的國家愈可能導致政府強力介入經濟活動，而它們的工業化過程必不同於先進國家。主張線性演化論的現代化理論會流行，固有與共產集團展開象徵鬥爭的需要，但也反映美國及其同盟在大戰中獲勝，以及歐美從兩次毀滅性的世界大戰恢復而

日益增強的自信，特別是美國獨特的民族主義發展軌跡影響下，領導世界的企圖心（Fousek, 2000）。

由於這樣的背景，現代化理論關注的對象主要是第三世界，而非研究歐美或西方社會本身的現代化歷程，歷史書寫及推崇的榜樣往往從歐洲的過去直接跳接到美國的現在（Gilman, 2003: Ch. 2）。換句話說，美國政府及其知識分子關心的是如何將西方的成功模式推廣、擴散到發展中或低度發展地區，以遏止共產主義在亞洲、非洲及中東的擴散，重點在如何令所謂落後地區經由現代化向西方看齊，實際上是把現代性當預設，而非有待研討的議題。

這清楚反映在 Lerner（1958）對社會學來說更具代表性，可謂現代化理論開山之作的標題上：*The Passing of Traditional Society: Modernizing the Middle East*。不同於 Rostow 基本上仍以關注經濟面向為主，或 Gerschenkron 雖考慮了國家的介入，但並未探討政治本身的發展，Lerner 毋寧更著重政治、文化及價值的面向，提出一系列可追溯到 Parsons 模式變項的二分，來對比傳統與現代。受到社會學日益成熟的現代化論述影響後，Rostow（1975）後來才把政治也納為核心考察的面向。

然而，以現代化作為解決第三世界發展問題的處方，與其說是透過廣泛、紮實的經驗研究得出的結論，不如說是理論推導的結果，不過提供了一種特定視角下的現代性界定，逕自認定這可作為前殖民地與所謂落後地區脫貧脫困的解方。儘管現代化理論依然認為殖民地在文化上較為落後，但它揚棄了以往與殖民論述緊密連結的、生物學的種族差異本質論。這相當程度受到美國本身種族平等爭議影響，導致許多美國學者支持殖民地自決與獨立。在當時的時代氛圍下，為達成富強的理想及追趕西方，剛脫離殖民的第三世界本土精英多半傾向積極回應、熱烈擁抱現代化這個取代殖民的觀念。最具代表性的例子便是銳意改革土耳其，促成「現代化」一詞流行開來，日後獲國會頒贈「土耳其人之父」為姓的凱末爾（Mustafa Kemal Atatürk）。在臺

灣，我們同樣看到金耀基《從傳統到現代》一書的不斷再版，可見從戰後到1960年代中期，現代化不論在西方或非西方世界，幾乎皆是不受質疑的理想（Gilman, 2003: 1, 30; Shah, 2011: 23）。

（二）歐美間非同步的政、經、軍與文化的霸權交替

儘管現代化理論看似為美國在世界上掙得了解釋的霸權，歐、美新舊霸權的交替實際上卻非一帆風順，各個領域的情況與步調更是有異。美國的霸權並非如現今很多人想當然耳地認定，在二次大戰後一夕間成立。其得以躋身霸權的地位，跟戰後東亞的復興與崛起，從而得以成為冷戰裡以美國為首的自由陣營用來宣傳的成功樣板，緊密相關。

如前述，美國的崛起有個漫長的過程，儘管在 20 世紀初，美國已是數一數二的經濟強權，常備軍卻不過 10 多萬。是歷經兩次世界大戰的刺激與需要後，美國才慢慢變成貨真價實的軍事大國。尤其，光美國的安全繫於歐洲乃至歐亞權力均衡等地緣政治的理由，不足以令其拋棄長久採行的孤立主義。是經過從二戰前便開始的一番說服公眾的長期努力，美國才慢慢願意乃至樂於在國際上承擔起政治角色與責任，從世界秩序的旁觀者漸漸轉變為參與者，乃至積極以領導者與規劃者自任，將環繞著民主、自由、開放、富足等觀念的美式現代性行銷全世界（Maier, 2006）。

然而，就像新富與舊貴擁有不同的資本，其地位升降並非立刻的全面取代一般，二戰後的美國在軍事與經濟上雖強大，但在政治以及尤其是文化上，仍無法自居於英、法（乃至戰敗的德國）等歐洲舊有大國的領導。攸關歐洲復興動力的馬歇爾計畫，若非採取尊重歐洲國家自主性的做法，根本就無法運作。之所以如此，除了歐洲本就是西方文明的根源地，美國不過是由此分出的殖民開拓者，歷史與文化積累為時尚短，政治資歷仍淺外，更關鍵的是，殖民地解放後成立的國家，在政、經、文化各方面都仍與舊宗主國有

著千絲萬縷，不可能突然全數斬斷的關係，故歐洲保有相當的影響力。

　　雖然自 1920 年代起，美式消費與流行文化便開始在世界各地散播，特別是在廣播、電影、電視等新式電子傳播媒介的幫助下，取得日益大的影響力與日益深的穿透力，乃至在西方文明故地的歐洲造成一波又一波的「美國化」，並相應引發一次又一次的「反美國化」運動。[10] 但是，在 1980 年代以前，美國不曾贏得界定世界的文化霸權，美式生活方式所代表的現代性及其論述，更常與物質生活有關，像冰箱、洗衣機等家電，汽車，速食，以及特別是傳遞美式現代文明生活意象與內容的廣播與電視（如見 Gassert, 2012; Oldenziel and Zachmann eds., 2009）。[11]

　　從歐洲有關美國化的辯論演變，我們可一窺美國的文化霸權是如何打造出來的。從 1898 年美國打贏美西戰爭，開始對菲律賓的殖民統治以來，便有歐洲觀察家指認「美國的挑戰」，視其為無限機會之地。到 1920 年代，隨著美國的電影、音樂與汽車成功征服歐洲，遂出現關於美國化的爭辯。歐洲人在著迷於福特主義生產奇蹟的同時，也對美國的經濟滲透，以及以好萊塢電影與爵士樂為代表的文化滲透感到憂慮，更不滿於美國在國際政治上的袖手旁觀。對一戰戰敗的德國來說，其觀感尤其受美國向英法同盟傾斜影響。到二次大戰後，抵制的聲浪開始變強，因這時是隨著美國占領德國，創建北大西洋公約組織及在歐駐軍，推動經濟復興計畫……等而來的，帶有強烈宣傳意味的，由上而下的美國化。擔心遭美國宰制，喪失國家自主性與主動性，使得對美國化反感成為普遍現象，知識精英尤然，因在其眼裡，美國不但經濟上掠奪成性，文化上也粗俗蒙昧。1960 年代，因越戰及年輕世代的反叛運動，更出現過一波反美的高潮。但同時，自發採用美國產品、制度、

---

10. 有趣的是，戰後歐洲的整合與美國化相當程度上是一體的兩面，而儘管美國化同時會激發出反美的聲浪，但這卻常有助於而非有害於歐洲的整合與認同的形成。

11. 1920 年代雖已出現消費主義，但消費文化變成可扣連到身分政治與日常生活，改變其與現代性的關係，是 1960 年代文化變革後的結果。

價值等由下而上的美國化卻也不曾中斷。隨著大眾消費社會日趨成熟，美國的影響力更愈來愈大，特別在年輕世代間。到 1970 年代，隨著因改採浮動匯率制加上石油危機而來的停滯性通貨膨脹的到來，又適逢從製造業為主向服務業為主的結構調整，以致物價與失業率雙雙飆高，造成社會動盪不安，對戰後達成的富裕與持續的經濟成長投下陰影，由下而上的美國化才告暫時退潮（Gassert, 2012）。

　　1970 年代正是關鍵的轉折期，在東亞，美中關係開始活絡，冷戰趨緩，對歐洲來說，更可謂舊歐洲的終結。歐洲在二次大戰後立刻因美蘇對抗而被捲入冷戰的集團對峙，故二戰所以發生及造成的後果，實際上都未得到清理。在與共產主義競爭及鬥爭的表面下，戰後初期更重要的公約數毋寧是反法西斯。以國家介入解決社會問題的福利國家，於是誕生。然而，經過 1960 年代社會運動的狂飆，加上邁入 1970 年代後經濟遭逢危機，戰後行之有年的以增加公共支出刺激消費的凱因斯政策失效，加上政客紛紛學會卸責於國際環境與協定後，人們開始質疑國家角色的過度擴張，乃至討論起「無法治理」的危機。在國際上，希望走出自主道路的法國，帶頭挑戰二戰後試圖穩定貨幣秩序的金本位制度，不料最後反而促成美元因其獨有的國際通貨優勢而得享更為穩定而全面的霸權（Fields, 2015）。同時，美國也改變自己原有的經濟體制，從福特主義轉向彈性生產體制，並積極推動區域整合機制與更廣泛的金融自由化。不只如此，美國更以市場至上的經濟自由化為底蘊，搭配自由、民主、開放等價值理念，藉影響力無遠弗屆的娛樂流行文化，將美國版的現代性，自由民主體制下的資本主義向全世界推銷。隨著歐洲政經實力因經濟危機而趨於下降，同時美國卻漸漸發展出自身的文化優越感，到 1980 年代，美國便慢慢攘奪了界定世界秩序為何的文化霸權。到前共產集團解體，冷戰正式結束，美式文化與生活驟驟然成為主流的現代性想像（Amadae, 2003; Germann, 2011）。

　　如果 19 世紀西方概念的發明是歐洲為了把美國與俄國納入，那麼到 20

世紀中後期，變成是美國希望用西方的認同來框住歐洲。在戰後初期西歐的脈絡裡，西化基本上與美國化同義，係用來強化大西洋同盟的概念。然而，對戰敗卻又只能選擇與美同盟的德國來說，要認同「西方」卻不免多有猶豫與遲疑，畢竟西化像個帶有進步史觀的詞彙，提醒它得克服自己不光榮的法西斯過去，走向美式的自由民主體制。隨著歐洲整合程度的增加，西化才漸漸蛻下美國化的指涉，而更常指歐洲化。也因此，在戰後歐洲的脈絡裡，西化既是個較美國化來得廣的概念，卻又是個更特定的概念（Gassert, 2012）。隨著美國繼政經霸權後也奪得文化霸權，歐洲更願意認同西方而非美國。相對地，以前殖民地為主的第三世界，則出現了從反對西方／歐洲到反對西方／美國的轉折，並為早就有的反美注入反全球化與拒絕美式世界秩序等新的面貌。在經歷 911 恐怖攻擊，及美國隨後發動的諸多反恐作為後，對許多歐洲知識分子來說，反美更取代以前的反共，成為意識形態上的定錨點。正是在冷戰形將結束之際，突然湧現討論現代性的熱潮，對美國模式的不滿，是個不宜忽略的重要背景（Browning and Lehti eds., 2010）。

（三）歷史社會學轉折的意外後果

就在現代化理論的地位如日中天之時，隨著 1960 年代末期世界政治局勢的演變與西方社會內部的發展，特別是民權、性別與學生等各種反叛運動的興起，歐洲思潮又再次被引入美國，令以往具支配性的現代化理論與結構功能論加快沒落的趨勢。代之而起的新理論進路，或著重衝突的面向，或強調微觀的進路，或關注分析意義的問題，現代性這個牽涉到現代社會根本性質的大議題，基本上乏人問津。不過，為校正現代化理論單一線性演化觀的不當預設，另覓理論基礎與現實出路，不少社會學家開始投入歷史研究。由此形成一股歷史社會學的研究風潮，像 Thompson 致力弄清英國工人階級的形成，Moore 則研究起獨裁與民主的社會起源，Bendix 探討了民族建立與公

民權的關係，Anderson 則爬梳了絕對主義國家的系譜，Tilly 討論了西歐民族國家的打造與從動員到革命的過程，Skocpol 則比較了法國、俄國與中國的國家與社會革命的關係。他們雖不曾把現代性當重要概念，也缺欠此問題意識，但一定程度可說都在回應現代性的問題。

當歐美學者為改正現代化理論的缺失，而把目光轉向歷史，從而轉回對西方自身進行研究時，卻產生一個始料未及的後果：他們或者很少考察非西方地區，或者雖進行了比較，結果卻更像對照，只凸顯了西方的成功案例與獨特軌跡，以致最後的成果聚焦於西方的現代社會形成史，進而導致一般逕視此為現代世界史的核心，不過是換了種新的形式繼續鞏固歐洲中心論（Dussel, 2002），更成了日後可用來捍衛歐洲中心的主流現代性論述的堅定基石。就是深具反身性意識，對歐洲的殖民剝削展開批判，主張以整個世界為分析單位的 Wallerstein 的世界體系說，或是強調後殖民視角的 Blaut（1993），都還是認定歐洲自 1500 年左右與世界其他地區接觸以來，便一直擁有優勢，以致一定程度上都是 Blaut 自己批評的「殖民者的世界模型」。到 1980 年代晚期，在歷史社會學透過以向自然科學看齊、看似嚴謹的比較法，成功正當化自己的分支領域地位，同時卻也被馴化為常態研究後，就更缺理論野心與反省深度了。

結果，由於歷史社會學常是大尺度的宏觀研究，我們遂常看到以既有歐洲中心的現代性想像為研究據以出發的預設，卻將其誤認或偽裝成研究的結論的情況。以 Baechler and Hall et al. eds.（1988）討論「歐洲與資本主義興起」的關係這本標準教材為例，雖已擺脫古典社會學的某些預設，走出「從封建到資本主義」的傳統簡化二分模式，但仍不脫強烈的歐洲中心主義色彩，歷史研究往往只是用來強化歐洲一路領先的佐證。像 Mann 雖致力發展一套細緻而複雜的「社會權力的來源」的理論，但當他在本書以精簡的方式探討資本主義何以只在歐洲誕生，提出所謂歷史的解釋時，不但強調「不止息」是中世紀文化的特徵，更把歐、亞不同的發展軌跡歸結於集約的（intensive）

相對於粗放的（extensive）權力與技術的差異，主張自西元 1000 年起，歐洲的農業、技術發展與社會結構便已建立這樣的特色，雖然實際的歷史發展不乏意外與巧合，但基本模式很早便確立，言下之意西方的勝出早已預定。

至於旨在從比較的進路解釋為何工業化最早在歐洲誕生的 Hall，在歐洲的部分，基本上把 Mann 描述的，在基督教會提供的規範上的綏靖大傘下，自羅馬帝國滅亡後發展出來的無首領但集約的農業文明當背景，強調政治上的碎裂是市場得以自主發展的必要條件，同時議會對政府的限制最終反而在社會中創造出總量更大的權力，而彼此競爭的國家則鼓勵了資本主義的勝利。如此描繪歐洲的特色，一定程度上可接受，但因整個行文沒有明確的年代標示，極易給人資本主義在歐洲誕生係結構上必然的印象，不像 Mann 還給偶然一些角色。當 Hall 比較其他文明如中國時，在無法充分掌握相關知識背景的情況下，很容易受歐洲中心觀支配而不自知。他雖用官僚人數甚少來駁斥 Wittfogel 東方專制主義的刻板印象，同時卻堅持疆土如此遼闊的帝國勢必要以軍事力量來創造及維持，文化是被動與次要的，無論如何不可能大過國家，而渾然不覺這兩個敘述所傳達的意象彼此矛盾。

相較〈現代性的源頭〉此標題給人的肯定期待，Baechler 實際行文時相當保留，坦承並未解答現代性之謎，不過從形態發生的觀點，藉比較種姓與封建，以更精確的詞彙來提問。但在最後結論時，Baechler 卻在前面毫無討論的情況下逕自斷言，歐洲經濟的發展可歸結於財產權、受到規制的市場以及不斷藉結合新的生產要素尋找獲利機會的企業家三個一般性的條件，並很快推論說，經濟的進步得仰賴民主的政治體制，顯示出依然以歐洲經驗為量尺的偏見。他自己也明說，日本是唯一在一、兩代內令自己現代化的國度，故納為比較對象，但又擔心有太過平行的危險，才又選了印度作為對照，清楚反映東亞的追趕是歐美反省自己過去的關鍵動力之一。

企圖弄清歷史真實過程的歷史社會學研究，未意圖地成為歐洲中心主義的同謀，原因常在於，史料不免零碎片斷，當研究者面對欠缺資料的關鍵

空白時，往往會不自覺地受自己的既有史觀或信念影響，以之填補空白，好讓故事得以完整。Studer（2015: 7）在回顧過往研究時便發現，由於量化資料零散且意涵不清，留下很大的操弄空間，所以關於貿易擴張與市場整合對於歐洲興起究竟有無作用，竟可得出全然相反的結論。然而，這畢竟還是在歐洲興起的大框架內的爭論。如 Blaut（1993: 9, 59, 130-131）指出的，歐洲中心論並非素樸的我族中心態度，而是建立在眾多歷史事實的基礎上，也因此更易令人信以為真，而根本不曾去想這副眼鏡有無盲點。例如，當 17 世紀以前的人口資料無法決定性地證實歐洲人晚婚、結婚率低，即存在藉婚姻與繼承制度對生育進行控制的「歐洲家庭模式」時，學者便逕自與 20 世紀非歐洲地區的家庭比較，視其等同於前現代歐洲的家庭模式，藉此「證明」真有所謂現代歐洲家庭模式。結果，個別的命題與敘述或會被駁倒、改寫，但整套歐洲中心史觀的論述卻不太受影響，以致迄今依然穩固。像 Landes（1998: Ch. 2）便繼續沿用歐洲家庭模式的觀念作為證成歐洲優越的原因之一。其實，所有研究者都知道，在面對必然零散的史料時，推估勢不可免，但很少研究者真能反身性地審視、批判自己的推估，而往往是根據自己先在的信念接受或拒絕特定的推估，並在論證時把推估當事實，以致像對工業革命階段的英國經濟成長率或煤業成長率的判斷可有數倍之差。這不單是因為研究者採大膽或保守估計所致，也源自習於以全國規模來推估，忽略地區與部門的差異性可能極大。

（四）伴隨東亞崛起而反覆出現的西方優越論

　　二次世界大戰後，美元先後爆發過數次危機，其根源來自美國主導下建立的黃金匯兌本位制。傳統上認為這是美國得以享有及維持全球霸權的重要基礎，但這種調控國際貨幣匯兌的方式事實上造成許多混亂，而美國雖得以仰賴歐洲盟國與日本的融資，以財政赤字的方式繼續維持繁榮與霸權，卻也

因國際收支失衡漸成外強中乾、脆弱的霸權。

　　隨著法國希望降低美國的影響力，減少其美元儲備，而越戰的支出又造成沈重的財政負擔，逼得美國總統尼克森 1971 年宣布終止此一體制。接踵而至的兩次石油危機，更重擊美國的經濟發展，令西方國家的經濟成長率普遍衰退。相對地，自 1960 年代以來，所謂「新興工業國家」不但經濟成長迅速，貧富差距也未隨之惡化。以日本為首的東亞諸國的表現尤其亮眼，到 1970 年代末不但開始吸引歐美學者、政客與大眾的注意，並日益令美國及西方在面對東亞時產生愛恨交織的矛盾心態，一方面視之為模仿西式現代化的成功榜樣，另方面卻也開始擔心它們造成威脅甚或超越。從「日本第一」的聳動標題，到亞洲「四小龍」或「四小虎」，及「東亞資本主義」或「儒家資本主義」等標籤的流行，以迄世界銀行研究「亞洲經濟奇蹟」並提出報告，反映的正是 Amsden（2001）的標題點出的，西方非常關心世界其他地區崛起後對它構成的挑戰。相對於西方學者常踵繼 Gerschenkron 的視野，以「發展型國家」理論來解釋東亞諸國的成功，強調政府對市場的治理，或擁有所謂的鑲嵌自主性，不少東亞在地學者則傾向從民間的視角出發，凸顯出「網絡」的重要，構成有別於階序與市場的另種經濟發展模式。[12]

　　對戰後便駐軍日本，並藉冷戰局勢將影響力伸至太平洋沿岸的美國來說，東亞諸國的成就不但可抹去它在拉丁美洲失敗的不光榮紀錄，更有助於鞏固它在世界上的霸權。而東亞諸國經濟得以成功，除了跟有較佳的歷史基礎與自身的努力外，無疑亦深受美國主導下的冷戰結構影響，特別是外銷導向的工業化模式。面對前殖民地在戰後逐漸擺脫舊宗主國的影響，並日益從反帝的民族主義走向反美的發展趨勢，加上石油危機發出的警訊，美國在 1970 年代開始調整對外作為，逐漸減少直接軍事行動的分量，改以躲藏在

---

12. Hsieh（2017）指出兩種解釋實際上皆有不足，國家的扶植政策常以失敗告終，但網絡亦非萬能，而係寄生於國家打造的制度性設施，並有賴其代為解決失靈的問題。

「自由化」大旗下的金融資本主義來鞏固其政經霸權。在此情況下，東亞政治穩定與經濟成長的表現，在美國政界及學界鼓吹的現代化論述下，便成為支持美式生活方式與美國霸權的有力證據。問題是，撇開東亞成功的根源究應歸功於國家還是社會的爭議不論，東亞諸國的發展經驗實際上毋寧反駁了現代化理論，也對立基於拉丁美洲經驗的依賴理論構成解釋上的挑戰。

最直接而明顯反駁現代化理論解釋典範的經驗現象是，東亞的傳統文化並未隨著所謂的現代化而消失。[13] 雖然關於傳統文化到底有助於還是有礙於東亞的發展，迄今仍聚訟紛紜，但有趣且顯而易見的是，當東亞諸國在 1980 及 1990 年代初期經濟表現亮麗時，西方文獻對東亞的傳統文化表現出較多的肯定。相對地，隨著日本經濟在 1980 年代末期逐漸泡沫化，邁入 1990 年代後更迅速趨於破滅，而所謂經濟「自由化」又導致 1997 年的亞洲金融風暴，西方看待東亞傳統文化的方式到世紀交替時便常又退回原本負面的觀點。然而，到了 21 世紀，當中國崛起日益成為無可爭議的事實，並逐漸取代日本先前的指標性地位後，對東亞傳統文化的評價就又向較正面的方向傾斜，乃致像杜維明開始討論起「東亞現代性中的儒家傳統」的問題，清楚顯示西方對東方的評價與理解往往隨著東方的表現與彼此的勢力對比而變。反倒一些東方學者出於對自身的熟悉而較能保持警覺，對這種往往近乎本質論式的文化論解釋有所保留——儘管盲目追隨者亦不乏其人。

站在臺灣的立足點，更值得我們注意的是，在 1970 年代以前，主流敘事多半將西方的興起與霸權視為當然，而不太認為是個需費力研究與解釋的謎題。但隨著日本及東亞諸國的崛起，某程度感到威脅的西方，才不再逕自假定西方是所有國家必須模仿的唯一典範，開始致力探究、解釋西方領先的原因何在。像 Landes（1969）不但主張科技變革與工業發展令西方勝出，更強調創新的精神才是勝出的真正根源。在這之後，試圖解釋「歐洲奇蹟」的

---

13. 如後殖民研究一再證明的，不論對西方或非西方地區來說，傳統和現代都非斷裂的零和關係。此處係轉述現代化理論視傳統與現代為互斥的看法，非本文立場，特此澄清。

文獻開始蓬勃發展，或是從經濟制度，或是從政治與軍事組織，或是從資本主義，或是從生態環境等不同視角切入。

如果我們夠敏銳，意識到現代性相關研究與論述的起伏，與其產生的時空環境有關，那麼我們或將能反省到以往所看不見的盲點：企圖「解釋」西方興起的現代性論述，對西方來說雖有其深刻反省的一面，但對非西方來說，卻可能是將西方的霸權與優勢「自然化」，繼續證成其不對稱支配地位的霸權論述。因為，像「國民生產毛額」這樣看似客觀中立的衡量指標，都不免有隱含的規範性預設，發明及使用這套認知技術與道德標準的歷史，實際上無法與全球不平等的歷史割裂開來看（Speich Chassé, 2013）。對更為宏觀，牽涉到諸多經特定觀點與價值立場選擇過後的再現，卻常偽裝為真實歷史的現代性論述來說，更是如此。

（五）後現代的挑戰才真正催生現代性概念的流行

不過，一直要到 1980 年代末至 1990 年代初，在理論與現實兩條互相交織的軸線影響下，現代性的問題意識與概念才真正蔚為流行。就現實面來說，主要是受到後工業社會來臨，消費社會日益成熟，各式電子傳播媒介日益普及，特別是資訊革命後深入人們日常生活的影響，而東歐共產集團瓦解，資本主義下的自由民主體制看似獲得終局的勝利這個 Fukuyama 所謂「歷史終結」的世界局勢變化，更扮演了臨門一腳的角色。至於在理論與論述方面，則是從主張意識形態的終結、消費主義走向象徵消費，促成包括媒體與符號研究在內的文化研究大行其道，以及 1960 年代以來各式社會運動所促成的價值解放，以迄最後出現更鮮明地擁抱異質與多元的後現代性論述。

值得注意的是，率先討論現代性，引發美國及國際學界跟進，蔚為風潮的，是邁入 20 世紀後日漸喪失文化霸權的歐洲知識分子。同時，這時的討論主要係聚焦於後現代與現代的區分上。可以說是鼓吹、提倡後現代者為了

劃界或對照，刻意以現代性，某個意義下同時也就是美國主導下的現代生活方式為箭靶，把啟蒙理性的鉅型敘事當作批判的首要對象，這才引發了不同意後現代論述者，以及不滿足於僅以資本主義與自由民主政體來刻畫現代社會的特徵，某個意義上也就是不滿足於以美國為現代文明的代表者，紛紛聚集在現代性的大旗下，試圖藉各種重新詮釋來對抗，也因此才會出現諸如晚期現代性、流動現代性、第二現代性、反身現代性、全球現代性等概念。

如 Therborn 所告白的，成長於二次大戰後的世代往往將現代當作理所當然的預設不加反省，在遭到後現代論挑戰或者毋寧說譴責後，才驚覺現代不只是當代而已，而是具有特定意義的一種文化（Therborn, 2012: 272）。只是，捍衛現代性的新興研究雖在後現代論述刺激下反省了古典社會學的盲點與限制，但還是常像古典社會學一般，變成投射自己期望的現代性論述。當這些研究以理論討論的形式為之，而非實際研究現代社會究竟如何形成與運作，很少參考史學界最新的研究，或甚至不知道社會學既有關於傳統與現代社會的刻板印象早遭到挑戰與修正時，尤其如此。

例如，Giddens 及 Habermas 早年雖以關於資本主義、民族國家與公共領域等「歷史研究」起家，但當他們後來展開對現代性的理論探討時，卻與歷史研究的進展脫鉤，不但沒更新自己早先時代條件限制下的研究結論，更未跟上新的發展趨勢，修正對歐洲歷史的理解，以及特別是正視西方以外地區的發展與貢獻，甚至還出現倒退，把現代性（及隱含的歐洲優勢）從 19 世紀上推到 17 世紀。鼓勵踰越，主張那裡有權力，那裡就有抵抗，而成為後殖民重要思想資源的 Foucault，同樣把公開行刑到監禁的轉變描繪成歐洲的特例，而對英、法殖民帝國在海外依然刻意採行公開行刑不置一詞，因此還是「在分析上將根本就不曾區隔開來的社會關係人為地切割開來」，而喪失了超越觀看現代性的帝國與西方中心視角的機會（Go, 2016: 89）。甚至，這些具有高度反身性的新理論發展，因為堅持完成自我批判的現代性計畫（Habermas, 1987）、強調正視當下，以踰越來展開啟蒙（Foucault,

1984），或是訴諸世界主義（Beck, 2006），而形成一套比以往更穩固的現代性論述，把西方人及非西方人的目光引向西方真誠而深刻的自我批判，而繼續忽略西方中心觀對現代（世界）社會如何形成的歷史認識所造成的影響，亦即對西方與非西方歷史的雙重誤認。

　　約略與現代性概念同時流行起來的全球化的概念與研究，同樣助長了人們一開始把重點放在趨同的研究上，從而再次遮掩了內建於主流現代性論述中的歐洲中心主義。直到前共產主義國家的轉型經驗不如預期，同時又爆發所謂的「文明衝突」，證明歷史並未終結於美式自由民主的資本主義體制後，多元現代性的主張才慢慢流行開來。經此意識上的轉變，當社會學家再次回頭求助歷史研究，才赫然發現，世界史的研究累積已清楚指出，修正 19 世紀建立的關於現代社會的理解與意象實屬必要。現代性會成為社會自我描述的主要概念，建立在以現代作為歷史分期概念的架構上，而選擇以標榜自己為新這樣的方式來描述自己，無非是想凸顯自己不但有異於任何時間上在先的社會，同時也有異於空間上其他的社會。可是，晚近的研究恰恰指出，這種貶抑時間與空間上他者的現代性論述，在事實的層面常站不住腳。一方面，現代社會的誕生及其普及，並非一般通俗印象理解的始自 16 世紀，就是 19 世紀的西歐社會也不如我們通常所想那般現代；另一方面，現代社會的形成是世界各地彼此連結、互動的結果，而非以歐洲為單一中心向全球擴散所致（如見 Bhambra, 2007; Buzan and Lawson, 2015; Raj, 2007）。[14]

　　值得注意的是，隨著主張歐亞大陸先前的發展更像平行而非分流，[15] 認

---

14. 有學者因此開始鼓吹「全球歷史社會學」的必要，相關的研究綱領、議程設定與探索方向可參考 Gennaro Ascione and Iain Chambers 所編的 *Cultural Sociology* 第 10 卷第 3 期的專號，Alexander Anievas and Kamran Matin 所編的 *Historical Sociology and World History*，以及 Julian Go and George Lawson 編的 *Global Historical Sociology*，此處無法詳論，尚請見諒。

15. 平行比喻雖傳達了其他地區與歐洲平起平坐的意象，卻易誤導人以為不同地區間毫無互動與關連。歷史的事實毋寧較像 Strayer et al.（1989）的標題所示，在彼此連結、相互影響的同時，又各自保有相對獨立的自身發展動態與軌跡。

為歐洲藉剝削殖民地才取得優勢，係歷史偶然而非必然的世界史研究日益流行，以及像後殖民等諸多反對歐洲中心主義的論述紛紛出現（如 Bhambra, 2007; Blaut, 1993; Darwin, 2008; Pomeranz, 2000），加上中國自 1978 年改革開放以來，以大陸規模的「世界工廠」不斷高速成長，積累了巨額的外匯存底，到 21 世紀後更變成「世界市場」，從常用的宏觀經濟數據來看成為實力數一數二的經濟體，挑戰美國領導世界的地位，同時美國卻因一向過度消費的傾向，由次級房貸問題引爆金融危機，在 2008 年造成全球金融海嘯而國勢日漸陷於衰頹，故在邁入 21 世紀後，在西方又誕生了一批反映其不安的通俗文獻（如見 Niall Ferguson、Eamonn Fingleton、Wolfgang Hirn、Henry Kissinger 和 Frank Sieren 等人的眾多著作），並激發新一波解釋歐洲現代性何以誕生並贏得領先地位的熱潮（如 Duchesne, 2012; Landes, 1998; Mitterauer, 2010; Morris, 2010; Stark, 2014）。鑑於類似的現象自 19 世紀末以來反覆發生，如 Mokyr（1999）者更不避諱地高聲歡呼歐洲中心觀的勝利，有理由把西方現代性的相關論述視為某種西方建立認識論霸權的象徵鬥爭工具，以及強化自信的心理防衛機制（比較 Halperin, 2006; Mignolo, 2002）。至少，有這始終存在卻一直被忽略的一面。立足、生活於臺灣，我們實在不宜對此視而不見。

五、結語：勇於學會不學習

參照本文前面對現代、現代性的概念史探討，以及就現代化、現代性相關研究的知識社會學爬梳，我們不難得出如 Dussel 的論斷：「『現代性』因此是對世界體系的『核心地位』（centrality）的管理」（Dussel, 2002: 222）。就是像 Wallerstein 般有意識地反省歐洲中心觀的世界體系論，仍不免是 Dussel 所謂第二版的歐洲中心論。儘管這有所進步，將歐洲的霸權從通俗說法的古希臘或文藝復興限縮 500 年，但仍未承認「外部」其實扮有「構

成性的」角色。本文嘗試更進一步，指證歐洲 500 年前便一路領先的說法同樣是神話，現代性根本是 19 世紀才發明的概念，而且要到二次大戰後擺脫文明自陷毀滅的陰影後，特別是在美國主導的冷戰結構下，才慢慢形成看來只有光明面的主流現代性論述。

　　就如實際的歷史般，現代（性）論述的發展並非從灰暗到光明的簡單線性敘事所能概括，而是充滿了複雜、偶然與兩面性。不論是啟蒙或二戰以後，現代（性）都是在相對於時間或空間上的「他者」，才顯現出光明、進步，甚至變成一種霸權論述，同時卻又不曾停止自我批判。因此，我們看到：19 世紀末的歐洲既是繁華自信的高峰，同時又是深刻自我懷疑與自我反省的時代，但又內外有別；斷裂與漫長發展累積的矛盾遭到忽略，並透過內外有別的區分達成和諧並存；現代化理論最初是以高姿態向第三世界推銷，試圖超越它的歷史社會學轉回研究西方自身後，卻產生始料未及的鞏固霸權論述的後果等。

　　現代性是套西方中心的霸權論述，最明顯的證據莫過於，當原本強調時間斷裂的現代性概念發展成用來正當化西方霸權的主流現代性論述時，常把現代的根源或起點不斷地往過去延伸，以致令時間斷裂變得模糊卻毫不自覺，連非西方的追隨者也常未意識到。對社會學家來說，這原是可輕易覺察的矛盾，因為從兩大革命急遽劇變的意象改頭換面成自 10 或 15 世紀以來的漫長發展與轉化，根本是兩套完全不一樣的故事。可是，經好幾代學者自覺或不自覺地以各種研究發現與歷史事實鞏固歐洲中心的現代性論述後，這套論述如今幾成了學習社會學的學生與生俱來、不證自明的觀點。甚至認定單一因素的初次發生便決定了此後的長期優勢這樣一種經不起實際歷史檢驗的歷史哲學觀，都很少被認真反省與檢討。

　　如前所述，這跟美國在冷戰格局下成功將現代性霸權化有很深的關係，讓現代性不止於是光明的象徵，更取得知識與道德上的領導權。藉由這套霸權論述提供正當性，現代世界經歷了大規模的資本主義化、工業化、都市化、國民義務教育、大眾選舉政治、消費社會等各種迅速的發展與成長，也因此

在贏了共產主義競爭模式的同時，必須承擔起過去肆無忌憚的發展的後果，面對自己創造出來的，充滿各種社會與生態危機的「風險社會」，而再次引發對現代性的深刻反思，摘掉其過往看似神聖的光環（如 Beck and Giddens et al., 1994）。這個自我反省與批判的新發展固讓現代性獲得新的動力，卻也再次證實，在主流現代性論述中，不但殖民帝國的過往依然少獲反省，西方以外的他者更根本排除在外，不具任何重要性。

面對現代性概念在社會學中的可見度與重要性隨時代而變，同時社會學在現代性論述中的角色與作用也隨時代脈絡而變的事實，我們實有必要深加反省，找到臺灣該如何看待現代性才比較合適的位置，建立自己理解現代社會究竟如何形成的論述。藉由揭露現代性論述西方中心的霸權性格，指出現實與論述之間的落差，本文希望能激發大家重新認識現代性的興趣，一同反身地尋覓適合臺灣介入及重構現代性論述的切入點，並相應在新論述裡賦予臺灣恰如其分的定位。

畢竟，光是生活在臺灣不足以保證我們有自己的觀點，在地的立足點／觀點是需要經學術和政治的努力來達成和經營的。例如，臺灣不但是見證美國霸權興起的重要實驗室，還曾經充當美式現代性論述往第三世界推廣的樣板，但在西方或美式主流現代性論述裡，臺灣的角色只能是「追隨者」、「獲益者」或甚至「被解救者」。然而，如果我們如本文主張的，改從相互連結的歷史或全球歷史社會學的觀點重新審視這段歷史，將會發現，臺灣至少扮演了關鍵的「中介者」角色，甚至在現代性的形成上同樣有「構成性的」角色。當我們從這樣的視角修正既有的現代性歷史敘事，才能真正克服其始終未能擺脫的西方中心盲點，剝除其霸權性格，實現其自我批判與超越的理想。

臺灣的科技與社會研究社群已自信地喊出「我們不曾後進過」的口號（Lin and Law, 2015），身為社會學者，我們雖不必效法、踵繼其步伐，但毋寧應提出我們自己的研究議程，營造我們自己的立足點，避免因著「自我

後進化」而來的劃地自限與跟隨者心態，乃至誤認或誤判現實。現在，是到了重新認識現代性，並由此重新講述臺灣故事的時候了！我們不但要有不服從的勇氣，還必須學會何時不該學（Tlostanova and Mignolo, 2012），如此才能善用西方觀點主導下的理論、觀點或概念卻又不會被其綁住，而能以本地歷史真實開展出的現代性軌跡，豐富及推進社會學理論的進一步發展（Wagner, 2010）。[16]

參考書目

一、中文部分

- 朱元鴻，2014，〈百年來戰爭與革命組態的改變〉，收於汪宏倫編，《戰爭與社會：理論、歷史、主體經驗》。臺北：聯經，頁97-155。
- 李丁讚、吳介民，2005，〈現代性、宗教與巫術〉，《台灣社會研究季刊》59，頁143-184。
- 范綱華編，2014，《本土理論再想像》。新北市：群學。
- 黃金麟、汪宏倫等編，2010，《帝國邊緣》。臺北：群學。
- 黃瑞祺，1996，〈現代性的省察〉，《台灣社會學刊》19，頁169-211。
- 馬漢著，李少彥等譯，2013/1890，《海權對歷史的影響（1660-1783）；附亞洲問題》。北京：海洋出版社。

二、外文部分

- Amadae, S. M. 2003. *Rationalizing Capitalist Democracy*. Chicago: University of Chicago Press.
- Amsden, Alice H. 2001. *The Rise of "the Rest": Challenges to the West from Late-Industrialization Economies*. Oxford: Oxford University Press.
- Arnason, Johann P. 1991."Modernity as Project and as Field of Tensions." In Axel Honneth and Hans Joas eds., *Communicative Action*. Cambridge, Massachusetts: The MIT Press, pp. 181-213.
- Baechler, Jean, John A. Hall and Michael Mann eds. 1988. *Europe and the Rise of Capitalism*. Oxford: Blackwell.
- Barnes, Harry E. 1917. "Sociology before Comte: A Summary of Doctrines and an Introduction to the Literature." *American Journal of Sociology* 23(2), pp. 174-247.
- Beck, Ulrich. 2006. *The Cosmopolitan Vision*. Cambridge: Polity.
- Beck, Ulrich, Anthony Giddens and Scott Lash. 1994. *Reflexive Modernization*. Cambridge: Polity.

---

16. 從在地視角出發，我們或許必須對打造或追求「符合臺灣主體性的世界觀與歷史觀」一事加上括號或問號，因「主體性」本身就是西方啟蒙現代性值得檢討的判準（范綱華，2014，頁45、245）。本文重點在倡議發展臺灣自己認識世界與歷史的觀點，使用「主體性」一詞係圖行文方便，並不主張純然以自我為中心的視角，遑論有我無他的全能或全景視角。本文提倡的相互連結的歷史的立場，基本上也有別於所謂主體性的視角。但這是個超越本文能力範圍的大問題，有待高明。

- Bentley, Jerry H. 2006."Beyond Modernocentrism." In Victor H. Mai ed., *Contact and Exchange in the Ancient World*. Honolulu: University of 'Hawai' i Press, pp. 17-29.
- Bhambra, Guminder K. 2007. *Rethinking Modernity*. New York: Palgrave Macmillan.
- Blaut, James M. 1993. *The Colonizer's Model of the World*. New York: Guilford Press.
- Bonnett, Alastair. 2004. *The Idea of the West*. New York: Palgrave Macmillan.
- Bourdieu, Pierre. 2004. *Science of Science and Reflexivity*. Chicago: The University of Chicago Press.
- Browning, Christopher S. and Marko Lehti eds. 2010. *The Struggle for the West*. London: Routledge.
- Buzan, Barry and George Lawson. 2015. *The Global Transformation*. Cambridge: Cambridge University Press.
- Cheng, David Te-Chao. 1944. "Review: *Free China's New Deal* by Hubert Freyn." *Annals of the American Academy of Political and Social Science* 231, p. 180.
- Conze, Werner. 2004. "Revolution. Rebellion, Aufruhr, Bürgerkrieg." In von Otto Brunner, Werner Conze and Reinhart Koselleck, *Geschichtliche Grundbegriffe, Volume 5*. Stuttgart: Klett-Cotta, pp. 653-791.
- Darwin, John. 2008. *After Tamerlane*. New York: Bloomsbury.
- Duchesne, Ricardo. 2012. *The Uniqueness of Western Civilization*. Leiden: Brill.
- Dussel, Enrique. 2002. "World-System and 'Trans'-Modernity." *Nepantla* 3(2), pp. 221-244.
- Ernst, Daniel R. 2014. *Tocqueville's Nightmare*. Oxford: Oxford University Press.
- Fields, David. 2015. "Dollar Hegemony." In Louis-Philippe Rochon ed., *The Encyclopedia of Central Banking*. Northampton, MA: Edward Elgar Publishing, pp. 145-147.
- Foucault, Michel. 1984. "What Is Enlightenment." In Paul Rabinow ed., *The Foucault Reader*. New York: Pantheon Books, pp. 32-50.
- Fousek, John. 2000. *To Lead the Free World*. Chapel Hill: The University of North Carolina Press.
- Gassert, Philipp. 2012. "The Spectre of Americanization: Western Europe in the American Century." In Dan Stone ed., *Postwar European History*. Oxford: Oxford University Press, pp. 182-200.
- Germann, Julian. 2011. "International Political Economy and the Crisis of the 1970s: The Real 'Transatlantic Divide'," *Journal of Critical Globalisation Studies* 4, pp. 10-22.
- Gerschenkron, Alexander. 1962. *Economic Backwardness in Historical Perspective: A Book of Essays*. Cambridge, MA: Belknap Press of Harvard University Press.
- Gilman, Nils. 2003. *Mandarins of the Future: Modernization Theory in Cold War America*. Baltimore: The John Hopkins University Press.
- Go, Julian. 2016. *Postcolonial Thought and Social Theory*. New York: Oxford University Press.
- Gumbrecht, Hans Ulrich. 2004/1978. "Modern, Modernität, Moderne." In von Otto Brunner, Werner Conze and Reinhart Koselleck eds., *Geschichtliche Grundbegriffe, Bd. 4*. Stuttgart: Klett-Cotta, pp. 93-131.
- Habermas, Jürgen. 1987. *The Philosophical Discourse of Modernity*. Cambridge, Massachusetts: MIT Press.
- Halperin, Sandra. 2006. "International Relations Theory and the Hegemony of Western Conceptions of Modernity." In Branwen Gruffydd Jones ed., *Decolonizing International Relations*. Lanham: Roman & Littlefield, pp. 43-63.
- Harding, Sandra ed. 2004. *The Feminist Standpoint Theory Reader*. New York: Routledge.
- Hardt, Michael and Antonio Negri. 2009. *Commonwealth*. Cambridge, Massachusetts: Belknap.
- Hayes, Carlton J. H. 1932. *A Political and Social History of Modern Europe*. New York: Macmillan.
- Hayes, Carlton J. H., Marshall Whithed Baldwin and Charles Woolsey Cole. 1962. *History of Western Civilization since 1500*. New York: Macmillan.

- Hayes, Carlton J. H., Parker Thomas Moon and John W. Wayland. 1955/1932. *World History*. (3rd revised ed.) s.l.: s.n.
- Higgs, Robert. 2006. *Depression, War, and Cold War*. Oxford: Oxford University Press.
- Hsieh, Michelle F. 2017. "Governing Taiwan's Decentralized Economy." Paper presented at "Modernity Reconsidered: An East Asian View on Theoretical Genealogies and Historical Comparisons" of the Institute of Sociology, Academia Sinica. Taipei, March 24-25.
- Hunt, Lynn. 2007. "Modernity and History." In Lynn Hunt, *Measuring Time, Making History*. Budapest: Central European University Press, pp. 47-91.
- Jauß, Hans Robert. 1971. "Antiqui/modern." In Joachim Ritter ed., *Historische Wörterbuch der Philosophie*, Bd. 1. Basel: Schwabe, pp. 410-414.
- Koselleck, Reinhart. 2002. "The Eighteen Century as the Beginning of Modernity." In Reinhart Koselleck, *The Practice of Conceptual History*. Stanford: Stanford University Press, pp. 154-169.
- ——. 2011. "Introduction and Prefaces to the *Geschichtliche Grundbegriffe*." *Contributions to the History of Concepts* 6(1), pp. 1-37.
- Laidlaw, Walter. 1911. "The Church and the City Community." *American Journal of Sociology* 16(6), pp. 794-804.
- Landes, David S. 1969. T*he Unbound Prometheus*. London: Cambridge University Press.
- ——. 1998. *The Wealth and Poverty of Nations*. New York: Norton.
- Lerner, Daniel. 1958. *The Passing of Traditional Society: Modernizing the Middle East*. Glencoe, IL: Free Press.
- Lin, Wen-yuan and John Law. 2015. "We Have Never Been Latecomers!?" *East Asian Science, Technology and Soci*ety 9, pp. 117-126.
- Lippmann, Walter. 1929. *A Preface to Morals*. Boston: Beacon Press.
- MacNair, Harley Farnsworth. 1941. "Review: Japan since 1931: Its Political and Social Developments, by Hugh Borton; The Struggle for North China, by George E. Taylor." *The Annals of the American Academy of Political and Social Science* 215, pp. 184-185.
- Maier, Charles S. 2006. *Among Empires: American Ascendancy and Its Predecessors*. Cambridge, MA: Harvard University Press.
- Mignolo, Walter D. 2002. "The Enduring Enchantment (or The Epistemic Privilege of Modernity and Where to go from here)." *The South Atlantic Quarterly* 101(4), pp. 927-954.
- Mitterauer, Michae*l. 2010. Why Europe?* Chicago: University of Chicago Press.
- Mokyr, Joel. 1999. "Eurocentricity Triumphant." *American Historical Review* 104(4), pp. 1241-1246.
- Morris, Ian. 2010. *Why the West Rules-for Now?* New York: Farrar, Straus & Giroux.
- Oldenziel, Ruth and Karin Zachmann eds. 2009. *Cold War Kitchen*. Cambridge, Massachusetts: The MIT Press.
- Osborne, Peter. 1992. "Modernity is a Qualitative, Not a Chronological, Category." *New Left Review* 192(1), pp. 65-84.
- Peukert, Detlev. *1992. The Weimar Republic: The Crisis of Classical Modernity*. New York: Hill & Wang.
- Pomeranz, Kenneth. 2000. *The Great Divergence*. Princeton: Princeton University Press.
- Raj, Kapil. 2007. *Relocating Modern Science*. New York: Palgrave Macmillan.
- Rostow, Walt W. 1960. T*he Stages of Economic Growth: A Non-Communist Manifesto*. Cambridge: Cambridge University Press.
- ——. 1975. *How It All Began: Origins of the Modern Economy*. London: Methuen & Co Ltd.

- Shah, Hemant. 2011. *The Production of Modernization*. Philadelphia: Temple University Press.
- Shapin, Steven. 1996. *The Scientific Revolution*. Chicago: University of Chicago Press.
- Speich Chassé, Daniel. 2013. *Die Erfindung des Bruttosozialprodukts*. Göttingen: Vandenhock & Ruprecht.
- Stark, Rodney. 2014. *How the West Won*. Wilmington, Delaware: ISI Books.
- Steinberg, John W. et al. eds. 2005. *The Russo-Japanese War in Global Perspective: World War Zero*. Leiden: Brill.
- Strayer, Robert W. et al. 1989. *The Making of the Modern World: Connected Histories, Divergent Paths*. New York: St. Martin's Press.
- Studer, Roman. 2015. *The Great Divergence Reconsidered*. Cambridge: Cambridge University Press.
- Taylor, Charles. 1995. "Two Theories of Modernity." *The Hastings Center Report* 25(2), pp. 24-33.
- Therborn, Göran. 2012. "From Civilization to Modernity." In Said Amir Arjomand ed., *Social Theory and Regional Studies in the Global Age*. New York: University of New York Press, pp. 267-289.
- Thomas, William I. 1908. "The Significance of the Orient for the Occident." *American Journal of Sociology* 13(6), pp. 729-755.
- Tlostanova, Madina V. and Walter D. Mignolo. 2012. *Learning to Unlearn*. Columbus: Ohio State University Press.
- Wagner, Peter. 1994. *A Sociology of Modernity: Liberty and Discipline*. London: Routledge.
- ——. 2001. *Theorizing Modernity: Inescapability and Attainability in Social Theory*. London: Sage.
- ——. 2008. *Modernity as Experience and Interpretation*. Cambridge: Polity.
- —— . 2010. "Multiple Trajectories of Modernity: Why Social Theory Needs Historical Sociology." *Thesis Eleven* 100, pp. 53-60.
- ——. 2012. *Modernity: Understanding the Present*. Cambridge: Polity.
- Wallerstein, Immanuel. 1996. "Three Ideologies or One?" In Stephen P. Turner ed., *Social Theory & Sociology*. Cambridge, Massachusetts: Blackwell, pp. 53-69.
- White, William Allen. 1925. "The Larger Cycle of American Development," *Social Forces* 4(1), pp. 1-5.
- Williams, Raymond. 1983/1976. *Keywords, Revised Edition*. New York: Oxford University Press.

——本文原刊載於《政治與社會哲學評論》64（2018.03），頁 49-112。湯志傑教授授權使用。

一、重新認識現代性

① 對於現代性的認識，往往形成歐洲中心論，或是線性歷史發展的思考模式。

② 為了反省「現代性」，必須回到其形成的歷史脈絡來理解。

二、從概念史、知識社會學理解現代性

① 現代一詞的拉丁文 modernus 在 5 世紀出現，表明與過去之間的區隔，並不帶有現代一定優於古代的概念，一直到 17 世紀啟蒙運動以後才逐漸轉變，並發展出歷史階段論的看法。

② 18 世紀以後，現代成為了歷史分期的名詞，並在工業革命、法國大革命後開始普及，並且強調一個在質上截然不同的轉變。因此，從不同的視野看來，現代也會產生相異的定義。

③ 現代是一個連續或斷裂的觀點，也因人而異。

④ 現代表達了一種對於未來的期望，具有政治化、意識形態化等的特徵。

⑤ 現代除了代表新的、時代區分的意涵，也具有短暫、轉瞬即逝的意涵，並且包含了改變的常態化，讓人們產生危機意識。社會學的誕生就是試圖釐清當代的時代鉅變，進行自我反省與審視。

⑥ 雖然現代性為歐洲的自我反省，但面對非西方時卻展現出優越感，否定非西方對於現代性有任何貢獻。在討論現代性時，必須留意其預設的今／古、西方／非西方的預設立場。

三、19 到 20 世紀美國崛起、
「西方」的發明與對東亞的看法

① 19 世紀歐洲列強向外擴張，建立一個「西方」的概念與認同，並且將當時快速崛起美國與向東擴張的俄羅斯囊括在內。美國更是在兩次世界大戰以後，憑藉其經濟、軍事力量，以商業、消費、娛樂和流行文化等影響全世界。

② 西方的概念出現後，開始有西方文明史一類的教科書和課程，以歐洲史為基礎來擴展至世界史的論述。但當時社會的變遷、一次大戰的發生，也讓人對於西方文明產生懷疑，尚未產生獨尊西方文明的現代性。

③ 20 世紀初的社會學文獻，看到有些文章強調現代性非西方獨有，將目光移往其他地區，特別是東亞地區的發展。回到當時的歷史脈絡，從西方的角度來看，東亞是擁有邁向現代化與西方相抗衡的潛力。

④ 由於歐洲人對於自身文明感到懷疑，現代性不是當時社會學主流的概念，更常使用的是現代化一詞。

四、二戰之後的發展

① 二戰結束後，進入冷戰時代，美國與蘇聯都在爭取後殖民國家和第三世界的支持。現代化理論順時而起，探討如何藉由西方成功的經驗，讓第三世界能夠邁向現代化，向西方看齊和靠攏。

② 美國取代歐洲國家成為新霸權時，也開始美國文化逆輸入到歐洲。儘管歐洲出現數次反美國化的浪潮，但 1980 年後美國逐漸掌握文化霸權，冷戰結束後美式文化、生活更成為主流的現代性想像。

③ 為了修正現代化理論過於線性的演化觀，社會學家轉向從歷史的脈絡著手，研究西方或非西方的發展，反而更加驗證了西方成功的獨特性，依舊支持了歐洲中心論。

④ 隨著東亞的崛起，西方也開始懷疑現代化理論的有效性，肯定東亞的經驗和傳統文化，但也會隨著東亞經濟起伏，讓西方的見解時而正面，時而負面。

⑤ 後現代理論的興起，致力劃分現代性並加以批判。為了捍衛現代性，或是不認為後現代理論界定的美式文化為現代性的人們，紛紛投入現代性的研究，發展出晚期現代性、第二現代性、全球現代性的概念。

⑥ 隨著反歐洲中心論的論述出現、中國改革開放後的經濟發展、作為世界霸權的美國發生金融海嘯等，西方陷入某種程度的不安，反而激發探討歐洲現代性何以成功並領先的熱潮。現代性的論述成為西方證明自身霸權優勢，強化自我信心的防衛機制。

|導讀| 巨克毅，〈全球化下的宗教衝突與基要主義〉

韓承樺

2001 年 9 月 11 日，恐怖組織仿佛是藉攻擊美國為例向全世界宣告，甫邁入 21 世紀的人類社會，即將陷入「西方」與「反西方」勢力的對抗中，永不止息。這次攻擊事件揭示了，在全球化發展進程中，各國政治、經濟、文化雖逐漸整合為一個頻密交往互動的集合體，內部卻仍存有多元難以收整的部分。一個同質且統一的全球體系，或許只是遙不可及的夢想。隨著全球整合步驟而致的，反倒是各國因交往而生成的各種誤會、矛盾甚或衝突；而且頻率愈趨繁密。

課綱規劃了「西方」與「反西方」的條目，或是希望引導學子認識冷戰後的世界，隱隱然形成兩股環繞著「西方」與「反西方」，亦或可說是「西化」和「反西化」力量，相互對抗。並進一步從這樣的現實結果，反思其中的歷史經驗、因素和影響。從我們現在的後設角度觀察，21 世紀的「西方」和「反西方」勢力衝突，概可分成「實然」（what is）和「應然」（ought to be）兩層面。「實然」層面指的是那些已經發生的攻擊和暴亂。事實上自 911 事件後，世界各地確實愈常發生相異文明、文化國度的衝突與對抗。雖不願意這麼說，但多數事件仍是圍繞著伊斯蘭文明和西方基督教文明。「應然」層面，我則將之歸類為那些由思想、語言和符號構築成的既定認識和理解方式，這些「論述」（discourse）形構了人們對不同文明國度、文化習慣的扁平理解，甚至是一種刻板印象，它們彼此相抗，甚而有觸發真實衝突、武裝行動的可能。某方面來說，這是最常出現在我們日常生活中的狀況。當

有人很自然地說出「穆斯林就是如何如何」、「華人就是怎樣這般」，都是陷入「應然」層面的誤會。

執此，我們選擇巨克毅（1954-2012）關於國際宗教衝突的研究，是希望能從「實然」層面補充相關概念和材料。這篇文章分為三條軸線。第一，針對杭亭頓（Samuel P. Huntington, 1927-2008）「文明衝突論」的解釋。第二，針對「宗教基要主義」（Fundamentalism）概念、主張的說明與釐清。第三，進一步梳理和介紹世界「宗教基要主義」組織的理念和發展概況。前兩部分的討論，或能幫助教師於教學過程中，先建立關於思想脈絡和觀念論的背景知識。杭亭頓的「文明衝突論」，在 911 事件後又重新受到注意。他基本上認為，「文化」、「文明」為觸發戰爭和消解矛盾之主因。杭氏指出，隨著地球村成形而逐漸消弭國家界線，「文化」、「文明」即成為新形態的疆界，衍生出新形態的認同感、合作關係亦或衝突。[1] 杭亭頓將「文化」解釋為人與人間難以跨越的鴻溝，而「宗教基要主義」就仿佛是實踐此觀念的行動方針。文章對「宗教基要主義」的說明，清楚地讓我們認識，這種要求迴向傳統的主張，確實會和現代世界，甚至是「西化」生活方式，相互矛盾。不過，作者也提醒不得就此以化約論角度，將宗教基要主義等同於極端、恐怖的各類思考與行動。至於第三部分的事實介紹，得請教師特別留意此文出版時間距今稍遠，部分組織情況如需介紹，或可先經查詢。

「應然」層面的文明、文化衝突，就屬薩伊德（Edward W. Said）《東方主義》（*Orientalism*）及相關論述。該書自 1978 年出版以來，已被翻譯成 36 種語言，引發熱烈討論。他揭示了「東方」與「西方」這對命題，其

---

1. 杭亭頓此論點提出後，受到頗多討論與質疑，惟教師在教學現場時仍可作概要介紹。更值得注意的是，在 911 事件後，杭亭頓於 2004 年出版了《「誰是美國人？」族群融合的問題與國家認同的危機》（臺北：左岸文化，2008）。更進一步將現代世界的文明衝突議題，置放入國族境內的族群認同危機脈絡中，彰顯他自身對美國國家認同的焦慮，以及他身上較為濃厚的愛國主義及保守主義色彩。

實充滿人為努力、構作的痕跡。「東方」與「西方」本質是不穩定的，是延著人類多重歷史經驗，在互為他者（the Other）、相互對照的情境中生成。他認為應該深刻檢討每一特定時空環境下的東方論述是為何、如何形成，而非陷入東方主義式的謬論。無獨有偶的是，2004 年，書市上曾出現一本小書《西方主義》（*Occidentalism*），以相近手法揭露「西方文化」被「他者」建構的歷史過程。[2] 只能說，這或許是人類社會不可迴避的問題，而在構思解決之道前，先要注意的是，切勿簡單就落入了「西方」與「反西方」這道僵化命題的陷阱當中。

◆ 108 課綱相關條目對照說明

巨教授的文章對應「『西方』與『反西方』」（條目 Nb-V-2）。解讀文明衝突的含義，以及世界各地衝突發生的概況。

延伸閱讀

1. 尼爾・弗格森（Nail Ferguson）著、黃煜文譯，《文明：西方與非西方》（臺北：廣場出版，2019）。
   本書對應「『西方』與『反西方』」（條目 Nb-V-2）。

2. 愛德華・薩伊德（Edward W. Said）著、閻紀宇譯，《遮蔽的伊斯蘭（二版）》（臺北：立緒出版，2020）。
   本書對應「『西方』與『反西方』」（條目 Nb-V-2）。

---

2. 愛德華・薩伊德（Edward Said）著、王志弘等譯，《東方主義》（臺北：立緒出版，1999）。伊恩・布魯瑪（Ian Buruma）、阿維賽・瑪格利特（Avishai Marglalit）著、林錚顗譯，《西方主義：敵人眼中的西方》（臺北：博雅書屋，2010）。

全球化下的
宗教衝突與基要主義

巨克毅*

一、前言

21 世紀伴隨世界「全球化」（Globalization）進程，政治與經濟全球化
發展日益重要，而文化全球化現象亦逐漸形成中。迄今，全球化發展已成為
當前國際關係研究中最重要的中心議題。儘管全球化趨勢銳不可擋，然而並
不意味著全球已成為一個統一與同質化的全球體系。相反地，全球文化的多
元與複雜的特性仍多所存在。今日世界全球化發展目的在追求一種令人嚮往
與趨同的和平局境，而另一方面，世界「在地化」（Localization）與「分殊化」
現象仍具有重要影響性，例如：地域主義、種族主義、民族主義、國家主義
與全球主義觀點各異，形成今日全球秩序變動與分化的現實景觀。是以，
當前世界正處於「融合」與「分化」的兩股互動力量之中。誠如學者羅西瑙
（James. N. Rosenau）所言：「全球發展正處於一種由分裂（Fragmentation）
與整合（Integration）合成之「分合」（Fragmengration）的現況之下」[1]；換
言之，理解全球化發展，首先必須肯定趨同力量（融合）與分解力量（分化）
共同構成世界全球化過程。

---

* 前國立中興大學國際政治所所長，2012 年逝世。研究領域為全球化研究、宗教（文明）衝突與國
際衝突、國際恐怖主義、世界和平研究、兩岸民主化研究、中國大陸政治發展等。

1. 參閱羅西瑙（James. N. Rosenau），〈全球化的複雜性與矛盾〉，出自王列等譯，《全球化與世界》
（北京：中國編譯出版社，1998），頁 211-212。

在世界全球化發展過程中，去年（2001 年）美國 911 事件的發生，形成全球秩序與衝突的新焦點，國際恐怖主義的興起，業已對全球和平產生嚴重威脅，而此一暴力恐怖活動的根源，仔細探討即出於文明與宗教之間的衝突與對抗。美國哈佛大學教授杭庭頓（Samuel P. Huntington）曾於 1993 年《外交事務》（*Foreign Affairs*）期刊中，發表〈文明的衝突？〉一文，其論點強調：自冷戰結束後，未來國際關係中的重要衝突之源，主要來自「文明」之間的衝突，目前世界上共有八種文明：西方基督教文明、中國儒家文明、日本文明、伊斯蘭文明、印度文明、東正教文明、拉丁美洲文明與非洲文明。而未來世界衝突的主要關鍵在於西方文明與伊斯蘭文明或儒家文明之間的衝突與對抗。[2] 杭庭頓的文明衝突觀點雖有甚多誤解與錯誤之處，然而觀察 911 事件之後，美國（西方文明代表）與伊斯蘭國家之間的衝突，顯然也是由於長期雙方漠視宗教文化，未能相互和諧對話，導致劍拔弩張的衝突局境。

究竟今日國際緊張衝突不斷，導源於「文明衝突」或是「宗教衝突」？此一重要問題值得吾人進一步深入探討。事實上，綜觀今日全球之衝突地區，從東歐、中東、非洲、南亞至東南亞等地，皆導源於傳統部落與宗教信仰之間的衝突。例如：東歐地區：烏克蘭與俄國之間（天主教與東正教）；波士米亞、科索沃（東正教與伊斯蘭教）；中亞地區：亞美尼亞、亞賽拜疆（基督教與伊斯蘭教）；中東地區：以色列與阿拉伯國家（猶太教與伊斯蘭教）；中非地區：胡圖族與突西族之間部落信仰衝突；南亞地區：印度與巴基斯坦（印度教與伊斯蘭教）；東南亞地區：印尼、馬來西亞、菲律賓等地之宗教衝突，這些流血衝突事證，皆證明宗教之間的衝突業已引起國際衝突，更影響世界和平甚鉅。

上述地區宗教衝突愈演愈烈，除了政經、社會因素影響之外，各大宗

---

2. Samuel P. Huntington, "The clash of civilizations?" *Foreign Affairs*, Vol. 72, No.3 (Summer. 1993), pp. 22-27.

教文化中之基要主義（Fundamentalism）教派與組織的興起，亦是衝突擴大的重要因素。宗教基要主義一方面以改革社會現況自居，反對西方現代化所帶來的社會腐化與政經侵略，另一方面又以恢復傳統教義為號召，企圖以教義、經典作為維持社會秩序與國家發展的依據，進一步為達成其宗教神聖性目的，不惜採取積極地武力手段，以「聖戰」為號召，進而演變成為宗教極端主義與恐怖主義，結果導致世界各地衝突不斷發生，形成當前國際政治關注的焦點。

　　本文鑑於當前世界在全球化發展下，理應以追求世界和平，消弭衝突戰爭為最高原則，然而目前全球各地宗教衝突不斷，已形成世界和平之嚴重威脅，吾人必須深刻體悟：倘若宗教之間沒有和平，則國家之間亦無和平，世界也將永無寧日。故本文希望透過研究了解宗教衝突之原因，尤其針對各大宗教基要主義教派組織發展現況，進一步加以介紹認識，以期未來透過「認識」、「了解」、「對話」、「化解」等和平過程，逐步達成世界和平之早日來臨。

二、文明衝突的本質與爭議

　　自 2001 年美國 911 世貿大樓攻擊事件之後，杭庭頓（Samuel P. Huntington）的「文明衝突論」觀點，一時之間成為國際政治分析的新視野，也成為了解未來國際衝突的一項嶄新的研究取向。

　　依據杭庭頓論國際政治的歷史演變發展，他將國際衝突區分為四個不同階段[3]：

3.　Ibid.

第一、西元 1793 年以前：

法國大革命前之國際衝突是以君主之間的正統之爭，與領土之爭為主。

第二、西元 1793 年至第一次世界大戰：

鑑於民族國家的興起，國際衝突主要是國家利益之衝突，且在經濟、主權、領土，與軍事上產生紛爭。

第三、西元 1917 年至 1990 年之間：

俄國十月革命之後，共產主義興起，意識形態衝突取代國家利益之衝突，亦即資本主義與共產（社會）主義之鬥爭，以及自由主義與法西斯、納粹與威權主義競爭。第二次大戰結束後，意識形態的競爭代表東西方兩大陣營（美、蘇超強）之間的角逐與冷戰開始。

第四、1990 年後迄今：

冷戰結束，蘇聯瓦解，國際政治進入後冷戰時期，歷史並未終結，衝突依舊存在，而此一時期衝突的性質與根源產生巨大變化，未來衝突的性質為西方文明與其他文明之間的衝突，亦即西方文明唯我獨尊的局面將受到其他文明的挑戰。

然而「文明」的本質為何？杭庭頓首先區隔了所謂「單數的文明」與「多元的文明」，其認為「單數的文明」是指各文明各具特色，然而目前已喪失一些正字標記，而「多元的文明」則不合單一文明論所言的文明開化。其次，杭庭頓界定文明是一個文化實體（cultural entity），其與文化一樣，皆指人類整體的生活方式。不過，文明是文化的擴大，兩者皆涉及「價值觀、規範、制度及思考方式」。第三，杭庭頓認為文明是包羅萬象的，包含最廣泛之文化定位，除了共同客觀因素，例如：語言、歷史、宗教信仰、風俗習慣及制度界定外，亦包括了人們主觀的自我定位（認同與歸屬感）。第四，杭庭頓認為文明會滅亡，亦可能延續很久，然而其會不斷進化調整成為淵遠流長、獨特的歷史精髓。

第五，杭庭頓認為文明是文化而非政治實體，隨著文化進化其構成政治

單位的數目與本質常會改變。[4]

　　杭庭頓進一步認為，今日世界存有八大文明，文明與文明之間不斷接觸與碰撞，產生衝突、融合與互動關係，然而每個文明皆自視為世界核心，且自認是人類歷史的要角，其中尤以西方文明更是如此，如此發展則會產生「自我中心」與「偏狹傲慢」之態度，這將成為文明衝突之重要原因。[5] 杭庭頓並認為冷戰時代的兩極政治已經結束，代之而起的是一種複雜的多極、多文明世界的到來，不同文明及核心國家之間關係複雜，有採取結盟、亦有形成對立局面之產生。其最後並認為：西方文明將面對伊斯蘭文明與中國儒家文明之挑戰，形成新世紀的文明衝突形態。[6]

　　「文明衝突論」之內涵，倘若從今日全球化發展進程及「地緣政治理由」（Geopolitical reason）審視之，顯然今日全世界演變已愈來愈小，地球村儼然形成，不同文化的互動增加，形成各地文化對立與文化衝突現象增加，而各國認同政治的出現，不斷強調文化認同、民族認同、宗教認同與階級認同等運動，亦強化了文明衝突的發生。加以跨國公司的經濟擴張，許多第三世界國家經濟發展受到控制，經濟不振、社會貧困，導致人民怨聲四起，一種「反全球化」的聲浪結合「在地化」的政治運動，終於形成一種反西方文明，甚至反西方資本主義帝國霸權心態的出現。因此，杭庭頓所謂「文明衝突」，事實上是在全球化發展過程中，政經與社會問題加上民族與宗教認同問題，混合而成的一種「文化衝突」現象。倘若，從宗教信仰之根源因素論之，尤其以中東伊斯蘭宗教信仰之阿拉伯民族立場分析，則此一文化衝突又可狹義的歸諸於「宗教衝突」。一般探討宗教衝突，

4.　Samuel P. Huntington, *The Clash of Civilizations and the Remaking of World Order* (New York: Touchstone book, 1996), pp. 41-45.

5.　Ibid., pp. 54-55.

6.　Ibid., pp. 244-245.

吾人可以區分為三個層次分析：[7]

第一、各宗教團體之間的衝突：有些宗教團體之間存在著長期歷史與文化對立與衝突的因素，形成戰爭衝突不斷發生。例如：基督教與伊斯蘭教之間的宗教戰爭（11 世紀至 13 世紀的十字軍東征）。

第二、各宗教團體內部之衝突：多數原因為宗教內部發生革命，產生分裂的教團與新的教派，彼此爭奪正統與教權，因而爆發衝突。例如：羅馬天主教會的分裂，形成宗教改革運動與基督新教團體之出現。

第三、各宗教派系之衝突：各宗教因為教義解釋不同。而形成新的教派，教派與教派內部又因各種因素產生紛擾，引起衝突不斷，例如：伊斯蘭宗教中「遜尼派」（Sunnites）與「什葉派」（Shiites）之間，因為教義解釋不同，引發彼此之間長期鬥爭。

當前世界各地發生的宗教衝突多屬於第一層次，皆導源於不同宗教信仰團體，因彼此思想、觀念、價值、生活經驗、生命意義等看法不同，而存在差異與對立，進而相互仇視，終至產生衝突與流血。有學者主張，今日一切人類衝突中「宗教衝突」只是表象，實際上其他因素，例如：政治權力、經濟利益與生存權益等才是主因；不過，吾人客觀分析，其實人類彼此衝突各種因素皆存有相當比重，不宜以單一因素論斷之，因此不論將當前國際衝突歸納為「文明衝突」、「文化衝突」、或是「宗教衝突」，皆必須以宏觀與多元視角觀察與分析，只不過其中某項衝突因素所占比重較多而已。

美國遭受 911 恐怖攻擊事件之後，全球政治研究視野均轉向杭庭頓之

---

7. M. B. Mcguire (ed.), *Religion: The Social Context* (Belmont, CA.: Wadsworth Publishing co., 1992), pp. 185-186.

「文明衝突」觀點，其中雖有學者反對此一理論，[8] 然而從客觀現象分析，由宗教極端主義發動之恐怖攻擊，導致區域戰爭擴大發生（阿富汗戰爭），則是一項明顯的事實。杭庭頓在 911 事件後，會於新聞週刊撰文指出：當代全球政治就是伊斯蘭宗教戰爭的時代，回教徒打回教徒，打非回教徒，次數之頻繁，較諸其他文明世界的民族尤有過之。伊斯蘭宗教戰爭已取代冷戰，成為國際爭鬥最主要形式。[9] 杭庭頓進一步指出，現代伊斯蘭戰爭肇因於下列四項因素：

第一、最近數十年間，世界各地的伊斯蘭意識和運動覺醒。此一覺醒是對現代化和全球化的回應，從許多角度而言，應該頗具建設性。然而隨著都會回教徒人數增多，回教組織即適時提供社會支援，道德指引，衛生保健，失業救濟等，這些都是回教政府往往不能提供的。但是回教的復興也滋生了少數極端分子，為對抗非回教徒的恐怖戰爭和游擊戰提供了兵源。

第二、在伊斯蘭世界中（特別是阿拉伯世界），普遍存在著一股仇視西方的心理。這是西方國家在 20 世紀的大部分時間中在伊斯蘭世界進行帝國主義的結果。從 1991 年開始，美國對伊拉克採取的諸多行動，以及美國與以色列過分親密，都是刺激伊斯蘭世界的因素。

第三、伊斯蘭世界內部的種族、宗教、政治和文化分裂，刺激了回教徒與回教徒之間的暴亂。一些回教國家，如沙烏地阿拉伯和伊朗，也各自宣揚本國的伊斯蘭理念，誰也不服誰。

第四、伊斯蘭社會出生率極高，目前年紀在 16 歲到 30 歲之間的青年

---

8. 美國哥倫比亞大學教授薩依德（Edward W. Said）即認為杭廷頓理論觀點含混與錯誤。見薩依德著，〈杭廷頓「文明衝突」未竟歷史全貌〉，《中國時報》，2001 年 10 月 17 日。另外，福山（Francis Fukuyama）則認為，自由民主與市場制度仍是主導世界政治的主要力量，其批評且反對「文明衝突」理論，見福山著，〈民主自由仍將主導世界政治〉，《中國時報》，2001 年 10 月 12 日。
9. 參閱杭庭頓著，〈冷戰落幕：回教戰爭取而代之〉，《聯合報》，2001 年 12 月 17 日，第 12 版。

極多。這個年齡層的男子接受的教育較高，偏偏又找不到工作，於是紛紛移民西方世界，最後加入基本教義派組織。這些青年男子仇恨西方社會，正是所有社會暴力活動的主要參與者。[10]

面對今日世界各地戰爭與衝突不斷發生，究竟是「文明衝突」？「宗教衝突」？或是其他類型衝突？吾人認為杭庭頓的理論雖有不周全，甚至武斷錯誤之處甚多[11]，但是仍然具有一定的分析參考貢獻。要避免今日文明衝突與宗教衝突擴大，則勢必要採取「文明對話」與「宗教對話」之努力，尤其要強調人類文明的共同性，及相互依存的基本原則，秉持中國人所謂「愛其所同、敬其所異」的大同精神，或許可以擴大人類心胸，消弭衝突於無形。

三、宗教基要主義的基本主張

今日國際衝突的根源，多數來自文明（宗教）的衝突；尤其是各大宗教文化中的基要主義教派與組織，其特殊主張與激進觀點，形成與傳統宗教信仰不同的內涵，此一宗教觀點成為當今世界一種獨特的意識形態，值得吾人進一步探討與分析之。

宗教中的「基要主義」此一名詞，源自 20 世紀第一次世界大戰前後的美國基督教（Postestanism），由於部分教會主張維護基督教的基本教義，而形成一股宗教運動與力量。爾後，西方學者亦用基要主義來描述其他宗教，如猶太教、伊斯蘭教、佛教，與印度教等，甚至中國儒家中的復興思潮與保

---

10. 同前註。
11. 對杭庭頓理論提出批判與指證錯誤之著作與文章甚多，此可參閱 Hans Kûng, "Inter-cultural Dialogue Versus Confrontation," in Roman Herzog, *Preventing The Clash of Civilizations* (New York: St. Martin's Press, 1999), pp. 97-105.；王緝思編，《文明與國際政治：中國學者評杭庭頓的文明衝突論》（上海：人民出版社，1996）；米勒（H. Miller）著、酈紅等譯，《文明的共存》（北京：新華出版社，2002）。

守主義的觀點亦被歸類之。

　　基要主義的英文是 Fundamentalism，源自拉丁文 Fundamentum，意思是「基礎、根基」，和新拉丁文 Fundamentalis，意思是「基礎的、重要的」相似，這與西方宗教文化中使用的傳統主義（Traditionalism）兩者涵義並不相同。理想的界說是，基要主義是宗教傳統主義或傳統信仰與教義的新的表達方式，且是現代社會中宗教復興運動中的主要思潮與力量。

　　考察當前全球宗教發展情景，不論是保守主義、正統主義，或是傳統主義的各類宗教運動，均在世界各地不斷演變與發生。這些宗教運動簡明地皆以拒絕西方現代化或是世俗化生活方式為主，而一些採取認同現代化之宗教則式微不振。這些新興宗教運動即可歸類為「基要主義」；當然，原本這一名稱使用並不適當（本指美國基督教之右派教義），且帶有一些貶義，然而經過學者們普遍的描述與使用，例如：馬帝（Martin E. Marty）與阿普里比（R. S. Appleby）於 1991 年合作提出一項「基要主義計畫」（The Fundamentalism Project），[12] 將當今各大教派與政治不同內容包含之，使得此一名詞已被世人普遍用之。[13]

　　當代宗教基要主義混合著一些主要特點，著名的美國社會學者伯格（Peter L. Berger）指出：一是強烈的宗教熱情；二是對時代精神（Zeitgeist）的一種挑戰與反抗；三是一種向宗教權威傳統來源之回歸。[14] 這三項共同特點，在各大宗教文化中皆具備之，並非單指某一宗教運動。不過，今日宗教

---

12. Martin E. Marty and R. S. Appleby (eds.), *Fundamentalisms Observed* (Chicago: University of Chicago Press), pp. 814-842.〔基要主義計畫〕包括有一系列的叢書，除上述著作之外，另外包括：*Fundamentalisms and Society* (1993)*, Fundamentalisms and the State* (1993)*, Accounting for Fundamentalisms* (l994)*, and Fundamentalisms Comprehended* (1995).

13. Ted G. Jelen and C. Wilcox, "Religion: The One, the Few, and the Many," in T. G. Jelen and Wilcox(eds.), *Religion and Politics in Comparative Perspective* (Cambridge University Press, 2002), p.5.

14. Peter L. Berger, "The Desecularization of the World: A Global Overview," in Peter L. Berger (ed.), *The Desecularization of the World: Resurgent Religion and World Politics* (Washington, D.C.: the Ethics and Public Policy Center, 1999), pp.6-7.

基要主義的內涵往往為西方自由派人士所誤解，以為其只是一種輕蔑的詞彙，暗含無知的、偏激的與狂熱主義的意思。然而，宗教基要主義只是一種保守信仰的復興，且對於當代世俗文化與現代物質文明持懷疑與反對的立場。因此，宗教基要主義的出現，目的只是在傳統信仰中尋求一種教義的新解釋與忠誠的堅持。基於此一堅持，進而依其經典、戒律，而使社會秩序與世界發展能遵循之。

美國著名的基要主義研究學者馬帝（Martin E. Marty）在談到宗教基要主義的基本主張時，完整地歸納了 11 項內容，茲整理主要論點說明如下：[15]

① 基要主義通常發生於傳統文化土壤之中，這些傳統文化中的人們理解與要求簡單與保守地繼承既有的世界觀與生活方式。

② 基要主義者常常面對一種含混不清的威脅感，亦即是一種失掉世界的恐懼感，可能是感到「西化」、「現代化」、或是外來侵略，以及多元主義與世俗主義合併而來的威脅，進而採取一種抵抗。

③ 當基要主義者面對外來挑戰者或敵人（可能是叛徒或異教徒），普遍會有焦慮、不平、恐懼等一致性的擴散。

④ 基要主義者具有各種反應，包括：反抗、革新、防禦或是發現新方法，以求抵抗對保守傳統之各種威脅。

⑤ 針對不同的宗教教義內容，基要主義者採取不同的選擇，故其反抗行動具有不同的改正形式（the from of discriminating reclamations）。

⑥ 基要主義者尋求權威（authority），其可能指教權階級的權威，例如：教皇是絕對的（Papal infallibility），或是教法經典、宗教故事、古典事件等主要文件內容，例如：訴諸伊斯蘭的教法（Shariá），或

---

15. Martin E. Marty, "Fundamentals of Fundamentalism," in Lawrence Kaplan (ed.), *Fundamentalism in Comparative Perspective* (The University of Masschusetts Press, 1992), pp.18-23.

是基督教的《聖經》（*The Bible*）皆是。

⑦ 基要主義者由於其與外在世界看法不同，對於一些共同觀點的堅持，包括教義的、實用的、行為的或文化的堅持，往往令人生氣不悅與反感憤慨。

⑧ 基要主義反對曖昧不分（Ambiguity）與矛盾對立（Ambivalence）存在，其明顯區分事物，或是上帝與魔鬼的對抗，或是天國戰爭與塵世戰爭。

⑨ 基要主義信賴文化的深厚（thickness）、種族主義、血緣關係、與自然近親等基本觀點，亦即信賴一種「集中的揀選」（convergent selectivity），藉以使其人民受到召喚。例如：常用「上帝黨」、「上帝子民」、「揀選的人民」、「道德的多數」等句子。

⑩ 基要主義往往會演變成為潛在地或實際地侵略性（aggressive），其成員帶有好戰的、軍事的、恐怖主義的或革命的、與嗜殺的特性。進一步其行動具有朝向主動性、侵略性與激進的可能性。

⑪ 最後，基要主義具有一種緊繞的與獨存的歷史哲學，其宗教傳統中具有等待救世主與千禧年的救贖觀點，此一歷史哲學可能是進步的，但是共同的模式，在事件發展中則屬於天啟的、一種戲劇性的變動（upheavals）。

事實上，今日各種不同宗教團體的基要主義觀點，除上述共同主張外，尚有一些文化差異存在。如猶太教、基督教、與伊斯蘭教，皆屬於一神論，其信仰較為獨斷，強烈反對異端，排他性較強；而東方宗教傳統，例如：佛教、印度教或是儒道信仰，則屬於多神論，其形上信仰、價值觀念較為圓融，社會易於調和，故較少形成專斷主義，產生宗教衝突。[16] 以色列學者艾森斯

---

16. Steve Bruce, *Fundamentalism* (Cambridge, UK.: Polity Press, 2000), p.95.

塔（Shmuel N. Eisenstadt）則指出當代宗教基要主義運動雖然經常與強烈的反西方、反啟蒙意識形態結合在一起，但它們卻表現出明顯的近代雅各賓主義（Jacobinism）特徵，其按現代性話語表達和宣揚其獨特的理想，尤其以政治行動來重建人格，重建個體認同和集體認同，確立一種新的個體和集體身分。[17] 艾森斯塔的觀點將宗教基要主義與雅各賓主義加以比附，明顯指出基要主義具有激進、好戰、恐怖手段的特質，顯然其看法較為偏頗。

　　吾人必須說明的是，各類宗教中的基要主義並非均是激進、好戰的，甚至採取恐怖流血手段的；目前西方傳媒與學界常針對伊斯蘭宗教的發展，提出「伊斯蘭威脅論」，並視「伊斯蘭教」等於「伊斯蘭基要主義」，等於「激進主義」，等於「極端主義」，等於「恐怖主義」，如此的化約論推演認定，當然是一種以偏蓋全的看法，形成宗教基要主義皆是暴力與恐怖組織的錯誤印象，事實上有一些宗教團體與恐怖組織採取暴力手段，但是並非所有宗教基要主義皆屬之，這是探討全球宗教基要主義時，必須加以指正與認識的。

四、宗教基要主義的組織與發展

　　宗教基要主義的出現乃是當代各大宗教團體中一普遍發生的宗教運動，其不僅是反對現代化文明的一股力量，更是宗教復興思潮與傳統信仰一種新的表達形式。由於一些激進的宗教基要主義組織，因為受到外力（政經力量）衝擊，採取激進暴力手段，結果造成宗教流血衝突不斷，形成國際政治關心的焦點。本文針對當前西方主要宗教：基督教、伊斯蘭教、猶太教，以及印度教基要主義發展現況分析介紹如下。

---

17. 艾森斯塔（Shmuel N. Eisenstadt），劉鋒譯，〈邁向二十一世紀的軸心〉，《二十一世紀》57（2000.02）。

（一）基督教基要主義

今日基督教基要主義的發展已是全球普遍之現象，其主要可分為兩類：一類是只關注基督最後勝利與人們被送往天堂之時何時到來的「屬靈派」；另一類則是積極參與社會政治活動、通過集會遊行示威與四處遊說宣傳自己的宗教社會政治觀的「激進派」。[18] 儘管這兩派對待世界的方式截然不同，但是其世界觀均承認「五點基本要道」。所謂五點基本要道內容：一是耶穌由童貞女所生；二是耶穌死後復活並具神性；三是耶穌代人類受死完成救贖；四是基督終將「肉身復臨」；五是承認聖經是信仰權威，字字句句無誤。[19] 此五點內容成為基要主義者維護與信仰的主要原則。

基督教基要主義主要起源於 1910 年至 1920 年出版的一系列對基督新教回應的小冊子，此一回應內容皆以「基本要道」論述為主，反對現代主義對聖經之評斷，強調真理之不可動搖。Fundamentalism 一詞最早即出現於 1920 年羅斯（Curtis Lee Laws）主編之美國浸禮會的《守望稽刊》（The Watchman Examiner）之中，基要主義者乃是甘願為忠於自己信仰之基本要道而「戰鬥」之人；顯然，此一名詞既是表達涵義，亦是一個行動口號。[20] 此後，凡是堅守聖經觀點，反對現代主義之教會，常被泛稱基要主義教派，但無統一的組織。

美國基要主義中的激進派又稱為「新基督右派」（New Christian Right，簡稱 NCR），其在美國政治社會中具有極大的影響力。依據學者杜漢（Martin Durham）的分析，NCR 具有三個特徵：一是它起源於福音派教會；二是以家庭價值與性道德議題為焦點；三是承諾投入更廣泛的保守主

---

18. 王美秀著，〈基督教基要派與現代化〉，《宗教哲學季刊》16（1998.10），頁 75。
19. 參閱《基督教辭典》，（北京：北京語言學院出版社，1994），頁 235。
20. 參閱 Dictionary of the Ecumenical Movement (Geneva: Wcc Publications, 1991), pp.430-431.

義政治中。[21]20世紀早期，NCR的主張包括：反對學校教授進化論，強調「種族隔離」（segregation）政策，反對共產主義等；因此NCR與「三K黨」（Ku Klux Klan）白人中心論之保守觀點，成為狂熱群眾支持者的共同看法。20世紀70年代後，NCR重視社會議題：提出反對墮胎、反對同性戀、反對色情散布，以及提出維護家庭價值（pro-family）等主張，受到一些保守的基督教福音派人士的支持。

當代NCR宗教運動與政治運動關係緊密，雖然強調政教分離原則，但是在政治上的主張與立場，仍有值得觀察之處，茲分析如下：[22]

① NCR強調基督徒應重視政治，參與並建立良好的公民權利，引導美國成為「回歸基礎、回歸價值、回歸聖經」的道德性國家。

② NCR強調上帝將祝福美國成為基督教國家，並使其勝利富強。NCR人士自稱是上帝的軍隊、打擊政治與社會上的腐敗與邪惡（魔鬼）力量。

③ 重申維護家庭價值的重要性，主張學校課程應以此為重；反對同性戀及女性主義的過度膨脹，因為其觀點破壞家庭倫理與基本價值。

④ 反對世俗人道主義的各種主張；而世俗人道主義係採無神論，進化論、科學論之觀點，此與NCR運動成為對立的社會議題。

⑤ NCR一向贊成美國共和黨的保守政治主張，在各項選舉中皆投票支持共和黨候選人；部分NCR人士組成基督教聯盟，強調透過政治或運動，以達成其主要宗教道德訴求。

---

21. 參閱杜漢（Martin Durham），〈基督教右派〉，出自蘭特（Adam Lent）編，葉永文等譯，《當代新政治思想》（臺北：揚智文化公司，2002），頁81。

22. 同前註，頁87-100。另可參閱 Steve Bruce, "The Moral Majority: the Politics of Fundamentalism in Secular Society," in Lionel Caplan (ed.), *Studies in Religious Fundamentalism* (State University of New York Press, 1987), pp.177-191。

⑥ NCR 面對 911 事件後，痛斥恐怖主義暴力手段，強調上帝正義與團結力量，主張全力打擊邪惡的恐怖組織與宗教極端主義運動。

（二）伊斯蘭教基要主義

當代伊斯蘭世界，隨著 20 世紀 70 年代伊朗革命之勝利，產生一股聲勢浩大的宗教與社會思潮運動，統稱為「伊斯蘭復興運動」。其主要觀點強調恢復伊斯蘭教原始教義與本來精神，反對西方政治社會制度，全面達成社會的「伊斯蘭化」，以伊斯蘭教教義為國家、社會、群體、個人行為的最高準則。[23]

伊斯蘭教基要主義，亦有人稱為「原教旨主義」，主要是一種與伊斯蘭現代主義相對立的宗教思潮。由於伊斯蘭現代主義強調與外部環境、外來文化採取協調、適應的態度，但是基要主義則主張伊斯蘭教是一個自足的體系，無需向外來文化借用，完全依靠自己發掘潛力，弘揚自身宗教文化傳統，以迎接時代與外部環境挑戰的一種力量。美國研究伊斯蘭宗教之著名學者埃斯波西托（John L. Esposito）指出當代伊斯蘭教國家政治社會衰敗，呈現四大困境，導致基要主義運動的產生。此四大困境原因：一是國家在政治、經濟、社會制度上的世俗化（西方化），結果將反伊斯蘭的新社會倫理「強加」於伊斯蘭社會，導致社會的非道德化。二是西方殖民統治造成的依附地位：西方國家通過政治統治壓迫穆斯林，更通過「制度轉換」，使西方統治合法化與制度化。三是殖民統治造成教育制度的分裂：傳統的宗教教育和現代的世俗教育培養出兩種人才，形成社會分裂成兩種觀念與兩個集團。四是上述困境導致穆斯林社會傳統之領導作用，被有計畫的消滅乾淨，代之以親西方的外來政治領導作用與力量。[24]

---

23. 吳雲貴，《伊斯蘭教法》（北京：中國社會科學出版社，1994），頁 105-106。
24. John L. Esposito, *Voice of Resurgent Islam* (Oxford University Press, 1983), pp. 222-223. 另參閱曲洪，《當代中東政治伊斯蘭：觀察與思考》（北京：中國社會科學出版社，2001），頁 74-75。

基於上述困境發展，伊斯蘭基要主義的基本主張主要有下列數端：

第一、 主張正本清源，回歸伊斯蘭宗教傳統。

第二、 強調傳統宗教教育，實行「伊斯蘭化」法制。

第三、 恢復伊斯蘭教法，實行伊斯蘭教的統治。

第四、 主張「宗教政治化，政治宗教化」：亦即遵行真主主權論，先知權威論，代行主權論，強調實行政治協商制度，與伊斯蘭解決辦法等。

第五、 反對西方化、世俗化所建立的一些制度與生活方式。

第六、 反對社會腐化，道德墮落，重新確立伊斯蘭文化認同。

伊斯蘭基要主義雖然鼓吹伊斯蘭化，走其獨立的伊斯蘭發展道路，往往被認為與西方現代化文明發展扞格不入；然而必須說明的是，倘若現代化指的是西化發展模式，則伊斯蘭基要主義必然加以否定與拒絕，但是現代化指的是現代文明與進步的物質生活方式，則多數是不會反對的。顯然，伊斯蘭基要主義陷入傳統與現代、神聖與世俗、西化與現代化、精神與物質的二重弔詭局境中。[25]

由於伊斯蘭教主要區分為「遜尼派」（Sunnites）、「什葉派」（Shiites）與蘇非派（Sufistic）三大教派，彼此之間因為教義與信仰不間，而有明顯的差異。一般而言：遜尼派主張穆罕默德之繼承人（哈里發，Khalifa）應由選舉產生，除《古蘭經》之外，尚有其他「聖訓」與「教法」，皆是最高遵循原則；而什葉派則強調穆罕默德之繼承者，應由教長領袖（Imam）繼承，反對以選舉產生，且尊《古蘭經》為唯一最高準繩。至於蘇非派重視神祕修持，較無政治色彩。[26] 20 世紀 70 年代，隨著伊朗什葉派革命成功，中東地

---

25. 同前註，曲洪，前揭書，頁 76-78。

26. 愛利雅思（Jamal J. Elias）著、盧瑞珠譯，《伊斯蘭教的世界》（臺北：貓頭鷹，1999），頁 7-11。

區什葉派基要主義影響力大增，而遜尼派基要主義者則較為溫和，主張漸進循序的改革，以建立伊斯蘭國家與制度。

茲就中東與北非地區各國伊斯蘭基要主義的發展現況與主要組織，說明重點如下：

◎埃及

埃及的伊斯蘭宗教基要主義之最早組織為「穆斯林兄弟會」，1928 年由哈桑·班納（Hassan al-Banna）組成，目的為建立伊斯蘭政府，其組織發展迅速，影響力量極大。爾後分為三個派系：

1. 伊斯蘭解放組織：
    1948 年成立，主張以武力推翻政府，1975 年被取締，轉 地下活動。
2. 贖罪與遷徙組織（穆斯林協會）：
    1968 年建立， 最極端的狂熱秘密組織，發展成為暴力恐怖組織。
3. 聖戰組織（穆罕默德青年團）：
    主要自青年學生與極端教徒組成，其以「聖戰」為名，進行暴力暗殺活動，1981 年 10 月，該組織成員暗殺了埃及總統沙達特。

埃及自穆巴拉克繼位總統領導迄今，一直與國內穆斯林兄弟會成員進行長期對抗，1984 年政府允許反對黨合法化存在，穆斯林兄弟會藉由合法參政方式，於 1987 年與其他政黨合組「伊斯蘭聯盟」，進入議會進行立法抗爭。當前埃及伊斯蘭基要主義團體對抗世俗化民主政府，在朝向建立伊斯蘭政府（國家）目標上，尚無法有效威脅之。

◎敘利亞

敘利亞穆斯林兄弟會受埃及穆斯林兄弟會影響，於 1930 年代建立，早

期以推動社會改革為主，爾後成為國內反對世俗政權的主要政治力量。1960年代穆斯林兄弟會與執政的復興社會黨展開長期的鬥爭與衝突：1976年，成立聖戰組織「戰鬥者先鋒隊」，多次進行恐怖活動，成為一股力量極大的反對勢力。1980年代，穆斯林兄弟會聯合其他組織，成立「敘利亞伊斯蘭組織」，號召群眾進行伊斯蘭革命，仍採取暗殺、兵變，與恐怖活動等，然而受到敘利亞政府的大力取締，因此轉入地下，迄今成為一股宗教政治上的反對勢力。

◎伊拉克

伊拉克境內什葉派人數較多，約占人口比為 60%，遜尼派不足 40%，其他是少數之基督教徒。由於遜尼派長期執政掌握政權，因此什葉派教徒於 1958 年組成「伊斯蘭宣教黨」，鼓吹伊斯蘭革命，反對世俗的復興社會黨政權，並從事長期的政治反對運動。兩伊戰爭期間，伊拉克境內什葉派穆斯林受伊朗之鼓吹影響，成為反對政府力量，但在復興黨政府之強力籠絡下，並以阿拉伯民族主義對抗什葉派基要主義，終於結合成對抗伊朗之統一陣線。兩伊戰後，什葉派基要主義運動成立了一些政治上反對組織，例如：聖戰者組織、伊斯蘭行動組織、伊斯蘭學者協會及宣教黨等，然而受到世俗政府的打壓，反對力量並無顯著影響力量。

◎沙烏地阿拉伯

沙國以信仰遜尼派穆斯林占大多數，19 世紀末至 20 世紀初受「瓦哈比」（Wahhbis）教派影響，成為一個政教合一之國家。瓦哈比教派重視傳統伊斯蘭主義，採取溫和改革方式進行伊斯蘭社會化，屬於溫和的基要主義路線。1979 年，沙國境內地下穆斯林兄弟會以武裝力量占領麥加大清真寺，造成轟動國際之流血衝突，結果遭到政府大力取締。而目前在沙國反抗政府，且採強硬手段之基要派組織力量減弱，只有少數組織，例如：

1. 什葉派穆斯林組織：人數較少，未形成威脅。
2. 保衛教法權益委員會：1993年5月由一些宗教學者與著名人士組織，反抗政府政策，已於1995年被取締。

◎伊朗

伊朗於1979年由什葉派基要主義人士推翻巴勒維政府，建立成為政教合一的伊斯蘭國家，伊斯蘭教成為指導國家政治生活的唯一合法意識形態。伊朗一切制度皆依照宗教領袖柯梅尼（Khumayni）之思想加以建設，柯梅尼成為國家最高領袖與絕對權威。爾後柯梅尼去世，繼任之拉夫桑賈尼進行溫和之政策改革，得到廣泛之民眾支持。1997年溫和派之哈塔米擔任總統，亦進行謹慎之政經社會改革，目前獲得國內外多數人士之支持。

◎巴基斯坦

巴基斯坦在印巴分治後，採取伊斯蘭教為國教，早期基要主義著名學者毛杜迪（Abu'l-A'la Mawdudi）於1941年創建「伊斯蘭教促進會」，主張溫和地進行伊斯蘭改革，建立伊斯蘭國家。執政的軍政府與人民黨政府雖與基要主義主張不同，但亦願意採取「官方伊斯蘭化」，推動「伊斯蘭制度」，這使得政府與宗教基要主義人士之間的關係大加改善；目前基要主義團體主要對印度教徒採取暴力手段，進行暗殺恐怖活動，引起印巴關係緊張，但在國內政治上之影響力並不太顯著。

◎阿富汗

阿富汗境內部族成分複雜，在宗教上大多數屬於遜尼派信徒。其基要組織於1965年受埃及兄弟會影響成立「青年穆斯林」，主張發揚聖戰精神。推翻君主制度，建立伊斯蘭國家。爾後國內長期動盪不安，先是推翻君主制度，建立民主共和，爾後於1979年蘇聯入侵影響政局發展，而國內反政府

組織紛紛成立，且受國際奧援，從事反抗蘇聯運動。1989 年，蘇聯撤軍後，內戰頻仍，1995 年塔利班（神學士，Taliban）民兵組織興起，發動聖戰，於 1996 年建立塔利班政權，實施嚴格之伊斯蘭統治。由於塔利班政權支持賓拉登成立之「蓋達」恐怖組織，從事全球恐怖破壞活動，爆發 2001 年 911 攻擊美國世貿大樓事件，因此遭到美國為首組成之反恐戰爭攻擊，塔利班政權於 2002 年 4 月垮台。

◎巴勒斯坦

中東地區巴勒斯坦人因為受到宗教基要主義影響，希望獨立建國，成立伊斯蘭教國家。其採取激進手段與暴力革命，對抗以色列及支持猶太人的西方國家，其恐怖活動遍及世界各地。主要組織有：

1. 巴勒斯坦解放人民陣線：1967 年成立，主要為一攻擊以色列人之恐怖組織。

2. 法塔赫革命委員會（FATEH）：1967 年成立，一稱為阿布‧尼達爾組織（阿拉伯文為：戰鬥之父），目前成為巴勒斯坦最重要之武裝力量，而巴勒斯坦自治政府主席阿拉法特，一直是法塔赫的主要負責領袖。

3. 伊斯蘭耶路撒冷聖戰組織：1980 年成立，為一對抗以色列之恐怖組織。

4. 哈瑪斯（伊斯蘭抵抗運動）：阿拉伯文為「狂熱」之意，於 1987 年由伊斯蘭協會更名組成。目前成員有 3 萬人，發展成一具有強大武力之恐怖組織，常以「自殺炸彈」方式攻擊以色列，造成雙方嚴重傷亡。

◎黎巴嫩

黎巴嫩境內之主要基要派組織為什葉派之「真主黨」，其於 1983 年成立，現有 1 萬多名民兵，以對抗以色列，從事恐怖破壞為主。真主黨以建立伊斯蘭政府為目標，與世俗政府當局不合，由於其可牽制以色列，故政府採取寬容態度對待之。其他之基要主義組織尚有：

1. 伊斯蘭聖戰組織：由境內什葉派四個極端組織共同組成。
2. 黎巴嫩武裝革命組織：1980 年成立，領導人為阿布杜拉，從事暴力恐怖活動為主。
3. 亞美尼亞秘密解放軍（阿薩拉）：1974 年成立，主張土耳其境內之亞美尼亞人獨立建國。

◎蘇丹

蘇丹是北非一個貧窮落後國家，其宗教基要主義組織早期受埃及穆斯林兄弟會影響，於 1954 年正式成立蘇丹穆斯林兄弟會，其領導人哈桑・圖拉比主張建立伊斯蘭國家，經過 30 多年之努力，從發動學潮、武裝叛亂、兩次下獄、成立政黨、合法進行長期鬥爭，終於在 1989 年巴西爾軍政府上台後，採取兄弟會之主張，使蘇丹成為一個奉行基要主義之伊斯蘭國家。由於巴希爾政府支持恐怖主義組織活動，造成國際形象不佳，且受到國際之經濟制裁，使蘇丹人民生活更加困窮。

◎阿爾及利亞

阿爾及利亞為法國北非殖民地，1962 年獨立建國，1980 年代由於政局動盪，伊斯蘭宗教基要主義勢力崛起，成為影響政治之一股重要力量。目前宗教基要主義組織共計 20 餘個，主要有：

1. 伊斯蘭拯救陣線：1989 年 3 月成立，成員高達 300 萬人，主要政治訴求是：不要憲法、不要法律，《古蘭經》主宰一切。

2. 伊斯蘭社會運動（哈瑪斯運動）：主張以漸進方式實行社會伊斯蘭化。

3. 伊斯蘭復興運動：屬於兄弟會地下組織，立場溫和。

4. 伊斯蘭呼聲聯盟：主張伊斯蘭作為一切制度，立場不像伊陣激烈。

5. 伊斯蘭團結協會：其是三個組織之聯合體，立場溫和。

上述五大基要組織黨派，皆為反對政府力量，目標皆以建立伊斯蘭政權為主，但在立場與路線上則不同。近十年來阿爾及利亞政局動盪不安，國內暗殺爆炸事件頻仍，至少有上萬人死於非命，目前國內採取暴力恐怖手段之組織仍有：

1. 伊斯蘭武裝集團：1991 年 11 月成立，以推翻政府，建立伊斯蘭國家為目標，進行各種暗殺、綁架、爆炸與屠殺外國人之恐怖活動。

2. 阿富汗人組織：由當年參加阿富汗抗蘇戰爭中之阿爾及利亞青年組成，人數約 3,000 人，主張「聖戰」與暴力活動。

3. 贖罪與遷徙組織：為最早之宗教極端組織，專門從事暗殺、爆炸等恐怖活動。

（三）猶太教基要主義

猶太教是當今世界上最古老的宗教之一，歷經數千年，猶太教義、傳統與生活方式流傳下來，隨著當代以色列的建國，猶太教信仰受到政治之影響，產生很大的改變。一般而論，20 世紀以來猶太教信仰區分為三派：[27]

---

27. 康-沙塞保（Dan Cohn-Sherbok）著，傅湘雯譯，《猶太教的世界》（臺北：貓頭鷹，1999），頁 7-8。

一是嚴格正統派（Rigid Orthodox），信徒深信「托拉」（Torah，猶太律法），守安息日，穿傳統服飾，遵守古禮，在政治上擁護錫安主義（Zionism）[28]，相信彌賽亞來臨與拯救之教義。二是現代正統派與新正統派（Neo- Orthodox）或是改革運動派（Reform Movement），主張宗教多元化，在家守古禮，出外自由，注重道德但不注重宗教儀式，且認為應予以簡化。對錫安主義採取淡漠態度，但效忠以色列，不接受彌賽亞救贖思想。三是保守正統派（Conservative Judaism），信仰介於前兩者之間，主張基本信條與規律，但對不合現代社會之傳統習俗、禮儀與法律主張放棄，對於「塔木德」（Talmud，猶太教聖訓規範）認為可以靈活處理，不必等候彌賽亞降世，對宗教意義不拘形式，較重視精神實踐。

猶太教的基要主義信仰，主要是以《聖經》為信仰之政治行動依據，尤其對於以色列國家的建立，有著不同的解釋與主張。有一群人堅決相信，只要透過人的努力，即使違背神意，可以恢復猶太人返回聖地，特別是在世俗民族人士的支持下。實際上，這群信徒在政治上是主動者，但他們的行動原則是努力避免對以色列的忠誠表現。而另一個基要主義團體，則接受以色列國家的存在，他們視以色列建國是一個偉大的階段；向神一樣地注定猶太人將從放逐中獲得拯救。這些宗教和政治人物與舊有的基要主義者完全不同。這些團體主要受到聖經固定內容之正確解釋之爭論所區分，舊基要主義者相信，政治永久地屬於異教徒，必須等待上帝指示與救贖；而新基要主義者則是「武裝的先知」，在當前的世界政治權力中要為上帝而戰。[29]

由於舊基要主義於18世紀，就已經區分成兩派，一派是哈西德（Hasidim）虔誠派，其堅信魅力型的宗教領袖；另一派是密那德（Mitnagdim），主張猶太教徒應以服從律法為本；兩派後來在政治上雖皆贊成錫安主義復國運動，

---

28. 錫安主義原指猶太信仰中，號召猶太人重返錫安山家園故土；19 世紀歐洲部分猶太人，發起錫安復國運動，鼓勵世界各地猶太人移居至迦南（巴勒斯坦）故土，以建立以色列國家為目的。

29. Arthur Hertzberg, "Jewish Fundamentalism," in Lawrence Kaplan (ed.), op. cit., p.152.

但是在做法上不同。倘若從意識形態分析，可以區分為被動與主動的基要主義者，其出現在現代錫安主義之起源時，興起於 1830 年代的猶太復國重返聖地運動。此時期有兩位拉比（rabbis），一是 Yehudah Alkalai，另一位是 Zvi Hirsh Kalisher，皆強調民族主義運動，不論是在希臘、匈牙利、德國之猶太人，主張從那時起，所有信徒回到他們最古老的家園（重返應許之地）。這兩位拉比皆知道猶太「塔木德」指示之內容：

> 傳說猶太人曾答應上帝，他們不會違背上帝旨意，永久被放逐在外，經由「攀登聖地高牆」，猶太人不會集體的單純嘗試回歸，他們願意等待上帝的仁慈救贖。

基要主義者默默忍受此一基本的承諾，認為這是一種策略，兩位拉比在神祕主義的「卡巴拉」中發現解救的方法，他們引用一項神祕的斷言，上帝靠著「下面的（人民）激動」（stirrings below）逐漸在不知的未來達到拯救猶太人民的目標。此項「下面的（人民）激動」將朝向天堂，此乃上帝完成開始拯救的出現。[30]

今日在以色列，世俗的民族主義者持續成為國內主要政治力量，超越各派範圍，然而「武裝的先知」亦擁有影響力量。實際而言，在理論或是政治實踐上，舊基要主義者認為世俗錫安主義者與武裝先知作比較，較易與前者達成妥協，並非所有世俗錫安主義者均堅持以色國家是猶太人或是猶太歷史的最終的實現；有些人主張在 19、20 世紀，以色列建國是一項必要的、理性的解決方案，但是這項政治努力，是不能取代救世主的救贖計畫。一些舊基要主義者在現實上，願意與錫安主義者達成和解，但是「武裝的先知派」從過去到現在則不願妥協，他們堅持他們知道在什麼時候可以獲得救贖，即

---

30. Ibid., p. 153.

使在最壞狀況，他們相信錫安主義的努力，但以其立場而言，上帝救贖將最終很快實現。

當今以色列國內有兩個著名團體，一是 Neturei Karta（NK），意指「城市的保衛者」；二是 Gush Emunim（GE），意指「忠誠的信仰集團」；前者被視為「保守的基要主義」類型，後者則屬於「革命的基要主義」類型。[31] NK 多數是由東歐猶太移民組成，強調猶太人必須過著以猶太教為主的社會與政治生活，他們反對錫安復國主義，被現代以色列視為異端分子。而 GE 則採取相反的觀點，雖不贊成以色列建國的事實，但是承認這是「彌賽亞（救世主）腳步」的開始。

NK 此一保守的基要主義觀點，可以歸納如下：[32]

第一、猶太國家的建立，乃是上帝（God）、托拉（Torah）與以色列三者神祕的統一，因此，猶太人必須信仰上帝與服從律法。

第二、猶太民族的歷史命運，包括「放逐」與「救贖」，這是不能逃避的，這也是猶太人生存的基礎；因此，錫安主義與以色列建國必須回到猶太歷史中觀察，錫安主義不能解釋猶太歷史，而違背上帝的旨意。

第三、在今日現代化與世俗化過程中，傳統猶太教的生活方式必須保持，尤其中歐與東歐遷移的阿須肯齊（Ash Kenazi）教徒，必須保有此一生活方式。

GE 成立於 1974 年，以在約旦河西岸屯墾區內之猶太人為主要之基礎。此一團體認為占領此一區域不僅為了猶太人之生存，而且符合《舊約聖經》上的記述：耶和華「沒有遺棄它的子民，在最危險與最壞的時候。」為了尋

---

31. Menachem Friedman, "Jewish Zealots: Conservative versus Innovative," in Lawrence Kaplan (ed.), op. cit., p. 159.

32. Ibid., pp. 163-165.

求與占領區內阿拉伯居民之和解，GE 逐漸變為好戰與暴力的團體。雙方主要衝突地點在「希伯侖」（Hebron）的猶太教長老（亞伯拉罕、以撒、雅各及他們的妻子）埋葬之洞穴，但是經過這幾十世紀，此一區域已成為穆斯林之寺院。以色列政府嘗試解決，允許猶太移民在有限的時間內在此祈禱，由於此處為兩教人士分享，常常造成一些衝突。隨著以色列在約旦河西岸移民人數增加，GE 扮演保安力量之角色，以報復阿拉伯人的攻擊，但是雙方皆為生存與信仰而戰，常常造成大規模的流血衝突事件。[33]

當前猶太教基要主義在政治上力量逐漸增強，且宗教黨派在以色列國內占重要地位，傳統上有下列兩大政黨：

一是以色列正教黨：1912 年成立，反對錫安主義運動，認為「聖經」為一立法依據，主張以色列為一宗教國家。二是精神中心黨：1903 年成立，支持錫安主義運動，為宗教錫安主義之政黨。由於以色列宗教黨派不斷壯大，經過各種分和過程，今日主要包括：

1. 沙斯黨（賽法迪人組成），力量強大，目前成為第三大黨。
2. 聖經聯合陣線（正教黨、正教工人黨與聖經旗幟黨三派組成）。
3. 全國宗教派（由精神中心黨組成）。

目前宗教黨派在議會影響力俱增，透過議會立法，強調猶太人律法，諸如：禁止婦女墮胎、禁止屍體解剖、禁止安息日工作等主張。而在政治上，則支持強硬路線之「利庫德集團」，反對與阿拉伯人議和談判，反對歸還占領地。

（四）印度教基要主義

印度教（Hinduism）此一名詞乃是近代才產生的，指的是大多數印度人

---

33. Ibid., pp. 173-174.

所信奉之宗教，且成為印度人本土之宗教信仰，目前在印度有 80% 以上人口信奉之。印度教基要主義團體，結合印度民族主義主張，以提倡印度文化傳統為主。主要基要團體有：

1. RSS（Rashtriya Svayamsevak Sangh）：

RSS 名為「國民志願服務者聯盟」，或稱「國家公僕會」，於 1925 年由海茲瓦爾（K. B. Hedgewar）所創立。其主要目的在傳播印度文化，及視印度教為主要價值系統，以復興印度律法（dharma），建立統一的印度社會為目標。[34] RSS 係一個准軍事性的印度教派組織，有志願人員 100 萬人以上，主要力量分布在馬哈拉施特拉邦及其周圍地區。RSS 主張把南亞次大陸建成一個印度教國家所維護的民族、宗教和文化，發展並復興古代印度教國家。因此，RSS 極力鼓吹印度教軍事化和軍事活動印度教化。他們組織志願軍，規定凡接受軍事訓練，一律穿褐色上衣，並注重文化、強身和嚴守紀律的教育。在許多城市中設有訓練營，吸引印度教尤其是青年教徒進行訓練。在集訓期間，主張過禁欲、苦行的生活，白天進行格鬥訓練。晚上講授印度歷史與印度文化。此外的 RSS 的地方支部，也每天早晚兩次組織成員操練、行軍和唱愛國歌曲等活動。[35] 由於 RSS 的極端宗教民族主義思想，常受到政治人物所利用，一般人相信印度聖雄甘地於 1948 年被暗殺，兇手就是 RSS 的成員。今日 RSS 的政治影響力即是結合「印度人民黨」（Bhratiya Janata Party, BJP），其強調印度人是印度合法的居民，伊斯蘭教徒與基督教徒是外來者，藉以贏得廣大印度教徒的支持。

印度政府目前即由 BJP 的瓦巴義（A. B. Vajpayee）擔任總理，內政部長則是艾迪瓦尼（L. K. Advani），兩人皆是 RSS 的主要成員。RSS 與 BJP 強

---

34. "The Mission of RSS," in http://www.rss.org/mission.htm.
35. 陳麟書、田海華著，《世界主要宗教》（臺北：宗教哲學研究社，1997），頁 146。

調印度文化優先的宗教政策，與宗教差別待遇與歧視之主張，造成國內宗教衝突與緊張不斷發生，目前印度國內 10% 的伊斯蘭教徒與 2% 的基督教徒，與印度教徒之間的衝突，已形成嚴重的武裝流血事件。[36]

有關 RSS 信徒與伊斯蘭教徒之間的主要衝突，說明如下：

RSS 與 BJP 之信徒煽動摧毀 16 世紀征服印度，建立伊斯蘭帝國的蒙古族在印度教神廟舊址上興建的伊斯蘭清真寺。1992 年一群暴民受到唆使，將位於阿唷亞（Ayodhya）的一座伊斯蘭教巴布里（Babri Masjid）清真寺摧毀，引發巨大風波，據說這座清真寺是建立在紀念傳說中的完美統治者拉姆王（Ram）出生地的一座古代印度教神廟舊址上，RSS 政治領袖告訴民眾，此一暴力行為將是恢復印度社會德行的第一步。目前，RSS 要求伊斯蘭教徒必須交還三座清真寺，1. Mathura；2. Kashi.；3. Ayodhya 等三處，結果造成雙方嚴重的流血衝突。[37] 2002 年 2 月 27 日，一列經過阿唷亞，滿載印度教徒的火車受到伊斯蘭教暴民攻擊，造成 58 人死亡，40 多人受傷，隨後爆發大規模流血衝突，目前已逾千人死亡。印度政府依據最高法院裁決，在阿唷亞寺廟之爭維持現狀（1994 年已由政府接管，不准動工建廟），禁止印度教徒舉行建立神廟的奠基儀式。另外，RSS 內部印度教徒屠殺國內少數基督教徒，引起國際人權組織抗議。例如：1997 年在 Orissa Village 將天主教神父處死，造成宗教流血事件。

總之，RSS 具有法西斯主義的特質：1. 要求恢復古老民族傳統；2. 強調階級的、軍事的、團體的社會組織；3. 宗教領袖的權威性；4. 要求民族自立；5. 積極的對外政策等，[38] 這些特質與當年希特勒的納粹黨相似，使得 RSS 被認為是一個結合政治力量的狂熱宗教組織。

---

36. "US. crticises BJP, RSS," in http://www.soniagandhi.org/us crticises.htm.

37. "RSS chief's remarks," in http://www.soniagandhi.org/.

38. "RSS-The Sangh: What is it, and What is it not?," in http://www.mnet.fr/aiindex/onRSS.htm.

2. VHP（Vishva Hindu Parishad）：

VHP 名為「世界印度教徒會議」，創立於 1964 年，以建立印度教國家為最高目的。VHP 吸收各教派領袖與海外印度代表，致力於在全世界弘揚印度教法，其主要有三項目標：

第一、團結與增強印度社會。

第二、保護與宣揚印度的生活、倫理與精神的價值。

第三、維繫與組織所有印度海外信徒，盡可能維持其印度特性。[39]

而 VHP 的主要工作，則是努力統合印度教徒，整建寺廟、興建學校、推廣梵文經點的研讀、保護母牛、努力提升落後的下層階級，以及積極反對信眾皈依其他宗教，來達成鞏固印度教徒族群的目標。[40] VHP 並非只是一個保守的運動，其亦主張宗教改革；雖然他提倡建立印度教徒社會的理想，但也堅持說古老的行為法典必須迎合時代的演變。這個原則的應用在吸納落後階級和賤民階級上最為明顯。這些人曾經不被允許進入寺廟，如今 VHP 積極鼓勵他們參與印度教儀式。

近年來，VHP 與 BJP 在政治上結盟，始得 VHP 組織擴展迅速。VHP 與 RSS 皆主張在國內拆除伊斯蘭教清真寺，重建印度教寺廟，結果引發更多的宗教流血衝突。1998 年，執政的印度人民黨（BJP）政府進行核子試爆，作為民族強勢的有力象徵，贏得了國內普遍的政治支持。VHP 與 RSS 的宗教領袖建議在核子試爆地點上興建一座寺廟，以茲紀念核武試爆成功，並藉以希望提升印度人民自尊。由此可知：VHP 雖屬於印度教基要團體，但是帶有濃厚的印度民族主義色彩，其後續行動值得進一步觀察。

---

39. "The Origin and Growth of V.H.P.," in http://www.vhp.org/englishsite/a-origin-growth/origin.htm.
40. 夏塔克（Cybelle Shattuk）著，楊玫寧譯，《印度教的世界》（臺北：貓頭鷹，1999），頁 122。

五、結論

　　在今日全球化下，宗教一直是一種分裂的力量。馬克思（Karl Marx）曾言宗教是「人民的鴉片」（the opium of the people），這僅僅描述資本主義社會中，窮人與被剝奪者透過宗教信仰，獲得種種安慰，而不會引起社會動亂。換言之，宗教意識形態轉移了人們激進的精力，使社會獲得安全。但是宗教理念亦可能鼓舞革命，而且宣稱某一種力量高於世界上政治的君王與領袖，因此、宗教經常是動搖世界穩定秩序的一股潛力。[41] 就事實觀察分析，今日世界各大宗教團體，皆出現了基要主義組織，他們具有強烈的宗教熱情，對現代精神採取一種反抗與挑戰的態度，並試圖從傳統宗教教義中尋求支援力量；進一步而言，他們因為對周圍生活與境遇不滿，普遍產生焦慮、恐懼與不安全感，因而採取主動的、侵略的與激進的反抗手段，結果造成世人好戰與恐怖的刻板印象。顯然宗教基要主義的興起，已成為威脅世界和平的一股力量。

　　當今世界上的宗教衝突流血事件不斷，嚴重影響世界和平與安全，尤其中東地區：以色列（猶太教）與阿拉伯人（伊斯蘭教）的長期對立，南亞地區：巴基斯坦（伊斯蘭教）與印度（印度教）的血腥衝突，皆影響到世界的整體與和諧發展。今日地球已是一個地球村，不論是經濟、政治、社會或是文化方面，皆已朝全球化方向發展，全體人類生活於地球空間之上，理應和平相處，大家相互了解，尊重各地不同民族、宗教與文化的差異，彼此化異求同，追求思想觀念與現實生活上的最大公約數；換言之，必須加強全球各地宗教與文化之間的相互溝通與了解，建立大眾傳播媒介文化資訊的傳遞；而西方各國應自我深刻反省，減少文化霸權與文化帝國主義的心態，加強與各地區弱小國家的互動與援助，秉持「平等對待」、「濟弱扶傾」的原則，或許可

---

41. Steve Bruce, op. cit., p.l.

以逐步達成「世界和平」的理想。

今日國際局勢發展已進入後冷戰後的新世紀，倘若要建立「世界新秩序」，吾人必須深入了解宗教衝突與基要主義發展此一重要課題，並以「宗教之間沒有和平，則國家之間亦無和平，世界也將永無寧日」作為警醒世人之金玉良言。個人希望未來在此研究基礎上，繼往開來深入研究探討，期能對世界和平提供一些微小貢獻。

——本文原刊載於《全球政治評論》創刊號（2002.08），頁 59-86。陳惠珍女士授權使用。

一、全球化下的衝突

① 全球化 v.s. 在地化。

② 衝突源自於杭庭頓的「文明衝突」，或是 911 事件後愈發激烈的「宗教衝突」？

③ 東歐、中東、非洲、南亞、東南亞等地的衝突，除了政治、經濟的因素外，各宗教底下的基要主義興起，也是加深對立的原因之一。

二、杭庭頓的「文明衝突」

① 四個階段：

1793 年法國大革命以前：君主之間的正統與領土之爭。

1793 年至一次世界大戰：有關國家利益，經濟、主權、領土、軍事衝突。

1917-1990 年：意識形態的衝突，如資本主義對共產主義，二戰後以美蘇冷戰為代表。

1990 年以後：西方文明與其他文明的衝突，世界共分八大文明，都視自己為世界中心，故產生衝突。

② 文明的本質：一個文化實體，為人類整體的生活方式，如歷史、語言、信仰、風俗習慣等，也包含人們的認同和歸屬感。

③ 文明衝突論的內涵：全球化過程中的政治、經濟、社會、民族、宗教認同混合而成的文化衝突。

④ 由於世界各地衝突的發生，並非單一因素所引起，故不能以「文明衝突」或「宗教衝突」來一概而論。

三、宗教基要主義的主張

① 現代宗教基要主義的特點：強烈的宗教熱情、對時代精神的挑戰和反抗、回歸到宗教權威傳統來源。

② 由於對世俗文化和現代物質文明抱持懷疑，因此在傳統信仰中追求對於教義的重新詮釋和忠誠，讓社會和世界依循經典和戒律的規範來發展。

③ 西方自由派人士卻將宗教基要主義誤解為一種激進、狂熱主義等負面意義的詞彙，例如：將伊斯蘭教視為伊斯蘭基要主義、激進主義、極端主義、恐怖主義。

四、宗教基要主義的基本主張

① 基督教：

認為聖經為信仰權威、字字句句皆無誤，反對現代對於聖經的解釋和評斷等。組織有美國的新基督右派（NCR），主張有反對學校教授進化論、同性戀、墮胎等。

② 伊斯蘭教：

強調伊斯蘭教是一個自足的體系，不需要借用外來的文化，靠著發揚自身宗教文化傳統，就能因應外部的衝擊和挑戰。組織分布中東和北非地區，如埃及、伊拉克、巴基斯坦、阿富汗、阿爾及利亞等國家。

③ 猶太教：

以聖經為依歸作為政治行動的主張，根據對教義解釋的分歧而產生不同團體。例如：政治屬於異教徒，必須等待上帝的指示和救贖；在世界政治權力中應主動為上帝而戰。

④ 印度教：

結合印度民族主義，以發揚印度文化傳統為主。

| 導讀 | 張小虹，〈假名牌、假理論、假全球化〉

韓承樺

　　2020 到 2021 年，侵襲世界各地的 COVID-19，殘酷考驗著人們對「全球化」的認同與信心。為阻隔疫情傳播而封鎖城市、國家邊境，迫使原本因頻繁跨國移動、來往所交織成的全球網絡，又回到了國家、城市乃至於個人都僅能以單元體形式，進行和維持日常生活的狀態。不少評論者開始思考，這次的疫情會否引致全球化進程逐漸放慢，甚而停止？確實，假若全球化意味著區域經濟整合及資本發展，那疫情的確阻斷了這種運作模式。畢竟，連貨物進出口時程都錯亂，遑論該如何通過交換而維持各地的經濟活動。不過，另個角度則顯示，人們仿若找到克服禁絕的辦法，透過日益發達的網路科技，現在不用出門即可跨越時空界限，以線上形式操作各種會議。這樣來看，這波全球性疫情似乎讓人類尋得另類的，加速和改善全球化模式的取徑。至少，這個從人類多重歷史經驗積累而成的地球村，不會喊停，仍會持續發展下去。

　　將世界史最後一條課綱訂定為「全球化」，雖有種「這是人類世界必定走向的未來」的意味，但也不失為引導學生審視世界歷史發展進程的一項指標。更重要的是，我們必須以「多元文化」作為「全球化」的對照組，在一種相對、互動式架構下，讓學生認識近代以來的全球化進程。這一方面是由幾種一元且具主導性的政治、經濟、文化霸權，逐漸向外擴張鏈結所成之網絡；這會造成單一經濟商品、文化符碼或生活形態傳遍全球，成為人們唯一信奉、追崇的標準。另方面，相對於世界的「地方」，則以各具特色之姿態，

某種程度上修改和調整了全球化進程，將各種跨國傳播的物件改換為頗富在地特質的樣貌，亦即所謂「全球在地化」。這兩條發展軌跡可謂是同時進行，不相牴觸，甚至是相互增益，形成我們現在認知的「愈在地，愈全球」之意。

　　關於「全球化」和「多元文化」抑或「在地文化」的討論繁多，政治學、社會學、人類學以及歷史學皆有。我們選擇張小虹這篇理論性強，案例卻是貼近生活經驗的論文，嘗試讓現場教師能藉此引導學生去分析全球化進程如何打造一個世界經濟體制，而人們的日常消費活動又是如何驅動各地以不同方式，包括生產、仿造及銷售，來逃逸於全球資本主義的牢籠。此文以歐洲精品「路易威登」（LV）在東亞地區引起的搶購和仿冒熱潮為案例，描述商品的跨國擴張路徑，以及各國接納及轉化之原因，進而說明全球資本主義帝國建構和可能之廢墟的形式。

　　若細讀此文，先是看到一條歐洲精品傳入東亞地區的歷史路線圖。日本作為東亞區域接納並發揚 LV 這品牌的國家，是奠基於其歷史經驗和文化想像，交織雜揉了「懷舊」與「崇歐」的雙重情結。日本人透過購買 LV 的系列商品，能在經典 LOGO 上尋得同時彰顯「和風」與「洋魂」的意念，更能形塑自己宛若現代貴族的社會階級。而臺灣則是以「哈日」的角度，順著日本時尚風潮迎向了歐系精品。換言之，臺灣人透過日本想像歐洲從而購買 LV 的行為，更像是日本殖民品味的現代再製。從這裡，我們可以見出歐洲歷史精品的全球網絡，是在何種條件、歷史經驗的鋪墊下於東亞地區成形。甚而，此文更進一步帶我們思考，盛行於東亞地區，特別是中、港、臺三地的仿冒品生產與購買風潮所反映的全球化意涵。作者以「跨國離散」的角度指涉這種仿冒行為，認為它從內部解構了精品欲建築的全球資本帝國；而這是種以全球統一與同步性所創造的品牌時尚感來撐起的帝國。作者這個論點是建立在仿冒品和真品間危險的共生關係，亦即真品的價值是靠仿冒品襯托。這也難怪坊間業界總是流傳，品牌不會盡全力取締仿品，因為它得「靠」這些假貨。於是，假貨之所以能跨國流傳，是因其寄居在真正的精品帝國國

境內;亦如作者使用的「假全球化」和「全球化」這對命題,即指這些仿品「假借」全球傳散路徑,在跨國流衍過程中,隱隱然和真品形成相互對抗的局面。

　　本文其實還引出一個更有趣的議題,值得我們仔細思考全球化與在地文化交織互動的影響和意義。文末提及「無中生有」的仿冒手法,是指在保留原品牌商標的前提下,置換在地特色之符碼的做法。順著本文討論脈絡,筆者想起某次和友人於百貨商場閒逛,走過加拿大品牌 ROOTS 時,友人問道「如果 CANADA 字樣改換為 TAIWAN,你會買嗎?」當時的玩笑,現在不禁讓我思考,如果有這種衣服出現,它是會被視為假借「全球化」擴展路徑生成的「假名牌」?還是奠基於地方特色、國族精神的創造?是嘗試破除跨國資本帝國的實踐?抑或只是一次低廉的仿冒?[1]

◆ 108 課綱相關條目對照說明

　　張教授的文章對應「全球化與多元文化」(條目 Nb-V-3)。藉由仿冒品的再造與傳播,了解「全球化」和「假全球化」之間的拉扯與互動。

延伸閱讀

1. 大衛・馬克思(W. Davis Marx)著、吳緯疆譯,《洋風和魂:日本如何在戰後歷史與文化交流中保存了美國時尚風格》(臺北:八旗文化,2018)。
本書對應「全球化與多元文化」(條目 Nb-V-3)。

2. 布魯諾・拉圖(Bruno Latour)著、陳榮泰、伍啟鴻譯,《著陸何處:全球化、不平等與生態鉅變下,政治該何去何從?》(臺北:群學出版社,2020)。
本書對應「全球化與多元文化」(條目 Nb-V-3)。

---

1. 最有趣的是,該品牌後來真的推出了以 Taiwan 字樣的系列商品,限量販售。此舉或可視為國際品牌執行「全球在地化」的嘗試。然而,隱藏在背後的品牌資本帝國邏輯,仍是不可忽略的推手。相似的例子其實應該更多,教師可先行搜集,在於教學現場提出討論。

假名牌、假理論、假全球化

張小虹[*]

商標用金錢打造精緻的影像宣傳，將品牌烙印在我們腦海中，並藉
由贊助所熱愛的文化活動打造高潔的形象，因此，它一直沐浴在光
輝之中——借用科幻作家史蒂芬生（Neal Stephenson）所創的詞
彙，這是「商標光芒」（loglo）。

　　　　　　——娜歐蜜·克萊恩（Naomi Klein），《No Logo》[1]

危機與衰亡所指的，絕非是在帝國之外的，而是在帝國最內部。它
們是屬於主體性生產本身的，因而它們同時是專屬於帝國再生產過
程，但卻背反於這樣的過程。危機與衰亡，並非是隱匿性的基礎，
或是具威脅性的未來，而是清晰而顯明的實在性，是永遠被預見發
生的事件，以及總是存在的潛伏性。

　　　　　　　　　　　——麥可·哈德（Michael Hardt），

安東尼奧·納格利（Antonio Negri），《帝國》（Empire）[2]

---

[*] 國立臺灣大學外國語文學系特聘教授。研究領域為女性主義文學與文化研究。

1. 娜歐蜜·克萊恩（Naomi Klein），《No Logo》（臺北：時報，2003），頁 409。
2. 麥可·哈德（Michael Hardt）、安東尼奧·納格利（Antonio Negri）著，韋本、李尚遠譯，《帝國》
（Empire）（臺北：商周，2002），頁 478。

經過多年的斡旋折衝，臺灣與中國大陸終於在 2002 年 1 月正式加入國際貿易組織 WTO，而在「入世」前後的各種造勢活動中，兩岸三地又以「查緝仿冒品」、「打假」的突擊檢查最引人注目。

今年十月初，廣東省查獲大批假冒「路易威登」等世界名牌箱包，並獲悉不少成品已流向上海等地。法國路易威登等皮具公司在我國的代理商聞此消息後，立即來滬明察暗訪，緒果情況屬實。12 月 7 日上午，市質量技術監督稽查大隊和市公安經偵總隊「鎖定」5 個涉嫌銷售假冒貨的店舖進行突擊檢查。[3]

海關搜船及貨物科人員在過去數天，先後在四艘由內地來港的內河船上，查獲十個轉口貨櫃內載有偽造產拖標籤及仿冒名牌貨品，共四十五萬件市值一千五百萬元，相信銷往歐洲、菲律賓及台灣。……上月中旬，海關在尖沙嘴破獲一個長期租用酒店房間售賣冒牌貨（對象為經由旅遊社中介的日本觀光客）酒店幫集團，檢獲一百八十萬元冒牌貨，包括勞力士及卡地亞手錶、LV 及 PRADA 皮具，全由內地製造。[4]

高雄港警局十六日凌晨循線在高雄市興昌街查獲一處名牌仿冒品發貨倉庫，起出上千件琳瑯滿目的各式大小名牌皮件、手錶，估計市價約新台幣兩千萬元。根據林姓貨主表示，他是農曆年前到大陸廣東某商場下單，再以快遞方式化整為零運送來台，批發給攤販在南部縣市販售牟利，全案仍由警方深入偵查中。[5]

---

3. 〈「跟我到倉庫去取路易威登」，假冒世界名牌箱包如此賣〉，《新聞報》，2001 年 12 月 11 日。
4. 〈千五萬假名牌貨遭截獲〉，《蘋果日報》，2001 年 3 月 6 日。
5. 許志強，〈大陸下單快遞台港〉，《中國時報》，2002 年 4 月 17 日。

這三則中港臺查緝仿冒品的零星新聞,在表面上所欲呈現的當然是兩岸三地「打假」的相同決心與貫徹 WTO 規範下《國際知識產權協定》的毅力,但卻也同時巧妙地隱隱構繪出當前以「中港臺」為核心的仿冒工業與「名牌仿冒全球化」的生產、流通與消費。[6] 第一則新聞讓我們看到大陸東南沿海省分生產製造的名牌仿冒品,如何「內銷」到上海,以及跨國企業如何與國家機器聯手打擊仿冒。第二則新聞讓我們不僅看到仿冒品的流動,也看到仿冒品消費者的流動:內地生產的名牌仿冒品經海運由香港轉口「外銷」到歐洲、亞洲世界各地,而轉口站的香港本身也是集散站之一,而銷售地點也由傳統的攤販、夜市、黑店到寫字樓、商業中心賣場,甚至轉身一變為國際五星級大酒店,銷售對象除了香港居民外,也包括大量赴港旅遊的日本觀光客。第三則新聞則間接呈現出臺灣仿冒工業與仿冒技術的「出走」(仿冒產業部分外移、工廠改設大陸,或不再自製自銷而直接以小額不定期買主的身分隔岸下單),也反諷地展現大陸仿冒品的空運「回歸」(金馬開放小三通後,更有部分貨品經由船運到達金門列嶼,再用國內快捷包裹為掩護避開機場安檢,進入臺灣後再分別送往地攤夜市販售)。

這三則新聞所構繪出的「名牌仿冒全球化」十分耐人尋味,既有商品複製技術的「翻來翻去」,也有商品傳銷網路的「轉來轉去」。首先是當代科技的突飛猛進,使得仿冒複製技術更上層樓,不僅精品名牌仿冒品可以做得惟妙惟肖、真假莫辨,而以數碼特質為主的影音光碟、電腦軟件更是可以完美複製、精準無缺。其次是經濟全球化的強大影響,使得商品與商品影像、

---

6. 一般對仿冒的定義,多循國際貿易組織的規範,例如美國國際貿易委員會將仿冒定義為「未經允許而使用業經他人註冊過的商標,並生產與商標所有權人所生產的產品完全相同或非常類似的產品」,又如 WTO 前身的 GATT 對仿冒的定義為「以欺騙方式,利用他人廠商所辛苦建立、維持之產品或法人形象,不正當地獲取利益」。相關定義可參見譚令蒂、朱敬一,〈取締仿冒品對廠商創新意願的影響〉,《國家科學委員會研究彙刊:人文及社會科學》1:2(1991.07),頁 219。然而這些定義仿冒品的方式,皆圍繞在智慧財產權相關法案中對註冊商標廠商財產權的保護防衛,本篇論文正是希望能將法律與經濟主導中的仿冒品論述,擴展至歷史、文化與日常生活消費的面向。

商品資訊全球快速流動、暢行無阻，而仿冒品的生產流通網絡也相應出現產銷分地、彈性生產、同步複製、多次轉口貿易或走私、海陸空運輸接力、假貨變水貨等靈活運用的方式，成為跨國、跨洲、跨地域限制、直接與世界接軌、同步流行的全球銷售網路。以歐盟為例，其內部早已建立統一市場，商品可以自由流通，不設海關檢查，因此任何仿冒品只要進入一個歐盟國家，就等於進入了 15 個歐盟國家，在經過多國打轉之後的仿冒品，其來源地與目的地都極難查清。[7] 而歐盟每年因假冒偽劣產品而造成的經濟損失平均高達 30 億歐元，統計資料更顯示歐盟國家的信息業市場中 39% 是仿造的冒牌貨，視聽產品 16% 是盜版的贋品，紡織服裝業 16% 是假冒商品，1999 年歐盟海關查獲的假冒偽劣品就高達 2,500 多萬件，更在 2001 年激增到 9,500 多萬件。[8]

　　而這些進入歐盟的仿冒盜版品，除了部分來自歐盟國家的內部生產外（以義大利的仿冒品為例，55% 在義大利製造，成品的 88% 在義大利銷售），部分則來自全世界仿冒盜版最猖獗的亞洲地區。[9] 根據美國財政部海關發布的統計資料顯示，1999 年美國查獲的進口盜版仿冒品排行榜，臺灣第一（前年第二）、中國大陸第二（前年第一）、南韓第三（前年第五）、香港第四（前年第三）、新加坡第五。[10] 2000 年上半年的統計數字，則是中國排名第一，臺灣第二，馬來西亞第三，香港第四，巴拿馬第五。中港臺兩岸三地依舊穩居「海盜王國」、「冒牌貨天堂」的寶座。[11] 隨著仿冒複製科技的進步與經

---

7. 例如一項新聞報導指出，義大利海關在羅馬菲烏米奇諾機場充公了一批逾一噸的冒牌貨品，當中包括在中國生產的 4 千件名牌手袋、衣物、手錶及電動玩具，以及來自敘利亞約 8 千件玩具與手袋，而所有貨品的目的地為日本。參見〈義破走私煙集團拘 85 人〉，《公正報》，2000 年 12 月 9 日。

8. 〈歐洲「打假」路漫漫〉，《四川青年報》，2001 年 3 月 20 日。嚴格的說，本文的重點放在盜用商標的「仿冒」，而非數碼複製的「盜版」，但此部分所引用的相關統計數字資料大多同時包含此二者，並未加以區分。

9. 〈義國遍地冒牌貨，一年旺銷億美元〉，《大公報》，2000 年 3 月 4 日。

10. 〈輸美仿冒品台灣佔四成〉，《中央日報》，2000 年 4 月 19 日。

11. 〈中港台繼續為冒牌貨天堂〉，《新報》，2000 年 9 月 3 日。

濟全球化的助瀾，以「中港臺」為核心的仿冒工業，早已是以全球為範圍、高產值低風險的活躍經濟活動，而高檔如精品名牌、低檔如民生用品的仿冒品早已遍布世界各地、無所不在，仿冒盜版商品的貿易額在 1998 年就已達全球貿易總額的 5% 到 7%。[12]

　　然而有趣的是，位於全球仿冒工業核心地帶的臺灣，在過去卻一直未能出現相關的仿冒文化研究，更遑論具有批判性與全球在地視野的仿冒論述。擺在檯面上最廣為人知的，除了道德訴求與尊重原創性訴求外（仿冒品損害原創者的心血與利益、侵犯智慧財產權，仿冒品是欺騙消費者的不法行為，買仿冒品是違反社會道德與打擊社會正義的幫兇），就是以法律制裁為後盾、以國家形象與利益為前導的反仿冒、反盜版官方說法，此說法強調仿冒盜版嚴重破壞自由市場經濟秩序、有損國家形象，將遭致經貿優惠待遇的終止或國際經貿組織的交叉報復（臺灣經貿官員聞之變色的美國特別 301 觀察名單）。這種官方版本更在 2002 年臺灣加入 WTO 後更加強調落實面的查緝成效，經濟部不僅將此年定為查緝仿冒商品年，更以調查局領軍全省同步掃蕩仿冒盜版品，光是從 2002 年 1 月到 3 月的短短兩個月間，就成功查扣市值逾新臺幣 22 億元的仿冒盜版品（績效的背後恐怕是再一次證明臺灣仿冒盜版品之猖獗）。

　　而也在此官方說法轉化為國家機器實際行動暴力的同時，臺灣終於出現「反反盜版」、「拷貝左派」的新世代學生運動論述。此學運行動的直接「在地」引爆點，乃是 2001 年 4 月的成功大學 MP3 事件、2002 年 3 月中部大學校園附近的影印店查禁、微軟視窗系統的智財權與反托拉斯爭議、以及法務部研擬中由告訴乃論改公訴罪的侵犯著作權法修正案。於是以「新社會學生鬥陣」為主的跨校學生團體串連社運團體與進步人士，在 2002 年 5 月連續

---

12. 此為經合組織 1998 年發布的統計數字，參見〈假貨公害困擾歐洲〉，《錢江晚報》，2002 年 8 月 6 日。

發動「反壟斷有理、反反盜版無罪」的遊行抗議。[13] 其反美帝、反反盜版的論述重點，乃是以國際左派反殖民的立場出發，控訴此一連串查緝行動為臺灣校園的新白色恐怖，智慧財產權成為跨國公司的護身符，而國家機器則淪為跨國企業的保全公司、討債部門，讓臺灣成為美國的「類殖民地」。然而此學運論述的火力，還是集中於學生「知識權」所涉及的軟體複製與書籍複印，討論焦點也多限制在自行複製與自行複印的「非營利」行為。

　　而本篇論文則是企圖在僵化的官方說法與激進的學運論述外另闢蹊徑，以全球（精品）名牌仿冒品作為主要的分析討論對象。選擇名牌仿冒品作為切入點的原因有四：一是名牌仿冒品的「陰性聯想」：時尚、消費與流行文化皆為「隱喻」的女人，而名牌仿冒品也以「實質」的女人為主要消費顧客群，充滿偽裝、扮演、虛榮、虛假、愛美、裝體面的負面文化聯想。名牌仿冒品的極度政治不正確，使她（充滿性別差異的她）不僅無法見容於義正詞嚴的官方反仿冒立場，也無法進入理直氣壯的國際左派反殖民論述（小眉小眼、愛慕虛榮的名牌仿冒品，不在打破私有產權與交換體制，以及強調自由軟體、資訊共享的新左烏托邦科技世界／視界中）。

　　二是名牌仿冒品的「生產複製技術」，不同於先進數碼性質的完美複製，精品名牌仿冒品仍涉及傳統商品物質形式的生產，以及此生產模式下的勞動力分配、生產體制與勞動力剝削等因素，更涉及後續複雜的流通管道與銷售網絡，非單純自行下載、自行複製或小規模交換流通的模式。名牌仿冒品的生產複製、

---

13. 依據目前的《著作權法》，營利性質的侵權行為可判處 6 個月以上、5 年以下的有期徒刑，20 萬元以下的罰金，非營利性質的侵權（例如學生自行在影印店複印書籍、在自有電腦中複製軟體）則可判處 6 個月以上、3 年以下的有期徒刑，20 萬元以下的罰金，而「常業犯」則可處 1 年以上、10 年以下的有期徒刑、45 萬元以下的罰金。但侵權行為的舉發乃屬告訴乃論，多由跨國企業體提出，例如成大 MP3 事件背後的「國際唱片交流協會」（IFPI）、中部校園影印店事件背後的英美跨國六大書商，但若由告訴乃論改公訴罪，則可由法務部檢察官直接以搜索票進入公司行號、校園宿舍、私人住家進行查緝舉發。世界各國少有用刑事罪處理侵權案件，只有德國與少數國家以刑事罪處理「常業犯」，臺灣不僅企圖以刑事罪處理營利與非營利性質的侵權，且不限於「常業犯」，還朝更為嚴刑峻法的方向由告訴乃論改公訴。有關「反反盜版」的學運資料，可參見傳播學生鬥陣網站：http://home.kimo.com.tw/scs-homepage。

技術轉移與銷售網絡，往往隨著全球精品名牌的時尚意識與高消費模式而擴散移動、環環相扣，更與全球勞動分工／轉包體制的布局與發展息息相關。

　　三是名牌仿冒品所涉及的「身體經驗」。名牌也者，品牌中的品牌，乃舉世知名、全球流通的「象徵符號」。而精品名牌仿冒品多是以皮件配飾、手錶、成衣、鞋子等「貼身」的商品形式出現，將「象徵符號」（雜揉了階級價值、美學價值與流行價值）具體化為身體上的物質形式。因此談名牌仿冒品，不能只用傳統「模擬」（mimesis）理論中原版／複製（the original/the copy）的抽象辯證概念，還必須從以「視域」（the visual field）為主的「複製」（copy）（貌形神似、惟妙惟肖的視覺外觀），擴展到以「觸域」（the contact zone）為主的「體驗」（embodiment）（符號上身時的感官經驗、購買使用展示時的攻守戰術與心理情緒等），看高不可攀的全球符號，如何轉化為觸手可及的日常生活消費與身體實踐。

　　四則是名牌仿冒品「即將過時」所帶出的歷史時間性省思。80年代的「東亞名牌熱」（logomania in East Asia）重新振奮了低迷疲憊的國際精品名牌市場，也相對帶動了名牌仿冒品由亞洲內部到全球的流竄。然而在經歷日本經濟衰退、亞洲金融風暴以及美國911事件後的全球經濟滯緩，精品市場的高消費模式是否會有所轉變，名牌與假名牌是否還有相對的市場活力，皆有待觀察。而就算歐美精品名牌短時間內在部分地區仍能維持某種程度的穩定成長，但就全球仿冒盜版業的市場變動而言，其獲利主力已由名牌仿冒品轉變為影音光碟與盜版軟體，而當前全球仿冒品也出現民生用品化的趨勢。換言之，精品名牌仿冒品的出現與可能的式微，正是全球資本主義發展過程中歷史物質形式的變動痕跡。昔日班雅明在「即將過時」的拱廊商場裡，探尋資本主義由華麗變蒼涼的廢墟，今日我們是否也可以在「即將過時」的名牌仿冒品上，窺見全球資本主義泡沫經濟的寓言？[14]

---

14. Walter Benjamin, *The Arcades Project*, trans. Howard Eiland and Kevin McLaughlin (Cambridge: Harvard University Press, 1999).

基於這些主要的關注與考量，本篇論文想嘗試繪製「名牌仿冒全球化」的國際產銷地圖，更企圖拉出歷史面向的欲望糾結，以凸顯「中港臺」為核心仿冒工業的「資本邏輯」如何隨著國際勞動分工結構／轉包體制的移轉而興起，以及仿冒工業的「文化邏輯」如何隨著西方帝國殖民文化想像下的歐美名牌意識而起舞。論文將分為以下三個部分去探討名牌仿冒品的全球流通：第一部分將以法國時尚名牌路易威登（Louis Vuitton）的皮件仿冒品為切入點，探討此名牌在由日本領航的「東亞名牌熱」中迅速竄起的經濟消費結構與歷史文化因素，第二部分將討論臺灣名牌經驗中的雙重複製，以及臺灣由生產名牌仿冒品到消費名牌與名牌仿冒品的過程，第三部分則企圖由此世界名牌在亞洲地區的消費脈絡，發展出「名牌仿冒全球化」下的「假」理論──「假」的無所不在、「假」的無中生有、「假」的無法分辨──以探討在名牌仿冒品全球同步流通下「假全球化」的可能操作模式。本文認為在面對眾人最關切（也最切身）的「應不應該買仿冒品」等消費倫理與實踐問題時，必須同時觀察精品名牌與仿冒品之間「相生相剋」的複雜糾葛，以及仿冒品在生產機制與流通管道上所涉及的勞動條件。換言之，仿冒全球化的「存有論」（為何會有仿冒品）、「認識論」（仿冒品如何生產流通）必須與仿冒消費論述的「倫理學」（應不應該買仿冒品）一併思考，彼此相互環扣，而非循當前主流反仿冒論述「道德化」、「犯罪化」仿冒品的生產與消費，或反其道而行，依部分反全球化的消費論述去「過度浪漫化」仿冒品消費作為資本主義游擊戰的可能。本文所希冀的正是這樣一個結合社會文化脈絡與經濟發展邏輯的角度，去反思仿冒全球化的歷史與理論起點，嘗試探索資本主義內在邏輯的矛盾與衝突，才能讓後續仿冒品消費論述中的「能動性」（agency）分析，落實在「結構」而非「個人的自由選擇」之上。

一、LV 在日本與「東亞名牌熱」

名牌仿冒品與品牌仿冒品不同，精品名牌仿冒品又與一般名牌仿冒品不同，就好像假香奈兒鑽錶、假耐吉球鞋與假國際牌電池，不可同日而語其所涉及的商品影像、象徵價值、生產複製技術與所扣連不同在地的歷史特殊脈絡。本文的重點放在精品名牌仿冒品的探討，故將先以單一全球精品名牌路易威登的皮件仿冒品為切入點，仔細爬梳此法國高級時尚名牌在過去 20 年狂掃亞洲背後的資本邏輯與文化邏輯。法商路易威登公司於 1854 年在巴黎開設第一家旅行皮件專賣店，1885 年在倫敦成立第一家海外分店，1914 年在巴黎香榭麗舍大道開設世界最大規模的皮具專賣店後，就成為舉世知名的皮件經典名牌。此後業務穩健發展，歷經兩次世界大戰、經濟危機、個人主義抬頭的 70 年代，而在 80 年代隨著品味消費與「東亞名牌熱」的浪潮而重領風騷，1989 年更在巴黎開幕成立 LV 的全球形象店，取代同區舊店成為 LV 全方位品牌（由皮件擴展到各類精品、男女服飾和筆等周邊商品）的全球銷售網絡與商品形象之新核心。LV 作為當代法國時尚精品名牌的成功，不僅在於百年老店新開、日蒸月上的全球擴展，更在於其亮麗的銷售成績：1990 到 1994 年的全球銷售金額約合 250 億法郎（新臺幣 1,250 億元）。[15]

但究竟為何 LV 在東亞如此大受青睞？LV 作為全球精品名牌的「芳香」（aura）究竟由何而來？而正品 LV 與仿冒品 LV 在東亞的出現，與東亞經濟與消費結構的轉變（冷戰時期資本主義的國際分工體系，讓日本、臺灣、南韓、香港、新加坡等地相繼出現快速的經濟成長與財富累積），又與近現代帝國殖民主義歷史發展下的文化想像、感覺結構與心理機制有何關連？要談東亞的 LV 仿冒品，就不能不從日本的 LV 崇拜情結開始談起。先讓我們來看看 LV 在日本的熱賣有多瘋狂，路易威登公司全球最大的旗艦店於 2002 年

---

15. 行政院公平交易委員會編，《仿冒案例匯集》（臺北：行政院公平交易委員會，1998），頁 37。

9 月在日本東京開幕，地點選在素有「東京的香榭麗舍大道」之稱的表參道，這是路易威登在日本開設的第 44 家店，也是該品牌在日本開設的第 7 家「全球概念旗艦店」，各式貨品與貴賓獨享的配件一應俱全。[16] 為何在全球經濟滯緩、消費疲弱的此刻，法國時尚名牌路易威登在日本還如此大張旗鼓？其中的奧妙不僅在於日本至今仍是全球最大的奢侈品市場，而市場分析師也不斷指出奢侈品的需求不受經濟不景氣的影響，更在於光是亞洲就占路易威登全球營業額的一半，單是日本就占路易威登全球營業額的三分之一。路易威登在 1978 年進入日本市場後便一枝獨秀、勇占國際精品銷售的鼇頭，即使在泡沫經濟破滅的 90 年代仍不受影響，業績依舊逐年成長。以 2001 年為例，路易威登在日本的營業額還有 16% 的成長，而高達 10 億美元之多。[17]

　　然而在此 LV 法國時尚名牌熱潮的背後，究竟牽涉到什麼樣經濟消費結構的轉變？在 80 年代由日本領航的「東亞名牌熱」，究竟牽動了什麼樣的文化想像與身體模擬？首先就讓我們從戰後日本經濟消費結構的改變談起。戰敗由美軍接管的日本一無所有，但卻在戰後的美蘇冷戰國際對峙下，成為美國東亞資本主義布局「自由貿易區」中最重要的夥伴，並相繼帶動南韓、臺灣、香港、新加坡的經濟成長。而日本在經過 60、70 年代的經濟起飛、快速成長，外匯存底與民間財富加速累積，便在 80 年代出現了富裕社會的名牌消費模式，產生了「一億人上流社會」的空前繁榮。以 1988 年為例，日本每人的國民生產毛額（GNP）已達 2 萬 3 千 4 百美元，同年美國是 1 萬 9 千 8 百美元，日本的平均所得比美國高了 18%，堪稱世界第一的所得水準。而日本所得的急速提昇乃直接來自於高經濟成長（由出口導向型經濟結構，成功轉變為內需依存型經濟結構，使實質經濟成長率在 1988 年呈現超過 5%

16. 所謂的精品名牌「概念」旗艦店，強調主題式的創意空間設計，由頂尖設計師為個別都會購物空間量身打造，結合品牌精神與當地文化特色。以東京表參道概念店為例，由日本知名建築師青木淳設計的玻璃精木造型，呼應 LV 行李箱歷史與日式和風特色，成為日本 LV 崇拜者的新朝聖天堂。

17. 〈LV 名牌，日本人再窮都要買〉，《聯合報》，2002 年 9 月 2 日；〈高貴不貴，日本消費兩極化〉，《經濟日報》，2001 年 5 月 12 日。

的超成長）與日圓升值（1988 年創造了 952 億美元的龐大貿易收支出超，外匯存底累積到近 1 千億美元，迫使日圓升值到 125 日圓對 1 美元）的效應，這些都為高級進口貨品的超富裕消費風潮，提供了經濟結構面的動因。[18]

　　於是 80 年代日本的歐洲名牌消費熱潮，便是此波超富裕消費現象下由「美式消費」（大量生產與大量消費的富裕）轉為「歐式消費」（由「量」的富裕轉換成「質」的富裕，強調品質、品牌、品味的三合一，品質來自品牌的保證，品牌來自品味的鑑賞）的關鍵。於是大量的歐式精品名牌成為日本富裕中層階級的日常生活消費品，像高級進口車 BMW 就被暱稱為「六本木可樂娜」，連大學生都可以用貸款或打工方式購得。[19] 然而在這波日本泡沫經濟所堆疊出來的歐洲名牌消費熱潮中，還是充滿著明顯的階級與性別差異：女性上班族的名牌崇拜情結成為此波「（假）貴族性消費現象」的最大表徵。

> 以往領導流行的年輕人被稱為「單身貴族」；現在具有假貴族行為的大部分中層消費者都成了「貴族」，而且不限於年輕人，特別是女性上班族，可說是居於貴族性消費的領導地位。
>
> 由雜誌屋（Magazine House）發行的 *Hanako*（《花子》）這本雜誌把東京那些具有高感度貴族性質的女性上班族暱稱為「Hanako 小姐」，從她們身上展現出來的貴族性流行，可以看出「中流身分、貴族感受」的現象。在這個超經濟大國日本的首都──東京工作的女性上班族、可說是疑似貴族的一個族群。
>
> ……特別是對東京「Hanako 小姐」們來說，香奈爾、第凡內、赫梅士，以及現在居於領導地位的名牌路易威登等可說是「女性上班族的代表品牌」。[20]

---

18. 星野克美編，彭德中譯，《新消費文化剖析》（臺北：遠流，1992），頁 6-7。
19. 同上，頁 5。
20. 同上，頁 11、13。

位居貴族性流行領導地位的「Hanako 小姐」，非傳統身分血緣上的貴族，也非日本新產業經營者或新專業成功者，她們乃是被稱為「假貴族」的女性上班族，卻同時也是實際上支撐日本 80 年代起貴族性消費社會的中層主力消費者。「Hanako 小姐」的出現，不僅只是越界消費、階級攀升幻想的投射而已，她們的出現翻轉了傳統消費研究中以社會位置（position）決定生活風格氣質（disposition）的取向，她們以高消費能力創造自身的消費族群定位，而歐洲名牌路易威登、香奈爾、第凡內、赫梅士就成了她們後現代消費認同風格族群的標誌（像全身上下死忠香奈兒品牌的「香奈兒小姐」）。「Hanako 小姐」所帶出「假貴族的貴族消費」，可以說是日本 80 年代歐洲名牌消費熱潮中第一個「既是平民又是貴族」的內在階級矛盾與性別差異。

　　但為什麼是歐洲名牌呢？又為什麼是路易威登獨領風騷？當我們想更進一步解析由日本領航的 80 年代「東亞名牌熱」現象時，就必須將經濟消費結構轉變的討論，往文化想像與心理機制的歷史形塑面推進才行。表面上看來，這些高價位、高品質的高級文化舶來品，大都是從具有深遠貴族文化歷史的歐洲進口而來。此「貴族想像」的背後乃是一種「文化想像」的投射，消費的不只是高價品與高級品，更是這些舶來品背後、由歐洲歷史與傳統孕育出來的高文化想像。「假貴族之名」的「名」牌效應，乃是美其名曰「假商品消費之實，行精神消費之名」，將日本的「哈歐」包裝成歐洲名牌背後經歷史洗禮的文化精髓，而追求歐洲舶來品便是追求內在精神性的高人一等，超越凌駕於單純的物質消費形式。這種表現在商品消費上的「文化崇洋」心態，自可上溯到日本從明治維新（西元 1876 年起）開始長達百年的西化、現代化過程，即便歷經戰後 30 年的經濟發展，在 70 到 80 年代創造了誇耀世界的經濟能力，日本卻一直無法徹底擺脫「經濟大國、文化小國」的陰影。

　　而在日本這一波從經濟成長、美式消費的 60、70 年代進展到 80 年代「歐式消費」的熱潮，同時也是一種以歷史與文化「回溯」的方式，回歸到 19世紀末、20 世紀初大正時期「歐化日本」的鄉愁想像。而這種鄉愁想像所標

示的，不僅是明治維新後日本最早形成的富裕社會消費文化，更是日本文化與歐洲文化交融匯合的高峰期：「和風」對歐洲藝術與文化的強大影響，具體展現在「印象派自日本的浮士繪獲得靈感，或是新藝術受到日本的貞奴／陶器／服飾的影響一樣。」[21] 而法國時尚名牌路易威登正是在此歐日文化交流的關鍵時刻崛起與奠基，1852 年法國拿破崙三世登基，工匠 Louis Vuitton 被選為皇后御用捆工而開始涉足上流貴族社會，1896 年 Louis Vuitton 之子 Georges Vuitton 受當時歐洲的「和風」藝術之影響，而設計出以「L」、「V」字母、四瓣花形、正負鑽石的 Monogram 經典圖案。[22] LV 百年老店名牌神話的建構原本就多采多姿，不僅與法國皇室、名流貴族（香奈兒女士、印度皇后、法國總統到名指揮家 Leopold Stokoski 等），還與眾多歷史事件、浪漫傳奇交相勾連（其中最著名的當屬 1911 年豪華油輪鐵達尼號的沉船事件，相傳一件路易威登的硬式皮箱落水多日後因密合度精準而沒有絲毫海水滲入的痕跡）。更重要的是，LV 經典圖案乃是融合了 19 世紀末「和風」藝術圖案的「法日混血」，其在日本人的心中自然更是水漲船高。也只有在這樣特殊的歷史脈絡中，才能凸顯當代日本 LV 崇拜所涉及的文化想像，此文化想像與 LV 名牌的「剩餘價值」，乃是構築於近現代西方帝國殖民擴張下西化、崇洋的情結，以及此情結中自卑與自尊的矛盾結合。也只有經過這樣的歷史與心理「回溯」，才能明白路易威登為何是日本人眼中歐洲名牌中的名牌，「法式和風」的極致代表，能夠同時滿足「歐洲名牌」與「日本懷舊」的雙重文化想像。[23]

---

21. 同上，頁 94。
22. 有人認為 LV 的「四形花瓣」取材自日本貴族的徽章符號，有人則認為其來自日本民間藝術的圖案，但不論是何種說法，在　史考據的背後也須考量 LV 名牌「神話」的建構，以及 LV 名牌對日本市場的過度依賴與極度諂媚。
23. 此「法式和風」不僅來自於昔日歷史的因緣際會，更基於當今日本市場在 LV 全球經營策略上之舉足輕重而益加強化。例如路易威登 2003 年便與日本在法國巴黎當紅的普普藝術鬼才村上隆攜手合作，讓春夏精品服飾呈現融合中世紀復古風味與日本漫畫世界的裝束，更大膽地在經典咖啡色花紋的皮件上，加添亮彩眩目而又超現實的眼睛、熊貓與櫻花等圖案，更形強化了路易威登「法式和風」的美學訴求與市場考量。

而與「平民貴族」、「歐洲名牌、日本懷舊」同時出現的第三種消費心理矛盾，則是 LV 作為日本 80 年代超富裕消費中「量產貴族工藝品」的代表。如果「Hanako 小姐」「假貴族的貴族消費」，是以貴族品牌轉換平民身分（「平民身分的貴族想像化」），那「Hanako 小姐」的大量出現也同時造成貴族品牌的大量需求（「貴族品牌的平民量產化」，不再是單純的物以稀為貴）。換言之，LV 在一方面經由自我形塑的百年老店傳奇，以精湛細緻的完美品質為前提，強調歐洲（皇家）工匠傳統，追求技術與藝術的完美結合。但在另一方面 LV 又要面對來自日本、東亞大眾消費社會中新貴階級之大量需求，人人都要一只 LV 皮件以彰顯身分。換言之，LV 既要遠離「量產神話」的大量而快速，以維持其品牌對少量生產、對手工製作形象的執著，又要增設工廠以應付來自東亞的大量需求。而這種「量產貴族工藝品」的矛盾，遂導引出部分專賣店「限量購買」與部分商品「限量發售」的名牌銷售策略（非技術生產層面的不足，而純為襯托藝術性、貴族性、工藝性的限制數量、以提高身價的手法）。[24] 以 LV 的巴黎旗艦店為例，每天還沒開張前就已有來自世界各地（尤以日本觀光客為主）的消費者在門口大排長龍，更有花錢雇人代排以突破購買數量限制的黑市存在，被媒體譏為「浮華世界怪現象」。[25] 而此「限量購買」與「限量發售」的策略雖然成功達到精品名牌店外大排長龍的宣傳效果與心理效果（LV 有時是有錢也買不到的），卻也造成常常缺貨、供給量遠遠不及

---

24. 這其中當然也包括了以此限購方式，防堵遠東地區的單幫客購買大批奢侈品，以「真品平行輸入」的方式回國轉售，賺取價差。自 1980 年代以來，奢侈品輸出國與輸入國之間的價差一直下降，以日本為例，在日本景氣繁榮期間，同款精品的售價比原產國貴 3 倍，而現在亞洲奢侈品的售價僅比歐洲貴四成左右。以 LV 為例，同款皮夾現在在巴黎香榭麗舍精品店的售價，仍比東京路易威登精品店的售價便宜 35%。可參見蕭羨一，〈路易威登採取限購措施〉，《中國時報》，2004 年 1 月 3 日。
25. 王麗娟編譯，〈浮華世界怪現象〉，《聯合報》，2001 年 6 月 1 日。

需求量的現象，也間接為 LV 的「欺騙性仿冒」市場帶來利基。[26]

二、臺灣的歷史偽物論

　　如果如前一部分所述日本的 LV 名牌熱暴露了多層次且矛盾複雜的消費結構與文化想像，那臺灣「慢半拍」卻後勁十足的 LV 熱，又與其他東亞國家有何異同之處？先讓我們來看看 LV 名牌與 LV 名牌仿冒品入主臺灣的過程。路易威登公司於 1983 年在臺灣成立分公司與第一家直營店，臺灣正式成為路易威登全球銷售網絡東亞區塊的重要節點，1997 年路易威登的銷售已擴及全省含高雄、臺中共成立四家直營店，1999 年在臺北中山北路麗晶商圈成立在臺灣的第一間全球形象店，開幕之時官商影視名流齊聚、蔚為盛觀，2003 年更在臺北敦化南路商圈開設第二家全球形象概念店。該公司在臺灣的獲利，以 1995 到 96 年為例，銷售金額就已達新臺幣 10 億元。[27] 而臺北 LV 全球形象店的特色之一，便是除了本地消費者外，尚有大批來自日本的觀光客湧入店中血拼，甚至出現開店初期，店內貨品被日本蜂擁而至的觀光客一掃而空的奇觀。其原因在於臺灣市場進口的歐洲名牌商品，平均而言大概比日本便宜二到三成（日本有較高的稅務和銷售成本因素），再加上許多精品名牌採取限量生產、全球配額供應的策略，在日本國內往往有錢也不一定買得到想要的名牌精品，所以在觀光與名牌採購的相互結合之下，遂出現了日本觀光客在臺北麗晶商圈的搶購景觀，成為歐洲進口名牌的活廣告。以臺北 LV 全球形象

26. 此處指欲購買 LV 真品無門，而經由其他管道（代購、水貨、觀光旅行等）以近真品相同價格購買到以為是真品的　品。此用法採自 Grossman & Shapirod 的分類，他們將仿冒分為「欺騙性仿冒」（deceptive counterfeiting）（消費者在不知情的情況下，以與真品相同的價格買到低品質的　品）與「非欺騙性仿冒」（nondeceptive counterfeiting）（消費者透過商品的出售地點或定價，而清楚知道所購買的為名牌仿冒品）。可參見 G. M. Grossman and C. Shapiro, "Counterfeit-product Trade," *American Economic Review* 78 (1988), pp.59-75; G. M. Grossman and C. Shapiro, "Foreign Counterfeiting of Status Goods," *The Quarterly Journal of Economics* 29 (1988), pp.79-100.
27. 行政院公平交易委員會編，《仿冒案例匯集》（臺北：行政院公平交易委員會，1998），頁 37。

店為例，日本觀光客的絡繹不絕，讓 LV 在臺灣更形昂貴搶手。[28]

　　然而在臺灣，到 LV 專賣店買 LV 的人很多，但在地攤夜市買假 LV 的人更多，真的 LV 在臺灣賣得轟轟烈烈，假的 LV 在臺灣也銷得如火如荼。以臺北 LV 名牌仿冒品的流通銷售市場而言，不論是東區商圈地攤、名店城、林森北路精品店，或是通化、士林、萬華、天母夜市，放眼望去都有咖啡色為底、以「L」、「V」字母、四瓣花形、正負鑽石圖案的假 LV 經典 Monogram 帆布包，其乃臺灣銷售最好、最搶手、地攤排行榜上第一名的名牌仿冒皮件。這些 LV 仿冒品的來源參差不齊，產地包括臺灣、韓國與中國大陸，依等級又可分為特 A 級、AA 級、A 級、B 級與 C 級不同檔級與價位。特 A 級的擬真度可達 95%，真假莫辨，連隱藏在內部夾層的真品編號都有，而低檔的仿冒品則有膠味重、質感差、車線歪斜、印花字體走色或不對稱等毛病。一般而言，LV 仿冒品的樣式極多，從 Monogram 背包、Damier 提包到 Graffiti 塗鴉包，幾乎 LV 在臺灣每一種熱門款都有仿冒。若以等級與價格而言，A、B、C 級多在地攤夜市與一般店面流通，特 A 與 AA 級則須熟客、訂購等特殊管道才可取得，最低檔的地攤 LV 皮件售價僅新臺幣 399 元，級數較高的則要新臺幣 2,000 到 3,000 元，但多半也只為 LV 真品原價的 1/10。[29]

　　知道了 LV 名牌與 LV 名牌仿冒品在臺灣分布銷售的初步來龍去脈後，接下來我們將分別從歷史文化面與理論建構面，去探討臺灣 LV 仿冒品由生產到消費的演變。首先就歷史文化的角度而言，LV 名牌與 LV 名牌仿冒品的臺灣大暢銷，其直接牽動的便是臺灣時尚意識與名牌消費社會的形成。基於殖民歷史與文化地理的毗鄰性，擺在檯面上的第一個關鍵點，當然是日本對臺灣消費品味的直接影響。早年臺灣代理國際精品的窗口有限，有錢人多赴日本購買各國名牌商品，再加上老一輩受日本教育的人較多，從日本雜誌獲

---

28. 〈名牌包包全球缺貨〉，《民生報》，2002 年 4 月 12 日。
29. 〈假 LV 狂掃街頭〉，《壹週刊》第 46 期，2002 年 4 月 11 日，頁 98-104。

得的資訊也扮演重要角色。[30] 而臺灣在 70 年代末文化工業逐漸形成，消費社會逐漸抬頭，時尚意識與品牌意識更隨著開放國外品牌進口、開放國外觀光旅遊、時尚資訊的加速流通而大大提升：

> 相對於七○年代中後期國外知名品牌進駐台灣、八○年代全國國民所得提高所帶動的消費價值觀改變，乃至於九○年代國際性服飾的全球多元化發展，台灣的時尚雜誌產業以及趨勢報導傾向，由早期《婦女雜誌》、《電視週刊》中小篇幅夾雜的國內外時裝潮流變化，日本版服裝雜誌如《登麗美時裝》、《貴夫人時裝》的書店委託制代理銷售，到九○年代歐美跨國雜誌集團在台發行國際中文版如《Harper's Bazaar 哈潑時尚》、《ELLE 她》、《Marie Claire 美麗佳人》及《Vogue 時尚》等，以及大型連鎖書店所引進的大量國際版本，因應資訊全球化的趨勢，台灣的讀者擁有許多的流行參照版本可供選擇，並以其作為掌握流行脈動的依據，甚至是購物消費的指標。[31]

於是從 80 年代起臺灣時尚品牌的消費，遂逐漸拉近與日本流行時尚的時間落差，由跟著日本走、晚日本 5 年、晚日本兩、三季、到 90 年代朝向與世界流行同步零時差的方向逐漸邁進。但即使在今日的臺灣，日本流行資訊依舊扮演相當重要的角色，如果老一輩受日式教育的「哈日族」以日本時尚資訊為主要來源，那臺灣新一輩年輕即使不懂日文的「哈日族」，依舊是依日本時尚雜誌畫葫蘆。日本的雙週刊雜誌《Nonno》多年來都是最受臺灣青少女歡迎的雜誌，「該雜誌在 70 年代末期首次引進臺灣，而在 80 年代開始受到歡迎，雖然沒有可靠的數據顯示，但一般仍估計每月約有 10 萬冊自

---

30. 施靜茹，〈迷戀名牌，也會互相傳染？〉，《聯合報》，1997 年 12 月 14 日。
31. 林志鴻，《時尚符號的媒體產製與消費》（輔仁大學織品服裝研究所碩士論文，2002），頁 3-4。

日本進口，是目前為止臺灣大型書店中銷售量最高的雜誌」。[32]臺灣名牌時尚關心的「日本最新流行」，乃是要同時看到日本的時尚流行與透過日本的眼睛看到全球的時尚流行。因而 LV 名牌皮件在臺灣的風行，便與此「哈日」的「哈歐」歷史連帶與文化心理機制脫不了關係。臺灣「聞」化中 LV 皮件的名牌「芳香」（aura），便與這雙重的殖民品味想像息息相關。

然而談完了檯面上的理由，也讓我們談一談檯面下的因素：臺灣最早對 LV 名牌的認識，不僅來自於日本的時尚雜誌與商品資訊，更來自臺灣作為提供日本黑市交易的 LV 仿冒品生產基地與日本觀光客國外採購 LV 仿冒品集散地的重要成員（南韓與香港都有類似的情形）。以相對而言較為寬鬆的法律、查緝與較為低廉的勞力、成本，臺灣 LV 名牌仿冒品最初乃是以「外銷」日本為大宗，直到臺灣品牌意識崛起與 LV 專賣直營店正式登台後，才又擴展了大量的「內需」管道。LV 登陸臺灣的過程，不僅洋溢著日本與臺灣時尚「聞」化的殖民「芳香」，更凸顯出名牌工業與仿冒工業的弔詭性依存與地域移植／移轉：LV 未演先轟動，未上市先出名，以仿冒品開道，「國內」仿冒品比「國外」真品先登陸，讓仿冒品成為正品的另類宣傳媒介。所以如果我們借用時下後殖民論述中常用的「遲來的現代性」（belated modernity）一詞，那 LV 便是日本雜揉了崇洋與懷舊的「遲來的現代性名牌」，LV 也是臺灣雜揉了哈日與哈歐的「遲來的現代性名牌」，LV 更是當前中國大陸作為臺灣、香港仿冒技術移植／移轉的「遲來的現代性名牌」（路易威登已進駐上海的南京路，並視中國大陸為其未來最主要的銷售市場）。[33]

---

32. 《廣告雜誌》，1994 年 1 月，引自岩淵功一，〈日本文化在台灣：全球本土化與現代性的「芳香」〉，《當代》125（1998.01），頁 28-29。

33. 在傳統的仿冒品討論中，最常被提出的貿疑不外是「仿冒品是否有害於正品市場？」、「仿冒品的市場與正品市場是否有重疊部分？」、「仿冒品是否為正品的另類廣告？」等。而本文企圖勾勒出仿冒品與正品的相生相剋的「弔詭性依存」，正是企圖將這些 yes or no 的「平面」問題化為「立體」，以凸顯這種「弔詭性依存」在不同的歷史時段和不同的地理空間，所展現的各種「時差」與「位移」方式。然而基於不同的近現代歷史發展與市場消費結構，中國大陸是否會出現與臺灣類似的 LV 名牌移植／移轉現象，尚有待觀察。

然而反諷的是，LV「東亞名牌熱」的故事，首先為我們揭露的正是「仿冒品複製弔詭」的第一層：仿冒品的「複製」總已是「複製的複製」。LV名牌仿冒品的「複製」，不僅只是「複製」LV名牌正品，更是在「複製」文化想像——臺灣想像日本想像歐洲，充滿了商品「鏡像」與殖民「鏡像」的迴射繞徑，也充滿了經濟、政治、文化、心理層面的繁複糾結。而路易威登在東亞全力查緝仿冒的行動（LV向來是全球抓仿冒最力的名牌集團之一，每年定額提撥總營收2%作為取締仿冒的預算），更進一步為我們揭露了「仿冒品複製弔詭」的第二層：全球資本主義的擴張與興盛，乃靠商品欲望的複製（感覺結構的歷史因子）所啟動（我也要用同樣尊貴的皮包，我也要開同樣拉風的汽車），但在鼓勵複製欲望的同時，卻嚴禁複製商品。於是當全球資本主義無所不用其極地鼓勵各種「欲望形式的完全複製」（透過各種眩目亮麗的商品影像與廣告文宣），卻也同時用盡各種嚴刑峻法禁止「商品形式的完全複製」，名牌仿冒品的出現，是否正是一種以有形「商品形式的完全複製」，凸顯名牌消費作為無形「欲望形式的完全複製」之最佳反諷弔詭呢（不要以為買正品就不是仿冒複製，也不要以為買臺灣、中國大陸或南韓做的法國名牌仿冒品就逃脫得了對日本的仿冒複製）？

　　而當我們將討論的焦點實際放到LV精品名牌仿冒品的消費者研究時，LV的臺灣偽物論將為我們揭露「仿冒品複製弔詭」的第三層：同時召喚與排拒中層的潛在消費者。過去在精品名牌的市場論述中，有一個極為普遍的觀念：精品名牌的消費者與精品名牌仿冒品的消費者不重疊，故仿冒品市場再猖狂氾濫，也不會影響精品名牌的銷售額。而就實際的精品名牌銷售額觀察，也大抵呼應這樣的講法，像在臺灣仿冒品市場火紅熱賣的LV，其在臺灣的正品銷售額依舊年年成長。然而就精品名牌的實際操作狀況而言，精品名牌鎖定的主顧客銷售層，表面上雖是以金字塔頂端階層為號召，但實際上卻往往「打高賣低」，以中上層消費者為主力，而其中部分中層消費者就成為精品名牌正品與仿冒品之間拔河角力的爭取對象。就算氾濫的仿冒品似乎

不會明顯造成正品銷售額的下降，但在正品與仿冒品之間重疊的部分中層消費者，其消費模式與欲望的流動卻十分值得分析觀察，具有對精品名牌潛在的挹注力或殺傷力。

從有限的相關田野資料顯示，臺灣消費者在購買仿冒品時的主要原因，仍是價格低廉、較為划算的實際考量。[34] 當臺灣「哈日」消費者「複製」日本「哈歐」消費者的欲望同時，部分因 LV 售價過高而轉為採買 LV 仿冒品的中層消費者，她們之中有人以 LV 仿冒品為正品的「入門」（等存夠了錢或職業身分轉換、收入有所調整時再買正品），有人同時擁有 LV 正品與 LV 仿冒品（經典款買正品不退流行，時髦款買仿冒品用上一兩季就丟），有人則是因 LV 仿冒品在臺灣太過氾濫為由，而拒用正品（買 LV 正品也可能被認為是仿冒品）。換言之，就臺灣仿冒品消費者的實際消費行為而言，其中充滿了流動的變數，可能流向正品的後續消費，也可能流向仿冒品的持續消費，仿冒品可能成為正品的入門訓練，仿冒品的氾濫也可能讓潛在的消費者望之卻步。而更重要的是，臺灣仿冒品的無所不在，直接打擊的往往不是正品銷售額或個別消費者的購買意願，而是精品名牌的象徵價值，是否會因過於氾濫而面臨崩盤的危機。因此即使是銷售額年年攀升的 LV 名牌，每年還是要耗費巨資抓仿冒。仿冒品與正品既非相互對立（你死我活），也非相安無事（平行發展），而是在生產消費、複製欲望的複雜糾葛中，展現了「相

---

34. 在臺灣有關仿冒品消費研究的田野調查或消費族群分析相當匱乏，目前僅有林易萱，《LV 的真假之爭：符號的「仿冒學」》（交通大學傳播研究所碩士論文，2004）。本文此處有關仿冒品消費族群的討論，主要參考林易萱論文中的訪談與田野，再加上本論文在論述發展中所做的一些深度訪談個案與參與觀察（整體而言，仿冒工業作為一種保密共生的「黑色暗流」而言，參與觀察的對象與田野往往僅及於小盤商與單幫客，在談論相對神祕而無接觸管道的大中盤商之部分，只得依賴媒體的相關查緝報導，以勾勒出仿冒工業可能的產銷模式與流通管道）。而就現有的訪談資料顯示，臺灣消費者買仿冒品的最主要原因是「薪水階級的收入並不足以負荷高精品的消費」，仿冒品是買不起又想買時是「實用」、「划算」的選擇。也有部分消費者表達了對精品名牌附加價值的反感，「為什麼一個 logo 上去就要賣那麼貴」，呈現一種反制資本主義、不當名牌冤大頭的心態，也有以商品消耗、汰舊換新為由，「不想用了、壞掉了，再換新就好」，而拒買昂貴的正品。參見林易萱，《LV 的真假之爭：符號的「仿冒學」》，頁 62-66。

生相剋」的動態不確定性，既相互共謀又彼此削減。精品名牌仿冒品在鞏固強化精品名牌全球化所向無敵的同時，也時時刻刻提醒著精品名牌可能的象徵價值崩盤危機。

三、相生相剋的假理論與假全球化

但當我們以 LV 在東亞的歷史文化糾結為出發，擴展到「仿冒品複製弔詭」的多層次論述時，就必需在「假理論」與「假全球化」的理論建構上更進一步。「假理論」也者，既是有關「假冒」的理論，也是有關「假借」的理論，亦即如何在既有的後結構理論（鬆動本源、理體與中心）與後殖民理論（對模仿、雜種的文化協商），挪移發展出具歷史敏感度、理論複雜度與全球在地批判性的仿冒理論。本文在此將先提出「假理論」建構中「全球名牌中心主義」（glogocentrism）這個自創的理論術語，企圖開展探討仿冒全球化的論述新空間。我們都知道「全球在地化」（glocalization）是當前談論全球化的重要術語之一，此新創名詞企圖將「全球化」與「在地化」可能出現的二元對立，以「交錯法」（chiasmus）的修辭與思考方式加以交織。[35] 而「全球名牌中心主義」則是企圖連結「全球化」與「名牌／理體中心主義」。「理體中心主義」（logocentricism）原為解構主義用語，用來指稱西方形上學視純粹起源——理性、邏輯、文字、真理——為一種固定不變的「顯現」（presence），其中的「*logos*」乃為希臘文的「理性」。[36] 而有趣的是，當代消費文化研究中大量使用的「logos」則是指以字母圖案或縮寫印在商品表面

---

35. 此一新名詞最早來自日本企業用語 dochakuka，意指在全球性架構下，適應本土性環境的策略（日語 dochaku 原指「生活在自己的土地上」，能因應不同地區環境狀態而調整耕植技術的耕種原則）。可參見 Roland Robertson, "Glocalization: Time-Space and Homogeneity-Heterogeneity," in M. Featherstone, S. Lash and R. Robertson, eds, *Global Modernities* (London: Sage, 1995), pp. 25-44.
36. 相關理論可參見 Jacques Derrida, *Writing and Difference*, trans., Alan Bass (London: Routledge, 1978)。

的品牌商標（logograms），而 logograms 與 logocentricism 皆指向相同的希臘字根 logos。此二「logo（s）」之所以可以在此相提並論，正在於當今全球化下的「名牌中心主義」就是一種商品形上學的「理體中心主義」。

　　所以「全球名牌中心主義」所欲凸顯的第一個重點便是名牌的抽象價值形式。以西方品牌發展的歷史而言，「品牌」（brand name）出現於 1880 年代左右，取代了傳統批發商或零售商的名稱，顧客開始以「品牌」分辨不同商品背後所代表的不同生產製造廠商，而成為市場上區別商品品質的主要標誌。但當這些大量生產之商品的實質差異愈變愈小時，原先強調作為「品質保證」的品牌便逐漸發展成為強調「風格標示」的品牌。品牌原先所代表的產品信譽與商業信譽，更進一步「抽象概念化」成為代表市場占有率與競爭力的「品牌知名度」與標榜生活風格的品牌態度。而出現於 19 世紀下的地方性、區域性「品牌」，也早已隨著市場全球化的腳步成為一種流通的國際語言，一種無重力、離根、去物質化的抽象形式，進而創造出「品牌─連結的全球」（logo-linked globe）、「品牌的美麗新世界」（brand new world）。[37] 於是在「品牌抽象概念」領軍的消費年代，消費者汲汲所欲購買的與其說是商品的物質形式本身，不如說是商品品牌的抽象形式（交換價值、符號價值、美學價值等）。[38]「品牌」是「理念」而實體商品是「現象」；「品牌」是「本尊」而實體商品是「分身」。雖然說經濟的起伏會相對帶動不同的消費模式，而 80 年代的全球名牌擴張已到強弩之末，前品牌時代（無「印」良品）的量販平價模式在 90 年代時有重返之跡，但精品「名牌」作為品牌中的品牌而言，卻往往依舊一枝獨秀、一馬當先。

---

37. Naomi Klein, *No Logo* (London: Flamingo, 2000), p. 6。書中對「品牌」抽象概念化的生動描繪，莫過於「換言之，隱喻的鱷魚已浮出水面並吞噬了實質的襯衫」（Klein: 28）。

38. 甚至出現純粹經營市場行銷與品牌形象，而將設計與生產完全外包的企業體（最知名的例子當屬 Nike 球鞋，透過臺灣與南韓等國的轉包廠商在中國大陸負責「生產」實質的球鞋，Nike 總部只需全力「生產」其抽象的品牌形象即可）。這些「身輕如燕」的全球知名品牌，甚至可以專靠「授權」就財源滾滾。可參閱尼古拉斯‧柯瑞奇（Nicholas Coleridge）著，張定綺譯，《流行陰謀》（臺北：時報，1995），第 14 章。

這種世界名牌唯我獨尊、全球統一的菁英現象，正足以說明「全球名牌中心主義」中所欲強調的第二個重點：全球精品名牌跨國集團的品牌併購與整體掌控。時尚名牌之「名」的抽象性與象徵性，乃是由主控市場行銷與名牌形象的全球精品王國所操控。頂級精品時尚名牌的全球化策略，便伴隨著大規模的品牌併購以擴張版圖，並以全球直營策略（以直營的分公司取代傳統的代理商），來確保從商品種類、價格到品牌時尚感的全球統一性與同步性。[39] 例如以馬具起家的百年名牌愛馬仕（Hermés）併購高地野（Jean-Paul Gaultier）的自營品牌，普拉達控股公司（Prada）併購漢穆蘭（Helmut Lang）與吉爾桑德（Jil Sander）。又如路易威登所屬的路易威登－軒尼詩跨國精品集團（Louis Vuitton Moet Hennessy, LVMH）常被喻為「精品業中的拿破崙」，專擅以品牌併購擴張版圖、提升營收，乃為 90 年代中期開始此波國際精品大規模的併購風潮中動作最大、最引人注目者。LVMH 集團從原先的 LV 皮件、軒尼詩白蘭地名酒擴展到流行服飾與化妝品銷售、藝術品拍賣等其他領域，並延伸至機場的 DFS 免稅商店，旗下品牌除路易威登外，還包括高田賢三（KENZO）、克麗絲汀迪奧（Christian Dior）、克麗絲汀拉夸（Christian Lacroix）、唐娜凱倫（Donna Karan）、芬迪（Fendi）等，在在展現此跨國集團意圖打造全球精品王國一統江湖、全球直營的雄心壯志。[40] 根據統計資料顯示，LVMH 集團在不景氣的 2002 年，仍舊締造出 127 億歐元的亮麗業績，淨利 20 多億，增長率 29%，股價也上漲了 8.3%。[41]

---

39. 在此品牌全球化的當下，歐美精品名牌的商業觸角向世界各地蔓延，「國際知名品牌旗艦店（flagship stores）紛紛進駐時尚之都，迅速串連起國際都會的『時尚象徵秩序』，成為具體而微的城市縮影以及錯綜複雜的時尚空間地誌，同時清晰表露了時尚工業全球化下『以商業利益為前提』的本質」。林志鴻，《時尚符號的媒體產製與消費》（輔仁大學織品服裝研究所碩士論文，2002），頁 40。

40. 何世強編譯，〈路易威登併購數名名牌〉，《經濟日報》，2000 年 7 月 8 日；郭瑋瑋，〈併購案成賠錢貨，LVMH 獲利節節下滑〉，《經濟日報》，2001 年 12 月 8 日。此兩篇報導取材乃取材自倫敦外電與《美國商業周刊》。

41. 一般而言，「奢侈產業」的「品牌價格」差不多占了總貨價的 60% 到 70%，只要用心經營品牌形象於不墜，往往能順利抵抗景氣循環，擁有較大利潤彈性，可參見南方朔，〈奢侈產業仍看好〉，《中國時報》，2003 年 7 月 4 日。

而面對精品名牌王國中央集權式的品牌併購與全球直營，本文在此將提出與「全球名牌中心主義」相對應的另一個自創理論概念：「仿冒跨國離散」（fake dissemi-nation）。「跨國離散」（dissemi-nation）一詞的概念，取自解構學者德西達（Jacques Derrida）與後殖民學者巴巴（Homi K. Bhabha）的翻用，強調整體統一性之內總已存在不斷重複、不斷擴散的「補充」（supplement）與「衍異」（différance），整體性始終無法達成，統一性永遠難以定於一尊。[42]「仿冒跨國離散」所欲凸顯的不僅只是「國家」的邊界不斷被「跨國集團」的全球資本流動所鬆動，更是「跨國集團」全球一統的向心力（主要指剩餘價值的利潤積累與市場形象、消費欲望的生產操控），不斷被仿冒品全球擴散的離心力所鬆動。因此我們對仿冒文化研究的理論思考，就不能自限於西方哲學傳統自柏拉圖以降的「模擬論」（mimesis），此傳統視仿冒品為「垂直軸面」的「隱喻替代」（metaphorical substitution），強調仿冒品為正品等而下之的「副本」（copy）、「擬像」（simulation）（副本的副本，每下愈況）。這種空間上／下（正品在上、仿冒品在下）、時間先／後（正品為先、仿冒品為後）的思考模式，早已在當代理論家如德西達、德勒茲（Gilles Deleuze）與布希亞（Jean Baudrillard）的相關論著中加以成功解構翻轉。

　　循此解構翻轉邏輯，不是正品「催生」了仿冒品，反倒是仿冒品「創造」了正品。以 LV 與 LV 名牌仿冒品長達 150 年之久的弔詭性依存關係為例，LV 的「起源」乃為遏止仿冒風而被迫改變的皮件設計。1888 年 LV 以方形圖案替代原有的米、棕色條紋，並且加上註冊商標，不過仿冒品依舊充斥於世，才又在 1896 年以 LV 字母、四瓣花形、正負鑽石設計出 Monogram 的經典圖形。換言之，LV 作為經典的正品，乃由 LV 仿冒品所催生；不是「沒有 LV 就沒有仿冒品」，而是「沒有仿冒品就沒有 LV」。而 LV「正」品作為一種「非

---

42. 參見 Jacques Derrida, *Dissemination*, trans., Barbara Johnson (Chicago: Chicago University Press, 1981); Homi K. Bhabha, "DissemiNation: Time, Narrative and the Margins of the Modern Nation," *The Location of Culture* (London: Routledge, 1994), pp. 139-170.

源起式的起源」（a non-originary origin）更在於 LV 仿冒品如何「貴族化」LV 正品：LV 正品與 LV 仿冒品會依手工／量產、唯一／同質、高尚／通俗、獨創／仿效的分類方式對號入座，就是因為有量產、同質、通俗、仿效的後者，才讓同樣也是量產同質的前者變得異常高貴，充滿獨創性、獨件性與完美手工的聯想。換言之，沒有 LV 仿冒品作為「分身」，哪裡襯托得出 LV 正品的尊貴「本尊」；仿冒品的「分身」讓本來也是「分身」（大量複製、大量生產）的正品搖身一變為獨一無二的「本尊」。一直到最近 LV 與日本藝術家村上隆合作推出的 2003 年春夏新款 Monogran Muticolor，依舊展現這 150 年來正品與仿冒品的弔詭性依存關係：村上隆以 33 個套色取代原本 Monogram 的三色印刷，其中主要考量之一，乃來自於對仿冒品之防範：以提高製作技術的門檻，讓仿冒品製造商知難而退，就算努力為之，也最多用到 8 種套色，讓仿冒品與正品的外在色彩差異，明顯易辨。正品的「創新設計」與仿冒品「亦步亦趨」之間，不僅只是如影隨形的問題，更是相生相剋、相互創造轉化的問題。

因此「仿冒跨國離散」不僅「挖空」（empty out）正品起源不可侵犯的神聖性，更嚴重干擾正品不可動搖的穩定性，以「水平軸面」的「轉喻移動」（metonymic movement），循毗鄰性而非替代性的方式擴散流動，不僅玷污了正品的純粹起源，更讓正品的穩定中心失根離散。[43] 此處所言的「失根離散」，並非以仿冒品單方向解構正品的地位，也非視仿冒品的銷售為對名牌精品銷售額上的直接打擊。仿冒品並不可能對精品名牌取而代之，而仿冒品的暢銷就某種程度而言，正是仰賴於精品名牌的暢銷，仿冒品從符號價值到剩餘價值的積累，皆「寄居」於精品名牌之中。但就在仿冒品為正品「打廣告」的同時，仿冒品也充滿了「打亂市場」、管理黑洞或品牌崩盤的可能潛在危機與不安。因此「失根離散」所凸顯的，正是「全球名牌中心主義」與

---

43. 因此之故，全球名牌跨國集團多傾全力打擊仿冒，以捍衛其建構於名牌之上的超級剩餘價值，以路易威登為例，每年提撥全球年營業額的 2% 查緝仿冒，1990 年其全球總營業額為 43 億法郎，當年便花費相當新臺幣 4 億元的金額打擊仿冒。參見楊塵，〈與仿冒者搏鬥超過一世紀之久〉，《經濟日報》，1991 年 1 月 15 日。

「仿冒跨國離散」之間「相生相剋」的動態生成，在穩定／鬆動、掌控／失控、秩序／混亂間的擺盪未有定論。

而此「仿冒跨國離散」讓我們看到的，正是在經濟全球化的當下此刻「假的無所不在」、「假的無中生有」、「假的無法分辨」。現在的名牌仿冒品已今非昔比，過去認為仿冒品總是慢半拍，而現今仿冒品可以比真品先上市（只要先行取得下一季新商品發表會的照片或型錄）；過去認為仿冒品品質差且無售後服務，而現今許多仿冒品的銷售地點有定點維修服務，而買特級仿冒品的消費者甚至有人送原廠維修；過去認為仿冒品皆售價低廉、做工極差，而現今幾可亂真的特級仿冒品在「非欺騙性仿冒」（指消費者心知肚明買的是仿冒品）的市場售價不低，更在「欺騙性仿冒」（指消費者以為買的是正品）市場以真品價格出售或以「名牌特賣直銷」、「名牌清倉貨」、「名牌次貨」（有小瑕疵而剪爛商標）打折出售。過去認為仿冒品的生產製造皆屬小規模的非法地下工廠，而現今有許多仿冒品乃出自合法的上市上櫃公司，或榮獲多項國際認證的連鎖企業有限公司。過去對仿冒品銷售地點的認知，多集中於地攤夜市，而現今仿冒品流通管道的多樣化與機動性，早已超出一般人的想像。有租借高級場所如辦公大樓、商業中心、五星級大飯店店面舉辦的「（假）名牌特賣」，有以熟客為主的分銷中心，有由導遊領隊參觀選購的假貨專賣店，有以雜誌圖片選貨再等候由人去貨倉取貨的一般店面，更有冒充以真品二手貨的郵購與網路購物系統。

例如 1999 年 9 月臺灣調查局在高雄市的漢神百貨公司二樓專櫃，查獲仿冒義大利 Prada 名牌皮飾 50 多種 4 千多件，謊稱真品平行輸入的水貨出售。而牽涉此案的臺灣進口代理商勝一貿易公司，經追查後才發現其自 1996 年起，就在義大利製造 Prada 仿冒皮件，成品先運到西班牙巴塞隆納，再由巴塞隆納輸入臺灣，並在臺灣全省北、中、南各地設立高級精品店，及透過各大百貨公司精品專櫃直接銷售，獲利數億元。[44] 又如 2001 年 5 月香港海關在

---

44. 張信宏、楊美珍，〈漢神，接受消費者無條件〉，《民生報》，1999 年 9 月 2 日。

尖沙嘴與旺角查獲三間「翻版」Levi's 的專賣店,有趣的是這三家店不僅是販售 Levi's 最新款的仿冒牛仔褲與 T 恤,更是在裝修、陳列、售貨員制服上照單全收的「冒牌店」,其中一家甚至還掛起特約經營證來混淆視聽。[45] 再如英國航空公司在往來倫敦與香港、日本、新加坡等地的長途客機上,也出現空服員在香港及新加坡等地購買便宜的冒牌手錶、香水、眼鏡,以偷龍轉鳳的方式把免稅正牌貨換成仿冒品出售給機上乘客。而禍不單行的英航也同時接到反仿冒盜版組織的抗議,因為在英航出版的土耳其旅遊宣傳手冊中,竟然明示遊客在當地何處可買到仿冒的名牌衣飾。[46] 看來仿冒品的無所不在,真已發展到上天下地的程度。

　　而當今名牌仿冒品的神通廣大,除了它的無所不在之外,更在於它的無中生有。過去名牌仿冒品的「無中生有」多屬「擦邊球式」的自我創造:b 改成 d,W 寫成 M,N 改為 M,G 寫成 C,cK 變成了 CK,Prada 變成了 Prado,ELLE 變成了 ELLF,CHANEL 變成了 CHANNEL,企圖鑽法律的漏洞。而現在名牌仿冒品的「無中生有」多屬「基因改良式」的自創款式。例如 2000 年 4 月香港海關在兩個準備運往中東與南美的貨櫃內查獲大量 SONY 仿冒品的遊戲機配件,其中包括遊戲機轉看影碟的器材,連日本廠商也無此產品,推測乃是坊間土法設計在中國大陸製造的自創產品。[47] 又如 2000 年 11 月香港媒體警告市民小心市面上出現素質極高的名牌仿冒球鞋,乃商人由 Nike 等球鞋在大陸生產原廠取得球鞋原裝物料後,自創鞋款、自行生產,而以「水貨」、「別注版」的名義出售。[48] 再如體育用品名牌 Nike 的 T 恤,原本多印上體育明星肖像,但在美國 911 恐怖攻擊事件之後,巴基斯坦出現仿冒的 Nike T 恤,除了保留 Nike 的商標外,尚加印機關搶、阿富

45. 〈Levi's 打假,揭冒牌店幾可亂真〉,《香港經濟日報》,2001 年 5 月 10 日。
46. 〈機組人員,「偷龍轉鳳」〉,《星島日報》,1999 年 9 月 13 日。
47. 〈擬運中東南美為數四萬五千件〉,《星島日報》,2000 年 4 月 9 日。
48. 〈原裝物料生產,訛稱「別注版」〉,《蘋果日報》,2000 年 11 月 6 日。

汗地圖與歌頌賓拉登「聖戰是我們的使命」等標語。[49]而名牌仿冒品最著名的「無中生有」事件，當屬港星陳彗琳以 LV monogram 經典圖案的背包公開亮相拍照，後經 LV 香港分公司告知，她身上展示的 LV 為地下非法仿冒品，因為 LV 從未生產過相同或類似的形款。[50]

　　而更重要的是，當今仿冒技術的精進，早已達到神乎其技的境界。以臺灣高雄的漢神百貨 Prada 名牌仿冒品事件為例，每件查獲的 Prada 皮飾內都附有保證卡等原廠證明資料，內外幾可亂真。即使請來 Prada 原廠派駐香港分公司的專業人員，也無法由外觀上判別真偽，最後還是在剪開手提包內層後才發現，有些手提包內層裡布襯有 Prada 的浮水印，有些則無，且內層裡布較真品粗糙，才因此判定整批為假貨。而同時有許多名牌仿冒品，已採用原裝物料的方式加以組配生產，或尋部分名牌代工廠的管理漏洞，直接以原廠原料的方式偷偷「加額」生產。甚至有些名牌仿冒品的「無法分辨」，不僅是在外型與材質上的完全相同，更是在製造過程中真中有假、假中有真的曖昧。例如以在臺灣、香港大受歡迎的勞力士手錶為例，早先香港一些偏門行業的老闆及員工喜歡佩戴勞力士金錶作為身分象徵，更取其「金勞」的吉利（粵語「襟撈」即賺錢之意），而隨著港臺經濟的快速發展，臺灣新貴已不滿足傳統黃白鍍金錶帶或皮錶帶的勞力士錶，而開始追求「限量供應」、索費不貲的全隻黃金或鑽石錶。於是腦筋動得快的香港商人便利用當地技術製造出足金或 K 金的錶殼及錶帶，再將一支原裝勞力士錶的錶肉拆卸出來，重新在錶面上鑲鑽，再裝嵌入足金錶殼中。這種真黃金、真鑽石、真錶肉的

---

49. 〈冒牌 T 恤歌頌拉登〉，《公正報》，2000 年 12 月 13 日。
50. 最近另一則鬧得滿城風雨的名牌「無中生有」事件，則非另一個精品名牌愛馬仕的果凍仿冒包莫屬。紐約商人自義大利引進仿冒愛馬仕的柏金包，改為果凍塑膠版本，並挪用愛馬仕另一名款凱莉包的名稱，以「果凍凱莉」（JELLY KELLY）上市，其風行程度讓愛馬仕總公司都得親自出面澄清。但此仿冒商混淆愛馬仕兩名款的拼貼創作，卻在歐洲最大商展中接受全球買家下單，款式、色彩與尺寸比美國更多更便宜。臺灣某家電子媒體跟進錯誤報導「愛馬仕推出果凍色」，讓臺北的愛馬仕分公司一天之內接到上百通電話指明訂購此款新貨。可參見張玉貞，〈果凍包亂真，愛馬仕興訟：仿冒商創作的 JELL KELLY 發燒賣，正牌廠商澄清〉，《中國時報》，2003 年 8 月 22 日。

假勞力士錶，即使被拆開查驗也不會露出馬腳。而當這樣真錶肉、假錶帶的勞力士大量銷售到臺灣後，香港商人的下一步後續動作便是將取去原裝錶肉的錶帶與錶殼，塞入平價錶肉來替代，市場上又多了一批批外表上絕對看不出任何破綻的勞力士假錶，流向不知名的世界角落。[51]

　　由這種種上天下地、真真假假的社會跡象判之，傳統對名牌仿冒品的認知早已不敷使用，這些匪夷所思、機動多變的「仿冒跨國離散」最終帶領我們思考的方向，乃是「假全球化」與「全球化」之間相生相剋、持續不斷的建構與解構過程。此時的「假」已不再只是真假而已，「假全球化」的「假」既是「假冒」也是「假借」，假冒名牌的商品假借全球化之力而跨國離散。「假全球化」是全球化中的「黑色暗流」，既假冒又假借全球化，既無時不重複又無刻不解構全球化。而此「黑色暗流」與傳統充滿性別與種族聯想的「黑暗大陸」有所不同，雖說兩者皆為西方「白色神話」（從具體的膚色到抽象的理性之光）、「陽物理體視覺中心」（phallogocularcentrism）主宰下的恐懼投射，但在當今全球化的快速流動中，「暗流」的液態動量早已超越「大陸」的固態定著。而這股全球資本主義的「黑色暗流」，也早已成功滲透進我們的日常生活與文化消費之中，肉身化為地攤上、市場裡、商店中觸目可見、觸手可及的名牌仿冒品，可背可用可穿可戴。而這些身邊與身上的仿冒品，便正是我們當下此刻反思在新自由主義意識形態下發展的全球化模式之利器。也許對當今占盡絕對優勢（來自不均衡的全球化發展歷史，也來自壟斷市場中的文化霸權想像）的全球名牌而言，真正的威脅不僅來自於與其他精品品牌的市場競爭，更來自於複製自身品牌的地下仿冒品。當全球名牌強勢到人人都愛、人人都要而供給面與需求面嚴重失調時，或消費欲求與購買能力落差過大時，「愛之正足以害之」的全球名牌仿冒品依資本主義追求利潤（成本與售價間的巨大差額）、彈性生產等原則應運而生。正如同我們在 LV 的身上看見日本的「哈歐」、看見臺灣

---

51. 〈真殼假肉，名錶難分真假〉，《新報》，2000 年 3 月 15 日。

的「哈日的哈歐」等資本主義進程與歷史時間的落差，LV 仿冒品由東亞向全世界的跨國離散，在作為日本泡沫經濟、東亞金融危機的商品「寓言」之際，是否也有可能進一步成為西方資本主義百年孕育出的「全球名牌」終將因仿冒品之過度氾濫而瓦解崩盤、重新洗牌的「預言」呢？

因而「假全球化」與「全球化」不是二元對立，「假全球化」是全球資本主義的「窩裡反」，是一種以仿冒複製作為「受制」於全球名牌時尚意識與「反制」於「全球名牌中心主義」操控的弔詭。這種「窩裡反」的反全球化，與傳統強調保障國際勞動人權、反跨國集團壟斷、反血汗工廠的反全球化運動不同，後者的反是對立面的反（oppositional），而前者的反是正反面的反（reverse），內翻外轉（inside out and outside in）的反。而「假全球化」作為反轉「全球化」的最大功能，不在於從外部攻擊全球化，而在於從內部曝露全球化資本邏輯與文化邏輯的歷史與心理形塑，如何受制於西方帝國殖民主義發展下的文化想像，又如何亦步亦趨於國際勞動分工的政治經濟布局。「假全球化」是從「全球化」的內部掀開「全球名牌中心主義」的品牌兼併與直營掌控，將抽象的資本、理體、名牌加以在地具象化，具體而微地展現全球資本主義時尚工業民主化的反諷。

「假全球化」作為「全球化」的「窩裡反」，不外在於全球資本主義商品消費邏輯與產銷布局，而是在其內在邏輯之中操作轉換，其不指向二元對立的辯證性或超越性，而是帶動正品與仿冒品相生相剋的流動性與雜種性。昔日社會經濟學家的名言「所謂的經濟發展，就是女王穿的絲襪，一般工廠女工也有能力購得」。[52] 而在全球經濟化如火如荼快速發展的今日，女工恐怕還是穿不起奢侈的女王絲襪，也穿不起女王牌的名牌絲襪，女工只穿得起平價絲襪或女王牌名牌絲襪的仿冒品。「假全球化」的仿冒離散，讓我們看到「全球名牌中心主義」尋求整體性、統一性、同質性的不可能。「假全球

---

52. 熊彼得，《社會主義、資本主義、民主主義》，引自星野克美編，彭德中譯，《新消費文化剖析》（臺北：遠流，1992），頁8。

化」的如影隨形，讓我們看到每一個名牌的「存有論」（ontology）中都有「魍魎論」（hautology）。「假全球化」的無所不在，讓我們看到每一個強調自由貿易市場秩序的 WTO 中，都有不斷逃逸、不斷流動、不斷連結的 BwO（Body without Organs）。「假全球化」更讓我們在每一件名牌仿冒品的身上，看見了全球資本主義的廢墟（香港海關甚至用查獲的仿冒品壓碎填海）。而也唯有站在此一歷史地理殊異時空的廢墟之上，我們才能面對過去、走向未來，繼續尋找詭譎多變全球化當下「仿冒窩裡反」的文化思考戰鬥點。

參考書目

一、中文部分

- 尼古拉斯・柯瑞奇（Nicholas Coleridge）著，張定綺譯，《流行陰謀》。臺北：時報，1995。
- 林志鴻，《時尚符號的媒體產製與消費》。輔仁大學織品服裝研究所碩士論文，2002。
- 林易萱，《「仿冒學」的符號政治：LV 的真假之爭》。交通大學傳播研究所碩士論文，2004。
- 行政院公平交易委員會編，《仿冒案例匯集》。臺北：行政院公平交易委員會，1998。
- 岩淵功一，〈日本文化在台灣：全球本土化與現代性的「芳香」〉，《當代》125（1998），頁14-39。
- 星野克美編，彭德中譯，《新消費文化剖析》。臺北：遠流，1992。
- 麥可・哈德（Michael Hardt）、安東尼奧・納格利（Antonio Negri）著，韋本、李尚遠譯，《帝國》。臺北：商周，2002。
- 娜歐蜜・克萊恩（Naomi Klein）著，徐詩思譯，《No Logo》。臺北：時報，2003。

二、外文部分

- Benjamin, Walter. *The Arcades Project*. Trans. Howard Eiland and Kevin McLaughlin. Cambridge: Harvard University Press, 1999.
- Bhabha, Homi K. "DissemiNation: Time, Narrative and the Margins of the Modern Nation." *The Location of Culture*. London: Routledge, 1994, pp.139-170.
- Derrida, Jacques. *Writing and Difference*. Trans. Alan Bass. London: Routledge, 1978.
- ——. *Dissemination*. Trans. Barbara Johnson. Chicago: Chicago University Press, 1981.
- Grossman, G. M., and Shapiro, C. "Counterfeit-product Trade." *American Economic Review* Vol. 78 (1988), pp. 59-75.
- ——. "Foreign Counterfeiting of Status Goods." *The Quarterly Journal of Economics* Vol. 29 (1998), pp. 79-100.
- Klein, Naomi. *No Logo*. London: Flamingo, 2000.
- Robertson, Roland. "Glocalization: Time-Space and Homogeneity-Heterogeneity." In M. Featherstone, S. Lash and R. Robertson (eds.) *Global Modernities*. London: Sage, 1995, pp.25-44.

——本文原刊載於《台灣社會研究季刊》54（2004.06），頁 219-252。張小虹教授授權使用。

一、名牌仿冒的全球化

① 科技進步帶來的商品複製技術、經濟全球化帶來的商品流通網絡。

② 世界仿冒品最猖獗的地區：亞洲，從高檔名牌貨到一般民生用品的盜版遍及全球。

③ 臺灣以官方「道德化」、「犯罪化」仿冒品，以及將仿冒品視為「反資本主義」、「反帝國殖民」兩種立場為主。

④ 如何從社會文化脈絡和經濟發展邏輯來理解仿冒全球化的現象。

二、LV 在日本與「東亞名牌熱」

① 二戰後日本作為美國東亞資本主義陣營的夥伴，經濟快速成長，1988 年已經達到堪稱世界第一的所得水平。

② 高所得帶來的超富裕消費風潮，也帶動了由美式消費（量）轉向歐式消費（質），追求各種歐式精品名牌，如 BMW、LV、第凡內等。擁有名牌就晉升為「平民貴族」。

③ 歐洲名牌包含了一種對於歐洲貴族的想像，自明治維新以來日本的崇洋心態。也有著對大正時期「歐化日本」的鄉愁情懷。

④ LV 不僅為歐洲名牌，其經典圖案中的和風元素，也滿足日本人的懷舊情緒，成為名牌中的名牌。

⑤ 面對東亞社會的大量需求，又要兼顧名牌在手工製作、品質的堅持和形象，LV 發展出「限量購買」、「限量發售」的機制，卻也為仿冒市場帶來商機。

三、臺灣的歷史偽物論

① 臺灣與 LV 的接觸：

LV 官方於 1983 年建立第一家直營店，1995-96 年的營業額達 10 億元。由於價格較日本便宜，也吸引大批日本觀光客來臺購買。

LV 仿冒品也大量出現在夜市、商圈地攤，並按照仿冒精緻度分級。價格低廉，最高也不過真品的十分之一。

② 臺灣對 LV 的認識：日本對臺灣消費品味、時尚意識的影響；臺灣作為 LV 仿冒品的集散地，讓仿冒品成為真品的宣傳媒介。

③ 仿冒品複製的多重含意：

複製名牌，也複製對名牌的文化想像，如臺灣想像日本想像歐洲。

資本主義擴張和興盛，仰賴對欲望的複製，卻禁止對商品的複製。

仿冒品儘管促進了精品名牌的全球化，同時過度氾濫也可能造成名牌象徵價值的崩盤。

四、假理論與假全球化

① 全球名牌中心主義：強調名牌的抽象價值形式、全球名牌集團的品牌併購與掌握。

② 仿冒跨國離散：凸顯了國家邊界被「跨國集團」所鬆動，而跨國集團全球一統的向心力，則為仿冒品擴散至全球的離心力瓦解。

③ 不僅是真品催生仿冒品，仿冒品更催生真品的誕生。例如：LV 打造更多複雜技術、花紋的新產品，來區別真品和仿冒品之間的差異。

④ 仿冒跨國離散更是讓仿冒品無所不在、無中生有、無法分辨。不但有自創的仿冒品，更是仿冒到真假不分的程度。

⑤ 「假全球化」對「全球化」的建構與解構的過程。

課綱中的世界史／吳翎君、翁嘉聲、張學明、花亦芬、陳正國、
萬毓澤、黃文齡、林長寬、賴惠敏、陳思仁、劉文彬、林志宏、
魏楚陽、湯志傑、巨克毅、張小虹著；陳思仁、韓承樺編 . -- 初版 .
-- 新北市：臺灣商務印書館股份有限公司，2021.06
672 面；17×23 公分
ISBN 978-957-05-3325-5（平裝）

1. 歷史教育 2. 中等教育

524.34　　　　　　　　　　　　　　　　110006233

課綱中的世界史

作　　　者 ─ 吳翎君、翁嘉聲、張學明、花亦芬、陳正國、萬毓澤、黃文齡、林長寬、
　　　　　　賴惠敏、陳思仁、劉文彬、林志宏、魏楚陽、湯志傑、巨克毅、張小虹
編　　　者 ─ 陳思仁、韓承樺
發 行 人 ─ 王春申
審書顧問 ─ 林桶法、陳建守
總 編 輯 ─ 張曉蕊
責任編輯 ─ 徐鉞
封面插畫 ─ 湧新設計公司 -Nana Artworks
美術設計 ─ 綠貝殼資訊有限公司、黃淑華
影音組長 ─ 謝宜華
行銷組長 ─ 張家舜
業務組長 ─ 王建棠
出版發行 ─ 臺灣商務印書館股份有限公司
　　　　　　231023 新北市新店區民權路 108-3 號 5 樓（同門市地址）
電話：(02)8667-3712　傳真：(02)8667-3709
讀者服務專線：0800056193
郵撥：0000165-1
E-mail：ecptw@cptw.com.tw
網路書店網址：www.cptw.com.tw
Facebook：facebook.com.tw/ecptw

局版北市業字第 993 號
初版一刷：2021 年 6 月
初版二刷：2022 年 11 月
印刷廠：鴻霖印刷傳媒股份有限公司
定價：新台幣 750 元
法律顧問 ─ 何一芃律師事務所
有著作權 · 翻印必究
如有破損或裝訂錯誤，請寄回本公司更換